LES

ENFERS DE PARIS

PARIS. — IMPRIMERIE WALDER, RUE BONAPARTE, 44.

LES
ENFERS DE PARIS

PAR

XAVIER DE MONTÉPIN

Édition illustrée de 64 vignettes gravées sur bois
Par MM. DELAVILLE et HILDIBRAND d'après les dessins de M. GERLIER

PARIS
CHARLIEU ET HUILLERY, LIBRAIRES-EDITEURS
10, RUE GIT-LE-CŒUR, 10

Le temps est venu, — l'heure est sonnée. — Page 3.

LES ENFERS DE PARIS

PAR

XAVIER DE MONTÉPIN

PREMIÈRE PARTIE.

LA MARQUISE CASTELLA.

I. — LA MANSARDE DE LA RUE DU ROCHER.

Nous prions nos lecteurs de vouloir bien nous accompagner dans la rue du Rocher, cette voie montueuse et tortueuse qui fait peu d'honneur au brillant et aristocratique quartier Saint-Lazare, et qui formait l'extrême frontière de cet étrange royaume d'Argot, de cette bizarre cour des Miracles, de ce sinistre lieu d'asile des truands modernes, hier encore plein de vie au milieu du Paris contemporain, et baptisé, par le langage populaire, du nom de *Petite-Pologne*.

Aux deux tiers environ de la rue du Rocher, se trouve une maison étroite et haute.

Cette maison offre six étages, surmontés d'une double rangée de mansardes.

A chaque étage deux fenêtres seulement prennent jour sur la rue.

Les fenêtres du rez-de-chaussée sont pourvues de barreaux de fer d'une très-respectable épaisseur.

Grâce à son manque absolu de proportions, l'immeuble dont nous venons de tracer un rapide croquis semblerait ne se tenir debout que par un miracle d'équilibre, s'il n'était étayé solidement, de la base au cinquième étage, par les constructions plus massives qui le flanquent à droite et à gauche.

Quoique badigeonnée fraîchement, et se conformant à toutes les prescriptions de l'édilité parisienne, la maison qui nous occupe *jouit* d'un aspect de mauvais augure, d'une physionomie quasi suspecte, car — il ne faut pas s'y tromper, et nous croyons l'avoir prouvé plus d'une fois — les maisons ont leurs physionomies comme les hommes.

Cette demeure semble ne devoir et ne pouvoir servir de logis qu'au vice éhonté et à la misère sordide.

Aux fenêtres entr'ouvertes de chaque étage pendent des loques abjectes et d'indescriptibles haillons.

La porte d'entrée, pourvue d'un énorme marteau, est constellée de grosses têtes de clous et peinte en brun sombre, tirant sur le rouge.

Encore une fois, nous le répétons, tout cela complète un aspect sinistre et repoussant.

Certes, il nous plairait de passer outre et de ne point nous arrêter plus longtemps...

Sans doute nos lecteurs partagent cette opinion et n'ont pas moins que nous hâte de s'éloigner.

Cependant, si vif que soit notre désir de leur être agréable, nous ne saurions les satisfaire en ce moment.

Les nécessités de notre récit commandent, et nous leur devons une obéissance absolue...

Faisons donc retentir le marteau pesant qui heurte avec fracas la plaque de fer...

Poussons la porte hérissée de clous comme la surface d'un bouclier gaulois...

Franchissons le seuil...

Engageons-nous —, non sans répugnance — dans une allée étroite et longue, tellement étroite que c'est à peine si, en plein jour, il est possible d'y marcher autrement qu'à tâtons...

Une odeur fétide, composée d'une foule de senteurs nauséabondes, imprègne l'atmosphère de cette allée...

On croirait, en pénétrant, respirer les sauvages émanations d'une ménagerie de bêtes fauves, et le cœur se soulève irrésistiblement.

A l'extrémité de ce hideux couloir commence un escalier de bois aux marches vermoulues, tremblant sous le pied qui le foule comme des dents gâtées dans leurs alvéoles.

A la hauteur du premier étage se trouve la loge, ou plutôt la *niche* du portier.

Passons en toute hâte devant cette niche — appuyons notre mouchoir sur nos narines, afin de nous garer tant bien que mal de l'infection qui redouble, et gagnons courageusement les étages les plus élevés de la maison, en ayant soin de ne nous point heurter contre les murailles visqueuses.

Au-dessus du sixième étage, l'escalier, ou du moins ce que nous sommes forcé d'appeler ainsi, cesse tout à coup.

Il est remplacé, pour grimper aux mansardes, par une échelle de meunier, à laquelle une corde tendue sert de rampe.

Gravissons cette échelle, et, en vertu de notre pouvoir discrétionnaire de romancier devant qui les portes les mieux closes s'ouvrent sans résistance et sans bruit, pénétrons dans une pièce mesurant tout au plus huit pieds carrés, et mansardée à tel point que, dans les deux tiers de sa largeur, il est matériellement impossible de se tenir debout.

Un châssis à tabatière, pratiqué dans la toiture, éclaire cette chambre plus qu'exiguë.

L'ameublement consiste en un lit en bois blanc, recouvert d'un maigre matelas...

Une vieille table noire et une chaise de paille en mauvais état complètent le mobilier.

On voit que jamais description d'intérieur ne fut plus courte et plus facile à faire.

Une seule personne se trouve dans la mansarde au moment où nous venons d'y pénétrer nous-même...

Mais, avant de nous occuper de cette personne, il importe d'apprendre à nos lecteurs que nous sommes au mois de septembre, et qu'il est six heures du matin.

Cela dit, continuons...

L'hôte de la mansarde est un jeune commis de vingt-deux ou vingt-trois ans, tout au plus...

Il serait difficile à l'imagination d'une femme, au pinceau d'un grand artiste, de rêver ou de créer le type d'une beauté plus parfaite, plus accomplie, plus exquise.

Figurez-vous un front de marbre blanc, couronné par une chevelure blonde, soyeuse et naturellement ondée...

Sous l'arc des sourcils d'une miraculeuse correction, placez de grands yeux noirs, remplis tout à la fois de douceur et de fierté.

Dessinez un ovale un peu allongé, mais sans maigreur ; ciselez, comme un habile statuaire, les fins contours d'un nez grec aux narines mobiles ; retroussez une moustache juvénile sur une bouche mignonne aux lèvres vigoureusement empourprées.

Estompez enfin d'une teinte bleuâtre, délicieusement fondue, les rebords inférieurs des paupières aux longs cils, et vous pourrez alors vous faire une idée à peu près exacte de la tête adorable que nous venons d'esquisser de notre mieux...

Cette tête ne méritait qu'un seul reproche, — elle était en vérité trop charmante pour appartenir à une créature du sexe masculin.

Son propriétaire était bien un homme, cependant, — les moustaches en faisaient foi...

Nous devons ajouter que sa taille, au-dessus de la moyenne, ses épaules larges, son torse merveilleusement modelé, annonçaient une souplesse et une vigueur peu communes.

Les pieds et les mains, non moins que le visage et que tout le reste de la personne, offraient la distinction la plus incontestable, la plus patricienne.

Au milieu du taudis infâme qui lui servait de gîte, ce jeune homme avait l'air d'un prince.

Le costume qu'il portait au moment où nous venons de faire connaissance avec lui, n'était cependant point de nature à mettre en valeur ses avantages physiques et à rehausser sa distinction native.

Rien au monde ne se pouvait imaginer de plus misérable...

Un vêtement de drap qui jadis, sans doute, avait été une jaquette, mais qui ne conservait plus aucune forme, couvrait ses épaules et cachait mal les innombrables solutions de continuité de sa chemise.

Le pantalon, tout crevassé, ne valait pas mieux.

Les pieds ne se trouvaient que trop complètement à l'aise dans des pantoufles décousues et trouées.

Il ne faudrait pas croire, néanmoins, à voir le délabrement inouï de ce costume d'intérieur, que le jeune homme de la mansarde appartînt à la classe des mendiants, pour qui l'épouvantable livrée de la misère n'est parfois qu'un habile moyen d'attirer l'attention et la pitié de la foule indifférente, et d'arriver à la réalisation de copieuses recettes...

Notre nouvelle connaissance devait, au contraire, rougir de sa pauvreté, comme on rougit d'une honte ou d'un vice, et la cacher de son mieux à tous les regards.

Si, dans son misérable intérieur, il semblait avoir revêtu l'épouvantable défroque des mendiants de Londres, il devait offrir dans la rue la complète apparence d'un *gentleman* accompli...

Sur le pied du grabat qui servait de lit, se voyaient un pantalon, un gilet et une redingote, sinon bien neufs, au moins parfaitement propres, d'une étoffe à la mode et d'une coupe élégante.

Un chapeau de soie, brillant encore, grâce aux soins les plus minutieux, se suspendait à un clou fiché dans la muraille.

Un lambeau de vieux mouchoir enveloppait à demi ce chapeau et le défendait tant bien que mal contre la poussière...

Enfin, une paire de bottines vernies, d'une forme charmante et d'un vif éclat, faisait l'effet d'un invraisemblable objet de luxe sur le carreau poudreux.

Le jeune homme de la mansarde, le propriétaire de ces haillons et de ces élégances, était assis, sur la chaise de paille, devant la table de bois noir dont nous avons parlé.

Cette table supportait divers objets : — un flambeau de cuivre, couvert de suif et de vert-de-gris, — un encrier, — du papier, — des plumes, — et enfin un petit pistolet de poche, de forme américaine et notablement rouillé.

II. — UN RAYON DE SOLEIL.

Le coude appuyé sur la table, et sa joue soutenue par sa main, le jeune homme blond s'absorbait dans une méditation profonde, qui ne devait point être d'une nature bien réjouissante, à en juger du moins par la contraction des sourcils et par la sombre fixité du regard.

Il s'arracha tout à coup à cette rêverie lugubre...
Il releva la tête...
Il fit un geste de découragement...

Ses yeux s'arrêtèrent tour à tour sur chacun des objets que nous avons décrits, et il murmura, d'une voix si basse et si faible que chacune de ses paroles ressemblait à un souffle :

— Le temps est venu !... — l'heure est sonnée !

« Je m'étais accordé un mois de répit pour une dernière tentative, pour un suprême effort...

« Le trentième jour expirait hier au soir...

« Mes forces se sont usées dans la lutte... — J'ai été vaincu et je sens bien que je ne puis plus me relever...

« Qu'ai-je à faire ici-bas, désormais ?...

« Le dernier mot est dit !... — Je n'attends rien... — je n'espère rien...

« J'appartiens corps et âme à cette fatalité étrange, à ce mauvais destin qui s'est emparé de moi, qui m'a jugé, qui m'a condamné et dont l'arrêt est sans appel...

« Décidément, il faut en finir...

« Eh ! mon Dieu !... c'est bien facile !... une demi-minute de courage, et tout est dit !...

« Ai-je le choix, d'ailleurs ? puis-je attendre ?...

« Non !... cent fois non !...

« A quoi me servirait de vendre mes derniers vêtements et de prolonger pendant une semaine ma misérable existence avec les quelques sous qu'un marchand d'habits me donnerait à grand' peine de cette défroque ?...

« Il faudrait toujours me décider à mourir après, et les plus courtes agonies sont les meilleures...

« Mieux vaut encore en finir tout de suite !...

« Qu'importe, d'ailleurs, de partir quand on ne laisse derrière soi aucun regret !... aucun souvenir !... — Dans ce monde inconnu où je vais aller, je pourrai du moins mourir en paix, et la faim ne viendra pas me réveiller !... »

. . . .

Après avoir achevé ce monologue incohérent et plus d'une fois interrompu, l'hôte de la mansarde prit une feuille de papier ; — il trempa dans l'encre épaisse une plume tordue et ébouriffée, et il écrivit rapidement quelques lignes...

Ceci fait, il plia le papier, le mit sous enveloppe, ferma cette enveloppe avec un pain à cacheter couleur de deuil, et traça la suscription suivante :

« *A monsieur le commissaire de police du quartier Saint-Lazare.* »

— Voilà qui est bien, — se dit-il, — et c'était nécessaire, car après ma mort, grâce à cette lettre, j'ai la certitude qu'on n'accusera personne d'un crime imaginaire...

Puis, presque aussitôt, il ajouta en souriant :

— Soupçonner n'importe quel coquin de m'avoir assassiné pour me dépouiller, ce serait, en vérité, par trop injuste et par trop absurde !... Certes, le pauvre voleur qui tenterait l'aventure ferait une grimace fort laide en se voyant ainsi volé !...

Le jeune homme blond plaça en évidence, au milieu de la table, la missive adressée au commissaire de police, et dans laquelle, sans doute, il déclarait qu'il allait volontairement mourir de sa propre main, et qu'il y avait lieu, par conséquent, de constater un suicide et non point un crime...

Il prit ensuite le petit pistolet en mauvais état, dont nous avons parlé dans le cours du précédent chapitre, et il l'examina pendant quelques secondes avec attention.

C'était une vieille arme d'origine anglaise, fabriquée longtemps avant que le silex antique eût été détrôné par le système des pistons et de la poudre fulminante...

Ce pistolet, un marchand de bric-à-brac en aurait à peine offert trente sous, et cependant il présentait quelques traces d'un damasquinage presque entièrement disparu sous les morsures de la rouille.

Peut-être, jadis, avait-il été une arme de luxe et de prix...

Tout passe, hélas !... en ce bas monde, et tout change...

Le jeune homme blond enfonça dans le canon la baguette d'acier, afin de s'assurer que le pistolet était bien réellement chargé.

Il abattit la platine, pour constater que le bassinet était plein de poudre, et que l'humidité n'avait point altéré cette poudre...

De l'humidité au septième étage !...

Cette crainte pouvait, à bon droit, paraître chimérique... et elle l'était véritablement.

La poudre offrit aux regards du jeune homme blond de petits grains noirs et luisants, symptômes significatifs d'un état de conservation irréprochable.

Le silex, taillé en biseau avec une régularité parfaite, paraissait prêt à faire feu.

Une sorte de joie se peignit sur les traits charmants et pâles du personnage qui nous occupe.

— Pauvre vieux pistolet, — dit-il, en passant ses doigts sur le canon rouillé avec un geste qui ressemblait à une caresse, — tu n'es assurément pas beau, et cependant tu vas faire de la bonne besogne...

« Je t'ai négligé, je t'ai dédaigné, et néanmoins je te retrouve, plein de bonne volonté et de zèle, à l'heure où j'ai besoin de toi !...

« Ah !... tu vaux mieux que ces faux amis qui promettent beaucoup pour ne rien tenir...

« Tu ne m'as rien promis, toi, et tu vas me rendre, sans hésiter, le plus grand de tous les services...

« D'avance je te remercie, car il me serait bien difficile de te remercier après... »

. . . .

Le jeune homme blond laissa pendant quelques secondes sa tête se pencher sur sa poitrine que soulevait une respiration saccadée.

— Adieu ma jeunesse... — balbutia-t-il ensuite... — adieu l'amour... — adieu la vie...

Il arma le pistolet...

Il plaça l'extrémité du canon à un pouce, environ, de sa tempe droite...

Il répéta une dernière fois le mot : *Adieu*, et il posa son doigt sur la gâchette...

Il allait presser la détente...

Une seconde encore, et la mansarde se remplirait de bruit et de fumée, et un cadavre roulerait sur les carreaux au milieu d'une mare de sang.

A ce moment précis, un joyeux rayon du soleil d'automne entra par le châssis vitré pratiqué dans la toiture, et vint frapper le jeune homme au visage.

Ce rayon de soleil inattendu l'éblouit, lui fit fermer les yeux, et changea, ou du moins, détourna le cours de ses idées.

— Au fait, — se dit-il, — ce que j'allais faire est absurde, non dans le fond, mais dans la forme...

« Suis-je donc un de ces Anglais que dévore le spleen, et qui, par un jour de brouillard, s'enferment chez eux et se coupent solitairement la gorge avec un rasoir de Manchester ou de Birmingham ? — Non !... je suis Français, bien Français, et je déteste l'Angleterre et les modes anglaises...

« Se faire sauter la cervelle entre les quatre murs d'une mansarde, voilà qui n'a pas le sens commun !... — voilà qui est antinational !...

« Le soleil vient de me visiter tout exprès pour illuminer ma sottise et la rendre visible à mes propres yeux...

« Il est six heures du matin ; donc, rien ne me presse et j'ai du temps devant moi...

« J'ai dîné hier, par hasard... donc, prenons que je me tue avant que l'heure du déjeuner sonne à mon estomac, tout sera pour le mieux...

« Je puis, sans le moindre inconvénient, m'accorder à moi-même un nouveau répit de peu de durée...

« Je veux respirer une fois encore le grand air...

« Je veux revoir le gai soleil, — les nuages blancs, diaphanes courant sur le ciel bleu...

« Je veux rassasier mes yeux du beau spectacle de la verdure rougie et jaunie par l'automne...

« Je veux dire adieu aux feuilles qui se flétrissent et qui tombent, et qui, pourtant, vivront plus longtemps que moi...

« Je vais aller au bois de Boulogne...

« C'est un endroit charmant, élégant, patricien, et bien choisi pour y mourir.

« On ne se bat plus au bois de Boulogne, — je le sais, — la mode est inconstante, et les duellistes cherchent d'autres ombrages ; mais rien absolument n'empêche un honnête garçon de se brûler la cervelle en toute liberté dans un de ses taillis épais.

« C'est ce que je vais faire avant qu'il soit peu...
« Voilà qui est irrévocablement décidé...
« Habillons-nous vite et sortons... »

Le jeune homme blond, dont le nom nous est encore inconnu et dont nous ignorons le passé, se mit à sa toilette aussitôt.

Cette toilette fut courte.

Il baigna dans un vase de faïence rempli d'eau froide son visage et ses mains.

Il fit glisser le peigne parmi les masses opulentes de ses beaux cheveux.

Il tira de dessous le lit une petite malle poudreuse contenant deux ou trois chemises, parfaitement blanches, mais coupées dans tous leurs plis, et dont les cols et les manchettes étaient lamentablement effrangés...

Il choisit la moins mauvaise de ces chemises, et il la revêtit avec précaution, car elle offrait moins de solidité qu'un tissu de gaze ou de mousseline.

Ceci fait, il se plaça devant un de ces petits miroirs ronds, encadrés d'étain, que les soldats et les ouvriers achètent au prix de quinze centimes, et il noua, avec une savante correction, une cravate de soie noire étroite et mince comme un ruban.

Il chaussa ses bottines étincelantes.

Il passa son pantalon, — il endossa son gilet et sa redingote, et de la poche de cette dernière il tira des gants de peau de Suède d'une fraîcheur encore satisfaisante.

Son chapeau, légèrement incliné du côté droit, compléta sa toilette, et nous devons ajouter que, dans son ensemble, cette toilette était irréprochable.

Certes, personne au monde, en voyant ce beau jeune homme élégamment vêtu, n'aurait pu soupçonner qu'il avait atteint et dépassé les plus extrêmes limites de la souffrance et de la misère, et qu'il s'apprêtait à donner à sa vie à peine commencée le plus sinistre de tous les dénoûments!...

L'hôte de la mansarde mit dans sa poche le pistolet tout armé qu'un rayon de soleil lui avait fait éloigner de sa tempe.

Il reprit la plume, et, au-dessous de ces mots, tracés sur l'enveloppe : *pour M. le commissaire de police du quartier Saint-Lazare*, il ajouta cette ligne :

« *C'est au bois de Boulogne qu'on trouvera mon cadavre.* »

Il écrivit sur un carré de papier son nom et son adresse, — il plaça dans son gousset ce carré de papier, afin de rendre facile la constatation de son identité.

Puis, après avoir pris cette dernière et utile précaution, il sortit de son taudis et il descendit l'échelle de meunier qui conduisait au sixième étage.

Quelques secondes lui suffirent pour franchir les marches innombrables de l'escalier.

Il passa si rapidement devant la loge du concierge, qu'il n'entendit pas la femme de ce dernier lui crier d'une voix glapissante :

— Ah! m'sieu... il y a une lettre pour vous...

Il traversa en quatre enjambées le couloir sombre et fétide, et il éprouva une sensation soudaine de bien-être indéfinissable en se trouvant hors de la maison, et en respirant un air relativement frais et pur.

Un instant après, il s'engageait dans la rue de la Pépinière, presque déserte à cette heure matinale.

Nous allons le suivre.

L'hôte de la mansarde marchait du pas vif et délibéré de l'homme qui se sait attendu à quelque partie joyeuse.

On aurait bien surpris les rares passants qu'il coudoyait, en leur apprenant que ce promeneur si bien vêtu, dont la présence à une telle heure sur les trottoirs ne leur semblait pouvoir s'expliquer que par une nuit de bonne fortune, portait dans sa poche le pistolet avec lequel il allait se tuer!...

Rien n'était plus vrai, néanmoins, nous le savons...

Le jeune homme blond pouvait passer pour un condamné à mort, pour un agonisant... — Seulement, au lieu d'être lugubre et désolée, son agonie était calme et souriante...

Aussi les passants le regardaient avec admiration, — ils ne devinaient rien et ils enviaient sa belle tournure, son apparente richesse et son bonheur probable.

Le personnage qui nous occupe atteignit les Champs-Élysées.

Cette promenade splendide, l'une des plus belles du monde entier, n'offrait point l'aspect brillant, tumultueux, éblouissant, qu'elle présente aux regards surpris et fascinés pendant les heures de l'après-midi.

Dans toute la longueur de la grande avenue, depuis la place de la Concorde jusqu'à l'Arc de triomphe de l'Étoile, on ne voyait qu'un très-petit nombre de chevaux et de voitures.

Ces voitures étaient pour la plupart les breacks et les dog-kars des marchands de chevaux dressant des jeunes attelages et promenant des steppers.

Notre personnage, — on doit le comprendre sans peine, — n'accorda qu'une attention infiniment distraite aux plus rapides trotteurs...

Il s'absorbait tout entier dans une extase enivrante produite en lui par la contemplation du ciel inondé de lumière, et des vieux arbres de l'avenue, dont la brise du matin agitait doucement le feuillage.

A l'horizon lointain, derrière lui, le soleil montait, dissipant les brumes de la Seine, faisant scintiller les coupoles des églises et des palais du grand Paris, et criblant de paillettes lumineuses les frontons de l'Arc de triomphe.

Le jeune homme blond passa près du monument sans même lever les yeux sur lui...

Éperdu d'admiration pour ces œuvres de Dieu qu'il contemplait en ce moment et qu'il croyait ne plus revoir, il n'accordait pas un regard à l'œuvre des hommes...

Il parcourut l'avenue de l'Impératrice, cette merveille sans équivalent parmi les merveilles des autres capitales européennes, et il franchit cette grille dorée qui se trouve à la hauteur des fortifications et qui ferme le bois de Boulogne.

Là, il eut un instant d'hésitation.

De quel côté allait-il se diriger?...

Dans laquelle des voies qui s'offraient à lui, si nombreuses en cet endroit, allait-il s'engager?...

III. — LE BOIS DE BOULOGNE.

La décision de notre personnage fut bientôt prise.

— Aux lacs, d'abord... — se dit-il, — je veux les revoir une fois encore avant de mourir.

En conséquence, il suivit l'avenue qui lui faisait face et qui devait le conduire droit à son but.

Les lacs du bois de Boulogne!...

L'Europe entière les connaît, avec les féeries, avec les enchantements de leurs rives...

Leur nom seul rappelle à toutes les mémoires la foule la plus élégante et les plus brillants équipages du monde entier...

Mais ils sont peu nombreux, ceux-là, qui les ont vus dès les premières lueurs de l'aube, lorsque la solitude se fait sur leurs marges gazonnées, — lorsque les rayons obliques du soleil levant, tamisés par les feuillages des grands arbres, transforment leur surface en un éblouissant tissu de moire d'azur et d'argent...

Alors, oublieux des feux d'artifice et des illuminations du soir, le Chalet des Iles prend une tournure vraiment alpestre et semble se mirer dans les eaux du lac de Brientz...

Alors les gondoles rapides, immobiles à l'embarcadère, ressemblent à des chevaux de race endormis dans leur boxe...

Alors les flottilles de cygnes et d'oiseaux aquatiques prennent leurs ébats en toute liberté et parcourent joyeusement leur royaume, en laissant derrière elles un sillage étincelant.

Tel fut le calme et délicieux spectacle qui s'offrit aux regards du jeune homme blond, lorsqu'il eut atteint l'allée magnifique qui dessine le contour des lacs.

Il s'arrêta pendant un instant, et sembla se repaître du tableau magique qui se déroulait devant ses yeux.

Il poussa un soupir profond.

Il murmura d'une voix sourde :

— Tout cela est vraiment bien beau, et c'est grand dommage de mourir!...

Puis, après avoir formulé cette plainte laconique où la résignation le disputait à l'amertume, il se remit en marche, d'un pas de plus en plus rapide, en suivant la rive gauche du lac.

Il ne tarda point à arriver presque en face du Chalet des Iles.

Là, il s'arrêta pour la seconde fois.

Il jeta autour de lui un regard circulaire, afin de s'assurer qu'aucun des nombreux gardiens du bois de Boulogne ne se trouvait en vue.

La solitude était absolue.

Notre jeune homme, alors, tourna le dos au lac, traversa l'allée interdite aux voitures et réservée aux cavaliers, et il franchit la lisière du taillis touffu qui s'étendait devant lui.

Les jeunes arbres étaient plantés irrégulièrement, et assez près les uns des autres pour rendre la marche, sinon difficile, du moins très-lente.

Un crépuscule velouté, une fraîcheur délicieuse, régnaient sous ce couvert de verdure...

Les écorces résineuses et le gazon épais exhalaient des senteurs balsamiques...

Au centre du fourré se trouvait et se trouve encore un vieux chêne dominant de toute la hauteur de sa cime séculaire les taillis environnants.

Ce chêne est bien connu des promeneurs habituels du bois de Boulogne.

C'est vers lui que se dirigeait le jeune homme dont nous nous sommes fait l'assidu compagnon.

Quelques pas à peine le séparaient de ce patriarche de la végétation, lorsqu'il tressaillit soudain et fit un geste de surprise.

Un bruit inattendu, d'une nature bizarre et inquiétante, venait de frapper ses oreilles...

Ce bruit semblait un gémissement rauque, une plainte entrecoupée, un râle lugubre d'agonie.

L'hôte de la mansarde écouta avec un redoublement d'attention, afin de se bien assurer qu'il n'était point le jouet d'une erreur...

Le même bruit continuait, plus net, plus accentué, plus distinct.

— Il est évident que je ne suis pas seul ici... — murmura le jeune homme blond ; — quelqu'un m'a précédé dans ce taillis... quelqu'un qui souffre... quelqu'un qui meurt peut-être, victime d'un accident ou d'un crime... — Il faut chercher, il faut trouver cet homme et tâcher de le sauver, s'il en est temps encore...

Et l'hôte de la mansarde, oubliant à l'instant qu'il était venu là lui-même pour mourir, commença ses recherches.

Elles furent sans résultat d'abord.

Vainement il cherchait à s'orienter en se rapprochant de ce bruit continu dont nous avons constaté l'étrange nature...

Le bruit semblait fuir devant lui.

Après avoir grandi d'abord, il allait s'affaiblissant de seconde en seconde...

Bientôt il fut à peine perceptible ; enfin il s'éteignit tout à fait...

Le jeune homme blond ne se découragea point

cependant, et continua à marcher d'un pas lent, l'oreille aux aguets et les yeux fixés sur le gazon.

Il n'entendait plus... il ne voyait rien.

Enfin il arriva près du vieux chêne dont nous avons parlé.

D'innombrables couples d'amoureux s'étaient jadis assis sous son ombrage, en échangeant des promesses fugitives et des serments menteurs...

Son écorce rugueuse était tatouée de cœurs enflammés et de noms prétentieux de commis et de grisettes... d'*Arthurs* et d'*Amandas*.

Les cœurs ardents s'étaient refroidis, — les flammes s'étaient éteintes, — les amours s'étaient envolés, — les lèvres rieuses étaient devenues muettes...

Seul, le vieux chêne était toujours debout!...

Le jeune homme blond fit un mouvement brusque et se baissa rapidement.

Il apercevait, devant lui, sur le gazon, un chapeau et un portefeuille.

Il se releva, tenant d'une main le portefeuille, et prêt à l'ouvrir...

Mais il le laissa retomber aussitôt, et il se rejeta lui-même en arrière en poussant un cri de surprise et presque de terreur.

Les deux pieds d'un pendu venaient de heurter son front...

IV. — SAUVETAGE.

Après avoir cédé d'une façon toute machinale à ce premier mouvement d'étonnement et presque d'effroi que nous venons de constater, le jeune homme reprit son sang-froid, et ses lèvres eurent un sourire dédaigneux pour sa faiblesse passagère.

— Ah!... sapristi!... — se dit-il presque à voix haute, — que la prétentieuse créature qui s'appelle *homme* est un sot animal, et que je suis un échantillon bien choisi de cette ridicule espèce!...

« Je viens au bois de Boulogne tout exprès pour m'y brûler matinalement la cervelle!...

« Je cherche un fourré discret dans lequel il me soit agréable et commode de me livrer à cette ultime distraction.

« Et voilà que tout d'un coup je me mets à frissonner de la tête aux pieds, comme une femmelette, parce que dans ce fourré je trouve à l'improviste un monsieur qui s'est pendu...

« En bonne conscience, je devais cependant m'attendre à quelque rencontre de ce genre.

« Le suicide est comme le soleil, il brille pour tout le monde!... Ai-je la prétention, par hasard, d'être le seul habitant de la terre pour qui la vie soit impossible?...

« Allons donc!... pas si fou!...

« Ce monsieur a fait ce que je vais faire...

« Il s'est levé plus matin que moi... voilà tout!...

« Il a choisi la corde au lieu du pistolet, la strangulation lente au lieu de la perforation foudroyante...

« Il en avait, certes, bien le droit!...

« Tous les goûts sont dans la nature... — Il est d'honnêtes gens qui se coupent la gorge...

« Il en est d'autres qui se noyent avec une jouissance manifeste.

« Quelques-uns affectionnent les infusions de gros sous dans du vinaigre...

« Quelques autres, l'acétate de morphine, l'acide prussique ou le laudanum...

« Les grisettes préfèrent le charbon...

« Moi, j'aime mieux le pistolet!...—chacun pour soi, et la mort pour tous!...

« Je voudrais pourtant bien savoir si c'est le pendu que voilà qui gémissait si fort tout à l'heure... »

Tandis qu'il se livrait au monologue tant soit peu fantaisiste que nous venons de reproduire, le jeune homme blond regardait avec une attention extrême et une vive curiosité le personnage inconnu dont le corps ou le cadavre se balançait au bout d'une corde.

— Est-il mort? — se demandait-il.

Une seconde d'examen lui donna la certitude matérielle que cette question devait être résolue d'une façon négative.

Des crispations parfaitement visibles, des tressaillements distincts, mais de plus en plus faibles, agitaient les membres du pendu...

La figure était écarlate, mais n'avait pas encore pris cette teinte presque noire annonçant que l'asphyxie est complète.

A coup sûr, la lutte entre la vie et la mort continuait...

A coup sûr, l'âme n'avait point tout à fait abandonné le corps, mais elle flottait sur les lèvres, prête à s'envoler!...

L'homme est un composé bizarre des plus extrêmes, des plus incroyables inconséquences.

Cette vérité philosophique nous paraît absolument incontestable.

Elle va d'ailleurs recevoir à l'instant même une confirmation nouvelle.

Le jeune homme blond, décidé à mourir et prêt à se tuer de sa propre main, oublia soudain sa théorie sur le suicide, et parut ne plus se souvenir de ce que nous venons de lui entendre dire à lui-même.

Il lui fut impossible d'assister au spectacle d'une mort violente, sans songer aussitôt à porter secours à celui qu'agitaient en sa présence les derniers frissonnements de l'agonie...

Il ne se répéta point que cet inconnu ne faisait qu'user d'un droit légitime, et que sans doute il avait de bonnes raisons pour vouloir en finir avec la vie...

Il ne songea qu'à le sauver...

Le sauver!...

Sans doute...

Mais, comment?...

L'entreprise offrait des difficultés à peu près insurmontables...

Les pieds du pendu, nous le savons, arrivaient à la hauteur de la tête du jeune homme blond.

La corde, formant un nœud coulant autour du cou, se rattachait à une forte branche à laquelle elle se trouvait fixée solidement.

Il était clair comme le jour que l'inconnu, après avoir assujetti cette corde avec un soin tout particulier et une adresse de premier ordre, avait passé la tête dans le nœud et s'était lancé résolûment dans le vide et dans l'éternité...

Le jeune homme blond comprit que s'il ne voulait point faire une tentative inutile, il fallait ne pas perdre une minute.

Il fallait trancher la corde, sans s'obstiner plus longtemps à la dénouer.

Trancher la corde!... — rien au monde n'aurait été plus facile, si le jeune homme blond avait eu le moindre couteau en sa possession...

Par malheur il ne possédait ni couteau ni canif... — pas le plus petit instrument tranchant...

— Sapristi!... sapristi!... — murmura-t-il avec l'accent d'une très-vive contrariété, — que faire et comment m'y prendre...

« Le malheureux ne remue plus!... — dans une seconde il sera trop tard!...

« Oui, que faire? » — répéta-t-il.

Je trouve à l'improviste un monsieur qui s'est pendu. — Page 7.

Il mit bas sa redingote et son chapeau.

Il grimpa le long du tronc de l'arbre, en faisant preuve d'une agilité merveilleuse.

Il se coucha sur la branche transversale à laquelle attenait la corde, et il essaya de détacher cette corde.

Il s'aperçut bien vite qu'une telle entreprise était insensée et qu'il allait briser ses ongles et ensanglanter ses doigts sans obtenir le moindre résultat...

La corde, raidie et tendue outre mesure par le poids du corps du pendu, devait déjouer tous ses efforts.

Evidemment il n'existait plus qu'une seule ressource.

Il se tenait en équilibre sur la branche, et ses deux mains fouillaient fiévreusement les poches de son pantalon.

Une idée lumineuse lui vint tout à coup.

Il venait de sentir sous ses doigts la crosse du petit pistolet avec lequel il comptait se tuer.

— Voilà mon affaire! — pensa-t-il.

Il tira le pistolet de sa poche.

Il était tout armé.

Il approcha la corde tendue de l'extrémité du canon, et, après avoir ajusté avec un soin extrême il appuya son doigt sur la détente...

Le coup partit...

Les échos du bois de Boulogne répétèrent la détonation.

Les cygnes du lac voisin s'enfuirent en battant des ailes.

Les gardes dressèrent l'oreille à l'audition de ce bruit suspect qui leur annonçait un duel, un suicide ou quelque acte de braconnage audacieux...

L'effet produit fut d'ailleurs immédiat, et tel que le jeune blond l'avait espéré.

La balle trancha la corde avec une netteté merveilleuse. — Aucun damas bien affilé, et propre à faire tomber des têtes d'un seul coup, n'aurait pu faire de meilleure besogne...

Le corps du pendu s'écroula lourdement sur à un cadavre que le personnage couché tout de son long sur la terre.

Le ton pourpre du visage était devenu de plus en plus sombre...

Les lèvres tuméfiées offraient une couleur d'un violet rougeâtre...

Les yeux, largement ouverts, mais sans regards, presque sortis de leurs orbites, s'injectaient de sang...

Le bout de la langue dépassait les dents et pendait sur la lèvre inférieure.

On sait généralement que rien au monde n'est plus hideux qu'un pendu...

Le jeune homme écarta la chemise et appuya sa main sur le cœur. — Page 10.

l'épais gazon qui garnissait le pied du vieil arbre, et la branche détendue fut si rudement secouée par le contre-coup, que le jeune homme blond faillit tomber à son tour.

Il eut heureusement la présence d'esprit de se cramponner à la branche avec assez de force pour ne point perdre son équilibre, et il descendit sain et sauf.

Une fois à terre, il s'agenouilla à côté du corps immobile et complètement inanimé de l'ex-pendu, et, après une seconde de réflexion, il murmura :

— Je commence à croire que ce n'était guère la peine de perdre ma poudre et mon unique balle pour essayer de sauver un mort !...

Rien, en effet, ne ressemblait plus complètement

Celui dont nous venons de faire la connaissance ne devait certes point passer pour une exception.

Le jeune homme blond, en le regardant de près, ne put retenir un mouvement de répulsion et de dégoût.

— Sapristi ! — se dit-il, — quel oiseau de vilaine mine !... — Quand on a le malheur d'avoir une pareille tête sur les épaules et d'offrir un tel visage aux regards peu charmés de ses contemporains, il est clair comme le jour que ce qu'on a de mieux à faire est de se pendre !...

Malgré ces réflexions, peut-être justes, mais peu flatteuses pour le pendu, le jeune homme de la rue du Rocher, agissant comme si la dernière étincelle de vie ne s'était pas retirée du corps, ne laissa point son œuvre incomplète.

Il commença par détacher tout à fait le nœud coulant qui serrait le cou...

La sinistre cravate avait laissé son empreinte livide sur la chair bleuâtre et meurtrie...

Aussitôt que la corde eut relâché son étreinte mortelle, la teinte noire du visage pâlit, comme si la circulation du sang, un instant interrompue, se rétablissait.

Le jeune homme de la rue du Rocher écarta la chemise et appuya sa main sur le cœur.

Il lui sembla sentir un battement faible, léger, à peine distinct...

A deux reprises, il renouvela cette expérience.

La seconde fois, le doute lui devint impossible.

Il n'y avait pas à s'y tromper, — le cœur battait, — la vie existait encore.

— Allons! — murmura-t-il, — il paraît que je suis arrivé à temps!...

Cependant l'évanouissement continuait et menaçait de se prolonger.

Afin d'y couper court, notre personnage, après avoir fouillé dans la redingote de l'inconnu pour y prendre son mouchoir de poche, sortit du fourré, traversa la pelouse et l'allée circulaire et descendit sur la rive du lac, où il trempa dans l'eau le tissu de toile...

V. — LES RÉSULTATS D'UN SAUVETAGE.

Au bout d'un peu moins d'une minute le sauveteur improvisé était de retour avec le mouchoir largement imbibé d'eau fraîche.

Il s'agenouilla pour la seconde fois auprès du corps toujours inanimé, et il lui appliqua sur le visage le tissu ruisselant.

Le résultat de cette médication si simple ne se fit pas attendre et dépassa les espérances de celui qui la mettait en œuvre.

Le contact de l'étoffe mouillée et glaciale produisit une réaction à tel point rapide, que nous pourrions l'appeler électrique.

L'ex-pendu tressaillit de tous ses membres, comme un cadavre soumis à la décharge d'une pile de Volta.

Ses yeux roulèrent dans leurs orbites avec une vélocité prodigieuse.

Un soupir étouffé, qui ressemblait à un rauque gémissement, s'échappa de ses lèvres violacées.

Son torse se souleva par un mouvement brusque, mais la force lui manqua sans doute aussitôt, car il retomba en arrière sur le gazon.

La vie était revenue, mais l'énergie physique faisait encore défaut.

Le jeune homme de la rue du Rocher prit le corps dans ses bras, et le portant à quelques pas en arrière, l'adossa contre le tronc de ce même arbre auquel, trois minutes auparavant, il pendait comme un fruit monstrueux.

— Monsieur, — demanda-t-il à l'ex-suicidé, — comment vous trouvez-vous?

Les yeux du personnage ainsi interpellé continuèrent à rouler avec une rapidité toujours croissante, mais il ne répondit rien et ses lèvres ne s'agitèrent même pas.

Evidemment il n'avait pas entendu la question de son sauveteur, et la conscience de son brusque retour à la vie lui faisait encore complétement défaut.

— Attendons... — se dit le jeune homme, — je n'ai présentement rien de mieux à faire, puisque mon pistolet vide ne saurait désormais me rendre le service que je comptais réclamer de lui...

Il s'appuya donc contre le tronc d'un arbre voisin, et il se mit à examiner l'ex-pendu avec plus de soin et d'attention qu'il n'avait pu le faire jusqu'à ce moment.

Le premier coup d'œil — (nos lecteurs se le rappellent peut-être) — avait suscité chez lui un mouvement de répulsion.

Le résultat de l'examen attentif fut moins favorable encore à celui qui en était l'objet.

Un rapide croquis fera comprendre cette impression, — nous nous permettons du moins de le croire.

Figurez-vous un homme d'une taille au-dessous de la moyenne et d'un embonpoint prodigieux.

Son cou était un cou de taureau.

Ses épaules semblaient destinées à un torse de géant.

Ses mains larges et courtes offraient des doigts boudinés.

Ses pieds présentaient des dimensions absolument invraisemblables.

L'aspect de ces membres disproportionnés et que gonflait une graisse maladive, faisait involontairement penser aux grotesques *poussaks* en baudruche, remplis de gaz, qui s'élèvent dans les airs, au bout d'une ficelle, comme des ballons captifs et sont une des grandes joies de l'enfance.

L'ensemble du personnage que nous décrivons n'aurait été que difforme et ridicule, si le visage, d'une étrange et terrible laideur, n'avait suffi pour le rendre presque effrayant.

Ce visage, cramoisi tout à l'heure, et maintenant blafard, large comme la lune dans son plein, couronné par un crâne luisant et parfaitement chauve, sauf deux touffes de cheveux grisonnants et crépus au-dessus des tempes; — ce visage, disonsnous, offrait des méplats sinistres et des plis de mauvais augure.

Les yeux, très-gros, ronds comme des yeux de hibou et d'un gris pâle, ombragés par d'énormes sourcils en broussailles, devaient avoir habituellement une expression haineuse et menaçante.

Le nez, long, mince et crochu, aux narines serrées, offrait une frappante analogie avec le bec d'un oiseau de proie.

La bouche était d'un dessin ignoble. — Les lèvres, en s'écartant, laissaient voir des dents pointues, écartées, et d'un blanc jaunâtre.

Le menton, court et fuyant, n'existait pour ainsi dire pas. — Il se confondait avec les boursouflures du cou, rappelant en cela les bustes de Vitellius et de Caracalla.

Chacune des rides de cette figure semblait renfermer un vice, une passion criminelle, quelque chose de honteux ou d'infâme.

Après avoir analysé rapidement les détails que nous venons de décrire, le jeune homme blond passa à l'examen du costume.

Evidemment l'ex-pendu n'avait point été poussé au suicide par la misère...

Un seul regard suffisait pour en fournir la preuve matérielle et irrécusable.

Le costume était d'une élégance, ou plutôt d'une opulence prétentieuse qui produisait le plus étrange effet, à cette heure matinale, sur le gazon du bois de Boulogne.

Une épingle de diamants, finement montée par quelque joaillier en renom, attachait sur la poitrine les plis d'une chemise de toile de Hollande brodée à outrance comme une chemisette de femme.

Le gilet était de cachemire rouge, non moins amplement brodé.

Sur ce gilet ruisselaient les anneaux d'une chaîne d'or, ou plutôt d'un *câble* qui devait représenter, rien qu'au poids, une valeur d'au moins cent louis.

Des boutons d'or étincelants, et d'une largeur inusitée, *illustraient* l'habit, du drap bleu le plus fin qu'eussent pu produire les fabriques célèbres d'Elbeuf ou de Sedan.

Un objet invisible, mais qui sans doute devait être un volumineux porte-monnaie, gonflait la poche droite du gilet.

Une douzaine de bagues, ornées de rubis, de diamants, de saphyrs et d'émeraudes, constellaient les phalanges épaisses des doigts courts et boudinés que nous connaissons.

Les bottes vernies, parfaitement neuves et à tiges de maroquin rouge, comprimaient avec violence les bourrelets de chair des pieds volumineux qu'elles contenaient.

Quand nous aurons parlé du chapeau de soie, haut de forme et à large aile très-cambrées, posé sur le gazon et qui, le premier, avait attiré l'attention du jeune homme blond — quand nous aurons dit que le portefeuille placé à côté de ce chapeau était en maroquin rouge à fermoir d'or (à coup sûr l'ex-pendu affectionnait le rouge et l'or!) — il nous semble qu'il ne nous restera rien à ajouter...

Et, en effet, nous allons, sans plus tarder, reprendre notre récit.

Tandis que l'hôte de la rue du Rocher se livrait aux investigations qui précèdent, et qui, pour être complètes, lui demandèrent deux ou trois minutes, le gros homme avait repris par degrés, quoique d'une manière encore vague et incomplète, le sentiment de l'existence qui venait de lui être rendue.

Ses yeux, au lieu de continuer leur mouvement de rotation frénétique, se fixèrent sur le jeune homme qui, debout en face de lui, le regardait avec une attention pleine de curiosité.

Ce dernier répéta la question restée sans réponse un instant auparavant.

— Eh bien, monsieur, — dit-il, — comment vous trouvez-vous?

Le gros homme fit sur lui-même un effort violent et il balbutia d'une voix rauque, étranglée, à peine distincte, — enfin une véritable voix de pendu :

— Suis-je chez le diable?

Un sourire d'une expression bizarre vint aux lèvres du jeune homme blond.

— Chez le diable! répéta-t-il d'un ton sarcastique, — vous en pouvez jurer hardiment, monsieur, puisque vous êtes sur cette terre et que le diable est le maître du monde!...

L'ex-pendu parut ne comprendre que médiocrement ces paroles humoristiques.

Il porta la main à son cou tuméfié que cerclait une meurtrissure livide, du plus hideux aspect, et il reprit, de sa même voix, ou plutôt de son même râle de polichinelle enrhumé :

— Je souffre... — un collier de feu me déchire et me brûle... — qu'ai-je donc?

— Ce que vous avez? — répliqua le jeune homme blond... — eh! pardieu, c'est bien simple!... — vous avez autour du cou la morsure de la corde au bout de laquelle vous frétilliez tout à l'heure...

— La corde... — répéta le second personnage d'un air égaré. — Qui parle de corde?...

— Moi...

— Pourquoi? — que voulez-vous dire?...

— Je veux dire que vous vous êtes pendu...

L'ex-suicidé pencha la tête sur sa poitrine et parut fouiller avec obstination, pendant quelques secondes, les cases rebelles de sa mémoire.

A la fin, son regard s'éclaira d'une vague lueur.

— Oui... c'est vrai... — murmura-t-il, — je me souviens...— j'ai pris un parti... un grand parti... — je suis homme de volonté ferme... j'ai résolu de me pendre et je me suis pendu...

— Vos souvenirs sont parfaitement exacts, je me plais à le déclarer!... — dit le jeune homme blond; — j'ajouterai que vous aviez fait les choses en conscience, et que votre pendaison était complètement réussie.

— Mais alors, — continua le suicidé, dont une brume épaisse enveloppait encore les idées, — mais alors, puisque je me suis si bien pendu, je dois être mort...

— La conclusion ne brille point absolument par la justesse... — interrompit avec un sourire l'hôte de la rue du Rocher, — mais ce manque de logique me paraît excusable dans la situation où je vous vois... — vous auriez, en effet, les raisons les meilleures du monde pour être parfaitement trépassé, et cependant vous voilà vivant...

— De par tous les diables, comment cela se fait-il?... — pourquoi suis-je vivant quand je devrais être mort?

— Parce qu'on vous a sauvé juste au bon moment... — si la corde avait été coupée une demi-minute plus tard, il eût été trop tard...

Un éclair fauve passa dans les yeux ronds du gros homme.

— On a coupé la corde!... — s'écria-t-il.

— Mon Dieu, oui...

- Et, qui a fait cela?

— Moi, mon cher monsieur, pour vous servir... — répondit le jeune homme blond en saluant.

Certes, après avoir prononcé ces mots, il s'attendait à entendre les expressions chaleureuses de la reconnaissance la plus vive, et il se préparait à les accueillir avec une modestie de bon goût.

Il fut vite et complétement détrompé.

Le visage livide du gros homme s'empourpra soudainement, — ses yeux semblèrent près de jaillir de leurs orbites et prirent l'expression farouche, ou plutôt féroce, des yeux d'un boule-dogue à qui l'on veut arracher l'os qu'il dévore.

Une sorte de rugissement intérieur expira sur ses lèvres, et de sa voix rauque, où grondaient toutes les menaces de la colère, il s'écria, en formulant au début de sa phrase un blasphème à tel point énergique que nous n'osons le reproduire ici :

— Ah! c'est vous qui avez fait cela!... et vous venez quêter, peut-être, un remerciment et une récompense!...

— Monsieur, — interrompit le jeune homme blond avec hauteur, — il me semble que je ne vous demande rien!...

— C'est fort heureux, ma foi!... — reprit furieusement la suicidé. — Eh bien! si vous ne me demandez rien, je vous demande, moi, quel motif a pu vous pousser à cette belle œuvre?... Quel sentiment vous a fait agir?...

— L'humanité... — commença le jeune homme.

— Comment dites-vous? — interrompit le suicidé en ricanant.

— Je dis, l'humanité...

— Mot absurde et vide de sens!...

— Pour vous, c'est possible, mais non pour moi, qui n'ai pu voir un de mes semblables à l'agonie sans me sentir entraîné, presque malgré moi, à lui porter secours...

— C'est absurde et c'est bête!... Cette humanité ridicule, cet entraînement prétendu, ne vous donnaient, ne pouvaient vous donner le droit de vous mêler de mes affaires...

— Vous avez peut-être raison, mais je vous répète que j'ai agi machinalement, instinctivement, sans réflexion...

— Eh! de par tous les diables, jeune sot, il fallait réfléchir!... Vous figurez-vous, par hasard,

qu'un gaillard qui se pend, par un beau matin de septembre, à un arbre du bois de Boulogne, n'a pas, pour en agir ainsi, de sérieux motifs?...

— Mordieu, monsieur, — s'écria le jeune homme que la colère envahissait à son tour, — je commence par vous déclarer que je n'accepte pas l'épithète de sot, dont vous venez de me gratifier ort impertinemment.

— Acceptez-la ou ne l'acceptez pas, cela m'est fort égal, je vous jure!...

— J'ajouterai que si vous êtes mécontent de ce que j'ai fait, rien ne vous empêche de recommencer!... La corde est encore assez longue, et vous pouvez compter que cette fois je vous laisserai agir à votre fantaisie!...

— Vraiment, c'est bientôt dit!... Recommencer ce qui serait fini!... Avaler deux fois de suite, grâce à vous, une pilule amère, dont à l'heure qu'il est je ne sentirais plus le goût!... Voilà ce que me vaut votre humanité, mon bon petit monsieur!... Eh bien, non-seulement vous êtes un sot et un maladroit, je vous le répète, mais encore vous venez d'user vis-à-vis de moi de procédés indignes, inqualifiables, que je n'accepte point, et dont j'exige la réparation...

— Comment l'entendez-vous?...

— Eh! de par tous les diables, je l'entends comme il faut l'entendre!... Nous allons nous couper la gorge...

En entendant cette provocation si bizarre, si inattendue, le jeune homme blond ne put contenir un énorme et bruyant éclat de rire.

L'ex-pendu le regarda d'un air stupéfait et lui demanda :

— Est-ce que vous me refusez, par hasard?...

— Moi, refuser!... Allons donc!... Pour qui me prenez-vous?... Je suis tout prêt, au contraire, et fort joyeux, je vous l'affirme, de la partie que vous m'offrez...

— Dans ce cas, pourquoi riez-vous si fort?

— Parce que la situation me semble drôle... répondit l'hôte de la rue du Rocher, en riant toujours.

La situation était comique, en effet.

Un double projet de suicide se métamorphosant soudainement en un duel improvisé, cela valait bien un éclat de rire.

L'ex-pendu fronça les sourcils et ses lèvres s'entr'ouvrirent, sans doute dans l'intention de laisser échapper de nouveau quelque énorme et hideux blasphème...

Il se contint cependant, il garda le silence, baissa la tête et parut réfléchir.

Au bout d'une ou deux secondes la contraction de ses sourcils s'effaça...

Son regard menaçant devint plus calme.

Son visage perdit en partie sa remarquable expression de férocité bestiale; — une sorte de sourire sembla même errer sur ses lèvres.

— Ah çà, — demanda-t-il tout à coup, — quel diable d'âge pouvez-vous avoir?...

— Que vous importe? — répliqua le jeune homme blond.

— C'est juste. — Je me mêle de ce qui ne me regarde pas... — Il paraît que vous êtes brave...

— Vous saurez pertinemment, tout à l'heure, à quoi vous en tenir à cet égard...

— Vous êtes fort à l'épée, sans doute?

— Je n'ai de ma vie mis les pieds dans une salle d'armes...

— Vous tirez bien le pistolet, du moins?

— Ni bien ni mal, comme tout le monde.

— Et, cependant, vous vous prétendez joyeux d'accepter la partie que je vous propose?

— Cette partie m'enchante, je l'avoue.

— Jeune homme, cela tient à ce que vous ignorez deux choses...

— Lesquelles?

— La première, c'est que je suis de taille, un fleuret à la main, à boutonner Grisier lui-même, ou son neveu qui ne lui cède en rien...

— Après?...

— La seconde, c'est qu'à quarante pas, et neuf fois sur dix, je coupe une balle en deux parties égales sur une lame de couteau.

— Qu'est-ce que vous voulez que cela me fasse?

— Cela doit vous faire quelque chose, si vous avez, comme je le suppose, l'intelligence de comprendre qu'il y a deux mille contre un à parier que je vais vous tuer...

— Je comprends cela à merveille.

— Et vous n'hésitez pas?...

— Non-seulement je n'hésite pas, mais cette perspective me séduit tout à fait.

— Forfanterie ou bravade!...

— Vérité pure, je vous l'affirme...

— Vous n'avez donc pas peur de mourir?

— A cette question je répondrai par une autre question... — Savez-vous ce que je venais faire ici ce matin?

— Non, ma foi! — Que veniez-vous faire?

— La même chose que vous.

— Vous tuer?...

— Parfaitement.

— Quelle plaisanterie!

— Voulez-vous la preuve que je ne plaisante en aucune façon?

— Donnez...

Le jeune homme blond se baissa et ramassa le vieux petit pistolet tombé dans le gazon au pied du gros arbre.

— La preuve demandée... — dit-il en présentant l'arme au gros homme.

— Je ne comprends pas... — fit ce dernier.

— Le pistolet que voici, et dont je me suis servi, à défaut d'instrument tranchant, pour couper la corde au bout de laquelle vous vous balanciez, tout en faisant, je vous le jure, une grimace fort laide, était destiné à me faire sauter la cervelle...

— si je ne vous avais pas rencontré et dépendu, mon suicide serait présentement un fait accompli...

— Or, comme il reste toujours un peu de faiblesse humaine au fond de l'âme la mieux trempée, je ne me dissimule pas qu'il me semble infiniment plus agréable d'être tué par vous, tout à l'heure, à charge de revanche, bien entendu, que d'appuyer moi-même sur ma tempe le canon d'un pistolet, et de presser la détente...

— Ma foi, vous êtes dans le vrai... — Je comprends vos raisons, je les trouve bonnes, et je vous rendrai bien volontiers le petit service en question... — Nous allons donc nous battre au pistolet, à dix pas, nous tirerons en même temps; nous ferons nécessairement coup double, car enfin vous devez être assez adroit pour ne point manquer un homme à dix pas, et nous tomberons roides-morts chacun de notre côté... — Cela vous convient-il ainsi?...

— Cela me convient le mieux du monde...

— Par conséquent, c'est d'accord?

— Oui.

— Eh bien, allons chercher des armes... — Mais auparavant, je voudrais satisfaire ma curiosité en vous adressant une question...

— Rien ne vous en empêche, ce me semble...

— Répondrez-vous à cette question?

— Peut-être... si elle ne me semble pas trop indiscrète...

— La voici: — Quels sont les motifs impérieux qui vous poussent, si jeune, au suicide?...

— Ces motifs ne regardent que moi... — il me semble que vous devez le comprendre.

— C'est parfaitement juste, et je suis loin de le contester; mais pourquoi ne pas me les dire? Vous êtes pardieu bien certain que je ne répéterai votre secret à personne...

— Qu'avez-vous besoin de connaître ce secret?

— Mon Dieu, je suis curieux, voilà tout... — D'ailleurs, je parierais volontiers que je le devine.

— Vous me permettrez d'en douter.

— Bah! — Quand on cherche la mort, à vingt ans, c'est qu'il y a de l'amour sous roche...

Le jeune homme secoua la tête.

L'ex-pendu poursuivit:

— Ne riez pas! — Vous avez été trahi par une maîtresse que vous adoriez, ou quelque autre malheur du même genre vous est arrivé... — et c'est pour cette bagatelle, cette niaiserie, passez-moi le mot, que la vie vous semble impossible...

— Je vous affirme qu'il n'en est rien et que vous êtes absolument dans l'erreur...

— Alors vous avez commis l'une de ces innocentes peccadilles que la justice humaine est assez sotte pour envisager du mauvais côté, et vous vous réfugiez dans la mort, à seule fin d'éviter monsieur le procureur impérial... — Eh! mon Dieu, je vois cela d'ici... quelque déficit insignifiant dans une caisse à vous confiée... — rien de plus simple, de plus naturel, et peut-être de plus réparable...

Le jeune homme blond devint pourpre.

— Monsieur! — s'écria-t-il avec une véhémence

indignation, — savez-vous bien que vous m'insultez?...

— Je n'en ai, ma foi, nulle envie...

— Une telle accusation!...

— Jeune homme, je ne vous accusais pas... au contraire...

— Que faisiez-vous donc

— Je vous excusais de mon mieux.

— En me soupçonnant d'un crime?...

L'ex-pendu haussa les épaules.

— Laissons de côté, — dit-il, — laissons de côté les grands mots qui, pour moi, n'ont pas de sens et pas de valeur... — Vous vous cabrez comme un jeune étalon, parce que j'exprime naïvement quelques conjectures bien innocentes... — Vous avez tort, mais ça vous regarde... — Je serre la bride à ma curiosité... — n'en parlons plus et allons nous battre, puisqu'il vous plaît de vous envelopper dans un impénétrable mystère...

— Qui que vous soyez, monsieur, — dit alors avec une dignité naturelle l'hôte de la rue du Rocher, — et si peu que je désire me soucier de votre opinion, je ne saurais cependant rester une minute de plus sous le poids de vos outrageants soupçons... — Les motifs de ma résolution sont de telle nature qu'ils ne peuvent me faire rougir... — la misère seule me pousse au suicide...

— La misère!... répéta le gros homme avec un accent de profonde surprise.

— Oui, — la misère à ce point complète et profonde que, si je ne mourais pas aujourd'hui d'une balle de pistolet, demain je mourrais de faim...

— Il me semble que ceci n'a rien de prodigieux et d'exorbitant... d'où vient donc votre étonnement?...

— Mon étonnement vient de ce qu'à voir l'élégance de votre tenue, je vous aurais cru riche...

— *Être et paraître*... dit le proverbe... et le proverbe a raison.

— C'est juste; — mais enfin, à Paris, on ne meurt pas de faim...

— Je suis la preuve du contraire...

— Quand on veut absolument gagner de l'argent, on en gagne... — Il y a pour cela d'innombrables moyens...

— Ces moyens ne se sont point offerts à moi, ou je n'ai pas voulu les employer... — Abstenez-vous donc, je vous en prie, monsieur, de chercher plus longtemps à pénétrer dans les détails de ma vie privée...

— Loin de moi cette pensée... — Vous avez fait ce qu'il vous a convenu de faire... c'est au mieux...

— Maintenant allons chercher des armes...

— Où en trouverons-nous?

— Un peu loin d'ici, par malheur... — Il nous faudra remonter l'avenue de l'Impératrice dans toute sa longueur et redescendre les Champs-Élysées jusqu'au rond-point... — l'arquebusier le plus proche est Gastinne-Renette, avenue d'Antin.

— Eh bien, en route, hâtons-nous...

— Pourvu qu'à cette heure matinale nous trouvions sur les bords du lac quelque voiture de régie en maraude!... — Je vous prie de croire que je ne suis point venu jusqu'ici à pied... — Vous voyez en moi le plus détestable marcheur qui soit sur la terre... — il me faudrait plus d'une heure, j'en suis sûr, pour arriver à l'avenue d'Antin...

L'ex-pendu ramassa son chapeau, le plaça sur sa tête et se mit lentement en marche pour sortir du fourré.

Au moment d'en atteindre la lisière, le jeune homme blond tourna la tête en arrière et jeta un dernier regard sur le lieu qui venait d'être le théâtre d'une scène incontestablement originale.

Un point rouge, visible au milieu des vertes touffes de gazon, frappa ses yeux.

— Monsieur, — dit-il au gros homme, — je crois bien que vous venez d'oublier là-bas votre portefeuille...

— En effet, — répliqua le gros homme après avoir fouillé sa poche de côté. — De par tous les diables, vous avez les yeux parfaits!...

Et il fit mine de retourner en arrière, d'un véritable pas d'éléphant.

— Laissez, monsieur, — reprit le jeune homme blond, — je vais le ramasser et vous le rendre...

— J'accepte et je vous remercie...

Au bout d'une seconde, le portefeuille rouge se retrouvait dans les mains de l'ex-pendu.

— Vous venez de faire perdre une assez belle aubaine à celui des gardes du bois qui serait, le premier, entré dans ce fourré... — dit le gros homme avec un sourire.

— Que contient donc ce portefeuille?...

— Oh! une bagatelle!... — regardez...

L'ex-pendu fit jouer les fermoirs.

Le jeune homme blond glissa son regard dans les plis du maroquin entr'ouvert, et ne put réprimer un mouvement de surprise, en apercevant une masse très-considérable de billets de banque, pliés de manière à tenir aussi peu de place que possible, et remplissant néanmoins les deux poches qu'ils menaçaient de faire éclater.

— Mais, monsieur, — s'écria-t-il ensuite, — il y a là une somme énorme!...

— Oh! mon Dieu non... — répliqua l'ex-pendu d'un ton dégagé, — cinquante mille francs, tout au plus...

— Cinquante mille francs!... — répéta avec une sorte d'éblouissement le jeune homme blond à qui ce chiffre semblait colossal.

— Mon Dieu, oui... — fit l'ex-pendu, — une bagatelle, je vous l'ai déjà dit...

— Ah! quoi!... cinquante mille francs vous semblent une bagatelle?

— Que vous semblent-ils donc, à vous?...

— Une fortune.

— Comment, jeune homme, vous vous contenteriez de si peu?...

— Certes!... — avec une pareille somme je me croirais riche...

— En vérité vos ambitions sont mesquines!... — Cinquante mille francs ne sont rien pour moi...

— Vous êtes donc bien riche?...

— Je suis riche en effet, oui, très-riche...

— Et, cependant, vous voulez mourir?...

— Mon Dieu, oui... — ce qui doit vous prouver bien clairement que *la fortune ne fait pas le bonheur...* — vous voyez que, moi aussi, je cède au besoin des proverbes... — *La sagesse des nations luit pour tout le monde!*...

Un instant de silence suivit ces derniers mots.

Depuis que le jeune homme blond savait l'ex-pendu possesseur d'une fortune immense, il le regardait instinctivement, et presque à son insu, avec un respect involontaire. Il ne le trouvait plus ni si laid, ni si vulgaire, ni si grotesque en sa tournure...

L'ignoble expression du large visage blafard qu'il avait sous les yeux lui semblait avoir cédé la place à une forte dose de majesté...

La chaîne de montre, l'épingle en diamants, les bagues sans nombre ne choquaient plus ses regards comme un fastueux et ridicule étalage...

Que voulez-vous?...

Le temps des génies, des fées, des prodiges de toutes sortes, est bien loin de nous...

Il n'existe plus aujourd'hui qu'une seule baguette magique, mais sa puissance est surnaturelle...

Il n'existe qu'un talisman unique, mais ses vertus sont infinies.

Cette baguette et ce talisman, c'est l'or...

Notre époque est sceptique et ne croit plus à rien, qu'à la divinité de l'or...

Le veau d'or est le Dieu du monde!...

Tout objet, quel qu'il soit, que le précieux métal illumine de ses reflets, change à l'instant d'aspect et se métamorphose...

S'il était laid, il devient beau...

S'il était sombre, il devient lumineux...

S'il était infâme, il devient sublime...

L'hôte de la rue du Rocher subissait la loi commune; — du fond de sa pauvreté sinistre, les rayonnements de l'or l'aveuglaient!

Ce fut l'ex-pendu qui reprit la parole.

Il s'était aperçu sans peine de ce qui venait de se passer dans l'esprit de son compagnon; il en profita pour prendre avec lui, tout aussitôt, un certain ton de supériorité qui fut accepté sans conteste.

— Jeune homme... — dit-il.

— Monsieur?

— Voulez-vous être franc avec moi?

— Pourquoi non?

— Et répondre sans tergiverser à une ou deux questions que je vais vous adresser tout bêtement?

— Pourquoi pas?...

— Eh bien! avant de trancher la corde qui me soutenait entre la vie et la mort, aviez-vous vu le portefeuille tombé à mes pieds?...

— Oui.

— L'aviez-vous ouvert?

— Non.

— Vous doutiez-vous de ce qu'il contenait?

— En aucune façon...

— A merveille... — Dans ce cas, refusez-vous de convenir que, si vous aviez été mieux renseigné à cet égard, les choses qui viennent d'avoir lieu céans ne se seraient certainement point passées de la même façon?...

— Que voulez-vous dire?...

— Je veux dire qu'un dénoûment absolument différent aurait sans aucun doute terminé cette aventure...

— Quel dénoûment?

— Celui-ci : — Au moment où je vous parle, je me balancerais plus que jamais au bout de ma corde intacte, et le portefeuille rouge serait dans votre poche...

Cette même indignation honnête et loyale, qu'une fois déjà nous avons eu l'occasion de constater, empourpra de nouveau les joues et le front du jeune homme blond.

Il se plaça debout bien en face de l'ex-pendu, et, croisant ses deux bras sur sa poitrine, il lui dit, en le regardant de haut en bas :

— Ah çà, monsieur, savez-vous bien que je vais finir par croire que vous êtes le plus grand coquin du monde...

Le gros homme ne sourcilla point.

— Et pourquoi donc croiriez-vous cela, s'il vous plaît?... — demanda-t-il.

— Parce qu'un coquin seul peut trouver tout simple d'insulter un homme qu'il ne connaît pas, en l'accusant gratuitement, naïvement, en quelque sorte, des plus honteuses infamies...

— De par tous les diables, jeune homme, — s'écria l'ex-pendu en frappant du pied avec impatience, — vous avez l'esprit mal bâti et la rétorque trop acidulée!... — c'est une monomanie, chez vous, de voir partout des accusations attentatoires à votre dignité et à votre honneur!... — qu'ai-je pu dire de blessant pour vous?...

— Mais, il me semble...

— Il vous semble mal... — Avez-vous, par hasard, reçu de Dieu ou du diable la mission saugrenue de décrocher tous les pendus que vous rencontrerez?... — Ne pouvez-vous, sous peine de félonie et d'indignité, manquer à cette fonction de sauveteur non médaillé?... — Où donc, s'il vous plaît, serait le crime de m'avoir tranquillement laissé trancher le nœud gardien de ma vie, comme j'en avais la ferme intention, et d'avoir mis dans votre poche un portefeuille qui n'appartenait plus à personne?...

— Vous demandez où serait le crime?...

— Sans doute...

— Il serait dans l'action abominable que vous venez de signaler vous-même...

— Défendez-la, cette action, si vous pouvez...

— Comment l'appelez-vous?...

— Je l'appelle *dépouiller un agonisant!*...

— Je l'appelle, moi, *hériter d'un mort*, ce qui, comme vous voyez, n'est pas du tout la même chose... — qu'avez-vous à répondre à cela, jeune homme?...

— J'ai à répondre que vous avez la conscience large et la morale facile...

— Qu'importe, s'il en doit résulter quelque bien pour mon semblable... — or, il en serait résulté

— Vous tenez décidément beaucoup, jeune homme, à ce petit combat singulier?...

— Je tiens énormément à en finir...

— Oh! bien, que votre volonté soit faite... — allons.

Les deux hommes quittèrent le fourré d'où, selon toute vraisemblance, ni l'un ni l'autre n'aurait dû sortir vivant.

Ils traversèrent l'étroite pelouse placée sur la lisière du taillis et ils se trouvèrent dans l'allée circulaire qui s'unit, par de savantes ellipses, aux gracieux contours des lacs.

L'ex-pendu fit halte en cet endroit.

Un long soupir s'exhala de sa poitrine, tandis

Je l'appelle, moi, *hériter d'un mort.* — Page 16.

pour vous la possession de cinquante mille francs, et la possibilité de vivre, ce qui n'eût pas été, ce me semble, un adoucissement médiocre à la situation où vous vous trouvez...

— Monsieur, — interrompit le jeune homme blond avec véhémence, — à quoi bon prolonger des sophismes qui ne peuvent ni me troubler ni m'ébranler... — J'ai le jugement sain et la raison droite... tout ce qui est faux me dégoûte, tout ce qui est mal me fait horreur... — vous ne viendrez point à bout de me persuader qu'en certaines circonstances exceptionnelles il devient permis et légitime de s'emparer d'un bien qui ne vous appartient pas...—vous perdriez votre temps et vos paroles!—cessez donc, et allons nous battre.

qu'il interrogeait d'un œil désolé les profondeurs de l'horizon, à sa droite et à sa gauche, c'est-à-dire dans la direction de l'avenue de l'Impératrice et dans celle de la butte Mortemart.

Aussi loin que le regard pouvait s'étendre, aucun véhicule de remise ou de place n'apparaissait sur la poussière du macadam, que tant de splendides équipages devaient fouler quelques heures plus tard, en promenant au bois les riches et les heureux de ce monde.

L'ex-pendu poussa un nouveau soupir, plus prolongé et plus douloureux encore que le premier.

— Qu'avez-vous donc?— lui demanda le jeune homme blond.

— Ce que j'ai?
— Oui.
— J'ai que je ne vois rien venir, ni coupé, ni fiacre, ni citadine, et que nous allons être obligés de faire une lieue et demie à pied...
— Oh! bien, le malheur n'est pas grand...
— Cela vous plaît à dire, mais je vous ai prévenu déjà que j'étais le plus mauvais marcheur qui soit dans l'univers entier... — avant d'arriver au rond-point des Champs-Elysées, j'aurai les pieds abominablement meurtris...
— Franchement, mon cher monsieur, qu'importe?..

— Voyons...
— De jolis bancs, parfaitement commodes, sont échelonnés à de courtes distances les uns des autres le long des rives du lac, — vous les voyez aussi bien que moi... — asseyons-nous sur l'un de ces bancs et attendons qu'une voiture vienne à passer... — hein?... que dites-vous de cela?
— Je dis que je refuse...
— Vous refusez? — répéta l'ex-pendu d'un ton de surprise manifeste.
— Avec enthousiasme!...
— Pourquoi?...
— Parce que j'ai des nerfs, mon cher monsieur,

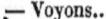

A votre santé, mon bon! — Page 21.

— Il importe beaucoup...
— Bah!... vous aurez tout le temps de vous reposer...
— Quand donc?...
— Quand vous serez couché, tranquillement, à six pieds sous terre...
— Grand merci de la perspective!...
— Il me semble qu'elle est le dénoûment obligé de nos petits projets...
— Oui et non... — je veux bien quitter ce monde au plus vite, mais j'en veux partir comfortablement et sans lassitude... — Mourir épuisé de fatigue, entre nous, c'est à me dégoûter de la mort!...
— Comment donc faire?...
— Il me semble que j'ai une idée...

et que, si ferme et si inébranlable que soit ma décision, il me paraît plus intolérable encore de voir s'écouler les minutes et la mort s'éloigner, qu'à vous d'appeler vainement une voiture qui s'obstine à ne point passer... — Finissons-en donc, sacredieu!... finissons-en tout de suite!... — Je ne me donne pas pour être un homme de bronze ou d'acier!... — J'ai la fièvre!... je souffre... — Je veux me battre à l'instant!... à l'instant même!... — votre mollesse n'est que lâcheté! — venez... suivez-moi... il le faut...
Pendant une ou deux secondes, l'ex-pendu hésita.
Un sourire parut sur ses lèvres, et avec un ton demi-sérieux :
— Il me vient une seconde idée... — dit-il enfin.

VI. — LE PAVILLON D'ARMENONVILLE.

Le jeune homme blond que nous mettons en scène, — nos lecteurs doivent le comprendre sans peine, — se trouvait dans une disposition d'esprit singulièrement assombrie...

Sa résolution de suicide était prise d'une manière qui lui semblait irrévocable, il avait hâte de se débarrasser de la vie, et de se coucher dans la tombe, comme un voyageur fatigué rêve la halte du soir et le tranquille sommeil d'un lit réparateur.

Cependant l'originalité de son compagnon était si vive, si frappante, qu'elle le conduisait d'étonnement en étonnement, et que plus d'une fois, depuis le début de l'entretien, elle avait réussi à le distraire de sa situation.

En écoutant les paroles qui terminent le précédent chapitre, l'hôte de la rue du Rocher fut stupéfait d'abord ; puis, au lieu de s'emporter ainsi que la chose paraissait vraisemblable, il finit par sourire involontairement.

— Encore une idée !... — s'écria l'ex-pendu...

— Ah !... monsieur, il me semble que vous en avez beaucoup ce matin.

— Je n'en ai pas seulement ce matin, j'en ai beaucoup toujours...

— Tant mieux pour vous...

— Et pour vous aussi, mon jeune ami...

— Comment, pour moi ?

— Eh ! sans doute, car j'ai la conviction que ma dernière idée est bonne, et, à moins d'une complète erreur de ma part, je crois pouvoir affirmer qu'elle vous semblera telle...

— Faites-moi connaître cette idée, et nous verrons après...

— Avez-vous déjeuné, jeune homme ? — demanda brusquement l'ex-pendu.

L'hôte de la rue du Rocher tressaillit.

— Une telle question !... — murmura-t-il.

— Je la répète : — Avez-vous déjeuné ?...

— Eh bien, non...

— A la bonne heure, au moins c'est de la franchise... — J'aurais dû m'en douter, d'ailleurs, car, il n'y a qu'un instant, vous avez parlé de la misère qui vous condamnait à mourir de faim...

— Monsieur !!!...

— Chut !... chut... ne vous emportez pas et écoutez-moi tranquillement... je sais ce que je voulais savoir... vous êtes à jeun, exactement comme moi, car je n'ignorais point que rien au monde ne trouble la digestion autant que de se pendre immédiatement après son repas... — Or, je me sens un grand appétit... — il est vraisemblable que vous êtes logé à la même enseigne... — je vous offre un déjeuner de première classe... — voilà mon idée...

— que répondez-vous à cela ?...

— Je réponds : *A quoi bon ?...* — Puisque nous allons mourir tous les deux, il me semble bien inutile de donner satisfaction à notre appétit.

— Ceci est un paradoxe facile à battre en brèche... — il n'est jamais inutile de se procurer une jouissance... — oubliez-vous que les Romains avaient fait du suicide une volupté ? — ils s'ouvraient les veines dans un bain tiède, qu'embaumaient des parfums choisis, et les sons d'une musique voilée et délicieuse accompagnaient leurs derniers soupirs... — imitons les Romains en quelque chose... — Marchons à la mort amplement truffés et sous l'empire des joyeuses excitations du vin de Champagne... — préparons-nous gaiement, par le bruit des bouchons qui sautent, à la détonation des pistolets qui tuent !!! — Voyons, est-ce accepté ?...

— Soit.

— Bravo ! — vous devez être un charmant convive... — de mon côté, une fois à table, je suis d'une folâtrerie merveilleuse... je bois sec, je vous en préviens... peut-être nous griserons-nous... — mais qu'importe ?... — Si des libations trop nombreuses nous rendent le coup d'œil moins sûr, nous raccourcirons la distance sur le terrain et nous nous placerons à cinq pas l'un de l'autre... au besoin, même, nous tirerons à bout portant... — Allons, jeune homme, en route, et marchons vivement !...

— Il paraît, monsieur, que vous retrouvez vos jambes quand il s'agit d'aller s'attabler !... — dit en souriant l'hôte de la rue du Rocher.

— Je néglige de relever cette épigramme... — le rond-point des Champs-Elysées est à tous les diables et l'endroit où je vous conduis est tout près de nous...

— Où me conduisez-vous donc ?

— Dans une bonne maison, soyez tranquille... — les suspectes cuisines me font peur !... — Nous allons au pavillon d'Armenonville... — vous devez connaître, au moins de nom, cet élégant cabaret... — on en parle dans toutes les pièces du Palais-Royal et des Variétés...

— Je le connais mieux que cela... — j'y ai dîné souvent...

— C'est parfait... — vous savez alors qu'on y mange à merveille, et nous allons y commander un menu de gourmets... — rapportez-vous en à moi, jeune homme... — je veux que vous vous souveniez dans l'autre monde du dernier repas que vous aurez fait dans celui-ci...

L'ex-pendu venait de parler longuement et avec véhémence.

Pendant quelques secondes il respira comme un cachalot qui renouvelle sa provision d'air, puis il se mit en marche, dans la direction du pavillon d'Armenonville, aussi vite que le lui permettaient les massives proportions de sa lourde personne.

Mais à peine avait-il fait une dizaine de pas qu'il s'arrêta en prêtant l'oreille.

Le roulement lointain d'une voiture se faisait entendre, et ce roulement cahoteux — (on ne pouvait s'y tromper), — n'était point celui d'un équipage de maître aux *patentes* irréprochables et aux chevaux nerveux et rapides.

Bientôt un nuage de poussière apparut dans la perspective de l'allée circulaire.

Ce nuage se rapprocha lentement, et l'ex-pendu put distinguer la caisse ternie d'un vieux coupé de régie, traîné par un vieux cheval pacifique et poussif que conduisait cahin-caha un vieux cocher malpropre, à trogne rouge et bourgeonnée.

Les stores relevés de cette patraque permettaient aux regards curieux de plonger dans l'intérieur.

Cet intérieur était vide.

Sur les coussins de drap déteint et maculé, il n'y avait que de la poussière.

— Le diable me protége !... — murmura l'ex-pendu dont la figure blafarde exprima la jubilation la plus vive.

Le *berlingot* arrivait en ce moment en face de nos deux personnages.

Le cocher les interrogea du regard.

Sur un signe du gros homme il arrêta la malheureuse haridelle qui se tortillait entre les brancards.

— Montez, mes bourgeois, — dit-il, — et vous serez bien menés c'est moi qui vous en réponds... — la bête ne paye pas de mine, mais pour la course elle vaut un pur-sang !... — je viens de conduire à Auteuil une petite dame qui filait de chez elle en catimini, et qui m'a donné trente sous de pourboire tant elle a trouvé que nous avions crânement marché...

L'ex-pendu ouvrit la portière.

— Montez le premier, — fit-il en s'adressant au jeune homme blond.

Ce dernier obéit sans résistance à cette injonction.

Le gros homme prit place à côté de lui et referma la portière.

— C'est à l'heure ou à la course, mes bourgeois ? — demanda le cocher en se penchant vers la glace ouverte.

— A l'heure, — répondit le gros homme.

— Suffit. — Où allons-nous, sans vous commander ?

— Au pavillon d'Armenonville.

— Connu, — dans deux minutes on y sera... — Hue, Bichette !!...

Bichette, quoiqu'elle valût un pur-sang pour la course, selon son automédon, partit à une allure qui permettait à peine d'espérer qu'elle ne mettrait pas plus d'une heure à parcourir une demi-lieue.

— Monsieur, — dit le jeune homme blond quand le coupé se fut mis en marche, — pourquoi, puisque votre heureuse étoile vient de vous envoyer la voiture que vous convoitiez si vivement, — pourquoi ne pas nous faire conduire en ligne directe chez Gastinne-Renette ?...

— Mais tout simplement parce qu'il vient d'être convenu que nous déjeunerions ensemble avant de nous brûler réciproquement la cervelle.... — Or, chose convenue, chose due... — Ne revenons jamais sur une résolution prise, surtout quand cette résolution est intelligente...

Le jeune homme ne répondit pas et le silence régna pendant quelques minutes entre les deux hôtes du coupé.

Du bord du lac au pavillon d'Armenonville, la distance est si courte que la voiture de remise n'employa qu'un quart-d'heure à la franchir et s'arrêta devant l'entrée principale de l'établissement cher aux gourmets et aux jolies gourmandes de Paris.

Tout le monde connaît ce restaurant célèbre, — célèbre surtout par sa position délicieuse, parmi des bosquets verdoyants, sur le bord d'une pièce d'eau transparente qui ressemble à une immense glace de Venise dans un cadre d'émeraudes...

S'il est vrai, comme nous le croyons, que le plaisir des yeux double le prix des jouissances culinaires, le pavillon d'Armenonville a toutes les chances possibles de faire apprécier au plus haut point les recherches de la gastronomie savante et raisonnée.

Au bruit d'une voiture s'arrêtant devant la porte, trois ou quatre garçons apparurent, un peu étonnés de voir débarquer des clients à cette heure matinale.

— Faudra-t-il servir ces messieurs sous les charmilles ou dans un cabinet ? — demanda l'un d'eux.

Si le jeune homme blond avait été consulté, sans aucun doute il se serait prononcé pour les charmilles.

Il lui semblait bien autrement agréable de respirer l'air pur, sous une ramée épaisse, que de s'enfermer dans une pièce de six pieds carrés, tendue de papier vert d'eau et décorée d'ornements en carton-pierre.

Mais l'ex-pendu ne prit point son avis et se hâta de répondre au garçon :

— Préparez un cabinet, et donnez-moi un crayon et du papier ; — je vais m'occuper de rédiger la carte de notre déjeuner...

Puis, se tournant vers son compagnon, il ajouta :

— Sous les charmilles on n'est pas chez soi... — tout le monde nous voit, tout le monde nous entend... — les curieux et les indiscrets nous observent et nous écoutent, ce que je ne saurais supporter... — avant une heure ce jardin sera plein de monde, c'est-à-dire d'yeux ouverts et d'oreilles avides... — Dans un cabinet, au contraire, rien ne nous empêchera de causer tout à notre aise et personne ne sera là pour épier et pour commenter nos paroles... — Telle est la raison bonne et valable qui me fait me décider pour un cabinet... — ne trouvez-vous pas que j'ai raison ?...

Pour s'éviter la peine de répondre, l'hôte de la rue du Rocher fit un signe de tête affirmatif.

Il se demanda bien à lui-même quel mystérieux échange de paroles pouvait avoir lieu entre lui et son étrange compagnon ; mais cette question resta sans réponse et il ne l'adressa point à l'ex-pendu.

Au même instant le garçon reparaissait avec un crayon et une feuille de papier blanc.

VII. — DANS UN CABINET PARTICULIER.

Avant que dix minutes se fussent écoulées, les deux hommes étaient assis en face l'un de l'autre dans un joli cabinet éclairé par une large fenêtre prenant jour sur la pelouse et sur la pièce d'eau.

Une foule de hors-d'œuvre apéritifs, et deux bouteilles noires et trapues, de l'aspect le plus vénérable, renfermant dans leurs flancs du vieux Madère et du Xérès sec de l'année 1789, couvraient la table et réjouissaient le regard.

— Allons, jeune homme, — dit l'ex-pendu en remplissant le verre mousseline de son convive d'une liqueur jaune et transparente comme de l'ambre en fusion. — Ceci est un vieux vin qui mérite les honneurs d'une dégustation sérieuse !
— Je le recommande à votre attention... — Comment le trouvez-vous?...

— Parfait !...

— A la bonne heure !...—Je vois que vous vous y connaissez... — Accepterez-vous une tranche de ce bœuf fumé de Hambourg et quelques-uns de ces pikles congelés au poivre de Cayenne?...

— Volontiers...

— Ces condiments de haut goût préparent à merveille les voies digestives, et je veux vous mettre en état de savourer *avec* ampleur les divers petits plats du déjeuner fin qui va nous être servi céans... — Que diable, jeune homme, égayez-vous !... — Ai-je l'air, moi qui vous parle, d'engendrer la mélancolie? — Si nous n'avons qu'une heure à vivre, au moins passons-la gaiement !... — Il existe, je crois, une vieille chanson qui dit à peu près cela... Cette chanson a raison!...
— Tendez-moi votre verre, mordieu! et tenez-moi tête carrément... — Le vin du Rhin fera son entrée tout à l'heure... — Nous sablerons ensuite un peu de Château-Laffitte revenu de l'Inde... — Nous continuerons par le Clos-Vougeot, cachet-Aivrard, et nous finirons par le Saint-Céray du coteau de Hongrie de la maison Faure père et fils...
— Qu'en dites-vous, jeune homme? Est-ce bien ordonné?...

— Je ne puis que m'incliner devant vous, monsieur, avec une admiration profonde et sincère...

Le visage boursouflé de l'ex-pendu s'illumina.

Il était facile de voir que l'approbation de son convive chatouillait à l'endroit sensible l'amour-propre du gros homme...

— Oui... — oui... — fit-il en s'épanouissant de plus en plus... — je m'entends assez bien à tout cela... — on peut s'en rapporter à moi !... — Pour combiner un joli menu et pour établir la progression logique et rationnelle des vins de grands crus, je ne crains personne au monde !...

En cet instant apparurent sur le seuil du cabinet le maître d'hôtel et l'un des garçons du pavillon d'Armenonville.

Le garçon apportait les premiers plats du déjeuner.

Le maître d'hôtel, pénétré de respect pour l'auteur d'un menu que Brillat-Savarin, Grimod de la Reynière et l'illustre Carême n'auraient pas désavoué, avait voulu présenter ses humbles hommages à ce gastronome de la grande école, et s'assurer par ses propres yeux que rien ne manquait au service.

Certes, il nous plairait de mettre sous les yeux de nos lecteurs les détails d'un menu digne de tant d'éloges...

Nous y songions... nous allions le faire... — Mais, au dernier moment, nous avons reculé !...

Voici pourquoi :

Lancé sur l'océan de la publicité par un journal dont les abonnés sont innombrables, ce *menu* prodigieux pourrait tomber sous des yeux incapables de le comprendre et de l'apprécier...

Or, quiconque expose les choses saintes à la profanation, est lui-même un profanateur !...

Tel est le motif de notre abstention.—Qui donc oserait ne l'approuver point?...

Nous irons donc fumer un londrès, si vous le voulez bien, pendant environ une heure, sous les ombrages du bois de Boulogne, et nous ne rentrerons dans le cabinet que lorsque le repas des deux inconnus sera tout près de toucher à sa fin.

Plusieurs bouteilles vides, symétriquement placées à droite et à gauche de la table, annonçaient clairement que les deux convives avaient *bu sec*, l'un et l'autre, accomplissant ainsi le programme de l'ex-pendu.

Ce dernier dont le visage était resté pâle, mais dont les yeux étincelaient et dont le nez rougi avait l'éclat brûlant d'un rubis, semblait au comble de la jubilation.

Il *sirotait* à petites gorgées, avec une indicible expression de béatitude, le Clos-Vougeot contenu dans son verre, et de temps en temps il s'interrompait pour fredonner faux quelques brides d'un air d'opéra qu'il rendait à peu près méconnaissable.

La physionomie du jeune homme blond n'offrait pas un moins complet changement.

Une teinte faiblement rosée colorait ses joues et donnait à ses traits si purs une beauté toute féminine.

Son regard n'exprimait plus la mélancolie résignée de l'homme qui va demander à la mort un asile contre les misères de la vie. — Il brillait maintenant, hardi, insouciant, presque moqueur...

Un vague sourire, exempt de toute amertume, soulevait à demi sa lèvre supérieure.

Evidemment le jeune homme n'était pas ivre, mais non moins évidemment il subissait l'excitation bienfaisante de ces vins généreux que Dieu dans sa bonté n'a mis à la portée de l'homme que pour lui permettre d'éloigner de sa pensée, grâce à eux, tous ses soucis, et d'oublier momentanément ses chagrins et ses douleurs.

L'absinthe, l'opium et le hatschich — (nous dira-t-on peut-être), — amènent à leur suite des résultats pareils...

Ce serait un blasphème de le répéter et de le croire...

Ils donnent l'ivresse et l'oubli, sans doute... — Mais à quel prix, grand Dieu !...

Le hatschich, l'opium et l'absinthe sont des poisons infâmes ! — le vin est un souverain dictame !...

— Celui-ci vient du ciel, — ceux là viennent de l'enfer !...

A l'une des extrémités de la table, deux bouteilles de vin de Saint-Péray plongeaient jusqu'au goulot dans des rafraîchissoirs en argent remplis de glace.

L'ex-pendu saisit une de ces bouteilles et remplit successivement deux coupes de cristal, merveilleusement minces et fragiles, placées à côté de lui et de son convive.

Ensuite, il souleva la sienne, et la heurtant contre celle du jeune homme, il dit, d'un ton vif et jovial :

— A votre santé, mon bon !...

— A votre santé !... — répondit machinalement l'hôte de la rue du Rocher.

Les deux coupes furent vidées d'un trait.

Le gros homme, en replaçant la sienne sur la table, se mit à rire aux éclats, avec la plus franche bonhomie.

Son convive le regarda d'un air de curiosité manifeste.

— Je comprends... je comprends... fit l'ex-pendu, — vous vous demandez pourquoi je ris ?... n'est-il pas vrai ?

— J'en conviens, rien n'est plus vrai...

— Un seul mot me fera partager mon hilarité. — Connaissez-vous rien de plus original et de plus drôle que la situation de deux hommes qui vont dans une heure se brûler réciproquement la cervelle, et qui boivent avec une courtoisie parfaite à la santé l'un de l'autre ?... — hein !... c'est amusant, c'est corsé, c'est cocasse !... — Avec ce qui nous arrive on ferait une comédie...

— Dont le dénoûment tournerait singulièrement au mélodrame !... — répondit le jeune homme blond en souriant.

— Est-ce que par hasard le mélodrame n'est pas de votre goût ?...

— Je vous avouerai très-volontiers que je préfère la comédie...

— Je suis tout à fait de votre avis ; or, cette similitude d'opinion m'encourage à vous poser une petite question bien simple...

— J'y répondrai sans hésitation et sans réticence...

— Jeune homme, tenez-vous beaucoup, mais beaucoup, à m'égorger de votre propre main et à recevoir la mort de la mienne ?...

— Je n'y tiens pas le moins du monde, au contraire.

— Vous n'êtes donc pas avide de mon sang ?...

— Quelle plaisanterie !... — quoique vous m'ayez apostrophé tout d'abord d'une façon un peu plus que leste, je ne vous en garde nullement rancune ; vous me paraissez, au fond, un bon diable, et si vos dispositions primitives se sont modifiées, je n'insisterai ni peu ni beaucoup pour vous loger une ou deux balles dans la tête... — je ne réclamerai même pas à vous le service de me brûler la cervelle, si cette bagatelle vous paraît désagréable, et je ferai mon affaire moi-même...

— Vous êtes décidément un aimable garçon ! — dit l'ex-pendu en reprenant la bouteille de Saint-Péray et en remplissant les coupes ; — à votre santé, mon jeune ami...

— A votre santé, mon cher monsieur...

— Quel joli vin !...

— Oh ! charmant !... charmant !...

Un silence de quelques secondes suivit l'échange de ces dernières répliques.

L'ex-pendu rompit ce silence.

— Parlons raison... — continua-t-il, — est-ce que votre idée fixe vous poursuit toujours ?...

— Quelle idée fixe ?...

— Celle de vous débarrasser de la vie ?...

— Sans aucun doute... toujours et plus que jamais...

— Excusez ma franchise, jeune homme, mais voilà qui n'a pas le sens commun...

— Pourquoi donc ?...

— Parce que la vie est une bonne chose et qu'il faut, quand on est intelligent, s'y cramponner le plus longtemps possible...

— Ah ! par exemple, — s'écria le jeune homme blond, — le diable m'emporte si je m'attendais à ceci !... — vous pouvez vous vanter, mon cher monsieur, de manquer terriblement de logique !...

— Le croyez-vous ?

— Pardieu !... — vous me prêchez en ce moment l'amour de la vie, avec une éloquence convaincue, et vous vouliez vous battre avec moi, il y a deux heures à peine, parce que j'ai coupé la corde qui vous lançait dans l'éternité...

— Savez-vous ce que cela prouve ?...

— Mais, tout simplement, si je ne me trompe, que vous avez peu de suite dans les idées...

— Nous allons, avec votre permission, en tirer une autre conclusion...

— Laquelle ?

— Celle-ci : — Ce matin j'agissais comme un insensé, et maintenant me voici redevenu raisonnable...

— Ainsi, vous ne songez plus à mourir ?...

— J'espère bien vivre encore une cinquantaine d'années, tout au moins...

— Cependant votre projet de suicide était parfaitement arrêté dans votre esprit, puisque, quand je suis intervenu si fort à propos, il ne manquait que peu de chose à sa réalisation définitive.

— Je n'en disconviens point...

— Il me semble peu vraisemblable que vous ayez pris, sans des motifs graves, une détermination pareille...

— D'accord.

— Rien n'est changé depuis ce matin... rien n'a pu, selon moi, modifier à ce point vos intentions et votre manière de voir...

— Peut-être...

— Vous parlez comme une énigme!...

— C'est vrai, mais cette énigme-là, sans doute, vous en saurez le mot quelque jour...

— Hâtez-vous donc de me le faire connaître, car ce soir il sera trop tard...

— Qui sait?...

— Le diable m'emporte si je vous comprends!...

— Eh bien, je ne désespère pas tout à fait, mon jeune ami, de vous voir suivre l'exemple excellent que je viens de vous donner...

— Vous prétendez me faire changer de résolution?...

— Mon Dieu, oui... Je me rappelle à ce sujet un vieux vers, rempli de bon sens, qui dit en propres termes :

L'homme absurde est celui qui ne change jamais!...

et je suis de l'avis de ce vieux vers.

Le jeune homme blond secoua la tête.

— Il y a des choses impossibles... — murmura-t-il.

— Ceci est un paradoxe, et ne prouve quoi que ce soit!... — Rien n'est impossible... — Si une chose vous paraît invraisemblable et improbable, croyez qu'elle est au moment de s'accomplir... N'en suis-je pas une preuve vivante?... — Au moment où je vous parle, je devrais être mort, et cependant me voici frais, dispos et gaillard, buvant du Saint-Péray avec vous... — De par tous les diables, mon jeune ami, je connais votre situation aussi bien, et peut-être mieux que vous ne la connaissez vous-même...—Vous vous trouvez le plus malheureux des êtres créés, parce que vous avez le cœur et la tête remplis de désirs et d'ambitions que le vide absolu de votre cœur ne vous permet pas de satisfaire...—Vous avez une de ces natures délicates et sensuelles, faites pour toutes les jouissances, — amoureuses de tous les luxes et de toutes les voluptés... — Le hasard maladroit vous a donné les goûts d'un millionnaire en oubliant de vous donner les millions... — Vous aimez les jolies femmes, les beaux chevaux et les vieux vins !... — L'élégance est votre élément, — la pauvreté vous fait horreur...—Vous avez lutté quelque peu, je suppose, pour l'acquit de votre conscience, contre les nécessités de la vie... puis, aussitôt que vous vous êtes senti fatigué, vous vous êtes déclaré vaincu...—Vous n'aviez pas les épaules assez fortes pour supporter le poids écrasant du travail et de la misère; — vous ne vouliez ni mendier, ni voler...—Vous vous êtes dit : — *L'air manque ici-bas!... allons voyager dans le monde inconnu!...* Vous avez pris un pistolet — et vous êtes venu au bois de Boulogne... — Voilà votre histoire depuis A jusqu'à Z; — si je me suis trompé d'un iota, dites-moi où est mon erreur?...

Le jeune homme blond baissa la tête en souriant.

— Peste!...—dit-il, — comme vous connaissez la vie!...

— Vous en convenez... — C'est fort bien... — Donc, mon jeune ami, je suis dans le vrai...

— Aussi complétement qu'on y puisse être... — Que prétendez-vous en conclure, je vous prie?...

— Que vous avez parfaitement bien fait de venir au bois de Boulogne ce matin, dans le but de vous y faire sauter le crâne...

L'imprévu de cette conclusion fit tressaillir le convive de l'expendu.

— Comment, — s'écria-t-il, — vous trouvez que j'ai bien fait...

— Sans doute, puisque c'est au bois de Boulogne que vous m'avez rencontré... et que, de cette rencontre, résultera vraisemblablement un changement notable dans votre destinée...

— Un changement?...—répéta le jeune homme avec une curiosité facile à comprendre.

— Oui, complet et immédiat...

— Je vous comprends moins que jamais...

— Je m'explique... — Vous étiez pauvre, vous serez riche;—vous étiez isolé, vous aurez un ami, le plus dévoué, le plus vigilant de tous les amis...

— La vie était pour vous un long supplice de Tantale, — vous étiez sevré forcément de ces mille jouissances du luxe, de la vanité, du plaisir, dont votre nature est avide, vous nagerez désormais dans un océan de luxe, d'élégance et d'amour...— En un mot, jusqu'à ce jour, vous comptiez parmi les déshérités de ce monde... à partir de demain vous appartiendrez à la phalange des heureux du siècle...

— Je rêve, ou vous vous moquez de moi... — balbutia le jeune homme blond qui sentait une sorte d'ivresse bizarre, bien différente de celle du vin, envahir son cerveau.

— Vous êtes parfaitement éveillé et rien n'est plus sérieux que ce que je viens de vous dire, rien n'est plus réel que ce que je viens de vous promettre...

— Quoi, tous ces luxes, toutes ces jouissances, tous ces plaisirs...cette réalisation complète, enfin, des rêves infinis d'une ardente imagination, d'une jeunesse inassouvie?...

— Toutes ces choses sont à votre disposition...

— Et, qui me les donnera?...

— Moi.

Le jeune homme blond attacha sur l'ex-pendu un regard où la défiance et l'espoir éclataient à la fois.

L'étrange personnage soutint ce regard avec un calme souriant.

— Mon Dieu, oui, mon jeune ami... — reprit-il ensuite, — moi-même, qui ne demande qu'à me faire le très-obéissant et très-empressé serviteur de vos fantaisies et de vos caprices...

— Dois-je vous croire?...

— Je vous y engage fortement... — Vous serait-il agréable, d'ailleurs, d'avoir une preuve immédiate de ma véracité parfaite?...

Le jeune homme blond fit un signe affirmatif.

— Eh bien! cette preuve, la voilà...

L'ex-pendu, tout en disant ce qui précède, tira de sa poche le portefeuille rouge, très-gonflé, nous le savons, de billets de banque.

Il l'ouvrit, — il le plaça sur la table entre lui et son convive, et il ajouta : —Puisez largement dans ce portefeuille... prenez même, si cela vous convient, la totalité de ce qu'il renferme... — Je suis riche, je suis très-riche... cinquante ou soixante mille francs sont pour moi une bagatelle insignifiante... — Puisez donc, ceci est à vous...

Le jeune homme blond, fasciné, étendit vivement sa main vers le portefeuille rouge...

Mais cette main se retira presque aussitôt sans avoir touché les précieux chiffons.

— Comment, — fit l'ex-pendu avec un nouveau sourire, — vous hésitez!...

— C'est vrai.

— Craignez-vous, par hasard, que ces billets de banque ne soient faux?... — Je vous affirme qu'il n'en est rien...

— Oh! je ne pensais point à cela...

— Alors, quel scrupule vous arrête?...

— Vous m'offrez une somme énorme...

— Énorme pour vous, minime pour moi, je vous le répète... —interrompit l'ex-pendu. — Continuez...

— Qu'allez-vous me demander en échange?...

Il y eut un silence d'un instant.

Le jeune homme blond attendait, avec une évidente anxiété, la réponse de son interlocuteur.

— Ce que je vais vous demander en échange?... — répéta ce dernier.

— Oui.

— Absolument rien, mon jeune ami...

— Ce n'est pas possible...

L'ex-pendu se mit à rire.

— Je vous en supplie, — répliqua-t-il, — défaites-vous donc de cette déplorable habitude de voir des impossibilités partout... — Je sais à merveille que ce qui se passe en ce moment entre nous n'est point ordinaire, mais je sais mieux encore que cela n'est pas impossible. — Vous connaissez vos classiques, je le vois, — vous avez lu Balzac; — votre imagination est remplie de Don Carlos Herrera, autrement dit Vautrin, autrement dit Jacques Collin, autrement dit Trompe-la-Mort, arrêtant Lucien de Rubempré sur le chemin du suicide et lui faisant entrevoir, pour le décider à vivre, une existence à peu près semblable à celle que je viens de vous promettre... — Bref, vous vous figurez qu'en vous donnant de l'or, je vais vous proposer un pacte et vous enchaîner à moi pour quelque ténébreuse entreprise... — Rassurez-vous, mon jeune ami, — laissez là le roman et regardez d'un œil tranquille la réalité... — Entre l'abbé Carlos Herréra et votre serviteur, il n'y a rien de commun... — Je ne suis point le caissier des *bagnes*, le chef redouté des *Dix Mille*, l'homme d'affaires des *grands Fanandels*... — ne voyez en moi que ce que je suis, c'est-à-dire un original, et pas autre chose... — Cet original s'est mis dans la tête de réparer à votre égard l'injustice du sort... — Vous ne le connaissez pas, mais en revanche il ne vous connaît pas non plus... — il vous offre la richesse et le bonheur, et il n'exige pas la moindre chose en échange... — Acceptez donc, sans réfléchir, ce qu'il vous propose les yeux fermés!...

« Est-ce convenu, mon jeune ami?... »

VIII. — ANDRÉ BONTEMS.

Hésiter plus longtemps était impossible.

Il fallait prendre un parti immédiat; — il fallait accepter ou refuser à l'instant même...

Or, les propositions formulées par l'ex-pendu étaient trop brillantes, trop inespérées, trop merveilleuses, pour être accueillies par un refus...

Comment répondre : *Non!* à cet homme étrange qui offrait la fortune et le bonheur et qui ne demandait rien en échange?

Le nageur imprudent que la vague engloutit repousse-t-il la main étendue vers lui pour le sauver?...

— Est-ce convenu? — répéta pour la seconde fois le bizarre personnage, — acceptez-vous?

— Eh bien! oui... — répondit avec entraînement le jeune homme; — c'est convenu... J'accepte...

— A la bonne heure!... — Alors, touchez là!...

L'hôte de la rue du Rocher mit sa main dans la main large et courte que lui présentait par-dessus la table l'ex-pendu.

En prenant cette chair moite et flasque, il éprouva une sensation de dégoût irrésistible pareille à celle qu'on ressent au contact de la peau visqueuse d'un reptile, mais il eut sans doute assez d'empire sur lui-même pour dissimuler cette sensation, et l'ex-pendu ne s'aperçut vraisemblablement de rien, car sa figure ne changea pas d'expression.

— Maintenant que nous voici d'accord, mon jeune ami, — continua-t-il, — il me faut bien vous adresser quelques questions que vous ne trouverez pas trop indiscrètes... du moins je l'espère...

— Quelles que soient ces questions, je vous promets d'autant plus volontiers d'y répondre que je n'ai rien à cacher...

— Eh bien, d'abord, comment vous appelez-vous?...

— Maxime...

— C'est un nom de baptême, cela...

— Je n'en ai pas d'autre.

— Mais, votre famille?...

— Inconnue.

L'ex-pendu se frotta les mains.

— Ainsi, pas de parents? — reprit-il.

— Pas le moindre parent, monsieur, et vous

pouvez même, sans risque de vous tromper, ajouter : pas d'amis...

Le visage du gros homme prit une expression radieuse.

Il se frotta les mains de plus belle et murmura, comme se parlant à lui-même :

— Bravo!... très-bien!... c'est parfait!...

— On dirait que mon isolement vous enchante! — s'écria le jeune homme, fort surpris de ces manifestations inattendues.

— Et l'on aurait raison de le dire... il m'enchante en effet...

— Pourquoi donc ?...

— Vous oubliez que cet inconnu est mon sauveur...

— Je me souviens au contraire que c'est en raison de ce titre de sauveur que vous vouliez me casser la tête il y a une heure...

— Vous m'aviez pris dans une mauvaise humeur... j'étais mal disposé... un agacement complet, résultant de la strangulation que je venais de subir, ébranlait mon système nerveux... — Mais le fait est que vous m'avez plu tout de suite... Je ne vous ai pas caché, d'ailleurs, que je suis un original... un *excentric-mann*, comme disent nos voisins d'outre-Manche...—Ce mot explique tout...

Une jeune femme, de la plus surprenante beauté, fit une entrée rapide et bruyante. — Page 29.

— Parce que je remplacerai pour vous la famille et les amis qui vous manquent... — je vous tiendrai lieu de tout cela...

Maxime ne put réprimer un geste de surprise.

— Oh! je vois bien que je vous étonne...— poursuivit l'ex-pendu en riant ; — vous vous dites que je suis un drôle de corps!... — vous me trouvez même un peu fou!...

— Mais non, monsieur... mais non, je vous jure...

— Allons, mettez-y de la franchise. — que diable, mon jeune ami, je lis dans votre pensée comme dans un livre ouvert...

— Eh bien, la vérité est que je ne comprends guère une aussi prodigieuse bienveillance à l'endroit d'un inconnu...

— C'est juste...

— Je poursuis mon petit interrogatoire...—quel âge avez-vous ?

— Vingt-deux ou vingt-trois ans... je suppose...

— Comment, vous êtes dans l'incertitude à cet égard ?

— Mon Dieu, oui...

— Vous n'avez donc jamais eu sous les yeux votre acte de naissance ?

— Jamais...

— Comment cela se fait-il ?

— Vous me demandez là l'histoire de ma vie...

— Trouvez-vous quelque inconvénient à me raconter cette histoire...

— Pas le moindre, seulement il s'agit d'un long récit...
— Et vous ne vous sentez point disposé à le faire en ce moment...
— J'en conviens... — cependant, si vous l'exigez...
— Exiger quelque chose, moi!... allons donc! — on voit bien que vous ne me connaissez pas...
— Vous prendrez votre temps, mon jeune ami, et vous satisferez, quand il vous plaira, ma curiosité légitime, ou plutôt mon affectueux intérêt... — Plus que deux ou trois questions, et j'ai fini... — où demeurez-vous?

— Non.
— Un amour de cœur...
— Pas davantage...
— C'est peu vraisemblable, savez-vous?
— J'en conviens, et c'est néanmoins l'exacte vérité.
— Avez-vous des dettes?
Maxime secoua la tête.
— Ni petites, ni grandes? — poursuivit l'expendu.
— Aucune.
— C'est merveilleux!... — vous êtes plus que parfait!...

Toutes les têtes et toutes les lorgnettes se dirigèrent vers l'avant-scène. — Page 29.

— Rue du Rocher?
— Dans une mansarde, je suppose...
— Dites plutôt, dans un grenier...
— Pauvre garçon!...
— Vous me plaignez?
— Sans doute, car, n'en déplaise à l'illustre Béranger :

« Dans un grenier qu'on est mal à vingt ans!!... »

n'est-ce pas votre avis?
— Complétement.
— Je suis heureux de voir que vous partagez presque toutes mes opinions... — Avez-vous une maîtresse?...

— Moins que vous ne le pensez; — qui diable aurait voulu faire crédit à un garçon sans aucune position et aussi pauvre que moi...
— Vous avez possédé de l'argent quelquefois, cependant?
— Souvent, et d'assez fortes sommes...
— D'où vous venait-il, cet argent?...
— Ceci se rattache à l'histoire de ma vie...
— Très-bien... — je n'insiste pas et mon interrogatoire est fini... — vous a-t-il paru trop long?
— Vous n'en croyez rien, cher monsieur...
— Ne m'appelez pas *cher monsieur*... — je me nomme André Bontems... — dites-moi tout simplement : *mon ami*...
— Comme vous voudrez et bien volontiers...

— Vous êtes un charmant garçon que j'aime déjà comme un fils...—Est-ce assez heureux, mon Dieu! que nous ayons choisi tous deux cette belle matinée pour un double suicide!... — Allons, décidément, le hasard fait bien ce qu'il fait!... — Avez-vous fini de déjeuner?

— Complétement.

— Dans ce cas, rien ne vous retient ici, et nous pourrons partir aussitôt que j'aurai soldé l'addition...

— Où irons-nous?

— Chez moi, si vous le voulez bien... — J'éprouve le besoin de vous montrer mon petit intérieur...— oh! c'est modeste... c'est très-modeste... je vis seul et j'ai des goûts simples. — Tenez d'ailleurs pour certain, mon cher Maxime, que je ne vous imposerai point une simplicité pareille... — A propos, mettez donc dans votre poche le contenu de ce portefeuille...

— Quoi, sérieusement, vous voulez?...

— Non-seulement je veux, mais j'exige...

— Mais à trop... c'est beaucoup trop...

— Oui, c'est beaucoup trop de façons pour une bagatelle insignifiante, — interrompit l'ex-pendu; — prenez donc, vous dis-je, et surtout n'épargnez pas!... — En ce monde sublunaire rien n'est aussi sot que l'économie, croyez-en mon expérience...

Maxime obéit et mit, en frémissant de joie, la liasse de billets de banque dans la poche de côté de sa redingote.

Ce n'est pas que le jeune homme aimât l'argent pour l'argent lui-même, mais ces billets de banque contenaient la réalisation prompte et certaine de tous ces rêves d'élégance, de luxe, de plaisir, qui ne font jamais défaut à une imagination de vingt ans.

Or, tandis que de délicieux mirages, évoqués par le seul attouchement des soyeux chiffons signés : *Garat*, passaient devant les yeux du jeune homme, l'ex-pendu, ou plutôt André Bontems — (c'est ainsi que nous l'appellerons désormais) — sonnait le garçon, demandait des cigares et tirait de sa poche cinq ou six pièces d'or pour payer l'addition.

— Un dernier verre de Chartreuse verte... — dit-il ensuite à Maxime — et partons...

Les deux hommes quittèrent le cabinet particulier dans lequel ils venaient de déjeuner et de causer, et remontèrent dans le coupé en ruine qui les attendait à la porte.

— Barrière de l'Étoile... — cria André Bontems au cocher.

— Tiens!— fit Maxime,— vous demeurez dans le haut des Champs-Élysées...

— Pas le moins du monde...

— Nous allons cependant nous arrêter à la barrière...

— Oui, mais uniquement pour changer de voiture... — Je ne saurais vous dire à quel point m'est antipathique un véhicule qui ne marche pas.... — J'habite, d'ailleurs, la plus lointaine extrémité de Paris, et cette haridelle fourbue mettrait plus de deux heures à nous y conduire...

La station voisine de l'Arc de triomphe est presque toujours, surtout le matin, amplement pourvue de voitures de place.

André Bontems et Maxime s'installèrent dans une citadine attelée d'un vigoureux cheval, et le cocher reçut l'ordre de toucher rue des Amandiers-Popincourt.

Pendant toute la durée de l'immense trajet qui sépare les Champs-Élysées du bord du canal Saint-Martin, la conversation entre l'ex-pendu et son sauveur ne tarit pas un instant,— mais pas un instant non plus il ne fut question des événements qui venaient de s'accomplir, et de la situation dans laquelle les deux compagnons se trouvaient l'un vis-à-vis de l'autre.

André Bontems parla de tout, politique, livres nouveaux, pièces en vogue, princesses de la rampe, reines des boudoirs faciles et des bals publics, sinon avec beaucoup d'esprit, du moins avec une parfaite connaissance de cause, en homme qui n'ignore rien de la vie parisienne et de tout ce qu'elle comporte.

Une incontestable rectitude de jugement, et surtout un fonds de bonne humeur inépuisable, perçaient sous chacune de ses paroles.

Il était impossible de supposer que ce causeur joyeux, qui semblait enchanté de la vie et disposé sans cesse à voir les hommes et les choses sous leur bon côté, s'était, deux heures auparavant, mis volontairement la corde au cou pour s'expédier dans l'autre monde.

Et pourtant rien n'était plus vrai!

Maxime comprenait si peu cette anomalie que parfois il croyait rêver et qu'il se prenait à douter de la réalité des faits accomplis...

Enfin, après une heure de marche, la voiture s'arrêta.

— Nous sommes arrivés... — dit André Bontems; — descendez le premier, mon jeune ami...

Maxime sauta sur le pavé et promena ses regards autour de lui.

Il ne vit, à sa droite et à sa gauche, que deux longues murailles au-dessus desquelles s'élevaient çà et là des touffes de verdure.

La rue des Amandiers-Popincourt, dans sa partie supérieure, renferme plus de jardins que de constructions. — Elle est l'une des artères les moins populeuses d'un quartier perdu.

En face de la citadine se trouvait une petite porte grise, au-dessus de laquelle était peint le numéro indiqué au cocher par l'ex-pendu.

— Où donc est votre logis?—demanda Maxime quand la voiture se fut éloignée.

— Vous allez voir... — répondit André Bontems en tirant une clef de sa poche et en ouvrant la porte grise.

— Entrez, — ajouta-t-il ; — vous voici chez moi, par conséquent vous voici chez vous...

Maxime franchit le seuil et se trouva dans un jardin assez vaste, parfaitement entretenu, dessiné à la française, et dont les allées rectilignes offraient aux regards charmés des marges de fleurs éblouissantes.

Une allée de charmilles, taillée en berceau selon l'ancienne mode, conduisait à une maisonnette située à l'extrémité du jardin et cachée presque entièrement par un groupe de tilleuls d'une belle venue.

Rien ne se pouvait imaginer de plus placide et de plus riant que l'aspect de cette maisonnette aux murailles blanches, aux volets verts, haute seulement d'un rez-de-chaussée et d'un étage, et qui semblait construite tout exprès pour y cacher de mystérieuses amours.

Cette supposition, du reste, était de tout point conforme à la vérité.

Un grand seigneur du dix-huitième siècle avait fait bâtir jadis le pavillon qui nous occupe, et ce pavillon était devenu l'asile inconnu d'une maîtresse idolâtrée.

— Comment trouvez-vous ma thébaïde ? — demanda André Bontems.

— C'est un paradis !... — s'écria Maxime.

— Rien de plus modeste, n'est-ce pas ?... — Mais c'est tout ce qu'il faut pour moi... — J'adore la solitude et les fleurs...

Les deux hommes longèrent l'avenue de charmilles et parvinrent en face d'un perron de trois marches, et d'une porte très-sculptée et d'un joli style rococo.

L'ex-pendu ouvrit à l'aide d'une seconde clef, et s'effaça pour laisser passer Maxime, qui se trouva dans un vestibule exigu, mais d'une grande élégance, et qui put remarquer, non sans un certain étonnement, que cette porte si coquette se trouvait pourvue d'une fermeture intérieure vraiment formidable. — Une fois les verrous poussés et les barres de fer mises à leur place, il aurait presque fallu de l'artillerie pour la jeter bas.

Ce système de fermeture, — on ne pouvait s'y tromper, — était d'une date récente.

Maxime en fit tout haut la remarque.

— Oui... oui... — répondit André Bontems d'un ton de parfaite indifférence, — c'est moi qui ai organisé cela... — Dans un quartier désert comme celui-ci, et d'ailleurs assez mal habité, la précaution est indispensable... — On égorgerait un homme ici sans que personne pût entendre ses cris d'agonie et venir à son aide... — J'ai parfois d'assez fortes sommes au logis... — J'ai dû me mettre à l'abri des voleurs et des assassins, et je crois qu'ils auraient quelque peine à s'introduire céans avec effraction... — Les volets sont non moins solides et percés çà et là de petits trous à peine visibles, suffisants pour me permettre de voir ce qui se passe au dehors, et de glisser, au besoin, l'extrémité du canon d'une arme à feu...

— Bref, — dit Maxime en riant, — vous avez fait de votre maison une petite citadelle...

— Mon Dieu, oui... — une sorte de blockaus, comme on dit en Algérie, très-propre à déjouer les attaques des Bédouins de Paris...

— Et vous vivez ici absolument seul ?

— Absolument.

— Pas même une servante ?...

— Personne. — Je suffis à tout...

— Singulier homme !... — pensa Maxime.

IX. — FAUTEUILS D'ORCHESTRE.

Laissons Maxime et André Bontems continuer ensemble la visite de la petite maison de la rue des Amandiers-Popincourt, et présentons à nos lecteurs divers autres personnages qui doivent jouer un rôle important dans ce récit véridique.

Transportons-nous tout d'abord dans la salle du théâtre des Variétés.

Il est environ neuf heures du soir.

La petite pièce vient de finir. — Les claqueurs se sont dispersés après avoir chaleureusement applaudi le couplet final de l'un de ces vaudevilles sans importance qui servent à commencer le spectacle avant l'arrivée du vrai public, et auxquels, pour cette raison, on a donné le nom générique de *levers de rideau*.

Les trois quarts des loges de face et de balcon sont vides.

Quelques rares spectateurs, debout à l'orchestre et tournant le dos à la scène, braquent leurs lorgnettes sur les fauteuils de la galerie et sur les loges du second et du troisième rang, dans l'espoir d'y découvrir de jolies femmes qui, là comme partout, sont en minorité.

Parmi ces chercheurs de trésors, signalons un jeune homme d'une trentaine d'années, grand, mince et brun, d'une tournure charmante, d'une agréable figure et d'une élégance d'autant plus irréprochable qu'elle est complétement sans façon et qu'elle semble appartenir au moins autant à l'individu qu'au costume.

Un ruban multicolore, formant un étroit liséré à l'une des boutonnières supérieures de la redingote, indique que celui qui porte ce ruban est chevalier de plusieurs ordres.

Non-seulement les traits du visage sont expressifs et d'une régularité parfaite, mais ils offrent encore un cachet de distinction, plus rare sans contredit que la beauté elle-même.

Ce jeune homme doit plaire aux femmes généralement, et produire sur beaucoup d'entre elles, dès le premier regard, une impression profonde.

Les hommes, au contraire, — (il est bien entendu que nous parlons ici des observateurs) — doivent, en étudiant avec attention le personnage que nous venons de décrire, éprouver un vif sentiment de défiance, sinon même de répulsion.

Rien de plus simple, — rien de plus facile à expliquer.

L'expression habituelle du visage, quoique gracieuse et spirituelle, manque de franchise.

Le sourire, rempli de finesse et d'ironie, l'est en même temps de duplicité.

Les yeux enfin, très-grands, très-noirs, pleins de flamme et de rayonnements, ne savent point regarder en face. — Ils se baissent en se détournant comme éblouis, quand un regard loyal et investigateur se fixe sur eux.

Ce beau jeune homme, enfin, paraît trop content de lui-même. — Convaincu de son propre mérite, il est en même temps certain qu'il ne peut et ne doit obtenir que des succès...

De sa main droite, finement gantée, il tient une énorme jumelle d'ivoire dont il tourne avec distraction et nonchalance les canons vers les différents étages de la salle, et qu'il laisse ensuite retomber d'un air dédaigneux en se disant à lui-même :

— Voilà des femmes qui certes ne méritent pas de ma part une seconde d'attention !...

En ce moment un second jeune homme, non moins élégant, mais beaucoup moins beau et moins décoré que le premier, apparut à l'entrée des fauteuils d'orchestre.

Les deux hommes échangèrent un salut, et une conversation télégraphique s'engagea entre eux tout aussitôt.

Ce muet langage, dont quelques gestes font les frais, pouvait et devait se traduire ainsi :

— Y a-t-il un fauteuil libre à côté de vous?...
— Oui.
— En êtes-vous sûr, et voulez-vous de moi pour voisin ?...
— Oui. — Venez.

Un instant après, les deux hommes se serraient la main.

— Bonsoir, baron... — disait le premier arrivé.
— Bonsoir, comte... — répondait le dernier venu.
— Par quel hasard ici ?...
— Ce n'est pas par hasard... — j'y viens à peu près tous les soirs.
— Bah !...
— Mon Dieu, oui... c'est comme ça...
— Est-ce que vous avez, pour une assiduité si grande, des motifs particuliers !...
— Précisément.
— Un intérêt de cœur derrière le rideau ?...
— Comme vous dites, mon cher comte...
— Peut-on savoir le nom ?...
— Oh! très-bien... — je n'en fais point mystère ; c'est Formose... la blonde Formose...
— Mes compliments !...
— Vrai?...
— Oui, certes... — cette petite est vraiment charmante !...
— C'est mon avis... je les aime comme ça ; — c'est jeune et pas du tout naïf... — comédienne pour rire, mais plus drôlette qu'on ne saurait croire !... — Point de voix, mais des yeux superbes !... et puis si bonne soupeuse !...— L'avez-vous déjà vue dans la pièce qui va commencer...
— Non, je l'avoue... — j'ajouterai même franchement que je ne sais pas quelle est cette pièce...
— Bah !... — vous m'étonnez, cher comte! vous m'étonnez !...
— Mon ignorance vous fait pitié, n'est-il pas vrai, baron?...
— Nullement. — Vous êtes mal renseigné, voilà tout...
— Eh bien, renseignez-moi mieux... — que va-t-on jouer ?...
— Les Mirlitons diaboliques, pièce à femmes, en quinze tableaux...
— Ça doit ressembler aux Bibelots du diable...
— Considérablement... — c'est tout à fait la même chose.
— De qui est-elle, cette chose?
— Des auteurs des Bibelots du diable, pardieu !
— Ce sont des gens de beaucoup d'esprit... ils ne font jamais qu'une seule pièce, celle que vous allez voir ; mais comme le public est enchanté et que la caisse regorge d'argent, je trouve qu'ils ont bien raison... et vous?...
— Moi aussi...
— Formose est idéale là-dedans...
— Son rôle est joli ?...
— Prodigieux, quoique un peu court... oui, un peu court peut-être... — quinze lignes environ...
— Vous dites ?...
— Quinze lignes.
— Une ligne par tableau, alors ?...
— Ni plus, ni moins...
— Elle n'a pas dû se fatiguer la mémoire, mademoiselle Formose ?...
— Plus que vous ne pensez... ce sont des lignes qui demandent à être bien dites... — elle les a travaillées beaucoup, — je lui servais de répétiteur... — elle dit très-juste... — Dans une pièce à femmes d'ailleurs, la prose n'est qu'un accessoire... — ce sont les costumes qui ont du style...
— Et ceux de mademoiselle Formose?...
— Ebouriffants !... elle en a quinze...
— Autant que de lignes.
— Oui... —Tiens, je n'avais pas remarqué ça !... C'est très drôle...
— Peste !... — Ce doit être fatigant à jouer un rôle comme ça !
— Si les costumes étaient laids, sans doute... — Mais ils sont si jolis !... — plus délicieux et plus décolletés les uns que les autres.—Vous verrez !...
— Ah ! je crois d'avance que je verrai beaucoup de charmants détails...
— Mais, ce n'est pas tout...
— Qu'y a-t-il encore ?...
— Une chose énorme et qui fait du rôle une création capitale...
— Il me semble que les quinze lignes et les quinze costumes suffisaient amplement !...— Enfin, de quoi s'agit-il ?...

— D'un pas, mon cher comte!... rien que cela!
— Un pas de danse?...
— Oui, de danse nationale... — une *chaloupe orageuse* abracadabrante!...
— Ah! diable!...
— Formose le danse comme un ange!...
— Un ange de Mabille ou de la Closerie?...
— Ne riez pas!... c'est renversant!... — Rigolboche et autres ballérines de la fantaisie sont distancées de quinze cents lieues!... — Formose pirouette en tenant son pied dans sa main, pendant quinze secondes, montre en main!... — Aussi la salle croule et les bouquets pleuvent!...
— Baron, vous êtes un homme heureux!...
— Entre nous, je suis loin de me plaindre...
— Cette *chaloupe* inouïe, ce pas merveilleux du pied dans la main, est-ce aussi vous qui le faites répéter à mademoiselle Formose?...
— Naturellement... — Nous avons travaillé cela tous les deux pendant une quinzaine de jours...
— Scène touchante!... et le succès est venu vous récompenser largement de vos peines!...
— Oui, cher comte, et c'était justice!...— Aussi, quand les bravos commencent, j'éprouve une sensation délicieuse!... — il me semble que c'est moi qu'on applaudit...
— Je comprends cela, fils des Croisés!... — La gloire est chose si douce... — Je suis certain que vos ancêtres seraient bien joyeux, s'ils voyaient leur descendant, le beau Godefroy de Montaigle, triompher ainsi chaque soir en la personne de mademoiselle Formose!...
— Autres temps, autres mœurs, mon bon... — Mes ancêtres s'amusaient à guerroyer, moi je prends mon plaisir où je le trouve...— Je suis leur exemple, d'ailleurs... — Mon aïeul, Gontran de Montaigle, un intime ami du vieux maréchal de Richelieu, donnait des carrosses à la Guimard, moi je viens de donner à Formose un ravissant poney-chaise et deux miraculeux steppers alezans qui font sensation dans l'avenue de l'Impératrice...
— Et ça vous coûte?...
— Quatorze mille francs...
— Peste, baron, vous n'allez pas mal!...
— La petite vaut au moins ça, et quand on fait les choses, cher comte, il faut les faire bien ou ne pas s'en mêler...

Cette conversation, que nous venons de reproduire avec une fidélité de sténographe, fut interrompue par le coup d'archet du chef d'orchestre donnant le signal de l'ouverture.

La salle s'était remplie rapidement pendant les dernières minutes de l'entr'acte et la pièce à femmes allait commencer.

Une seule loge restait vide; c'était l'avant-scène du rez-de-chaussée, à droite.

Le comte et le baron s'installèrent l'un à côté de l'autre et gardèrent le silence pendant que les musiciens jouaient l'ouverture.

La toile se leva sur un décor charmant et sur un groupe de femmes jeunes et jolies, parmi lesquelles mademoiselle Formose brillait au premier rang, sous un costume singulièrement indiscret et attractif.

Le baron de Montaigle, ce fils des Croisés, ainsi que l'avait appelé le comte, se mit incontinent à s'agiter dans son fauteuil et à pousser à mi-voix de petites exclamations d'admiration enthousiaste, de manière à ce qu'il fût bien et dûment constaté pour ses voisins qu'il était l'heureux protecteur de l'adorable comédienne dont les quinze lignes, les quinze costumes et la danse vraiment nationale allaient incendier le public.

Le beau jeune homme brun que nous avons entendu le baron de Montaigle appeler *mon cher comte*, n'accordait, lui, qu'une attention fort distraite à ce qui se passait sur la scène.

Ses regards se dirigeaient sans cesse du côté de cette avant-scène restée vide, dont nous avons parlé tout à l'heure.

Le baron, dans son for intérieur, le trouvait singulièrement froid, et l'accusait, *in petto*, de manquer complétement de goût.

Enfin, quelques minutes avant la fin du deuxième tableau, la porte de la loge inoccupée s'ouvrit tout à coup, et une jeune femme de la plus surprenante beauté, enveloppée dans un immense burnous blanc rayé d'argent, et tenant à la main un énorme bouquet de roses mousseuses, fit une entrée rapide et bruyante.

La sensation produite parmi les habitués des fauteuils d'orchestre par cette radieuse apparition fut unanime et instantanée.

Toutes les têtes et toutes les lorgnettes se dirigèrent vers l'avant-scène...

Toutes, disons-nous, hormis une seule, — celle du baron Godefroy de Montaigle... Le baron n'était point maître de lui... — il palpitait... il se pâmait d'aise... Formose disait, en ce moment précis, sa *ligne* unique du second tableau.

La jeune femme de l'avant-scène plaça sa lorgnette de spectacle et son bouquet de roses mousseuses sur le rebord de la loge et se débarrassa de son burnous arabe qu'elle rejeta derrière elle avec une négligence un peu affectée.

Ce fut alors un éblouissement universel.

Les gandins de l'orchestre et les vieux généraux se demandèrent avec stupeur d'où sortait cette merveille qu'ils ne connaissaient pas, et dont la rayonnante beauté semblait illuminer la salle tout entière.

L'inconnue atteignait cet âge qui est le triomphe de la femme. — Elle offrait aux regards toutes les royales splendeurs de la trentième année.

Sa chevelure épaisse et longue, d'une nuance très-sombre avec des reflets fauves, ondée, ou plutôt crêpelée naturellement, dessinait cinq pointes sur l'ivoire immaculé du front et découvrait des tempes aussi fraîches, aussi nacrées, que celles d'une vierge de seize ans.

Sous des sourcils d'un noir d'ébène, d'une finesse et d'une correction miraculeuses, flamboyaient et rayonnaient des yeux immenses, trop grands peut-être pour le visage auquel ils appartenaient ; ils faisaient irrésistiblement rêver aux périls de l'Orient et aux houris du paradis de Mahomet.

L'éclat presque insoutenable de leurs prunelles resplendissantes était alterné par une double palissade de longs cils recourbés gracieusement.

Le nez, d'une forme très-pure et légèrement aquilin, offrait ces narines mobiles et passionnées qui se gonflent et qui palpitent dans l'amour et dans la colère.

Les lèvres, un peu épaisses, et d'un rouge aussi éclatant que celui du corail humide, formaient une opposition violente et pleine de charme avec la pâleur attrayante d'un teint mat et velouté, comparable aux pétales du camélia blanc.

La fine ciselure et la coupe élégante du menton rappelaient les profils divins de ces marbres que les temps antiques nous ont légués, comme un éclatant témoignage de leur supériorité incontestable.

Et maintenant il nous faut répéter, presque dans les mêmes termes, ce que nous écrivions tout à l'heure, à propos de celui de nos personnages dont nous connaissons déjà le titre de comte, mais dont nous ignorons le nom...

Le visage de l'inconnue, prodigieusement et étrangement beau, et dans lequel la plus sévère critique n'aurait pu trouver une imperfection à signaler, séduisait irrésistiblement tout d'abord, mais devait, au bout de quelques secondes, causer une sorte d'effroi.

C'est qu'en effet ces yeux admirables avaient une saisissante expression d'astuce...

Les narines, en se contractant, donnaient à l'ensemble de la figure je ne sais quoi de farouche et presque de cruel...

La bouche enfin, dans le sourire ou dans le repos, offrait quelque chose de voluptueux et tout à la fois de menaçant.

Telles devaient être, jadis, les lèvres charmantes et perfides de cet être amphibie, moitié femme et moitié monstre, la Sirène, dont la voix donnait le vertige, dont les baisers donnaient la mort.

L'inconnue portait une robe de crêpe, d'un rose très-pâle, laissant à découvert une poitrine de déesse, des bras incomparables et des épaules magnifiques qu'on eût dit taillées par le ciseau de Phidias...

A son cou se nouait un collier de perles, moins blanches et moins nacrées que sa peau...

Elle s'assit.

La main droite reprit la jumelle d'écaille blonde placée sur le rebord de l'avant-scène, auprès du bouquet de roses, et elle dirigea les tubes de cette jumelle du côté des loges, regardant à peine les hommes, mais lorgnant toutes les femmes avec une parfaite impertinence.

Ses regards s'abaissèrent ensuite vers l'orchestre et elle ne parut ni émue, ni embarrassée, des œillades brûlantes qui rayonnaient et se croisaient autour d'elle.

Ceci dura quelques secondes, puis ses yeux rencontrèrent les yeux du jeune homme décoré, voisin du baron Godefroy de Montaigle.

Sans doute elle connaissait ce jeune homme, car ses lèvres ébauchèrent un sourire, et sa main gauche, un instant soulevée, fit un geste rapide.

Le comte répondit, par un signe de tête imperceptible, à ce sourire et à ce geste, puis toute son attention sembla se tourner du côté du théâtre et des comédiennes, et il cessa de regarder l'avant-scène.

X. — DANS L'AVANT-SCÈNE.

Le rideau tomba sur la fin du cinquième tableau et du premier acte des *Mirlitons diaboliques*.

L'entr'acte devait durer un quart d'heure.

Le baron de Montaigle toucha du coude le cou de de son voisin dont il voulait attirer l'attention, et lui demanda :

— Eh bien, cher comte, comment l'avez-vous trouvée ?...

— Qui ça, baron ?...

— Formose, pardieu !...

— C'est juste, je n'y pensais plus...

— A quoi pensiez-vous donc ?...

— A rien...

— C'est bien... — Je me répète : — Comment l'avez-vous trouvée ?

— Idéale !... — renversante !... — inouïe !... — répondit le jeune homme avec un enthousiasme un peu ironique.

— N'est-ce pas ?... — Oui... oui... elle est assez épatante !... — Voilà ce que j'appelle une *cocotte insensée* !... Mais c'est surtout dans la chaloupe orageuse qu'elle vous fera plaisir... — Ah ! il faut voir ça !... — La chaloupe est au troisième acte... — N'allez pas vous retirer avant ; — saperlipopette, vous y perdriez trop !...

— Soyez paisible, baron, je n'aurai garde...

— Parfait ! — Mais, dites donc, je pense à une chose...

— Voyons...

— Je soupe avec Formose à la Maison-d'Or après le spectacle... — C'est une affaire convenue... — Elle m'a fait prévenir qu'elle aurait grand faim... — Les foies en caisses, les écrevisses bordelaises et les perdreaux à la gelée sont commandés...

— Eh bien, baron, bon appétit...

— Merci ; — or, voici la chose à laquelle je pense... — Venez souper avec nous... — Formose sera enchantée... — Elle n'aime pas beaucoup le tête-à-tête... — Vous la distrairez infailliblement...

— Vous avez des mots si drôles... — Est-ce convenu ?...

— Je ne puis vous répondre tout de suite...

— Pourquoi donc ?...

— Parce que ma réponse dépendra d'une visite que je vais faire...
— Dans une loge?...
— Oui.
— A une femme?...
— Naturellement...
— Dans ce cas, faites votre visite tout de suite, et tâchez d'obtenir la permission d'être mon convive cette nuit...

Le jeune homme décoré se leva en souriant, quitta l'orchestre et prit le chemin de l'avant-scène du rez-de-chaussée.

Le baron de Montaigle, qui maintenant se tenait debout, le suivit du regard à travers les lucarnes des baignoires devant lesquelles il passait, et le vit frapper à la porte de l'avant-scène, qui lui fut ouverte aussitôt.

Ceci attira l'attention du protecteur de mademoiselle Formose sur cette femme si merveilleusement et si étrangement belle, décrite par nous à la fin du précédent chapitre, et à laquelle il n'avait pas encore daigné accorder un seul coup d'œil.

Comme tout le monde il fut surpris, ébloui, fasciné. — Comme tout le monde il se demanda :
— Quelle est cette merveille inconnue?...

Mais, plus heureux que tout le monde, il put se répondre :
— Le comte la connaît... — Le comte me renseignera tout à l'heure...

Au moment où le jeune homme décoré entra dans la loge, la sirène à la robe rose et au bouquet de roses mousseuses tourna la tête à demi, avec une grâce incomparable, et tendant la main à son visiteur d'une façon toute cavalière, elle lui dit :
— Bonsoir, cher comte...
— Bonsoir, marquise...
— Vous avez reçu les trois lignes que je vous ai écrites ce matin?...
— Vous le voyez, puisque je suis là...
— Merci de votre empressement...
— Dites, de mon obéissance...
— Le mot ne serait pas exact...
— Pourquoi donc?
— Je ne commande jamais, vous le savez...
— C'est vrai, mais vous témoignez des désirs, ce qui revient parfaitement au même, puisque vos désirs sont des ordres pour moi...

La jeune femme approcha de ses narines son bouquet de roses mousseuses dont elle respira le parfum pendant une ou deux secondes.
— Assez de marivaudage comme cela, cher comte... — fit-elle ensuite, — et parlons sérieusement...
— Vous avez quelque chose de sérieux à me dire?...
— Oui.
— Eh bien, j'écoute...
— Etes-vous libre cette nuit?...
— Je suis toujours libre...
— Eh bien, venez souper chez moi...

— En tête à tête, marquise, comme autrefois?...
— Non, cher comte... — Vous n'y tenez plus...
— Ah!... Laurence, pouvez-vous bien parler ainsi?...
— Mon Dieu, oui... et vous en êtes enchanté... — Nous nous connaissons trop pour nous aimer encore... — si toutefois nous nous sommes jamais aimés... — Chut!... — Oh! pas de réponse, mon ami... — Votre éloquence serait perdue et vous arriveriez seulement à me prouver une fois de plus que la parole a été donnée à l'homme pour déguiser sa pensée...

Le comte n'insista pas, et reprit du ton le plus dégagé :
— Ainsi, vous avez du monde ce soir, marquise?...
— Oui.
— Beaucoup?...
— Non, — douze ou quinze personnes tout au plus...
— Est-ce que je connais?...
— Oh! très-bien... — les habitués...
— A quelle heure le souper?...
— Minuit et demi.
— Ensuite on jouera, je suppose?...
— Bien entendu...

Le comte et la marquise échangèrent un rapide regard, accompagné d'un double sourire.

La marquise, au bout d'un instant, demanda :
— Quel est ce jeune homme assis à côté de vous à l'orchestre, avec qui je vous ai vu tout à l'heure, qui regarde le spectacle avec une si profonde attention quand la toile est levée et qui, dans ce moment, me lorgne d'un air ébahi?...
— C'est un de mes amis, un gandin parfaitement idiot et ridicule...
— Peste!... cher comte, comme vous traitez vos amis!...
— Je les traite comme ils le méritent...
— Il n'est pas précisément beau, ce jeune homme, j'en conviens...
— Oh! il est laid!... il est même très-laid...
— Peut-être, mais il ne manque point cependant d'une certaine distinction...
— Ce n'est pas sa faute!... — C'est la race qui fait cela... — L'animal est bon gentilhomme...
— Comment s'appelle-t-il?...
— Le baron Godefroy de Montaigle...
— C'est un nom superbe cela!...
— Oui, pardieu!... — Le nom vaut mieux que celui qui le porte...
— Est-il riche ce baron?...
— Hélas!... oui... — Il a plus de cent mille livres de rente... — Où diable la fortune va-t-elle se nicher!...
— Que fait-il de son temps et de son argent?...
— Rien qui vaille... — Il dépense l'un et l'autre le plus sottement qu'il peut... — Il espère être éblouissant, il ne parvient qu'à être grotesque...

— Pourquoi donc ne m'aviez-vous jamais parlé de ce jeune homme?...
— Grand Dieu!... et que vouliez-vous que je vous en dise?...
— C'est un garçon à me présenter, cela...
— Il vous ennuiera comme la pluie!...
— La pluie n'est pas toujours ennuyeuse, mon cher comte...
— Enfin, si vous le désirez, marquise, pour cela comme pour tout autre chose, je suis entièrement à vos ordres...— Voulez-vous que je vous présente Godefroy?...
— Oui.

— Qu'est-ce que c'est que mademoiselle Formose?...
— Une figurante du présent théâtre... — un petit minois chiffonné et égrillard qui était en scène tout à l'heure... — Le baron la protége sur un grand pied cette aimable enfant!... — Il lui donne des attelages de quatorze mille francs, et elle se moque de lui royalement, pour son argent...
— En quoi tout cela peut-il empêcher votre ami de venir souper chez moi?...
— Godefroy soupe avec Formose à la Maison-d'Or, et j'ajouterai qu'il compte sur moi...
— Lui aviez-vous donc promis?...

L'enthousiasme du public prenait des proportions faciles à prévoir. — Page 34.

— Quand?
— Dans le prochain entr'acte.
— Ce sera fait.
— Et, après le spectacle, vous l'amènerez souper.
— Ah! pour cela, par exemple, marquise, n'y comptez pas... — Le baron ne soupera point chez vous cette nuit...
— Et, qui l'en empêchera?...
— L'amour!... — répondit le comte en riant.
— Il est amoureux!... — demanda la marquise en riant aussi.
— Mon Dieu, oui... — Du moins, il le croit... ce qui revient au même...
— Et, l'objet de cette passion?...
— Mademoiselle Formose...

— Non, — je n'avais pas voulu m'engager avant de vous avoir vue...
— Et vous ne vous chargez point de décider M. de Montaigle à laisser mademoiselle Formose souper seule?...
— J'y perdrais mon temps, marquise...
— Vous déclarez la chose impossible?...
— Entièrement impossible...
— Eh bien, je la ferai, cependant...
— Marquise, permettez-moi d'en douter...
— Je tolère ce doute, quoiqu'il soit une impertinence... — Votre incrédulité et votre étonnement grandiront mon triomphe... — Allez, cher comte, et ne manquez pas de m'amener votre ami après le baisser du rideau...

Le jeune homme salua la marquise et sortit de l'avant-scène.

La conversation que nous venons de reproduire très-exactement s'était achevée quelques secondes à peine avant la fin du premier entr'acte.

Déjà les musiciens avaient repris place devant leurs pupitres. — Déjà les spectateurs attardés au foyer s'étaient réinstallés dans leurs fauteuils.

Le baron attendait le retour de son voisin avec une prodigieuse impatience.

— Saperlipopette, cher comte, — lui dit-il aussitôt qu'il le retrouva à côté de lui, — saperlipopette, comme vous avez été long !!!

— Elles sont pâles, elles sont incolores en présence d'un pareil soleil de beauté !... J'ai vu de jolies femmes, je crois, autant qu'homme qui vive, saperlipopette !... mais je n'ai jamais rien vu de pareil !...

— Cependant, mademoiselle Formose...

— Cher comte, — interrompit vivement le baron, — ne me parlez pas de Formose !... cette cocotte est drôlette, et j'en suis assez toqué, surtout parce qu'elle a du chic et du montant, mais il faudrait avoir *un moucheron dans le grelot* pour la comparer à la dame en rose !... autant vaudrait établir un parallèle idiot entre une petite ponette

Il s'agit d'une *affaire?* — Page 43.

— Vous trouvez?...

— Oui, mais je ne m'en étonne pas !... — Comment nommez-vous, s'il vous plaît, cette flamboyante et mirifique créature avec laquelle vous semblez dans les termes les plus adorablement intimes?...

— Vous savez donc quelle est la loge où je suis allé rendre une visite, cher baron?...

— Pardine !... — j'ai des yeux excellents et une jumelle viennoise à douze verres... — C'est pour me servir de l'une et des autres...

— Et cette dame vous paraît jolie?...

— Mirifique !... fabuleuse !... inénarrable !... flamboyante !...

— Baron, quel luxe d'épithètes !...

de Spa et une magnifique jument de pur sang !... Encore une fois, cher comte, comment s'appelle cette perle, ce diamant, cette escarboucle?...

— Cette perle, ce diamant, cette escarboucle, cette pierre précieuse enfin, pour parler votre langage, s'appelle la marquise Castella...

— Une vraie marquise?...

— De quelle façon l'entendez-vous?...

— Dame !... vous savez aussi bien que moi qu'il y a par le monde des marquises de la fourchette, des marquises du lansquenet et des marquises de la fantaisie; de même qu'il y a des Andalouses des Batignolles et des Créoles de Belleville... — nous en avons tous deux rencontré quelques-unes...

— Sans le moindre doute, mais madame Castella n'appartient à aucune de ces catégories... — elle est aussi marquise que vous êtes baron...

— Noblesse étrangère, alors?...

— Son mari était Vénitien, et, si vous étiez ferré sur l'armorial italien, vous sauriez que les Castella de Venise valent les Colonna de Rome et les Doria de Gênes...

— Cher comte, vous venez de dire : *Le mari était Vénitien*... — il n'existe donc plus?...

— La marquise est veuve...

— Depuis longtemps?

— Depuis deux ans.

— Et, vous l'avez connu, ce mari?...

— Parfaitement et personnellement...

— A cela il n'y a rien à répondre... — La marquise habite Paris?...

— Elle vient de s'y fixer et compte y passer les hivers...

— Elle est riche?...

— Je le suppose, car son train de maison est celui d'une femme qui possède au moins quatre-vingt ou cent mille livres de rentes, et je la crois beaucoup trop sensée pour se ruiner...

— Elle compte recevoir?...

— Elle reçoit déjà...

— Vous êtes très-lié avec elle?...

— Assez pour lui présenter quelqu'un...

— Ah! — fit le baron, — vraiment?...

— Voulez-vous être ce quelqu'un? — reprit le comte.

— Vous m'offrez de me présenter, si je ne me trompe?...

— Oui.

— J'accepte avec un vif enthousiasme... — et, quand me présenterez-vous?...

— Mais, dès le prochain entr'acte...

— Saperlipopette!... c'est que je suis en redingote... ce qui me semble un peu sans façon...

— La marquise passera par là-dessus le mieux du monde...

— Vous croyez?...

— J'en suis sûr... — elle vous a déjà remarqué...

— Allons donc!... vous moquez-vous de moi?...

— Rien n'est plus loin de ma pensée!... — la marquise m'a vu causer avec vous, et tout à l'heure elle m'a demandé qui vous étiez...

— Que lui avez-vous répondu?...

— Je lui ai dit votre nom... — ce nom n'était point nouveau pour elle... — elle m'a parlé de votre aïeul, Gontran de Montaigle, l'intime ami du duc de Richelieu...

— Vrai!... — murmura Godefroy transporté de joie et bouffi d'orgueil.

— Je vous en donne ma parole!... — elle vous trouve charmant, et j'ai bien vu qu'elle serait enchantée de vous recevoir...

Le baron frisa ses moustaches aiguës avec un geste inimitable de contentement et de fatuité.

En même temps il tourna la tête du côté de l'avant-scène.

La jumelle de la marquise était braquée sur lui...

Il devint pourpre jusqu'au blanc des yeux, et certes il ne se souvenait guère en ce moment que mademoiselle Formose existât...

Cependant la toile venait de se lever. — Le sixième tableau commençait, et les : *chut!*... multipliés des spectateurs voisins, et qui voulaient entendre, interrompirent la conversation des jeunes gens...

A mesure qu'avançait la pièce, les toilettes de mesdemoiselles les comédiennes des Variétés redoublaient de style, de verve et d'esprit...

Les corsages s'échancraient...

Les jupes de gaze se raccourcissaient...

Aussi l'enthousiasme du public prenait des proportions faciles à prévoir, mais difficiles à décrire; — il grandissait en raison directe de la diminution des costumes, et le deuxième acte des *Mirlitons diaboliques* s'acheva au milieu des frénétiques applaudissements de la salle entière.

Le succès *littéraire* de l'œuvre nouvelle se dessinait avec énergie, comme on voit.

Le baron de Montaigle cependant — (nous devons le dire), — n'avait accordé qu'une attention fort distraite aux cinq tableaux qui venaient de se succéder.

Ce gentilhomme savait la pièce sur le bout du doigt. — Il aurait pu jouer tous les rôles, chanter tous les couplets, danser au besoin tous les pas...

Ceci ne l'empêchait point, d'habitude, d'écouter et de regarder avec recueillement...

Mais, ce soir-là — (du moins depuis le commencement du deuxième acte), — les *Mirlitons* le laissaient complètement indifférent, et la présence même de mademoiselle Formose sur la scène ne triomphait point de sa préoccupation...

En revanche, au risque de se donner un torticolis de premier ordre, il tournait sans cesse la tête du côté de l'avant-scène où trônait la marquise, et, pour mieux admirer la beauté rayonnante de la jeune femme, il essuyait de minute en minute les verres limpides de sa lorgnette avec la peau de son gant gris-perle...

XI. — LA MARQUISE CASTELLA.

Aussitôt après la chute de la toile le baron de Montaigle se leva et dit à son voisin :

— Cher comte, je réclame l'exécution immédiate de votre promesse...

— Vous voulez que je vous conduise auprès de madame Castella?...

— C'est vous qui me l'avez offert tout à l'heure...

— Et je suis prêt à m'exécuter... — Venez donc avec moi, cher baron...

— Surtout ne manquez point de faire agréer mes excuses à la marquise pour l'incorrection de ma toilette...

— Oh! soyez sans crainte... — Cette charmante

personne est trop spirituelle pour être formaliste...

Un instant après, les deux jeunes gens entraient ensemble dans l'avant-scène du rez-de-chaussée.

— Madame la marquise, — dit le comte à la sirène, — permettez-moi d'avoir l'honneur de vous présenter mon ami très-intime, le baron Godefroy de Montaigle, un de nos sportmen les plus distingués, qui brûle du désir d'être admis à vous faire quelquefois sa cour...

— Quand on s'appelle le baron de Montaigle, — répondit gracieusement la marquise, — on est sûr d'être bien reçu partout...

— Même en redingote, n'est-ce pas ? — fit le comte en souriant.

— Surtout en redingote, mon cher comte, car un costume un peu négligé prouve souvent un grand empressement...

Le visage du baron s'épanouit, — son enivrement redoublait ; — la marquise, vue de près, lui semblait bien plus belle encore que contemplée à distance, à travers les tubes d'une lorgnette...

Il murmura quelques lieux communs, et la conversation devint générale.

— Monsieur le baron, — dit tout à coup la jeune femme, — il est convenu que vous voilà de mes amis... — J'ouvre mon salon à l'élite de la société parisienne, et je compte que, cet hiver, vous serez de mes fidèles...

— Ah! madame la marquise, vous m'en verrez bien fier!... bien fier et bien heureux!... — s'écria Godefroy.

— Voulez-vous me prouver cela dès aujourd'hui ?

— Je ne demande au monde qu'une occasion de le faire...

— Eh bien, quelques-uns de mes amis viennent souper chez moi cette nuit... soyez du nombre de mes convives...

Un vif embarras se peignit sur la figure du baron.

Le comte se mordit les lèvres pour arrêter au passage une envie de rire irrésistible.

— Eh!... quoi, — demanda madame Castella, déjà!... — vous hésitez!...

— Non, madame la marquise, — balbutia Montaigle tout effaré, — oh! certes non, je n'hésite pas...

— Vous acceptez, alors ?

— Hélas! pas davantage...

— Expliquez-vous mieux, monsieur le baron, je vous en prie... — Si vous n'hésitez, ni n'acceptez, que faites-vous donc ?... — j'avais toujours cru et je crois encore qu'une telle façon d'agir s'appelait REFUSER...

— Ah! madame la marquise... refuser une si gracieuse invitation !... une faveur tellement précieuse... vous ne pouvez le croire... je ne m'en consolerais jamais... seulement ma situation est bien difficile...

— En quoi donc, monsieur le baron ?

— Un autre engagement... un engagement anté-

rieur... Comment faire ?... mon Dieu, comment faire ?...

— Dégagez-vous... — C'est bien simple...

— Ah! s'il ne s'agissait que de le vouloir...

— Mais vous ne le pouvez pas !... — je comprends !... — répliqua la marquise d'un ton sec ; — il est des rendez-vous impossibles à sacrifier...

— Mille fois pardon, monsieur le baron... mille fois pardon d'avoir insisté plus qu'il ne fallait... — J'étais indiscrète, je le sens bien, mais mon indiscrétion vient de recevoir de vous une leçon sévère, que j'aurai quelque peine à oublier, je vous l'affirme, et qui me profitera sans doute...

Le comte, triomphant, assistait d'un air radieux à la déconvenue de la marquise et se frottait sournoisement les mains.

Il avait prévenu madame Castella qu'elle ne réussirait point, et sa prédiction se trouvait confirmée par l'événement...

La plus jolie femme de Paris échouait d'une façon complète auprès d'un gandin idiot, dominé par une figurante !...

Le triomphe du comte fut d'ailleurs de courte durée.

Godefroy de Montaigle prit brusquement son parti et trancha le nœud gordien qu'il ne pouvait dénouer.

— J'accepte, madame la marquise, — s'écria-t-il avec enthousiasme, — et puisque vous daignez m'admettre parmi vos invités, cette nuit sera le plus beau jour de ma vie...

— A la bonne heure, — répondit madame Castella en accompagnant ses paroles du plus délicieux sourire ; — je n'attendais pas moins de la courtoisie d'un gentilhomme... — Nous nous mettrons à table à une heure du matin, monsieur le baron ; — le comte, notre ami commun, vous amènera chez moi... — Maintenant, messieurs, au revoir... — Le troisième acte va commencer, et je ne veux pas vous priver d'un spectacle qui doit vous plaire, car il est fait à souhait pour le plaisir des yeux...

Les deux jeunes gens quittèrent la loge de la marquise Castella, mais au lieu de regagner leurs fauteuils d'orchestre, ils s'arrêtèrent dans le couloir.

La figure du baron de Montaigle offrait une expression notablement soucieuse.

— Qu'avez-vous donc, cher ami ? — lui demanda le comte.

— J'ai que je suis extrêmement perplexe...

— A quel propos ? d'où vient votre émoi ?...

— Puisque je soupe chez la marquise, je ne souperai point avec Formose.

— Naturellement, à moins que vous ne possédiez le privilège de l'ubiquité, ce dont je vous crois incapable...

— Que vais-je dire à Formose qui compte sur moi tout à l'heure ?

— Pardieu, la première chose venue... — Inventez un prétexte quelconque pour lui manquer de parole...

— Le prétexte sera mauvais...— La petite est fine comme l'ambre et s'apercevra très-parfaitement bien, et dès les premiers mots, que je mens...

— Dans ce cas, dites-lui la vérité...

— Impossible!...

— Pourquoi?

— Formose se figurera que je la *fais poser* pour une autre femme; elle rugira, et elle me jouera toutes les variations d'une scène de jalousie à grand orchestre...

— Qu'est-ce que cela vous fait, après tout?...

— On voit bien, cher comte, que vous ne connaissez pas Formose comme je la connais... — Elle est si rageuse et si mauvaise tête, la chère fille, que je la crois très-capable de s'attacher à mes pas, bon gré, malgré, de me suivre de force jusque chez la marquise et de perdre le respect à mon égard en plein salon...

— Peste!... la jolie enfant!... — l'aimable caractère!...

— Oh! ça ne l'empêche pas d'être drôle...

— Au féminin?...

— Vous dites?...

— Rien...

— J'avais cru entendre, mais je n'avais rien compris à ce que j'entendais...

— Ça ne m'étonne pas...

— Enfin, que faire?...

— Voulez-vous un conseil de qualité supérieure?...

— Oui.

— Et le suivrez-vous?...

— Certes!

— Eh bien, *lâchez* Formose...

— Tout à fait?

— Oui, — rupture complète...

— Ah! non, par exemple!...

— Vous tenez donc décidément à cette petite?...

— Ce n'est pas que j'y tienne... — Oh! pas le moins du monde... ma *toquade* est une toquade absolument sans conséquence, mais...

Le baron s'interrompit.

— Mais, quoi?... — demanda le comte.

— J'ai *fait des frais*, mon cher... — J'ai donné un mobilier... une voiture... deux steppers... quelques bijoux... — Tout cela m'a coûté beaucoup...

— Et vous voulez *suivre votre argent*, comme au lansquenet?...

— Il y a du vrai dans ce que vous dites, mais ce n'est pas tout à fait ça?... le vrai motif, le voici : — Formose est très-courtisée...— on s'inscrit chez elle... — Il y a entre autres un certain monsieur Ravinet, un homme de bourse, un quart d'agent de change, je crois, qui se livre à tous les excès d'une cour assidue et qui serait arrivé sans moi...

— C'est lui qui me succéderait, et je ne veux pas qu'un Ravinet, un homme sans nom, un boursicotier, profite de mes folles dépenses!... — C'est de l'esprit de caste, et vous devez comprendre cela, cher comte...

— Je le comprends à merveille...— Vous tenez à ce qu'on ne puisse en aucune façon vous appliquer les deux vers de Virgile...

— Quels vers?..

— Voulez-vous que je vous les cite?...

— Vous me ferez plaisir...

— Les voici :

« Sic vos, non vobis, nidificatis aves;
« Sic vos, non vobis, mellificatis apes...

— Mais, c'est du latin, cela...

— Vraisemblablement.

— Qu'est-ce que ça veut dire?...

— Ça veut dire que vous tenez à vous asseoir seul sur les divans donnés par vous à mademoiselle Formose.

— Virgile a du bon!...—Mais tout ceci ne m'ôte point l'épine du pied... — Encore une fois, que faire?...

— D'abord, ne rentrez pas à l'orchestre...

— J'y songeais...

— Et écrivez à votre infante que vous venez de vous casser la jambe...

— Elle accourra chez moi...

— En êtes-vous bien sûr?...

— Il m'est impossible d'en douter... — Je dois lui donner deux mille francs demain matin...

— La raison me paraît valable!... — Cette circonstance aggravante va d'ailleurs vous tirer complétement d'embarras...

— Comment?...

— Ecrivez tout ce qui vous passera par la tête et mettez dans la lettre les deux billets de mille francs en question... — Je vous garantis que mademoiselle Formose trouvera vos excuses suffisantes et ne se formalisera point de votre manque de parole...

— L'idée est ingénieuse; je l'adopte avec empressement et je vais la mettre à exécution sans perdre une minute...

Les deux jeunes gens quittèrent le théâtre et entrèrent au café des Variétés où le baron demanda du papier à lettres et un encrier; puis, après quelques secondes de méditation profonde, il accoucha des phrases suivantes :

« Ma petite souris blanche,

« Un de mes amis se bat en duel demain matin; je suis un de ses témoins et il faut que je passe la nuit avec lui pour écrire son testament sous sa dictée, en cas de malheur. — Point de souper donc avec toi ce soir, hélas!... — Plains-moi, ma petite caille blondette!...— Le souper, d'ailleurs, est commandé, — Maison-d'Or, — cabinet n° 17, — tu ne connais que ça!... — Emmène avec toi une de ces demoiselles du théâtre et va manger truffes et foies gras... — J'ai recommandé de ne pas épargner le poivre de Cayenne dans les écrevisses...

« Comme je ne veux pas risquer de causer le moindre embarras à ma pintade favorite, je lui envoie ci-joint les deux *banknotes* dont elle a besoin demain matin.

« Sois-moi fidèle, si c'est possible, oh! ma bichette idolâtrée, et pense à moi deux ou trois fois en faisant sauter les bouchons de la veuve Cliquot!

« Qui est-ce qui t'embrasse sur ton œil gauche?... — c'est ton petit baron qui t'aime... »

— Inutile de signer!... — ajouta Godefroy, — elle connaît mon écriture et mon style...

— Et vos billets de banque... — fit le comte.

L'épître et les précieux chiffons furent mis aussitôt sous enveloppe et confiés à la portière du théâtre, qui promit de remettre le tout, à l'instant même, dans les blanches mains de mademoiselle Formose.

Ainsi *libéré* pour quelques heures du gracieux boulet qui lui coûtait si cher, le baron de Montaigle reprit toute sa gaieté, tout son entrain, et ne songea plus qu'au luxe de toilette qu'il allait déployer afin de paraître dans tout son éclat au souper de la marquise.

— Comte, — demanda-t-il, — où demeure madame Castella?..

— Rue de la Chaussée-d'Antin...

— Pourquoi donc pas au faubourg Saint-Germain ou au faubourg Saint-Honoré?...

— Voilà une question, — répondit le comte en souriant, — qu'il vous faut adresser à elle, et non point à moi...

— C'est juste. — Après tout, d'ailleurs; ceci me paraît sans importance, et les gens de noblesse habitent aujourd'hui tous les quartiers. — La preuve, c'est que vous demeurez rue Laffite, et moi boulevard des Capucines!...— Avez-vous votre voiture à la porte?...

— Je le pense...

— Eh bien, soyez assez aimable pour me jeter chez moi tout à l'heure...— Comme je devais attendre Formose, mon cocher n'arrivera qu'à minuit...

— Je suis, vous le savez, tout à votre service...

— Merci. — Je m'habillerai rapidement et j'irai vous prendre chez vous, puisque vous voulez bien me servir d'introducteur chez la marquise.

— C'est convenu...

Sur le boulevard Montmartre, en face du théâtre, au milieu d'une foule de voitures plus modestes, stationnait un grand coupé à huit ressorts, splendidement armorié et attelé de deux chevaux anglais de très-haute taille et d'une distinction incomparable. — Le cocher et les valets de pied, poudrés et en livrées d'apparat, semblaient dignes de faire partie d'une maison princière.

— Peste! voilà un rude attelage!... — s'écria le baron en examinant les chevaux d'un œil connaisseur; — ils valent au moins vingt mille francs!...

— A qui, diable, peut appartenir cet équipage vraiment renversant que je vois aujourd'hui pour la première fois?...

— A la marquise Castella, — répondit le comte.

— Quelle femme!... — murmura Godefroy.

Et son admiration pour la sirène se doubla d'une profonde estime.

XII. — LA HUTTE D'AUTEUIL.

Le baron de Montaigle avait la prétention, ce soir-là, de se rendre extrêmement joli garçon par les soins de toute nature apportés à sa toilette.

Ce résultat, difficile à obtenir, demandait beaucoup de temps et des opérations compliquées.

Godefroy, se trouvant le teint un peu jaune et l'œil un peu terne, mit un soupçon de rouge sous sa fleur de riz pour animer les joues et donner de l'éclat au regard.

Il saupoudra ses cheveux de poudre blonde mélangée d'or, afin de leur donner une nuance douce et un ton mat.

Enfin de fines pommades hongroises métamorphosèrent ses moustaches en crocs aiguisés, de la plus conquérante allure.

Une chemise brodée comme un col féminin, une cravate neigeuse, un gilet d'une blancheur idéale, un habit noir d'une précision miaculeuse et un pantalon noir demi-collant, firent de Godefroy le type accompli du jeune homme content de lui-même et de son tailleur.

Aussitôt le grand œuvre de sa toilette achevé, le baron mit de l'or dans son gousset, et à tout hasard quelques billets de banque dans son portefeuille; — il décocha un regard et un sourire à l'image fidèle que lui renvoyait une grande glace, puis il se dit avec conviction :

— Décidément, je ne suis pas mal, et je crois que je pourrai plaire... — je n'ai d'ailleurs jamais à me plaindre, — ajouta-t-il d'un air agréablement fat, — et les femmes me gobent assez!...

Il demanda ensuite à son valet de chambre si son second cocher avait attelé une seconde voiture — (la première ayant été mise, nous le savons, aux ordres de mademoiselle Formose), — et, sur sa réponse affirmative, il descendit, monta en voiture et se fit conduire chez son futur introducteur, qu'il trouva tout prêt et l'attendant avec un peu d'impatience.

Un instant après, les deux jeunes gens mettaient pied à terre dans la cour d'un vaste hôtel de la rue de la Chaussée-d'Antin.

La marquise Castella occupait un pavillon considérable situé entre cour et jardin, derrière les principaux corps de logis de cet hôtel.

Une dizaine de voitures de maître, armoriées pour la plupart, attendaient, rangées en bon ordre, le long de la grille dorée...

— Baron, — dit le comte à Godefroy, — je crois bien que nous arrivons les derniers...

— En vérité!... — s'écria le baron.

— J'en ai peur... — reprit le comte; — vous avez été long... — mais, — ajouta-t-il d'un ton légèrement ironique, — la marquise, en vous voyant si beau, ne saurait manquer de nous pardonner ce retard...

— Je l'espère comme vous... — répondit naïvement Godefroy.

Le comte se mordit les lèvres et parvint à grand'peine à garder son sérieux, tout en se disant à lui-même :

— L'impayable animal!... — Laurence est un peu folle de ne le point laisser sans conteste à mademoiselle Formose!...

Le pavillon de la marquise offrait un rez-de-chaussée, un premier étage et des mansardes.

Les pièces de réception se trouvaient au rez-de-chaussée, et leurs larges portes-fenêtres prenaient jour sur un jardin rempli, du printemps à l'hiver, de frais ombrages et de fleurs éclatantes.

L'appartement particulier de la jolie femme occupait le premier étage.

Les domestiques — ils étaient nombreux — habitaient les mansardes.

Trois valets de pied, en livrées de gala, attendaient dans un vestibule délicieusement orné.

L'un d'eux prit les noms des nouveaux venus, et, ouvrant la porte du salon, annonça d'une voix fortement timbrée :

— Monsieur le comte de Crédencé... — Monsieur le baron de Montaigle...

La marquise Castella, portant toujours sa délicieuse toilette rose, à laquelle elle n'avait rien changé depuis son retour du spectacle, se trouvait à l'autre extrémité du salon, au milieu d'un groupe d'hommes semblables à des courtisans à demi prosternés autour d'une reine.

Et pourtant ces hommes, croyez-le bien, n'étaient point les premiers venus!...

Les uns portaient les plus beaux noms de France, et leurs blasons antiques étincelaient à Versailles dans la salle des croisades...

D'autres possédaient d'immenses fortunes, et chacun sait que, par le temps qui court, l'aristocratie de la richesse marche au moins l'égale de l'aristocratie de la naissance.

Il y avait là sept ou huit grands seigneurs, un banquier célèbre, un agent de change cinq fois millionnaire et l'administrateur général de l'un de nos chemins de fer importants...

Madame Castella quitta tout ce monde, et accourut, avec le plus gracieux empressement, au-devant du baron Godefroy de Montaigle et de son compagnon le comte de Crédencé, dont nous venons d'entendre prononcer le nom pour la première fois...

— Je suis heureuse, oh! bien heureuse de vous voir, monsieur le baron! — dit-elle à Godefroy; — malgré votre bonne promesse, j'osais à peine compter sur vous... — je sais combien vous êtes recherché... — tout le monde vous désire... tout le monde veut vous avoir... — il est glorieux pour moi d'avoir obtenu la préférence, et je vous en remercie mille fois, et mille fois encore!...

Le baron de Montaigle fit la roue et s'efforça d'improviser une réponse spirituelle et galante...

Nous devons à la vérité de convenir qu'il ne réussit point à trouver ce qu'il cherchait, et qu'il dut se contenter de balbutier, avec la tenue et l'attitude d'un jeune premier de l'ancien Gymnase, c'est-à-dire la tête inclinée gracieusement et la main sur le cœur :

— Ah! madame la marquise!... certainement, madame la marquise...

Le reste de la phrase se perdit dans un murmure parfaitement indistinct.

Madame Castella se contenta de sourire à M. de Crédencé, d'un air familier et dégagé, en lui tendant la main à l'anglaise, et en lui disant :

— Merci, mon cher comte, — vous êtes un homme charmant d'avoir accompagné M. de Montaigle...

Puis elle reprit, en s'adressant plus que jamais à Godefroy :

— Voici, je crois qu'on vient nous annoncer le souper... — offrez-moi votre bras, monsieur le baron... — je ne veux pas d'autre cavalier que vous...

— Par mon aïeul, qui fut l'intime ami du maréchal duc de Richelieu... — se dit Godefroy à lui-même, — c'est bien ici le cas de s'écrier : — *Je suis venu! j'ai vu! j'ai vain!*... — la marquise est folle de moi!... elle en *perd la boule!*... — elle s'affiche... elle finira par se compromettre... mais c'est son affaire et j'aime assez que les femmes se compromettent pour *Bibi*... *Bibi*, c'est moi...

— Je n'ai jamais vu la marquise recevoir personne comme elle reçoit cet imbécile!... — pensait en même temps M. de Crédencé! — que le diable m'emporte si je devine ce qu'elle en veut faire!...

Un valet de pied venait en effet d'annoncer que le souper était servi.

Une portion de tapisserie des Gobelins venait de se soulever, — une porte à deux battants venait de s'ouvrir, et madame Castella se dirigeait, au bras de Godefroy avec une sorte de plaisir et de vanité, vers une admirable salle à manger, éblouissante de luxe, étincelante de lumières, ruisselante d'argenterie et de cristaux, et remarquable moins encore par toutes ces merveilles que par un menu digne de Lucullus soupant chez Lucullus.

Les convives s'empressèrent de suivre la maîtresse de la maison.

Elle indiqua sa place à chacun et garda le baron de Montaigle à sa gauche.

— Elle m'a mis du côté du cœur!... — murmura Godefroy avec une sorte de délire; — c'est afin que j'entende les battements du sien!... il m'est impossible d'en douter!... — Quelle foudroyante impression j'ai produite!... — Quel *béguin* la marquise a pris pour moi du premier coup!... — Amour et macadam!... comme elle me gobe, cette femme!... — Sois paisible, d'ailleurs, ô ma divinité, je ne me montrerai point cruel!... — tu seras heureuse, je le jure!...

Laissons Godefroy, baron de Montaigle, poursuivre le cours de son monologue triomphant, — laissons les gentilshommes et les gens d'argent faire honneur aux raffinements de bonne chère qui leur étaient prodigués, et puiser une double ivresse dans les beaux yeux de la sirène et dans ses vins généreux, et satisfaisons la curiosité de nos lecteurs en leur apprenant ce que c'était que la marquise Castella...

Une vraie marquise!... — avait dit le comte de Crédencé au baron de Montaigle.

Oui, certes, vraie marquise, — nous l'accordons bien volontiers, — puisqu'elle était la veuve d'un marquis incontesté ; mais comment était-elle devenue la femme de ce marquis incontestable ?...

Ceci est toute une histoire, — une histoire curieuse, nécessaire à connaître pour l'intelligence du récit commencé par nous, — et nous allons la raconter.

Vingt-cinq ans avant l'époque où se passèrent les faits dont nous sommes l'historien, les environs de Paris ne ressemblaient guère à ce qu'ils sont devenus aujourd'hui et rien, ne semblait annoncer, pour un avenir plus ou moins prochain, la transformation qu'ils ont subie.

Paris, la ville souveraine, n'éprouvait point encore le besoin de faire élargir de tous côtés sa ceinture trop étroite. — Les maisons suffisaient aux habitants, — la banlieue ne rêvait ni les gloires, ni les douleurs de l'annexion ; — les terrains au cœur de la ville, ceux qui valent en 1862 leur poids en billets de banque, ne valaient pas leur pesant d'or ; — les terrains des communes voisines du bois de Boulogne, Passy, Auteuil, etc... ne valaient pas moins leur pesant de cuivre...

Nous n'osons pas relater ici quelques-uns des prix de ce temps-là !...

Ces prix sembleraient à tel point invraisemblables que personne — (excepté les malheureux propriétaires qui ont vendu, et les fortunés mortels qui ont acheté, il y a trente ans) — ne consentirait à les admettre comme possibles...

Le terrain ne coûtant pas cher, on l'employait avec une insouciante prodigalité.

Auteuil, aujourd'hui si richement pourvu de petites maisons de plâtre et de prétentieux petits chalets, précédés ou suivis de petits jardins de cent mètres, offrait alors une demi-douzaine de grandes propriétés, de véritables parcs, au milieu desquels s'élevaient des habitations plus semblables à des châteaux qu'à de simples villas.

L'une de ces propriétés — (la plus vaste peut-être et la plus belle de toutes, car la maison de maître, splendide pavillon Louis XV, dominait un parc de vingt hectares formant amphithéâtre depuis les hauteurs jusqu'à la route royale) — appartenait à un vieux banquier qui, ne l'habitant plus, même l'été, depuis maintes années, en tirait un gros revenu en la louant toute meublée à des étrangers riches, charmés de jouir, à une demi-lieue de Paris, de la campagne avec ses ombrages séculaires, ses eaux transparentes et ses tranquilles horizons.

L'habitation qui nous occupe était désignée dans le pays sous le nom de *la Folie-Normand.* — Elle perpétuait ainsi la mémoire du célèbre fermier général Alain Normand, qui avait fait construire le pavillon et dessiner les jardins en l'an de grâce 1750.

A quelques pas plus loin que la grille de fer d'un travail curieux et rococo servant de clôture aux dépendances de la Folie-Normand, se voyait, de l'autre côté de la route, sur la berge poudreuse de la Seine et dans la direction de Saint-Cloud, une maisonnette ou plutôt une hutte d'aspect misérable, bâtie avec de la boue et des branchages desséchés et couverte d'un toit de chaume à demi pourri qui laissait le vent et la pluie pénétrer librement dans l'intérieur.

Cette hutte avait été la propriété d'un vieillard de mœurs sauvages et de mauvaise réputation, pêcheur de son état, taciturne et farouche, vivant sur l'eau plus que sur terre, vendant son poisson le plus cher possible pour acheter du tabac et de l'eau-de-vie, évitant tout le monde et n'adressant jamais la parole à quelqu'un, excepté quand il s'agissait de conclure un marché, ce qu'il faisait d'ailleurs d'une façon ultra laconique et quasi brutale.

Le vieux pêcheur passait dans le pays, à tort ou à raison, pour avoir commis jadis un crime effrayant...

Les remords, — disait-on, — le persécutaient et lui donnaient cette humeur insociable et ce besoin impérieux de solitude...

Quel était le crime si durement et si longuement expié ?...

Personne n'en savait rien...

Le forfait et les remords pouvaient se comparer à ces légendes populaires que tout le monde connaît plus ou moins, mais dont on ignore l'origine et la raison d'être..

Toujours est-il que les femmes et les enfants avaient peur du vieillard et s'enfuyaient à son approche, et que les hommes eux-mêmes n'aimaient pas beaucoup à le rencontrer...

Un jour il se noya en jetant ses filets et son cadavre ne fut repêché qu'au bout d'une semaine.

— Le bon Dieu a fait enfin justice de ce vilain homme... — se dirent les uns aux autres les charitables bourgeois d'Auteuil.

Puis on cessa de penser à lui.

La hutte située au bord de l'eau ne jouissait pas d'un meilleur renom que son propriétaire décédé.

Elle resta longtemps déserte, et les matériaux qui la composaient offraient si peu de valeur que les pirates de la Seine eux-mêmes, ces pillards avides du plus misérable butin, dédaignaient de la démolir pour s'en emparer...

Les vents d'automne et les pluies d'hiver se chargeaient d'ailleurs de mener à bonne fin cette démolition déjà commencée.

Un certain soir les bonnes gens d'Auteuil, en allant faire sur le chemin de halage leur promena de quotidienne, furent très-surpris et un peu inquiets de voir un filet de fumée blanche s'élever du toit presque effondré de la hutte, et se demandèrent quel hardi vagabond s'était mis en possession de l'héritage du vieux pêcheur...

Leur curiosité fut promptement satisfaite et leurs inquiétudes bien vite calmées.

Les nouveaux habitants de la chaumière semblaient tout à fait inoffensifs et ne pouvaient devenir dangereux ni même incommodes.

Les habitants étaient un homme d'une quarantaine d'années et une petite fille de cinq ans.

L'homme avait une figure brune, ou plutôt cuivrée, présentant les traits caractéristiques des races orientales, et de grands yeux noirs d'un éclat singulier. — Son corps, irréprochable dans la partie supérieure, était par en bas affreusement difforme; — ses jambes recourbées, atrophiées, inertes, disparaissant sous des bandelettes pareilles à celles d'une momie égyptienne, refusaient absolument de supporter le poids du torse amplement développé.

Cet homme ne parvenait à se mouvoir qu'avec une extrême lenteur et à l'aide de deux béquilles dont il ne se séparait jamais.

La petite fille, blanche comme une créole, avec des cheveux sombres, d'une prodigieuse opulence, réalisait un type de beauté idéale, rêvé par les peintres et les poëtes.

On ne tarda point à savoir dans le pays que *l'estropié* (c'est ainsi qu'on désigna le nouveau venu) exerçait la profession de *rétameur*. — On le voyait pendant des journées entières, assis, ou plutôt accroupi sur la berge, devant sa porte, à côté d'un réchaud bourré de charbons ardents et supportant une vieille marmite de fer à moitié pleine de métal liquéfié.

Autour de lui s'entassaient les chaudrons et les casseroles qu'il revêtait d'une brillante couche d'étain, à la grande joie des ménagères d'Auteuil.

La petite fille l'aidait à aller chercher et à reporter *l'ouvrage* chez les pratiques.

Elle était si mignonne, si charmante, cette enfant, et si propre sous ses pauvres vêtements raccommodés tant bien que mal avec du gros fil de diverses couleurs, que tout le monde aimait à la voir.

On l'attirait volontiers dans les maisons, et, à chacune de ses tournées, on lui donnait force friandises, de petits sous et même des pièces blanches.

Elle recevait ces cadeaux d'un air sérieux, sans sourire et presque sans remercier. — On eût dit une de ces *infantes* de cinq ans, que Vélasquez aimait à peindre, accueillant avec dignité les hommages et les redevances de ses sujets.

— Pourquoi toujours silencieuse? — demandait-on parfois au rétameur; — est-ce que cette enfant est muette?...

— Non, — répondait-il d'une voix gutturale, empreinte d'un accent étranger très-prononcé, — mais elle entend mal le français et ne le parle pas du tout...

— C'est votre fille? — continuaient les curieux.
— Oui.
— Sa mère n'est donc point avec vous?...
— Sa mère est morte...
— Etes-vous Français?
— Non.
— De quel pays venez-vous?...
— D'un pays que vous ne connaissez pas...
— Bien loin d'ici?...
— Oui, bien loin.

Le laconisme du cul-de-jatte glaçait les paroles sur les lèvres de ses interlocuteurs et la conversation en restait là.

Le moment approchait où ces deux personnages si tranquilles et si dignes d'intérêt en apparence, — un estropié et une enfant, — allaient jouer un rôle actif dans un drame effrayant et inattendu...

XIII. — ENTREVUE NOCTURNE.

Dix heures du soir venaient de sonner.

De grands nuages sombres cachaient la lune et rendaient les ténèbres impénétrables.

Une pluie torrentielle tombait sans relâche; — un vent impétueux soufflait à travers les grands arbres du parc d'Auteuil et arrachait à leurs ramures agitées d'étranges gémissements.

La Seine, prise à revers par les tourbillons, se soulevait en une multitude de petites vagues qui venaient battre les berges avec un bruit monotone et continu, presque semblable au sourd fracas de la marée lointaine.

Auteuil tout entier semblait endormi, et c'est à peine si de rares lumières brillaient, çà et là, aux fenêtres des maisons de ses rues désertes.

Transportons-nous près de la hutte sinistre et dévastée dont nous avons parlé dans le précédent chapitre, et franchissons le seuil de cette misérable demeure.

Le premier regard ne parvenait point à distinguer les objets, tant les âcres et épaisses vapeurs d'un mauvais tabac obscurcissaient l'atmosphère et se condensaient en nuages blanchâtres autour de la mèche fumeuse d'une chandelle placée sur une petite table au milieu de la chaumière.

Peu à peu, cependant, les yeux attentifs réussissaient à sonder ce brouillard opaque et entrevoyaient deux figures humaines immobiles.

C'était d'abord *l'estropié*, assis à côté de la table et de la lumière, et fumant une pipe courte et fétide, avec le flegme d'un Hollandais et la gravité d'un fakir...

C'était ensuite, étendue sur une botte de paille recouverte d'une sorte de haillon bigarré, la délicieuse petite fille blanche et brune décrite par nous précédemment.

Cette charmante créature dormait d'un sommeil calme et profond, — sa poitrine se soulevait avec une régularité parfaite, et l'odeur abominable du tabac de contrebande ne semblait point gêner sa respiration enfantine.

Les yeux noirs, habituellement cachés à demi par l'ombre d'un large chapeau aux bords rabattus, avaient en ce moment un regard fixe et cruel.

Les lèvres minces et bistrées souriaient d'un mauvais sourire quand le tuyau noir de la pipe se séparait d'elles pour une seconde.

A coup sûr, dans ce crâne proéminent, sous ces cheveux noirs épais et crépus, mêlés çà et là de touffes blanches, s'agitaient confusément de hideuses pensées et se combinaient des projets infâmes.

Le paisible *rétameur* que tous les habitants d'Auteuil connaissaient, subissait dans la solitude une transformation complète...

Tous trois se dirigèrent vers la gauche, dans une obscurité profonde. — Page 47.

Tout, d'ailleurs, dans l'intérieur de la hutte, décelait la misère abjecte et sordide.

A l'exception de la table en bois brut et de deux escabeaux boiteux on ne voyait pas le moindre meuble.

Des bottes de paille et de joncs desséchés tenaient lieu de lit, pour le *rétameur* aussi bien que pour la petite fille.

Une casserole de fer-blanc bosselée et deux assiettes de faïence ébréchées composaient la batterie de cuisine et la vaisselle du ménage.

Au milieu des tourbillons de fumée qui l'enveloppaient, la figure de l'estropié, visage aux traits énergiques et couleur de bronze, offrait une expression effrayante.

N'étant plus exposé aux regards, et cessant de veiller sur lui-même, il reprenait sa forme réelle, son aspect véritable, — il offrait le type et l'incarnation du bandit prêt à tous les crimes.

Une dernière bouffée de vapeur s'exhala de ses lèvres et la pipe s'éteignit.

Il frappa de son ongle le fourneau renversé pour en faire tomber les cendres, puis il fouilla dans ses poches, mais sans résultat; — elles étaient vides...

— Plus de tabac! — murmura-t-il avec un effroyable juron, — pas de chance!...— Reste-t-il de l'eau-de-vie, au moins!...

Tout en s'adressant cette question il se leva, et, sans le secours de ses béquilles, car ses jambes, débarrassées des bandelettes qui les enveloppaient pendant le jour, étaient excellentes quoiqu'un peu maigres; il se dirigea vers l'un des angles de la chaumière, et, sur une planchette fixée à la muraille par deux clous, il prit une bouteille et un gobelet d'étain.

La bouteille était encore à demi pleine de ce liquide alcoolique et jaunâtre qui porte le nom d'eau-de-vie chez les cabaretiers des environs de Paris.

Le faux cul-de-jatte ébaucha un geste de satisfaction, — il revint s'asseoir et il allait se verser une première rasade quand un bruit soudain le fit tressaillir.

Il interrompit le geste commencé et il prêta l'oreille avec une profonde attention.

On venait de frapper un coup faible, mais parfaitement distinct, contre la porte de la cahute.

Après un intervalle très-court, un second coup fut frappé, puis un troisième, et une sorte de roulement sourd et continu leur succéda.

Le rétameur ouvrit une étroite lucarne qui donnait sur la berge, et, approchant son visage de cette ouverture, il demanda :

— Qui frappe à ma porte à pareille heure?...

Un éclat de rire lui répondit d'abord, puis une voix joyeuse s'écria :

— Allons, compère, tire tes verrous... — je t'apporte quinze chaudrons et vingt-deux casseroles à rétamer... — quelle aubaine!

— Est-ce toi, Pictonpain? — reprit le faux cul-de-jatte avec un reste de défiance.

— Eh! de par tous les diables, si ce n'était moi, qui serait-ce donc?... — Dépêche-toi de m'introduire dans ton domicile; — la pluie me trempe, le vent me gèle, et je sens que je vais m'enrhumer du cerveau...

Le rétameur, enfin convaincu de l'identité de son visiteur nocturne, se décida à ouvrir la porte sans plus de retard, et le nouveau venu fit irruption et se mit à se secouer comme un caniche mouillé.

— Prrrttt!... — grommela-t-il ensuite, — quel fichu temps, nom d'une pipe!... — de par tous les diables on ne mettrait pas, cette nuit, un gendarme à la porte... — Y a-t-il moyen de faire un peu de feu, compère?...

— Oui, — répondit le rétameur.

— Alors, dépêche-toi, — tu m'obligeras... — je ne suis pas douillet, tu le sais, mais j'ai peur du rhume... — le rhume, c'est ma bête noire... — quand j'éternue, il me semble que ma machine se détraque!...

Dans l'un des angles de la hutte une sorte de foyer était pratiqué. — Rien ne se pouvait voir de plus primitif : — ce foyer consistait en une large pierre plate posée sur le sol et en deux gros cailloux servant de chenets.

Une ouverture étroite, percée dans le toit, avait pour fonction de laisser s'échapper la fumée, — fonction dont elle s'acquittait d'ailleurs assez mal.

Le rétameur ramassa dans un angle une brassée de roseaux desséchés et de menu bois, — il plaça ces matières essentiellement inflammables sur les cailloux jouant le rôle de chenets et il y mit le feu.

Une flamme pétillante jaillit aussitôt et monta presque jusqu'aux solives pourries du plafond.

— Diable! diable!... — fit Pictonpain, — prends garde d'incendier l'immeuble... — On dit que les loyers renchérissent et qu'on ne trouve plus à se loger!...

Le rétameur se mit à rire.

— As pas peur!... — répondit-il, — feu de paille flambe, mais n'allume point...

Et, comme pour confirmer ses paroles, la flamme s'abaissa presque aussitôt.

— Veux-tu boire un coup? — ajouta le faux cul-de-jatte.

— Qu'est-ce que tu m'offres en fait de boisson?

— De l'eau-de-vie...

— Accepté, nom d'une pipe!... — chauffer le dedans en mêm temps que le dehors, bonne affaire!...

La maison ne contenait qu'un seul gobelet.

Les deux hommes le remplirent et le vidèrent successivement.

— Saperlotte! — s'écria Pictonpain avec conviction, — elle est fameuse, ton eau-de-vie!... Une aune de flanelle de santé sur l'estomac, parole sacrée!... — Encore un verre, mon compère, — allumons une pipe et causons d'affaires...

— Hélas... — murmura le rétameur, — impossible...

— Pourquoi donc?...

— Plus de tabac...

— Comme ça se rencontre!... justement ma blague est pleine!...

— Fameux!... — dit, en faisant une pirouette, le faux cul-de-jatte transporté de joie.

Pictonpain posa sur la petite table la vessie de porc qui lui servait de récipient et que gonflait un tabac sans nom, auquel servaient de base des détritus de cigares hachés.

Un instant après les deux pipes pouvaient lutter sans désavantage avec les cheminées de deux locomotives.

Ni le bruit de la porte successivement ouverte et fermée, ni les soudaines lueurs du feu, ni la conversation des deux hommes ne réveillaient la petite fille, tant est calme et profond le sommeil de l'enfance...

— Maintenant, — dit alors le rétameur, — rien ne nous manque plus, ce me semble, et nous pouvons causer à notre aise...

— Je suis venu ici tout exprès pour ça... — répondit Pictonpain, — causons....

Le nocturne visiteur était un tout petit homme grêle et chétif, d'une apparence si frêle et si souffreteuse qu'on devait le croire et qu'on le croyait en effet incapable de tout travail.

En réalité, sous cette piteuse enveloppe, la nature capricieuse avait caché des nerfs et des muscles d'acier.

Pictonpain tirait habilement parti de sa trompeuse faiblesse.

Il s'était fait mendiant ambulant.

A peine vêtu de loques sordides et portant sans cesse une vieille besace sur son épaule, il parcourait d'un pas clopinant mais infatigable les campagnes de la banlieue de Paris.

Il s'arrêtait à toutes les portes, d'un air humble et suppliant; — il ôtait le chapeau crasseux et bossué qui couvrait sa tête anguleuse; — il tendait la main et il marmottait une suite de phrases indistinctes, qui n'offraient aucun sens et ne se reliaient point entre elles, mais qu'émaillaient çà et là quelques bribes de latin défiguré.

Les bonnes gens prenaient ce *galimatias* pour une oraison murmurée bien dévotement.

Le latin produisait un grand effet sur eux.

— Pictonpain n'est point un ignorant! — se disaient-ils volontiers, — il en sait; pour le moins, tout aussi long que notre curé...

Et d'abondantes aumônes de morceaux de pain, de légumes et de fruits, remplissaient la besace antique.

Assez souvent, le lendemain du jour où le mendiant était venu frapper à une porte, un vol hardi se commettait dans la maison du paysan charitable, mais jamais, au grand jamais, la pensée n'était venue à personne d'accuser ou seulement de soupçonner de ce vol le chétif et pieux quémandeur.

Or, on le devine, le véritable, le seul coupable était celui qu'on ne soupçonnait pas.

Ceci bien posé pour l'intelligence de ce qui va suivre, retournons à la hutte d'Auteuil et assistons à l'entretien des deux misérables.

— Pictonpain, mon bon garçon, — dit le rétameur, — puisque tu es venu à pareille heure, par ce fichu temps, tout exprès pour dialoguer avec moi, il faut que tu aies quelque chose d'intéressant à me proposer...

— Naturablement, compère... — répliqua le mendiant.

— Il s'agit d'une *affaire*?...

Le mot que nous venons de souligner fut accentué de manière à lui donner une signification facile à comprendre.

— Oui, — dit Pictonpain.

— Petite ou grosse?...

— Énorme.

— Facile?...

— Donnez-vous la peine d'entrer les mains vides et de vous en aller les poches pleines!... — voilà!...

— Du *nanan*, alors?...

— Tout juste... — C'est à s'en lécher les babines...

— Diable!... — et c'est aujourd'hui que tu as trouvé ça, mon bon garçon?...

— Voici tantôt cinq ou six jours que je mitonne la chose...

— Quand ça se jouera-t-il?...

— Dans la nuit de demain...

— Pourquoi pas cette nuit même?...

— Pour des raisons...

— Suffit!... — Y aura-t-il loin à aller?...

— Nenni, mon compère... — tu peux compter qu'il ne te faudra pas de béquilles et que tu ne te fatigueras point les jambes...

— C'est donc à Auteuil même?...

— Oui, c'est à Auteuil... — en moins d'un quart d'heure nous nous rendrons de ton domicile à l'endroit en question...

— Parfait!... Rien au monde ne donne du courage comme de travailler près de chez soi...

— Si j'avais un *chez moi*, ça serait sans doute aussi mon avis... n'en ayant pas, pour le quart d'heure, je fonctionne n'importe où avec une égale activité... — je ne tiens qu'à une seule chose, c'est que la récolte soit bonne, et je te garantis que demain soir elle le sera!... — jamais de ta vie, mon compère, tu ne te seras vu à pareille fête...

— Je demande des détails...

— Tu vas en avoir... — Connais-tu cette belle maison qu'on appelle dans le pays *la Folie-Normand*?...

— Comment ne connaîtrais-je pas la plus superbe maison d'Auteuil?... C'est un véritable château...

— Eh bien, c'est là que nous opérerons la nuit prochaine...

Le rétameur fit une grimace parfaitement visible.

— Eh bien, quoi?... — s'écria Pictonpain avec vivacité, — qu'est-ce que c'est?... qu'y a-t-il donc? on dirait, à voir ta mine allongée, que ton enthousiasme a des bornes!...

— Et l'on aurait raison de le dire, — répliqua le rétameur, — car je me demande, en ce moment, si tu jouis bien de tout ton bon sens...

— Pourquoi cette question saugrenue?...

— Tu me parlais tout à l'heure, n'est-il pas vrai? d'une opération simple et facile...

— J'en ai parlé et j'en reparle...

— Et tu ajoutes, aussitôt après, que c'est à la Folie-Normand que nous travaillerons...

— Sans doute...

— Mais, mon bon garçon, tu n'as donc jamais regardé les murailles qui entourent la propriété?

— J'ai fait mieux que les regarder, je les ai mesurées avec un grand soin et une rigoureuse exactitude... — Elles ont quatorze pieds de haut...

— Sans compter, — reprit le rétameur, — qu'une broussaille de fer aux pointes aiguës en garnit le couronnement et rend toute escalade impossible...

— J'ai pris bonne note des pointes de fer, — répliqua Pictonpain; — l'escalade me paraît, comme à toi, n'offrir aucune chance de succès...

— Et, néanmoins, tu persévères dans tes projets?...

— Nom d'une pipe, je le crois bien !

— Tu n'as donc point remarqué deux niches, placées dans l'intérieur de l'avenue, à la droite et à la gauche de la grille principale, et renfermant chacune un chien de Terre-Neuve grand comme un veau?...

— Deux animaux de toute beauté et qui valent bien de l'argent!... — répliqua Pictonpain avec insouciance, — on les lâche dès qu'il fait nuit...— je les crois parfaitement féroces et je parierais double contre simple qu'il ne leur faudrait pas plus de cinq minutes pour dévorer bel et bien un homme de ta taille et deux de la mienne...

Le rétameur regarda le mendiant d'un air stupéfait.

Pictonpain se mit à rire.

— Tu connais les chiens et tu persistes!... — murmura le faux cul-de-jatte.

— Mon Dieu, oui... tous ces obstacles qui t'épouvantent ne sont pour moi que d'insignifiantes bagatelles... — Y a-t-il autre chose encore?...

— Oui... oui... répondit le rétameur, — il y a autre chose...

— Ne te gêne pas... va, mon bonhomme... — quand tu auras complètement fini, je répondrai à tout à la fois. Mon verre est plein, ma pipe est bourrée, mes habits sèchent, rien ne nous presse... — prends ton temps et parle à ton aise...

Pictonpain s'enveloppa d'un nuage de fumée et le rétameur continua ses objections.

XIV. — CE QUI SE DIT ENTRE DEUX COQUINS DANS LA HUTTE D'AUTEUIL.

L'estropié, nous l'avons dit, ne se tenait point pour battu.

Il poursuivit :

— La Folie-Normand est une maison grande comme un château ou comme un palais... — Ça doit se louer très-cher, et c'est habité par des gens très-riches...

— Naturablement!—interrompit Pictonpain ; — sans ça, l'affaire que je te propose ne serait pas si belle...

— D'accord, mais il y a là dedans, j'en suis sûr, beaucoup de maîtres et beaucoup de domestiques...

— Pas tant que tu crois, mon compère... — en voici le compte tout au juste : — les maîtres sont des marquis étrangers, Italiens, je crois, avec un nom dont je ne me souviens pas bien, mais qui finit en A. — Il y en a trois : une vieille dame, un jeune homme d'une trentaine d'années qui est son fils, et la femme de celui-ci, une péronnelle de dix-sept ou dix-huit ans, tout au plus...

— Le jeune homme de trente ans est-il solide?...

— Il en a l'air... c'est un grand et beau gaillard qui tire le pistolet toute la journée sur une plaque de fonte qui est au fond du jardin... — tu dois l'entendre d'ici...

Le rétameur fit la grimace.

— Diable!... le pistolet!...— dit-il, c'est un joujou bien malfaisant!... — enfin, passons ; — trois maîtres c'est déjà quelque chose... et combien de domestiques?...

— Pas plus de cinq...

— C'est assez joli!...

— Un cocher, un valet de chambre, une cuisinière, une femme de chambre, et un petit bonhomme pas plus haut que ça qui monte derrière le cabriolet du monsieur...

— Eh bien! eh bien! mais il me semble que voilà une maison pas trop déserte... — on peut se trouver, d'une minute à l'autre, avoir huit personnes sur les épaules...

— Les femmes ne comptent pas! — répliqua Pictonpain d'un air dédaigneux.

— Les femmes comptent très-bien, au contraire, attendu que, dans ces occasions-là, une seule femme fait plus de tapage et crie plus haut qu'une demi-douzaine d'hommes...

— As-tu dit tout ce que tu avais sur le cœur?... — T'es-tu suffisamment épanché?...

— A peu près.

— Tu n'as plus rien à ajouter?...

— Je ne crois pas, et d'ailleurs je suppose qu'à moins que tu ne sois complètement fou, j'ai dû te faire toucher du doigt toute l'absurdité de ton projet...

Pictonpain secoua la tête.

— Tu persistes? — demanda le rétameur.

— Enormément, mon compère, et dans trois minutes tu seras de mon avis, tu me donneras raison et tu m'admireras ..

— J'en doute très-fort...

— Tu vas voir ; — tu viens de parler à ton aise, c'est à mon tour de répondre ; — prête-moi toute ton attention.

Le rétameur fit un geste qui signifiait clairement : — J'écoute de mes deux oreilles.

— Procédons par ordre, — poursuivit le mendiant, — et reprenons tes objections l'une après l'autre...

— Soit...

— Rappelle-moi méthodiquement les obstacles que tu viens d'énumérer avec tant de complaisance ; je me charge de les renverser sans la moindre peine...

— J'ai parlé d'abord des murailles de quatorze pieds de haut, avec des broussailles de fer au couronnement.

— Bagatelle, pure bagatelle qui ne saurait nous arrêter un instant, et voici pourquoi : — Les jardins s'étagent derrière la maison presque jusqu'au sommet de la côte. — la muraille, dans cette partie élevée, longe des terrains déserts à moitié couverts de grandes herbes... — Il y a dans cet endroit une petite porte de dégagement...

— Vermoulue, peut-être? — s'écria vivement le rétameur.

— Presque neuve, au contraire, et fermée intérieurement par de bons verrous...

— Pourquoi diable, alors, me parles-tu de cette porte?... — fit le faux cul-de-jatte d'un ton dépité.

— Parce que c'est par elle que nous entrerons...

— Comment?

— Tout à côté se trouve une sorte de lucarne ronde, un œil-de-bœuf tellement étroit qu'un homme n'y pourrait passer et qu'on ne s'est pas donné la peine de le garnir de barreaux de fer... — des lierres épais le cachent au dedans, et je parierais volontiers que les locataires actuels et peut-être même le propriétaire lui-même ne savent seulement pas qu'il existe... — que dis-tu de cela? compère...

— Je n'en dis absolument rien... — Puisqu'un homme ne viendrait point à bout de s'introduire par là, à quoi cet œil-de-bœuf peut-il nous servir?

— C'est aussi ce que je m'étais dit d'abord... — mais j'ai réfléchi, j'ai cherché, je me suis donné du mal, et, comme je suis un homme de grand esprit, il m'est venu une idée sublime!...

— Peste! — fit le rétameur en riant; — ne t'égratigne donc pas, compère!...

— Tu vas voir...

— J'avoue que je suis curieux de connaître ton idée *sublime*!...

— Oh! mon Dieu, elle est bien simple, comme toutes les grandes choses... j'ai pensé à la petiote...

— A Bijoute? — demanda le rétameur en étendant sa main vers l'enfant endormie.

— Tout juste; — elle est mince comme une baguette et souple comme une anguille, cette fillette... — avec cela, point sotte du tout pour son âge, et très-obéissante; elle entrera dans la lucarne comme une lettre à la poste... — Nous la ferons passer les pieds les premiers... — il n'y a pas assez haut de la lucarne au terrain pour qu'elle puisse se blesser en tombant... — d'ailleurs, elle se retiendra aux lierres, qui sont bien assez forts pour la soutenir... — une fois dans le jardin elle nous tirera les verrous et elle nous ouvrira la porte... — ça n'est pas plus malin que ça!... — Eh bien! compère, qu'en penses-tu maintenant?... — est-ce beau, est-ce ingénieux, est-ce complet?...

— Franchement, — répondit le rétameur, — je conviens que ça n'est pas mal inventé...

— A la bonne heure! — Quand je te dis qu'il y a des *bonnets verts* à Brest, à Toulon, à Rochefort, qui ont acquis une célébrité en cour d'assises, et qui ne sont pas si malins que moi!...

— Je commence à le croire.

— Tu me rends justice... ça me fait plaisir et je propose de boire un coup...

— Buvons-en deux...

— Bonne eau-de-vie, sur ma parole!... — A ta santé, compère!...

— A la tienne!...

Le rétameur reprit:

— Bref, nous voici dans le jardin... — C'est très-bien, mais il y a les deux chiens de Terre-Neuve, ces grands mâtins d'animaux qui vous ont des gueules de requins et qui nous croqueront comme chair à saucisses, sans se faire prier...

— Allons donc!... — j'aurai pris soin d'y mettre bon ordre...

— De quelle manière?

— Nous ferons le coup vers minuit, et, dès dix heures du soir, je leur aurai administré à travers la grille deux petites boulettes de ma façon qui les mettront hors d'état de mordre jamais personne...

— Ils doivent être bien nourris, ces animaux-là, et dans la pâtée jusqu'au cou!... — Voudront-ils manger tes boulettes?...

— Oh! quant à ce qui est de ça, j'en réponds...

— Je possède une recette infaillible... — si tu portais seulement gros comme une noix de ma composition dans une de tes poches, tous les caniches du pays te suivraient jusqu'au bout du monde, en se pourléchant les babines et en remuant la queue à se la disloquer... — Mets-toi donc l'esprit en repos...

— Tu as réponse à tout!...

— Je m'en flatte...

— Parlons un peu, maintenant, du monsieur aux pistolets...

— Le monsieur aux pistolets — lequel me paraît, soit dit entre parenthèses, te chiffonner beaucoup l'imagination — n'est point à craindre pour nous en ce moment, par l'excellente raison qu'il s'est mis en route ce soir même, avec sa jeune femme, dans une chaise de poste chargée de malles, ce qui annonce un assez long voyage... — Le valet de chambre était sur le siège, en petite livrée, en casquette vernie à galon d'or, et la vieille dame faisait près de la grille des adieux à n'en plus finir...

— De telle sorte, — dit le rétameur, — que cette vénérable ancêtre se trouve toute seule à la Folie-Normand?

— Oui, avec le cocher, le petit domestique et les deux servantes... — Mais le cocher couche dans le bâtiment des écuries, au-dessus de ses chevaux, assez loin pour ne rien entendre de ce qui se passe dans la maison... — Il ne reste donc que la vieille, le gamin et les deux femmes... ça n'est pas bien lourd, comme tu vois...

— Oui... oui... l'affaire me paraît prendre tournure...

— Ainsi, tu es converti?...

— Tout à fait.

— C'est heureux!... — il n'y a pas encore cinq minutes que tu me traitais de fou!...

— Je crois maintenant que ça marchera sur des roulettes... — As-tu une idée quelconque de la manière dont nous nous introduirons dans le logis?

— Pas encore, mais nous ne sommes pas assez

sots pour nous inquiéter de si peu de chose... — Nous trouverons un moyen, et un bon, et ça ne sera pas long, tu peux compter là-dessus...

— Il doit y avoir de l'argent, des bijoux, et de l'argenterie à remuer à la pelle, dans cette cassine ?

— J'y compte bien...

— Seulement nous ignorons où niche tout cela...

— Bah !... nous chercherons... — J'ai le nez fin, — le métal m'attire... tu verras...

— Je ne redoute plus qu'une seule chose...

— Laquelle ?...

— C'est que les femmes se réveillent...

Pictonpain fit un geste de féroce insouciance.

— Espérons pour elles, — dit-il ensuite d'un ton dégagé, — qu'elles ne se réveilleront pas...

— Mais, enfin, il est bon de tout prévoir... — si cela arrivait ?...

— Si cela arrivait, compère, il faudrait recourir aux grands moyens... — Nous possédons de petits couteaux avec la manière de nous en servir... — Tu n'es pas homme, j'imagine, à reculer devant quelques gouttes de sang répandu, quand il n'y a pas moyen de mener les choses en douceur...

— Sans doute, mais c'est jouer bien gros jeu !...

— Les galères, passe encore, mais *l'Abbaye de Monte-à-Regret*, diable ! ça ne me va guère... — Sais-tu que je tiens à ma tête ?...

— Comme moi à la mienne, pardieu !... — Ce détail ne me fait pas reculer, pourtant... — Qui ne risque rien, n'a rien...

— Oh ! j'irai de l'avant, sois tranquille, puisque la chose en vaut la peine... — Mais comment nous débarrasserons-nous du butin ?...

— Je me charge de liquider...

— Tu as un acheteur ?...

— Oui.

— Qui donc ?...

— Un honnête coquin plus cousu d'or qu'une chape d'évêque... un vieil arabe avec qui j'ai déjà fait des affaires... — Il s'appelle le père Legrip... — il demeure en haut de l'avenue de Neuilly, dans une petite maison mieux barricadée qu'une prison... — il achète tout ce qu'on lui porte, pourvu que ce soient des matières d'or ou d'argent, et il ne vous fait pas attendre votre paiement cinq minutes...

— Voilà un brave homme et je l'estime !...

— J'irai le trouver après demain soir...

— C'est-à-dire, nous irons le trouver ensemble.

— Est-ce que tu te défies de moi, compère, par hasard ?...

— Que le ciel m'en préserve, ami Pictonpain !...

— J'ai autant de confiance en toi qu'en moi-même et peut-être plus... seulement je connais par expérience toute la faiblesse humaine et je veux t'éviter une tentation qui serait peut-être trop forte...

Pictonpain se mit à rire.

— Soit ! — dit-il, — nous irons ensemble... — Oh ! moi, d'abord, je suis bon enfant...

Ces mots terminèrent l'entretien.

Les bandits que nous mettons en scène absorbèrent encore quelques rasades d'eau-de-vie frelatée, puis le rétameur fit deux parts de la paille et des roseaux qui lui servaient de matelas.

Il mit généreusement l'une de ces parts à la disposition de Pictonpain, qui s'étendit avec un bien-être manifeste sur cette couche improvisée...

Un instant après, le faux cul-de-jatte et le mendiant dormaient, côte à côte, d'un sommeil aussi profond que celui de l'innocence...

Rien de plus naturel, après tout ?...

N'avaient-ils point, l'un comme l'autre, l'âme tranquille et la conscience satisfaite ?...

§

Laissons s'écouler le reste de cette nuit et toute la journée qui suivit, et franchissons de nouveau le seuil de la hutte délabrée au moment où onze heures du soir sonnent au clocher d'Auteuil.

Le rétameur et la petite fille étaient seuls.

— *Bijoute* — nous savons maintenant que la jolie enfant portait ce nom singulier — ne dormait point comme la veille.

Assise dans un coin, d'un air grave et réfléchi, elle attachait le regard fixe de ses grands yeux noirs sur le faux cul-de-jatte qui se promenait de long en large dans l'étroit espace borné par les quatre murailles croulantes.

Évidemment l'honorable personnage attendait avec impatience.

Enfin un pas rapide, quoique inégal, retentit au dehors, et trois petits coups furent frappés contre la porte vermoulue.

Le rétameur ouvrit aussitôt et Pictonpain fit une entrée triomphante ; — toute sa chétive personne respirait la joie du succès.

— Il paraît que ça va bien ?... — dit le maître du logis.

— Pardieu, compère, — répliqua le mendiant, — ça va toujours bien quand je m'en mêle...

— Tu viens de la Folie-Normand ?...

— C'est-à-dire, je viens de monter une faction hors de tour devant la grille... — Le petit domestique a lâché les toutous une bonne demi-heure plus tard qu'à l'ordinaire...

— Et leur affaire est faite ?...

— Naturellement !... — les bons animaux ont gobé la pilule comme s'ils n'avaient rien mangé depuis huit jours !... — Ils n'en ont fait qu'une bouchée et ils en demandaient encore... — Ah ! les gaillards !... — sont-ils assez portés sur leur bouche !... — Sac à papier, voilà de jolis gourmands !

— Alors, présentement, ils ont vécu ?...

— Tu vas trop vite... — il faut environ une petite heure pour que la médecine fasse son effet...

— Ils vivotent encore, ces chéris, mais à onze heures et demie, bonsoir la compagnie... plus personne... — Or, comme nous n'agirons qu'à mi-

nuit, nous les trouverons déjà froids...
— Eh bien, attendons une heure ici...
— Non, — partons tout de suite... — Je crois bon d'arriver sur le terrain un peu d'avance... — Ça donne le temps de s'organiser à son aise et de prendre toutes ses précautions...
— Comme tu voudras... — répondit le rétameur.
— Tu as la lanterne?...
— La voici...
— Ton couteau?
— Il est dans ma poche, tout ouvert.
— Et, les bibelots?...
— Ils sont dans le sac que voilà... — Oh! je n'oublie rien!... — Allons, Bijoute, nous *décarrons*... — Sur tes pattes, ma fille, et plus vite que ça!... — en route, mauvaise troupe!...

L'enfant ne répondit pas et se leva vivement.

Le rétameur prit de la main gauche une petite lanterne sourde soigneusement peinte en noir.

Il jeta sur ses épaules une sorte de longue besace en grosse toile, gonflée par divers objets.

Il ouvrit la porte de la cahutte, et, après avoir éteint la chandelle, il sortit, suivi de la petite fille et de Pictonpain.

Puis tous trois se dirigèrent vers la gauche, dans une obscurité profonde, en côtoyant les berges gazonnées de la Seine, afin d'éviter la route royale, cependant tout à fait déserte.

La nuit était aussi noire que celle de la veille, mais beaucoup plus calme.

Il faisait un temps très-doux. — Aucun souffle d'air ne venait rider la surface de la rivière qui coulait silencieusement entre ses rives gazonnées.

De grands nuages immobiles couvraient le ciel et formaient au-dessus de la campagne une immense coupole d'ébène.

Les deux hommes marchaient vite sans échanger une seule parole. — L'enfant se hâtait pour les suivre.

Au bout de huit à dix minutes, Pictonpain, qui dirigeait l'expédition, quitta la berge, traversa la route et prit sur la droite une ruelle étroite et montueuse, bordée à droite et à gauche par les murailles d'enceinte de deux propriétés importantes.

L'une de ces propriétés était la Folie-Normand.

Il fallut près d'un quart d'heure à nos personnages pour atteindre le plateau de la colline sur le revers de laquelle s'étalaient les jardins.

Pictonpain prit alors sur la gauche et pénétra dans le terrain inculte, rempli de broussailles et de grandes herbes, dont il avait parlé au rétameur la nuit précédente.

Il marcha pendant quelques minutes encore, puis il s'arrêta, et se tournant vers son compagnon, il dit à voix basse :
— La petite porte est ici...
— Et l'œil-de-bœuf?... — demanda le faux cul-de-jatte, du même ton.

Le mendiant, après avoir suivi à tâtons la muraille pendant un espace de dix ou douze pas, répondit :
— Voilà l'œil-de-bœuf.

Le rétameur palpa l'ouverture.
— Diable!... — fit-il, — c'est terriblement étroit! — d'après tes explications j'avais cru le trou plus large...
— Il n'a pas besoin de l'être davantage, s'il l'est assez... — répliqua Pictonpain.
— Oui, s'il l'est assez... mais je doute!... Quoique la petite soit bien mince, jamais, au grand jamais, elle ne passera par là!...
— Tiens, tu me fais mal!... — murmura le mendiant avec ironie. — Je m'y connais aussi bien que toi, peut-être!... — je soutiens qu'elle y passera et que ça ne fera pas un pli!...

Le rétameur secoua la tête.

Les ténèbres cachèrent à Pictonpain ce geste d'incrédulité persistante, mais il le devina.
— Ah! tu t'entêtes à douter! — dit-il, — eh bien, veux-tu parier ta part du butin de cette nuit contre la mienne?... je tiens le pari et je suis ton homme!...

Le rétameur ne répondit pas.

L'assurance de son complice commençait à ébranler sa conviction.

Pictonpain reprit :
— Tu hésites, et tu fais bien... — d'ailleurs, avant qu'il soit peu, tu auras la preuve manifeste que j'ai le coup d'œil tout autrement juste que toi...

XV. — UNE BONNE ACTION DU RÉTAMEUR.

Après un court silence il continua d'une voix de plus en plus basse :
— Bijoute sait-elle de quoi il retourne?...
— Oui.
— Tu lui as expliqué la chose en détail?
— Depuis A jusqu'à Z...
— Elle a bien compris?
— Comme père et mère.
— Ça ne lui a pas fait peur?...
— Peur!... allons donc!... — tu ne la connais guère!... — le diable en personne ne l'effrayerait pas...
— Vraiment?...
— C'est comme je te le dis...
— Alors, elle n'a point fait d'objections?...
— Plus souvent!... — elle aurait volontiers dansé de joie, au contraire...
— C'est un vrai trésor que cette petite-là, mon compère, — murmura Pictonpain avec une conviction profonde.
— Pardieu, je le sais bien!...
— Est-ce que c'est ta fille?...
— Non.
— Une enfant trouvée, alors?...
— Pas davantage...

— Une enfant volée?...

— Tu n'y es point...

— Ni trouvée, ni volée, — ma foi, je jette ma langue aux chiens... et à moins qu'elle te soit tombée du ciel...

— Ce n'est pas ça non plus... — Bijoute est une bonne action que j'ai faite...

— Une bonne action?... toi!...

— Mon Dieu, oui...

— Mais, c'est le monde renversé!...

— Une fois n'est pas coutume...

— Raconte-moi l'histoire... elle doit être curieuse, et nous avons du temps devant nous...

— Ah! par exemple, — fit-il, — c'est ça qui devait être cocasse, avec tes jambes en manches de veste, ficelées comme des cervelas!!

— Oh! mes jambes en valaient bien d'autres... — je n'avais pas encore eu l'invention de me transformer en estropié...

— A la bonne heure!... — Bref, tu devins amoureux... — et de qui, grand Dieu?

— D'une fille très-belle, une espèce de bohémienne dans mon genre qui s'appelait Mirza...

— Qu'est-ce qu'elle faisait, cette Mirza?

— Elle *allumait* le public à la porte d'une baraque de saltimbanque... — elle avalait des épées

La fille du rétameur.

— Elle n'est ni longue ni drôle, l'histoire... Enfin, la voici telle quelle : — Avant de m'établir ici je courais les foires avec une petite carriole et un âne...

— Et tu rétamais?...

— Naturellement, puisque je suis rétameur...

— Quand tu ne trouvais rien de mieux à faire, j'imagine...

— Bien entendu...

— Continue, mon compère... — Ce début m'intéresse quoique, jusqu'à présent, il ne sort point de l'ordinaire...

— Un beau jour, — c'était à Angers, — je tombai amoureux...

Pictonpain se mit à rire.

parfaitement bien, et dévorait des poulets crus et des étoupes enflammées...

— Enfin, c'était une artiste dramatique...

— Comme tu dis, et pleine de talent...

— Tu lui déclaras ta flamme?...

— Oui.

— Elle t'accueillit favorablement?

— Elle me rit au nez.

— Ah! bah!.. et pourquoi donc ça?...

— Parce que j'étais rétameur et qu'elle me trouvait au-dessous d'elle...

— Oh! les femmes!.. les femmes!... — dit philosophiquement Pictonpain : — frivoles et vaniteuses créatures!!!

Puis il reprit :

— Alors, que fis-tu?
— Je m'arrachai des poignées de cheveux et je maigris de désespoir...
— Ça, par exemple, c'était bête!...
— Je ne tardai point à m'en apercevoir et je pris un grand parti...
— Lequel?...
— Les fermiers des environs venaient tous, chaque semaine, à la foire d'Angers... — ils y vendaient du bétail ou du grain ; ensuite ils se mettaient à boire et ils s'en retournaient chez eux la nuit, à cheval, souvent par bandes, quelquefois seuls, et toujours un peu gris, avec

— Ah! le bon bâton, compère, et le joli récit...
— Tu y prends plaisir?...
— Il me charme!... — je te vois d'ici derrière ton arbre, et je m'attends aux choses les plus palpitantes...— ne fais pas languir mon impatience!... parle, compère!... qu'arriva-t-il?...
— Il arriva que, vers les onze heures, j'entendis venir un cheval trottinant lourdement, monté par un gros homme qui chantait à tue-tête et d'une voix avinée...
— Comme ton cœur dut faire tic... tac...
— Non, pas trop... — je pensais à Mirza... — Je sortis de ma cachette, je m'installai tout au beau

Elle *allumait* le public à la porte d'une baraque de saltimbanques. — Page 48.

des ceintures lourdes et des sacoches bien gonflées...
— Les imprudents!... — c'est un bon pays!... J'irai le visiter sous peu...
— J'allai m'embusquer un soir, à une lieue de la ville, derrière le tronc d'un vieil arbre, dans un endroit où trois chemins faisaient la patte d'oie...
— Je parie que tu avais sur toi un bâton... — interrompit le mendiant.
— J'avais un bâton, en effet, et un fameux, en bois de cornouiller séché au four, orné de gros nœuds et beaucoup plus lourd du bout que de la poignée... — bref, une vraie massue, un amour d'assommoir...

milieu de la route et, quand le cheval ne fut plus qu'à trois pas de moi, je lui assenai entre les deux oreilles un vigoureux coup de bâton qui le fit rouler dans la poussière...
— Bravo, compère!... ah! bravo!... — moi, Pictonpain, moi qui t'écoute, je n'aurais pas autrement agi...
Le rétameur continua :
— Le cheval s'abattit d'un côté, — le gros homme roula de l'autre... — ils ne bougeaient non plus que des souches... — je n'eus que la peine de détacher la ceinture de cuir qui sanglait les reins du fermier...
— Etait-elle agréablement garnie, au moins?
— Elle contenait douze cents francs...

— Eh! mais, ce n'était pas déjà si mal... — douze cents francs, c'est une somme...

— Je revins à Angers, transporté de joie et d'espoir... — j'allai trouver Mirza le lendemain matin... je lui dis que j'étais plus riche qu'elle ne le pensait... que je mettais à sa disposition tout mon avoir et je lui offris les douze cents francs à titre d'à-compte sur sa fortune future.

— Que répondit-elle?...

— Elle prit l'argent sans se faire trop longtemps prier, et elle m'accorda un rendez-vous pour le soir même après le spectacle...

— Mes compliments, heureux coquin!... — Je vois poindre l'heure du berger...

— Tu ne vois absolument rien, car le soir j'étais en prison...

— En prison?... — répéta Pictonpain.

— Mon Dieu, oui...

— Et, pourquoi donc ça?...

— Le fermier, ranimé et dégrisé par la fraîcheur de la nuit, et ne trouvant plus sa ceinture autour de son gros ventre, était revenu à Angers porter plainte à M. le procureur du roi contre son détrousseur...

— Gredin de fermier!... — Voilà ce que c'est que de ne lui avoir pas cassé bel et bien la tête, pendant que tu étais en train de *cogner*!...

— Je te prie de croire que je regrettai sincèrement d'avoir négligé ce détail...

— Une chose m'intrigue, mon compère...

— Quelle chose?

— Celle-ci : — personne ne t'avait vu travailler sur la grande route... comment découvrit-on si vite que tu étais le héros de l'aventure?...

— C'est bien simple... — Tout en répétant ses exercices, Mirza avait bavardé... — Un agent de police qui se trouvait dans la baraque par hasard (ces gens-là se fourrent partout!...) était étonné grandement qu'un pauvre diable de rétameur eût tant d'argent à donner aux femmes... — de là à supposer que les douze cents francs offerts par moi à la saltimbanque n'étaient autres que les douze cents francs volés au fermier, il n'y avait qu'un pas...

— Le fait est que le raisonnement ne manquait point absolument de logique... — appuya Pictonpain.

— Ce fut aussi l'avis du procureur du roi... — Bref, au moment où je rêvais un bonheur sans nuages, un gendarme en grande tenue me mit la main sur le collet et m'empoigna...

— Quel réveil!... compère, quel réveil!...

— Le coup me sembla d'autant plus rude qu'il était plus imprévu; — je commençai par me livrer au désespoir, puis je fis contre mauvaise fortune bon cœur, et je me résignai tant bien que mal...

— Allons... allons... je vois que tu as toujours été philosophe... — Moi aussi, je le suis!... — Vive la philosophie!... — Continue, compère, je t'en prie... ton auditoire est impressionné...

— On me garda trois mois en prison, — continua le rétameur, — puis je passai en cour d'assises...

— Où tu fus condamné à pas mal de réclusion, pour vol nocturne, sur un grand chemin, avec accompagnement de violences?...

— Tu te trompes, ami Pictonpain, je fus acquitté faute de preuves... — je soutins mordicus que les douze cents francs provenaient de mes économies de rétameur, et comme il fut matériellement impossible de me démontrer le contraire, on me déclara innocent, au grand chagrin de M. le procureur du roi, et on me remit en liberté...

— En voilà de la chance!...

— Pas déjà tant... j'avais *fait* trois mois de prévention... c'était long!...

— Oui, mais tu avais frisé les galères!... — Crois-moi, tu l'échappais belle!...

— J'étais toujours, et plus que jamais, amoureux de Mirza... — Aussitôt libre je m'informai de ce que les saltimbanques étaient devenus; j'appris qu'ils avaient quitté Angers presque aussitôt après mon arrestation et qu'on les croyait du côté de Bordeaux...

— En conséquence de quoi tu filas dans la même direction, je suppose?...

— Le jour même... — Mes recherches durèrent plusieurs mois, car je ne possédais pas un sou, et il me fallait travailler chemin faisant... — Enfin, je rattrapai la bande...

— Et tu fus enfin heureux sans doute, car ta Dulcinée dut se montrer reconnaissante de ce que tu avais souffert pour elle...

— La veille de ce jour, en répétant l'un de ses exercices, qui consistait à se ployer en arrière comme un cerceau en soulevant des deux mains plusieurs poids de cent livres, Mirza s'était rompu un vaisseau dans la poitrine... — Elle avait à l'instant même vomi le sang et elle était tombée roide morte... — On était en train de la clouer dans un cercueil au moment où j'arrivai...

— Par ma foi, compère, tu jouais de malheur!...

— Je n'ai pleuré qu'une fois dans ma vie, ce fut ce jour-là, mais je pleurai bien, et je ne sais pas trop pourquoi, car il est sûr et certain que Mirza, mauvaise créature s'il en fut, ne m'aimait ni peu ni beaucoup; et que, me voyant revenir sans argent, elle m'aurait très-certainement fait mettre à la porte... — Enfin, que veux-tu? quand on est amoureux on est bête, et je m'entêtais à mon idée... — Le saltimbanque était un brave homme; — il m reconnut pour le rétameur d'Angers et me fit bonne mine et bon accueil... je crois même qu'il me proposa de m'engager comme *pitre* dans sa troupe... mais j'avais le cœur tout sens dessus dessous et ça ne m'allait pas...

— C'est dommage, — interrompit Pictonpain, — j'ai dans l'idée que tu aurais été bien original en paillasse avec ta figure d'enterrement!... Ah! ah!... parole d'honneur, j'aurais voulu te voir e perruque de crin rouge et en costume de toile à matelas, faisant la parade et recevant de grands coups de pied dans le bas du dos !... — Continue... j'attends la suite.

Le rétameur reprit :

— Mirza laissait une petite fille, une enfant de huit ou dix mois...

— Bijoute ? — demanda Pictonpain.

— Oui. — Cette *momignarde* embarrassait beaucoup le saltimbanque qui n'en savait que faire... — J'imaginai qu'elle me distrairait de mon chagrin, et je proposai de m'en charger... — Mon offre fut accueillie avec un vif empressement; j'emportai la petite et depuis je ne me suis plus séparé d'elle...

— Et comme l'enfant, cette nuit, va nous faire gagner gros, — dit Pictonpain d'un ton sentencieux, — ça prouve bien qu'une bonne action porte toujours sa récompense !...

Après ces derniers mots il se fit un silence d'un instant.

L'horloge du clocher d'Auteuil sonna lentement dans le lointain les douze coups de minuit.

— Voici l'heure, — murmura Pictonpain ; — à la besogne, mon compère...

— A la besogne... — répéta le rétameur.

Les deux hommes se rapprochèrent de la muraille, dont ils s'étaient un peu éloignés tout en causant.

Le rétameur fit jaillir un faible rayon de sa lanterne sourde, de façon à rendre visible l'étroite ouverture de l'œil-de-bœuf.

— Bijoute !... — dit-il ensuite, — viens ici.

— Me voilà, père... — répondit l'enfant.

XVI. — SCÈNE NOCTURNE.

Le rétameur se tourna vers son complice.

— Prends la lanterne, Pictonpain, et éclaire-moi... — lui dit-il.

Le mendiant obéit à l'instant même à cette injonction.

— Nous allons bien voir présentement si elle passera par le trou... — continua le faux cul-de-jatte.

En même temps il souleva la petite fille dans ses bras.

— Bijoute, — reprit-il en lui montrant l'œil-de-bœuf, — je vais te faire entrer là-dedans, les pieds en avant... — Une fois que ton corps aura passé, et que tu te sentiras de l'autre côté du mur, tu t'accrocheras au lierre avec les deux mains et, au lieu de te laisser dégringoler, tu glisseras tout doucement...

— Oui, père...

— Te souviens-tu de ce qu'il faudra faire, quand tu seras descendue ?...

— Oui, père, je m'en souviens tout à fait...

— Eh bien, répète-le-moi...

— J'irai à la petite porte, qui est là à gauche, et je tirerai les verrous, sans faire de bruit, afin qu'elle s'ouvre et que vous puissiez entrer... — C'est-il ça, père ?...

— Oui... oui, c'est ça, Bijoute la bien nommée, car tu es un vrai bijou de *momignarde !*...

— Vas-y gaiement ! — fit Pictonpain. — Eh !... hop, petiote, assez causé et en avant deux !... maintenant il faut agir...

Le rétameur serra avec un vieux mouchoir autour des jambes de l'enfant la mauvaise petite robe qu'elle portait, de manière à ce que le tissu fragile s'accrochât le moins possible aux aspérités de la muraille.

Il présenta ensuite les pieds de Bijoute à l'ouverture et il se mit en devoir de faire glisser le corps dans le trou.

— Eh bien ! — dit Pictonpain à voix basse, — tu vois que j'avais raison, puisqu'elle passe !...

— Pas déjà si bien ! — murmura le rétameur qui sentait le tube de pierre comprimer avec une force extrême les membres délicats de Bijoute.

Tout à coup il lui devint à peu près impossible de faire avancer l'enfant davantage, et il entendit un gémissement sourd.

— Petiote, — demanda-t-il en approchant sa bouche de l'orifice de l'œil-de-bœuf, — est-ce que je te fais mal ?...

— Oui, père, — répondit l'enfant d'une voix presque méconnaissable, — beaucoup de mal... Mais ça ne fait rien... allez toujours .. je suis presque sortie...

— J'ai peur de te casser quelque chose...

— Non... non... je suis plus solide que ça... mais continuez... continuez vite, car j'étouffe...

Le rétameur poussa une dernière fois plus fortement qu'il ne l'avait fait jusqu'alors.

Toute résistance cessa aussitôt.

Bijoute se trouvait de l'autre côté du mur, enveloppée étroitement dans le réseau des lierres qui craquaient et se rompaient à chacun de ses mouvements.

Enfin, et au bout de quelques secondes, elle se dépêtra de ces lianes flexibles et peu résistantes.

Ses petits pieds touchaient le sol.

— Voilà donc une affaire faite ! — dit Pictonpain d'un ton triomphant ; — une autre fois, je suppose que tu me croiras tout de suite, au lieu de perdre ton temps à me faire des objections sans queue ni tête !...

Le rétameur allait répondre.

Il n'en eut pas le temps.

A quelques pas des deux hommes, derrière le mur qui les séparait du jardin de la Folie-Normand, un cri d'angoisse et d'épouvante se fit entendre, un de ces cris tellement expressifs qu'ils font passer un frisson de terreur dans les cheveux des plus résolus...

Il était impossible de s'y méprendre, c'était Bijoute qui venait de crier ainsi...

Le rétameur et Pictonpain se regardaient, pleins d'étonnement et d'inquiétude, quand retentit soudain, à l'endroit précis où devait se trouver l'enfant, un nouveau bruit, bizarre, incompréhensible et sinistre...

C'était une sorte de hurlement rauque, étouffé, incomplet, — un râle de fureur et d'agonie...

Faible d'abord, presque indistinct, ce râle monta lentement, atteignit les notes hautes d'une mélopée lugubre et s'éteignit dans un gémissement étouffé...

Puis le silence redevint profond.

Ni Pictonpain, ni le rétameur, ne pouvaient deviner la nature de la clameur étrange et hideuse qu'ils venaient d'entendre...

Jamais, à coup sûr, de pareils sons ne s'étaient échappés du gosier d'une créature humaine...

Les deux bandits ne croyaient au fantastique ni l'un ni l'autre, sans cela leur imagination aurait eu beau jeu pour se donner librement carrière...

Le mendiant parla le premier.

— Il doit se passer là-derrière quelque chose de terrible... — dit-il avec un tremblement dans la voix.

— Tonnerre d'enfer, serait-il arrivé malheur à l'enfant?... — murmura le rétameur dont Bijoute accaparait toutes les affections en ce monde...

— Je crois la situation dangereuse... — continua Pictonpain; — compère, je te propose de nous donner de l'air...

— Nous donner de l'air en abandonnant la petiote! — répliqua le rétameur indigné. — Faut-il que tu sois lâche et sans cœur pour avoir une idée pareille!...

Le mendiant haussa philosophiquement les épaules.

— Eh! mon Dieu, je ne dis pas non... — fit-il ensuite. — Mais, après tout, elle ne m'est de rien cette petiote... et, en ce monde, chacun pour soi!... je songe toujours et d'abord à sauver ma peau...

Malgré le parfait égoïsme de ce raisonnement, Pictonpain n'osa pas s'éloigner...

Seulement il tira de sa poche un long couteau-poignard, et se mit sur la défensive, comme si quelque péril inconnu allait l'assaillir à l'improviste.

Le rétameur appliqua son visage basané dans l'encadrement de l'œil-de-bœuf, et, d'une voix qu'il cherchait à rendre tout à la fois sourde et distincte, il demanda :

— Bijoute, où es-tu?... — Bijoute, qu'y a-t-il?...

Il ne reçut aucune réponse.

Son inquiétude, alors, ou plutôt son angoisse, ne connut plus de bornes.

— Il faut que je sache!... — s'écria-t-il, — il le faut!...

— C'est facile à dire... — murmura Pictonpain.

— Je vais gravir ce mur...

— Comment?...

— Fais moi la courte échelle... depuis tes épaules j'atteindrai le sommet, et, une fois en haut, je m'élancerai dans le jardin...

— Et les pointes de fer du couronnement?...

— Je n'y veux pas songer...

— Tu te déchireras les membres!...

— Qu'importe?...

— Tu te tueras peut-être...

— C'est possible... mais j'aurai du moins essayé de sauver Bijoute.

— Cependant... — hasarda de nouveau Pictonpain.

— En voilà assez! — silence, et aide-moi!...

Ces derniers mots furent prononcés avec un accent si impérieux que Pictonpain, qui connaissait la force physique de son complice, et qui ne voulait point encourir sa colère, cessa de discuter et de tergiverser, et se hâta de s'approcher de la muraille et de faire la courte échelle, ainsi qu'il venait d'en recevoir l'ordre.

Tout ce qui précède s'était accompli en beaucoup moins de temps que nous n'en avons mis à le raconter.

Le rétameur allait s'élancer, d'abord sur les mains unies, puis sur les épaules du mendiant, pour, de là, bondir au sommet du mur parmi ces broussailles de fer aux griffes acérées, prêtes à le percer d'outre en outre et à lui arracher des lambeaux de chair saignante...

Le bruit des deux verrous, qu'une main adroite faisait jouer dans l'intérieur du jardin, l'arrêta dès le début de son entreprise...

En même temps la porte s'ouvrit...

Qui donc allait sortir?...

Un ennemi, sans doute, bien armé et prêt à fondre sur les deux misérables...

Instinctivement le rétameur et Pictonpain se disposèrent à une lutte...

Leur incertitude, d'ailleurs, fut de courte durée.

Une voix d'enfant, — la voix de Bijoute, — murmura tout près d'eux :

— Me voici, père... — la porte est ouverte... viens vite...

Le rétameur se précipita vers la petite fille; — il la saisit dans ses bras, il l'appuya contre son cœur et il l'embrassa avec une véritable furie de tendresse paternelle...

Chez un tel homme une telle affection!...

C'est bien étrange, bien incompréhensible, bien invraisemblable, — dira-t-on peut-être...

Eh! mon Dieu, nous ne nous chargeons point d'expliquer les anomalies du cœur humain...

Nous ne suffirions pas à cette lourde tâche, et de plus forts que nous succomberaient comme nous s'ils l'essayaient.

Ajoutons seulement qu'il est incontestable que les plus bestiales et les plus farouches natures ont toutes, sans exception, quelque part, dans le cœur ou dans le cerveau, une fibre sensible, inattendue, et qu'on est stupéfait de sentir vibrer un beau jour...

N'a-t-on pas vu plus d'une fois le tigre lui-même, le plus féroce, le plus indomptable des animaux, se prendre d'une tendresse profonde pour un humble roquet jeté dans sa cage et dont il n'aurait dû faire qu'une bouchée, et expirer de douleur et d'ennui si ce roquet mourait lui-même ou lui était enlevé...

C'est sans doute ainsi que le rétameur aimait Bijoute, mais enfin il l'aimait exclusivement et profondément.

— Petiote, — lui demanda-t-il après l'avoir dévorée de caresses, — qu'est-ce qui s'est donc passé tout à l'heure et pourquoi as-tu crié de manière à m'en bouleverser les sens, à m'en donner la chair de poule?...

— Viens voir, père... — répondit Bijoute en prenant le rétameur par la main et en l'entraînant.

Il franchit avec elle le seuil de la petite porte, et il pénétra dans le jardin.

Pictonpain, complétement tranquillisé et disposé désormais à envisager les choses sous leur aspect le plus rassurant, les suivait par derrière avec une ardente curiosité.

Ils firent ainsi une dizaine de pas dans l'allée de contour qui côtoyait de très-près la haute muraille tapissée de lierre.

Si profondes que fussent les ténèbres, le sable blanc de cette allée ressortait comme une bande moins sombre parmi la verdure presque noire des gazons environnants.

Le rétameur s'arrêta tout à coup, avec un frémissement involontaire.

Il venait d'apercevoir, tranchant sur la surface plus claire de ce sable, un objet de grande dimension, dont on ne pouvait distinguer les formes, étendu en travers et que semblaient agiter encore de faibles tressaillements.

— Voilà, père!! — dit Bijoute; — il m'a fait une fameuse frayeur, mais à présent je crois qu'il est mort...

— Je vois bien quelque chose, — murmura le faux cul-de-jatte, — mais je ne sais pas ce que je vois...

Pictonpain n'en savait pas plus long à cet égard que son compagnon, seulement, comme la lanterne sourde était entre ses mains, il dirigea un rayon lumineux vers la masse informe qui barrait l'allée.

Les deux hommes purent reconnaître alors un des magnifiques chiens de Terre-Neuve, grands comme des ours, au long poil noir frisé et tacheté de blanc, auxquels était confiée la garde des jardins de la Folie-Normand.

Le malheureux animal, empoisonné et expirant, avait obéi à ses habitudes de surveillance et respecté sa consigne au moment même où il allait rendre le dernier soupir.

Malgré les atroces souffrances qui déchiraient ses entrailles, il avait pressenti que quelque chose d'anormal et d'illicite se passait dans la partie la plus élevée du jardin, et il s'était traîné jusque-là...

Son instinct, nous le savons, ne l'avait point trompé...

A l'instant précis où Bijoute touchait le sol, il s'était élancé vers elle pour la mettre en pièces.

Trahi par ses forces il était retombé en poussant ce rauquement sinistre, ce hurlement effroyable et bien vite étouffé, où la rage, la douleur et l'impuissance éclataient...

Puis l'enfant, un instant paralysée par une indicible épouvante, l'avait vu se tordre dans les convulsions de l'agonie...

Rien ne se pouvait imaginer de plus affreux et de plus effrayant que le cadavre du noble animal.

Le poison actif et brûlant avait corrodé ses nerfs et pour ainsi dire racorni ses membres...

Sa gueule pleine d'écume comme celle d'un chien enragé, et largement ouverte, laissait voir ses crocs aigus et sa langue pendante et déjà noire.

Ses yeux aux prunelles sanglantes étaient sortis à moitié de leurs orbites.

Il ne vivait et ne souffrait plus, à coup sûr, et cependant, — nous le répétons, — de suprêmes contractions nerveuses agitaient par instants cette masse inerte.

Bijoute, malgré sa précoce fermeté, ne put supporter l'horreur indicible de cette vue...

Elle se détourna et cacha son visage dans ses deux mains mignonnes. — Père, il me fait peur... — murmura-t-elle, — allons-nous-en d'ici...

— Ah! le fait est, — dit Pictonpain, — que c'est un spectacle peu réjouissant... — Sac à papier, la vilaine bête!... — comme il a mis longtemps à se décider!... — La prochaine fois qu'il m'arrivera de *travailler* pour des animaux de cette taille, j'aurai soin de fourrer une dose un peu plus forte dans les boulettes... — Enfin, l'affaire est faite et le chemin est libre... en avant, compère!... en avant!...

Les deux hommes et l'enfant s'éloignèrent du cadavre à peine refroidi, et, quittant l'allée de contour, s'engagèrent dans un sentier dont les sinuosités devaient les conduire auprès du pavillon habité.

Le jardin de la Folie-Normand était vaste, nos lecteurs le savent, et planté d'une quantité prodigieuse d'arbres séculaires qui le métamorphosaient en un parc touffu.

En plus d'un endroit de ce jardin la muraille d'enceinte disparaissait complétement aux regards, et rien n'empêchait de se croire à vingt-cinq lieues de Paris et en pleine forêt.

Les bandits nocturnes cheminaient sous une voûte épaisse qui rendait l'obscurité plus compacte encore et plus impénétrable autour d'eux.

Deux ou trois fois ils s'arrêtèrent avec une vague inquiétude.

C'est qu'il leur semblait entrevoir, à travers des éclaircies dans le feuillage, de blanches figures, pareilles à des fantômes, debout et les regardant passer...

Mais une ou deux secondes de réflexion suffisaient pour leur démontrer que ces spectres, pâles dans la nuit, n'étaient autre chose que des statues de marbre, immobiles sur leurs piédestaux de granit.

Enfin ils atteignirent un espace découvert où les arbres cessaient et où commençait une grande pelouse arrondie.

Au point central de cette pelouse s'élevait la Folie-Normand, délicieux pavillon carré, bâti tout en pierres vermiculées et en briques rouges, et couronné par un toit d'ardoises élégant, bordé partout d'une crête de plomb découpée à jour comme une dentelle.

— Halte!... — murmura Pictonpain.

Le rétameur et la petite fille s'arrêtèrent aussitôt.

XVII. — EFFRACTION.

— Qu'y a-t-il? — demanda le rétameur.

— Il y a que nous avons à causer, — répondit Pictonpain, — et mieux vaut que ce soit ici que plus loin... — A l'endroit où nous sommes, à moins d'être perché comme un oiseau sur les branches de ces grands arbres, personne ne peut nous entendre...

— C'est vrai et je ne vais point à l'encontre...

— Justement voici un banc... — nous serons là comme chez nous...

Les bandits s'assirent sur un banc de pierre adossé au socle d'une statue de Diane chasseresse. Bijoute se coucha dans l'herbe à leurs pieds.

Pictonpain reprit :

— Il s'agit de ne point faire un pas de clerc...

— La maison est là... — comment allons-nous entrer dedans?

— Il me semble, — répliqua le rétameur, — que ça n'est guère difficile...

— Je l'espère aussi... mais quelquefois l'on se met le doigt dans l'œil... — dis-moi ton idée, si tu en as une...

— Mon idée est l'idée de tout le monde... — il ne s'agit que de couper un carreau, — de passer son bras par le trou, — d'ouvrir une porte ou une fenêtre, et de se servir à soi-même d'introducteur des ambassadeurs... voilà...

— D'accord... seulement il y a pas mal de portes et bien des fenêtres... — Laquelle choisir?..

— La première venue...

— Non pas!...

— Pourquoi?...

— J'ignore de tout point si la vieille dame loge au rez-de-chaussée ou au premier étage... — En agissant à l'aveuglette comme tu voudrais le faire, nous risquerions d'attaquer précisément la fenêtre de sa chambre à coucher... or, si peu de bruit qu'on fasse, on en fait toujours un peu, — la vieille dame doit avoir le sommeil léger... — elle nous entendrait et pousserait des cris de pintade!... — j'aime mieux autre chose...

— L'inconvénient existe et le danger est réel... je le reconnais...

— A la bonne heure...

— Mais il doit exister aussi un moyen de l'éviter...

— Oui.

— Lequel?...

— Celui-ci : raisonner notre affaire...

— Raisonnons, je ne demande pas mieux...

— Tu as de bons yeux, j'imagine?...

— Je suis comme les chats et les chauves-souris... il n'y a point de nuit noire pour moi...

— Dans ce cas tu dois voir, juste en face de nous, tout au beau milieu de la maison, un escalier de belles pierres blanches, avec des pots de fleurs sur les marches?...

— Je le vois comme je te vois, et je crois que ça s'appelle un perron...

— Le nom ne fait rien à l'affaire... — Au-dessus de cet escalier il y a une porte plus large que les autres et ronde par en haut...

— Oui.

— Eh bien, c'est par cette porte qu'il faut entrer...

— Tu en es sûr?...

— Quarante fois pour une...

— Tu connais donc mieux que tu ne le dis l'intérieur de cette maison-là?

— Pas plus que toi, mais j'en connais d'autres...

— Eh bien?...

— Eh bien, je sais que messieurs les architectes, — sans doute pour s'épargner de la besogne, — travaillent tous sur le même modèle... — La maîtresse-porte d'une maison dans le grand genre ouvre toujours sur une pièce qui ne sert à rien, mais dans laquelle se trouvent l'escalier et les portes des chambres, des salons et des salles... — Tu dois comprendre présentement que nous ne risquons absolument rien en arrivant par là, et qu'une fois introduits, il ne nous restera qu'à décider si nous voulons monter en haut ou rester en bas, tourner à droite ou virer à gauche... — Qu'est-ce que tu dis de ça, mon compère...

— Je dis que tu es un *matin* qui a le fil...

— Un peu, mon neveu, qu'on a le fil!... et *l'œil américain* pareillement!... — Quiconque travaille avec moi peut compter qu'il aura de l'agrément!...

— Autre chose...

— Quoi?

— Je suppose que nous sommes entrés... — Resterons-nous ensemble, ou nous *égaillerons*-nous pour travailler chacun de notre côté?...

— Qu'en penses-tu?...

— Rien. — Je te consulte. .

— Enfin, tu as bien un avis?...

— Oui et non...

— Comment l'entends-tu?...

— J'entends qu'il y a du pour et du contre... — Si l'on se sépare, il va de soi qu'on fait le double de besogne... — Si l'on reste ensemble, on ne risque pas que l'un des deux se laisse surprendre et fasse surprendre l'autre... — Je le répète, il y a du pour et du contre... — Tu connais maintenant le fort et le faible... décide!...

— La prudence avant tout!... — Mieux vaut aller moins vite et courir moins de risques... — D'ailleurs rien ne nous presse et nous avons du temps devant nous...

— C'est-à-dire que tu préfères ne point me quitter?...

— J'en conviens...

— C'est entendu...— je ne te lâcherai pas d'une semelle...

— Y a-t-il encore autre chose?...

— Non.

— Dans ce cas, rien ne nous empêche de commencer?...

— Rien du tout...

— Allons-y donc!...

Le rétameur se leva.

Il reprit le sac de toile qu'il avait posé à côté de lui sur le banc, et qui contenait tout l'arsenal nécessaire aux voleurs avec effraction...

Il jeta le sac sous son bras et fit quelques pas dans la direction de la Folie-Normand.

Pictonpain et Bijoute le suivaient.

Tout à coup il s'arrêta :

— Compère, — dit-il, — est-ce que nous aurons encore besoin de la petiote, cette nuit?...

— Pourquoi me demandes-tu cela?...

— Parce que, si l'enfant ne doit plus nous être utile à rien, elle ne peut que devenir un embarras pour nous...

— Un bijou comme la momignarde que voici n'embarrasse jamais... — répliqua Pictonpain.

— Enfin, — reprit le rétameur avec impatience, — il est parfaitement inutile de l'exposer pour le roi de Prusse, j'imagine !... — J'ai envie de la renvoyer à la maison... — dis-moi donc, oui ou non, si elle nous servira, ou si elle ne nous servira pas...

— Est-ce que je sais ? — répondit le mendiant ; — ça se peut très-bien que nous ayons besoin de l'employer d'une minute à l'autre, comme aussi ça se peut qu'il n'y ait rien à faire pour elle... — Dans le doute, il faut la garder avec nous, et je m'oppose tout à fait à ce que tu la renvoies... — Il me semble d'ailleurs qu'elle ne recevra cette nuit que de bonnes leçons qui la formeront joliment et lui donneront de l'expérience...

— Oui... oui... père... — dit vivement Bijoute qui avait prêté à cette discussion une oreille attentive, — garde-moi près de toi... je ne veux pas m'en aller, je serai bien sage et je ferai ce qu'il faudra faire...

Le rétameur, vaincu sinon convaincu, n'insista pas. — Il n'ajouta plus un mot et il reprit silencieusement la marche vers la maison.

Deux ou trois minutes suffirent aux bandits et à la petite fille pour traverser la pelouse et pour atteindre les marches du perron.

Ils franchirent ces marches et se trouvèrent en face de la grande porte vitrée, unique obstacle qui les séparait de l'intérieur.

Cette porte était protégée extérieurement par une persienne qu'assujettissait un simple crochet.

— Ça me connaît... — dit Pictonpain au rétameur. — Tu vas voir, mon compère, si je travaille proprement. — Passe-moi le sac, mon bonhomme, passe-moi le sac...

Le rétameur fit ce que lui demandait le mendiant, et ce dernier, fouillant dans la longue poche de toile, en tira un morceau de fer d'une forme particulière, muni à l'une de ses extrémités d'une poignée de bois presque brut.

Il introduisit cette sorte de tringle entre les lames de la persienne ; — il chercha le crochet, il n'eut point de peine à le trouver, et il lui suffit d'une faible saccade pour le faire sauter.

La persienne s'ouvrit aussitôt.

— Je dis que voilà de l'ouvrage bien faite!... — murmura Pictonpain avec un sentiment d'amour-propre parfaitement légitime et naturel.

Il ne restait plus qu'à pratiquer dans le cristal de l'une des vitres une ouverture assez large pour y passer le bras.

Ceci ne pouvait embarrasser un seul instant le voleur émérite.

Il exhiba de sa poche un diamant semblable à ceux dont se servent les vitriers.

On entendit ce diamant crier sur la vitre en y traçant, avec une précision presque mathématique, une incision circulaire.

Pictonpain fouilla pour la seconde fois dans le sac, et il y prit une boîte de fer-blanc qui contenait une boule de poix.

Il échauffa pendant quelques secondes cette boule entre ses mains ; — il l'appliqua au point central du cercle qu'il venait de tracer ; — il donna une brusque secousse et le morceau de cristal, qu'on eût pu croire détaché à l'emporte-pièce, se sépara de la vitre et suivit la boule gluante.

Le mendiant se tourna vers le rétameur pour chercher sur son visage les symptômes d'admiration qu'il ne pouvait manquer d'y trouver.

— Voilà pourtant comme ça se joue, mon compère !... — lui dit-il à voix basse. — Ah ! on peut m'en amener de Poissy, et de Melun, et de Clairvaux, et de n'importe où... (1) Je les dégotterai tous !... — Foi de Pictonpain, je ne crains personne !...

— C'est connu !... — répliqua le faux cul-de-jatte avec une nuance d'ironie qui passa inaperçue de son interlocuteur...

Le mendiant introduisit son bras dans le trou, mit la main sur l'espagnolette et la fit tourner.

A sa grande surprise, et à son profond désappointement, la porte resta close.

(1) Poissy, Melun, Clairvaux, sont trois *maisons centrales*.

— Ah! diable!... — murmura-t-il d'un air contrit, — ah! diable!...

— Qu'y a-t-il? — demanda le rétameur.

— Il y a des verrous en dedans...

— Comment faire?...

— Je n'en sais rien...

— Est-ce que tu renonces?...

— Jamais!... par exemple!... — Pour qui me prends-tu donc?...

— Cependant...

— Laisse-moi réfléchir...

Pictonpain réfléchit en effet pendant quelques minutes, puis il fit un geste de triomphe.

— J'ai trouvé... — dit-il, du même ton dont Archimède dut prononcer jadis le fameux : *Euréka!*...

— Voyons... — fit le rétameur curieusement:

— Oh! mon Dieu, c'est bien simple... — il ne s'agit que d'élargir l'ouverture et de recommencer ce que nous avons fait là-haut... — Nous coulerons la petite en dedans et elle tirera les verrous... — Tu vois que j'avais bon nez tout à l'heure en t'empêchant de la renvoyer...

Le moyen était bon en effet, le rétameur ne formula aucune objection.

Pictonpain employa de nouveau son diamant.

Il agrandit le trou de manière à ce que le corps de l'enfant pût y passer ; — le rétameur souleva Bijoute, et, prenant de grandes précautions, afin de ne lui point déchirer le visage et les mains aux rebords tranchants du cristal, il la glissa dans le vestibule.

— M'y voici... — dit tout bas la petite fille...

— Eh bien, ma mignonne, cherche les verrous...

— En voici un sous ma main...

— Tire-le vite...

On entendit un petit bruit sec, et l'enfant murmura :

— C'est fait...

Pictonpain poussa la porte... — elle s'obstina dans sa résistance.

— Il doit y avoir un autre verrou, pour sûr!... — reprit le mendiant, — cherche encore...

— Je ne trouve pas...

— Cherche mieux.

L'enfant se haussa sur la pointe des pieds.

— Oui... — fit-elle après une ou deux secondes, — il y en a un autre... je le sens du bout des doigts...

— Alors, dépêche-toi de le tirer...

— Je ne peux pas...

— Pourquoi?...

— Je suis trop petite... j'ai beau me grandir de toutes mes forces, je n'arrive pas...

Pictonpain étouffa un juron sonore qui venait de ses lèvres.

L'enfant continua :

— Il me faudrait quelque chose... une chaise... une table... n'importe quoi... — Je monterais dessus et ensuite ça irait tout seul...

— Il doit y avoir des chaises dans la chambre... — répliqua le mendiant.

— Ça se peut bien...

— Cherches-en une et apporte-la...

— Je ne vois pas clair... je ferai du bruit et on m'entendra...

— La momignarde a du raisonnement... — se dit Pictonpain à lui-même.

Puis, tout haut, et s'adressant au rétameur, il ajouta :

— Passe-moi la lanterne sourde, compère, que je la passe à l'enfant...

Bijoute étendit la main et prit la lanterne que le mendiant lui tendait à travers le trou du carreau.

— Tu sais l'ouvrir?... — demanda-t-il.

— Oui.

— Eh bien, fais vite... nous perdons du temps...

La petite fille se hâta d'obéir.

Une lueur faible glissa sur les dalles de pierre polie alternativement blanches et noires, sur les boiseries du vestibule, couvertes de grands tableaux de chasse, et sur les hautes chaises à dossiers de maroquin vert, rangées en bon ordre le long des murailles.

Tout cela sembla splendide à l'enfant, qui n'avait jamais rien vu, jamais rien rêvé de pareil.

Mais le temps lui manquait pour son admiration.

Elle se dirigea vers celle des chaises qui lui parut le plus rapprochée, — elle la saisit d'une main et voulut l'emporter... — elle n'y parvint point, car la chaise était lourde et Bijoute était faible.

Elle fut obligée de poser à terre sa lanterne et de prendre des deux mains, pour soulever le siège antique en chêne noir sculpté finement...

Elle parvint ainsi, non sans peine, à le placer contre la porte, et elle se mit en devoir de grimper pour atteindre le verrou...

A cet instant précis une péripétie tout à fait inattendue se produisit...

Un flot de lumière étincelante inonda le vestibule.

Une porte venait de s'ouvrir derrière l'enfant, et, dans l'encadrement lumineux de cette porte, un jeune homme était debout, tenant de chaque main un pistolet tout armé et prêt à faire feu.

Foudroyée en quelque sorte par ces clartés menaçantes qui l'enveloppaient à l'improviste, Bijoute poussa un grand cri...

Le rétameur répondit à ce cri par une sourde imprécation de colère et de terreur.

— Pincés!... — murmura Pictonpain ; — allons, c'est n'avoir pas de chance!... — Il ne fait plus bon ici... — *Je me déguise en cerf!...*

Et, sans s'inquiéter davantage de son complice et de la petite fille, il s'empressa de battre en retraite.

Pictonpain était ainsi fait...

Cet honnête bandit n'aimait pas le danger,

XVIII. — DRAME.

Pictonpain, convaincu que de tous les proverbes passés, présents et à venir, le plus sage et le plus véridique est celui qui soutient que *la défiance est la mère de la sûreté*, Pictonpain, disons-nous, tourna sur ses talons et s'enfuit.

Avant que le quart d'une seconde ne se fût écoulé, il avait disparu parmi les ténèbres épaisses.

Certes, aucun obstacle matériel n'empêchait le rétameur de suivre l'exemple de son complice...

Rien ne s'opposait à ce qu'il battît en retraite, et moins de temps que nous n'avons mis à le raconter.

La marche de l'étincelle électrique sur les fils aimantés du télégraphe pourrait seule donner à nos lecteurs une idée exacte de la rapidité des faits accomplis.

Le jeune homme, dont l'apparition soudaine avait interrompu l'effraction, regarda d'abord avec un étonnement profond et facile à comprendre cette petite fille mystérieusement introduite dans la maison, et occupée à un travail incompréhensible pour lui... Mais, dans tous les cas, une enfant ne pouvait être bien dangereuse...

Une double détonation retentit et se fondit en une seule. — Page 58.

cependant, pour rien au monde il n'aurait reculé...

En ce moment il ne songeait même point à lui-même.

La pensée d'abandonner Bijoute au péril imminent et terrible qui la menaçait ne se présenta point à son esprit...

— Lâche ! — balbutia-t-il en voyant Pictonpain s'éloigner à toutes jambes.

Puis il ajouta d'une voix tonnante :

— As pas peur, petiote, — me voici !...

En même temps il tirait de sa poche un couteau tout ouvert, et, d'un vigoureux coup d'épaule, il jetait en dedans la porte du vestibule.

Tout ce qui précède s'était passé en dix fois

Le jeune homme abaissa donc vivement les canons de ses pistolets, qui devenaient, — croyait-il — des armes inutiles.

Il allait s'approcher de Bijoute; il allait lui parler, l'interroger...

Il n'en eut pas le temps.

A cette minute précise retentit au milieu du silence profond la voix du rétameur...

A cette voix, criant à Bijoute de ne pas avoir peur, succéda le bruit formidable de la porte brisée tombant en dedans, et le faux cul-de-jatte, son couteau à la main, bondit dans le vestibule.

La situation changeait de face et se modifiait complètement.

Le jeune homme aux pistolets se trouvait en

présence désormais, non plus d'une petite fille, mais d'un adversaire redoutable, d'un ennemi armé, menaçant, et dont les intentions hostiles n'étaient pas douteuses.

Toute hésitation devenait dangereuse; — tout retard pouvait être mortel.

Jamais le cas de légitime défense n'avait été plus urgent, plus incontestable...

La situation commandait.

Le jeune homme prit un parti rapide et nécessaire.

Avec une promptitude foudroyante, il releva les canons abaissés de ses armes, et, sans presque prendre le temps d'ajuster, il pressa les détentes.

Une double détonation retentit et se fondit en une seule...

La fumée épaisse de la poudre remplit le vestibule; — un gémissement étouffé se fit entendre, en même temps que le bruit sinistre d'un corps humain s'abattant sur les dalles...

Aussitôt une porte s'ouvrit derrière le jeune homme, et une voix de femme, tremblante d'émotion et de frayeur, demanda :

— Gaston... Gaston... au nom du ciel, que se passe-t-il?...

— Je ne le sais pas encore très-bien moi-même, ma chère Blanche, — répondit le jeune homme; — je crois cependant qu'on forçait quelque peu notre maison, et que je viens de faire justice de l'un des malfaiteurs...

Tandis que s'échangeaient ces brèves paroles, le nuage de fumée se dissipait.

Un spectacle étrange et hideux vint alors frapper les regards du jeune homme que nous avons entendu appeler Gaston, et de la jeune femme à laquelle il avait répondu en lui donnant le nom de Blanche.

Deux corps, qui semblaient deux cadavres, — celui de Bijoute et celui du rétameur, — étaient étendus à une faible distance l'un de l'autre, au milieu d'une mare de sang qui s'élargissait de minute en minute.

Blanche recula, saisie d'une indicible épouvante, qui faisait pâlir son visage et frissonner ses mains.

Elle recula, disons-nous, mais un sentiment de curiosité, plus puissant, plus invincible que la terreur elle-même, la contraignit à s'arrêter, puis à revenir sur ses pas et à repaître ses yeux agrandis de tous les détails de cette épouvantable scène.

— Gaston... Gaston...— balbutia-t-elle avec une sorte d'égarement, — c'est horrible... Je crois rêver!... Que de sang, mon Dieu... que de sang!...

— Deux cadavres!... Cet homme... un assassin, sans doute...— mais l'enfant... que faisait ici cette enfant ?...

— Elle ouvrait la porte au misérable que tu vois près d'elle...—Elle préparait l'accomplissement du crime...

— Une enfant ignore ce que c'est que le crime et ne sait qu'obéir aux ordres qu'elle reçoit... — il fallait l'épargner...

— Eh! sans doute, chère Blanche, il fallait l'épargner... — Tu as raison cent fois, et je suis au désespoir que l'une de mes balles ait atteint cette malheureuse petite fille que je ne visais pas, et dont je voudrais pouvoir, à tout prix, racheter la vie... — C'est le hasard qui l'a frappée et non pas moi...

— Mais peut-être n'est-elle pas tout à fait morte... — reprit la jeune femme.

— Peut-être, en effet.

— Il faudrait s'en assurer...

— C'est facile...

— Que vas-tu faire?

— La soulever... visiter sa blessure et appuyer ma main sur son cœur pour en chercher les battements...

Tout en parlant, Gaston se dirigeait vers la partie du vestibule où gisaient les deux corps.

Blanche l'arrêta.

— Non... non... — lui dit-elle en se reprenant à trembler, — reste ici... Je ne veux pas que tu touches à ces cadavres!... Je ne veux pas que le sang versé souille tes mains...

— Cependant... — commença Gaston.

— Je te dis que je ne veux pas... — continua la jeune femme.— Les domestiques se sont éveillés... J'entends des bruits de pas et de voix... on va venir... on vient...—Ce que tu voulais faire, d'autres le feront...

Blanche ne se trompait point.

Le bruit de la porte brisée et l'explosion des coups de feu avaient interrompu le sommeil de tous les habitants de la Folie-Normand et du pavillon qui en dépendait.

Le cocher, le valet de chambre, le groom et les deux femmes accouraient effarés, haletants, remplis d'inquiétude et d'effroi...

Le vestibule se remplit de monde, et les valets, au mépris de cette étiquette qu'ils observaient habituellement d'une façon si stricte, se mirent à interroger leurs maîtres.

Gaston leur montra du doigt la porte arrachée de ses gonds et les deux corps étendus dans le sang.

Pour si laconique qu'elle fût, cette réponse était éloquente et rendait toute autre explication superflue.

La cuisinière s'enfuit en poussant des glapissements de terreur.

Plus brave, sans doute, ou moins nerveuse, la femme de chambre ne quitta point le vestibule.

Le corps de Bijoute fut soulevé, et l'on acquit aussitôt la certitude que la blessure n'offrait rien de mortel, rien même de véritablement dangereux.

Une des balles de Gaston avait effleuré l'épaule gauche de la petite fille, en traçant dans la chair un sillon sans profondeur.

La violence de la commotion avait suffi pour déterminer un évanouissement immédiat.

Le sang coulait avec abondance, mais on ne pouvait trouver aucune difficulté sérieuse à arrêter cette hémorrhagie.

Blanche fit emporter l'enfant par la femme de chambre, et elle la suivit pour appliquer elle-même des bandages sur l'épaule mutilée.

Le rétameur était tombé, comme tombe presque toujours un homme frappé d'un coup de feu, c'est-à-dire la tête en avant.

Sa poitrine et son visage reposaient sur les dalles.

Le valet de chambre et le cocher le soulevèrent par les épaules et par les pieds et le retournèrent.

Le sinistre visage que nous avons précédemment décrit apparut alors, empreint déjà d'une pâleur morbide; les yeux, largement ouverts, étaient fixes et sans regards, mais l'expression de leurs prunelles glauques restait à tel point farouche et menaçante, qu'un frisson nerveux courut sur l'épiderme de Gaston et des deux valets.

La poitrine du rétameur était traversée de part en part,—la balle, pénétrant sous le sein gauche, avait touché le cœur.

La mort avait dû être instantanée.

— Tout ceci est grave... — dit le jeune homme, —et il me paraît indispensable qu'un procès-verbal régulier constate ce qui vient de se passer dans cette maison...

Il se tourna vers le cocher et il ajouta :

— Pierre, allez prévenir le commissaire de police et le brigadier de gendarmerie, et priez ces messieurs de vouloir bien vous accompagner ici...

Le domestique, en recevant cet ordre, prit une figure de l'autre monde et ne sembla nullement disposé à se mettre en mouvement pour obéir.

— Ne m'avez-vous pas entendu?... — reprit le jeune homme.

— J'ai parfaitement entendu, monsieur le marquis... — balbutia le domestique.

— Eh bien! qu'attendez-vous?

— Dame!... monsieur le marquis me donne là une commission bien dangereuse...

— En quoi?

— Le coquin que voici n'était pas venu seul... j'en mettrais ma main au feu... — il doit y avoir dans le parc toute une bande de scélérats qui m'arrêteront au passage et me tordront le cou pour venger sur moi la mort de leur camarade.

— Ceci veut dire que vous avez peur?

— Dame!... monsieur le marquis, j'en conviens... — mon état est de conduire des chevaux, et non pas d'être brave...

Le jeune homme haussa les épaules.

— Restez donc ici... — répliqua-t-il, — Baptiste fera ce que vous n'osez pas faire...

Ce fut autour du valet de chambre de manifester la plus insurmontable répugnance.

— Ah! monsieur le marquis... — murmura ce bon serviteur, — je n'y mets point d'amour-propre... — je ne suis pas plus brave que Pierre.

Un pli se creusa entre les sourcils du jeune homme, et la colère fit trembler ses lèvres.

Cependant il se contint.

— Après tout, — se dit-il à lui-même, — ces gens-là sont des valets, et servitude est sœur de lâcheté...

Puis, sans ajouter une parole, il franchit le seuil de la porte brisée et il prit la direction de la grille qui s'ouvrait, nous le savons, sur la principale rue d'Auteuil.

Pierre et Baptiste restèrent dans le vestibule avec le cadavre, fort peu rassurés et fort peu satisfaits de cette funèbre compagnie.

Une heure environ s'écoula, puis Gaston, qui ne courait aucun risque de mauvaise rencontre, car Pictonpain ne songeait qu'à s'éloigner au plus vite de la Folie-Normand et à faire perdre ses traces,— Gaston, disons-nous, reparut en compagnie du commissaire de police et d'une demi-douzaine de gendarmes.

L'étonnement du commissaire et des agents de la force publique fut complet et profond, lorsque, dans le corps inanimé du misérable surpris et frappé en flagrant délit d'effraction nocturne et de brigandage, ils reconnurent le rétameur que tous ils croyaient véritablement estropié et en outre le plus honnête homme du monde.

— Ah! le misérable! — murmura le magistrat stupéfait, — moi qui me défiais si peu de lui que je lui envoyais mes casseroles à rétamer, et que je lui aurais volontiers confié ma bourse!... — Rapportez-vous en donc aux apparences!... — Ah! je ne me pardonnerai jamais de n'avoir point deviné et démasqué un si dangereux scélérat!... quel honneur cela m'aurait fait!...

— Bon! bon!... — se disait en même temps le brigadier de gendarmerie.—Ceci me servira de leçon!... — Désormais je vérifierai personnellement les bosses de tous les bossus, — j'étudierai la claudication de tous les boiteux, — je visiterai de pied en cap tous les culs-de-jatte, — enfin les manchot seront pour moi l'objet des plus consciencieuses vestigations...

Le procès-verbal fut dressé, — on étudia les empreintes de pas qui prouvèrent, jusqu'à l'évidence, qu'en outre de la petite fille, le rétameur avait un complice; — on suivit ces empreintes, elles conduisirent auprès de la petite porte située sur la hauteur, mais une fois hors du parc, on dut reconnaître que le terrain dur et crayeux ne gardait plus de traces, et il fallait renoncer, pour le moment moins, à s'emparer du second bandit.

XIX. — LES CASTELLA.

Nous devons à nos lecteurs une explication.

Nous allons la leur donner brièvement.

Nous allons leur dire en quelques lignes comment

il se faisait que la Folie-Normand, momentanément presque déserte, au dire de Pictonpain, renfermait, au contraire, ses hôtes habituels au grand complet.

Nous leur apprendrons en outre, avec le même laconisme, ce que c'était que ces hôtes, — et c'est par là que nous allons commencer.

Nos lecteurs savent déjà, — si toutefois ils n'ont point oublié les communications de Pictonpain au rétameur, — que la Folie-Normand avait été louée par une famille de riches étrangers dont le nom finissait en A.

Cette famille se composait d'une dame âgée et d'un jeune ménage.

La vieille dame était la marquise douairière Castella, dont le fils unique, le marquis Gaston Castella, avait épousé, dix-huit mois auparavant, une ravissante Provençale, mademoiselle Blanche de Jessains.

Ce mariage, tout à la fois d'inclination et de convenance, semblait destiné à faire deux heureux, car les jeunes gens, charmants l'un et l'autre, s'aimaient d'une de ces tendresses profondes qui doivent grandir au lieu de décroître à mesure que les années s'écoulent.

La famille Castella possédait une grande fortune et appartenait à la plus haute aristocratie vénitienne.

Le sang patricien des doges coulait dans les veines du père de Gaston. — Ce gentilhomme avait voué à la reine déchue de l'Adriatique, à *Venezia la Bella*, l'aveugle dévouement du fils pour sa mère, l'ardente passion de l'amant pour sa maîtresse.

Venise esclave, Venise humiliée, Venise subissant le joug de la domination autrichienne, lui brisait le cœur et remplissait son âme d'un désespoir sans cesse renaissant.

Il rêva l'affranchissement de sa patrie adorée, — il se mit à la tête d'une de ces conspirations folles dont l'exaltation de son patriotisme lui cachait l'imprudence inouïe et l'insuccès certain.

Le complot libérateur dont le marquis était l'âme échoua misérablement en effet.

Les conspirateurs furent trahis, ou plutôt vendus par un faux frère, avant même que l'heure de l'explosion eût sonné.

Le patricien avait joué sa vie, ou tout au moins sa liberté.

L'échafaud, ou, — si l'Autriche était indulgente, — une captivité sans fin l'attendaient.

Le marquis était de ces hommes qui, lorsqu'ils ont perdu la partie, payent sans hésiter l'enjeu, quel qu'il soit...

S'il se fût trouvé seul en ce monde et ne sacrifiant que lui-même, il eût rougi de se dérober par la fuite aux recherches de la police...

Il ne se fût pas livré peut-être; — mais, à coup sûr, il ne se fût point caché...

Un instant il hésita sur le parti à prendre...

Une irrésolution douloureuse, une profonde angoisse s'emparèrent de son âme loyale et chevaleresque.

— Ceux que les juges appellent mes complices, — se dit-il, — ceux que je nomme mes amis et mes frères, sont captifs et vont souffrir pour la cause trois fois sacrée que nous servions ensemble. — Ai-je le droit de rester libre?... m'est-il permis de ne point partager leur sort?...

Pour un esprit exalté jusqu'au fanatisme, tel que celui du marquis Castella, la question était épineuse et difficile à résoudre...

Heureusement la marquise se chargea de la trancher.

Elle s'aperçut de ces cruelles indécisions, et, prenant dans ses bras Gaston, son enfant unique, alors à peine âgé de quatre ou cinq ans, elle vint se jeter aux genoux de son mari, en s'écriant :

— Le premier devoir d'un gentilhomme est de ne pas abandonner sa femme et son fils... — Toi mort ou captif, que deviendrons-nous et qui protégera notre faiblesse contre les cruautés de la tyrannie que tu combattais ?...

Cette voix aimée, ces paroles touchantes, pénétrèrent jusqu'au fond de l'âme du patricien, comme si Dieu lui-même venait de parler.

Il ne résista plus et il cessa de se sentir déchiré et combattu.

Désormais il acceptait la vie et la liberté, puisque le premier de tous les devoirs le condamnait à rester vivant et libre.

Le soir de ce jour, caché sous un déguisement de pêcheur des lagunes, et dirigeant de ses mains une lourde chaloupe dans laquelle la marquise et le petit Gaston, également déguisés, reposaient sur un amas de filets humides, il quitta Venise, il affronta résolument les lames courtes et pressées de l'Adriatique, et il parvint à s'embarquer à bord d'un navire français mouillé à quelques lieues au large.

Le pont d'un vaisseau français, c'est la France.

Castella, sa femme et son fils étaient donc sauvés, car aucun péril ne saurait atteindre ceux que protége le pavillon français, qu'il soit fleurdelysé ou qu'il porte le coq gaulois ou l'aigle impérial !...

Après une traversée de quelques jours, le patricien expatrié débarquait sur les quais de Toulon.

Pendant ce temps, le procès suivait son cours à Venise.

Les résultats de ce procès étaient prévus d'avance.

Le marquis fut condamné, par contumace, à la peine de mort et tous ses biens furent confisqués...

La fortune des Castella, l'une des plus considérables de la ville des doges, atteignait, — disait-on, — le chiffre de dix à douze millions.

Par bonheur, le marquis possédait des traites importantes sur plusieurs banquiers de Paris et de Londres, et, en outre, des diamants de famille d'une grande valeur.

Il n'avait eu garde, à quoi bon le dire? d'oublier dans sa fuite ces précieuses épaves d'une opulence plus que princière.

Traites et diamants représentaient une somme d'environ quinze cent mille francs.

Le marquis installa sa famille dans une délicieuse villa située entre Marseille et Toulon, et se rendit à Paris pour toucher le montant des traites et réaliser les bijoux.

Il s'occupa immédiatement après de placer ses fonds, et il le fit d'une manière si avantageuse que son million et demi lui rapporta bien près de cent mille francs par an.

— Allons, — dit-il à la marquise, quand il vint la rejoindre et qu'il lui apprit cette bonne nouvelle, — notre fils sera riche encore, quoique son père soit un noble vénitien fugitif et ruiné...

Dix ans s'écoulèrent.

Le descendant des doges vivait calme, sinon heureux, dans sa villa des bords de la Méditerranée. — Il semblait plein de santé et de vigueur, et personne ne croyait à sa mort prochaine, — personne, excepté lui-même...

Il ne se faisait à cet égard aucune illusion...

Il se sentait rongé par un mal inconnu qui le conduisait lentement, mais infailliblement, au tombeau.

Ce mal, c'était la nostalgie de Venise.

Un jour vint où le marquis de Castella comprit que son heure suprême allait arriver.

Il mit ordre à ses affaires et il les simplifia de tout son pouvoir, afin que sa veuve en trouvât la gestion facile.

Il écrivit un court testament, — moins pour disposer de sa fortune qui revenait tout entière à deux êtres chéris, que pour leur laisser dans ces dernières lignes comme un monument suprême de sa tendresse immense...

Puis, un soir de printemps, dans le jardin tout fleuri de lauriers-roses, qui, par des terrasses successives, descendait jusqu'aux grèves sablonneuses de la mer, il s'assit sur un banc de marbre blanc, entre la marquise et Gaston...

L'air était tiède...

Une brise douce et parfumée passait entre les rameaux chargés de fleurs et caressait les fruits comme le souffle d'un éventail...

Les premières étoiles commençaient à se détacher sur l'azur assombri du firmament, et multipliaient leurs scintillements dans le mouvant miroir de la mer à peine ridée...

Les blanches lucioles brillaient sous les touffes d'herbes, comme de faibles et mystérieuses clartés.

Parmi les massifs de lauriers-roses, les rossignols chantaient leur amoureuse chanson...

Le marquis Castella fermait les yeux, et cette brise qui venait jusqu'à lui, toute chargée des senteurs marines, lui rappelait les soirs du Lido, et, devant ses paupières closes, évoquait Venise tout entière...

Soudain il se sentit pris d'une immense défaillance du corps et de l'âme.

— Voici la fin... — se dit-il, — mais il est doux de finir ainsi, les mains dans les mains de ceux qu'on aime!... Dieu m'accorde ce bonheur suprême... — Il m'envoie la mort sans l'agonie... — il est bon, et je le bénis...

— Est-ce que vous avez froid, mon père?... — demanda tout à coup Gaston, qui sentit la main du marquis frissonner sur la sienne... — Il me semble que vous tremblez...

Le mourant ne répondit pas à cette question.

— Embrassez-moi... — dit-il d'une voix qui déjà s'affaiblissait, — embrassez-moi, tous deux...

Et il ouvrit ses bras à sa femme et à son fils, qui s'y précipitèrent.

Une étreinte passionnée, dans laquelle il usa le reste de ses forces, réunit leurs deux têtes contre sa poitrine... — Il appuya ses lèvres sur les joues de la mère et sur le front du fils, puis il balbutia :

— Je n'ai aimé que vous en ce monde... vous et Venise... — que Dieu vous donne le bonheur et qu'il lui donne la liberté...

Sa tête retomba en arrière...

L'étreinte de ses bras amollis se dénoua...

Un soupir léger, presque indistinct, s'échappa de ses lèvres...

Avec ce soupir l'âme s'envola.

Le vieux patricien était mort.

La mort du marquis Castella mit en deuil le cœur et les vêtements de sa veuve et de son fils, mais ne changea rien à leur façon de vivre.

Ils ne quittèrent point la riante bastide qu'ils habitaient depuis leur fuite de Venise. — Le souvenir toujours présent du père et de l'époux qui venait de les quitter leur rendait ces lieux charmants plus chers que jamais.

Le marquis, dominé par une mélancolie continuelle, recevait fort peu de monde.

C'est à peine si quelques Italiens, réfugiés comme lui, jouissaient du privilége de se voir accueillis, de loin en loin, dans la solitude qu'il ne quittait jamais.

La marquise, tout entière à sa douleur inconsolable, ferma sa porte à ces rares visiteurs, et la villa devint une thébaïde véritable.

Cependant il fallait faire de Gaston, sinon un savant, du moins un homme distingué, un homme instruit, un homme à la hauteur de son époque.

Madame Castella le comprenait bien.

Elle se sentait incapable de se donner elle-même à cette forte éducation dont il avait besoin, et cependant elle ne pouvait se résoudre à se séparer de lui pour l'envoyer dans un collège.

Elle prit le seul parti qui s'offrait à elle et qui pouvait la tirer d'embarras en semblable occurrence.

Elle appela chez elle un précepteur recommandable à tous égards, et elle plaça son fils sous sa direction.

Ce précepteur était un ecclésiastique âgé déjà, d'une santé faible, d'un grand savoir et d'une haute expérience.

Il se montra digne de la confiance que lui témoignait la marquise.

Il ne faillit point à la tâche si noble et si délicate qu'il avait acceptée.

L'enfant confié à ses soins réalisa les espérances qu'on était en droit de fonder sur l'heureuse souplesse de son caractère et sur la précocité de son intelligence.

Le marquis Gaston Castella, lorsqu'il atteignit sa vingt et unième année, pouvait à bon droit passer pour un jeune homme accompli sous tous les rapports.

Nous devons ajouter que son développement physique ne le cédait en rien à son développement intellectuel.

Il était grand et admirablement bien fait; son apparence aristocratique, ses formes gracieusement patriciennes, cachaient une vigueur musculaire peu commune.

Il excellait dans tous les exercices d'agilité, de force et d'adresse, seules distractions de sa jeunesse isolée et studieuse.

Il montait à cheval avec l'inébranlable aplomb d'un centaure.

Son fusil chargé d'une seule balle atteignait l'hirondelle de mer, neuf fois sur dix, dans son vol circulaire et rapide.

Aucun des marins de la côte ne dirigeait d'une main plus ferme et plus sûre un canot sur les lames bondissantes, par une mer dure et par un gros temps.

Il nageait avec une grâce hardie, pendant des heures entières, et les tritons mythologiques devaient moins que lui se trouver à l'aise dans les flots bleus de la Méditerranée.

Une fois son éducation achevée, Gaston, maître de se livrer sans contrainte à ses occupations chéries et à ses plaisirs favoris, se sentit complétement heureux.

Ignorant le monde et ses joies bruyantes, il ne désirait aucune de ces fiévreuses jouissances qu'il ne connaissait pas, et il ambitionnait uniquement de continuer à vivre comme il avait vécu jusque-là.

Le plus cher désir de la marquise, — avons-nous besoin de le dire, — était de ne se jamais séparer de son fils.

Tel était cependant l'admirable bon sens de cette femme remarquable, qu'elle se dit à elle-même qu'il manquait à Gaston cette expérience de la vie, cette connaissance des autres hommes, complément indispensable de toute éducation sérieuse et forte.

En conséquence, elle eut le courage d'envoyer son fils voyager pendant deux années.

Quand le jeune homme revint en Provence, après avoir parcouru et étudié la France, l'Allemagne, l'Angleterre et l'Espagne, il fut épouvanté du changement prodigieux survenu pendant son éloignement, dans l'APPARENCE de sa mère.

Lorsqu'il avait quitté la Provence, madame Castella, âgée de quarante-cinq ans tout au plus, était belle toujours et semblait jeune encore...

Deux années avaient suffi pour métamorphoser en vieille femme cette Vénitienne si renommée jadis pour sa beauté fière et souveraine.

Ses cheveux avaient blanchi; — sa taille de reine s'était voûtée; — des rides profondes sillonnaient son front et formaient un inextricable lacis autour de ses paupières flétries, abaissées sur des yeux qui ne conservaient plus rien de leur éclat passé.

Ce changement, si brusque et si peu prévu par Gaston, peut, ce nous semble, s'expliquer sans peine.

Associée de cœur et d'âme aux enthousiasmes patriotiques, aux vœux, aux espérances du noble exilé dont elle portait le nom, la marquise avait souffert autant que lui des avortements et des déceptions prenant la place du succès rêvé.

La mort soudaine du compagnon de sa vie, mort à laquelle, nous le savons, elle ne pouvait s'attendre, était venue lui porter un de ces coups qui brisent les organisations les plus vigoureuses.

Elle avait résisté cependant à ce terrible choc, — bien moins par la force de sa nature que par la force de sa volonté.

Elle *voulait* se conserver, en effet, — se conserver pour son fils dont la grande jeunesse ne pouvait se passer d'un guide et d'un appui...

Or, souvent, — nous dirions même volontiers : — *presque toujours*, — la force de volonté opère des miracles.

La marquise nous en fournit une preuve éclatante.

Aussi longtemps qu'elle sentit le besoin, non de paraître, mais de rester jeune, elle ne vieillit pas...

Lorsqu'au contraire Gaston, devenu tout à fait un homme, fut capable de voler de ses propres ailes, et qu'elle l'eut éloigné d'elle volontairement dans un but qui nous est connu, madame Castella se retira tout à coup de cette lutte dans laquelle, jusqu'alors, elle restait victorieuse...

Sa volonté faiblit...

La nature, aussitôt, reprit ses droits et se vengea de la contrainte si longue et si rude qui lui avait été imposée.

La marquise, nous l'avons dit, passa sans transition, de l'aspect d'une femme presque jeune, à celui d'une septuagénaire. En même temps arrivèrent ces infirmités qui, d'habitude, n'accompagnent de leur douloureux cortége que la plus extrême vieillesse.

— J'ai bien peu de temps à vivre désormais... — se dit alors madame Castella avec un sourire doux et résigné. — J'irai bientôt rejoindre celui qui m'a précédée là-haut, et j'irai sans regret, puisque mon fils n'a plus besoin de moi ici-bas...

La marquise se trompait.

Il lui restait de longues années à vivre; — il lui restait de nouvelles souffrances morales à subir, souffrances cruelles, plus cruelles peut-être que celles du passé.

Madame Castella devait avoir cependant quelques joies encore avant de refaire connaissance avec la douleur.

Un rayon de soleil allait briller dans les brouillards de sa vie.

XX. — LA MÈRE ET LE FILS.

En constatant ce grand changement qui devait lui faire craindre de voir bientôt sa mère s'éteindre sous ses yeux comme s'éteint une lampe dont l'huile est épuisée, Gaston ressentit une douleur plus aiguë et plus profonde peut-être que celle éprouvée par lui jadis, lors de la mort de son père.

Il était d'âge à mieux comprendre toute la portée de l'immense malheur qui lui paraissait imminent.

Il envisageait avec une épouvante inouïe l'isolement complet, absolu, sans bornes, dans lequel il se trouverait en ce monde si la marquise venait à mourir.

Il eut la force néanmoins de se dominer assez pour cacher à sa mère les émotions pénibles, ou plutôt les angoisses déchirantes qui s'emparaient de lui. Il força ses yeux à ne point se mouiller de larmes ; — il contraignit ses lèvres à sourire ; — il ne laissa éclater dans ses regards que l'expression des joies du retour.

— Allons, — se dit à elle-même madame Castella trompée par ces fausses apparences, — il ne s'aperçoit pas de l'immense chemin que j'ai fait vers la tombe depuis deux années... — puisse Dieu permettre que cette heureuse ignorance se prolonge jusqu'à la fin...

Le lendemain, la marquise et son fils, dans l'après-midi, se rencontrèrent au jardin.

Madame Castella prit le bras de Gaston.

— Cela est bien beau, n'est-ce pas, mon enfant? — lui dit-elle en étendant la main vers les flots bleus de la Méditerranée qui se déroulaient à l'horizon, comme un panorama splendide, sous une lumière éblouissante.

Çà et là des voiles blanches, pareilles à des ailes de goëlands, se dessinaient au loin avec une netteté miraculeuse, et indiquaient à l'œil attentif le point presque insaisissable où s'unissaient l'azur du ciel et celui de la mer.

— Oh! oui... bien beau... — répondit Gaston avec un enthousiasme sincère; — rien de ce que j'ai vu pendant mes longs voyages ne m'a semblé plus enchanteur... songez-y donc, ma mère, j'ai grandi, j'ai senti ma pensée et mon âme naître et se développer en face de ces tableaux grandioses.

— Je me souviens à peine de mon pays natal... — Venezia-la-Bella ne m'apparaît qu'à travers les brumes confuses de mes souvenirs effacés, ou plutôt elle ne vit pour moi que dans les chants des poëtes qui m'ont parlé d'elle... — Il m'est, hélas ! à peu près inconnu, ce noble berceau de ma race, et le beau pays où nous sommes est presque ma patrie.

Un sourire triste, aussitôt effacé, passa sur les lèvres de la marquise, tandis que Gaston parlait ainsi.

Elle fit quelques pas sans répondre, et elle amena son fils sous le berceau de lauriers-roses où le marquis avait rendu le dernier soupir. Là, elle s'assit. Gaston l'imita.

Madame Castella prit entre ses mains amaigries les deux mains du jeune homme et lui dit : — Mon enfant, causons maintenant...

— Je suis tout à vous, mère chérie...

— J'ai à te parler d'une chose grave... — continua la marquise.

— Une chose grave... — répéta Gaston.

— Oui.

— Laquelle ?...

— Ton avenir...

Gaston fit un geste d'étonnement.

— N'y as-tu donc jamais pensé ? — demanda la marquise.

— Jamais... jamais, du moins, il ne m'a inspiré l'ombre d'une préoccupation... — Vous avez rendu pour moi le passé si facile et si doux que je me suis dit qu'il en serait de même de l'avenir, et que je n'avais rien de plus sage à faire que de m'en reposer absolument sur vous...

— Eh bien, nous allons nous en occuper ensemble.

— Je suis tout prêt à vous entendre, et à vous répondre de mon mieux...

— Gaston, mon enfant, tu es maintenant un homme, — poursuivit madame Castella, — et, pour te le bien prouver à toi-même, j'ai voulu te laisser jouir d'une liberté absolue, en te séparant de moi pendant deux longues années...

— Ma bonne mère, — interrompit le jeune homme, — je vous jure que ces deux années d'absence, malgré des distractions sans nombre, m'ont semblé plus longues qu'à vous... — C'est auprès de vous qu'est ma vie...

La marquise reprit, après avoir serré la main de Gaston :

— Tu es donc revenu ici avec joie ?...

— Avec une joie sans bornes... — Il y a longtemps, oh! bien longtemps, que j'attendais avec impatience l'heure trois fois bénie où je pourrais enfin vous presser dans mes bras...

— Et, maintenant, que comptes-tu faire ?...

— Je ne me suis jamais adressé cette question qui me semblait si facile à résoudre... — Ne me sera-t-il donc point permis de vivre désormais comme j'ai vécu jusqu'au jour de notre séparation.

— As-tu véritablement le désir de rester ici ?...

— Certes...

— Rien ne t'attire dans quelqu'une de ces capitales que tu viens de visiter ?...

— Rien absolument...
— Paris et Londres offrent cependant à leurs hôtes des plaisirs délicats et vantés?...
— Oui, sans doute; — je connais ces plaisirs; — je les ai goûtés sans ivresse, et vous voyez, ma mère, que je les ai quittés sans regrets...
— La solitude ne t'effraye point?...
— Au contraire, elle me charme... — Pourquoi ne l'avouerais-je pas?... je suis une espèce de sauvage civilisé...— je ne me targue en aucune façon de misanthropie, et néanmoins, le monde a pour moi peu d'attraits...
— Tu possèdes cependant tout ce qu'il faut pour

— Je m'étais dit qu'un établissement à Paris, au moins pour la saison d'hiver, te conviendrait peut-être...
— Désirez-vous vivre à Paris, vous, ma mère?...
— Je ne désire que ce que tu souhaites...
— Alors, ne cherchez pas plus longtemps... — Je ne forme qu'un souhait, c'est de vivre ici, près de vous, et de n'en pas sortir... — Ne faudrait-il pas être un peu fou, dites-moi, pour préférer au ciel toujours pur, au soleil toujours radieux, à l'atmosphère toujours tiède de la Provence, les ciels sombres, les brumes glaciales, les boues éternelles d'une grande ville?...

De soir de ce jour, caché sous un déguisement de pêcheur, il quitta Venise. — Page 60.

y briller... Rien ne te manque, en fait de dons naturels et acquis... — Notre fortune te permet, en outre, de ne te refuser aucune des jouissances du luxe, car nous avons, mon cher enfant, plus de cent mille livres de rente...
— Cent mille livres de rente!... — répéta Gaston avec un peu d'étonnement, — nous sommes très-riches; en effet, trop riches, en vérité!... — Que faire de tout cet argent?... — Vous n'aimez pas le luxe, ma mère, et moi j'adore la simplicité...
— Tes goûts changeront peut-être...
— J'en doute beaucoup, quoique les gens expérimentés prétendent qu'il ne faut jamais répondre de l'avenir...

— Je ne soutiendrai pas le contraire, mais ceux qui pensent comme toi sont rares...
— Eh! que m'importe?... — L'opinion du monde ne saurait influencer la mienne... — je vis pour vous et pour moi, et non pour les autres...
— Ne t'es-tu pas dit quelquefois qu'un jour viendrait où il faudrait songer au mariage?...
Gaston sourit et ses joues se colorèrent légèrement.
— Je me suis dit cela plus d'une fois... — répliqua-t-il. — Rien n'est plus loin de ma pensée que de faire vœu de célibat... Je vous promets, ma mère, pour réjouir votre vieillesse, l'amour et les baisers de vos petits-enfants...
— Hélas! — se dit la marquise à elle-même —

quel beau rêve!... — malheureusement ce n'est qu'un rêve, et je ne vivrai pas assez longtemps pour qu'il se réalise... — Puis, tout haut, elle reprit : —Tu as raison, cher fils, et ce que tu viens de me promettre sera certainement le bonheur de mes dernières années... — Oui, la femme de ton choix sera ma fille... je partagerai ma tendresse entre vous deux... je l'aimerai autant que je t'aime, et je suis sûre que ce partage ne te rendra point jaloux...

— Non sans doute... — fit Gaston en souriant, — car vous ne m'aimerez pas moins pour cela...

— Je t'aimerai plus encore si c'est possible!...

— Je ne vous dis, cependant, que la vérité la plus littérale... — Plusieurs femmes, plusieurs jeunes filles, jusqu'à ce jour, ont enchanté mes regards... — Aucune ne m'a fait comprendre le sens de ce mot si doux : AIMER!...

Un court instant de silence suivit ces paroles...

Ce silence fut rompu par la marquise.

— Cher enfant, — reprit-elle, — j'avais bien raison, tout à l'heure, en pensant que nous ne pouvions rester indéfiniment ici...

Gaston regarda sa mère avec un air étonné qui équivalait à une muette interrogation.

La marquise continua : — Je vais m'expliquer et

Du côté du large arrivaient des lames courtes et pressées. — Page 69.

Eh bien, cher fils, cette seconde enfant, quand me la donneras-tu?...

— Ah! par exemple, — murmura le jeune homme, — voilà une question à laquelle je serais embarrassé de répondre...

— Pourquoi?...

—Parce que vous m'interrogez sur ce que j'ignore.

— N'as-tu donc pas encore rencontré la jeune fille qui doit te faire dire : — *Voici celle que je choisirai entre toutes?...*

— Non, ma mère.

— Ton cœur n'a pas encore battu?...

— Jamais...

— Franchement, cher Gaston, j'ai quelque peine à te croire...

ensuite tu conviendras volontiers qu'il est impossible de me contredire et de ne se point ranger à mon opinion...

—Eh! mon Dieu...— murmura le jeune homme, — je ne demande pas mieux d'être convaincu... mais j'avoue que je ne devine pas le moins du monde comment vous vous y prendrez pour faire naître cette conviction...

— Rien ne me sera plus facile... — un simple raisonnement suffira... — Tu conviendras sans peine, je suppose, qu'à ton âge et dans ta position de famille et de fortune, tu appartiens à la catégorie des heureux qui ont le droit de choisir...

—Soit.. — je puis admettre ce premier point, qui ne m'engage à rien..

— Il t'engage plus que tu ne le penses, au contraire, car pour choisir il faut comparer... — Eh bien, ici, les jeunes filles qui pourraient te convenir manquent d'une façon à peu près complète, et, par conséquent, les points de comparaison font défaut... — Donc, il faut aller chercher ailleurs...

— Où?

— C'est à toi qu'il appartient de le décider...

— Et, si je vous chargeais de ce soin, ma bonne mère, quel lieu d'étude choisiriez-vous?...

— Il me semble que je n'hésiterais point et que je me déciderais bien vite pour Paris, la ville que toutes les familles riches et aristocratiques choisissent comme lieu de rendez-vous...

Gaston fit un mouvement brusque.

— Tu parais ne pas m'approuver... — dit la marquise.

— Ma bonne mère, — répliqua le jeune homme, — je suis désolé véritablement de me trouver en opposition avec vous; mais, sur le point en question, votre manière de voir et la mienne diffèrent plus que je ne saurais dire...

— En quoi? — demanda madame Castella.

— En ceci, que vous parlez de me choisir une femme à Paris, et que je me condamnerais à un célibat éternel, plutôt que de me décider à épouser une Parisienne...

— Qu'as-tu donc à leur reprocher, à ces pauvres Parisiennes qu'on dit si charmantes? — reprit la marquise avec un sourire.

— Rien absolument...

— Mais, alors, à quel propos cette résolution si bien arrêtée et qui te semble irrévocable?

— A ce propos que je regarde une jeune fille élevée dans l'atmosphère de Paris comme incapable de faire mon bonheur, et qu'il me paraît tout à fait impossible de la rendre heureuse...

— Ceci n'est qu'un paradoxe...

— Non, non, ma mère, c'est une belle et bonne réalité, et je puis vous le prouver...

— Prouve-le donc...

— Vous connaissez mes goûts... J'aime avec passion la campagne, l'isolement, la simplicité... — Une Parisienne, au contraire, aime par-dessus tout le mouvement de la grande ville, le bruit et le tourbillon du monde, les éblouissements du luxe...

— Comment des caractères aussi différents, comment des goûts aussi dissemblables pourraient-ils arriver à sympathiser?...

— L'expérience te prouvera plus tard, mon enfant, que pour trouver dans le mariage la paix et le bonheur, il faut se faire de mutuelles concessions...

— Je vous l'accorde de bien grand cœur et je ne prétends point me montrer tyran; mais je ne sache pas de concessions capables de faire régner le bon accord entre le calme et la tempête, entre la neige et le feu... — Quoi que je puisse faire, il y aurait toujours, entre une Parisienne et moi, cette incompatibilité d'humeur qui trop souvent amène à sa suite le trouble, la discorde et la séparation...

Tout ceci semblait parfaitement logique.

Madame Castella possédait un trop rare bon sens pour ne pas comprendre que son fils avait raison sans doute.

Elle ne répondit rien, n'ayant rien à répondre, et quelques minutes de silence succédèrent aux dernières paroles de Gaston.

— Ma mère, — reprit enfin ce dernier, — voilà que vous devenez soucieuse et triste.. Vous ai-je affligée, sans le savoir et sans le vouloir?

— Non, cher enfant, — répliqua la marquise, — non, tu ne m'as point affligée; mais, malgré moi, je songe combien nous sommes loin encore de la réalisation de ce beau rêve de mariage et de paternité, que tout à l'heure tu me laissais entrevoir...

— Eh! mon Dieu, qui sait?... — fit Gaston en souriant, — l'avenir, c'est l'inconnu!... — On prétend que les mariages sont écrits dans le ciel... — si cela est vrai, comme je suis fort disposé à le croire, tenez pour certain que le hasard, ou plutôt que la volonté céleste, sauront bien arranger les choses au mieux, et m'envoyer dans notre solitude la femme qui m'est destinée.....

— Que Dieu le veuille!... — murmura madame Castella.

— Il le voudra, ma mère... j'y compte, et je vous le promets...

A partir de ce jour il ne fut plus question, entre la marquise et son fils, de quitter la Provence.

Gaston reprit, avec une joie d'enfant, son train de vie passé, ses occupations et ses plaisirs d'autrefois.

La lecture, l'équitation, les longues promenades au bord de la mer, la chasse, les courses au canot, se partagèrent ses journées et son existence qu'il trouva parfaitement heureuse.

Très-intrépide et très-adroit, — nous l'avons dit, — à tous les exercices du corps, Gaston se sentait surtout entraîné vers le *sport* nautique.

Possesseur d'une chaloupe à voiles d'une finesse exquise et d'une vitesse prodigieuse, il éprouvait un sentiment d'indicible volupté à braver, sur cette coquille de noix, les dangereux caprices de la mer et des vents. Bien souvent les pêcheurs provençaux, regagnant lourdement la côte dans leurs barques non pontées, aux approches du mauvais temps, voyaient avec une admiration craintive la chaloupe de Gaston filer au milieu de la tourmente comme un goéland qui touche à peine du bout de son aile les flots soulevés.

— Les vagues ne peuvent rien contre lui... — se disaient-ils dans leur patois; — il est le maître de la mer...

La marquise éprouva d'abord de vives terreurs, de profondes angoisses, en présence de ces périls toujours renaissants et sans cesse bravés... Elle supplia Gaston de s'exposer moins.

— Mère chérie, — lui répondit-il en souriant, — votre tendresse pour moi vous aveugle... — vos inquiétudes n'ont point de raison d'être... je vous jure que le danger redouté par vous n'existe pas...

Une telle expression de sécurité se lisait sur la figure de Gaston, — il parlait avec une conviction si complète et si évidente, que la marquise se laissa convaincre.

— Que ta volonté soit faite, mon enfant, — murmura-t-elle. — Mais, si tu m'aimes, veille sur toi... tu sais bien que tu es ma vie, et que s'il t'arrivait malheur, je mourrais...

Gaston jurait solennellement la prudence, mais il ne songea guère à tenir parole.

Il avait attaché à sa personne, pour l'accompagner dans ses courses aventureuses sur la Méditerranée, un enfant du pays, un jeune matelot âgé de dix-sept à dix-huit ans et répondant au nom de Joson.

Joson réunissait au plus haut point toutes les qualités qui pouvaient le rendre utile et agréable à Gaston.

Il était actif, intrépide, doué d'une adresse rare et d'un dévouement à toute épreuve.

Affirmer qu'il se serait jeté dans l'eau pour son jeune maître c'eût été trop peu dire. Un peu plus qu'aux trois quarts amphibie, l'eau lui semblait son élément naturel tout autant qu'aux canards ou aux chiens de Terre-Neuve... Sur un signe, sur un ordre de Gaston, il aurait traversé sans hésiter un brasier ardent...

Gaston connaissait cet attachement si sincère et si passionné; — il s'en montrait reconnaissant, et il traitait l'honnête Joson beaucoup plus en camarade qu'en subordonné.

Chaque matin Joson venait prendre les ordres du jeune marquis et demander à quelle heure il devait *parer* le canot.

Les jours où son maître n'allait point en mer étaient pour lui des jours de tristesse.

Rien n'égalait sa joie, au contraire, quand Gaston lui disait :

— Borde l'écoute, mon matelot, et hisse la voile; — nous allons en mer!...

XXI. — LA CHALOUPE DE GASTON.

A un quart de lieue environ de la villa habitée par la marquise Castella et par son fils, s'élevait, au bord de la mer et au pied d'une colline couronnée de végétation, une petite maison blanche à persiennes vertes.

Cette maisonnette de peu d'importance, mais admirablement située au fond d'un golfe étroit où les flots bleus venaient expirer sans force et sans bruit sur un sable aussi fin et aussi uni que celui de la plage de Trouville; — cette maisonnette, disons-nous, était louée chaque année, pour la saison des eaux, à quelque famille désireuse de jouir en paix des bains de mer dans une complète solitude.

Ces hôtes de passage se renouvelaient tous les ans, et jamais aucun d'eux n'avait entrepris de nouer avec la marquise Castella des relations de bon voisinage.

Un matin du mois de juin, Gaston, son fusil sur l'épaule et un cigare aux lèvres, descendait lentement les rampes du jardin qui devaient le conduire à la plage.

L'atmosphère tiède offrait une pureté merveilleuse et cette transparence éclatante et incomparable que les ciels du Midi et de l'Orient peuvent seuls offrir aux regards éblouis.

Aucun souffle de brise ne ridait la surface de la Méditerranée, dont les eaux calmes luttaient d'immobilité avec celles d'un lac.

Gaston se disposait à faire une promenade en mer et à donner la chasse aux guillemots et aux autres oiseaux aquatiques.

En conséquence, Joson avait reçu l'ordre de porter à l'avance des avirons dans la chaloupe, car il ne fallait point songer à marcher à la voile. Gaston trouva le jeune matelot installé déjà à son poste, sur l'un des bancs de la petite embarcation; — ses mains frémissaient d'impatience, caressant les extrémités des avirons accrochés aux tolets et prêts à se plonger dans l'eau profonde comme les roues écumantes d'un steamer.

— Beau temps, monsieur Gaston!... — dit le mousse. — Notre-Dame de la Délivrance a fait signe aux vents de se taire...

— Oui, certes, beau temps! — répliqua le jeune marquis, — mais tu n'en auras que plus de fatigue, mon matelot, puisqu'il te faudra faire la besogne du vent...

Joson se mit à rire.

Gaston reprit : — Ça n'a pas l'air de t'épouvanter, garçonnet?...

— Oh! — répliqua Joson, — pour ce qui est de ça, ma fine non, ça ne m'épouvante guère tout de même... — J'aime tant la mer, monsieur Gaston, voyez-vous, que je me sentirais bien le courage, si nous avions tant seulement dans le canot du pain à manger et de l'eau à boire, de vous mener rien qu'à l'aviron jusqu'en *Algère*...

— Le courage, soit! — fit Gaston en riant à son tour, — mais la force?...

— Les bras sont bons, monsieur Gaston, croyez-moi... et je vous ferais faire un fier bout de chemin avant de dire que j'en ai assez...

Tandis que s'échangeaient ces paroles, le jeune marquis avait sauté légèrement dans l'embarcation. Il prit place à l'arrière.

De la main gauche il saisit la barre, et, tenant sur ses genoux son fusil tout armé et prêt à faire feu si la sauvagine se montrait à portée, il dit : — Démarre, mon matelot, et nage...

Joson obéit avec la promptitude et la régularité d'un équipier de la marine impériale.

Les avirons s'élevèrent et retombèrent en cadence, et la chaloupe fila, rapide et légère, laissant derrière elle un sillage éblouissant qui se prolongeait au loin, tandis que son étrave faisait bouillonner l'eau soulevée à l'avant par cette marche rapide.

Gaston, qui tenait la barre avec toute la science d'un vieux marin, gouverna d'abord de façon à côtoyer le rivage à une certaine distance, sans jamais le perdre de vue.

Il avait remarqué que souvent les oiseaux de mer flottent et nagent par bandes nombreuses, à proximité des grèves, là où les eaux claires et peu profondes leur offrent ces myriades de petits poissons dont ils se font une nourriture habituelle.

La chaloupe parcourut ainsi un quart de lieue en quelques minutes et elle arriva juste en face de la maisonnette dont nous avons parlé au commencement de ce chapitre.

Là Gaston, les yeux fixés vers la terre, lâcha la barre du gouvernail et se fit une sorte de télescope avec ses deux mains réunies autour de l'arcade sourcilière de l'un de ses yeux.

Un objet inaccoutumé, et de la nature duquel il lui semblait impossible de se rendre compte, attirait son attention et excitait sa curiosité. Cet objet, d'une forme et d'une grandeur indécises, se dessinait comme une tache blanche sur le sable grisâtre en avant de la maisonnette, et semblait se réfléchir dans le cristal mobile dont il n'était séparé que par un nuage imperceptible.

— Stope!... — dit Gaston.

Joson ne savait pas l'anglais, mais il comprenait à merveille la signification de ce mot qui est l'équivalent du mot : *halte.*

Il laissa retomber les avirons.

La chaloupe, n'ayant plus, pour la pousser en avant, que la force d'impulsion acquise, ralentit immédiatement sa marche.

— Matelot, — demanda le jeune marquis, — qu'est-ce donc que je vois là-bas?...

— Où ça, monsieur Gaston?

— Au bas de la Maison-Blanche...

Joson regarda à son tour.

— Je sais ce que c'est... — fit-il ensuite.

— Eh bien! tu vas me le dire...

— Eh! donc, je ne demande pas mieux, monsieur Gaston...

— Parle vite...

— C'est une cabane pour les bains de mer... — une cabane en belle toile blanche, avec un toit de planches et une petite porte au milieu...

— Tu en es sûr?

— Comme de mon nom...

— Moi qui crois avoir de bons yeux, — reprt Gaston, — je ne saurais distinguer à cette distance les objets dont tu parles...

— Je ne les distingue pas non plus.

— Alors, tu me réponds donc au hasard?...

— Faites excuse, monsieur Gaston, — je sais ce que je dis... — J'ai passé ce matin tout proche de la Maison-Blanche et j'ai vu le père Soubiras, le vieux menuisier de Caïrolles, qui était en train de monter la cabane, et qui venait d'enfoncer dans le sable, à grands coups de maillet, un pieu pour amarrer le canot...

— Un canot!... — il n'y en avait pas là, ce me semble...

— C'est la vérité, monsieur Gaston, il n'y en avait pas, mais il y en a un présentement... Un joli petit canot, foi de Joson, vert et blanc, et qui doit joliment filer sur la lame, si toutefois et quantes il est bien mené... Ça, j'en réponds...

— La Maison-Blanche est donc louée?...

— Oui, monsieur Gaston...

— Depuis quand?

— Depuis deux jours, peut-être depuis trois... mais, à coup sûr, il n'y a pas plus longtemps...

— Or, quels sont les locataires?... Sais-tu aussi cela, Joson?...

— Oh! moi, monsieur Gaston, je sais tout ce qui se passe dans le pays, à six lieues à la ronde... — il y a un vieux monsieur et une jeune demoiselle...

— Tu les as vus?...

— Oui, monsieur; ils étaient sur le sable, près du canot, quand j'ai passé, mêmement que le vieux monsieur m'a dit d'un air pas du tout fier : — *Bonjour, mon garçon!...* — Oh! c'est un monsieur tout à fait bien... un ancien noble, pour sûr, ou quelque chose d'approchant... — Moi je m'y connais, et je n'ai pas mon pareil, d'ici à bien loin, pour juger les gens sur la mine...

— Et la jeune fille?...

— Elle était là aussi, monsieur Gaston, avec le vieux... — Ah! la mignonne demoiselle!...

— Elle est jolie?...

— Ni plus ni moins que les anges du bon Dieu dans le paradis!... — Avec sa robe blanche, son petit chapeau de paille, ses yeux bleus et ses cheveux blonds, elle ressemble à la bonne sainte Vierge qui est portraiturée sur un tableau dans la chapelle de l'église de Lamazourque, où l'on vient faire des neuvaines...

— Quel âge peut avoir cette jeune fille?...

— Dame!... dans les quinze ans, tout au plus, à ce que je me figure...

— Mais, alors, c'est une enfant...

— Oh! que nenni donc, monsieur Gaston... c'est bien une belle et grande demoiselle tout à fait, avec l'air très-fier, mais si bon, si bon, qu'en la voyant on n'en a pas peur du tout...

— Le vieux monsieur, sans doute, est le père de la jeune fille?...

— Il y a apparence...

— Sais-tu comment il s'appelle?...

— Ma foi, monsieur Gaston, je ne l'ai point demandé, mais je m'en informerai pas plus tard que tantôt, quand nous reviendrons à terre, si vous avez tant seulement un tantinet fantaisie de le savoir...

— Non, en vérité, — répondit le jeune homme, — je n'y tiens ni peu ni beaucoup, et le nom de ces inconnus ne saurait m'intéresser en aucune façon...

Après un instant de silence, Gaston continua :

— Décidément, aujourd'hui, la sauvagine n'est pas à la côte...

— Ah! — répliqua Joson, — ces bêtes-là, c'est si malin!... Elles vous connaissent bien, monsieur Gaston, allez... et votre fusil pareillement... En vous voyant, elles auront pensé : — *Il va venir par ici... allons par là!...*

— Eh bien! — reprit le jeune homme, — si le gibier de mer est malin, soyons-le plus que lui!... — s'il se sauve, poursuivons-le... — Je mets le cap sur le large... nage, mon matelot, et vivement...

Gaston reprit la barre... Joson pesa sur les avirons...

La chaloupe vira de bord et se mit à glisser avec une vitesse fantastique dans la direction de la haute mer.

Bientôt un bruit d'ailes se fit entendre, — des bandes d'oiseaux aquatiques s'envolèrent à droite et à gauche de la petite embarcation. Gaston fit feu de ses deux coups et une demi-douzaine de colins et d'alouettes de mer tombèrent foudroyés.

Deux ou trois heures se passèrent.

Le temps s'écoulait, pour le jeune chasseur, avec une rapidité prestigieuse. Jamais il n'avait trouvé le gibier si abondant... Jamais il n'avait eu la main plus heureuse et le coup d'œil plus juste. Les détonations se succédaient comme les coups de tonnerre dans un orage.

Les oiseaux décimés s'enfuyaient à tire d'ailes pour aller se reformer un peu plus loin en bandes compactes.

Gaston, enivré de ses faciles succès, s'acharnait à leur poursuite.

Tout à coup, et au moment où il se préparait à faire feu une dernière fois, après avoir épuisé la presque totalité de ses munitions, une secousse brusque ébranla son corps, fit trembler sa main et rompit l'accord de l'œil et du point de mire, si bien que le plomb inoffensif s'éparpilla dans l'espace sans atteindre une seule victime.

— De par tous les diables, — murmura Gaston, — que veut dire ceci?... avons-nous donc touché quelque épave flottante?...

— Nenni, monsieur Gaston, — répondit Joson, — nous n'avons rien touché du tout, mais il se passe quelque chose de joliment drôle!... — Regardez un peu là bas... — il ne fait de vent ni peu, ni beaucoup, et voilà pourtant que la mer grossit comme si le mistral lui fouettait les côtes!... — je n'ai jamais vu ça, par exemple!...

Joson disait vrai.

L'air restait calme. La mer, dans la direction des grèves déjà lointaines, était unie et sans une ride, autant qu'au moment du départ.

Du côté du large, au contraire, arrivaient, avec la vitesse de chevaux lancés au galop, des lames courtes et pressées qui soulevaient la chaloupe comme un bouchon de liége ou comme une coquille de noix.

Déjà même, ces lames commençaient à se couronner de crêtes d'écume blanche qu'on appelle *des moutons*.

Gaston était brave, nous le savons, et faisait profession de mépriser absolument le péril.

Cependant, en face de cet étrange phénomène absolument inconnu de lui jusqu'à ce moment, la soudaine agitation de la mer avec le calme plat du ciel, il ne put s'empêcher d'éprouver ce sentiment de vague inquiétude qu'inspirent aux plus résolus les faits mystérieux qui semblent quasi fantastiques.

Quelques secondes s'écoulèrent, tandis que Gaston essayait de se rendre compte de l'état de choses inquiétant que nous venons de signaler.

Pendant ce temps les flots grossissaient, comme sous la toute-puissante influence de quelque tempête invisible. Les lames devenaient des vagues, et de profondes vallées, ou plutôt des gouffres humides, se creusaient entre ces collines menaçantes.

Le ciel continuait à briller, pur, radieux, sans un nuage, sur cette plaine liquide si bizarrement tourmentée.

Gaston jeta son fusil au fond de la chaloupe et saisit la barre des deux mains afin de maintenir l'embarcation en ligne droite et de l'empêcher de prêter le flanc aux coups de mer dont le plus inoffensif aurait suffi pour la couler bas.

— Joson... — dit-il.

— Monsieur Gaston?

— Prends bien garde de laisser démonter tes avirons...

— On y veille, monsieur Gaston...

— Et nage vigoureusement, mon matelot..

— On fait de son mieux, monsieur Gaston...

— Tu disais tout à l'heure que tu n'avais jamais rien vu de pareil à ce qui se passe, n'est-il pas vrai?...

— Jamais, au grand jamais... — J'ai vu la mer plus dure qu'aujourd'hui, c'est certain, mais il ventait alors à décorner des bœufs, tandis qu'aujourd'hui, si on jetait en l'air un fétu de paille, il retomberait à la même place, ni plus ni moins qu'une balle de plomb...

— Crois-tu qu'il y ait du danger pour nous?...

— Peut-être oui, peut-être non...

— Comment l'entends-tu?...

— Dame! monsieur Gaston, nous sommes terriblement loin de la côte, et ça sera difficile tout de même d'y retourner rien qu'à l'aviron, sans embarquer de temps en temps un peu plus d'eau qu'il n'en faudrait pour nous noyer bel et bien... — Enfin, on tâchera... — Ah! si nous avions derrière nous une bonne brise bien carabinée et si nous pouvions orienter la voile au plus près et filer gaillardement, dans moins d'une heure nous serions en face de chez nous, échoués tout à notre aise sur le sable... mais le vent nous manque tout à fait et la mer est bien méchante...

Gaston, saisissant des deux mains le mât élancé

de la chaloupe, afin de résister aux saccades terribles et simultanées du tangage et du roulis, se dressa sur un banc pour s'élever autant que possible au-dessus des vagues et interrogea l'horizon, dans la direction des côtes d'Afrique.

— Joson, mon matelot, — reprit-il au bout de quelques secondes d'examen — tu demandes du vent ?...

— Ah!... dame, monsieur Gaston, — répliqua le jeune homme, — ah! dame, oui!... j'en demande de toutes mes forces!... — Si le vent était à vendre, j'en achèterais de grand cœur pour le peu que j'ai d'argent.

— Eh bien, je te promets que nous allons en avoir avant cinq minutes... — poursuivit Gaston.

— Vrai ?...

— Aussi vrai et aussi certain qu'il fait jour...

— Dans ce cas-là, mon cher maître, que Notre-Dame de la Délivrance soit bénie... — elle va nous tirer une fameuse épine du pied.

— Seulement, — continua le jeune marquis, — j'ai bien peur que nous n'ayons de ce joli vent, un peu plus qu'il ne nous en faudrait...

— Ah! ah! monsieur Gaston, — dans le vilain cas où nous sommes, mieux vaut encore trop que pas assez...

— On appelle la brise, — poursuivit le fils du proscrit, — et c'est la tempête qui répond...

— La tempête! — répéta Joson, qui, courbé sur les avirons, ne voyait rien que les vagues sans cesse grossissantes, — la tempête avec un ciel si bleu et un soleil si beau!... ah! voilà qui sera drôle, par exemple!...

— Mon matelot, — reprit Gaston d'une voix lente et grave, — tu sais que je n'ai peur de rien, et je sais que tu es solide aussi, mais, franchement, je crois que nous ne ferons pas mal de recommander notre âme à Dieu et de penser, toi à ta mère, et moi à la mienne... — Allons, mon matelot, une prière est bientôt dite, et ça rend l'âme plus tranquille...

Ces paroles, et surtout le ton presque solennel avec lequel elles furent prononcées, produisirent sur Joson une impression très-vive.

Il devint un peu pâle.

— Monsieur Gaston, — répondit-il, — certainement ça serait pour moi bien de l'honneur et bien du plaisir de me *noyer* en votre compagnie... Mais enfin je ne serais pas fâché de savoir pourquoi vous avez l'air de croire que nous sommes ficius tous les deux et sans rémission... — Sans vous commander, mon cher maître, auriez-vous la grande bonté de m'expliquer la chose en deux temps...

XXII. — LE MISTRAL.

Le jeune marquis Castella n'eut pas le temps de répondre à la naïve question de Joson.

Ce tumulte étrange, ce crépitement bizarre qui n'a point d'équivalent parmi les autres bruits de ce monde et que produisent en pleine mer les flots couronnés d'écume s'écroulant les uns sur les autres, se fit entendre derrière la chaloupe avec un crescendo rempli de menaces...

Une vague énorme, une véritable montagne d'eau, furieuse et tapageuse, arrivait du large avec la foudroyante impétuosité d'une trombe. Cette vague semblait prête à ensevelir sous ses volutes gigantesques la frêle embarcation et les deux jeunes gens qui la montaient.

Le péril était effrayant et sans doute inévitable...

Gaston sentit un frissonnement nerveux courir sur la surface de son épiderme et passer comme un souffle d'agonie dans ses cheveux.

Joson, de pâle qu'il était déjà, devint vert, et, lâchant les avirons par un mouvement irréfléchi et involontaire, il fit le signe de la croix, tout en recommandant son âme à Dieu, ainsi que Gaston venait de le lui conseiller quelques minutes auparavant.

Le danger, — nous devons le dire, — était plus effrayant en apparence qu'en réalité, et le quart d'une seconde de réflexion suffit pour rassurer momentanément un marin aussi expérimenté que Gaston.

En effet, cette vague monstrueuse qui s'avançait plus rapide que des escadrons de cavalerie lancés au galop, souleva la chaloupe au lieu de l'engloutir, et, s'emparant d'elle comme d'une parcelle de liège ou d'un fétu de paille, elle la fit monter à une hauteur fantastique, pour la laisser redescendre ensuite dans un abîme ténébreux, la souleva de nouveau et la précipita encore.

Tout cela s'accomplit en beaucoup moins de temps que nous venons d'en mettre à le raconter, et la chaloupe, au bout d'un quart de minute, se retrouva sur une mer relativement calme, sans avoir embarqué une goutte d'eau ni un flocon d'écume.

Joson avait toutes les peines du monde à se croire vivant... — Sa raison chancelait comme son corps sous les coups de tangage incessants, — ses lèvres blêmies continuaient à murmurer machinalement les formules de la prière commencée.

Alors seulement Gaston s'aperçut que la chaloupe n'obéissait plus au gouvernail, par la raison bien simple que Joson n'avait point repris les avirons. Il fit un geste de colère, et, se départant d'une façon absolue de sa douceur habituelle et de sa bienveillance sans bornes pour le jeune Provençal, il s'écria, avec l'énergie un peu triviale mais indispensable d'un véritable patron de barque :

— Tonnerre du diable, matelot de malheur, que le mistral te torde le cou!... — Que fais-tu là, sur ton banc, comme une méchante figure de bois qui n'est bonne à rien qu'à brûler?... — Veux-tu donc avant trois minutes nous voir couler bas?... — Reprends les avirons, si tu tiens à la vie, et nage comme quatre, ou nous sommes flambés!...

Joson ne se fit pas répéter deux fois cet ordre.

Il se précipita sur les rames, qui, par une faveur spéciale de la Providence, n'étaient point sorties de leurs tolets, et il se mit à ramer avec une énergie prodigieuse et une vélocité surprenante.

La colère de Gaston tomba comme par enchantement.

Un sourire vint à ses lèvres et la ride légère, ou plutôt le fil qui se creusait entre ses deux sourcils, s'effaça.

— A la bonne heure!... — reprit-il d'un ton plus doux; — il me paraît, mon matelot, que décidément tu tiens à la vie!...

— Dame!... pourquoi donc pas?... — répondit Joson, — j'ai bonne envie tout de même de rester longtemps votre matelot, monsieur Gaston, et l'idée de piquer une tête sans fin dans la grande tasse pour y servir de régal aux thons et aux dorades, ne me réjouit ni peu ni beaucoup... — Croyez-vous que nous nous en tirerons, monsieur Gaston?

— Peut-être oui, peut-être non!... Mais rien ne nous empêche d'espérer... — Nage toujours, mon matelot! nage de toutes tes forces, et quand tu te sentiras trop fatigué, dis-le-moi, je prendrai ta place...

Joson poussa un : *Han!*... prodigieux, pareil à ceux qui s'échappent de la robuste poitrine des abatteurs d'arbres dans la forêt Noire, et il se courba sur ses avirons.

— Ah! — murmura-t-il à demi-voix, — si seulement nous avions le vent!...

— Le voici qui vient!... — répondit Gaston.

En moins d'une minute, et tandis que s'échangeaient, entre les deux personnages que nous mettons en scène, les répliques précédentes, l'aspect du ciel s'était métamorphosé complètement, il s'accordait bien avec celui des flots tourmentés.

Un instant auparavant, nous le savons, un soleil radieux brillait dans un ciel pur, et c'est à peine si, tout au fond de l'horizon, du côté de l'Afrique, une barre livide se détachait entre les vagues écumantes et le ciel lumineux.

Cette barre livide venait de se développer, de s'assombrir, d'escalader l'espace, d'une façon qui tenait du prodige, comme ces nuages qui, dans les féeries, sortent tout à coup du sol et montent jusqu'au ciel, — nous voulons dire jusqu'au *cintre*.

Cette couche de vapeurs, semblable à un grand manteau noir qu'on étale, atteignit bientôt et fit disparaître le disque du soleil, et une demi-obscurité sinistre remplaça sans transition les clartés éblouissantes que secoue sur la mer méditerranéenne la perruque aux crins d'or de Phœbus-Apollon.

Sur ces ténèbres diurnes les vagues sombres se détachèrent comme les houles du métal incandescent qui bout dans la fournaise.

Les aigrettes d'écume devinrent phosphorescentes...

La chaloupe sembla flotter sur les laves bouillantes d'un volcan...

A l'instant précis où Joson murmurait :

— Si seulement nous avions le vent!...

Et où Gaston lui répondait :

— Le voici qui vient!...

A cet instant, — disons-nous, — un sifflement, comparable à celui qui s'échapperait des naseaux fumants de cent locomotives à la fois, fendit les airs, traversa l'espace et fit tressaillir et blêmir d'épouvante tous ceux qui l'entendirent en mer ou sur les côtes.

Pour emprunter à l'antique langage de cette mythologie charmante, aujourd'hui démodée et que nous regrettons sincèrement, une expression imagée et pittoresque, c'était le vieil Éole qui déchirait ses outres et qui déchaînait ses enfants captifs.

En même temps Gaston et Joson durent courber la tête sous la violente attaque du premier souffle de la tempête, et une pluie, ou plutôt une avalanche d'écume fondit sur la chaloupe et inonda les deux jeunes gens, qui, pour n'être point emportés et roulés comme des feuilles sèches, furent obligés de se cramponner aux bancs sur lesquels ils étaient assis.

Le mistral, en passant, décapitait les vagues, et dispersait dans ses tourbillons les flocons neigeux qui les couronnaient.

Le frêle esquif trembla jusque dans sa membrure, et un coup de mer, frappant à faux l'un des avirons, le brisa net comme un morceau de verre à deux pouces à peine du bordage.

Joson poussa un sourd gémissement et balbutia :

— Que Notre-Dame de la Garde nous prenne en pitié!...

Cette fois le danger devenait terrible, imminent!... — une barque qui ne gouverne plus, une barque démontée de ses avirons par un gros temps est une barque perdue.

Gaston le comprit. Il fit un appel énergique à toute sa présence d'esprit, à tout son sang-froid, et d'une voix assez forte pour dominer les bruits de la mer et du ciel, il s'écria :

— A la voile, mon matelot! hisse la voile et dépêche!...

Tout en se levant pour obéir, le jeune Provençal murmura :

— Nous coulerons!... par un pareil mistral nous allons capoter avant seulement d'avoir eu le temps de dire un *Pater*.

— Eh! mon Dieu, — répliqua Gaston, — c'est probable, je le sais bien, mais il faut du moins tenter l'unique chance de salut qui nous reste peut-être...

Un mouvement d'épaules de Joson prouva très-clairement qu'il ne croyait guère à cette chance, mais il ne fit aucune objection, et il exécuta, aussi vite que le lui permirent les coups de mer incessants, les ordres de son jeune maître.

A peine la voile fut-elle déployée, et avant même que son extrémité supérieure eût atteint le sommet du mât, qu'elle se gonfla d'une façon si furieuse qu'on put là croire prête à éclater, et le mât se ploya comme un roseau qui va se rompre.

L'un et l'autre résistèrent cependant, contre toute prévision, et la chaloupe, après s'être dressée sur sa quille, à la manière d'un cheval fougueux qui se cabre au départ, partit avec la rapidité d'une flèche, et bondit sur les vagues dans la direction de la Maison-Blanche.

Par quel prodige, par quel miracle d'équilibre la petite embarcation, chassée vent arrière avec une force d'impulsion pour laquelle nous ne saurions trouver de comparaison meilleure que celle d'un wagon marchant à toute vitesse, pouvait-elle se maintenir à flot, et, sans cesse au moment de chavirer, ne chavirait-elle point?

Voilà ce que nous ne nous chargeons nullement d'expliquer à nos lecteurs. Qu'il nous suffise de leur apprendre qu'au mépris de toute probabilité et de toute vraisemblance, le canot continuait sans encombre sa course insensée, traversant comme un boulet de canon les vagues immenses qui devaient l'engloutir, et se rapprochant de la côte avec une rapidité si grande qu'on pouvait presque prévoir le moment où son étrave mordrait le sable de la plage.

Étourdi, stupéfié, et par la vitesse inouïe de l'allure, et par le sentiment du danger mortel qui, bien qu'amoindri, subsistait encore, Joson se cramponnait à l'écoute, ne disait absolument rien, et sans doute n'en pensait pas davantage.

Gaston tenait d'une main ferme la barre du gouvernail et dirigeait la marche du canot avec l'habilité d'un vieux pilote.

Il n'avait jamais perdu toute espérance, nous le savons.

Maintenant cette espérance grandissait.

A voir la manière dont se comportait la chaloupe, le salut devenait non-seulement possible, mais probable.

Il fallait cependant redoubler de prudence et d'attention, car à mesure que s'amoindrissait la distance qui séparait la barque du rivage, et que par conséquent la mer devenait moins profonde, les vagues rencontrant les hauts fonds décuplaient leur impétuosité et, se dressant les unes sur les autres dans un épouvantable ressac, formaient des tourbillons et des cataractes aussi redoutables pour la chaloupe que le fameux maëlstrom lui-même pour les navires du plus fort tonnage.

L'ouragan redoublait. Des éclairs continuels traversaient et illuminaient les nuées; — le tonnerre grondait sans relâche;—une pluie torrentielle commençait à tomber et augmentait encore cette demi-obscurité lugubre dont nous avons parlé.

A travers ces ténèbres presque crépusculaires, — à travers les vapeurs de la mer et le rideau de la pluie, Gaston entrevoyait vaguement la côte vers laquelle il se dirigeait. Il mettait le cap sur la Maison-Blanche, à peu près distincte comme une tache d'un ton peu clair, au milieu des verdures sombres qui l'entouraient.

En face de la Maison-Blanche, la plage était unie et douce comme un véritable tapis de velours, et pas un rocher ne trouait la nappe du sable fin et grisâtre. Sur cette plage favorisée du ciel, l'échouage serait plus facile et moins dangereux que partout ailleurs.

Le canot continuait à glisser, ou plutôt à voler sur les flots en fureur. Il devenait évident qu'en moins de dix minutes de cette course vertigineuse il atteindrait la terre ferme.

Joson commençait à murmurer des prières d'actions de grâces à Notre-Dame de Bon-Secours.

Tout à coup Gaston tressaillit.

Il lui semblait qu'au milieu des grandes voix de la tempête, un cri d'appel, un cri désespéré venait d'arriver jusqu'à lui.

Mais c'était une illusion sans doute...

Le cri joyeux du goëland rasant les vagues ressemble souvent à l'invocation suprême du naufragé qui va périr.

— N'as-tu rien entendu? — demanda-t-il à Joson.

— Rien, monsieur... — répondit le jeune Provençal.

— Je me suis trompé, — pensa Gaston.

Au même instant retentit un second appel, si net, cette fois, si distinct, si déchirant, qu'aucun doute ne restait possible.

Une créature humaine était en danger tout près de là!... — une créature humaine invoquait le secours des hommes et de Dieu...

— Cargue la voile! — cria Gaston.

Joson ouvrit de grands yeux et demeura muet et immobile sur son banc.

— Ne me comprends-tu pas? — poursuivit le jeune marquis d'une voix frémissante.

— Si, monsieur...

— Eh bien! qu'attends-tu?

— Nous n'avons plus d'avirons... — carguer la voile, c'est appeler la mort...

— Qu'importe?...—Obéis vite, ou j'agirai moi-même...

Et, prêt à joindre l'action aux paroles, Gaston se soulevait déjà.

Joson le devança, bien qu'avec une répugnance manifeste, et il exécuta l'ordre qui venait de lui être donné.

La voile détendue tomba sur le pont.

Presque aussitôt la marche du canot se ralentit, et le frêle esquif, devenu le jouet des vagues, tourna sur lui-même comme une toupie d'Allemagne, puis se mit à bondir comme une chèvre folle, effleurant la crête des abîmes dans lesquels, d'une minute à l'autre, il allait infailliblement s'engloutir.

Gaston, sans paraître s'apercevoir de ce nouveau et immense danger qu'il provoquait et qu'il affrontait avec une sublime imprudence, se tint debout près du mât auquel il se soutint pour ne pas tomber, et promena ses regards autour de lui.

Dans le premier moment, l'écume et la pluie, fouettées par le vent qui venait du large, le frappèrent au visage et l'aveuglèrent.

Mais bientôt il lui devint possible de distinguer, à une très-faible distance, un tout petit canot, monté par deux personnes et prêt à périr, car ses dimensions exiguës offraient encore moins de résistance aux coups de mer que la chaloupe de Gaston.

— Quels sont ces malheureux? — murmura le jeune homme. — Joson, les connais-tu?...

— Elle ne mourra pas! — s'écria Gaston.

— Dame!... à moins qu'elle ne nage comme une dorade, je ne vois pas trop...

Gaston interrompit le matelot.

— Nous la sauverons!... — reprit-il, — nous la sauverons!...

— Et comment ferons-nous, grand Dieu?... — demanda Joson stupéfait.

— C'est ce que tu vas voir...

— Le canot en perdition est derrière nous...
— le vent et les coups de mer nous éloignent l'un de l'autre... — Jamais, au grand jamais, si nous essayons de louvoyer, nous n'arriverons jusqu'à lui

Le vieillard se cramponna d'une main à la quille du canot-quasi-submergé. — Page 75.

Le matelot se fit pour la seconde fois une sorte de télescope avec ses deux mains, et, après un examen rapide, il répondit :

— Oui... oui... je les connais...

— Quels sont-ils? des pêcheurs, sans doute?...

— Oh!... que nenni, monsieur Gaston... — des pêcheurs s'en tireraient mieux que ça!... — Le canot est vert et blanc... c'est celui de la Maison-Blanche, et les gens qui sont dedans sont le vieux monsieur et la jeune demoiselle!... — Ils se sont mis là tout de même dans un mauvais pas dont ils ne se tireront point!... — Ah! pauvre demoiselle!... c'est bien dommage, foi de Joson, de trépasser vilainement quand on est si jeune et si gentille que ça!...

avant qu'il ait coulé... si toutefois encore, monsieur Gaston, nous ne coulons pas nous-mêmes...

— Hisse la voile! — cria le jeune marquis.

En même temps il se laissa retomber sur le banc qu'il avait quitté, et il reprit la barre du gouvernail.

— Hisse la voile! — avait crié Gaston Castella

Joson fit ce que lui commandait son maître.

A cet instant précis une trombe de mistral vint frapper la toile tendue de nouveau... L'étoffe craqua, prête à se rompre, et le canot se pencha tellement que pendant quelques secondes il parut vraisemblablement qu'il allait sombrer sous voile et disparaître tout entier.

Il se redressa cependant, grâce à l'admirable

construction de sa coque, et il recommença à bondir dans la direction de la terre.

Joson se dit que son maître venait de renoncer sans doute au plus insensé de tous les projets, et il reprit quelque vague espoir.

Cet espoir dura peu.

Gaston vira de bord avec une audace et un bonheur incompréhensibles, et malgré les terribles coups de mer qui, de seconde en seconde, semblaient près d'anéantir la chaloupe, il se mit à courir des bordées afin de se rapprocher du canot en perdition.

Une distance de cent mètres tout au plus le séparait de ce canot, et, néanmoins, telle était la furie des flots soulevés et la violence formidable du mistral, qu'il mit près d'une demi-heure à franchir cette distance si courte.

Encore n'y parvint-il que par une sorte de miracle et en jouant mille fois sa vie avec une insouciance et un sang-froid vraiment inouïs.

Enfin une dernière bordée lui permit d'atteindre son but, c'est-à-dire de se trouver porté plus au large que le canot vert et blanc, et il ne resta, pour le rejoindre, qu'à naviguer vent arrière.

Il lui fut possible alors de voir d'une façon à peu près distincte les deux personnes qui montaient le canot et qui se trouvaient en un si mortel péril. C'étaient, nous le savons déjà, un vieillard et une jeune fille, — les nouveaux hôtes de la Maison-Blanche.

Le vieillard pouvait avoir environ soixante ans, mais, malgré ses cheveux d'une blancheur de neige, il conservait une apparence vigoureuse et presque juvénile.

Il ne paraissait point regarder la situation comme désespérée, et il appuyait énergiquement sur les avirons, sans obtenir de résultat appréciable.

Heurté et soulevé par chaque vague, le canot roulait et tanguait d'une manière effrayante, mais n'avançait pas d'une ligne, malgré les efforts surhumains du vieillard.

Assise à l'arrière, et se cramponnant des deux mains aux deux bordages pour n'être point emportée par les coups de mer, la jeune fille, entièrement vêtue de blanc, belle comme un ange et pâle comme une morte, élevait vers le ciel ses grands yeux suppliants, et ses lèvres murmuraient tout bas une invocation suprême.

Ses grands cheveux blonds dénoués flottaient au vent, et par instants, retombant mouillés et ruisselants sur ses épaules, la couvraient d'un long manteau d'or bruni.

Gaston vira de bord de nouveau et mit le cap sur le canot.

Le quart d'une minute devait lui suffire pour l'atteindre, car le vent soufflait en foudre et faisait voler la chaloupe avec la rapidité de l'éclair.

— Courage!... — criait le jeune homme dont la voix se perdait dans le fracas des éléments conjurés, — courage!... courage!...

On eût pu croire alors que la tempête jalouse ne voulait point lâcher sa proie et qu'elle vouait à une perte commune les courageux sauveteurs et les imprudents qu'ils voulaient sauver.

L'impétuosité du mistral redoubla; — la mer, aussi loin que pouvait s'étendre le regard, offrit l'aspect d'une mer d'écume d'une blancheur éblouissante.

Un bruit sec retentit, bruit à peu près semblable à celui de certains coups de tonnerre, et la chaloupe reçut une telle secousse que Gaston, enlevé de son banc avec violence, fut jeté jusqu'au pied du mât... La voile unique venait de se déchirer en trois morceaux, et ses inutiles lambeaux fouettaient l'air avec des sifflements étranges.

La chaloupe cependant marchait toujours, mais par la seule force de la vitesse acquise.

Une fois cette force épuisée, elle se trouverait, sans avirons, à la merci des vagues, et sa destruction, par conséquent, ne se ferait guère attendre.

Gaston ne songea même point à ces conséquences forcées d'un accident irrémédiable.

Une chose unique absorbait son attention tout entière, c'était la distance de plus en plus courte qui le séparait du canot.

Bientôt cette distance ne fut que de quelques brasses; — il aurait été presque possible, d'une embarcation à l'autre, de s'adresser la parole et de se répondre.

— Dieu m'a entendue, mon père...— balbutia la jeune fille d'une voix brisée par la terreur et l'émotion, — on vient à notre aide... voici des sauveurs qui nous arrivent...

— Blanche, mon enfant chérie, — répondit le vieillard, — je savais bien que tu ne pouvais périr!... je savais bien que Dieu protégerait la plus charmante et la meilleure de ses créatures!...

Raillerie bizarre de la destinée!...

A peine le vieillard achevait-il de prononcer ces paroles où débordaient la confiance et l'espoir, qu'une vague colossale, annonçant son approche par un gigantesque remous, vint s'écrouler à une si faible distance du canot, que l'esquif sembla s'évanouir dans une avalanche d'écume et reparut au bout d'un instant, la quille en l'air..

Deux cris avaient traversé l'espace au moment où cette catastrophe s'accomplissait.

Un clameur d'angoisse et d'agonie s'était échappée de la gorge haletante de la jeune fille.

Gaston, livide d'épouvante, avait répété cette clameur.

Le jeune matelot provençal se laissa tomber à genoux dans la chaloupe en joignant les mains.

— Ah! bonne Notre-Dame de la Garde, — murmurait-il, — ayez pitié de nous!...— Pauvre vieux monsieur... pauvre chère jeune demoiselle, ils sont perdus!... perdus!... perdus!... et nous allons l'être comme eux!— Que Dieu reçoive nos âmes en son saint paradis!... Amen!...

Joson se frappait la poitrine comme un véritable

pêcheur repentant, et faisait des signes de croix à n'en plus finir.

Gaston, haletant, debout sur l'un des bordages et se soutenant au mât d'une seule main, attachait sur l'abîme ses yeux perçants qui semblaient vouloir en sonder les profondeurs.

Tout à coup il s'écria : — Joson...

— Monsieur Gaston ?... — répondit le Provençal.

— Regarde !...

— Où ?...

— Là, à gauche... dans l'endroit où le canot vient de disparaître.

— J'y regarde, monsieur Gaston... j'y regarde...

— Ne vois-tu rien ?...

— Non...

— Eh quoi ! dans ce tourbillon, n'est-ce donc pas une robe blanche qui se montre par intervalles ?...

— Non, monsieur Gaston... c'est un paquet d'écume qui tournoie...

— Regarde encore !... regarde toujours !...

— Oui, monsieur Gaston...

Au milieu de l'écume soulevée le canot, un instant englouti, reparut, nous l'avons dit, chaviré et la quille en l'air.

En même temps une forme humaine se dessina sous le mouvant linceul des eaux, — une tête surgit, — puis deux bras...

C'était le vieillard.

Il se cramponna d'une main à la quille du canot quasi submergé, — il essaya de dominer les flots qui l'aveuglaient, et après avoir crié par deux fois :

— Ma fille, ma fille, où es-tu ?...

Il disparut de nouveau, mais cette fois volontairement.

Il plongeait au hasard pour chercher sous la vague le corps de son enfant, déjà morte, peut-être...

— Malheureux père ! — pensa Gaston. — Dieu m'est témoin que j'essaierais de le sauver, si je ne me réservais pas pour sa fille...

En ce moment Joson intervint.

— Monsieur, — dit-il vivement, — monsieur...

— Eh bien, Joson ?... — eh bien ?... — parle !.. hâte-toi !...

— La voilà, monsieur... la voilà !... — à droite... là... C'est la pauvre demoiselle, j'en suis sûr. — Elle est à trois brasses de nous tout au plus... — Ah ! si nous avions une gaffe...

A peine Joson venait-il de parler que Gaston, tournant son regard vers la direction indiquée, apercevait distinctement entre deux eaux un vêtement de femme et une longue chevelure flottante.

C'était bien la jeune fille de la Maison-Blanche.

Sans perdre une seconde, car en de telles occurrences les secondes valent des heures, il se dépouilla de sa vareuse de toile dont les plis humides auraient gêné ses mouvements, et il se précipita dans l'abîme.

Joson essaya de crier, mais sa voix expira dans son gosier et il demeura muet, immobile, anéanti, plus semblable à une statue qu'à un homme vivant.

Gaston, submergé d'abord et comme enseveli sous une vague énorme, se remontra bien vite, secouant sa chevelure et nageant avec une vigueur prodigieuse vers le point où le corps de la jeune fille flottait un instant auparavant.

Quand il atteignit ce point, la vision à peine entrevue avait disparu...

Gaston plongea...

Pendant près d'une minute il resta sous les eaux.

Lorsqu'il remonta à la surface pour respirer, il avait les mains vides...

A trois reprises différentes il plongea sans résultat.

Sa quatrième tentative fut enfin plus heureuse, — il reparut comme un jeune triton qui ramène du sein des flots une océanide évanouie... Son bras gauche entourait la taille flexible de l'enfant qu'il venait de disputer aux vagues, et dont il soutenait au-dessus de l'eau la tête pâle aux yeux fermés. Hélas !... cette créature charmante n'était-elle pas un cadavre déjà ?...

Gaston chercha des yeux la chaloupe.

Les rafales redoublées du mistral la chassaient du côté de la terre... Elle était loin déjà et, de seconde en seconde, elle s'éloignait davantage...

Essayer de la rejoindre aurait été la plus inutile et la plus folle de toutes les entreprises.

Gaston le comprit et il se dirigea vers l'épave flottante, vers le canot chaviré sur lequel il pouvait du moins trouver un point d'appui dont il avait grand besoin pour reprendre ses forces épuisées.

Le canot, n'offrant aucune prise au vent, ne s'en allait point à la dérive comme la chaloupe.

Gaston l'atteignit, mais non sans peine, car le fardeau dont il se trouvait chargé paralysait presque ses mouvements, et un sauvetage, par un temps pareil et par une semblable mer, était une entreprise surhumaine.

Gaston, nous le savons, jouissait à bon droit de la réputation d'un nageur de première force.

Il ne fallait rien moins que cette habileté hors ligne pour n'avoir pas succombé cent fois en accomplissant la tâche qu'il s'était imposée.

Enfin, nous le répétons, il atteignit l'épave.

Au moment où sa main se crispait sur l'un des bordages de l'esquif chaviré, une voix, qui semblait venir des profondeurs de l'abîme, prononça derrière lui ces mots :

— Ma fille chérie... ma Blanche adorée... attends-moi... je vais te rejoindre... — j'ai trop vécu, puisque je devais vivre plus que toi... — je viens à toi... je viens...

Gaston se retourna vivement.

Il aperçut, à travers un nuage d'écume, la tête effrayante du vieillard épuisé, qui ne se soutenait plus qu'à grand'peine, et qui semblait au moment de couler bas.

Aveuglé par les flots déferlant violemment autour de lui, le malheureux père ne voyait même pas Gaston. Une seconde de plus, une seconde encore, et tout était fini pour lui...

— Courage, monsieur!... courage!... — lui cria Gaston, — faites un effort... — venez jusqu'au canot... — Ne désespérez plus!... — votre fille est sauvée!...

— Sauvée!... — répéta le vieillard avec un accent inouï, — sauvée!... — murmura-t-il une seconde fois, — est-ce possible?...

— Oui... — je vous le jure...

— D'où vient la voix que j'entends?... — qui me parle?... — est-ce Dieu lui-même?... — est-ce un de ses anges?...

Malgré l'épouvantable gravité de la situation, Gaston ne put empêcher un sourire fugitif de se dessiner sur ses lèvres.

— Monsieur, — répondit-il, — je ne suis pas un ange... — je ne suis qu'un jeune homme, votre voisin d'habitation sur la côte, et j'ai eu le bonheur insigne de me trouver en mer tout à l'heure pour porter secours à mademoiselle votre fille, que je soutiens en ce moment de mon mieux auprès de votre canot chaviré, où je vous invite très-fort à me rejoindre au plus tôt...

Ces paroles rendirent au vieillard ses forces disparues.

Il nagea vers l'épave, dont il n'était éloigné que de quelques brasses.

Tout en nageant il demanda :

— Si ma fille est vivante, comme vous le dites et comme j'ai tant besoin de le croire, pourquoi ne me parle-t-elle pas?... — Blanche, je t'en supplie, dis-moi un mot... un seul mot!... — j'ai besoin d'entendre ta voix chérie, que je croyais ne plus entendre jamais... — Blanche, écoute-moi, parle-moi!...

— Monsieur, — répondit Gaston, — mademoiselle votre fille ne peut en ce moment, ni vous entendre, ni vous répondre...

— Mais alors... alors... elle est morte!...

— Non, monsieur... — elle est vivante, mais elle est évanouie...

Le jeune marquis Castella n'était pas bien sûr, nous devons l'avouer, que la jeune fille dont il soutenait le corps fût vivante en effet; — mais jamais mensonge fut-il plus innocent et plus légitime que celui qui devait rendre un peu de courage au pauvre père désespéré?...

Le vieillard atteignit enfin l'épave à laquelle il se cramponna comme Gaston, et il dit à ce dernier, après avoir embrassé le front livide de l'enfant inanimée :

— Vous avez donné votre vie pour sauver la sienne, monsieur... — que ma fille soit vivante ou qu'elle soit morte, je vous bénis du plus profond de mon âme, et je demande à Dieu que la bénédiction d'un vieillard et d'un père puisse vous porter bonheur...

. . . .

Une demi-heure s'était écoulée.

La violence du mistral diminuait d'instant en instant. — Les nuages noirs qui couvraient le ciel formaient une cuirasse moins compacte, et çà et là, parmi leurs masses sombres, on apercevait des taches bleues, infaillibles indices du prochain retour du beau temps. L'état de la mer n'en était pas moins terrible, car personne n'ignore qu'après une tourmente les flots restent tumultueux et menaçants, alors que depuis longtemps déjà le ciel est devenu pur et radieux.

La situation de nos trois personnages était effroyable et nulle chance de salut ne semblait devoir se présenter à eux.

Gaston Castella et le vieillard de la Maison-Blanche, cramponnés l'un à côté de l'autre au canot chaviré, soutenaient au-dessus des vagues la tête de la jeune fille qui ne donnait aucun signe de vie.

Une distance de près d'une lieue séparait de la côte les naufragés.

Ils ne pouvaient songer à franchir cette distance à la nage, en portant avec eux le précieux fardeau dont ils étaient chargés.

La fatigue les écrasait, — leurs membres engourdis avaient peine à se mouvoir; — ils ne devaient plus douter qu'une mort presque immédiate les attendait, s'ils abandonnaient l'épave qui seule les empêchait de couler.

La chaloupe, poussée par le vent et ballottée par les vagues, ne se voyait plus dans le lointain.

Sans doute elle avait sombré déjà, et les abîmes de la mer s'étaient refermés sur le pauvre matelot provençal.

XXIII. — A LA BASTIDE CASTELLA.

Les vagues succédaient aux vagues, avec une régularité monotone et terrible...

Les minutes succédaient aux minutes avec une lenteur désespérante, et chacune d'elles semblait aux naufragés avoir la longueur d'un siècle.

Depuis un temps assez long déjà, les deux hommes, cramponnés à la quille du canot et soutenant ensemble dans leurs bras engourdis la jeune fille évanouie, n'échangeaient aucune parole.

Gaston, tout à coup, rompit ce silence.

— Monsieur... — fit-il en se tournant vers le vieillard.

Ce dernier répondit d'une voix rauque, et qui semblait avoir peine à sortir de son gosier contracté :

— Je vous écoute, mon enfant... — Qu'avez-vous à me dire?...

— J'ai à vous apprendre une mauvaise nouvelle...

Le vieillard tressaillit, et, par un instinct paternel, rapportant tout à sa fille dans l'effroyable situation où il se trouvait, il balbutia : — Une mauvaise nouvelle!... mon Dieu!... Croyez-vous donc qu'elle soit morte?...

— Non, monsieur... non, je ne crois pas cela... J'espère bien, au contraire, que mademoiselle votre fille est vivante...

— Eh bien! alors, qu'y a-t-il donc?

— Il y a que le moment approche où il faudra vous passer de mon aide...

— Allez-vous donc nous abandonner, après avoir tant fait pour nous!... s'écria le vieillard.

— Dieu m'en garde! — Vous abandonner!... jamais!... — Jamais volontairement, du moins!... mais, malgré toute ma bonne volonté, je sens que je m'abandonne moi-même... — Dans un instant, mes mains engourdies vont lâcher prise... Mes bras paralysés, mes jambes roidies n'obéiront plus à ma volonté... — Je coulerai comme un sac de plomb, et le premier coup de mer un peu fort qui va tomber sur nous s'emparera de mon corps pour en faire un cadavre.

— Au nom du ciel, mon enfant, luttez!... redoublez de courage!... résistez jusqu'au bout!...

— Eh! monsieur, croyez-moi, je fais tout ce que je peux, et c'est bien malgré moi que je lâcherai prise pour me noyer... — Mais s'il est écrit là-haut que je dois mourir tout à l'heure, il faut bien se soumettre... — Un de mes plus vifs regrets, du reste, n'en doutez pas, est de vous fausser compagnie en une si critique occurrence...

— Moi, qui suis un vieillard, j'ai de la force encore... — reprit le malheureux père, — une force surhumaine, et je la puise dans ma volonté... — Imitez l'exemple que je vous donne!... — Pour m'arracher ma fille, pour me séparer du canot où me voilà cramponné, il faudrait me couper les mains!... — Vous dont la jeunesse vigoureuse est dans toute sa fleur, vous devez et vous pouvez faire cent fois plus que moi...

Gaston ne répondit pas, et c'est à peine s'il entendit les paroles prononcées par son compagnon de naufrage.

Cette défaillance absolue dont il avait senti les approches, s'emparait de lui souverainement.

Il lui semblait que son cœur cessait de battre, que son sang se glaçait dans ses veines et que son corps n'avait plus de nerfs.

Il éprouvait en même temps les atteintes d'un profond anéantissement moral.

Sa pensée et sa volonté s'évanouissaient, ainsi qu'il arrive à l'homme qui s'endort d'un irrésistible sommeil.

C'est tout au plus s'il lui restait la présence d'esprit nécessaire pour balbutier : — Je vais mourir... Adieu, ma mère...

C'en était fait de Gaston Castella!...

Avant qu'une minute se fût écoulée, il allait succomber, victime de son généreux dévouement!

A ce moment précis, un bruit de voix humaines se fit entendre au milieu du tapage étourdissant des flots.

Le vieillard, dont la tête se penchait sur la poitrine, se redressa soudain.

Une expression de joie inouïe, d'ivresse indicible, se peignit sur son visage livide et contracté.

Sa voix, brisée et presque éteinte tout à l'heure encore, s'éleva vibrante et sonore comme la voix d'un jeune homme.

— Une voile! — cria-t-il, — une voile!... — On vient à nous!... — Nous sommes sauvés!...

Ces mots produisirent sur Gaston l'effet subit et prodigieux de l'étincelle électrique touchant un cadavre. Ils le galvanisèrent...

Sa main droite, prête à lâcher la quille du canot, se crispa sur le fer humide.

Son bras gauche, raffermi comme par enchantement, étreignit avec une force nouvelle la taille frêle de la jeune fille.

Ainsi que venait de le faire son compagnon, il se souleva au-dessus des vagues, et à son tour il se mit à crier :

— Une voile!... une voile!... nous sommes sauvés!...

Les naufragés ne se trompaient point.

A une faible distance du canot, une grande barque de pêche, pontée et portant cinq ou six hommes d'équipage, courait des bordées dans le but évident de se rapprocher des deux hommes.

Cette embarcation traînait à sa remorque une chaloupe désemparée.

C'était celle de Gaston...

Par un de ces hasards, trop fréquents pour n'être point vraisemblables, mais qui n'en sont pas moins providentiels, la chaloupe montée par Joson, et que le mistral et les vagues chassaient rapidement vers la côte, avait été jetée sur le passage de la grande barque faisant route vers le port de pêche le plus voisin, après avoir essuyé sans avaries graves toute la fureur de la tempête.

Le patron connaissait Joson. Il le recueillit et l'interrogea.

Aussitôt que le jeune Provençal, un peu remis de sa terreur et de ses angoisses, put parler, il raconta le mortel péril dans lequel il avait laissé son maître.

Tous les pêcheurs du littoral vénéraient la marquise Castella, dont la charité n'avait point de bornes; tous adoraient Gaston qu'ils rencontraient souvent en pleine mer et qui ne manquait jamais de faire avec eux de longues causeries et de leur distribuer du tabac ou des cigares.

— *Troun de l'air, mas pichouns!* — s'écria le patron, — nous ne laisserons point périr M. Gaston, n'est-il pas vrai?...

— Non! non! non!... répondirent les matelots avec enthousiasme. — Nous le sauverons s'il en est temps encore!...

Le patron, sans perdre une seconde, vira de bord, et prit en louvoyant la direction indiquée tant bien que mal par Joson.

Il y avait mille contre un à parier que la recherche de ces braves gens n'aboutirait point, qu'ils feraient fausse route, ou que, par cette mer furibonde, ils passeraient à côté du canot chaviré sans l'apercevoir...

La Providence décida le contraire et ne permit pas à ces innombrables chances de perte de l'emporter sur l'unique chance de salut.

A peine la barque venait-elle de courir des bordées pendant une demi-heure, que Joson, dont les yeux perçants étudiaient tous les points de l'horizon, s'écria : — La voilà !...

Les pêcheurs poussèrent aussitôt une clameur joyeuse, et le bruit de leurs voix, nous le savons, arriva jusqu'au vieillard.

Quelques minutes suffirent alors pour que la barque accostât l'épave.

Des amarres furent jetées.—Deux matelots d'une vigueur herculéenne s'y suspendirent et furent bientôt après hissés à bord, portant dans leurs bras robustes Gaston Castella, la jeune fille évanouie et le père de cette dernière.

Aussitôt que le vieillard se trouva sur le pont, par conséquent hors de tout danger, une réaction naturelle et prévue se fit en lui. — Une prostration complète succéda à la force factice et nerveuse qui l'avait soutenu jusque-là...

Il se pencha vers sa fille, dont on venait d'étendre sur un amas de cordages le corps inanimé, et à son tour il perdit connaissance...

Gaston, au contraire, se sentait complétement remis et toute trace de sa récente défaillance avait disparu.

Il remercia chaleureusement les pêcheurs.

Le patron l'interrompit.

— Eh ! *bagasse*, monsieur Gaston, — s'écria-t-il, — ça ne vaut pas un remercîment !... — Fallait-il point, je vous le demande, laisser trois créatures du bon Dieu boire à la grande tasse, quand il y avait peut-être moyen de les en empêcher ?... — plus souvent !... — C'était un devoir !... — nous l'avons fait... — il n'y a ni peu ni beaucoup à nous en vanter... — donc, n'en parlons plus... — Présentement, monsieur Gaston, sans vous commander, où faut-il vous conduire, s'il vous plaît ?...

— Au plus près, mes bons amis, c'est-à-dire à la Maison-Blanche, car c'est là que demeurent ce vieillard et cette jeune fille...

— Êtes-vous pressé d'arriver à terre, monsieur Gaston ?

— Certes !...

— Et voulez-vous suivre un bon conseil ?...

— Je ne demande pas mieux...

— Eh bien, donnez-nous la commission de vous ramener tout droit chez vous...

— Pourquoi cela ?...

— Ah ! dame !... parce que...

— La bastide de ma mère est plus loin d'ici que la Maison...

— C'est certain, mais le vent vient de sauter brusquement au sud-ouest... — en moins de vingt minutes il nous fera filer jusqu'au bas de votre jardin, tandis qu'il nous faudra près d'une heure pour arriver à la Maison-Blanche... — Sans compter, monsieur Gaston, que si madame votre maman sait que vous êtes parti en mer par un temps pareil, elle doit être joliment pas tranquille du tout, et que ça lui fera grand bien de vous voir, et grande consolation pareillement...

Cette dernière raison ne pouvait manquer d'exercer sur le jeune marquis une influence énorme.

Il se rangea sans résistance à l'opinion du brave pêcheur, et la barque, virant de bord à nouveau, se dirigea, vent arrière et avec une prodigieuse rapidité, vers la bastide Castella.

Nous nous n'entreprendrons point de raconter ici les poignantes angoisses de la marquise, lorsqu'elle vit, du haut des terrasses de son jardin, l'ouragan se former à l'horizon, et se déchaîner sur les flots, avec une violence impétueuse et irrésistible.

Les tortures d'un cœur de mère peuvent se comprendre, mais non se décrire.

A demi folle d'épouvante et de désespoir, la marquise, tête nue, descendit sur la plage et s'y tint debout, haletante, malgré les souffles furieux du mistral qui menaçaient à chaque instant de la renverser et malgré les torrents d'écume qui la couvraient tout entière lorsque quelque vague monstrueuse venait déferler presque à ses pieds.

Elle se tordait les mains, elle se frappait la poitrine, elle s'agenouillait sur le sable, en murmurant d'une voix défaillante :

— Mon Dieu, ne laissez pas mourir mon fils !... — prenez ma vie et protégez la sienne !... — Tuez-moi, par pitié ! tuez-moi et sauvez-le !...

Puis elle se relevait, en proie à de véritables accès de délire, et elle s'écriait, dans une explosion effrayante :

— Rien ne peut le sauver !... il est perdu !... il est perdu !...

Madame Castella, nous le savons, n'existait que pour son fils...

Gaston était son unique amour en ce monde, sa seule joie, sa seule espérance.

Si les tortures morales que subissait la pauvre mère avaient dû se prolonger pendant longtemps encore, il est hors de doute que sa raison aurait succombé. Déjà il lui semblait voir, sous le linceul mouvant de chaque flot, le cadavre défiguré de son fils.

La folie se serait à coup sûr emparée d'elle au moment où la réalité sinistre aurait pris la place de l'effrayante hallucination.

Heureusement ce douloureux martyre eut un terme.

Une voile se dessina dans le lointain et grandit rapidement.

Bientôt la marquise put distinguer la coque goudronnée d'une barque de pêche, et, sur le pont de cette barque, un groupe de formes humaines, dont l'une agitait un mouchoir.

L'instinct maternel de madame Castella ne pouvait la tromper...

La distance, trop grande, lui cachait les traits de Gaston, et cependant elle eut aussitôt, non pas le pressentiment, mais la certitude que c'était bien lui, et son morne désespoir fit place aux ivresses de la joie la plus exaltée.

Lorsque l'embarcation ne se trouva plus qu'à une faible distance de la plage, le patron fit carguer la voile et jeter un grappin qui mordit profondément le fond sablonneux et maintint la barque dans un état d'immobilité relative.

Deux des pêcheurs descendirent avec des avirons solides dans la chaloupe amarrée à l'arrière. — Une sorte d'échelle de cordes fut improvisée et, grâce à cette échelle, Gaston et Joson opérèrent leur transbordement, suivis par le vieillard dont l'évanouissement avait été de courte durée. — Gaston reçut des mains du patron la jeune fille toujours sans connaissance, et la chaloupe, habilement conduite, ne tarda guère à venir s'échouer sur le sable fin du rivage.

— Vous étiez bien inquiète... vous me croyiez perdu, n'est-ce pas, ma bonne mère?... — s'écria Gaston en courant se jeter dans les bras de la marquise Castella qui, pendant quelques secondes, le serra contre sa poitrine avec une violence convulsive en le couvrant de baisers et de larmes.

— Mère chérie, — reprit le jeune homme, après avoir répondu chaleureusement à ces transports de tendresse, — je ne suis pas seul... je vous amène des hôtes...

— Qui donc? — demanda la marquise.

Gaston lui désigna le vieillard et la jeune fille.

— Oh! l'adorable enfant!... — s'écria madame Castella en s'approchant de cette dernière — qu'elle est belle, malgré sa pâleur et ses yeux fermés!!..

— Une catastrophe effrayante a sans doute causé son évanouissement?... — sans doute elle a failli mourir?...

— Elle a couru le plus grand des dangers, madame... — répondit le vieillard, — et sans le dévouement héroïque de votre fils, ma fille n'existerait plus...

— Sauvée par Gaston! — murmura la marquise avec une orgueilleuse joie — quel bonheur!... et combien cette douce enfant va me devenir chère!...

Madame Castella brûlait du désir de connaître dans tous ses détails l'acte de courage et de dévouement dont son fils venait d'être l'auteur; mais elle imposa silence à sa curiosité légitime.

Le moment aurait été on ne peut plus mal choisi en effet pour entamer des dialogues et demander des explications.

La jeune fille avait besoin des secours les plus prompts.

Gaston et le vieillard ne pouvaient conserver les vêtements ruisselants d'eau qui glaçaient leurs membres...

Madame Castella ne faillit point aux devoirs que la situation lui imposait. Au bout de quelques minutes Blanche était couchée dans un lit moelleux et, grâce aux soins empressés de la marquise, elle ne tardait point à reprendre connaissance, mais elle avait reçu une commotion morale trop violente pour sa nature frêle et délicate...

A peine venait-elle de sortir de son évanouissement, qu'une fièvre assez forte se déclara, accompagnée d'un peu de délire.

Rien ne semblait plus naturel et moins inquiétant que cet état d'excitation cérébrale; — néanmoins la marquise voulut passer la nuit entière au chevet de l'enfant malade, et nulle supplication ne put empêcher le vieillard de partager avec elle cette tâche tout à la fois douce et douloureuse pour un père.

Tandis que madame Castella et son hôte veillaient auprès du lit où la jeune fille, dans son fiévreux sommeil, murmurait des phrases indistinctes et des mots interrompus, ils causèrent à voix basse et longuement.

Le vieillard apprit à la mère de Gaston qu'il se nommait le baron de Jessains, ancien officier de marine; — qu'il possédait dans le pays des propriétés importantes; — qu'il avait perdu sa femme quinze ans auparavant, à la suite d'un accouchement difficile, et que depuis cette époque, plongé dans un inguérissable désespoir, il ne vivait plus que pour Blanche, sa fille unique, son enfant adorée.

Les médecins ayant ordonné des bains de mer afin de fortifier la nature excessivement délicate et impressionnable de mademoiselle de Jessains, il avait loué la Maison Blanche et acheté un canot pour des promenades dont la première avait eu un résultat si funeste.

L'existence du baron et celle de madame Castella offraient de frappantes similitudes.

Le vieillard et la marquise étaient inconsolables tous deux, l'un de la mort de sa femme, l'autre de la perte de son mari.

Tous deux aussi n'avaient qu'un enfant sur lequel se concentrait leur tendresse exclusive et passionnée.

Enfin, un péril commun venait de souder l'une à l'autre, pour ainsi dire, les destinées de ces enfants.

De telles analogies de situation ne pouvaient manquer d'établir une sorte de lien entre la marquise et son hôte.

Madame Castella se sentit prise pour le baron d'une sympathie vive et soudaine.

De son côté, le père de Blanche était attiré vers la mère de Gaston par une sympathie non moins subite et non moins irrésistible.

Ils se tendirent la main sans prononcer une parole, et ces mains restèrent longuement unies.

Ils venaient de se voir, quelques heures auparavant, pour la première fois, et ils étaient d'aussi vieux amis que s'ils se connaissaient depuis vingt ans!...

La nuit presque entière s'écoula dans des causeries pleines d'intimité. Un peu avant le moment où les lueurs pâles de l'aube naissante allaient blanchir à l'horizon, une grande amélioration se manifesta dans l'état de Blanche.

Un sommeil calme et profond remplaça sa somnolence agitée.

La rougeur trop ardente qui couvrait ses joues s'éteignit.

Ses lèvres cessèrent de murmurer les phrases sans suite dont elle n'avait pas conscience...

Quand elle se réveilla, après deux ou trois heures de repos complet, le soleil entrait à flots dans la chambre.

passer l'éclatante blancheur de son teint, comparable aux pétales d'un camellia rosé faiblement. Elle avait de splendides cheveux blonds qui, dénoués, tombaient jusqu'à terre.

Les prunelles de ses grands yeux, tout à la fois doux et profonds, semblaient refléter l'azur immaculé de la mer et du ciel de Provence.

Un bracelet aurait pu lui servir de ceinture.

Son pied et sa main, dignes de la statuaire antique, offraient les irrécusables indices de son origine patricienne.

Sous cette enveloppe charmante, sous cette beauté choisie, se cachaient une âme d'élite, une

C'était une adorable enfant que Blanche de Jessains. — Page 80.

Blanche sourit en voyant son père et la marquise qui lui souriaient, penchés sur elle...

La fièvre avait disparu. La jeune fille était guérie.

C'était une adorable enfant que Blanche de Jessains, et le jeune matelot Joson, lorsqu'en son appréciation naïve, il la comparait à une madone, faisait preuve d'un goût sûr et d'un jugement sain.

Blanche avait quinze ans et deux ou trois mois.

Elle était d'une taille un peu au-dessous de la moyenne, admirablement proportionnée, et gracieuse au delà de toute expression dans sa personne entière.

Rien n'égalait, rien du moins ne pouvait surpasser

intelligence vive, un cœur ardent et charitable, inaccessible à toute pensée mauvaise, asile des plus nobles vertus.

Aucune créature humaine, — dit-on, — ne saurait atteindre les dernières limites de la perfection absolue.

Sans prétendre nous inscrire en faux contre cet adage consacré par le temps, nous pouvons affirmer du moins que Blanche côtoyait de bien près l'idéal de la perfection...

M. de Jessains embrassa sa fille à vingt reprises et avec transport.

L'enfant s'étonnait presque de ce redoublement de tendresse passionnée.

La fièvre et le sommeil avaient troublé ses souvenirs en jetant sur sa mémoire une sorte de voile.

Elle ne se souvenait qu'à peine des événements de la veille et du mortel péril auquel elle n'avait échappé que par un miracle.

Quand M. de Jessains eut ravivé ses souvenirs et lui eut raconté tous les détails du sauvetage héroïquement entrepris par Gaston Castella, la jeune fille s'écria, en jetant ses deux bras autour du cou de la marquise : — Ah! madame, que vous devez être fière, que vous devez être heureuse d'avoir un tel fils!...

Madame Castella ne répondit à la douce enfant que par des baisers.

taire et retirée, voulait quitter aussitôt la bastide et reprendre le chemin de son logis.

Madame Castella fit à ce projet une opposition formelle.

— Vous êtes mon hôte, — dit-elle au vieillard avec un gracieux enjouement, — et, comme tel, vous me devez obéissance... — Or, je vous déclare que vous ne sortirez point d'ici avant de vous être assis à ma table!... — N'est-il pas nécessaire, indispensable même, que mademoiselle Blanche fasse connaissance avec son sauveur?...

M. de Jessains ne pouvait décliner une telle invitation.

Gaston passait les nuits au chevet de sa femme bien aimée. — Page 86.

XXIV. — BLANCHE.

Dès le matin de ce jour, un des valets de la marquise avait porté à la Maison-Blanche un billet de M. de Jessains.

Ce billet contenait des ordres qui furent exécutés sur-le-champ, et la femme de chambre de la jeune fille accourut à la bastide Castella avec des vêtements pour sa maîtresse.

Blanche quitta son lit, s'habilla et se trouva forte et vaillante comme si nulle secousse n'avait ébranlé son organisation tout entière.

M. de Jessains, craignant d'abuser de l'hospitalité de la marquise, dont il connaissait l'existence soli-

Il accepta donc et, pour la première fois depuis bien des années, deux étrangers prirent place à la table de la mère et du fils.

Pendant toute la durée du repas, Gaston, dont nous connaissons le caractère habituellement sérieux et réfléchi, fut entièrement différent de lui-même.

Une préoccupation visible le dominait d'une manière presque absolue et le privait d'une façon à peu près complète de sa liberté d'esprit.

Il semblait ne prêter aucune attention à la conversation générale, et, si M. de Jessains s'adressait directement à lui, il tressaillait et se troublait sans aucune raison apparente, et il étonnait le vieillard et la marquise par ses réponses bizarres et incohérentes.

Depuis le commencement du repas il tenait presque constamment ses yeux fixés sur le parquet, comme si une timidité insurmontable le contraignait à baisser la tête.

Si, par instants, le regard de Gaston s'élevait furtivement jusqu'au visage de mademoiselle de Jessains placée en face de lui, et s'il rencontrait le regard limpide et candide de la jeune fille, une ardente rougeur envahissait son front et ses joues, et son visage offrait aussitôt une expression de trouble et de malaise semblable à celle qui se peint sur les traits du coupable surpris en flagrant délit.

— Mais, mon Dieu, qu'a-t-il donc? — se demandait madame Castella.

Et elle s'inquiétait à cette pensée que les péripéties terribles du drame accompli la veille en pleine mer, sous les coups de la tempête, au milieu des flots tourmentés, avaient pu momentanément ébranler le cerveau de son fils et obscurcir son intelligence si lucide et si forte.

Le déjeuner s'acheva, singulièrement attristé, nous devons le dire, par la bizarrerie inexplicable des manières de Gaston.

Madame Castella avait hâte de se retrouver seule avec son fils pour l'interroger au sujet du changement brusque survenu en lui, changement qu'elle ne pouvait que constater, sans réussir à en deviner les causes.

M. de Jessains prit congé de la marquise qui, cette fois, ne songea même point à le retenir.

Blanche et son père allaient quitter la bastide, lorsqu'à la grande surprise du vieillard, et à celle non moins grande de madame Castella, Gaston, qui depuis un instant rougissait et pâlissait tour à tour, sollicita de M. de Jessains, d'une voix que la plus excessive agitation rendait tremblante, la permission de le reconduire jusque chez lui.

— Croyez-vous donc que quelque nouveau danger nous menace, — demanda le vieillard en souriant, — et cherchez-vous une belle occasion de jouer votre vie pour nous aujourd'hui, ainsi que vous l'avez fait hier?...

— Certes, aucun danger n'est à craindre... — balbutia le jeune homme, — et je n'ai d'autre motif, en sollicitant l'honneur de vous accompagner, que celui de passer une heure de plus en votre compagnie...

— A Dieu ne plaise que je refuse à notre sauveur une permission si simple! — répliqua M. de Jessains; — venez donc avec nous, mon cher enfant, et si ma fille se trouve un peu faible encore, ce qui serait bien naturel, elle profitera de votre présence pour s'appuyer sur un bras infatigable...

En écoutant cette dernière phrase, Gaston perdit contenance et devint pourpre comme une pivoine épanouie.

Par une bizarre coïncidence, le visage de mademoiselle de Jessains se colorait en même temps d'un rose vif.

Blanche embrassa une dernière fois madame Castella dont la perspicacité maternelle était décidément en défaut, et nos trois personnages se mirent en route en suivant un sentier à peine indiqué, qui côtoyait les molles sinuosités de la plage.

Le ciel, sans un nuage et d'un azur éblouissant, semblait une immense coupole de lapis-lazuli.

La Méditerranée, calme jusqu'à l'excès, se reposait sans doute dans un sommeil profond de ses terribles fureurs de la veille.

Sa surface à peine moirée, et paisible autant qu'un grand lac, brasillait au lointain sous les feux du soleil.

Les parcelles de mica, mêlées en très-grand nombre aux sables de la grève, étincelaient ainsi qu'une poussière de diamants.

Gaston et M. de Jessains marchaient côte à côte.

Blanche les suivait à une distance de trois ou quatre pas, tout au plus. A chaque seconde elle s'arrêtait pour ramasser un caillou transparent ou quelque léger coquillage poussé par le mistral bien au delà des dernières limites où venaient expirer les flots battus par les fortes tempêtes.

Le jeune homme et le vieillard n'échangeaient que des paroles rares, sans intérêt et sans liaison, sans suite.

Gaston semblait retombé dans le mutisme presque absolu dont il avait fait preuve à table, une heure auparavant.

Ses préoccupations inexplicables, ses distractions bizarres s'emparaient de lui plus que jamais.

— Pourquoi donc a-t-il tenu si fort à m'accompagner, puisqu'il n'avait rien à me dire?... — se demandait M. de Jessains.

Et naturellement cette question restait sans réponse.

Tout à coup Blanche, qui venait de s'attarder à cueillir un bouquet de petites fleurs presque incolores et sans parfum croissant dans le sable, et qui prenait sa course pour se rapprocher de son père, — tout à coup Blanche, disons-nous, poussa un faible cri et s'arrêta chancelante.

M. de Jessains se retourna vivement.

Gaston devint pâle comme un suaire.

— Blanche, mon enfant, — demanda le vieillard d'une voix altérée, — qu'as-tu donc?... que t'est-il arrivé?...

— Rien, mon bon père, — répondit la jeune fille, — ce n'est rien...

— Bien vrai?...

— Je vous l'affirme.

— Cependant, ce cri que tu viens de pousser?...

— J'ai crié comme une sotte...

— Comme une sotte, soit!... — J'en conviendrai si tu le veux... mais cependant tu m'accorderas bien, j'imagine, que tu n'as pas crié absolument sans raison...

— Mon Dieu, ma raison était si mauvaise que je suis honteuse d'en parler...

— Bonne ou mauvaise je voudrais la connaître...

— Eh bien, j'ai voulu courir... j'ai posé mon

pied à faux... j'ai éprouvé une légère douleur et je me suis figuré sottement que je venais de me donner une entorse...

— Es-tu sûre de t'être trompée ?...

— Oh! tout à fait sûre... — Voyez plutôt...

Et, à l'exemple de je ne sais plus quel personnage classique qui, pour prouver le mouvement, se contentait de marcher, Blanche fit quelques pas en avant.

M. de Jessains fut aussitôt rassuré.

La jeune fille, il est vrai, n'avait point en ce moment toute la légèreté habituelle de sa démarche et n'appuyait son pied sur le sable qu'avec une involontaire hésitation ; mais enfin elle l'appuyait, ce qui lui eût été tout à fait impossible en cas d'entorse ou même de foulure. Blanche s'était en réalité légèrement tordu la cheville, et de cette torsion résultait une gêne locale qui ne pouvait manquer de disparaître au bout de quelques secondes.

— Tu avais raison, — reprit M. de Jessains, — ce n'est rien, je le vois, ou du moins c'est fort peu de chose... — Je crois néanmoins, ma chère enfant, que tu ferais bien de t'asseoir pendant cinq minutes avant de continuer notre route...

— M'asseoir ?... à quoi bon ?...

— Mais, à reposer ton pied...

— Je n'éprouve plus la moindre douleur et je me sens de force à parcourir, séance tenante, un espace bien autrement long que celui qui nous sépare de notre demeure...

— Prends du moins mon bras, chère petite...

— Y songez-vous, bon père !... — s'écria Blanche avec un geste charmant, — vous fatiguer ainsi pour moi, quand je n'ai nul besoin de soutien !... Jamais, au grand jamais, je n'y consentirai !...

— Eh bien, — continua le vieillard en riant, — puisque tu refuses le bras de ton père, je t'en offre un autre plus jeune et plus fort... — Monsieur Gaston, — ajouta-t-il en se tournant vers son compagnon, — je vous prie d'offrir votre appui à cette chère enfant, et je le préviens que cette fois je n'admettrai de sa part aucune résistance à ma volonté...

Gaston, rapide comme l'éclair, s'élança.

Blanche, silencieuse, les yeux baissés, très-émue sans savoir pourquoi, appuya sa petite main sur le bras un peu tremblant que lui tendait le fils du proscrit.

— Et maintenant, — reprit M. de Jessains d'un ton de bonne humeur, — passez les premiers, mes enfants, moi je ferme la marche... c'est le devoir de la vieille garde !...

Blanche et Gaston se remirent en route d'un pas si lent qu'on eût dit que tous deux, d'un commun accord, cherchaient à prolonger cette situation qui semblait cependant les gêner autant l'un que l'autre. Ils ne se disaient pas un mot...

Leurs yeux, fixés sur le sable que leurs pieds allaient fouler, n'échangeaient pas un regard...

Blanche faisait tout ce qui dépendait d'elle pour effleurer le moins possible de sa main gauche et de l'étoffe de sa robe le poignet de Gaston...

Gaston ne faisait aucune tentative pour rapprocher de lui sa compagne...

C'eût été, je vous le jure, un bizarre et charmant spectacle de voir ce fier et beau jeune homme, muet et troublé, sans force, sans voix, sans volonté, auprès de cette enfant sauvée par lui la veille au péril de sa vie, et dont il avait pressé si longtemps le corps dans ses bras au-dessus de l'abîme entr'ouvert pour les dévorer tous les deux.

M. de Jessains respectait religieusement le silence de sa fille et du marquis, mais, par moment, il hochait la tête d'une façon significative et ses lèvres avaient un indéfinissable sourire.

Enfin, fut franchie la distance qui séparait la bastide Castella de la Maison-Blanche.

Nos trois personnages arrivèrent au seuil de cette maison sans qu'une parole eût été prononcée par eux depuis le moment où mademoiselle de Jessains, pour obéir à son père, s'était appuyée sur Gaston.

— Mon cher enfant, — dit alors le vieillard à ce dernier, — nous avons été depuis hier, ma fille et moi, les hôtes de madame votre mère... — Soyez-le nôtre un instant... — entrez dans notre logis et reposez-vous...

Gaston ne se fit point répéter cette invitation... — il franchit avec un indicible battement de cœur le seuil de la Maison-Blanche, et il pénétra dans un petit salon plus que simple et à peine meublé, selon la coutume invariable des habitations garnies, ou plutôt dégarnies, mises à la disposition des baigneurs tout le long du littoral de la Méditerranée.

Sur un signe de son père, mademoiselle de Jessains sortit.

Aussitôt qu'elle eut quitté la pièce dans laquelle il se trouvait, Gaston reconquit comme par enchantement son entière liberté d'esprit et redevint un aimable et brillant causeur.

Blanche reparut. Elle apportait pour son hôte un flacon d'orangeade que ses mains charmantes venaient de préparer.

A l'instant même le jeune marquis retomba dans son silence et dans son trouble...

Il accepta néanmoins avec ravissement la boisson rafraîchissante que lui versait mademoiselle de Jessains, et nous croyons inutile d'ajouter qu'il trouva cette boisson délicieuse et mille fois supérieure au nectar tant vanté dont les dieux du vieil Homère faisaient leurs délices, au bon vieux temps de l'antique Olympe.

La visite de Gaston à la Maison-Blanche fut d'ailleurs de courte durée. Au bout d'une demi-heure d'un entretien vague, hésitant, à bâtons rompus, s'éteignant tout à coup pour ne se ranimer qu'à grand'peine, le jeune homme se retira, après avoir demandé la permission de revenir, si toutefois, — ajouta-t-il, — sa présence n'était une tigue ni pour M. de Jessains, ni pour mademoiselle Blanche...

Cette dernière rougit beaucoup et garda le silence.

— Vous serez toujours le bienvenu, mon enfant, — répondit le vieillard, — revenez donc nous voir aussi souvent que vous le voudrez...— Vous trouverez ici l'accueil et le cœur d'un père qui n'oubliera jamais qu'il vous doit sa vie, et, bien plus encore, la vie de sa fille adorée...

En quittant la Maison-Blanche, Gaston chemina lentement d'abord... Bientôt, à son insu, son pas s'allongea et son allure devint rapide.

Puis enfin, et toujours sans le savoir, lorsqu'il eut franchi environ la moitié de la distance, il se mit à courir au lieu de marcher, et sa course s'accélera de minute en minute dans des proportions invraisemblables.

Bref, au moment où il fit une entrée impétueuse dans le salon de la bastide Castella, il était haletant, à demi suffoqué par la vitesse prodigieuse et insensée de sa course, et la sueur ruisselait sur son visage.

Depuis la terrasse du jardin, la marquise l'avait vu venir de loin et, tout au fond de son âme maternelle, elle sentait redoubler cette inquiétude dont nous avons déjà parlé.

— Mon Dieu, — se disait-elle tout bas avec un frémissement involontaire, — mon Dieu, mais qu'a-t-il donc?... — On dirait que son bon sens habituel l'abandonne... — on dirait que la folie s'empare de lui...

Et cette pensée de la folie possible, cette pensée fatale et poignante, la marquise s'efforçait vainement de la chasser...

Sans cesse elle revenait s'imposer, plus forte et plus impérieuse...

XXV. — BLANCHE ET GASTON.

Gaston se laissa tomber sur un siége et, d'une main fiévreuse, essuya son front ruisselant.

La marquise s'approcha de lui, — elle appuya doucement son mouchoir sur ses tempes baignées de sueur, et, répétant tout haut ce qu'elle venait de se dire tout bas à elle-même, elle murmura :

— Gaston, mon enfant, qu'as-tu donc?... — Evidemment un grand désordre règne dans ton esprit depuis ce matin...— A quel sujet cette agitation que je ne puis comprendre?— En vérité, tu m'inquiètes...— explique-moi donc, je t'en supplie, ce qui se passe en toi?...

— Ce qui se passe en moi, ma bonne mère?... — répéta le jeune homme, — vous voulez le savoir?...

— Oui, je le désire... je le veux...

— Ne l'avez-vous pas deviné?...

— Non, mais tu vas me l'apprendre...

— Vous souvenez-vous d'un jour, éloigné de nous déjà, où, à propos du désir témoigné par vous de me voir songer au mariage, je vous disais à peu près ceci : — *Les mariages, du moins on l'affirme, sont écrits dans le ciel...* — *Si cela est vrai, comme je le crois, la volonté céleste m'enverra tôt ou tard, dans notre solitude, la femme qui m'est destinée..*—Vous souvenez-vous de cela, ma mère?..

— Parfaitement... — Mais à quoi donc en vas-tu venir?... — demanda madame Castella, qui, sans vouloir l'avouer, commençait à comprendre, ou du moins à deviner la pensée de Gaston.

— J'en veux venir à vous annoncer la réalisation de l'événement prédit par moi et qui vous semblait douteux alors... — La Providence vient d'accomplir sa tâche en se servant d'une tempête et d'un grand péril pour me présenter celle qui doit partager ma vie...

— Eh quoi!... — s'écria la marquise, — mademoiselle Blanche de Jessains...

— Je l'aime, ma mère, je l'aime!... — interrompit Gaston; — ne serez-vous point heureuse de la nommer votre fille?...

— Heureuse!... oh! oui, bien heureuse!... — répondit madame Castella sans hésitation, — car je crois que l'âme et le cœur de cette jeune fille sont charmants comme son visage... — Mais Blanche est une enfant encore...

— Elle a plus de quinze ans, ma mère... — A quinze ans, l'enfant devient jeune fille...

— Son père la trouvera trop jeune, sans doute, pour la marier maintenant...

— J'attendrai s'il faut attendre, et je n'aurai pas moins de patience que d'amour...

— Cet amour dont tu parles est-il bien sérieux, est-il bien profond?... — Ne te trompes-tu pas toi-même sur la nature du sentiment que tu éprouves?...

— Oh!... ma mère!...— murmura Gaston d'un air presque indigné.

— Blanche de Jessains mérite d'être adorée, — eh! mon Dieu, j'en conviens de tout mon cœur,— reprit la marquise, — mais enfin tu la connais à peine... tu l'as vue hier pour la première fois...

— Et, pour la première fois j'ai senti battre mon cœur!... — il ne faut qu'un instant à la foudre pour éclater et pour embraser... — l'amour est comme le tonnerre, il frappe en un instant!... — Croyez-moi donc, ma mère, car je vous le répète et je vous le jure, j'aime Blanche de Jessains, je n'aimerai jamais qu'elle seule, et je l'aimerai toute ma vie...

Madame Castella, — hâtons-nous de l'affirmer à nos lecteurs, — ne demandait pas mieux que d'ajouter une foi complète aux affirmations de son fils.

Le nom de M. de Jessains lui était connu de longue date.

Elle savait que la famille de ce gentilhomme comptait parmi les plus anciennes du midi de la France et que lui-même avait fourni une longue carrière maritime très-honorable et entourée de l'estime et du respect de tous...

Elle ignorait, à la vérité, le chiffre exact de sa fortune.

Il se pouvait faire que cette fortune fût relativement modeste, et la simplicité de l'installation du père et de la fille à la Maison-Blanche rendait cette supposition presque vraisemblable, quoique M. de Jessains eût parlé des biens assez considérables qu'il possédait... Mais, dans les contrées méridionales, de vastes domaines rapportent souvent fort peu de chose, — tel pouvait être le cas.

Ceci, du reste, semblait à madame Castella chose de médiocre importance. Gaston ne devait-il point avoir après elle cent mille livres de rente?...

N'était-elle point d'ailleurs parfaitement décidée à le mettre en jouissance sur-le-champ de la plus grande partie de ce magnifique revenu?... Donc il était assez riche pour deux, et la fortune plus ou moins grande de la jeune fille à laquelle il donnerait son cœur ne pourrait raisonnablement devenir un obstacle à un mariage rendu désirable par la réunion de toutes les autres convenances.

Nous savons déjà que madame Castella se croyait destinée à une fin prochaine... L'essentiel, pour elle, le grand point, la chose capitale, était donc de voir, avant de mourir, son fils heureux, époux d'une femme aimée, et père de beaux enfants en qui revivraient le sang et le nom des Castella.

En conséquence, la marquise avait hâte...

De son côté, et en sa qualité d'amoureux, Gaston ne se piquait point de patience.

Il pressa donc tant et si bien sa mère, qu'il triompha bien vite de sa résistance assez peu sérieuse, qui d'ailleurs ne portait que sur la trop grande promptitude d'une démarche décisive, et, dès le lendemain, il la conduisit triomphalement à la Maison-Blanche.

M. de Jessains s'attendait à cette visite.

Mieux que madame Castella, il avait compris, la veille, toute la profondeur de l'impression produite par sa fille sur le cœur de Gaston. Aussi n'éprouva-t-il aucun étonnement quand il entendit la marquise formuler sa requête.

— Avant de répondre à la demande que vous venez de me faire l'honneur de m'adresser, madame, — dit-il, — ma loyauté m'impose la loi de vous apprendre que la fortune sur laquelle Blanche peut compter est bien loin d'être égale à celle que le bruit public vous attribue... — On prétend que vous êtes deux ou trois fois millionnaire, madame la marquise, et c'est tout au plus si Blanche, après moi, possédera douze ou quinze mille livres de rente... — vous voyez que c'est bien peu.

— Eh! monsieur, — répondit madame Castella avec une dignité parfaite et un charmant sourire, — que nous importe cela?... — De semblables questions d'intérêt n'existent ni pour mon fils, ni pour moi... — C'est l'honneur de votre alliance que nous sollicitons, c'est la main de mademoiselle Blanche que nous désirons obtenir, et nous ne songeons guère à nous inquiéter du plus ou moins d'or que peut contenir cette main...

Le parti qui s'offrait à M. de Jessains pour sa fille était brillant, inespéré, et dépassait de beaucoup les rêves les plus ambitieux de son cœur paternel.

Il n'accorda néanmoins son consentement qu'à la condition expresse qu'un délai de plusieurs mois s'écoulerait avant la célébration du mariage, célébration qui ne devait avoir lieu qu'au jour où Blanche accomplirait sa dix-septième année.

M. de Jessains, en homme sage, voulait laisser à sa fille le temps de compléter ce développement physique et moral qui permet à la fiancée, devenant épouse, de supporter les épreuves du mariage et les fatigues de la maternité.

Madame Castella, nous le savons, avait prévu qu'une telle condition serait imposée.

Elle ne chercha donc point à la contester et elle l'accepta au nom de Gaston qui, seul dans une pièce attenante au petit salon de la Maison-Blanche, attendait, avec une impatience et une anxiété faciles à comprendre, le résultat de l'entretien de sa mère et de M. de Jessains.

Un instant après, les deux jeunes gens, désormais fiancés, se promenaient la main dans la main, sous les yeux attendris des deux vieillards, sur le sable doux et fin de la plage, au bord de cette mer à présent si calme, et qui, si peu de temps auparavant, avait failli les réunir dans la mort.

« *Le bonheur ne se raconte pas !...* » affirme un antique adage dont nous sommes bien loin de contester la sagesse inattaquable.

Nous ne dirons donc rien des quinze ou seize mois qui s'écoulèrent entre le jour des fiançailles et celui du mariage.

Les détails dans lesquels nous pourrions entrer n'apprendraient rien de nouveau à nos lecteurs, et d'ailleurs les chastes délices, les innocentes joies d'un premier et pur amour ne sauraient avoir d'historien digne d'elles.

Gaston et Blanche, presque sans cesse ensemble, tantôt à la Maison-Blanche, tantôt à la bastide Castella, tantôt enfin dans les propriétés de M. de Jessains où la marquise et son fils allaient de temps en temps passer quelques jours, — Gaston et Blanche, disons-nous, furent heureux d'un de ces bonheurs complets et sans nuage que les anges eux-mêmes doivent envier au sein des joies paradisiaques.

Quiconque a mouillé sa lèvre avide à la coupe d'un tel bonheur, n'a plus le droit de se plaindre des soucis, des chagrins, des douleurs que l'existence peut lui garder encore...

Il a eu sa part de félicité en ce monde !...

Le délai fixé s'écoula, — non point lentement et à pas de tortue, ainsi que Gaston l'avait craint d'abord, — mais avec la rapidité de l'éclair. Le jour du mariage arriva.

Jamais fiancés plus beaux, plus charmants, plus épris l'un de l'autre, ne marchèrent à l'autel.

De dix lieues à la ronde on accourut pour voir ce couple adorable pencher son front sous la bénédiction du prêtre.

Les poëtes et les peintres peuvent s'unir pour rêver un idéal de la beauté mâle et de la grâce féminine...

Leur idéal ne saurait atteindre à la perfection quasi divine de cette réalité vivante qui s'appelait Blanche et Gaston!...

Pendant les deux années qui suivirent leur mariage, les jeunes époux n'eurent pas l'idée de s'éloigner, ne fût-ce que pour quelques jours, de la bastide Castella.

Cette riante maison, placée avec sa ceinture verdoyante entre l'azur du ciel et l'azur de la mer, leur semblait un Eden véritable et remplaçait pour eux l'univers.

Sans doute ces lieux charmants où, mieux que partout ailleurs, il leur était possible et facile de s'isoler dans leur amour, auraient vu se prolonger pendant bien longtemps encore une interminable lune de miel,—lorsqu'un coup, d'autant plus cruel qu'il était inattendu, vint frapper la jeune marquise au milieu de son bonheur.

M. de Jessains, depuis une semaine, était l'hôte de la bastide Castella.

Jamais il n'avait paru jouir d'une santé plus florissante, — jamais il n'avait porté plus gaillardement le poids léger de sa verte vieillesse.

Par une de ces soirées tièdes et lumineuses qui sont si belles en Provence, M. de Jessains et madame Castella marchaient à pas lents sur la plage, en se donnant le bras.

Le gentilhomme soutenait la douairière qui, bien que plus jeune que lui, semblait de beaucoup son aînée.

Blanche et Gaston s'en allaient en avant, les mains entrelacées, et se parlant tout bas, comme de vieux amoureux qu'ils étaient encore, qu'ils étaient encore plus que jamais.

Tout à coup madame Castella fit entendre une sourde exclamation d'étonnement et de terreur.

En même temps elle balbutiait, d'une voix à peine distincte :

— Mon Dieu, mon ami, qu'avez-vous?...

Elle venait de sentir le bras sur lequel elle s'appuyait trembler et se dérober sous sa main.

L'exclamation de la marquise fit retourner Blanche et Gaston.

Ils crurent rêver tous deux en voyant le vieillard chanceler, frapper l'air de ses bras étendus, tomber lourdement à la renverse et rester étendu, dans un état d'effrayante immobilité.

Un cri déchirant s'échappa des lèvres de Blanche, qui courut, ou plutôt qui bondit jusqu'auprès de son père à côté duquel elle s'agenouilla...

Hélas!... elle l'appela vraiment!... — Vainement elle lui prodigua les noms les plus doux, touchants souvenirs du naïf et charmant langage de son enfance!... — Vainement elle couvrit ses deux mains de baisers et de larmes en le suppliant de se relever...

M. de Jessains ne pouvait plus entendre la voix adorée de sa fille.

Son corps seul restait sur la terre... — son âme était partie...

Une attaque d'apoplexie foudroyante venait de le terrasser et de le laisser sans vie sur le sable...

Gaston, sans perdre une minute, monta à cheval et courut chercher des médecins.

Ils arrivèrent pour constater le décès de M. de Jessains et pour donner des soins à Blanche qu'une fièvre violente venait de saisir.

La jeune femme ne s'était jamais séparée de son père jusqu'à l'époque de son mariage... Elle éprouvait pour lui la tendresse filiale la plus ardente qui puisse remplir un cœur bien placé.

Cet événement terrible et que rien ne faisait prévoir, cette mort arrivant sous ses yeux et changeant soudain en cadavre un corps qui semblait rempli de force et de vie quelques secondes auparavant, venaient d'ébranler d'une façon dangereuse l'organisation un peu frêle de la pauvre Blanche.

Pendant bien des jours son état fut de nature à inspirer les plus sérieuses inquiétudes...

Gaston passait les nuits au chevet de sa femme bien-aimée, et se sentait devenir fou en songeant qu'il pouvait la perdre...

Madame Castella partageait les angoisses si légitimes et le désespoir de son fils, qu'elle s'efforçait inutilement de ranimer et de rassurer.

Enfin Dieu eut pitié de la mère et du fils.

Un mieux sensible se déclara,—le péril disparut et la convalescence commença.

Blanche était sauvée, mais les médecins déclarèrent à Gaston qu'il leur semblait urgent, pour éviter une rechute, de faire quitter la Provence à la jeune femme, aussitôt qu'elle serait en état de voyager, et de l'emmener bien loin des lieux où elle venait de recevoir un coup si terrible.

Gaston ne pouvait hésiter à suivre cette ordonnance.

Il tint conseil avec sa mère.

— Où irons-nous ? — lui demanda-t-il.

— C'est à Paris, du moins je le crois, cher enfant, — répondit la marquise, — qu'il faut d'abord mener ta femme, car c'est là surtout que les distractions dont tu l'entoureras pourront, sinon effacer, du moins atténuer un cruel souvenir...—partages-tu cette opinion?...

— Entièrement... — d'ailleurs, à Paris comme en tout autre lieu, je me trouverai bien, pourvu que Blanche soit avec moi... Blanche et vous, car vous nous accompagnerez, n'est-ce pas, ma mère bien-aimée?...

— En peux-tu douter? — est-ce qu'il me serai

possible de vivre si je n'avais auprès de moi mes deux enfants?...

Un mois environ après le jour où venaient de s'échanger les paroles qui précèdent, madame Castella et le jeune ménage se mettaient en route pour la grande cité.

Blanche, faible et languissante encore, quoique remise d'une façon à peu près complète, avait besoin d'air et de soleil.

On était alors au commencement de l'automne.

Gaston chercha sans retard une habitation qui pût réunir les avantages de la campagne à ceux de la ville.

On lui indiqua la Folie-Normand, la perle des coteaux d'Auteuil.

Il alla visiter cette demeure enchanteresse, il en fut ravi, et, malgré le chiffre très-élevé de la location, il se décida à traiter séance tenante avec le propriétaire, et il installa sa famille.

L'hiver arriva.

Gaston se proposait de louer, dans l'intérieur même de Paris, un vaste appartement ou un petit hôtel pour sa mère et pour sa femme.

Mais la marquise et Blanche déclarèrent qu'elles préféraient de beaucoup ne point quitter Auteuil, et que la saison rigoureuse ne les effrayait ni l'une ni l'autre dans cette délicieuse solitude.

Ceci nous explique la présence de la douairière et du jeune ménage à la Folie-Normand, au moment du drame nocturne que nos lecteurs n'ont peut-être pas oublié...

Nous allons nous occuper maintenant des conséquences tout à fait inattendues de ce drame.

XXVI. — BIJOUTE.

Les renseignements donnés au rétameur par le mendiant étaient parfaitement exacts.

Pictonpain, la veille du jour où devait avoir lieu la tentative de vol avec effraction et escalade, se trouvait auprès de la grille de la Folie-Normand, au moment du départ de la chaise de poste dans laquelle s'éloignaient Gaston et Blanche.

Les deux jeunes gens, accompagnés d'un valet de chambre et d'une femme de chambre, partaient pour un voyage qui devait durer plusieurs semaines.

Ils avaient déjà fait quelques lieues, lorsque le soir, à la couchée, Gaston s'aperçut que son passe-port était resté à Auteuil entre les mains du cocher chargé d'aller commander les chevaux de poste.

Continuer le voyage sans passe-port, à une époque où les autorités départementales se montraient souvent très-exigeantes et très-tracassières, c'était s'exposer aux ennuis les plus graves...

Donc il ne fallait point y penser.

Ecrire à la marquise douairière pour se faire envoyer le précieux papier semblait le moyen le meilleur et le plus sûr...

Gaston y songea...

Mais il devenait indispensable d'attendre trois jours la réponse de madame Castella, dans une auberge de petite ville...

C'était grave!!...

Le jeune homme consulta Blanche, et tous deux décidèrent qu'il valait infiniment mieux revenir sur ses pas et retourner en personne chercher à Auteuil le passe-port oublié.

En conséquence le lendemain, dans l'après-midi, au grand étonnement et à la grande joie de la marquise, le couple voyageur était de retour à la Folie-Normand, avec l'intention de n'en repartir qu'au bout de vingt-quatre, et peut-être même de quarante-huit heures.

Pictonpain avait vu le départ, mais il n'assistait point au retour, qui devait lui rester et qui en effet lui resta complétement inconnu.

Cette ignorance fut cause, nous le savons, de l'écroulement absolu des projets sinistres des deux complices, de la mort foudroyante du rétameur, et de la blessure de Bijoute.

Les balles du pistolet de Gaston ayant fait justice de l'un des misérables, et l'autre ayant pris la fuite, la petite fille, l'enfant de la bohémienne Mirza, adoptée par le faux cul-de-jatte, reste seule en scène, et c'est d'elle que nous allons nous occuper présentement.

Ainsi que nous l'avons dit dans l'un de nos précédents chapitres, une des balles avait effleuré l'épaule de Bijoute, en traçant dans la chair un sillon sans profondeur.

Malgré l'évanouissement immédiat, et malgré la perte de sang très-abondante, la blessure ne semblait point susceptible d'amener à sa suite un danger réel.

Ce fut l'avis du médecin que Blanche envoya chercher et qui déclara de la façon la plus positive que la guérison serait prompte.

Le docteur comptait sans une violente fièvre nerveuse qui se déclara au moment même où l'enfant sortait de son long évanouissement, et qui fut accompagnée d'un délire d'une nature étrange.

Dans ce délire effrayant à voir, et qui par moments ressemblait beaucoup à des accès de folie furieuse, Bijoute se trouvait évidemment sous le coup d'une immense terreur...

Sans doute les tableaux les plus terribles, les visions les plus formidables prenaient naissance dans son cerveau brûlant et se développaient devant ses yeux troublés par les ardeurs de la fièvre.

Tantôt elle se rejetait avec impétuosité dans la ruelle de son lit, en balbutiant des plaintes sourdes, en poussant des cris inarticulés, tandis que l'effarement de ses regards et la prodigieuse dilatation de ses prunelles exprimaient une épouvante surhumaine.

Tantôt elle se débattait sur son lit en gémissant, comme si de brutales étreintes meurtrissaient douloureusement ses membres délicats...

Tantôt enfin, arrivée au paroxysme de ces crises, elle voulait se précipiter hors de sa couche et fuir un péril imaginaire ; — ses cris alors devenaient aigus et prenaient le caractère d'un inexprimable désespoir.

En de tels moments la femme de chambre de Blanche était obligée d'user de toute sa vigueur pour maintenir cette enfant si frêle et qu'un souffle un peu fort semblait devoir renverser.

Blanche fit mander le docteur en toute hâte pour la seconde fois.

Il accourut, et un brusque revirement sembla s'opérer tout aussitôt dans ses opinions rassurantes, car il hocha la tête d'un air de mauvais augure, tandis que ses doigts interrogeaient la veine de la petite fille, et, à deux ou trois reprises, il répéta :

— Diable !... diable !... diable !...

— Est-ce que vous êtes inquiet, docteur ? — demanda vivement la jeune femme.

— Formellement inquiet, madame la marquise...

— Cependant, la nuit dernière, vous aviez déclaré que la blessure était peu de chose ?...

— Je l'ai dit et je le répète... — la blessure n'est rien, mais la fièvre est beaucoup !... — je ne m'attendais point, je l'avoue, à cette exaltation prodigieuse qui me fait redouter une congestion au cerveau...

— J'espère bien, cependant, que tout espoir n'est pas perdu !... — s'écria Blanche ; — docteur, je vous en supplie, rassurez-moi...

— Vous êtes mille fois trop bonne en vérité, madame la marquise, de porter un semblable intérêt à ce petit gibier de potence !... — il n'y a jamais rien de bon à attendre de ces enfants de voleurs et d'assassins !... — *Mauvais sang ne peut mentir !...*

— Eh ! docteur, est-ce la faute de cette pauvre petite si ses parents sont des misérables ?... — Est-elle coupable d'une complicité qu'elle ignore, qu'elle ne peut comprendre ?... — Enfin, quoi qu'il en soit, je m'intéresse très-vivement à elle, et je vous demande de nouveau de me rassurer...

— Eh bien, madame la marquise, le cas est très-grave... — Nous sauverons peut-être la malade, mais je ne réponds de rien, car je n'ai aucune certitude...

— Enfin, vous ordonnez quelque chose, n'est-ce pas ?...

— Une seule chose...

— Laquelle ?...

— De la glace sur le front, sans cesse... — S'il existe un moyen d'empêcher la congestion au cerveau, c'est la glace qui nous donnera le résultat...

La jeune marquise fit monter immédiatement un homme à cheval, avec ordre de rapporter de Paris la plus grande quantité de glace dont il lui serait possible de se charger.

Une fois en possession de cette glace, elle s'installa au chevet de Bijoute, et elle veilla jour et nuit à ce que la prescription du docteur fût exécutée avec un soin religieux.

Par la force des choses, le voyage projeté, et qui déjà avait reçu un commencement d'exécution, se trouvait indéfiniment remis.

Au bout de deux jours, les soins assidus et le dévouement infatigable de la jeune marquise reçurent leur récompense.

La fièvre céda peu à peu, — le délire disparut, — laissant à leur suite un état d'atonie physique et morale absolue.

Le docteur revint et il déclara de la façon la plus solennelle que désormais le danger n'existait plus.

Cette fois, — hâtons-nous de le dire, — il ne se trompait pas.

Blanche Castella venait, en sauvant Bijoute, d'accomplir un vrai miracle !...

Nous ne saurons que trop tôt comment l'avenir devait récompenser cette bonne action.

La jeune marquise se sentit heureuse, oh ! bien heureuse, lorsque les affirmations du médecin eurent dissipé ses dernières inquiétudes.

Elle tressaillit d'une joie profonde quand, pour la première fois, elle vit la petite fille s'endormir d'un calme sommeil, bien différent de la somnolence agitée des nuits précédentes...

Une respiration paisible et régulière soulevait la poitrine de l'enfant...

Ses longs cils formaient une frange de velours à ses paupières abaissées...

Son visage d'une beauté tout à la fois si fine et si bizarre, ce visage d'une coupe orientale et d'une pâleur chaude et transparente se détachait merveilleusement au milieu de sa splendide chevelure dénouée, dont les masses sombres étaient éparses sur l'oreiller...

— Mon Dieu, — se dit madame Castella en se penchant pour déposer un baiser sur le front de Bijoute, — mon Dieu, que cette enfant est belle !...

Ce même jour, et tandis que Blanche se félicitait du triomphe qu'elle venait de remporter sur la maladie, le commissaire de police d'Auteuil se présentait à la Folie-Normand et faisait demander à Gaston un entretien particulier.

Le jeune marquis s'était trouvé en rapport avec ce magistrat pendant la nuit du crime, et le jour suivant ; il n'avait eu qu'à se louer de son urbanité, de son intelligence et de son zèle.

Il s'empressa donc de le recevoir et il le pria de lui apprendre à quelle heureuse circonstance il devait rendre grâce de sa visite inattendue.

— Monsieur le marquis, — répondit le commissaire, — je viens m'entretenir avec vous de l'enfant qui se trouve en ce moment sous votre toit...

— Cette enfant, peut-être le savez-vous, — fit Gaston, — vient d'être très-dangereusement malade à la suite de la blessure constatée par vous et qui semblait sans gravité !...

— Je sais cela, monsieur le marquis, et je sais

aussi que, grâce aux soins assidus et à l'angélique bonté de madame la marquise, le danger n'existe plus...
— Qui donc vous a si promptement instruit?...
— Le docteur que je viens de rencontrer...
— Ah! — fit Gaston en souriant, — s'il en est ainsi, tout s'explique... — Et, sans doute, le docteur est bien fier de sa cure?...
— Le docteur rend à César ce qui est à César... — il m'a déclaré nettement que, sans madame la marquise, à l'heure qu'il est, l'enfant serait morte.
— Un médecin modeste!... — s'écria joyeusement le jeune homme, — *rara avis!*...

fille vivait avec le malfaiteur que j'ai tué en flagrant délit?...
— Oh! ceci n'est pas un instant douteux... — Ce misérable passait même pour son père... — L'était-il en effet, voilà ce que je ne saurais dire...
— D'où venait cet homme?...
— On l'ignore... — Un beau jour il est arrivé dans le pays, et, comme il simulait habilement une infirmité grave, comme il semblait tout à fait inoffensif et qu'il demandait en apparence au travail ses moyens d'existence, personne n'a songé à s'inquiéter de lui et à s'enquérir de son passé...
— Moi-même, — et c'est un tort sans doute, —

Gaston s'empressa de recevoir le commissaire de police. — Page 88.

Le commissaire accueillit cette plaisanterie par un éclat de rire.
— L'exception fortifie la règle, monsieur le marquis!... — dit-il ensuite...
Gaston reprit :
— Enfin, monsieur, avez-vous obtenu quelques renseignements utiles sur la famille de cette pauvre enfant?...
— Non, monsieur le marquis... — Les informations sans nombre que j'ai fait prendre ne m'ont appris rien de positif... — Les moyens de contrôler des déclarations incohérentes et des rumeurs contradictoires me font absolument défaut...
— Enfin, il est positif, n'est-ce pas, que la petite

j'ai négligé de le faire appeler devant moi pour l'interroger...
— Et l'on n'a rien trouvé chez lui qui puisse servir de point de départ à de nouvelles recherches?...
— Rien absolument ; — aucun papier, aucun objet suspect et pas la moindre somme d'argent...
— Le dénûment de sa demeure était absolu... — Dans la cahutte qu'il habitait il n'y avait pas même de lits...
— Sur quoi couchaient donc ce malheureux et la petite fille?
—Sur des amas de paille et de roseaux pourris.
Gaston fit un geste de pitié.
Le commissaire de police poursuivit :

— Bref, je viens vous demander, monsieur le marquis, quand il vous conviendra de remettre l'enfant entre mes mains, et je pense qu'il vous sera fort agréable d'être débarrassé le plus tôt possible de ce rejeton d'une vilaine race...

Au lieu de répondre, Gaston questionna :

— Que ferez-vous de cette pauvre créature? — demanda-t-il.

— Oh! rien n'est plus simple...— je la ferai enfermer dans une maison de jeunes détenues jusqu'à l'âge de dix-huit ans...

— Une prison!!...

— Une maison de correction, ce qui est à peu près la même chose...

— Mais elle n'est pas coupable...

— Assurément.

— Alors, pourquoi punir?...

— Il ne s'agit point ici de punir...

— De quoi s'agit-il donc?...

— De réprimer... — Certes, l'enfant ne saurait encourir la responsabilité des crimes auxquels on l'associait, mais tenez pour certain, monsieur le marquis, que son cœur est vicié déjà et qu'elle n'a dans l'âme que de mauvais instincts...

— Voilà ce qu'il me semble impossible d'admettre... — l'enfant d'un scélérat, selon moi, peut être honnête.

— Oui sans doute, mais à la condition que cet enfant sera élevé honnêtement et qu'on cherchera, par tous les moyens, à détruire ses mauvaises et dangereuses tendances...— Or, dans la maison de jeunes détenus, la petite fille ne recevra que de bons conseils et apprendra un métier qui lui permettra de vivre honorablement plus tard, quand elle sera rentrée au sein de la société.

— Vous avez raison, je le comprends; mais, malgré moi, cette longue détention d'un enfant me semble cruelle...

— Cruelle, peut-être, mais, à coup sûr, indispensable!.. — Que pouvons-nous faire, je vous le demande, d'une petite fille abandonnée et sans parents connus?...

— Si elle avait des parents proches ou éloignés, la situation serait donc différente?...

— Oui, si toutefois ces parents n'étaient pas des gens sans aveu, et s'ils réclamaient l'enfant...

— On la leur donnerait?

— A l'instant même.

— Ce droit de réclamation appartiendrait-il également à des étrangers?...

— Sans aucun doute, si ces étrangers avaient une position honorable, une bonne réputation, et s'ils s'engageaient à veiller sur l'orpheline et à la mettre à même de gagner sa vie... — Mais, dans les présentes circonstances, il me semble impossible de trouver quelqu'un disposé à faire preuve d'une aussi folle générosité.....

— Malheureusement, je le crois comme vous...

— Soyez persuadé d'ailleurs, monsieur le marquis, que la petite fille sera tout à fait à sa place dans la maison où je l'enverrai... — Quand vous convient-il que je vienne la prendre?

— Il m'est impossible de répondre à l'instant même à cette question...

— Pourquoi donc?

— Parce qu'il faut avant tout que je cause avec ma femme, à qui la malheureuse enfant inspire un vif intérêt... — Le danger n'existe plus, c'est vrai, mais la convalescence commence à peine et sera peut-être longue...

— Je ne me permettrai point d'insister, monsieur le marquis; je laisserai madame la marquise achever sa bonne œuvre, et j'attendrai, pour emmener l'enfant, l'époque que vous fixerez vous-même...

— Epoque dont j'aurai l'honneur de vous informer personnellement, — répondit le jeune homme.

Le commissaire de police salua, prit congé et fut reconduit jusqu'à la grille de la Folie-Normand par Gaston, qui, tout en revenant, se disait :

— En prison!... ah!... pauvre petite!... — Il y a des gens en ce bas monde qui ne naissent que pour le malheur!!

La jeune marquise Castella, debout auprès de l'une des fenêtres de la chambre où reposait la petite malade, suivait des yeux son mari revenant à la maison après avoir reconduit le visiteur jusqu'à la grille.

— Gaston, — lui demanda-t-elle aussitôt qu'il fut venu la rejoindre,— quel était donc cet homme noir que tu quittes à l'instant?

— C'était le commissaire de police de la commune d'Auteuil, — répondit le jeune mari.

— Est-ce que, par hasard, nous serions menacés d'une nouvelle attaque nocturne?... — s'écria madame Castella : — oh! d'abord, moi, je ne suis pas brave, et je t'avertis que je mourrais de frayeur si cette horrible nuit devait se renouveler...

— Rassure-toi, chère Blanche, — répliqua Gaston en souriant; — il ne s'agit de rien de semblable... — Aucune agression n'est à craindre, et tu peux t'endormir dans une paix profonde...

— Mais alors, le commissaire de police, que voulait-il?

Gaston répéta presque textuellement sa conversation avec l'honorable magistrat, conversation mise par nous sous les yeux de nos lecteurs.

Blanche poussa les hauts cris en apprenant que sa petite protégée était réclamée par le commissaire, et qu'une maison de détention allait s'ouvrir pour elle.

Gaston essaya de la calmer par toutes sortes de raisonnements très-logiques, mais il échoua de la façon la plus complète.

— Oui, c'est une infamie!! — répétait la jeune femme avec une véhémence toujours croissante;— il est injuste, il est abominable d'enfermer dans une prison ce pauvre ange, cette chère enfant qui n'a commis aucune faute, puisqu'elle ne pouvait refuser d'obéir aux ordres d'un scélérat qui la brutalisait sans doute... qui l'aurait tuée peut-être en cas de refus... — je ne puis supporter la pensée d'une cruauté si grande, à laquelle je m'oppose de toutes mes forces...

— Ma chère amie, — murmura Gaston, quand ce torrent d'indignation se fut écoulé, — je t'en supplie, réfléchis un peu...

— A quoi veux-tu que je réfléchisse?

— Cette pauvre petite fille, que je plains comme toi du plus profond de mon cœur, est orpheline, toute seule au monde, ou du moins elle n'a point de parents connus...

— Eh bien?...

— Que peut-elle devenir? — ne faut-il pas que l'État remplace la famille qui lui manque...

— Soit, mais où est la nécessité d'enfermer cette enfant dans une maison de détention jusqu'à l'âge de dix-huit ans?

— Cette enfant vivait depuis sa naissance avec des scélérats... — on est en droit de supposer chez elle des instincts pervers développés par des exemples infâmes...

— Suppositions purement gratuites et qui me révoltent!... — avec ce doux visage, avec ces yeux charmants on ne saurait avoir qu'une angélique nature... — Si quelque chose peut perdre cette petite, c'est la prison dont on la menace, c'est le contact de cette foule immense de détenues auxquelles elle se trouvera mêlée... — Gaston, mon ami, je t'en supplie, ne permets pas qu'il en soit ainsi... — ne laisse pas consommer ce crime!...

— Eh! comment puis-je l'empêcher?

— De la façon la plus simple, en usant du droit qui appartient à tous les gens honorables, et dont le commissaire de police t'a parlé... — déclare que ta volonté est de garder la petite fille, et que tu te charges de veiller sur elle et d'assurer son avenir.

— Garder cette petite fille!! — s'écria le jeune marquis stupéfait. — Blanche, chère Blanche, y songes-tu?

— Oui, certes, j'y songe, car je l'aime; — elle m'inspire le plus profond, le plus tendre intérêt, et je te demande au nom de notre amour de ne pas me séparer d'elle... — te sentiras-tu le courage, mon ami, de repousser une telle prière?...

— Tes prières, tu le sais bien, sont des ordres pour moi... — je ne sais rien te refuser... mais j'ai peur...

— De quoi?

— Des conséquences fâcheuses qu'entraînera peut-être à sa suite l'adoption que tu sollicites...

— Je ne te comprends pas... — quelles sont les conséquences dont tu parles?...

— D'abord, nous pouvons avoir des enfants...

— Eh bien, qu'importe? — je n'en aimerai pas moins la pauvre orpheline... elle sera la sœur de nos enfants... leur sœur aînée...

— Soit; mais rien ne nous prouve que cette petite, née de parents coupables et profondément dépravés, n'aura pas reçu d'eux, comme un héritage funeste, une nature perverse et rebelle?...

— Eh! mon ami, ne voit-on pas souvent les fleurs les plus belles et les plus pures éclore et se développer dans la fange qui couvre leurs racines?... — d'ailleurs, à force de tendresse, de douceur, de soins vigilants, je corrigerais les instincts mauvais, je triompherais de la nature rebelle!...

— Mon ami, mon Gaston, permets-moi de ne point laisser mon œuvre incomplète... — j'ai sauvé la vie de cette enfant, le médecin l'a dit et tu me l'as répété; donne-moi le pouvoir, cent fois plus précieux encore, de sauver aussi son âme...

— Tu le veux?...

— Je t'en conjure...

— Eh bien, chère Blanche, que ta volonté soit faite...

— Tu consens!... — s'écria la jeune femme avec une exclamation de joie.

— Oui, je consens...

— Ah! que tu es bon et que je t'aime!... — balbutia Blanche en jetant ses bras autour du cou de son mari et en l'embrassant à vingt reprises avec un véritable transport.

Aussitôt après elle s'approcha vivement du lit dans lequel reposait Bijoute, et elle appuya ses lèvres sur les joues pâles de la petite fille qui tressaillit et s'éveilla sous cette caresse.

— N'est ce pas, chère petite, — murmura Blanche à son oreille — n'est-ce pas que tu veux bien que je sois ta mère?... — Je t'aimerai de toute mon âme, et tu m'aimeras aussi!... tu verras...

Bijoute ne pouvait répondre à ces paroles qu'elle n'entendit qu'à peine et que son brusque réveil ne lui permit point de comprendre.

Elle promena autour d'elle, sur les somptuosités de la chambre meublée avec luxe où elle se trouvait, un regard rempli d'étonnement et d'admiration.

C'était la première fois, depuis le jour, ou plutôt depuis la nuit du crime, depuis le moment où elle était tombée évanouie sur les dalles du vestibule, qu'elle se rendait compte des objets qui l'entouraient, et qu'elle voyait d'une façon distincte le délicieux visage de la jeune marquise penchée sur elle.

Bijoute ne se souvenait de rien.

Les heures longues de sa maladie avaient passé sans laisser la moindre trace dans son esprit.

La présence de cette belle dame, si souriante et si bien parée, et la réunion des merveilles innombrables qui frappaient ses regards, lui semblaient à tel point invraisemblables qu'elle crut faire un rêve, et que pour le continuer elle ferma les yeux

Mais Blanche lui parla de nouveau, et la petite fille comprit enfin qu'elle était bien éveillée et que quelque chose d'incompréhensible pour elle avait dû se passer.

Alors, se voyant en des lieux inconnus, ayant

en face d'elle des figures qu'elle ne connaissait pas, elle se troubla; l'inquiétude, puis la terreur succédèrent à l'admiration; elle demanda son père et se mit à pleurer.

Blanche la rassura de son mieux et s'efforça de la calmer, — elle improvisa sans hésiter une histoire naïve pour expliquer tant bien que mal à l'enfant la situation, car il était impossible, on le comprend, de lui révéler la vérité tout entière sans courir le risque d'amener une rechute dangereuse à coup sûr, et peut-être mortelle.

Bijoute, dont l'intelligence enfantine était momentanément très-affaiblie, se laissa facilement convaincre, et les pleurs qui ruisselaient sur ses joues se tarirent.

Elle prit sans résistance la potion bienfaisante que lui présentait la jeune marquise, et elle ne tarda point à se rendormir d'un sommeil tranquille et profond.

Dès le lendemain Gaston, désireux de satisfaire au plus vite les désirs de sa femme qui n'admettait aucun retard et s'inquiétait de toute temporisation, se rendit chez le commissaire de police auquel il déclara que sa volonté et celle de la marquise étaient de garder auprès d'eux la petite fille, de ne se plus séparer d'elle et de pourvoir à son éducation et à ses besoins.

— Monsieur le marquis, — répondit le magistrat, — certes, l'enfant ne saurait être en de meilleures mains que les vôtres... — J'applaudis bien sincèrement au grand acte de charité que vous allez faire et je souhaite de tout mon cœur que vous n'ayez jamais lieu de vous en repentir...

— Quoi qu'il arrive, — répliqua Gaston, — je ne me repentirai point de ce que vous voulez bien appeler vous-même un acte de charité...

— Je l'espère, monsieur le marquis, je l'espère.
— Mais, malgré moi, je me souviens d'un vieil apologue de je ne sais plus quel fabuliste...

— Un apologue, dites-vous?...
— Oui.
— Lequel?...
— Celui du voyageur qui ramasse un jeune serpent à demi mort, et qui le réchauffe dans son sein...

— Qu'arriva-t-il à ce voyageur?...
— Le serpent, à peine ranimé, se souvint qu'il avait des crocs venimeux, et mordit son bienfaiteur qui mourut incontinent...

— Le serpent du fabuliste était un monstre...
— Eh! mon Dieu, non!... pas le moins du monde... — il obéissait aux instincts de sa race...
— il mordait parce qu'il était né pour mordre...
— Prenez garde!... — *la défiance*, dit-on, *est la mère de la sûreté*... — Défiez-vous de l'enfant, quand l'enfant grandira...

Gaston revint à la Folie-Normand la tête basse et en proie à une préoccupation très-vive.

Les paroles du commissaire de police se trouvaient parfaitement d'accord avec ses propres impressions. — Un pressentiment vague et de mauvais augure, indéfinissable mais persistant, s'agitait au fond de sa pensée, et lui montrait dans un lointain avenir une sorte de fantôme menaçant.

Mais le jeune homme s'était trop avancé pour battre en retraite.

Amoureux de sa femme autant, si ce n'est plus, qu'aux premiers jours de leur union, il n'admettait point qu'il lui fût possible de se mettre en opposition avec elle et de résister à sa volonté.
— D'ailleurs il avait promis, — il venait même d'accomplir la promesse faite la veille...

Comment s'y prendre pour dégager la parole donnée à ce tyran chéri?... — Sous quel prétexte revenir sur ce qu'il y a de plus irrévocable au monde, c'est-à-dire le fait accompli?...

Le seul prétexte à mettre en avant reposait sur une objection à laquelle Blanche avait déjà répondu le jour précédent d'une façon triomphante.

Il ne fallait point songer à faire revivre ce prétexte. — Gaston, ne voulant point se prévaloir de son autorité de mari, et sachant bien qu'il serait vaincu dès les premiers mots si la discussion que Blanche devait croire épuisée se renouvelait, Gaston, disons-nous, renonça à entamer de nouveau la lutte, et s'avoua vaincu d'avance.

Dans un ménage bien uni il faut non-seulement savoir céder, mais encore céder en souriant...

Comme tous les maris amoureux, Gaston n'ignorait point la grande vérité conjugale que nous venons de formuler en un axiome publié par Balzac; quand il rejoignit Blanche, cette dernière ne soupçonna rien de ce qui venait de se passer dans l'âme de son mari. — Le visage du marquis ne décelait aucun des pressentiments sombres dont nous venons de parler.

Hâtons-nous d'ajouter, pour rester dans le vrai, que la durée de ces pressentiments fut courte et qu'ils se dissipèrent dès le lendemain aux clartés radieuses du sourire de Blanche, comme se fondent les vapeurs nuageuses du matin sous les premiers rayons du soleil.

La convalescence de Bijoute fut rapide, — plus rapide que ne l'espéraient le médecin et la jeune marquise elle-même.

Au bout d'une semaine l'enfant avait en partie recouvré ses forces.

Au bout de quinze jours, elle pouvait quitter le lit et la chambre, et entreprendre des promenades de près d'une heure dans le jardin, ou plutôt dans le parc de la Folie-Normand.

Pendant quinze jours, Bijoute s'était familiarisée avec sa belle protectrice, autant, du moins, que le lui permettaient son caractère ombrageux, sa nature un peu sauvage et le sang bohémien qui coulait dans ses veines.

Le corps svelte et frêle en apparence de l'enfant cachait, nous le savons, des nerfs et des muscles d'acier...

A mesure que la vitalité et l'énergie renaissaient

en elle, Bijoute rentrait en possession de toute son intelligence si précoce et si développée.

Son esprit travaillait sans cesse...

Ses souvenirs, redevenus nets et distincts, lui rappelaient les moindres détails de la nuit du crime.

Elle revoyait, près de la muraille d'enceinte, tout en haut, sur la colline, le corps monstrueux du chien de Terre-Neuve se tordant avec une rage impuissante dans les dernières convulsions de l'agonie...

Elle revoyait l'ouverture pratiquée par le mendiant dans l'une des vitres de la porte du vestibule, ouverture bien étroite et par laquelle cependant elle s'était glissée pour tirer les verrous et faciliter l'entrée des bandits...

La lueur inattendue, rayonnant soudain autour d'elle, l'éblouissait encore...

Elle entendait retentir la voix du rétameur...

La détonation du coup de feu l'assourdissait...

Puis, plus rien, — une nuit profonde, jusqu'au moment où, après plusieurs jours de fièvre et de délire, le réveil de son corps et de sa pensée avaient eu lieu en même temps sous les baisers de Blanche...

Bijoute, n'osant questionner ceux qui l'entouraient, s'efforçait de combler, à l'aide d'inductions logiques et vraisemblables, cette lacune de ses souvenirs...

Elle voulait arriver seule à reconstituer ces faits inconnus, qui devaient être bien terribles, puisque évidemment on cherchait à les lui cacher...

La cicatrice douloureuse encore de sa blessure à l'épaule la mettait sur la voie de ce qui sans doute avait eu lieu...

Un jour l'idée lui vint de s'asseoir sur la plus haute des marches de pierre conduisant du jardin à la porte vitrée...

C'était là qu'elle avait laissé, debout et attendant, celui qu'elle appelait son père.

Elle se pencha vers le granit, et, malgré les traces manifestes d'un récent grattage, elle aperçut dans une fissure oubliée une tache rouge à la nature de laquelle il était impossible de se méprendre.

— C'est du sang!... murmura la petite fille, — c'est le sien!... — c'est ici qu'ils l'ont tué!...
— Ah! je l'aimais bien, je le sens!... — je l'aimais de tout mon cœur, et je les hais de toutes mes forces!

Ceux que Bijoute haïssait ainsi de toute la puissance de sa jeune âme, hélas!... c'étaient Blanche et Gaston!...

A partir de ce jour et de cette minute elle cessa de parler du rétameur, ainsi que parfois elle le faisait auparavant, et elle ne demanda plus jamais si elle le reverrait bientôt.

Blanche se réjouissait de ce silence.

— Elle oublie!... se disait-elle, — le passé funeste s'effacera vite de l'esprit et de la mémoire de cette chère enfant adorée...

La marquise se trompait absolument.

Bien loin d'oublier, Bijoute se souvenait au contraire, mais elle s'étudiait à cacher à tous les regards sa pensée continuelle, et à faire de son visage enfantin un masque impénétrable, ce à quoi, nous devons le dire, elle réussissait avec un talent de dissimulation qui semblait annoncer, pour un très-prochain avenir, une digne héritière du génie de Machiavel.

Au moment de sa quasi-adoption par les Castella, Bijoute allait atteindre sa sixième année...

A cet âge, généralement, les enfants savent lire et connaissent l'existence de Dieu, que leurs mères prient matin et soir devant eux et qu'elles leur apprennent à prier...

Bijoute, elle ne savait rien!... — Jamais le papier grisâtre et les caractères massifs de *l'abécédaire* n'avaient frappé ses yeux...

Jamais elle n'avait entendu prononcer le nom de Dieu autrement que dans des blasphèmes...

XXVII. — LAURENCE.

Ce fut pour la marquise une joie de toutes les heures, un plaisir sans cesse renaissant et dont elle ne parvenait point à se lasser, que d'entreprendre l'éducation morale de sa fille adoptive.

Bijoute était douée d'une intelligence des plus vives et d'une mémoire vraiment prodigieuse.

Elle comprenait dès les premiers mots, — aucune explication ne lui semblait obscure; — elle n'oubliait plus ce qui lui avait été une fois enseigné...

Sa nature énergique la préservait de la paresse et de l'insouciance.

L'ardeur de sa bonne volonté ne se ralentissait jamais...

Elle avait soif de savoir...

Chaque jour Blanche Castella s'applaudissait du zèle et de la docilité d'une élève qui lui faisait tant d'honneur...

La jeune marquise, naturellement pieuse, avait tout d'abord tourné l'esprit de la petite fille vers l'étude des grandes vérités de la religion catholique.

Au bout de quelques mois, Bijoute savait par cœur le catéchisme qu'on enseigne d'habitude aux enfants de dix ou douze ans, et non seulement elle était en état de répondre à toutes les questions, mais encore elle accompagnait ses réponses de commentaires de son cru, prouvant jusqu'à l'évidence qu'elle faisait mieux que réciter avec exactitude une leçon bien apprise, mais mal comprise.

Un jour Blanche Castella la prit sur ses genoux, et, après l'avoir embrassée tendrement, lui demanda :

— Tu connais bien le bon Dieu, n'est-ce pas, chère enfant, et tu l'aimes?...

Bijoute fit un signe affirmatif.

Blanche poursuivit :

— Ainsi, du fond du cœur, tu te sens chrétienne?...

— Oh! oui, petite mère... — répondit l'enfant avec une effusion presque attendrie.

Bijoute appelait la jeune marquise *sa petite mère*.

— Avant d'être devenue ma fille, — continua Blanche, — tu n'étais donc d'aucune religion?...

— D'aucune, et je ne savais même pas que la religion existât...

— Cependant tu voyais la foule des fidèles entrer dans les églises.

— Oui, mais je prenais les églises pour de grandes maisons bien belles et j'ignorais absolument ce qu'on allait faire dans ces maisons.

— Ainsi, tu n'avais jamais prié?...

— Comment aurais-je pu deviner ce que c'était que la prière!...

Une pensée soudaine traversa l'esprit de Blanche.

— Mon Dieu! — s'écria-t-elle, — as-tu seulement reçu le baptême?...

— Je n'en sais rien, et je ne le crois pas... — répondit la petite fille après avoir réfléchi pendant un instant.

— Ah! ce doute est affreux!... — Pauvre enfant!... — pauvre enfant!.. — murmura la marquise...

Puis elle ajouta tout bas :

— Heureusement ce qui n'est pas fait peut se faire... et ce sera grande joie au ciel, le jour où l'eau sainte rendra plus pure encore l'âme déjà si pure de cet ange...

A partir de ce moment Blanche Castella n'eut plus qu'une pensée, plus qu'un désir, faire célébrer au plus vite le baptême de la petite fille, car elle pensait que le doute, en un cas pareil, n'était point une raison de s'abstenir.

Ce baptême donna lieu, dans l'église d'Auteuil, à une cérémonie solennelle.

Le bruit s'étant répandu que la prétendue fille du malfaiteur tué en flagrant délit, l'enfant d'adoption de la belle et riche marquise Castella, allait être baptisée, une grande affluence de curieux remplissait la nef et formait une double haie en avant du portail de l'église.

Lorsque Gaston et Blanche descendirent de voiture avec l'orpheline dont ils devaient être le parrain et la marraine, un murmure d'admiration, de surprise et d'envie courut dans la foule.

Rien au monde, en effet, ne se pouvait imaginer de plus ravissant que Bijoute, entièrement vêtue de blanc et portant quelques boutons d'oranger parmi les masses lourdes de la splendide chevelure brune qui couronnait son front.

L'enfant baissait les yeux d'un air modeste et empreint de recueillement.

Entre vieilles femmes groupées sur la place de l'église et qui, pour mieux se placer au premier rang, risquaient de se faire écraser par les chevaux du marquis, s'échangeaient les dialogues suivants :

— Qui est-ce qui dirait pourtant, ma commère, à la voir toute habillée de satin blanc, cette petite, comme l'enfant d'une vraie duchesse, que c'était une rien du tout qui vagabondait pieds nus dans la boue des rues, il n'y a pas six mois?...

— Une traîne-guenilles!...

— La bâtarde d'un assassin!...

— Et même que je crois la voir encore, traînant une vieille casserole sur son dos, derrière le rétameur, son brigand de père!...

— En voilà une, tout de même, qui a *évu* de la chance!...

— L'enfant de braves gens n'en aurait pas *évu* autant qu'elle!...

— Oh! quant à ce qui est de ça, c'est très-sûr et très-certain!... — Qu'est-ce qui ne sait pas qu'on voit partout les coquins réussir en ce bas monde!

— Faut convenir tout de même que la petiote est crânement jolie.

— Elle est gentillette, je ne dis pas, mais vous savez le proverbe: *La plume refait bien l'oiseau...*

— Ah! dame, oui!... — Mais ça n'empêche pas que la petiote fera des passions, et des fameuses, j'en réponds, quand elle aura tant seulement dix ans de plus...

— Ah! le fait est qu'elle a des yeux à la perdition de son âme, comme on dit...

— Et de l'âme des autres...

— Tous les hommes lui courront après...

— Les femmes feront bien de veiller sur leurs maris...

— Ça sera le cas de leur crier : — *Enfermez vos coqs, la poule est lâchée!...*

Tandis que ces jolies choses s'échangeaient entre les duègnes d'Auteuil, Blanche, Gaston et Bijoute avaient pénétré dans l'église.

La cérémonie commença.

Le curé adressa un discours point trop long et très-touchant à la petite fille, qui versa des larmes d'attendrissement en l'écoutant.

Le marquis et la marquise déclarèrent qu'ils donnaient à leur filleule le nom de *Laurence*.

Deux ou trois gouttes de l'eau baptismale mouillèrent le front de l'enfant, et il y eut une chrétienne de plus... Hâtons-nous d'ajouter que l'Église catholique venait de faire en la personne de *Bijoute*, que désormais nous appellerons *Laurence*, une triste acquisition...

Certes, nous ne prétendons point rompre des lances en faveur d'une théorie dont l'expérience a si souvent démontré la fausseté...

Non, les vices, pas plus que les vertus d'ailleurs, ne se transmettent avec le sang...

Rien n'empêchait l'enfant de la gitane Mirza d'être un jour une chaste et douce créature...

La fille d'un assassin infâme peut devenir une sœur de charité...

La fille d'une sainte peut devenir une créature abjecte et mille fois perdue...

Ce n'était point le hasard de sa naissance qui

devait faire de Laurence la plus avide, la plus déloyale, la plus dangereuse des filles d'Eve; — c'était sa nature elle-même au fond de laquelle se trouvait le germe de tous les vices; — c'était son âme, terrain riche et vierge ensemencé pour la corruption par les exemples d'un scélérat, et ne devant plus retrouver jamais la notion perdue du bien et du mal...

Laurence manquait de cœur, mais, douée d'un immense talent de dissimulation, elle pouvait jouer avec un art infini cette tendresse qu'elle était incapable de ressentir jamais.

Laurence n'avait d'affection pour personne...

En revanche — (il nous faut bien le répéter) — elle éprouvait pour Blanche et Gaston, ses bienfaiteurs, une aversion, nous pourrions même dire une haine, d'autant plus vive qu'il lui fallait faire de continuels efforts pour dissimuler cette haine, et pour affecter les dehors d'une reconnaissance infinie et d'un dévouement sans bornes...

Quoique détestant cordialement ceux à qui elle devait tout, Laurence n'aurait point consenti à se séparer d'eux, si une telle séparation avait pu dépendre de sa volonté.

La fille de la baladine ambulante se sentait née pour la vie large et facile, pour le luxe qui l'entourait.

Bien mieux qu'une rustique fleur des champs transportée dans les vitrages d'une serre chaude, où parfois elle meurt étouffée, faute de grand air et de soleil, Laurence s'était acclimatée tout de suite dans l'atmosphère parfumée et tiède du salon et du boudoir de la marquise.

Avec une coquetterie précoce et qui n'annonçait rien de bon pour l'avenir, l'enfant se rendait parfaitement compte de sa propre beauté...

Un instinct vague, une prescience inexplicable à son âge, lui révélaient que plus tard cette beauté deviendrait pour elle une arme, un tout-puissant moyen d'action.

Elle adorait la toilette qui mettait en valeur les grâces de son ravissant visage et les perfections de sa taille enfantine.

Elle passait des heures entières dans la solitude de sa chambre, debout devant une glace, souriant à son image, et déroulant ses longs cheveux sombres, pour en composer des coiffures nouvelles, souvent bizarres, mais toujours délicieuses.

Parfois Blanche l'apercevait dans ces jeux inquiétants. — Elle n'en concevait aucune alarme; — aveuglée par l'excès de sa tendresse quasi-maternelle, elle admirait Laurence au lieu de la gronder, et elle s'écriait en l'embrassant :

— Ah! chère petite, que tu es charmante!... Quelle fille de roi ne mettrait son orgueil et son bonheur à être belle autant que toi?...

Laurence ne répondait pas à la jeune marquise, mais elle se disait à elle-même : — Belle comme une fille de roi!... Pourquoi ne serais-je pas reine un jour?...

Nous ne prendrons pas sur nous d'affirmer qu'il y eût quelque chose de sérieux et de réfléchi au fond de cette pensée si profondément absurde en apparence...

Le mot *Roi* n'offrait point à l'esprit de Laurence de sens bien précis et bien positif.

Pour elle il signifiait seulement : *supériorité, puissance et richesse...*

Or, l'enfant ambitionnait déjà les jouissances de l'orgueil; — sa nature impérieuse et dominatrice se pliait avec peine à l'obéissance et rêvait le commandement; — enfin, elle estimait plus que tout au monde la fortune, non pas à cause de l'argent lui-même, dont elle ne connaissait guère la valeur, mais parce qu'elle devinait que les riches sont les rois de ce monde, que tout leur est permis, que tout leur est facile, et que la foule des déshérités courbe le genou devant eux...

Laurence ne mettait pas un seul instant en doute qu'elle dût posséder dans l'avenir cette richesse, cette supériorité, ce pouvoir, convoités par elle!...

Comment cela pourrait-il se faire?

Elle n'en savait pas le premier mot et ne s'en préoccupait nullement; — sa conviction lui suffisait; — elle se considérait, par avance, comme l'égale de sa bienfaitrice.

Cinq ans s'écoulèrent.

Pendant ce long intervalle, la tendresse de Blanche Castella pour sa fille adoptive, bien loin de se démentir, ne fit au contraire que s'accroître, car la jeune femme, à mesure qu'elle perdait l'espoir de devenir mère, reportait sur Laurence les trésors de maternelle affection qui débordaient dans son cœur.

Laurence, elle non plus, ne changea point.

Aucune modification ne se fit, du moins en bien, dans son caractère et dans sa nature.

Elle resta froide et dissimulée, envieuse et ambitieuse.

Son esprit seul ne demeura pas stationnaire.

Elle travailla sans relâche; — elle apprit beaucoup; — elle étonna, par sa prodigieuse aptitude à toutes choses, non-seulement la jeune marquise, mais encore les maîtres habiles, chargés de lui donner les premières notions de la musique, du dessin, de la danse et de l'équitation.

Nos lecteurs se disent sans doute que, dans la position infime de Laurence, une telle éducation était insensée...

Nous sommes parfaitement de leur avis.

Blanche Castella, animée des meilleures et des plus généreuses intentions, faisait sans le savoir un acte de folie.

Elle ne réfléchissait point qu'elle préparait, selon toute apparence, le malheur de sa protégée. — Elle regardait Laurence comme sa fille; — elle l'élevait ainsi qu'elle aurait élevé sa fille...

Sa pensée n'allait pas plus loin.

Gaston, moins aveugle que sa femme, mais de

plus en plus faible pour elle, laissait faire sans contrôle et sans discussion.

La marquise douairière s'était imposé la loi sage de ne jamais intervenir, ne fût-ce que par un conseil, dans le ménage de son fils et de sa belle-fille.

— Elle se taisait.

En somme, ces cinq années furent des années heureuses pour nos personnages, et la présence de la petite fille à la Folie-Normand apporta, dans l'existence un peu monotone du jeune couple, de puissants éléments de diversion.

On se lasse de tout ici-bas, même du bonheur, quand ce bonheur est trop calme...

Cependant elle répondit en disant : — Partout où tu iras, j'irai... — partout où il te plaira que je te suive, je te suivrai...

Puis, comme Gaston la serrait dans ses bras pour la remercier de cette réponse, elle ajouta :

— Et Laurence... nous accompagnera-t-elle?...

— Y penses-tu !... — C'est impossible !...

— Pourquoi donc?

— Un déplacement de plusieurs mois, qui ne sera pour nous qu'un plaisir, deviendrait pour une enfant si jeune une fatigue et peut-être un danger.

— Il faudra donc me séparer d'elle?...

Laurence allait avoir seize ans. — Page 98.

Un jour Gaston dut s'avouer à lui-même qu'il ressentait les premiers symptômes de la fatigue et de l'ennui.

Les souvenirs de ses voyages d'autrefois lui revinrent en foule ; — il éprouva le plus ardent désir de revoir avec sa femme ces lointains pays que jadis il avait visités seul.

Après bien des hésitations, après bien des combats intérieurs, il prit le parti d'annoncer à Blanche le besoin de locomotion qui s'emparait de lui.

La jeune femme se trouvait parfaitement heureuse dans la villa d'Auteuil, et l'idée d'un prochain départ et d'un long exil, bien loin de la charmer, lui causait un certain effroi.

— Une mère se sépare bien de sa fille, et Laurence n'est pas ta fille...

— Tu sais bien que je l'aime comme si elle était mon enfant...

— Sans doute, je le sais ; — aussi tu n'auras que plus de bonheur à la retrouver au retour...

— Mais pendant notre absence, que deviendra-t-elle?...

— Nous la mettrons dans un pensionnat où des soins assidus et éclairés achèveront cette éducation que tu as si bien commencée...

— Laurence ne peut-elle donc rester ici, auprès de ta mère?...

— Ma mère, à son âge, reculerait, j'en suis certain, devant les nécessités d'une surveillance de tous les instants... — Laurence elle-même trouverait bien triste une solitude à laquelle elle n'est point habituée...

— Agis donc ainsi que tu croiras devoir le faire, cher Gaston... — tu es le maître et seigneur, et ni ta prudence, ni ta raison, ne sauraient te tromper.

Dès le lendemain Blanche et Gaston se mettaient en rapport avec la supérieure de l'un des principaux pensionnats de Paris.

La semaine suivante avait lieu la séparation de la jeune femme et de sa fille adoptive, et les larmes sincères de Blanche se mêlaient aux larmes hypocrites de Laurence.

Nous n'avons point à entretenir nos lecteurs des incidents divers de ces longues pérégrinations...

De tels épisodes, en admettant même qu'ils ne fussent pas dépourvus absolument de tout intérêt, deviendraient insupportables dans notre récit.

Revenons à Laurence qui, dans un pensionnat parisien, s'irritait en silence de la longueur interminable des journées se succédant pour elle avec une désespérante monotonie.

Ce pensionnat, choisi par Gaston parmi les plus aristocratiques de la grande ville, achevait totalement l'œuvre commencée à la Folie-Normand, et

Gaston se pencha, et ses lèvres effleurèrent le front de la jeune fille. — Page 100.

Deux jours après cette séparation, une chaise de poste emportait loin de Paris Gaston et Blanche.

Gaston était radieux.

Blanche avait le sourire aux lèvres, mais le cœur rempli de tristesse..

XXVIII. — SEIZE ANS.

Gaston Castella, en quittant Paris avec Blanche, était très-fermement convaincu que son absence ne se prolongerait pas au-delà de quelques mois...

L'homme propose et le hasard dispose...

Les voyages des jeunes époux durèrent près de cinq années, et ces cinq années s'écoulèrent pour eux rapidement comme un beau rêve.

fortifiait les aspirations de la jeune fille vers la fortune, vers le luxe, vers la domination.

Entourée de compagnes qui toutes appartenaient à des familles patriciennes ou millionnaires, Laurence ne voulait ni avouer aux autres, ni reconnaître elle-même son infériorité.

Gaston et Blanche, dans le but d'épargner à leur fille toute blessure d'amour-propre, n'avaient point appris à la supérieure quelle était l'origine de Laurence.

Interrogée au sujet de sa naissance et de sa famille par les autres pensionnaires, la petite fille avait répondu par un roman suffisamment ingénieux, fort bien inventé et à peu près vraisemblable.

Personne n'était en état de la démentir, ses mensonges étaient devenus parole d'évangile... A force de les répéter, elle avait presque réussi à se les persuader elle-même...

Ceci, d'ailleurs, ne saurait passer pour un paradoxe, et de semblables faits sont moins rares qu'on ne le croit peut-être...

Combien avons-nous connu de menteurs qui, par suite d'une longue habitude, arrivaient à mentir de *bonne foi*.

Laurence entendait ses compagnes parler sans cesse du splendide avenir qui commencerait pour elles aussitôt après leur début dans le monde... Toutes vantaient les joies sans nombre, les plaisirs inépuisables et renaissants qui seraient leur partage.

Toutes se promettaient des maris très-jeunes, très-beaux, très-épris, et surtout très-riches...

Celle-ci voulait être comtesse...

Celle-là ne consentirait jamais à n'être pas tout au moins baronne...

— Et toi, Laurence, que seras-tu ? — demandaient à l'enfant sans père ces filles d'Eve blondes et brunes.

— Oh! moi, — répondait-elle avec une superbe nonchalance, — je serai ce que je voudrai... duchesse, marquise ou comtesse... — Je choisirai plus tard entre tous les blasons et toutes les couronnes...

Chaque année quelques-unes des pensionnaires rentrées dans leurs familles faisaient de brillants mariages.

Elles s'empressaient aussitôt de venir étaler leur luxe au pensionnat, sous prétexte de rendre une visite à leurs anciennes amies.

Les portes de la vaste cour s'ouvraient à deux battants; — les équipages élégants stationnaient devant le perron, et l'on voyait de frais et ravissants visages se coller aux vitres, et de grands yeux étinceler en regardant avec admiration piaffer les chevaux de race, et miroiter au soleil les panneaux armoriés.

Alors des torrents d'âcre jalousie inondaient l'âme de Laurence...

Elle éprouvait à l'endroit de ses ex-compagnes ainsi favorisées, des mouvements d'implacable haine...

Elle se disait avec amertume : — Quand donc arrivera-t-il le jour où je brillerai plus qu'elles... le jour où je les écraserai de ma beauté sans rivale et de mon faste souverain?...

Et comme il ne dépendait point d'elle de répondre à cette question, elle se tordait les mains et recherchait la solitude pour y verser des pleurs de rage...

Chaque année la marquise douairière Castella, bien vieille et presque infirme, venait assister à la distribution des prix et emmenait à Auteuil, pour toute la durée des vacances, la jeune fille chargée de prix et de couronnes.

Laurence n'aimait point la douairière, et rien au monde n'aurait dû lui sembler plus triste que les six semaines passées à la Folie-Normand. Elle s'y trouvait relativement heureuse néanmoins, et cela parce que la vieille dame la menait chaque jour dans sa voiture au bois de Boulogne.

Cette promenade quotidienne, au milieu de la foule élégante, dans une berline dont la couronne de marquis timbrait les écussons, donnait à la vanité de Laurence des satisfactions délicieuses.

Si, par hasard, elle rencontrait quelqu'une de ses amies de pension, à pied ou dans une voiture moins riche, moins bien attelée, moins armoriée, son ivresse n'avait pas de bornes...

Laurence, — avec cette rouerie précoce dont nous avons déjà parlé à plus d'une reprise et qui faisait le fond de son caractère, — Laurence, disons-nous, ne négligeait rien d'ailleurs pour plaire à la marquise douairière...

Sans cesse elle l'entretenait de son attachement et de son respect, — sans cesse elle lui parlait de Gaston, et de Blanche avec l'exaltation du dévouement le plus profond, — sans cesse, enfin, elle avait sur les lèvres les témoignages de cette tendresse et de cette reconnaissance qui n'étaient point dans son cœur.

Ainsi s'écoulèrent pour la jeune fille les cinq années d'absence de Blanche et de Gaston.

Laurence allait avoir seize ans.

Jamais rien de plus parfait, de plus accompli, de plus séduisant surtout, n'avait existé, depuis l'heure solennelle où Dieu, sous les ombrages du paradis terrestre, prit une côte du premier homme pour en faire la première femme.

Tracer un portrait ressemblant, reproduire une image fidèle de Laurence à cette époque, ce serait une tâche malaisée devant laquelle nous reculons...

La plume ne saurait, en aucun cas pareil, rivaliser avec le pinceau, et le pinceau le plus habile aurait été forcé, nous le croyons sincèrement, de reconnaître son impuissance.

Qu'il nous suffise de dire en quelques mots que la jeune fille offrait tout à la fois les charmes angéliques d'une vierge, les fascinations vertigineuses d'une sirène, et qu'elle réunissait la distinction d'une grande dame du sang le plus pur aux grâces provocantes d'une Parisienne de Gavarni...

L'ennui et le chagrin, cependant, s'emparaient de Laurence.

— Mon Dieu, — se disait-elle, — mon Dieu, ne reviendront-ils donc jamais?.. — Suis-je condamnée à languir longtemps encore dans cette atmosphère qui m'étouffe...— Ah! mieux vaudrait cent fois mourir vite que de vivre ainsi...

La jeune fille ne dormait plus...

La pâleur mate de son visage aux tons dorés augmentait visiblement...

Une auréole d'azur estompait le contour de ses paupières et semblait déceler de secrètes souffrances...

Explique qui pourra ce phénomène : — cette pâleur, ces indices d'insomnies et de chagrins, bien loin de la défigurer, la rendaient plus belle encore.

Un jour, — au moment où Laurence se doutait le moins qu'une visite allait rompre la monotonie de son existence, — une voiture entra dans la cour du pensionnat, et la marquise douairière fit demander la jeune fille au parloir.

Laurence accourut avec tous les symptômes d'une émotion vive et joyeuse.

— Ah! chère madame, — s'écria-t-elle en embrassant la vieille dame avec effusion, — quel bonheur de vous voir, et comme j'espérais peu ce bonheur aujourd'hui...

— Mon enfant, — répondit madame Castella en souriant, — on prétend que les vieillards sont égoïstes... — Je n'en crois rien et j'ai voulu me donner à moi-même la preuve du contraire...

La marquise s'interrompit.

Laurence, en fille d'une éducation irréprochable, ne se permit point d'interroger, mais ses grands yeux, fixés sur la visiteuse, exprimèrent la curiosité la plus vive.

Madame Castella garda le silence pendant un instant, comme pour aiguillonner encore cette curiosité, puis elle sourit de nouveau et elle continua :

— Il m'est arrivé ce matin une grande joie, et ma première pensée a été de vous la faire partager...

— Une grande joie! — s'écria la jeune fille, emportée en apparence par un irrésistible élan de son âme, — oh!... c'est qu'alors il s'agit de vos enfants, madame... — il s'agit de mes chers bienfaiteurs...

— Vous devinez juste, ma belle Laurence... — Cette bonne nouvelle dont je viens de vous parler, c'est une lettre de Gaston qui me l'apportait...

Pour la seconde fois le regard de la jeune fille exprima l'intérêt le plus ardent, tandis que ses lèvres restaient muettes.

Madame Castella continua :

— Ils reviennent, Laurence!... — ils reviennent!... — la lettre est datée de *Nice*... — Avant huit jours ils seront ici...

Laurence saisit les mains de la douairière, et pendant quelques secondes, les couvrit de baisers.

Quand elle releva la tête son visage rayonnant était transfiguré...

Une perle liquide se suspendait aux cils de sa paupière, sa bouche entr'ouverte semblait ne contenir qu'à grand'peine le cri de joie prêt à jaillir...

Madame Castella se sentit émue et touchée jusqu'aux larmes de cette immense et silencieuse émotion.

— Ainsi, chère enfant, — reprit-elle, en serrant à son tour les mains de la jeune fille, — je ne m'étais pas trompée... Ma nouvelle vous rend heureuse?...

— Ah! madame, — répliqua Laurence d'une voix tremblante, en appuyant sa main sur sa poitrine, comme pour comprimer les battements de son cœur, — si l'on pouvait mourir de joie, je serais morte en vous écoutant.

— Vous les aimez donc bien, mes deux enfants, Gaston et Blanche?...

— Si je les aime!... — Ah! madame, donner pour eux tout mon sang, goutte à goutte, ce serait le plus grand des bonheurs!...

Cette phrase fut prononcée si simplement que la douairière ne songea même point à trouver la pensée prétentieuse et la forme ampoulée!

Elle continua :

— Gaston termine ainsi sa lettre : — *Embrassez pour nous, de tout votre cœur, notre chère fille d'adoption, qui doit être maintenant bien grande et bien belle, et que nous avons hâte de revoir...*

— Ils pensent à l'orpheline!... — s'écria Laurence, — ils ne l'ont point oubliée!... — Ah! que le Dieu de justice soit pour eux ce qu'ils sont pour moi!...

— J'avais songé d'abord, mon enfant, — poursuivit la marquise, — à vous reprendre tout de suite, à vous emmener avec moi dès aujourd'hui...

— Eh bien, madame?...

— Mais, toute réflexion faite, je ne veux point enlever à Blanche le plaisir de venir vous chercher elle-même... — Ne m'approuvez-vous pas en cela?...

— Je vous approuve sans cesse, madame, et tout ce que vous faites est bien fait...

La conversation se prolongea pendant quelques minutes encore, puis la douairière embrassa la jeune fille et la quitta en lui disant :

— A bientôt...

Aussitôt que la porte du parloir se fut refermée derrière la marquise, Laurence respira bruyamment et secoua les épaules comme si elle venait de se sentir déchargée d'un poids écrasant.

En même temps l'expression de son visage changeait.

C'était toujours la joie qui se peignait sur ses traits, mais une joie d'une autre nature.

— Enfin, — murmura-t-elle, — enfin, voici que l'esclavage est presque fini, et que la liberté va commencer... — Adieu les ténèbres, — adieu le passé, — adieu la contrainte et l'ennui!... — à moi le soleil et l'avenir!...

Les huit jours fixés par Gaston dans sa lettre à madame Castella s'écoulèrent.

Dans l'après-midi du huitième jour, un grand tapage se fit entendre sur la route d'Auteuil.

Une calèche, attelée en poste, arrivait au galop de ses chevaux du Perche, au milieu du bruit des grelots, des nuages de poussière et des claquements de fouet.

La grille de la Folie-Normand fut ouverte ; — la calèche décrivit une courbe rapide ; — elle s'arrêta devant ce même perron dont le sang du rétameur avait arrosé les marches, et Gaston et Blanche s'élancèrent dans les bras de la douairière.

Ces cinq ans de voyage n'avaient pas laissé sur la charmante figure de Blanche une seule trace de leur passage.

Telle la jeune femme était la veille du départ, telle on la retrouvait au moment du retour.

Elle approchait de sa vingt-huitième année. — On lui en aurait donné vingt, tout au plus...

Gaston, lui, quoique doué d'une nature bien autrement énergique et robuste, n'avait pas aussi bien supporté que sa femme, à beaucoup près, les fatigues inévitables de ces déplacements continuels et prolongés.

Il était beau toujours, assurément.

Sa taille conservait sa désinvolture et sa souplesse, mais, quoiqu'il eût quarante ans à peine, et qu'il fût par conséquent dans toute la force de l'âge, l'angle externe de ses paupières commençait à former des plis, — ses joues offraient des teintes plombées, — ses cheveux blonds s'éclaircissaient au sommet de la tête, et se parsemaient, sur les tempes, de nombreux fils d'argent.

Gaston, à cette époque, quoique né à Venise, de père et de mère italiens, était le type parfaitement réussi du gentilhomme anglais de grande maison.

Après les premiers épanchements, on en vint à parler de Laurence.

La marquise douairière raconta, jusque dans les moindres détails, sa dernière entrevue avec l'orpheline.

Blanche en pleura d'attendrissement et s'écria :

— Ah! comme je la jugeais bien, moi, quand autrefois je n'ai pas voulu qu'on vînt nous l'enlever au nom de la loi!... — Comme je devinais bien qu'elle aurait un cœur d'or, cette chère petite...

— Cette chère petite, — interrompit la marquise en souriant, — est maintenant une jeune fille beaucoup plus grande que Blanche, et plus belle que tout ce qu'il y a au monde de plus beau...

— Tant mieux!... cent fois tant mieux! — répondit la jeune femme, — il ne nous en sera que plus facile de lui donner un bon mari, ce dont nous allons nous occuper sans perdre de temps... — n'est-ce pas, Gaston?...

— Oh! très-certainement, ma chère... — mais où le prendrons nous, ce mari?...

— Je n'en sais rien encore, seulement, quand on cherche bien, on finit toujours par trouver...

— La tâche doit être facile d'ailleurs... — Les hommes ne manquent pas à Paris!... — Mon Dieu, que j'ai hâte de l'embrasser, cette chère Laurence qui nous aime tant et qu'on dit si belle...

Dès le lendemain la jeune marquise se faisait conduire au pensionnat où l'orpheline l'attendait depuis une semaine avec une fiévreuse impatience.

Blanche ne put retenir un cri de surprise et de joie en voyant sa fille adoptive...

Elle n'en croyait pas ses yeux...

Cinq ans auparavant, elle avait quitté une enfant, — charmante il est vrai, — elle retrouvait une femme d'une beauté prestigieuse et d'une grâce incomparable...

En face de cette exquise créature, elle se sentait naïvement orgueilleuse, comme un artiste en présence de son œuvre la mieux réussie...

Avons-nous besoin d'ajouter que Laurence joua la comédie de la tendresse, de l'émotion, du bonheur, avec un talent, avec une science, avec une perfection enfin dont aucune actrice contemporaine n'aurait été capable.

— Nous ne nous quitterons plus, désormais!... — s'écria la marquise.

Et elle reprit le chemin d'Auteuil, en emmenant Laurence avec elle.

XXIX. — LES ÉPOUSEURS.

La calèche s'arrêta devant le perron de la Folie-Normand.

Blanche descendit de voiture, traversa rapidement le vestibule, en tenant Laurence par la main, et rentra dans le salon avec elle comme un tourbillon.

Gaston et la marquise douairière causaient auprès d'une fenêtre.

Blanche alla droit à son mari.

— Regarde-la!... — s'écria-t-elle, — l'aurais-tu jamais reconnue?... — C'est elle, cependant, — c'est bien elle, — c'est ma chère Laurence!... — Comment la trouves-tu? — N'est-ce pas une merveille sans seconde?... N'est-ce pas un chef-d'œuvre vivant?...

Gaston leva les yeux sur le visage de la jeune fille et fut ébloui comme s'il eût regardé le soleil en face.

Pendant deux ou trois secondes l'étonnement et l'admiration le rendirent muet.

Ceci ne faisait point l'affaire de Blanche qui voulait que son enthousiasme fût partagé.

— Pourquoi donc gardes-tu le silence? — reprit-elle; — il est impossible, tout à fait impossible, que tu ne sois pas de mon avis...

— Les aveugles seuls auraient le droit de ne point partager ton opinion... — répondit Gaston en souriant; — mademoiselle Laurence ressemble aux plus divines créations de Raphaël et du Titien.

— A la bonne heure!... — c'est parler cela!... — Mais à quel propos appelles-tu cette chère Laurence, MADEMOISELLE, d'un air cérémonieux et compassé? — n'est-elle plus notre enfant, notre filleule et notre fille?... — Je suis sûre que tu viens de l'affliger... — allons, plus de *mademoiselle*, et bien vite, bien vite, embrasse-la...

En disant ce qui précède, Blanche poussait Laurence vers son mari.

Gaston se pencha, et ses lèvres effleurèrent le front velouté de la jeune fille, dont la mate blancheur fit place, pendant quelques secondes, à une nuance de l'incarnat le plus vif.

Gaston lui-même éprouva une commotion singulière, une sorte de tressaillement, comme si ses muscles et ses nerfs recevaient la décharge d'une pile de Volta faiblement chargée.

Nous ne prétendons point expliquer ce phénomène en disant que la foudroyante beauté de l'orpheline venait de toucher le mari de Blanche en plein cœur...

Une telle explication, plausible peut-être, ne serait point conforme à la vérité.

Or, la vérité, la voici :

Certaines femmes, il est impossible de le nier, dégagent et font rayonner autour d'elles une électricité réelle et facile à constater... — Ce n'est pas pour rien que la plus charmante, la plus étrange, la plus infernalement adorable des héroïnes de Balzac, Esther Gobsek, la fille de la belle Hollandaise, avait reçu de ses compagnes et de ses rivales le surnom de *la Torpille*.

Laurence possédait, elle aussi, cette faculté bizarre, demeurée jusqu'alors à l'état latent, et qui venait de se révéler pour la première fois sous le baiser de Gaston.

— N'est-ce pas, Laurence, n'est-ce pas, mon enfant chérie, que tu nous aimeras bien?... — reprit la jeune marquise en embrassant de nouveau, et à vingt reprises, l'orpheline.

— Si je vous aimerai!... — répondit cette dernière avec exaltation. — Oui!... plus que tout au monde!... mille fois plus que ma vie, et autant que Dieu lui-même!...

— Ah! chère enfant!... — s'écria Blanche avec un transport qui ne le cédait en rien à celui de Laurence. — Béni soit, béni soit le jour où tu es devenue ma fille!...

Un entretien commencé sur ce ton ne pouvait manquer d'atteindre bien vite les hauteurs du lyrisme le plus effréné.

Nous épargnerons à nos lecteurs les fatigues d'un inutile voyage *dans le bleu*, comme on dit railleusement aujourd'hui, et nous laisserons s'écouler un intervalle de six ou sept mois.

Pendant ce laps de temps aucun événement de quelque importance n'était venu mettre de diversion dans l'existence uniforme et parfaitement calme des habitants de la villa d'Auteuil.

Cette vie, si paisible et si douce en sa régularité parfaite, semblait n'offrir aucune prise au malheur, — à celui, du moins, qui vient par le fait des hommes...

Mais souvent aussi la mer, que n'effleure nul souffle de brise, est unie comme un miroir, au moment même où le premier coup de tonnerre va déchaîner la tempête et soulever les flots furieux.

Bien loin de s'affaiblir par la satiété, la tendresse folle de la jeune marquise pour Laurence, et son besoin impérieux de l'avoir sans cesse à côté d'elle, n'avaient fait qu'augmenter de jour en jour.

Blanche ne pouvait se séparer un instant de l'orpheline qu'elle ne traitait plus comme sa fille, mais comme sa sœur.

La marquise avait vingt-huit ans, nous le savons, mais nous savons aussi qu'elle paraissait n'en avoir que vingt.

Laurence entrait dans sa dix-septième année, et la grâce harmonieuse de ses formes, l'ampleur sculpturale de ses épaules et de sa poitrine ne permettaient point de la croire plus jeune qu'elle ne l'était en réalité.

Sans ses yeux noirs et ses cheveux sombres qui formaient un vigoureux contraste avec les yeux bleus et les cheveux blonds de la marquise, il aurait été facile et naturel de prendre la jeune femme et la jeune fille pour deux sœurs.

Toutes les fois que le temps le permettait, Blanche et Laurence, assises l'une à côté de l'autre sur les coussins de reps blanc d'une calèche découverte, parcouraient pendant deux ou trois heures les allées du bois de Boulogne, et les promeneurs éblouis conservaient longtemps le souvenir de ces deux femmes si dissemblables et si charmantes, un instant entrevues, et bien vite emportées par le trot régulier d'un rapide attelage.

L'idée que Laurence pouvait être prise pour sa sœur remplissait de joie la marquise...

Afin de venir en aide à cette illusion, elle voulait que la jeune fille fût toujours habillée de la même façon qu'elle-même.

Jamais elle ne se commandait une toilette sans commander en même temps pour Laurence une toilette de tout point pareille...

Avant de quitter Auteuil avec son mari et de voyager pendant cinq ans, la marquise, nous l'avons dit, se plaisait plus que partout ailleurs dans la riante solitude de la Folie-Normand, elle désirait n'en jamais sortir, et elle ne se mêlait aux fêtes et aux joies mondaines que lorsqu'il était absolument impossible de décliner une invitation.

Depuis son retour, un changement complet se manifestait dans ses habitudes et dans ses goûts.

Elle devenait mondaine autant qu'elle l'avait été peu jusqu'à ce moment...

Elle ne refusait aucune invitation...

Elle ne manquait plus un seul bal, au grand désespoir de Gaston qui trouvait insupportable cette existence bruyante et fiévreuse...

Parfois il essayait de se plaindre et de solliciter un peu de repos, un temps d'arrêt au milieu de ces plaisirs trop multipliés...

Blanche le laissait dire...

Elle l'écoutait en souriant...

Elle l'embrassait quand il avait fini...

Elle lui répondait :

— Tu sais bien, cher Gaston, que je n'ai d'autre volonté que la tienne... — tu sais bien que tout ce qu'il te plaira que je fasse, je le ferai...

Elle n'ajoutait pas un mot à ces simples phrases si pleines d'aveugle soumission, et, le soir venu, elle s'habillait et partait pour le bal, où Gaston l'accompagnait, comme la veille et comme le lendemain, mécontent, mais docile...

Nos lecteurs se demandent sans doute d'où provenait un changement si brusque et si peu prévu dans les idées et dans les façons d'agir de la marquise...

Blanche prenait-elle en dégoût son intérieur, si cher autrefois?...

Trouvait-elle insipides, maintenant, et sans attrait, les douces causeries du foyer conjugal?...

Devenait-elle coquette?...

Enfin, n'aimait-elle plus son mari, ou l'aimait-elle moins?...

Rien de plus vaste, on le voit, que le champ ouvert aux conjectures.

Toutes les suppositions que nous venons de formuler étaient vraisemblables...

Aucune n'était vraie.

La marquise, livrée à elle-même, serait redevenue à l'instant, et sans la moindre hésitation, la Blanche du temps passé, amoureuse de la vie de famille et des joies obscures mais exquises de l'intérieur...

Comme autrefois elle aurait fui le monde volontiers, et préféré à tout, le bonheur idéal et presque céleste qui s'appelle *la solitude à deux*...

Ces bals, ces fêtes, qu'elle recherchait maintenant avec une infatigable avidité, ce n'était point pour elle qu'elle les aimait... c'était pour Laurence.

La jeune fille semblait si heureuse, au milieu de ces femmes jeunes, élégantes et belles, qu'elle éclipsait toutes par sa jeunesse, sa grâce et sa beauté!...

Elle s'abandonnait avec de si naïfs transports aux mélodieuses ondulations de l'orchestre, aux tournoiements de la valse enivrante!...

Une telle admiration l'entourait!...

De si flatteurs murmures couraient sur son passage!...

Blanche éprouvait des jouissances inouïes à contempler les triomphes de sa fille adoptive...

Quant à ses propres succès, elle y attachait si peu d'importance qu'elle ne les apercevait point, et qu'elle refusait volontiers d'y croire...

La jeune marquise avait d'ailleurs, pour agir ainsi qu'elle le faisait, un motif plus sérieux que celui de préparer à Laurence des ovations quotidiennes.

Elle songeait à assurer le bonheur de l'orpheline en lui donnant un mari digne d'elle...

Il était impossible, — se disait-elle, — que parmi cette multitude de jeunes gens riches et bien nés, distingués et intelligents, il ne s'en trouvât pas un seul capable de deviner et d'apprécier les qualités sérieuses cachées sous la rayonnante beauté de Laurence...

Devenue romanesque à force de tendresse, Blanche faisait pour l'orpheline les rêves que font pour elles-mêmes les jeunes filles à têtes exaltées...

Elle voulait, non point un de ces mariages de convenance qui s'arrangent froidement, raisonnablement, méthodiquement, comme s'il s'agissait de conclure une affaire d'intérêt, et dans lesquels le cœur joue tout au plus un rôle de comparse; — mais un amour ardent, irrésistible, partagé, conduisant à l'autel deux êtres jeunes et beaux, par les sentiers enflammés de la passion...

Blanche se proposait de doter richement l'orpheline, mais elle tenait par-dessus tout à ce que cette généreuse intention fût ignorée des prétendants à la main de Laurence...

La jeune fille étant un trésor d'une incalculable et inestimable valeur, elle devait être adorée et épousée pour elle-même...

Celui-là seul pourrait la mériter et l'obtenir, qui, noble et riche, et la croyant pauvre, tomberait à ses genoux, en murmurant d'une voix émue :

— Laurence, je vous aime!... — Laurence, voulez-vous être ma femme?...

Hélas!... rien de plus touchant peut-être, mais aussi rien de plus naïf, rien de plus parfaitement absurde, que les raisonnements, ou plutôt que les illusions de la marquise Blanche Castella...

Ces raisonnements nous prouvent, jusqu'à l'évidence, que son ignorance du monde était égale à la bonté de son cœur...

Lorsque l'orpheline fit ses débuts dans les salons de Paris sous le patronage de Gaston et de Blanche, une foule de jeunes gens, une nuée de célibataires entre deux âges, attirés par les rayonnements de cette beauté flamboyante et souveraine, vinrent tournoyer autour de Laurence, comme les phalènes nocturnes autour du point lumineux qui les attire.

Tout le monde connaissait la grande fortune des Castella...

Laurence était sans doute une parente...

Elle devait être riche.

Une belle dot et un délicieux visage, il y avait là de quoi mettre sur le pied de guerre tous les épouseurs de Paris.

Madame Castella triomphait.

— Nous n'aurons qu'à choisir... — se disait-elle, — mais rien ne presse... attendons encore...

— Laurence mérite de devenir la femme d'un prince, et les princes arriveront à leur tour...

Avons-nous besoin d'ajouter que la jeune fille, étourdie, enivrée par les fumées de l'encens qui montaient autour d'elle, partageait ces espérances folles et les exagérait encore.

Qu'on juge de l'étonnement de la marquise et de la déception de l'orpheline, lorsqu'un beau jour, et sans aucun motif apparent, l'armée des soupirants s'éclaircit tout à coup...

Certes, au bal, les danseurs ne faisaient point défaut, mais ceux qui, la veille, se montraient le plus empressés, affectaient maintenant une excessive réserve, et semblaient craindre de se compromettre en paraissant épris de l'idole à la mode...

La cause d'un changement si brusque est bien simple, et nos lecteurs la devinent sans peine.

Nous vivons dans un siècle positif entre tous...
Le *veau d'or* est le seul dieu qui ne trouve aujourd'hui ni incrédules ni blasphémateurs..
La question d'argent est à l'ordre du jour, et, quand il s'agit de se choisir une femme, on songe d'abord au solide et l'on s'occupe de la dot. — Si l'argent et l'amour se trouvent réunis, tant mieux ; — *l'affaire*, alors, devient superbe. — Mais, sans argent, l'amour ne bat plus que d'une aile, et la passion la plus ardente s'éteint comme un feu de paille.....

Un poëte contemporain l'a dit :

« La dot à la laideur prête bien des appas,
« Et la beauté sans dot ne se mariera pas !... »

Or, les épouseurs les plus empressés et les mieux épris ne voulant point, selon l'expression vulgaire, *acheter chat en poche*, jugèrent prudent d'aller aux informations avant de formuler une demande positive.

Ces informations et les renseignements obtenus les mirent au fait de la position de Laurence.

Ils apprirent que la merveille des salons était en réalité une orpheline sans famille et sans fortune, recueillie et élevée par charité.

Sans doute les Castella, qui semblaient l'aimer comme si elle leur avait appartenu par les liens du sang, feraient pour elle *quelque chose*, mais ce *quelque chose* n'offrait rien de positif, et d'ailleurs le marquis et la marquise, très-jeunes encore l'un et l'autre, pouvaient avoir des enfants, ce qui ne manquerait point de refroidir singulièrement leur bonne volonté à l'endroit de l'orpheline..

Ces détails, rendus publics avec une promptitude électrique, firent réfléchir les épouseurs, et le résultat de leurs réflexions fut que la somme des risques à courir dépassant de beaucoup celle des espérances vraisemblables, le plus vulgaire bon sens leur ordonnait impérieusement de s'abstenir et de battre en retraite.

Nous avons vu déjà qu'ils obéirent tous, avec empressement, à cette sage recommandation.

Laurence possédait une intelligence trop active, un esprit trop fin et trop perspicace, pour ne point se rendre un compte exact de ce qui se passait.

En tombant du haut de ses rêves dans la réalité, elle éprouva d'abord un mouvement de désespoir et de découragement.

Elle se révolta contre sa destinée, — elle maudit Dieu et les hommes...

Mais bientôt redevenue maîtresse d'elle-même, elle se releva, plus forte que jamais, et elle se dit, tandis qu'un sourire plein d'amertume soulevait sa lèvre supérieure :

— Je ne puis être ni princesse ni duchesse, parce que je suis pauvre... Eh bien ! soit ! — mais du moins je serai marquise... — je me le jure à moi-même !...

Gaston Castella, nos lecteurs le savent, n'aimait que très-médiocrement les plaisirs mondains.

A la fête la plus belle et la plus éblouissante, il préférait de beaucoup une soirée dans la solitude auprès de Blanche.

La marquise, de son côté, jusqu'à l'époque où se passèrent les faits que nous racontons, avait partagé, de la façon la plus complète, les goûts de retraite et d'isolement de son mari.

Lorsqu'elle se fut persuadé à elle-même qu'il était indispensable de se répandre beaucoup dans le monde, afin de conquérir pour Laurence un mari jeune et brillant, Gaston se résigna de bonne grâce ; — il rompit avec toutes ses habitudes, sinon sans regrets, du moins sans plaintes, et il accompagna chaque soir au bal la marquise et l'orpheline, qui ne pouvaient se passer de sa présence et de son patronage.

Une certaine nuit, vers deux heures du matin, Gaston venait de quitter une table de bouillotte, après avoir perdu cinquante ou soixante louis.

Il avait franchi le seuil de l'un des salons où l'on dansait ; — il s'était réfugié au fond de l'embrasure d'une fenêtre, et ses regards s'arrêtaient distraitement tantôt sur Blanche et tantôt sur Laurence, qui se faisaient vis-à-vis dans un quadrille.

Une lassitude excessive accablait le jeune marquis.

Depuis huit ou dix jours il ne s'était pas une seule fois mis au lit avant quatre heures du matin, et il se demandait à lui-même comment les femmes, ces êtres si délicats et si frêles en apparence, pouvaient supporter sans mourir, et même sans pâlir, d'aussi écrasantes fatigues...

— Il est évident, — se répondait il, — que sous ces formes gracieuses, sous cette peau satinée, ces dames cachent des nerfs et des muscles d'acier, auprès desquels nos muscles et nos nerfs, à nous autres hommes, ne sont que des instruments grossiers et sans résistance...

Selon toute apparence Gaston allait continuer indéfiniment un monologue ainsi commencé, lorsqu'il fut distrait de sa préoccupation par l'arrivée de deux jeunes gens qu'il ne connaissait ni l'un ni l'autre et qui, sans le voir, prirent place devant lui, à l'entrée de l'embrasure au fond de laquelle il était debout et immobile.

La conservation s'engagea tout aussitôt entre les nouveaux venus.

— Mon cher comte, — dit l'un d'eux à son compagnon, — vous êtes, si je ne me trompe, l'un des familiers de la duchesse... — Vous ne manquez à aucune de ses fêtes, par conséquent tous ses invités doivent être connus de vous, au moins de vue et de nom...

— A peu près... — répliqua le jeune homme ainsi questionné...

Disons en passant que nous avons transporté nos lecteurs au faubourg Saint-Honoré, dans l'hôtel de la duchesse de Bois-Hardy.

— Alors, — reprit le premier interlocuteur, — vous voudrez bien, mon cher comte, me servir de cicerone, à moi qui viens ici cette nuit pour la première fois...

— Je suis absolument à vos ordres... — J'espère que vous n'en doutez pas...

— Je n'en doutais pas, en effet, et je vous en remercie très-sincèrement...

— Quand vous plaît-il que j'entre en fonctions?...

— Tout de suite...

— Qu'avez-vous à me demander?

— D'abord, quelle est cette jeune femme, ou plutôt, je crois, cette jeune fille, d'une beauté si merveilleuse, si étourdissante, si invraisemblable, qui danse là, presqu'en face de nous...

— Il y a ce soir, au bal de la duchesse, beaucoup de jeunes femmes et de jeunes filles miraculeusement belles et jolies... — Désignez-moi donc, je vous prie, d'une façon plus précise, celle de qui vous voulez parler...

— Celle dont je parle est grande et mince, d'une pâleur dorée, avec des yeux noirs immenses et de magnifiques cheveux noirs. — Dans sa chevelure elle porte une rose, — elle est entièrement vêtue de blanc, avec des perles autour du cou...

Gaston chercha des yeux l'original du portrait si rapidement crayonné, et, du premier coup d'œil, il reconnut Laurence.

Le jeune homme qui venait de parler, reprit :

— Il est impossible de s'y tromper, n'est-ce pas, et maintenant vous pouvez me répondre?...

— Parfaitement.

— Faites-le donc... — Est-ce une jeune femme, ou une jeune fille?...

— C'est une jeune fille... ou plutôt un roman en robe blanche, avec des perles autour du cou et une rose dans les cheveux...

— Un roman!...

— Oui.

— Vous m'intriguez au delà de toute expression!... — Je vous en prie, expliquez-vous vite.

— Quel air trouvez-vous à cette belle enfant?...

— L'air d'une jeune reine, à coup sûr... — La distinction de son origine, la pureté de sa race, sont écrites en caractères irrécusables sur son visage, dans son attitude, dans sa démarche et jusque dans ses moindres mouvements...

— C'est là votre avis?

— N'est-ce point le vôtre?...

— Assurément... — ce qui n'empêche point cette *jeune reine*, comme vous venez de le dire, d'être la propre fille d'un vieux misérable, mendiant, voleur et assassin, tué à Auteuil, il y a une dizaine d'années, en flagrant délit d'escalade et d'effraction.

— Parlez-vous sérieusement?...

— Je ne me permettrais pas une plaisanterie en semblable matière, je vous prie de le croire...

— Mais ne vous trompez-vous point?...

— Non. — J'ai la certitude d'être bien renseigné.

— C'est que la chose est si invraisemblable!...

— J'en conviens... — Ce qui ne l'empêche pas d'être vraie...

— Alors comment peut-il se faire que cette fille d'un bandit soit reçue dans l'un des salons les plus aristocratiques de Paris, dans le salon de la duchesse de Bois-Hardy?...

— Rien n'est plus simple... — Ce n'est point à l'enfant d'un misérable que s'ouvrent toutes les portes, c'est à la fille adoptive du marquis et de la marquise Castella...

— Ainsi le marquis et la marquise?...

— Ont recueilli et élevé l'enfant dont le père venait d'être tué...

— Ce sont des étrangers, sans doute?...

— La marquise est Française... — Le marquis est Vénitien et millionnaire...

— Ils ne sont jeunes ni l'un ni l'autre, j'imagine.

— C'est ce qui vous trompe...

— Ah! bah!...

— Le marquis est un homme de notre âge... la marquise a l'air d'être la sœur, et tout au plus la sœur aînée de la merveille qui vous éblouit.

— Elle est jolie?...

— Délicieuse... — Et, tenez, vous pouvez à l'instant en juger par vos propres yeux... — voilà madame Castella... — elle danse avec le vicomte d'Audival, que vous connaissez...

— Cette jeune femme blonde qui porte des grappes de diamants dans ses cheveux blonds, et qui a des épaules de marbre blanc?...

— Elle-même... — comment la trouvez-vous?...

— Je la trouve très-charmante, sans contredit, mais encore plus imprudente que jolie...

— Imprudente! elle!... la marquise!...

— Pardieu!!...

— Et, en quoi donc, s'i vous plaît?...

— Avant de vous répondre, il faut que je vous fasse une question...

— Laquelle?...

— Madame Castella aime-t-elle son mari?...

— Elle l'adore... — la marquise et le marquis sont un de ces couples modèles que chacun admire et que les langues les plus médisantes et les plus envenimées n'osent point attaquer, et malgré elles doivent respecter...

— Dans ce cas, madame la marquise est plus qu'imprudente, elle est folle...

— Mais, encore une fois, en quoi donc?...

Avons-nous besoin de dire avec quel intérêt haletant, avec quelle fiévreuse curiosité, Gaston écoutait cet entretien qui le touchait d'une façon si directe, si immédiate?...

— Oui, mon cher comte — répondit le jeune homme, — la marquise est folle, je le maintiens, — folle à lier, d'installer à son foyer, de garder auprès d'elle, dans son intérieur, cette étourdissante créature qui finira, un peu plus tôt ou un peu plus tard, par lui voler le cœur de son mari... si toutefois ce n'est déjà fait...

— Quelle étrange supposition!!...

— Ce n'est pas une supposition... c'est une certitude...

— La marquise est assez belle pour ne craindre aucune rivale..

— La marquise est belle, cela est certain, mais d'une beauté douce et calme, — d'une beauté blonde, — d'une beauté *tranquille*, si je puis m'exprimer ainsi, — qui ne saurait entrer un seul instant en lutte avec la beauté capiteuse, vertigineuse, enivrante, de cette fille aux cheveux noirs.

— Vivre sans cesse à côté d'une telle créature, sans l'aimer, sans l'idolâtrer, sans en perdre la tête, c'est chose matériellement impossible!... —

— Je ne songe point à le nier; mais, pour parler comme défunt M. de la Palisse « — *Toutes les femmes sont honnêtes, jusqu'au moment où elles cessent de l'être...* »

— Quelle philosophie désespérante...

— Désespérante comme la vérité...

— Vous voyez les choses trop en noir!...

— Je les vois juste comme elles sont.

— Il est cruel de reprocher à la marquise une bonne action... une action généreuse...

— J'admire la belle action, mais je prétends qu'il est absurde de la continuer à partir du mo-

La conversation s'engagea entre les nouveaux venus. — Page 102.

Soyez certain qu'à l'heure qu'il est, le marquis, sans le savoir peut-être, adore déjà sa fille adoptive, et qu'il suffira de la plus fortuite circonstance pour lui ouvrir les yeux et pour mettre le feu aux poudres, et alors gare l'explosion!...

— Supposez-vous donc que M. Castella soit capable d'abuser lâchement du pouvoir moral que sa situation lui donne sur cette jeune fille?

— Je n'ai pas l'honneur de connaître le marquis, et je ne suppose quoi que ce soit... — mais j'ai quelque expérience... je sais que la passion fait tout oublier, qu'elle ne recule devant rien, et lorsqu'elle parle, la raison, la dignité, la conscience et l'honneur lui-même se taisent!...

— Mais la jeune fille est honnête...

ment où elle devient périlleuse... — **Madame Castella**, sans aucun doute, a fort bien agi, jadis, en recueillant une orpheline, en la faisant élever et en l'aimant d'une tendresse de mère... — Mais aujourd'hui l'enfant est une jeune fille, — aujourd'hui la jeune fille est dangereuse, — il faut s'en débarrasser au plus vite...

— Et, de quelle manière...

— En la mariant, pardieu!...

— L'épouseriez-vous, vous qui parlez?...

— Que le ciel m'en garde!...

— Pourquoi donc?

— Elle est trop belle!...

— Voilà une étrange raison!...

— Je n'en connais pas de plus juste ni de meilleure.

— On pourrait la discuter, cependant...

— On peut toujours tout discuter, mais on ne m'empêchera pas d'être dans le vrai... — Une femme d'une beauté si complète et si foudroyante est coquette par la force des choses ..—Des hommages incessants l'entourent! — d'innombrables adorateurs exaltent ses perfections sur les modes les plus dithyrambiques!... — elle finit par se considérer, de la meilleure foi du monde, comme une créature d'ordre supérieur, en même temps reine et déesse, et, du haut de son piédestal, elle regarde son pauvre mari avec le plus écrasant dédain... — Je n'envie point une telle destinée; je l'avoue, et l'honneur d'être le *prince-époux* d'une merveille me causerait un enivrement médiocre...

La conversation se termina là, ou plutôt, comme le quadrille venait de finir, les deux jeunes gens quittèrent l'embrasure de la fenêtre pour aller sans doute continuer un peu plus loin leurs observations.

Gaston, demeuré seul au milieu de la foule et du bruit, se trouva soudainement en proie à la plus puissante émotion, au trouble le plus poignant qu'il eût éprouvé jamais...

Pour la première fois depuis que Laurence était une jeune fille grande et souverainement belle, l'idée qu'on pouvait le supposer amoureux de cette jeune fille se présentait à son esprit, et lui causait une indignation réelle, mêlée d'une sorte d'étrange volupté.

Il se rappelait les moindres paroles qui venaient d'être prononcées devant lui, et ces paroles s'inscrivaient dans son cerveau en caractères flamboyants...

L'un des jeunes gens avait dit : — *Il est impossible de vivre à côté de cette créature enchanteresse, sans l'aimer, sans l'adorer, sans en perdre la tête*...

Puis, quelques instants après, ce même jeune homme avait ajouté : — *Tenez pour certain qu'à l'heure présente le marquis Castella, peut-être à son insu, est très-éperdument épris de sa fille adoptive*...

Gaston s'interrogeait avec épouvante, et se demandait en tremblant s'il y avait quelque chose de vrai dans ces affirmations si positives, et si les premières atteintes d'une passion adultère, d'un amour deux fois criminel et deux fois infâme, se faisaient sourdement sentir...

Vainement il se répondait que dans tout cela il n'y avait que mensonges et qu'illusions...

Vainement il se répétait qu'il aimait Blanche plus que jamais ; — qu'il l'adorait de toutes les puissances de son âme. — Il ne se sentait point rassuré et il ne pouvait parvenir à dominer ce trouble qui l'envahissait de plus en plus...

Deux ou trois heures s'écoulèrent encore, avec une lenteur désespérante ; — puis les salons de l'immense hôtel se dégarnirent peu à peu..

Le bal touchait à sa fin et Blanche, s'approchant de son mari qu'elle avait découvert non sans peine au fond de l'embrasure où il méditait, lui témoigna le désir de retourner à Auteuil.

La nuit était froide et singulièrement lumineuse.

La lune, en son plein, étincelait dans un ciel d'une incomparable transparence, et répandait des clartés presque pareilles à celles d'une brumeuse matinée d'hiver.

Tandis que les chevaux foulaient rapidement la terre durcie de la grande avenue des Champs-Élysées, Gaston, placé sur le devant de la calèche, regardait Blanche et Laurence assises, ou plutôt demi-étendues en face de lui.

Après les fatigues de la danse, un sommeil irrésistible avait saisi la jeune femme et la jeune fille au sortir du bal.

Elles dormaient l'une à côté de l'autre dans un gracieux désordre ; — la tête de Blanche s'appuyait sur l'épaule de Laurence, qu'elle inondait des boucles ruisselantes et parfumées de ses cheveux blonds.

Les lèvres de Gaston murmurèrent :

— En vérité, ces jeunes gens ne savaient ce qu'ils disaient! — Laurence est charmante à coup sûr, mais Blanche est de beaucoup la plus belle des deux...

En parlant ainsi, le marquis cherchait à se persuader à lui-même que telle était sa pensée intime.

Nous devons ajouter qu'il n'y réussissait point d'une façon bien complète, et qu'à chaque regard jeté sur le pâle visage de Laurence, une voix intérieure lui criait :

— Tu mens !... — C'est celle-là qui est la plus belle !... c'est celle-là dont la beauté recèle des philtres magiques et irrésistibles... —C'est celle-là, enfin, qu'il est impossible de ne point aimer !...

. . . .

Le lendemain, dans la matinée, Gaston était rentré en possession de tout son sang froid, de toute son énergie, et il en avait fait usage pour prendre un parti décisif.

— Quoi qu'il en soit, — s'était-il dit, — et quoi qu'il doive arriver, une telle situation ne peut se prolonger plus longtemps... — Si injuste que soit un soupçon, il laisse une flétrissure après lui !...— Or, l'intérieur où vit une femme ne doit point être soupçonné !... — il faut que Laurence se marie !...

— Il faut qu'avant un mois elle ait quitté cette maison !...

XXX. — UNE DEMANDE INATTENDUE.

Gaston entra dans la chambre de sa femme, parfaitement décidé à l'amener par tous les moyens à partager son opinion, sans toutefois, bien entendu, lui laisser rien soupçonner des motifs nouveaux et impérieux qui le guidaient, et de l'étrange conversation à laquelle il avait assisté la veille au soir.

— Ma chère Blanche, — lui dit-il, en entamant l'entretien par un détour qui devait le conduire au but presque aussi vite que le droit chemin, — ma chère Blanche, est-ce que tu ne commences pas à te fatiguer outre mesure de l'existence ultra-mondaine que nous menons depuis quelque temps?...

— A quel propos cette question, mon ami? demanda la jeune femme.

— Fais-moi le plaisir d'y répondre... — Les explications viendront ensuite...

— Eh bien, oui, — j'en conviens de tout mon cœur, — les bals, les fêtes, les raouts, me causent une extrême lassitude et ne me procurent que des plaisirs extrêmement douteux...

— Je n'ai pas besoin de t'affirmer, — fit Gaston en souriant, — qu'il en est de même pour moi...

— Hélas!... mon ami, je ne m'en aperçois que trop bien!... — tu nous conduis au bal sans te plaindre, avec la résignation d'un martyr... — C'est très-touchant, mais ce n'est point gai...

— Ne trouves-tu pas qu'il serait tout simple de renoncer à ces joies bruyantes qui nous excèdent l'un et l'autre, et de revenir à cette bonne et charmante vie de famille dont nous ne nous lasserons jamais?...

— Je le souhaiterais autant que toi, mais tu sais bien qu'en ce moment c'est impossible...

— Pourquoi cela?...

— A cause de Laurence...

— Tu regardes donc comme un devoir de continuer ta chasse aux maris?...

— Sans doute, et plus que jamais...

— L'insuccès complet de tes démarches jusqu'à ce jour ne te décourage point?...

— S'il fallait se décourager pour quelques échecs, on n'arriverait à rien en ce monde...

— Qu'espères-tu donc encore?...

— J'espère qu'un homme bien né, riche, jeune et beau, digne enfin de notre fille adoptive, la remarquera, la comprendra, deviendra amoureux d'elle et nous demandera sa main...

— Tu as vu, cependant, que tous ceux qui, jusqu'à ce jour, semblaient se mettre sur les rangs, se sont retirés l'un après l'autre...

— Parce qu'ils manquaient à la fois d'intelligence et de cœur... — Celui que j'attends... — celui sur lequel je compte, finira tôt ou tard par arriver.

Gaston secoua la tête.

— Eh quoi, tu doutes!... — s'écria Blanche scandalisée.

— Je fais plus que douter... — J'ai la conviction, j'ai la certitude que tes espoirs ne se réaliseront pas...

— Et la raison de cette certitude, je te prie?...

— C'est que nous suivons maladroitement un chemin sans issue... — Cette exhibition de Laurence au milieu des salons de Paris est déplorable!... — Cette croyance que sa beauté souveraine fera naître une grande passion est insensée!... — On ne voit aujourd'hui de mariages d'amour que dans les vaudevilles... — Les romanciers mêmes n'en veulent plus... — Si tu te contentes d'attendre un mari, ce mari ne viendra pas, c'est moi qui t'en réponds... — il faut faire mieux, et surtout il faut faire autrement...

— Je suis toute disposée à te croire et à agir selon tes conseils... — trace-moi la route... je la suivrai...

— D'abord et avant tout il faut nous entendre avec ma mère, et fixer le chiffre de la somme que nous constituerons en dot à Laurence...

— Et, ensuite?...

— Il ne manque pas dans le monde de bonnes âmes dont le plus grand plaisir, et, pour ainsi dire, l'unique occupation est de s'entremettre dans des mariages, et, pour ma part, j'en connais cinq ou six... — Nous tiendrons à ces bonnes âmes ce petit discours ou à peu près : — *Laurence a deux cent mille francs de dot et elle est belle comme un astre...* — *Trouvez-nous quelque charmant jeune homme qui s'arrange de son argent et de sa beauté !...* — Les bonnes âmes se mettront aussitôt en campagne... — Les épouseurs sérieux afflueront et tu n'auras plus qu'à choisir celui qui te paraîtra remplir le mieux les conditions requises... — Que dis-tu de cela, chère Blanche...

— Je dis que tu me décourages et que tu me désespères!...

— Pourquoi donc?

— Parce qu'une union ainsi conclue sera bien moins un mariage qu'une *affaire*!... — parce que le chiffre de la dot l'emportera sur les beaux yeux de Laurence!... — parce qu'enfin ce n'est point *pour elle-même* qu'on épousera cette chère enfant!...

— Qu'importe, pourvu qu'on l'épouse?...

— Ah! ce n'est pas là ce que j'avais rêvé pour elle!...

— Oui... oui... je le sais bien, tu faisais du roman, et je te montre la réalité...

— Laisse-moi, du moins, attendre et espérer quelque temps encore...

— Je voudrais te céder toujours et en toutes choses, chère Blanche, tu ne l'ignores pas... — et cependant je te refuse... — un retard serait inutile, par conséquent il serait fâcheux...

— On croirait que tu as hâte de te débarrasser de Laurence!... — la présence de la pauvre orpheline dans notre maison est-elle donc une fatigue, est-elle donc un ennui pour toi?...

— Non, certes, — répondit Gaston, dont une faible et involontaire rougeur vint colorer le visage, — mais j'ai hâte, j'en conviens, de voir Laurence prendre dans le monde la position qui doit être la sienne, et commencer réellement la vie... — et, n'en doute pas, chère Blanche, c'est l'intérêt qu'elle m'inspire, c'est l'affection que j'ai pour elle, qui me fait parler ainsi...

A de telles paroles, à de semblables raisonnements, empreints d'une sagesse et d'une prudence inattaquables, Blanche n'avait rien à répondre.

Elle ne pouvait que s'avouer vaincue, sinon convaincue...

Il ne lui restait qu'à céder...

Elle céda, — quoiqu'à regret, — et il fut décidé que Gaston, muni de pleins pouvoirs, agirait sans retard, et qu'au lieu de donner au milieu des fêtes la chasse aux épouseurs, on attendrait désormais les épouseurs à la Folie-Normand.

A peine l'entretien auquel nous avons fait assister nos lecteurs venait-il de se terminer que le valet de chambre de Gaston se présenta devant son maître et lui remit une carte.

Sur cette carte était gravé ce nom, tout à fait inconnu du mari de Blanche :

Emmanuel Enjalbert.

— Qui vous a remis ceci ? — demanda Gaston.

— Un monsieur de très bonne mine, — répondit le valet ; — ce monsieur prie monsieur le marquis de lui faire l'honneur de lui accorder un entretien de quelques minutes...—Il paraît qu'il a des choses de la plus haute importance à communiquer à monsieur le marquis...

— Où est ce monsieur?...

— Dans le vestibule...

— Que lui avez-vous répondu?...

— Que j'ignorais si monsieur le marquis pourrait le recevoir... — il attend la décision de monsieur le marquis...

— C'est bien... — conduisez ce monsieur au salon, où je vais le rejoindre dans un instant.

Le valet de chambre sortit pour exécuter cet ordre.

Gaston se hâta de quitter son costume du matin, et à son tour il entra dans le salon.

Là il se trouva en présence d'un jeune homme de vingt-six à vingt-sept ans, d'une beauté réelle et d'une distinction incontestable.

Ce visiteur était mis avec une élégance de bon goût dont la recherche n'excluait point la simplicité.

Il semblait d'ailleurs extrêmement timide, et fort embarrassé de sa personne et de sa démarche.

Cet embarras fut surtout visible au moment de l'entrée de M. Castella.

Tandis que le visiteur s'inclinait, ses joues devinrent pourpres, comme celles d'une jeune fille à qui l'on parle d'amour pour la première fois.

Tout en lui rendant son salut, Gaston se dit à lui-même :

— Le nom de ce jeune homme m'était inconnu, mais je connais déjà sa figure...—je crois être sûr de l'avoir rencontré plus d'une fois dans le monde depuis quelque temps...

Puis, à voix haute, il ajouta :

— C'est à M. Emmanuel Enjalbert que j'ai le plaisir de parler?...

— Oui, monsieur le marquis... — répondit le visiteur... — et je vous remercie mille et mille fois d'avoir bien voulu me recevoir, moi qui n'ai pas l'honneur d'être connu de vous.

— Je suis heureux de l'avoir fait, — répliqua Gaston ; — et maintenant permettez-moi de vous demander en quoi je puis vous être utile ou agréable...

— Je vais, sans doute, monsieur le marquis, abuser de votre patience, — murmura le jeune homme.

— En aucune façon, je vous assure...

— C'est qu'il est indispensable, tout à fait indispensable, monsieur le marquis, qu'avant de vous exposer le but de ma visite, je vous parle de moi-même avec quelques détails...

Ce début original piqua vivement la curiosité de Gaston.

— Parlez-moi donc de vous d'abord... — dit-il en souriant, — je vous écouterai, je vous l'affirme, avec beaucoup d'attention et d'intérêt...

— Je serai peut-être un peu long...

— Ne vous inquiétez point de cela... — tout mon temps m'appartient et vous pouvez parler à votre aise, aussi longtemps qu'il vous plaira...

— Ah! monsieur le marquis, l'excès de votre bonté me rend vraiment confus...

— Avant de commencer, voulez-vous un cigare?

— Mille fois merci, mais je ne fume jamais...

— Du moins, vous me permettrez de fumer?

— Monsieur le marquis, je vous en supplie...

Gaston s'enveloppa d'un nuage de vapeur odorante, et le jeune homme prit la parole.

— Monsieur le marquis, — dit-il, — la carte que j'ai eu l'honneur de vous faire remettre vous a appris quel est mon nom... — je ne suis point gentilhomme, mais j'appartiens à une très-honorable famille de vieille bourgeoisie, originaire de Normandie... — Mon aïeul paternel fut maire de la ville de Rouen en 1760.

Le visiteur s'interrompit.

— Excusez-moi, je vous en conjure, monsieur le marquis, — balbutia-t-il, — mais vous ne tarderez point à comprendre la nécessité d'entrer dans de tels détails, fastidieux pour vous au plus haut point...

— Continuez, je vous en prie... — fit Gaston... — mon attention vous est acquise...

Emmanuel Enjalbert reprit :

— J'ai vingt-six ans, je suis orphelin depuis ma plus tendre enfance, et le plus jeune de quatre frères, dont l'aîné est lieutenant de vaisseau, le second capitaine d'infanterie, et le troisième conseiller de préfecture au Havre.

— On ne saurait trouver de positions plus sérieuses et plus recommandables... — dit M. Castella.

— Moi-même, — poursuivit Emmanuel, — je suis attaché au ministère de la marine en qualité d'expéditionnaire et aux appointements de dix-huit cents francs... — Mon chef de bureau est content de mon exactitude et de mon zèle, et je crois pouvoir compter sur un avancement assez rapide...

« Mon père avait quelque fortune, environ vingt-quatre ou vingt-cinq mille livres de rente...

« Chacun de mes frères et moi, nous possédons, par conséquent, six mille deux cent cinquante francs de revenu... — c'est bien modeste, monsieur le marquis, c'est presque la pauvreté; mais j'ai des goûts simples, et, non-seulement je me suis contenté sans peine du peu que je possède, mais encore il m'a été possible de réaliser quelques économies...

— Voilà, certes, un honnête jeune homme !... — se dit Gaston à lui-même... — mais à quoi diable en veut-il venir ?... — il m'est impossible de le deviner !...

Emmanuel Enjalbert continua d'une voix plus ferme, et avec plus d'assurance qu'il n'en avait montré jusqu'alors :

— Je le dis avec conviction, monsieur le marquis, on peut étudier rigoureusement mon passé... on peut fouiller ma vie... on n'y trouvera pas une action dont je doive rougir, pas même une de ces folies de jeunesse auxquelles la fougue de l'âge pourrait peut-être servir d'excuse... — Je ne prétends point d'ailleurs m'en faire un grand mérite à vos yeux... — Je suis d'une nature très-calme, et les plaisirs peu délicats, dont l'attraction n'est que trop réelle sur bon nombre d'hommes du meilleur monde, ne sont absolument point de mon goût...

— Je suis heureux, monsieur, — interrompit Gaston, — de trouver entre nous ce point de ressemblance.

— C'est un très-grand honneur pour moi, monsieur le marquis, de vous ressembler en quelque chose !... — répliqua le visiteur... — J'aime la bonne compagnie, les réunions élégantes me charment, et, grâce aux relations de ma famille, j'ai pu me faire accepter dans les plus aristocratiques salons de Paris... — Ceci vous explique, monsieur le marquis, comment, cet hiver, j'ai eu souvent le plaisir de vous rencontrer dans le monde...

Gaston salua.

— J'avais, en effet, la certitude, — dit-il, — que votre figure m'était bien connue...

— Vous savez maintenant, monsieur le marquis, ce qu'il m'importait si fort de vous apprendre à propos de moi... — reprit Emmanuel Enjalbert, — et j'arrive maintenant au but de ma visite...

Ici la voix du jeune homme se fit tremblante de nouveau, et son embarras, un instant disparu, redevint tel qu'il avait été au début de l'entretien.

— Presque chaque soir, au bal, je voyais madame la marquise et mademoiselle Laurence... — balbutia-t-il, — et plus d'une fois mademoiselle Laurence a daigné me faire l'honneur de danser avec moi...

— Je commence à comprendre, — pensa Gaston.

Emmanuel poursuivit :

— Parmi toutes les autres jeunes filles, même parmi les plus charmantes, je trouvais mademoi-

selle Laurence belle comme une déesse au milieu de ses nymphes... — Je la regardais avec une sorte d'enivrement, et je ne croyais éprouver pour elle qu'une admiration enthousiaste...

« Un jour, je m'aperçus, avec terreur, presque avec désespoir, que je me trompais sur la nature du sentiment qui remplissait mon cœur...

« Hélas !... ce n'était pas de l'admiration...

« C'était de l'amour !...

« J'aimais avec ardeur, avec passion, avec délice !... — j'aimais de toutes les puissances de mon être !... — j'aimais comme un insensé !...

« Cette découverte me causa une horrible souffrance, monsieur le marquis, car je ne me faisais aucune illusion sur mon peu de mérite, et je me disais qu'un tel amour était sans espoir...

« Je croyais alors que mademoiselle Laurence appartenait à votre famille...

« Je la croyais riche...

« Je la voyais entourée d'adorateurs qui tous valaient mille fois mieux que moi par leur nom, par leur fortune, par leur position dans le monde.

« Que pouvais-je donc attendre, moi presque pauvre, moi tout à fait obscur, moi que rien ne recommandait à l'attention d'une jeune fille ?...

« J'allais prendre le parti de renoncer au monde, de m'éloigner de Paris pour quelque temps, de combattre enfin par tous les moyens cette passion folle qui ne pouvait amener à sa suite que mon malheur, lorsque j'appris tout à coup que mademoiselle Laurence ne possédait rien, pas même un nom, pas même une famille, puisqu'elle était une orpheline recueillie et élevée par la charité de madame la marquise.

« Cette nouvelle imprévue me rendit le courage et l'espérance !...

« Je me dis que l'abîme entrevu par moi jusqu'à ce moment entre mon amour et celle que j'aimais, n'existait plus, ou que du moins, peut-être, il n'était point infranchissable...

« Je pris le parti de venir à vous, et de vous dire : « — Monsieur le marquis, je suis un honnête homme... — j'ai de quoi vivre et de quoi faire vivre celle qui deviendra ma femme... — J'adore mademoiselle Laurence... — voulez-vous me la donner ?... je vous jure de la rendre heureuse... »

XXXI. — LE PRÉTENDU.

En écoutant le langage si simple et si noble à la fois, si plein de franchise et de loyauté, d'Emmanuel Enjalbert, Gaston Castella ne put se défendre d'une vive émotion.

Quelle différence, en effet, entre ce jeune homme si sincèrement épris, n'osant aspirer à la main de Laurence que depuis qu'il la savait sans famille et sans fortune, et ces avides soupirants, bien moins amoureux de la personne que de la dot, et dont on voyait la passion s'évanouir aussitôt que les avantages pécuniaires devenaient problématiques !

Tout en se livrant aux réflexions qui précèdent, le marquis gardait le silence.

Ce silence fut interprété par Emmanuel d'une façon défavorable.

— Vous ne me répondez pas, monsieur le marquis... — balbutia-t-il, — vous craignez, je le vois bien, de me blesser par un refus, auquel, hélas!... je ne m'attends que trop!... Mes espérances étaient folles, n'est-il pas vrai?... Je suis indigne d'obtenir le trésor inappréciable que je convoite... mademoiselle Laurence dédaignerait ma recherche!... — ou bien, déjà peut-être elle est promise ailleurs!... — un plus heureux, un mieux inspiré, sans doute, m'a devancé près de vous!... — Ah! monsieur le marquis, prenez pitié de l'angoisse qui me dévore... — dites-moi tout, je vous en supplie... — quelle que soit la vérité, j'aurai la force pour l'entendre...

— Aucune de vos inquiétudes n'est fondée, monsieur, — répondit Gaston en souriant... — et d'abord, donnez-moi votre main... c'est la main d'un homme qui mérite toute mon estime, et je suis heureux de la presser dans les miennes...

— Eh quoi... — s'écria Emmanuel Enjalbert, en passant sans transition du découragement à l'exaltation... — est-ce bien vrai?... est-ce bien possible, monsieur le marquis?... je puis espérer!... vous accueillez ma demande?...

— Cher monsieur, vous allez vraiment trop vite, — interrompit Gaston avec un nouveau sourire.

— Me suis-je donc trompé?... — reprit le jeune homme en devenant pâle. — ai-je mal compris vos paroles bienveillantes?...

— Nullement... — J'apprécie votre caractère et votre démarche, je suis loin de rejeter la demande que vous m'avez fait l'honneur de m'adresser; — ma fille adoptive n'est promise à personne, et je crois pouvoir vous donner la certitude que son cœur est parfaitement libre...

— Oh!... bonheur!... — dit Emmanuel presque malgré lui.

— Mais... — poursuivit le marquis, — vous devez comprendre qu'il n'appartient point à moi seul de disposer de la main de Laurence...

— Certes, je le comprends... — balbutia le visiteur.

— Pour rien au monde je ne voudrais imposer à ma fille adoptive un mariage, quel qu'il soit...

— Et vous avez cent fois raison, monsieur le marquis...

— Ce sera donc à vous de plaire à Laurence et de vous faire agréer par elle...

— Y parviendrai-je jamais?...

— Pourquoi non?...

— Je ne connais... — je n'ai rien de ce qu'il faut pour séduire une jeune fille...

— Vous êtes trop modeste!...

— Non!... non!... — ma timidité seule suffirait à me faire envisager par celle que j'aime sous le point de vue le moins favorable...

— N'en croyez rien... — les jeunes filles sont pleines d'indulgence, soyez-en convaincu, pour la timidité que l'amour inspire...

— Il est si difficile, d'ailleurs, — continua M. Enjalbert, — il est si difficile, au milieu de la foule et du bruit des salons, de sortir des banalités les plus prévues, — en un mot, et pour me servir d'une expression que l'usage autorise, *de faire sa cour*...

— Aussi n'est-ce plus dans les salons que vous verrez Laurence...

— Où donc, alors?...

— Ici... — A partir d'aujourd'hui ma maison vous est ouverte, et je vais, dans un instant, vous présenter à ma femme...

— Ah! monsieur le marquis! — s'écria Emmanuel transporté de joie, — votre bonté me comble et me confond!... — quelle reconnaissance ne vous dois-je pas?...

Gaston coupa court aux expansions du visiteur en frappant sur un timbre. Un valet accourut.

— Prévenez madame la marquise que je désire lui présenter quelqu'un... — dit M. Castella à ce valet, — et demandez-lui si elle veut bien me faire la grâce de descendre au salon...

Le domestique s'inclina et sortit.

Il revint, presque aussitôt, apporter cette réponse:

— Madame la marquise sera au salon dans quelques minutes.

Blanche, en effet, ne se fit point attendre.

La présentation d'Emmanuel Enjalbert eut lieu, mais sans que Gaston entrât dans le moindre détail relatif aux intentions du nouveau venu et au but de sa visite.

Naturellement il ne fut point question de Laurence.

Au bout d'un instant le timide amoureux prit congé.

M. Castella voulut le reconduire jusqu'à la grille où l'attendait une voiture de remise.

Au moment de se séparer de son hôte, Emmanuel ne put s'empêcher de dire:

— Eh quoi!... monsieur le marquis, c'est bien vrai... vous me permettez de revenir?

— Sans doute...

— Quand?

— Aussitôt que vous voudrez...

— Ainsi, dès demain?...

— Dès demain, soit...

— Et je verrai mademoiselle Laurence?

— Vous la verrez, rien n'est plus certain...

Emmanuel Enjalbert saisit les mains de Gaston et les serra de toutes ses forces, sans pouvoir prononcer une seule parole, tant il était ému.

Il remonta ensuite dans sa voiture de louage, et, le cœur plein d'une joie immense et débordante, il prit le chemin de Paris.

La marquise attendait son mari sur le perron de la Folie-Normand.

— Quel est donc ce jeune homme? — lui demanda-t-elle, — et pourquoi me l'as-tu présenté?

— Tu es curieuse de le savoir? — fit Gaston.

— Oui, très-curieuse, je l'avoue...

— Je ne répondrai cependant à tes questions que lorsque tu auras, toi-même, répondu à celle-ci : *Comment trouves-tu ce jeune homme?*...

— Il m'a paru bien élevé et homme du monde, quoique singulièrement timide.

— Et sa tournure... son visage?...

— Agréables, je crois, et distingués... — J'ai remarqué surtout son regard, qui m'a semblé rempli de franchise...

— Ainsi, ton impression générale est satisfaisante?

— Sans aucun doute.

— Ah! ma chère Blanche, voilà qui m'enchante plus que je ne saurais le dire...

— Puis je enfin apprendre pourquoi?... — J'ai répondu... — C'est à ton tour de répondre...

— Et je vais le faire... — Ce jeune homme est un amoureux et un mari futur...

— Pour Laurence?... — s'écria la marquise.

Gaston se mit à rire.

— Il me semble, — répliqua-t-il, — qu'il n'y a que Laurence à marier ici...

— Alors, — reprit Blanche vivement, — raconte-moi vite tout ce qui s'est passé entre vous... — j'attends avec une impatience inouïe.

— Ce récit sera bien court et bien simple, et je crois qu'il te charmera...

Gaston répéta presque mot pour mot à sa femme le petit discours d'Emmanuel Enjalbert.

— Tu dois être contente!... — ajouta-t-il quand il eut achevé... — ton rêve romanesque se réalise. Laurence est aimée pour elle-même!...

— Assurément!... — répondit la marquise avec une nuance de froideur; — ce jeune homme me paraît recommandable, et je crois qu'il mérite beaucoup d'estime et d'affection...

— Comme tu dis cela sans enthousiasme!...

— Cela tient à ce que mon enthousiasme a des bornes...

— Je ne te comprends plus... — je m'attendais de ta part à des transports d'allégresse...

— Je suis d'avis que rien ne les motive!... — Tout en appréciant les qualités sérieuses de M. Enjalbert, j'espérais pour Laurence un bien autre parti...

— Je ne reconnais guère ton bon sens habituel!... — que manque-t-il, je te prie, à notre prétendu?

— Oh! beaucoup de choses...

— Lesquelles?

— D'abord il n'est pas gentilhomme...

— Ah çà!... — fit Gaston en souriant, — je ne crois pas que notre chère Laurence soit née sur les marches du trône!...

— Sa beauté devait la faire reine!...

— D'accord; mais les sceptres vacants nous font défaut... — Continue...

— La position de ce jeune homme me semble bien modeste...

— Je la trouve, moi, parfaitement honorable...

— La femme d'un humble expéditionnaire est peu de chose dans le monde...

— La femme d'un honnête homme est quelque chose partout.

— M. Enjalbert n'a pas de fortune...

— Il a près de dix mille livres de rente en y comprenant ses appointements... — la dot que nous donnerons à Laurence produira un revenu égal... — or, je déclare que ce jeune ménage ne sera pas fort à plaindre avec vingt mille francs à dépenser par an...

— Tu as réponse à tout.

— Parce que j'ai pour moi la vérité et la raison.

— Je n'en veux pas douter, puisque tu l'affirmes... — mais Laurence aimera-t-elle ce jeune homme?

— Ceci est une autre question, et c'est Laurence seule qui pourra nous éclairer à ce sujet.

— Ton intention, je l'espère, n'est pas de la contraindre?...

— Non, certes!...

— Que lui diras-tu?

— Rien...

— Comment?...

— Je veux qu'elle ait pu voir et apprécier pendant plusieurs jours M. Enjalbert, avant de lui apprendre qu'il a demandé sa main... — Il me semble que cette ignorance de ses projets de mariage lui permettra de juger ce prétendant beaucoup mieux et beaucoup plus vite...

— Je t'approuve tout à fait en ceci... — Quand ce jeune homme doit-il revenir?...

— Demain... — Moi, je vais faire atteler sur-le-champ et partir pour Paris... — Là, je prendrai mes informations, car il faut savoir, avant tout, à quoi nous en tenir au sujet des renseignements donnés par M. Enjalbert sur lui-même et sur sa famille...

— Douterais-tu de sa parole?...

— Non pas, et je le crois parfaitement sincère, mais on ne saurait s'entourer de trop de certitudes en pareille occurrence...

— Et, ensuite?...

— Ma foi, le reste le regarde, et, ainsi que je lui disais tout à l'heure, il devra faire le siège du cœur de Laurence, le battre en brèche et s'arranger de façon à entrer en triomphateur par cette brèche... — Sur ce, chère Blanche, embrasse-moi... — Je vais m'habiller et je pars... — peut-être rentrerai-je un peu tard... — attends-moi donc sans inquiétude...

Chemin faisant, Gaston se souvint qu'il avait souvent joué le whist dans le monde avec un homme charmant, le baron de B..., chef de division au ministère de la marine.

Cette circonstance simplifiait singulièrement sa tâche et la rendait bien facile

Gaston donna l'ordre à son cocher de toucher au ministère de la rue Royale.

Il fit passer sa carte au baron de B... et fut reçu sur-le-champ.

En quelques paroles il exposa le but de sa visite.

— Vous n'auriez pu vous adresser mieux, monsieur le marquis... — lui répondit le chef de division, — je connais personnellement Emmanuel Enjalbert, je suis au fait de tout ce qui concerne sa famille et sa position, et je vais vous apprendre ce que je sais...

Le résultat de l'entretien du baron de B... et

— Je puis me rendre cette justice que je n'ai point douté de la parole d'Emmanuel Enjalbert, et que j'ai reconnu en lui, du premier coup d'œil, le plus honnête et le meilleur de tous les hommes...

Le lendemain, dans l'après-midi, l'amoureux de Laurence, ayant hâte de mettre à profit la permission qui lui avait été accordée la veille, arrivait à la Folie-Normand.

Le marquis, la marquise et leur fille adoptive se promenaient dans le parc.

Un domestique indiqua au visiteur le chemin qu'il devait suivre pour les rejoindre, et, au dé-

La jeune fille prenait un certain plaisir à s'entretenir ou à faire de la musique avec lui. — Page 113.

de Gaston fut de donner à ce dernier la preuve incontestable qu'Emmanuel ne s'était point écarté un seul instant des bornes de la vérité la plus stricte.

Le chef de division termina et conclut par ces mots :

— J'affirme que ce charmant garçon réunit un cœur excellent, une âme élevée et une belle intelligence... — il a tout ce qu'il faut pour rendre une femme parfaitement heureuse, et si quelque père de famille me consultait à ce sujet, je lui répondrais sans hésiter : « Donnez-lui votre fille !... »

M. Castella remercia avec effusion le baron de B..., et, fort enchanté, comme bien on pense, reprit la route d'Auteuil, en se disant :

tour d'une allée, il se trouva en présence de nos trois personnages.

Gaston fit avec empressement deux ou trois pas au-devant de lui, et lui serra la main de la façon la plus cordiale.

Emmanuel, que la joie et la timidité rendaient pourpre, salua cependant sans trop de gaucherie la marquise et Laurence.

— J'espère, monsieur, — lui dit Blanche après quelques paroles échangées, — j'espère que, si vous êtes libre ce soir, vous nous ferez le plaisir de dîner avec nous...

Emmanuel se hâta d'accepter cette invitation, qui comblait tous ses vœux et dépassait ses plus ambitieuses espérances.

Laurence se demandait avec un peu d'étonnement quel pouvait être cet inconnu à qui le marquis et la marquise faisaient une telle réception...

Au bout d'une heure de promenade la jeune femme et la jeune fille rentrèrent au logis.

Gaston voulut conduire son hôte jusqu'au sommet du parc, pour lui faire admirer le panorama splendide qui se déroulait sous ses yeux depuis cet endroit élevé.

— Quel est donc ce monsieur ?... — demanda Laurence à la marquise aussitôt que les deux hommes se trouvèrent à quelque distance.

— Est-ce que tu ne le reconnais pas ?...

jusqu'à ce jour, que les hommes se ressemblaient tous...

— Voilà qui est de fâcheux augure pour le pauvre amoureux !... — pensa Blanche. — Comment triomphera-t-il des dédains de cette âme altière ?...

— Comment fera-t-il fondre les glaces de ce cœur qui s'ignore ?...

§

Une semaine s'était écoulée.

Emmanuel Enjalbert n'avait pas manqué une seule fois de se rendre à Auteuil.

Retenu le jour à Paris par ses occupations au

Il arriva tout près de l'arbre sous lequel Laurence était assise. — Page 116.

— Je le connais donc ?...

— Tu le connais... — c'est un de tes danseurs assidus de l'hiver dernier...

— C'est possible, après tout... — fit la jeune fille, d'un air de profonde indifférence... — C'est possible...

— Te souviens-tu de lui, maintenant ? — reprit Blanche.

— Mon Dieu, non... — Je l'ai vu sans doute, mais je ne l'ai jamais regardé...

— Ainsi tu ne te formes aucune opinion sur son compte ?... — tu ne sais même pas s'il te semble bien ou mal ?...

— J'aurais quelque peine, je l'avoue, à le reconnaître dans cinq minutes, car j'ai trouvé,

ministère de la marine, il venait passer ses soirées à la Folie-Normand.

Devenu moins timide, par la force des choses, il se montrait tel qu'il était, c'est-à-dire causeur aimable, souvent spirituel et parfois brillant...

Une sorte de familiarité douce commençait à régner entre lui et Laurence.

La jeune fille paraissait prendre un certain plaisir à s'entretenir ou à faire de la musique avec lui, mais rien ne décelait en elle ce trouble involontaire, cette délicieuse émotion qui se manifestent infailliblement lorsque pour la première fois un cœur vierge vient à parler...

Une telle situation devenait insoutenable pour Emmanuel Enjalbert.

Sa passion grandissait chaque jour, et il se voyait réduit à ne pas savoir ce qu'il devait craindre ou espérer.

— Une telle incertitude me tue!... — dit-il un jour à Gaston. — Au nom du ciel, faites-la cesser!...

— Laurence s'expliquera demain, je vous en donne l'assurance...

— répondit le marquis.

XXXII. — GASTON ET LAURENCE.

Le soir de ce même jour, après le départ d'Emmanuel Enjalbert, Gaston dit à Blanche, tandis que cette dernière, au moment de se mettre au lit, attachait un petit bonnet de dentelle sur les nattes de ses beaux cheveux blonds :

— Ma chère enfant, depuis une semaine tu vois chaque jour mon protégé... — Parle-moi franchement;.. — Que penses-tu de lui?

— Tout le bien imaginable... — C'est un excellent jeune homme, j'en suis sûre...

— Ainsi donc, il te plaît?...

— Beaucoup.

— Et, crois-tu qu'il plaise à Laurence?...

— Oh!... quant à cela, je n'en sais absolument rien...

— N'avez-vous donc pas causé de lui, toutes deux?...

— Si... — plus d'une fois...

— Que disais-tu d'Emmanuel?...

— Je faisais son éloge...

— Avec chaleur?...

— Oui, certes, puisque c'était avec conviction.

— Que répondait Laurence?...

— Elle abondait dans mon sens...

— Donc, Emmanuel lui plaît! — s'écria Gaston joyeusement.

— Laisse-moi continuer... tu te réjouis trop vite... — Laurence, je le répète, abondait dans mon sens, et renchérissait même volontiers sur les mérites d'Emmanuel, mais d'un air et d'un ton de parfaite et profonde indifférence qui démentait ce que ses paroles auraient pu présenter de significatif...

— N'était-ce point là une innocente ruse de jeune fille pour dissimuler un naissant amour?...

— Avant de croire à une telle ruse, il me faudrait admettre que Laurence est une bien habile comédienne, car on ne saurait pousser plus loin dans le mensonge l'imitation de la vérité...

— Penses-tu que cette chère enfant ne soupçonne rien, ni de l'amour, ni des projets d'Emmanuel?...

— Je l'ignore...

— N'as-tu donc fait, dans vos causeries, aucune allusion à un mariage possible?...

— J'en ai fait plus d'une, au contraire...

— Eh bien?...

— Eh bien!... Laurence se montre impénétrable... — elle ne comprend pas ou ne veut pas comprendre, et toujours elle trouve moyen de détourner la conversation lorsque j'aborde ce sujet qui semble l'intéresser moins que tout autre...

— Bref, ta pensée est que Laurence n'aime point Emmanuel?...

— C'est ma conviction, je l'avoue...

— Mais, sans doute, tu ne crois pas davantage qu'elle éprouve pour lui de la répulsion?...

— Non, cent fois non!... — Un jeune homme aussi sympathique que M. Enjalbert ne saurait inspirer d'aversion à qui que ce fût au monde...

— Alors, tout est sauvé... — Laurence fera un mariage de raison, et l'amour viendra plus tard...

— Ne vaudrait-il pas mieux laisser à l'amour le temps de venir avant le mariage?... — demanda Blanche.

— Impossible...

— Pour quelle cause?...

— Parce qu'Emmanuel commence à trouver la situation intolérable, — et je suis entièrement de son avis; — l'incertitude dans laquelle il vit le fait cruellement souffrir... — il m'a supplié d'y mettre un terme... — Enfin, j'ai promis, j'ai donné ma parole que dès demain il saurait à quoi s'en tenir, et que Laurence se serait prononcée...

— Mon Dieu, Gaston, quelle promesse imprudente!!...

— Imprudente, dis-tu?

— Oui...

— En quoi?

— Ne viens-je pas de t'affirmer que Laurence est impénétrable...

— Parce qu'elle n'a jamais été poussée dans ses derniers retranchements!... — Mais que la question lui soit nettement posée, et il faudra bien qu'elle réponde...

— J'ai grand'peur qu'elle ne réponde par un refus...

— Ceci ne me paraît guère à craindre, si tu sais adroitement t'y prendre avec elle... — Une jeune fille dans la situation de Laurence n'est vraiment point en droit de dédaigner la recherche d'un homme honorable et charmant...

— Il serait cruel, ce me semble, de rappeler à la pauvre enfant ce que sa position a de douteux et de pénible...

— Ce sont là, en effet, des choses qu'il faut éviter de dire, mais qu'on peut faire comprendre d'une manière toute naturelle et point blessante...

— Tu as mille fois plus d'esprit qu'il n'en faut, chère Blanche, pour t'en tirer merveilleusement bien...

La jeune femme fit un mouvement brusque.

— Est-ce que par hasard, — dit-elle, — tu compterais me mettre en avant dans tout ceci et me charger de porter la parole?...

— J'ai compté sur toi, je l'avoue...

— Dans ce cas, pour la première fois de ma vie, je te désobéirai...

— Tu refuses de parler à Laurence?...
— Positivement...
— Du moins, donne-moi les raisons de ce refus.
— Les voici : — Je serais une alliée infidèle, prête à déserter la cause que j'aurais promis de servir... — Supposons que j'accepte et qu'entre Laurence et moi, le dialogue suivant s'engage : — « *Ma chère Laurence, Emmanuel Enjalbert est amoureux de toi...* » — « *C'est bien de l'honneur qu'il me fait...* » — « *Il demande à t'épouser... l'acceptes-tu?...* » — « *Non.* » — « *Pourquoi ?* » — « *Parce que je ne l'aime pas...* » — Je ne me sentirais jamais le courage de répliquer : — « *Ah! tu ne l'aimes pas...* — Je m'en doutais... mais, ma chère petite, cela ne fait rien... il faut l'épouser tout de même, car mon mari et moi nous éprouvons l'impérieux besoin de nous séparer de toi, et, comme nous craignons que l'occasion de te donner un mari ne se présente plus, nous ne laisserons échapper sous aucun prétexte le premier qui se présente!...* » — Non, mon cher Gaston, cent fois non, je ne dirai point cela à Laurence...
— Je ne le veux pas, d'abord, et, si je le voulais, je ne le pourrais pas...
— Ah!... les femmes!... — les femmes!... — murmura le jeune marquis avec impatience.
— Les femmes valent mieux que vous, mon ami... — répliqua Blanche, — elles ont des délicatesses qui vous sont inconnues...
— Mais ces délicatesses, auxquelles je rends pleinement hommage, portent à faux dans le moment... — Songe donc qu'il s'agit du bonheur de Laurence...
— Nous autres femmes nous n'admettons point, nous n'admettons jamais les bonheurs qu'on prétend nous imposer...
Gaston garda le silence pendant un instant.
Il hésitait à continuer la lutte, car il considérait comme impossible de triompher de l'obstination de Blanche dans les questions qui effarouchaient son attachement, ou plutôt son fanatisme pour Laurence.
— Eh bien, soit! — reprit-il enfin, — puisque tu me refuses ton concours, j'agirai seul...
— Que ta volonté soit faite, mon ami, — je m'en lave les mains... — répliqua Blanche.
— Je parlerai moi-même à Laurence... je lui parlerai dès demain...
— Parle-lui donc, et sois fier de ton odieux courage si les larmes de la pauvre enfant ne te causent ni émotion ni remords...
Un sourire involontaire vint aux lèvres de Gaston.
— Ma chère Blanche, — dit-il en embrassant sa femme qui résista légèrement, — sais-tu ce que c'était qu'*Asmodée?...*
— *Le Diable boiteux*, je crois...
— Te souviens-tu de ce qu'il faisait?...
— Il voyait à travers les toits; — il entendait à travers les murs... — n'est-ce pas cela?...
— Oui, c'est cela... — Eh bien, je crois qu'Asmodée rirait de tout son cœur s'il était témoin de ce qui se passe ce soir entre nous... — s'il entendait une femme charmante et chérie traiter son mari de cruel tyran, lui parler d'odieux courage, de barbarie, de remords, parce que ce pauvre mari cherche à mener à bien l'union d'une belle jeune fille avec un bon et beau jeune homme qui l'adore!... — Qu'en penses-tu, voyons? Asmodée rirait-il?...

Blanche ne put s'empêcher de sourire à son tour. Cependant elle répliqua, de ce ton gracieusement mutin des femmes à qui rien n'a jamais résisté :

— Asmodée rirait peut-être, parce qu'il est un méchant diable... — mais cela ne prouve rien et n'empêche pas que j'aie raison...

. . . .

Asmodée n'écoutait point, et cependant la scène à laquelle nous venons de faire assister nos lecteurs avait un témoin invisible...

Ce témoin, c'était Laurence.

Une heure auparavant, dans le jardin, séparée de Gaston et d'Emmanuel par une touffe de lilas dont la sombre verdure cachait sa robe blanche, la jeune fille avait entendu les paroles suppliantes de M. Enjalbert et la promesse du marquis...

Convaincue que Gaston instruirait bien vite sa femme de l'impatiente ardeur d'Emmanuel, elle était venue se mettre aux aguets derrière la porte d'un cabinet de toilette qui, depuis la chambre à coucher de la marquise, communiquait avec son propre appartement par un long couloir dérobé.

Nous savons ce qu'elle avait entendu...

— Je sais ce que je voulais savoir... — murmura-t-elle en se retirant. — Gaston me parlera demain... — C'est bien... — je serai prête...

§

Le lendemain, vers les neuf heures du matin, le jeune marquis, plus inquiet, plus préoccupé qu'il ne voulait le paraître de la conversation qu'il allait avoir avec sa fille adoptive et des réponses qu'il obtiendrait d'elle, sortit de son appartement où il laissait Blanche encore endormie.

Dans le petit salon il trouva son valet de chambre en train de disposer sur une console une garniture de vases du Japon remplis de fleurs.

— Avez-vous déjà vu mademoiselle Laurence?... — demanda-t-il à ce domestique.

— Oui, monsieur le marquis... — mademoiselle est au jardin depuis plus d'une heure...

Gaston sortit.

C'était une de ces admirables et tièdes matinées de printemps, pendant lesquelles le ciel semble sourire à la terre avec amour, comme pour lui faire oublier les rigueurs de l'hiver.

Les brins d'herbes et les feuillages luisaient ainsi que des émeraudes sous les vifs rayons du soleil; — les insectes bourdonnaient parmi les touffes du gazon; — les oiseaux chantaient dans les branches; — les calices des fleurs naissantes s'entr'ouvraient, et lançaient leurs parfums comme des encensoirs...

L'atmosphère était chargée des senteurs vivifiantes du printemps, souffle voluptueux de la nature amoureuse et rajeunie.

Le parc de la Folie-Normand semblait un Eden enchanté.

Gaston s'engagea dans les détours des allées sinueuses et se mit à la recherche de sa pupille.

Il allait lentement, respirant à pleins poumons la brise odorante et suave qui caressait ses tempes, et s'arrêtant presque à chaque pas pour écouter la chanson tendre de la fauvette et du rouge-gorge.

Le jardin était vaste, nous le savons, et touffu par endroits comme une forêt deux fois séculaire.

Le marquis marcha longtemps sans découvrir la jeune fille, — enfin, il l'aperçut de loin, à travers une éclaircie, assise sur un banc rustique, sous l'ombrage épais d'un grand chêne qu'on appelait *le Patriarche*, parce qu'il était le plus antique et le plus beau des arbres de tous les jardins d'Auteuil.

Laurence tournait le dos à Gaston et ne pouvait le voir.

Il se dirigea de son côté en évitant, presque à son insu, de faire craquer sous ses pieds le sable des allées.

On eût dit qu'il voulait la surprendre, et cependant il n'y songeait guère, absorbé tout entier dans la recherche d'une façon adroite d'entamer avec elle l'entretien décisif...

Il arriva ainsi tout près de l'arbre sous lequel Laurence était assise...

Elle n'avait rien entendu, sans doute, car elle ne tourna pas la tête...

L'allée décrivant un large contour pour venir passer au pied du vieux chêne, Gaston voyait maintenant la jeune fille de profil.

Laurence portait une robe blanche et un tablier de soie bleu pâle, dont les bretelles se croisaient sur son corsage.

Elle s'inclinait un peu en avant, d'un air rêveur et méditatif.

Sa main gauche, effilée et patricienne, tenait une marguerite dont sa main droite arrachait une à une tous les pétales, selon la coutume des jeunes filles qui consultent le naïf oracle.

En même temps ses lèvres s'agitaient, comme pour murmurer les paroles sacramentelles :

— *Il m'aime un peu... beaucoup... passionnément...*

— Est-ce à Emmanuel qu'elle pense ? — se demanda Gaston. — Ah! si Blanche se trompait, si Emmanuel était aimé, comme il serait heureux, et quel couple charmant!...

Presque aussitôt il ajouta :

— A coup sûr, si elle aime quelqu'un, c'est lui... — Qui pourrait-elle aimer ?

Il franchit la dernière et faible distance qui le séparait de sa pupille.

La jeune fille leva les yeux... — voyant le marquis debout devant elle, elle parut surprise et un peu émue... — elle tressaillit et rougit visiblement.

— Comme vous voilà sortie de bonne heure, ma chère Laurence... — dit Gaston, — ce n'est point votre coutume, ce me semble...

— Vous avez raison, mon ami... — répliqua l'orpheline... — mais, ce matin, le ciel est si doux et le temps si beau, que je n'ai pu résister à la fantaisie de prendre un bain d'air et de soleil...

— Et de cueillir des marguerites... — ajouta Gaston en souriant.

Laurence rougit de nouveau, une sorte d'embarras timide se peignit sur son visage et elle laissa tomber la fleur à demi dépouillée qu'elle tenait encore. Gaston reprit :

— Ce n'est point le hasard, d'ailleurs, qui m'amène ici pour y troubler votre solitude et pour interrompre, si mal à propos, vos rêveries...

— Ah!... murmura la jeune fille.

— Je vous cherchais... — continua M. Castella.

— Vous avez quelque chose à me dire?... — demanda Laurence.

— J'ai à causer avec vous de choses sérieuses...

L'orpheline attacha sur le marquis ses beaux yeux, dont le regard exprimait de la façon la plus touchante le trouble et une vague inquiétude.

— Ah!... chère enfant, ne craignez rien... — se hâta d'ajouter Gaston, — il ne peut être question entre nous, vous le comprenez, que de choses heureuses pour vous...

— Je sais combien vous êtes bon... — balbutia la jeune fille d'une voix à peine distincte... — je ne le sais que trop...

En disant ces derniers mots, Laurence quitta le banc rustique sur lequel elle était assise.

— Prenez mon bras... — lui dit le marquis, — nous causerons en marchant... — le voulez-vous?

— Je veux tout ce que vous voulez...

Gaston sentit la main de Laurence trembler légèrement en s'appuyant sur son bras.

— Est-ce que vous êtes souffrante, mon enfant? — demanda-t-il avec le plus tendre intérêt.

— Non... — répondit la jeune fille.

— Mais, vous tremblez!...

— Je ne sais pourquoi...

— Qu'avez-vous donc?...

— Je n'ai rien...

Le marquis regarda Laurence avec attention... — elle baissa les yeux aussitôt, comme pour lui laisser le temps de prolonger cet examen.

Rien de plus simple, rien de plus virginal en quelque sorte que la toilette de l'orpheline.

Pour la décrire il nous a suffi d'une ligne...

Et cependant cette toilette était le savant chef-d'œuvre d'une femme qui veut à tout prix plaire, émouvoir et triompher...

La guimpe de tulle, suppléant au corsage un peu décolleté de la robe et montant jusqu'à la naissance du cou, se montrait gardienne indiscrête des trésors qu'elle avait mission de cacher...

Dans ses complaisantes transparences l'œil pouvait suivre la courbe divine des épaules et les contours d'une gorge taillée en plein marbre de Paros.

Les bras, tout à la fois ronds et fins, et d'une blancheur mate et veloutée, s'échappaient des manches larges comme du calice d'une fleur...

La coiffure de Laurence était un poëme de séductions.

Les masses lourdes de sa chevelure magnifique, enroulées et tordues avec une négligence affectée, tremblaient à chaque mouvement, semblaient prêtes à échapper aux morsures du peigne d'écaille, et à se dérouler sur les épaules comme une cascade de boucles d'ébène.

Le parfum doux et enivrant de la violette enveloppait la jeune fille, sans qu'il fût possible de deviner si ce parfum s'exhalait de son corps, de ses cheveux ou de ses vêtements...

Gaston se sentit très-ému, et son cœur battit dans sa poitrine à coups redoublés.

En même temps un trouble involontaire, sur la nature duquel il s'efforçait de se méprendre, envahissait rapidement ses sens et faisait couler dans ses veines un feu liquide...

Le jeune marquis se souvint des paroles prononcées au bal devant lui.

— Allons donc!...se dit-il, — c'est impossible!... — je ne suis point un misérable et j'appartiens à Blanche tout entier...

Puis, sans transition, il ajouta :

— Mon Dieu!... mon Dieu!... que Laurence est belle, et comme Emmanuel doit l'aimer!...

La jeune fille et le marquis marchèrent pendant quelques minutes l'un à côté de l'autre, lentement et en silence.

Laurence, la première, parut trouver ce silence embarrassant.

— Je ne saurais vous le cacher, mon ami, — fit-elle d'une voix émue... — ces CHOSES SÉRIEUSES dont vous avez à me parler m'inquiètent beaucoup, malgré vos bonnes paroles... — tirez-moi donc bien vite d'inquiétude, je vous en prie.

— Ne pressentez-vous pas, ma chère enfant, ce que je vais vous dire ? — demanda Gaston.

— Peut-être... mais j'ai le désir d'apprendre de votre bouche si mes pressentiments sont fondés...

— Il s'agit d'un mariage... — murmura le marquis.

Laurence frissonna de tout son corps, mais l'expression de son visage resta calme.

— Je le savais!... — fit-elle avec une amertume mal dissimulée... — j'en étais sûre!... — Avant même que vous m'ayez adressé la parole, je comprenais quel serait le sujet de l'entretien que vous vouliez avoir avec moi... — Continuez, mon ami, continuez...

Gaston secoua doucement la tête.

— J'aime mieux me taire... — vous m'encouragez trop peu !... — dit-il.

— Qu'importe ?... — parlez toujours, et ensuite vous me permettrez de vous répondre...

— Puisque vous le voulez, je poursuis... — Vous avez inspiré une passion sincère et profonde à l'un des plus honnêtes gens que je connaisse...

— M. Emmanuel Enjalbert... — interrompit Laurence.

— Lui-même... — Ainsi donc, ma chère enfant, vous connaissiez son respectueux amour?

— Comment ne l'aurais-je point deviné? — sans être coquette, — et certes je ne le suis pas, — est-il possible qu'une jeune fille ferme les yeux à l'évidence...

— Emmanuel, cependant, ne vous a jamais dit qu'il vous aimait.

— Non, certes... jamais !... il n'aurait osé !... mais sa conduite tout entière parlait pour lui...

— Eh bien !... — reprit Gaston... — eh bien, puisque vous savez tout, chère Laurence, laissez-moi plaider auprès de vous la cause de ce jeune homme pour qui j'éprouve le plus vif intérêt... — il appartient à une excellente famille... — sa position est honorable... il est bon, il est généreux, il est loyal, et je ne connais personne au monde qui soit plus capable que lui de rendre une femme parfaitement heureuse...

— Oh!... soyez-en persuadé, mon ami, — murmura Laurence, — je comprends que M. Enjalbert me fait beaucoup d'honneur en demandant ma main...

— Il ne s'agit en aucune façon de l'honneur qu'il vous fait, chère enfant, — répliqua vivement Gaston, — il s'agit du bonheur qu'il peut et qu'il doit vous donner... — Cette large part de félicité à laquelle vous avez droit, croyez-vous pouvoir la trouver dans le mariage que je vous propose ?...

— C'est ma pensée que vous voulez savoir?

— Oui... et je vous supplie de me la dire tout entière, sans hésitation et sans réticences...

— Eh bien! ce mariage ferait mon malheur...

— En êtes-vous sûre?

— Oui, j'en suis sûre... trop sûre, hélas !...

— Ainsi donc, vous ne ressentez pour Emmanuel qu'une insurmontable répulsion?

— Loin de là, et je ne demande pas mieux que d'avoir pour lui l'affection d'une sœur, s'il veut se contenter de ce doux sentiment...

— Il souhaite avec ardeur vous en inspirer un plus tendre !... — permettez-lui du moins d'espérer...

— Non, je ne puis le permettre; car son espérance ne se réaliserait jamais...

— JAMAIS !... C'est un mot bien hardi sur des lèvres si jeunes !... — Combien de cas pourrais-je vous citer dans lesquels le mariage a précédé l'amour... — Comme vous, les fiancées disaient : *Jamais!*... et quelques mois plus tard les épouses murmuraient : — *Toujours!* Ce que tant d'autres ont fait, Laurence, pourquoi ne le feriez-vous pas?...

La jeune fille baissa la tête pendant un instant, comme pour se recueillir, puis elle dit :

— Je vous en supplie, mon ami, écoutez-moi... — c'est à mon tour de vous parler de choses sérieuses...

— Je vous écoute, chère enfant, et avec l'attention la plus profonde, avec l'intérêt le plus vif...

— Depuis bien des jours, — reprit Laurence, — je prévois ce qui se passe aujourd'hui et je me prépare à cet entretien... — Ma terreur et mon émotion sont grandes, je l'avoue, en songeant à la prière que je vais vous adresser, car cette prière vous donnera presque le droit de croire à mon ingratitude, et Dieu, qui lit au fond des cœurs, m'est témoin cependant que le mien n'est point ingrat...

— Laurence!... Laurence!... — s'écria Gaston, — vous m'effrayez, je vous le jure!... où donc en voulez-vous venir?...

— J'en veux venir à ceci : — Il existe, je le sais, des maisons dirigées par une règle sévère, où, moyennant une faible somme, une jeune fille pauvre est admise à passer sa vie dans une retraite presque claustrale...

Laurence s'interrompit.

— Eh bien ? — demanda le marquis dont une angoisse inexprimable serrait le cœur.

— Eh bien!... — poursuivit l'orpheline avec une fermeté que démentait l'excessive altération de sa voix, — faites en sorte, — je vous en conjure, — faites en sorte qu'une de ces maisons s'ouvre pour me recevoir et que ses portes se referment à tout jamais sur moi...

— Vous ai-je bien entendue?... — vous ai-je bien comprise?... — murmura Gaston bouleversé... — vous songez à vous séparer de nous?...

— Un mariage ne me forcerait-il pas à vous quitter de même ? — répliqua Laurence.

— Ainsi, vous préférez le couvent au mariage?

— Oui.

— Plutôt que de devenir la femme d'Enjalbert, vous voulez enfermer sous des grilles inflexibles et sous des voiles impitoyables votre jeunesse et votre beauté?...

— Oui...

— Mais c'est de la folie, cela!...

— Non!... — c'est de la raison... — Je fais ce que je dois...

— Laurence, renoncez à ce projet...

— C'est impossible...

— Je ne vous viendrai point en aide pour l'exécuter...

— Dans ce cas, je l'exécuterai sans vous...

— Je m'y opposerai de tout mon pouvoir...

— J'aurai le courage et la force de passer outre.

— Voyons, Laurence, ne parlez pas ainsi!... — Je ne sais quel sentiment incompréhensible vous égare et vous pousse à blesser cruellement mon affection!... — vous regretterez dans un instant,

j'en suis sûr, les paroles que vous venez de prononcer... — Vous êtes, vous le savez bien, l'enfant de la maison... — or, une enfant ne menace point sans motif de quitter le toit qui l'a vue grandir et les lieux où elle est aimée... — Puisque Emmanuel vous est odieux, ne parlons plus d'Emmanuel.., — il faudra bien qu'il se résigne, et d'ailleurs votre bonheur doit passer avant le sien...

Un éclair furtif, aussitôt réprimé, brilla sous les longs cils de Laurence.

Gaston reprit :

— Cette union vous déplaît... — qu'il n'en soit plus question!... — Oubliez même que Blanche et moi nous en ayons conçu la pensée... — restez avec nous comme par le passé... — soyez heureuse de notre tendresse, et donnez-nous le temps de chercher pour vous un autre mariage contre lequel, sans doute, vous n'aurez point d'objections à faire.

Laurence secoua la tête.

— N'est-ce donc pas convenu?... — demanda le marquis.

— Non, mon ami, — balbutia la jeune fille, — cela n'est pas convenu, parce que cela n'est pas possible... — Ne cherchez plus à me retenir ici... ne cherchez plus à me marier... — Si brillantes, si inespérées que puissent être les unions proposées par vous, je les refuserais...

— Mais c'est inexplicable cela, Laurence!... — s'écria Gaston... — Est-ce donc le mariage lui-même qui vous épouvante?...

La jeune fille, les yeux baissés et le front couvert d'une vive rougeur, fit un signe affirmatif.

— Enfin, pourquoi?... — reprit vivement le marquis... — oui, pourquoi?

— Ne m'interrogez pas!... — murmura Laurence... — il me serait impossible de vous répondre.

— Il existe donc une cause mystérieuse de vos refus?

La jeune fille garda le silence.

Gaston continua :

— Cette cause, puisque vous refusez de me l'apprendre, il me faudra bien la deviner...

Laurence étendit vers son interlocuteur ses deux mains frémissantes.

— Au nom du ciel!... — balbutia-t-elle avec la plus excessive agitation... — au nom du ciel, ne cherchez pas...

— Je le dois, cependant, et je le ferai... — répliqua le marquis... — la profonde affection que vous m'inspirez, chère Laurence, m'impose la loi de descendre au fond de votre âme et de combattre de tout mon pouvoir l'étrange folie qui semble s'être emparée de vous.

— Gaston... mon ami... — reprit la jeune fille d'une voix brisée, vous voyez bien que je suis à bout de forces... — ayez pitié de moi...

— Ce ne serait point en avoir pitié que de vous abandonner à vous-même!... — il faut que votre pensée n'ait plus rien de caché pour moi... il le faut absolument !... — cette aversion pour le mariage, si soudaine et si violente, ne saurait avoir qu'une seule cause, et je l'entrevois...

Laurence dégagea son bras, passé sous celui du marquis, et cacha son visage dans ses deux mains, comme pour dérober aux regards fixés sur elle sa confusion et sa rougeur.

Gaston poursuivit :

— Oui, j'entrevois la cause de cette haine aveugle dans laquelle vous enveloppez tous les hommes... — c'est l'amour !... — Vous aimez, Laurence, vous aimez !...

La gorge de la jeune fille se soulevait avec violence et le murmure de sa respiration haletante se faisait entendre distinctement.

— Ayez confiance en moi, mon enfant, — reprit le marquis, — et dites-moi que je ne me trompe pas...

— Eh bien ! oui, c'est vrai !... — s'écria la jeune fille en relevant brusquement la tête... — j'aime !... — J'ai voulu longtemps me le cacher à moi-même ! j'ai voulu résister, mais l'amour est le plus fort et la vérité éclate à la fin !... — J'aime, entendez-vous, Gaston ?... — j'aime de toutes les forces de mon cœur !... j'aime de toutes les puissances de mon âme !...

— Je vous connais trop bien, mon enfant, pour avoir la crainte que vous ayez donné votre amour à un homme indigne de vous... — Nommez-moi donc cet homme, et tout ce qu'il sera possible de faire pour que vous deveniez sa femme, je vous jure que je le ferai...

— Vous le nommer !... — répéta Laurence avec une sorte d'égarement...

— Sans doute... — Comment pourrais-je agir, si je ne le connaissais pas... — Apprenez-moi son nom...

— Vous me demandez son nom !... vous?

— Quel motif pourriez-vous avoir pour me le cacher ?... — L'homme qui doit être votre mari ne peut rester un inconnu pour moi...

— Mon mari !... lui !... — c'est impossible !...

— Que dites-vous, Laurence ?... — rougiriez-vous de votre amour ? avez-vous honte de votre choix ?

— Hélas !... mon cœur n'a pas choisi !... — la fatalité seule a tout fait... — J'ignorais encore ce que c'était que l'amour, et déjà je ne m'appartenais plus !... — Rougir de celui que j'aime !... — de lui, si beau, si noble, si fier !... de lui qui pour moi n'est pas un homme, mais un dieu !... — Ah ! Gaston !.. je mourrai de cet amour, peut-être, mais je n'en rougirai jamais !...

— Cet homme vous aime-t-il ?

— Il ne sait seulement pas que je l'aime... il doit l'ignorer toujours...

— Pourquoi ne l'apprendrait-il pas ?

— Qui le lui dirait ?

— Moi, si vous voulez.

— Gaston, je vais vous faire horreur !...

— Vous, Laurence ?...

— Oui... moi... — Sachez donc que mon amour est un crime !... — sachez donc qu'un abîme infranchissable me sépare de celui que j'aime...

— Laurence, vous me faites trembler...

— Celui-là ne saurait m'appartenir... — poursuivit la jeune fille avec une exaltation délirante... — il appartient à une autre femme !...

— Il est marié ?... — balbutia le marquis éperdu.

— Il est marié... — répéta la jeune fille... — vous voyez bien que je ne puis rester ici !... vous voyez bien qu'il faut que je parte !... vous voyez bien que je me rends justice en voulant enfermer sous les grilles d'un cloître mon cœur brûlé d'un feu profane, mon âme brisée, ma vie perdue... — Ne me retenez plus, Gaston !... au nom de Blanche, au nom de vous-même, laissez-moi partir !...

Le marquis, stupéfait, — immobile et muet comme une statue, — ne pouvait croire encore à la réalité de ce qu'il venait d'entendre et s'efforçait de ne pas comprendre les paroles enflammées de la jeune fille.

Laurence, cachant de nouveau son visage dans ses deux mains, tandis que de grosses larmes s'échappaient de ses yeux, fit quelques pas pour s'éloigner.

Le mari de Blanche ne songeait point à la retenir.

Soudain elle chancela... — elle battit l'air de ses bras, en balbutiant :

— Oh ! je me meurs... Gaston... adieu...

Et elle serait tombée à la renverse si le marquis, rappelé soudainement à lui-même, ne s'était élancé vers elle et ne l'avait reçue dans ses bras.

Laurence semblait inanimée.

XXXIII. — UNE GRANDE COMÉDIENNE.

Nous donnerions difficilement à nos lecteurs une idée exacte de l'immense embarras, du trouble profond de Gaston, au moment où il reçut dans ses bras et où il appuya contre sa poitrine le corps charmant de Laurence qu'il croyait évanouie.

— Que faire ?... — se demanda-t-il, — la tête à demi perdue, — comment la rappeler à elle-même ?

Un instant, — nous devons le dire à sa louange, — il eut la pensée de prendre avec son léger fardeau le chemin de la maison, de prévenir Blanche de ce qui venait d'avoir lieu, et de remettre Laurence en ses mains...

Mais l'homme n'a pas d'ennemi plus dangereux, plus irréconciliable que lui-même !... — rarement, dans les circonstances difficiles, il accueille une inspiration sage et prudente... — presque toujours, au contraire, il cède sans résistance à l'instinct mauvais qui le presse...

Gaston nous fournit une preuve nouvelle de cette grande vérité... — il se garda bien de suivre son premier mouvement... — A quoi bon donner à Blanche d'inutiles inquiétudes ?... — murmura-t-il, — à quoi bon l'affliger sans nécessité ?... — elle ne doit rien savoir, elle ne saura rien de tout ceci... — Ai-je le droit d'ailleurs de trahir, même pour ma femme, la confiance que Laurence vient de mettre en moi?... — ai-je le droit de divulguer le terrible secret qui s'est échappé de son cœur ?

Gaston se posa ces questions, et nous croyons inutile d'ajouter qu'il se répondit négativement.

Nous avons expliqué, dans l'un des chapitres de ce livre, que le parc de la Folie-Normand étageait ses amphithéâtres de verdure sur la déclivité de la colline d'Auteuil.

A vingt-cinq ou trente pas de l'endroit où le jeune marquis soutenait Laurence, existait une grotte, pittoresque mais factice, construite avec force rocailles, et dont un épais rideau de lierre cachait en partie l'ouverture.

Tout à côté se voyait un petit bassin rustique alimenté par une source vive... — un mince filet d'eau s'en échappait, formant un ruisseau qui descendait la colline d'étage en étage, par une succession de cascatelles lilliputiennes.

Gaston porta Laurence dans la grotte et l'assit, ou plutôt l'étendit sur un banc de pierre et de mousse, qui, sauf la matière et l'élasticité, ressemblait à un divan.

Il sortit ensuite pour tremper un des angles de son mouchoir dans le cristal liquide du bassin et il humecta de cette eau fraîche le front et les tempes de la jeune fille.

Laurence se dit alors que le moment était venu de mettre fin à un évanouissement qui n'aurait pas de raison pour se prolonger davantage, et, s'il nous est permis d'emprunter une expression à l'argot spirituel et coloré des coulisses, *elle soigna sa mise en scène*.

Son réveil fut un chef-d'œuvre!... — jamais artiste ne poussa plus loin l'imitation consciencieuse de la nature et la scrupuleuse recherche de la vérité.

La jeune fille fit d'abord un mouvement léger, presque imperceptible...

Une sorte de frisson passa sur son épiderme.

Ses lèvres balbutièrent des paroles vagues, ou plutôt laissèrent échapper des sons brisés, à peine distincts, sans liaison entre eux, exprimant bien par leur complète incohérence tout le désordre de la pensée encore endormie...

Ensuite elle tressaillit... — elle ouvrit les yeux... — elle vit Gaston penché vers elle... — elle passa l'une de ses mains sur son front, comme pour y rassembler ses souvenirs incertains, et enfin elle balbutia, en cachant son visage dans ses doigts entrelacés, comme pour dérober sa confusion aux regards du marquis :

— Oh! mon Dieu!... mon Dieu!... j'ai parlé!...

— Le regrettez-vous, chère Laurence? — demanda le mari de Blanche.

— Oui, certes, je le regrette, et j'aurais dû mourir plutôt que de livrer mon secret!...

— Ce secret ne sera point trahi, vous le savez bien, Laurence... puisque nous sommes seuls à le connaître! — N'avez-vous pas confiance en moi?

— En vous plus qu'en moi-même! vous si bon!... vous si loyal!... qui n'aurait confiance en vous?... mais j'ai peur de votre mépris! — Oh! Gaston!... tout est perdu pour moi si vous me méprisez!...

— Vous mépriser, chère enfant!... — s'écria le marquis... — mais vous me croyez donc aveugle!... mais vous me croyez donc insensé! — N'êtes-vous pas pure comme les anges?... — n'avez-vous pas lutté de toutes vos forces contre un amour qui s'est emparé de votre cœur malgré vous-même?... — ne me demandiez-vous pas tout à l'heure de vous laisser quitter cette maison... de vous laisser renoncer au monde?... — Peut-on combattre avec plus de vaillance?... peut-on pousser plus loin le sacrifice et le renoncement?... — Laurence, il faut vous plaindre, mais le blâme ne saurait monter jusqu'à vous!... Vous avez droit à l'admiration, vous avez droit au respect de tous!...

Les pâles lueurs d'une joie mélancolique brillèrent dans les yeux de la jeune fille.

— Oh!... soyez béni!... — murmura-t-elle... — soyez béni, Gaston, vous qui ne m'accablez point!... — vous qui me relevez à mes propres yeux!... — votre parole me le fait comprendre; on peut être faible sans être coupable... — Et maintenant que, grâce à vous, je viens d'avoir mon dernier bonheur, vous exaucerez le vœu suprême que je n'ai formé qu'en tremblant... vous me permettrez de partir.

— Partir!... — répéta le marquis avec une véritable stupeur, — vous songez encore à partir?...

— Plus que jamais...

— Mais c'est impossible!...

— Il faut que cela devienne possible... il le faut!...

— N'y comptez pas, Laurence, vous ne m'y ferez jamais consentir!... — Cette demeure peut vous offrir, si vous le voulez, un asile plus inviolable que celui d'un couvent... — Vous n'en franchirez pas le seuil... rien n'y viendra rappeler à vos souvenirs celui qui ne saurait être à vous, et le temps vous donnera la force d'oublier...

Le moment était venu pour l'orpheline de frapper un coup décisif.

Elle le comprit... — elle fit un dernier appel à ce talent de comédienne dont elle venait déjà de donner tant de preuves, et ce fut en détournant la tête, ce fut d'une voix haletante et brisée, comme si les paroles qu'elle prononçait lui brûlaient les lèvres, ce fut enfin en essuyant les larmes ardentes qui jaillissaient de ses yeux, qu'elle balbutia :

— Oublier, dites-vous?... — je ne le pourrais pas, je ne le voudrais pas, si je restais ici!... — Gaston, laissez-moi m'éloigner, ou plutôt chassez-moi... car ma présence dans cette maison est une honte pour moi, une insulte pour ma bienfaitrice, pour cet ange à qui je dois tout!... — Gaston, je deviens misérable et lâche!... — J'aimais Blanche plus que ma vie... eh bien, je ne sais plus maintenant si je l'aime ou si je la hais!... — Je la bénissais et je la maudis!... — Jadis c'était ma mère... ma sœur... une amie!... aujourd'hui, c'est une rivale!... — Je me fais peur à moi-même!... — je suis folle et je suis infâme!...— Par pitié, Gaston, chassez-moi!...

— Dieu du ciel, qu'ai-je entendu? qu'ai-je compris?... — se dit le marquis, — c'est moi qu'elle aime!...

Et, sous le jet de flamme de cette certitude inattendue, il éprouva tout à la fois une immense terreur et un immense orgueil.

— Chassez-moi... chassez-moi... — répétait si pure!...— à côté d'une telle passion la tendresse de Blanche n'est-elle pas de neige et de glace?... — Blanche t'aime par devoir... son amour est une habitude... — Laurence t'adore plus que tout, t'adore malgré tout, et le feu qui la dévore la tuera!... — Est-elle coupable? — Pouvait-elle résister?... — N'auras-tu pas pitié?...

Ainsi parlait le mauvais ange.

Le bon ange, de son côté, murmurait bien bas :

— Prends garde!... — Dieu maudit les amours adultères!... — c'est près de Blanche qu'est le devoir... c'est près de Blanche qu'est le bonheur...

Mais Gaston n'écoutait pas, ou plutôt l'ivresse

Je vous jure que c'est vrai, Laurence, et je n'ai jamais menti. — Page 123.

Laurence d'une voix de plus en plus faible... — le supplice que j'endure est au-dessus de mes forces...

La jeune fille semblait véritablement hors d'état de se soutenir...— Elle se laissa tomber à genoux, suffoquée par ses sanglots... — sa tête s'inclina sur sa poitrine... — ses immenses cheveux se dénouèrent et l'enveloppèrent comme d'un voile.

Gaston sentait son cœur bondir...

Un vertige pareil à celui d'un homme qui se penche vers un abîme s'emparait de lui...

Une ardente lave ruisselait dans ses veines avec son sang...

La voix du mauvais ange lui criait :

— Regarde ce que l'amour qu'elle ressent pour toi a fait de cette créature si belle, de cette enfant rapide qui dominait ses sens et grandissait de seconde en seconde ne lui permettait point d'entendre cette voix timide...

Il n'avait plus de regards, il n'avait plus de pensée que pour cette sirène vertigineuse, pour cette splendide et rayonnante créature, agenouillée près de lui, sanglotant, les cheveux épars, brisée par une passion sans bornes, et qui, s'il le voulait, lui appartiendrait bientôt tout entière, comme déjà elle lui appartenait par le cœur...

Gaston comprit qu'il était vaincu...

Il oublia en moins d'une seconde le passé tout entier... — il ne se souvint plus de Blanche dont, une heure auparavant, il se croyait épris pour toujours...

Il se dit qu'il aimait pour la première fois !...

— Laurence, — balbutia-t-il, — chère Laurence, je vous en supplie, calmez-vous... relevez-vous...

La jeune fille resta courbée, dans sa gracieuse et savante attitude de Madeleine pénitente...

Gaston se pencha vers elle et la souleva...

Il sentit le corps souple et charmant qui s'abandonnait à lui tressaillir et frissonner sous son étreinte...

Ses mains tremblantes se noyaient dans les flots de cheveux soyeux déroulés sur les épaules de Laurence.

La poitrine de la jeune fille touchait sa poitrine... — leurs souffles se mêlaient...

— Laurence, — dit Gaston d'une voix émue, — vous ne partirez pas ?... Vous ne parlerez plus de partir ?...

Il devina, plutôt qu'il n'entendit cette réponse :

— Maintenant que vous savez tout, puis-je rester ?...

— Vous le pouvez et je le veux...

— Pourquoi me retenir ?...

— Parce que vous êtes ma lumière et ma joie,... — parce que sans vous je ne saurais vivre... — parce qu'enfin, Laurence, parce qu'enfin, je vous aime !...

La jeune fille fit un mouvement brusque, — elle écarta les longues boucles brunes qui voilaient son visage, — elle attacha sur les yeux du marquis le regard magnétique de ses prunelles sombres, et elle s'écria :

— Vous m'aimez !... — vous m'aimez autrement qu'on aime sa sœur, qu'on aime sa fille ?...

— Je vous aime de toute mon âme !... je vous aime de tout mon amour !...

— Est-ce vrai, cela, Gaston ?... est-ce possible, mon Dieu !... est-ce possible ?...

— Je vous jure que c'est vrai, Laurence, et je n'ai jamais menti !..

— Si c'est la pitié seule qui dicte vos paroles, rétractez-vous, je vous en conjure ; — ce serait une pitié funeste ! la désillusion me tuerait...

— Laurence, regardez mes yeux... Laurence, mettez la main sur mon cœur et vous ne me demanderez plus si je mens...

— Ah ! je donnerais ma vie pour vous croire... et cependant je ne peux pas...

— Pourquoi ce doute qui me désespère ?...

— Parce que l'évidence est contre vous...

— L'évidence ?...

— Oui, certes, l'évidence !... — Quand vous êtes venu me trouver ici, tout à l'heure, ce n'était pas pour me parler d'amour !... — c'était pour me presser d'accepter un mari de votre choix...

— C'est vrai... mais qu'est-ce que cela prouve ?...

— Cela prouve que vous ne m'aimez pas... — On ne donne point celle qu'on aime !...

— Je vous aimais cependant, Laurence !... — L'amour remplissait tout mon être... mais j'étais aveugle, ou plutôt je ne savais pas lire en moi-même... — Votre présence me causait un trouble délicieux... — La plus douce de toutes les musiques était pour moi le son de votre voix... — Le parfum qui s'exhalait de votre chevelure me semblait le plus enivrant de tous !... — Votre absence me laissait triste et rêveur...— Quand vous n'étiez pas là, le vide se faisait autour de moi et le soleil n'avait plus de rayons !... — Je vous attendais... je vous espérais !... — la lumière et la joie revenaient en même temps que vous !... — Tout cela c'était de l'amour, Laurence... un amour infini qui s'ignorait lui-même !... — Maintenant je vois clair dans mon cœur... maintenant la révélation s'est faite !... — Vous êtes à moi... je suis à vous... — plus de luttes... plus de combats !... — plus rien que la passion qui déborde !... plus rien que le bonheur qui sourit !... — Je vous aime, Laurence !... aimez moi !...

En achevant ce dithyrambe passionné, Gaston saisit la taille flexible de la jeune fille qu'il serra contre son cœur avec un fiévreux transport.

Laurence, pâmée à demi, ne se débattait point contre cette fougueuse étreinte.

Mais, tandis que sa bouche laissait exhaler des soupirs extatiques, et que ses yeux mourants n'avaient plus de regards, elle se disait, triomphante et glacée :

— Enfin, j'ai réussi !... — rien ne peut plus m'enlever Gaston !... — Blanche disparaîtra et je serai marquise !...

XXXIV. — BLANCHE ET GASTON.

Lorsque sonna la cloche qui chaque matin, à onze heures précises, avertissait les habitants de la Folie-Normand que le déjeuner les attendait, Laurence avait quitté le marquis depuis quelques minutes à peine.

Gaston, resté seul au fond de la grotte où venait de se jouer la scène de passion et de haute comédie à laquelle nos lecteurs ont assisté, repassait dans sa mémoire, avec une ivresse indicible, tous les détails de cette scène.

Il tressaillit, comme un homme qui s'éveille, en entendant la cloche, et une ardente rougeur envahit son visage à la pensée qu'il allait se trouver en présence de sa femme.

Jamais, jusqu'à ce jour, il n'avait trompé Blanche ; — la veille encore il aurait hardiment juré qu'il ne la tromperait jamais...

Gaston ne savait pas mentir...

Sa nature droite et loyale éprouvait pour toute fausseté une horreur instinctive...

Et voici qu'il se trouvait jeté fatalement dans une voie de mensonge et de duplicité, d'hypocrisie et de trahison...

Désormais la main qu'il tendrait à Blanche serait une main perfide...

Ses lèvres, lorsqu'elles s'appuyeraient sur le

front immaculé de sa charmante et chaste compagne, donneraient le baiser de Judas...

Coupable toujours, criminel à tous les points de vue, l'adultère en effet devient infâme et lâche lorsqu'il s'installe sans pudeur au foyer conjugal...

L'homme qui, dans sa propre maison, choisit pour complice de sa faute une amie, une protégée de sa femme, fait bien plus que tromper celle qui porte son nom, il l'insulte!...

Cet homme est un misérable!...

Voilà ce que Gaston allait devenir, ou plutôt voilà ce qu'il était devenu déjà, tout d'un coup, brusquement, sans transition...

Un grand poëte a dit, en deux vers restés célèbres :

« Un seul jour ne fait pas d'un mortel vertueux
« Un perfide assassin, un lâche incestueux!... »

Ceci peut être vrai en thèse générale, mais il nous paraît indispensable d'admettre une exception pour les crimes dont la passion amoureuse est le mobile...

De même qu'un breuvage empoisonné fait en moins d'une heure couler la mort dans des veines où circulait un sang jeune et généreux, — de même une dangereuse créature, une sirène aux regards meurtriers, peut en un instant s'emparer du cœur le plus ferme, troubler la raison la plus droite, tuer la conscience la plus timorée, et anéantir jusqu'aux derniers vestiges du sens moral le plus délicat...

Certes, rien au monde ne saurait justifier Gaston.. — personne, sans doute, n'entreprendrait de plaider sa cause, et cependant, il faut bien le demander, combien d'hommes auraient eu la force de résister mieux que lui aux séductions irrésistibles de Laurence?...

Le marquis imposa rapidement silence aux faibles murmures de sa conscience défaillante...

Il chassa bien loin le trouble et la honte que la pensée de Blanche avait fait naître en lui...

Il se dit à lui-même, sans doute pour s'innocenter à ses propres yeux :

— Je ne suis pas coupable, après tout!... — j'aime et je suis aimé... — est-ce ma faute?... — Le chêne peut-il lutter contre le coup de tonnerre qui le frappe?... — Je n'avais point appelé l'amour, quand l'amour est venu me foudroyer!... — On ne saurait se soustraire à sa destinée!... la mienne est d'adorer Laurence et d'être heureux par elle... — Pourquoi me ferais-je un crime de ce bonheur mystérieux dont Blanche ne souffrira point puisqu'elle l'ignorera toujours?...

En prêtant l'oreille avec complaisance à ces sophismes détestables qui lui semblaient de solides et inébranlables raisonnements, Gaston suivait à pas lents l'allée sablée qui, après avoir décrit de gracieux méandres sur les flancs de la colline, aboutissait au perron de la villa.

L'excessive lenteur de l'allure du jeune homme avait un but.

Il souhaitait ne point se trouver seul avec sa femme avant le repas du matin, car elle ne pouvait manquer de lui parler de Laurence, et il craignait de se trahir par son trouble et par sa rougeur...

Son désir fut exaucé.

La marquise douairière, la jeune marquise et l'orpheline venaient de se mettre à table au moment où Gaston entra dans la salle à manger.

Le marquis embrassa sa mère, sourit à Blanche et évita de jeter les yeux sur Laurence, dont l'embarras, à son aspect, croyait-il, pouvait devenir compromettant...

Gaston se trompait de la façon la plus complète.

Le visage si merveilleusement beau de la jeune fille pouvait défier tout examen...

Jamais il n'avait été plus calme...

Jamais les grands yeux à demi baissés de l'orpheline n'avaient paru plus limpides et plus chastes...

Une sorte de parfum virginal s'exhalait de sa personne entière...

Rien dans la figure, rien dans l'attitude de la jeune fille ne venait trahir les émotions violentes, impétueuses, qu'elle ressentait ou du moins qu'elle exprimait avec une ardeur incendiaire, si peu de temps auparavant..... Le déjeuner fut court et point animé.

La marquise douairière, habituellement peu communicative, semblait l'être ce jour-là moins encore que de coutume...

Gaston, lui aussi, gardait le silence, ou du moins ne parlait que d'une façon distraite et presque par monosyllabes...

Blanche avait hâte de voir le repas s'achever, et elle évitait de le prolonger par quelque causerie inutile...

Laurence seule, entièrement étrangère en apparence aux préoccupations des convives, était la même que la veille, gracieuse, prévenante et toute à tous...

On servit le thé qui, chaque matin, selon la mode britannique devenue française, faisait son apparition à la fin du déjeuner.

Blanche trempa tout au plus ses lèvres dans sa tasse, puis elle se leva, et les autres convives l'imitèrent...

— Je vous enlève mon mari, — dit-elle en souriant à la douairière et à Laurence; — nous avons ensemble de très-grands secrets... — Mais soyez tranquilles, je ne suis point égoïste, et je vous le rendrai tout à l'heure.

La jeune femme passa son bras sous le bras de Gaston, un peu inquiet de cette démarche inattendue, mais rassuré cependant par l'air de gaieté de sa femme.

Elle ouvrit la porte vitrée qui conduisait au jardin, et elle entraîna le marquis sur la pelouse.

— Eh bien! chère Blanche, — demanda-t-il, du ton le plus dégagé qu'il lui fut possible de prendre, — qu'y a-t-il donc, et quels sont ces grands secrets que nous avons ensemble?...

— Tu le sais bien...

— Mon Dieu, non, je te jure...

— Comment!... et le mariage de Laurence!... le comptes-tu pour rien?...

— Je le compte pour beaucoup, au contraire, mais en ce moment je n'y pensais pas...

— Cependant tu as vu Laurence, ce matin?...

— Oui, — répondit Gaston en s'efforçant de parler d'une voix ferme.

— Tu as causé avec elle?...

— Sans doute.

— Je le savais...

— Ah bah!...

— Je vous ai vus...

Gaston frissonna.

— Tu nous as vus!... — répéta-t-il.

— Comme je te vois...

— Explique-toi... je ne comprends pas...

— C'est pourtant bien simple... — Je venais de quitter mon lit... — je m'approchai de la fenêtre et je regardai dans le jardin... — à travers les massifs d'arbres, je distinguai sur la hauteur, sous les rameaux du Patriarche, une robe blanche, évidemment celle de Laurence...—En même temps tu sortais de la maison...—tu gravissais la colline, et, après de longs circuits, tu rejoignais la robe blanche... — quelques minutes s'écoulèrent, puis je vous perdis de vue l'un et l'autre... Où donc étiez-vous tous les deux?...

— Sur la terrasse, en haut du jardin...— répondit Gaston devenu très-pâle.

— Eh bien!... moi, je vous croyais dans la grotte... — continua la jeune femme ; — je m'habillai très-rapidement, — j'avais l'idée d'aller vous rejoindre... je crois même que je quittai ma chambre dans cette intention...

Le marquis sentit son sang se figer dans ses veines ; quelques gouttes d'une sueur glacée mouillèrent la racine de ses cheveux...

Blanche poursuivit :

— Mais, avant même de poser le pied sur la première marche de l'escalier, je m'arrêtai, et la crainte de troubler par ma présence l'entretien commencé me fit renoncer à mon projet... — je restai... — Et maintenant dis-moi bien vite si les résultats de ta diplomatie ont été tels que tu les espérais... — as-tu convaincu Laurence qu'Emmanuel Enjalbert est le mari modèle que Dieu créa tout exprès pour elle et qu'il lui tient en réserve depuis le commencement du monde?...

Gaston secoua la tête...

— Eh quoi ! — s'écria Blanche, — tu n'as pas réussi?...

— Mon Dieu, non. Et je suis bien forcé d'avouer ma défaite.

— Ainsi, ce mariage auquel tu tenais tant?...

— Il n'y faut plus penser.

— Ton protégé déplaît à Laurence?...

— Il paraît que oui...

— Tu n'as rien négligé cependant, je suppose, pour démontrer à notre fille adoptive que M. Enjalbert est un homme accompli et qu'elle doit se trouver très-honorée et très-enchantée de sa recherche...

— Je n'ai rien négligé... — J'ai dit tout ce qu'il fallait dire...

— Qu'a répondu Laurence?...

— Tout simplement ceci : — *Je reconnais les qualités de M. Enjalbert, — je le crois le meilleur et le plus galant homme du monde, mais je ne l'aime pas, et je serais malheureuse avec lui...*

— Et, pas autre chose?...

— Comme je ne me tenais point encore pour battu, et comme j'insistais, dans l'espoir de modifier les convictions de Laurence, elle a ajouté que si sa présence dans notre maison devenait pour nous une gêne et une fatigue, elle me suppliait de la laisser entrer au couvent...

— Au couvent!... — s'écria Blanche. — Dieu du ciel!... est-il bien possible qu'elle ait eu cette idée odieuse!... — Pauvre chère fille!... au couvent!... — ces beaux cheveux coupés!... — cette tête charmante encapuchonnée sous une guimpe!... — Ah! mon ami, si j'avais entendu Laurence parler ainsi, je sens bien qu'il m'aurait été tout à fait impossible de ne pas fondre en larmes... — L'as-tu consolée, l'as-tu rassurée, au moins?...

— N'en doute pas!... — je lui ai promis qu'il ne serait plus question d'Emmanuel Enjalbert et je lui ai affirmé qu'elle n'était à charge à personne ici, et que ni toi, ni moi, n'avions la pensée de nous séparer d'elle avant le jour où elle demanderait à nous quitter pour suivre un mari de son choix...

— A la bonne heure!... — Et maintenant, que vas-tu faire?...

— Rien absolument...

— Tu renonces donc à ton idée fixe de marier Laurence au plus tôt?

— J'y renonce... — je deviens superstitieux, et je me dis que l'homme, quel qu'il soit, qui doit l'aimer et qui doit lui plaire, saura bien la venir trouver ici sans que je m'en mêle et sans que personne s'en occupe...

Blanche frappa ses deux petites mains l'une contre l'autre, et son visage prit une radieuse expression de joie.

— Enfin, — s'écria-t-elle, — te voilà converti, et nous avons maintenant juste la même manière de voir, ce qui prouve bien que c'est la bonne!...

— Oui, cher Gaston, je le crois fermement, les mariages sont écrits dans le ciel, et s'il était décidé là-haut que tu dois être le mari de Laurence tu deviendrais veuf tout exprès pour réaliser l'arrêt du destin en épousant notre pupille.

Le marquis était pâle, — il devint livide.

— Ah ! — murmura-t-il, — quelle plaisanterie lugubre !...

— Ce n'est qu'une plaisanterie, en effet, — je la croyais bien innocente, et d'ailleurs il faut me la pardonner... — Je suis si heureuse que je ne sais plus ce que je dis... — Oui... oh ! oui... laissons les choses comme elles sont, et qu'elles restent longtemps ainsi !.. — Je ne pouvais me faire, j'en conviens, à l'idée de me séparer de Laurence !...

— Cette chère enfant m'a pris une part de mon âme !... — entre elle et toi mon bonheur est complet, et vous vous partagez mon cœur...

Blanche, en parlant ainsi, jeta ses deux bras autour du cou de son mari et elle l'embrassa avec effusion...

Mais soudain, frissonnante, effarée, elle s'éloigna du marquis par un mouvement si brusque qu'on eût pu croire que la pointe d'un fer rouge se plaçait entre elle et lui...

Une effrayante pensée, un monstrueux soupçon, se faisaient jour dans son esprit avec la foudroyante rapidité de l'étincelle électrique qui apporte tout à la fois avec elle la lumière et la destruction...

Elle venait de retrouver, sur les lèvres de Gaston, le parfum de la chevelure de Laurence !...

XXXV. — LA JALOUSIE.

— Eh bien, — demanda vivement Gaston très-inquiet, en se rapprochant de sa femme pour la soutenir, car elle semblait au moment de tomber en défaillance, — eh bien, chère Blanche, qu'as-tu donc ?... — est-ce que tu te trouves mal ?...

La marquise fit un violent effort sur elle-même.

— Ah ! qu'il ne sache pas, qu'il ne sache jamais, — se dit-elle, — l'idée horrible qui m'est venue... — il ne me pardonnerait point cet injurieux soupçon...

Puis elle répondit d'une voix brisée, mais en appelant sur ses lèvres pâles un sourire :

— Ce n'était rien, mon ami, et pourtant j'ai beaucoup souffert... — un nuage a passé devant mes yeux, le sol a tremblé sous mes pieds et il m'a semblé qu'une main de fer me broyait le cœur... — La dernière minute de l'agonie doit ressembler à cela... — mais c'est déjà presque fini...

— Bien vrai, tu vas mieux ?...

— Je vais même tout à fait bien...

— Veux-tu que j'appelle Laurence ?...

— Non... non... n'appelle pas... n'appelle personne, je t'en prie...

— N'as-tu besoin de rien ?...

— D'une seule chose...

— Laquelle ?...

— Un verre d'eau, — veux-tu me le donner ?...

— J'y cours, mais du moins assieds-toi... — tu es encore pâle comme une morte...

— Oui, je vais m'asseoir en attendant... — il y a des chaises de jardin auprès du massif de lauriers-roses...

— Iras-tu bien jusque-là toute seule ?...

— Mais certainement... — tu me crois plus faible que je ne le suis... — tu vas voir...

En effet Blanche se dirigea d'un pas presque ferme du côté des lauriers-roses, tandis que Gaston traversait la pelouse et gagnait la villa pour en rapporter un verre d'eau fraîche.

Pendant son absence, qui ne dura que quelques minutes, Blanche réfléchit profondément, et elle n'eut point de peine à se prouver que sa naissante jalousie était non-seulement absurde et folle, mais coupable, car elle constituait une gratuite et mortelle insulte pour les deux êtres qu'elle chérissait le plus au monde, son mari et sa fille d'adoption.

— Ai-je donc une mauvaise nature ?... — se demanda-t-elle avec un effroi mêlé de remords ; — comment ai-je pu supposer que Gaston et Laurence étaient capables de la plus lâche, de la plus infâme trahison ?... — Gaston est loyal entre tous... — il m'aime exclusivement... — jamais, depuis le jour de notre mariage, il ne m'a donné un sujet d'inquiétude ou de chagrin !... — Laurence éprouve pour moi l'affection profonde d'une fille pour sa mère, d'une sœur pour sa sœur... — elle est pure comme les anges du ciel... — et cependant j'ai osé flétrir ces deux nobles cœurs par un impardonnable doute !... — Allons, décidément, j'étais folle !...

. . . .

« Eh !... que prouve, après tout, — reprit la jeune femme, — que prouve cet indice insignifiant qui m'a semblé la preuve d'un crime et qui m'a foudroyée ?... — moins que rien !...

« D'abord, j'ai pu me faire illusion...

« Peut-être, ensuite, si j'entrais dans le cabinet de toilette de Gaston, y trouverais-je un flacon de cette essence de violette dont Laurence fait usage et qu'elle préfère à tous les parfums...

« Enfin, quand bien même Gaston aurait appuyé ses lèvres sur le front de Laurence, où serait le mal, et quelle pensée déshonnête pourrait se cacher sous une action si simple ?...

« Un père embrasse sa fille, et Gaston se regarde comme le père de Laurence... »

La jeune femme en était là de son monologue, lorsque le marquis revint avec le verre d'eau qu'elle attendait.

Elle le prit de ses mains en souriant, et elle le vida d'un trait.

— Comment te trouves-tu maintenant, chère Blanche ?... — demanda Gaston.

— Regarde-moi bien en face, mon ami, — répondit la marquise, — et je crois que tu n'auras plus besoin de me répéter cette question...

— C'est vrai, car te voilà déjà redevenue fraîche et charmante comme toujours...

Ceci n'était point un compliment...

Le doux visage de la jeune femme avait repris son radieux éclat, et l'émotion vive qu'elle venait d'éprouver donnait à sa peau veloutée et transparente une coloration merveilleuse...

Blanche se suspendit au bras de son mari, et tous deux s'enfoncèrent dans les détours du parc.

. . . .

Quelques jours s'écoulèrent.

La vie des habitants de la Folie-Normand avait repris en apparence son calme habituel et son heureuse uniformité.

Rien n'annonçait un prochain orage.

Mais souvent la surface de l'océan immense est unie comme un miroir, quelques instants à peine avant l'heure où la tempête déchaînée va soulever les vagues et creuser les abîmes...

Nous n'avons point l'intention d'écrire en ces pages un traité sur la *jalousie*, la plus indomptable peut-être des passions humaines, et celle, à coup sûr, qui fait le plus cruellement souffrir et ceux qui la ressentent et ceux qui en sont les victimes...

La jalousie est indestructible...

On peut la combattre avec un semblant de succès, mais, en réalité, on ne parvient point à la vaincre...

Qu'elle soit bien ou mal fondée, qu'elle soit injuste ou légitime, elle ne s'endort jamais que pour se réveiller bien vite.

Quiconque a senti dans son cœur la morsure aiguë du serpent de la jalousie ne verra point les blessures saignantes se cicatriser.

Quiconque a été jaloux une fois le sera toute sa vie.

Le soupçon, vrai ou faux, ressemble à une tache d'huile sur un bois poreux.

Quoi qu'on puisse essayer pour l'*extirper*, on l'essayera en vain, et la tache, sans cesse plus profonde, ira toujours s'élargissant.

La jeune marquise avait eu beau se dire, se prouver et se répéter sans cesse que Gaston et Laurence méritaient toute sa tendresse et toute sa confiance, et que la seule pensée d'une hideuse trahison leur ferait horreur, elle n'en éprouvait pas moins, à certaines heures d'isolement et de rêverie, d'instinctives appréhensions, de vagues inquiétudes qui glaçaient son cœur et faisaient passer sur son épiderme un frisson d'épouvante.

En ces moments-là, elle rougissait d'elle-même, — elle luttait courageusement, — elle repoussait de toutes les forces de sa volonté ces angoisses involontaires et renaissantes...

Elle refusait de s'avouer vaincue, et malgré elle, tremblante de honte, dominée par un sentiment irrésistible, elle épiait d'un œil soupçonneux les actions de Gaston et de Laurence; — elle étudiait l'expression de leurs visages lorsqu'ils se trouvaient en présence l'un de l'autre; — elle analysait les intonations de leurs voix s'ils s'adressaient la parole.

Ce timide espionnage de la jeune femme ne produisit d'abord aucun résultat.

Laurence, malgré sa grande jeunesse et son ignorance relative des choses de la vie, pouvait lutter de rouerie précoce avec les si- rènes ! plus habiles et les plus dangereuses.

Cette enfant détestable avait l'*intuition* de la coquetterie, ou plutôt de la coquinerie féminine.

Sûre de son empire absolu sur le marquis Gaston de Castella, certaine que rien au monde ne pourrait désormais éteindre l'incendie allumé par elle, elle suivait sans dévier d'un pas la route qu'elle s'était tracée et qui devait la conduire au but de ses ambitions et de ses espérances...

— Il faut que le marquis m'aime assez pour me donner son nom sans hésiter quand il sera veuf... — s'était-elle dit... — il faut qu'il ait pour moi autant de respect que de passion... il faut, enfin, qu'une résistance désespérée lui prouve toute la valeur de sa conquête, et toute la force d'une vertu qui résiste même à l'amour...

En conséquence, la première fois que l'orpheline se trouva seule avec Gaston pendant quelques minutes, le lendemain de la scène de la grotte, elle lui dit d'une voix émue, en tendant vers lui ses mains suppliantes :

— Mon ami, au nom du ciel! si vous m'aimez... ayez pitié de moi... oubliez les paroles imprudentes prononcées hier dans mon délire... — oubliez un aveu qu'au prix de ma vie je voudrais reprendre... — Mon cœur est tout à vous... vous le savez et je vous le répète; mais vous l'entendez en ce moment pour la dernière fois... — Si vous ne voulez pas que je meure à vos pieds, de honte et de désespoir, souvenez-vous que je ne puis... que je ne veux être pour vous qu'une sœur et qu'une amie...

Et, sans attendre la réponse de Gaston stupéfait et désolé, Laurence s'enfuit et courut se réfugier auprès de la marquise-douairière, où le jeune homme n'osa pas la suivre.

Ce manège, d'une habileté véritablement supérieure, se renouvela pendant bien des jours.

L'orpheline évitait toute occasion de tête à tête avec Gaston.

Elle semblait avoir absolument renoncé aux promenades solitaires dont elle avait l'habitude.

Elle ne se séparait plus de la marquise-douairière ou de Blanche, et, si ni l'une ni l'autre ne pouvaient lui servir momentanément de sauvegarde, elle s'enfermait dans sa chambre, en se réjouissant tout bas de la figure allongée et de la rage intérieure du marquis.

A plusieurs reprises nous avons entendu Laurence se parler à elle-même, avec une imperturbable assurance, du probable et prochain veuvage de Gaston Castella...

Sur quels fondements mystérieux et sinistres l'infernale créature faisait-elle donc reposer une telle certitude?

Blanche, bien loin d'atteindre l'âge moyen de la vie, était encore dans toute la fleur de la jeunesse et de la beauté.

Quoique sa nature fût un peu frêle, ou plutôt délicate, elle se portait bien et nul symptôme alarmant ne pouvait donner à ceux qui l'aimaient des inquiétudes pour l'avenir, même pour un avenir éloigné...

Comment donc l'orpheline pouvait-elle nourrir l'espoir effroyable de prendre la place de cette rivale pleine de vie?...

L'un des devoirs du romancier, quand il explore les recoins sombres du cœur humain, est de ne point reculer devant les vérités les plus effrayantes.

Il faut qu'il voie les choses telles qu'elles sont, et, ce qu'il a vu, il faut qu'il le dise...

A quoi bon atténuer l'horreur des sentiments monstrueux qui parfois, se rencontrent sous son scalpel?...

Les monstres sont des exceptions!... — nous répondra-t-on, peut-être...

Tant mieux pour l'humanité!...

Les créatures semblables à Laurence sont rares...

C'est en vérité fort heureux!... — Seulement, puisque Laurence est un des personnages principaux de notre récit, nous devons peindre, non point une figure de fantaisie, banale, et par cela même inexacte, mais la terrible créature qui, dans le corps d'une vierge et d'un ange, cachait une âme de démon.

L'orpheline avait la ferme intention de tuer Blanche Castella pour la remplacer...

Elle ne comptait, pour consommer cet assassinat si froidement résolu, ni sur le poison, ni sur le fer.

Très-habile et très-lâche à la fois, Laurence était incapable de recourir, afin de se débarrasser de la marquise, à une dose d'arsenic versée dans un breuvage, ou à un coup de couteau donné en plein cœur...

Elle savait trop bien que l'arsenic laisse des traces, que le couteau dénonce la main qui le tenait, et que l'échafaud se dresse pour les meurtriers maladroits qui n'ont pas su cacher leur crime...

Mais elle savait aussi qu'en certains cas on tue une femme par le désespoir aussi sûrement que par la balle d'un pistolet, et c'est avec l'arme mortelle du désespoir qu'elle comptait frapper la marquise.

Pendant plusieurs jours, nous l'avons dit, rien ne vint confirmer les soupçons de Blanche Castella, grâce aux précautions prises par Laurence pour ne se jamais trouver seule avec Gaston.

Mais peu à peu ces précautions elles-mêmes offrirent un aliment trop réel aux défiances éveillées de la jeune femme...

Elle s'étonna de la persistance avec laquelle l'orpheline évitait Gaston...

Elle crut voir quelque chose de contraint dans la manière dont elle lui parlait...

Il lui sembla qu'elle ne retrouvait plus, dans les rapports entre le marquis et Laurence, cette familiarité pleine de naturel et d'innocence, signe caractéristique de la mutuelle affection d'un homme d'honneur et d'une enfant adoptée par lui, élevée et grandie sous ses yeux...

Sans doute les diverses observations que nous venons de relater ne paraissaient, isolément, que de peu d'importance, mais, réunies, elles formaient un faisceau de petites preuves alarmantes.

Blanche s'en émut d'autant plus qu'un changement visible se manifestait chez son mari.

Gaston était évidemment sous le coup d'une incessante préoccupation.

Une grande tristesse s'emparait de lui.

Sa pâleur augmentait, — son visage s'amaigrissait de jour en jour, attestant une sourde souffrance et des insomnies continuelles.

— Je n'ai rien... — que veux-tu que j'aie?... — répondait-il avec une impatience nerveuse quand Blanche l'interrogeait avec une tendresse inquiète.

— Je ne puis vivre plus longtemps ainsi... — se dit enfin la jeune femme; — dussé-je en mourir, il faut que je sache!...

XXXVI. — LE PIÉGE.

Blanche attendait avec une impatience fiévreuse quelque circonstance fortuite lui permettant d'éclaircir les doutes qui la faisaient si cruellement souffrir.

Le hasard ne lui vint en aide que trop vite.

Elle reçut une invitation à dîner d'une jeune femme de sa connaissance intime, la comtesse d'Audival.

« *Mon mari est absent, chère marquise,* — lui disait cette amie, — *n'amenez pas le vôtre.* — *Aucune visite masculine ne viendra troubler notre solitude, et nous causerons mode et chiffons tout à notre aise... ce sera charmant...* »

Blanche montra cette lettre à Gaston.

— C'est pour demain? demanda-t-il avec une apparente négligence.

— Oui.

— Iras-tu?

— Pourquoi non?... — voici longtemps déjà que je n'ai vu la comtesse, et, à moins que mon absence ne te contrarie, je suis fort tentée, je l'avoue, d'accepter son invitation...

— Eh! mon Dieu, sous quel prétexte irais-je te priver d'un innocent plaisir!... — s'écria Gaston avec empressement; — me crois-tu donc à ce point tyrannique?... — Accepte, ma chère Blanche, accepte...

— Ainsi, je vais répondre à la comtesse qu'elle peut compter sur moi?

— Oui, sans doute, et je te charge de me mettre à ses pieds...

Blanche rentra dans son appartement pour écrire à son amie.

Le marquis sentait son cœur battre de joie et d'espérance, à la pensée qu'il dînerait le lendemain en tête à tête avec Laurence, et que pendant la soirée tout entière il serait impossible à cette dernière de l'éviter, de le fuir ainsi qu'elle le faisait depuis quelque temps.

La marquise-douairière, très-souffrante et très-affaiblie, ne quittait presque plus sa chambre et paraissait bien rarement aux repas.

Le lendemain Gaston dit à Blanche :

— A quelle heure le dîner de la comtesse ?
— A six heures.
— A quelle heure partiras-tu ?
— A quatre heures et demie, je pense...
— Quelle voiture prendras-tu ?
— Le coupé... si toutefois tu n'en as pas besoin.

Blanche soupira profondément et elle appuya son mouchoir sur ses yeux pour arrêter les larmes prêtes à jaillir.

Elle se rendit ensuite dans le vestibule, et, certaine que personne n'était là pour l'épier, elle fouilla les tiroirs d'un vieux et magnifique bahut d'ébène du temps de la renaissance, et elle s'empara d'une double clef de la petite porte du jardin.

A quatre heures et demie le coupé stationnait devant le perron; — la jeune femme, très-simplement vêtue d'une robe de couleur sombre, et enveloppée dans les plis amples d'un grand burnous

Elle rougissait d'elle-même, elle luttait courageusement. — Page 126.

— Oh! moi, je ne compte nullement sortir, et je vais donner des ordres pour qu'on ne te fasse point attendre...

Gaston sortit de la chambre et un sourire d'une expression déchirante se montra sur les lèvres de Blanche.

— Je n'en puis douter, — murmura la jeune femme, — il a hâte de me voir m'éloigner et mon absence le comble de joie...— Cette tristesse, cette préoccupation, cette pâleur, qui m'affligeaient et qui m'inquiétaient, ont disparu comme par enchantement... Je retrouve aujourd'hui dans les yeux de Gaston la gaieté qui jadis y brillait sans cesse... — mais jadis il m'aimait, et c'était ma présence et non pas mon départ qui le rendait heureux...

algérien, prenait place sur les coussins, après avoir reçu, ou plutôt après avoir subi le baiser d'adieu de Gaston.

— Peut-être rentrerai-je un peu tard... — dit-elle à son mari en se penchant à la portière, au moment où le cocher rassemblait ses chevaux pour le départ.

— Rentre quand tu voudras, chère amie... — répliqua Gaston, — je te promets de n'être pas inquiet et de te bien recevoir...

La voiture partit rapidement et ne s'arrêta que rue Saint-Lazare, devant la porte du petit hôtel de l'amie de Blanche.

— François, — dit cette dernière au cocher, — vous pouvez retourner à Auteuil.

— A quelle heure faudra-t-il venir chercher madame la marquise?

— Je n'aurai pas besoin de vous... — madame la comtesse d'Audival me renverra dans sa voiture...

La comtesse d'Audival était une femme d'une nature enjouée et d'un esprit vif et charmant.

Très-jeune et très-jolie, elle avait pris spirituellement le parti de se trouver heureuse, quoiqu'elle fût mariée à un homme plus âgé qu'elle de trente ans, portant des cheveux postiches, se teignant les moustaches et les favoris, et, nouveau Jupiter, semant en pluie d'or les trois quarts de ses immenses revenus dans les boudoirs des faciles Danaés du laise auquel elle ne pouvait se soustraire, et trouva moyen de couper court, grâce à ce prétexte plausible, aux questions de la comtesse étonnée et curieuse.

Aussitôt après le repas, Blanche affirma que le malaise en question prenait des proportions presque inquiétantes.

— Chère comtesse, — dit-elle à son amie, — vous venez d'avoir en moi ce soir une convive bien déplorable... — Pardonnez-moi de vous quitter si vite, après avoir été si maussade, mais je me sens à tel point malade qu'il me serait impossible de tarder plus longtemps à regagner mon logis...

Le bruit faible de deux voix, au fond de la grotte, venait de frapper son oreille. — Page 131.

théâtre du Palais-Royal et de celui des Variétés.

— Le comte est sans contredit le plus galant homme du monde !... — s'écriait parfois madame d'Audival en riant; — il se montre pour moi plein d'égards, il prévient mes moindres désirs, il consent enfin à tout ce que je lui demande, même à ne me point aimer, ce dont je lui sais un gré infini...

Malgré ce *caractère enjoué* (comme on disait du temps de Molière et des *précieuses*), et malgré tous ses efforts, madame d'Audival ne vint point à bout de dissiper la mélancolie, ou plutôt la préoccupation de Blanche, et le dîner des deux amies fut d'une inénarrable tristesse.

La jeune marquise mit l'altération de ses traits et sa croissante taciturnité sur le compte d'un ma-

— Les choses étant ainsi, — répondit madame d'Audival, — j'aurais mauvaise grâce à vous retenir... — Donc je vous laisse libre, quoique désolée de vous voir souffrir... — J'irai certainement demain à Auteuil, chère amie, chercher de vos nouvelles et j'espère vous trouver plus vaillante...

— N'en doutez pas... — il ne s'agit, je crois, que d'une migraine... — Je suis persuadée qu'une nuit de sommeil suffira pour dissiper ces vilains nuages qui flottent autour de mon cerveau...

Blanche s'efforçait de sourire en parlant ainsi, mais elle était pâle comme une morte et semblait véritablement très-malade.

Elle noua les brides de son chapeau et jeta son burnous sur ses épaules.

— Je vais faire prévenir vos gens... — dit madame d'Audival.

— Mes gens ne sont pas là... — répliqua la marquise, — en arrivant j'ai renvoyé ma voiture...

— Alors, attendez quelques minutes... je vais donner l'ordre d'atteler sur-le-champ...

— Je vous supplie de n'en rien faire...

— Parlez-vous sérieusement, chère belle ?

— Très-sérieusement, je vous l'affirme...

— De quelle manière comptez-vous donc retourner chez vous ?

— Dans un fiacre que je vous prie de vouloir bien envoyer chercher pour moi.

— Un fiacre !...

— Mon Dieu, oui.

— Mais, pourquoi un fiacre, quand mes chevaux sont à vos ordres ?...

— Parce que, depuis bien longtemps, j'ai la fantaisie de faire une course en voiture à gros numéros, et, puisque l'occasion se présente aujourd'hui, c'est le cas ou jamais de la saisir...

— Soit !... — Je comprends tous les caprices, en ayant moi-même quelques-uns... — Va donc pour le char numéroté... — mais du moins mon valet de chambre montera sur le siège à côté du cocher.

— Non ! non !... pas le moins du monde !... — La présence d'un valet de chambre de bonne maison ôterait à mon aventure ce petit cachet d'originalité et de hardiesse qui me charme.

La comtesse se mit à rire, puis elle reprit :

— En vérité, chère marquise, je ne m'étais jamais doutée que vous aviez l'esprit si fort aventureux !... — Enfin que votre volonté soit faite... on va vous quérir une citadine et vous vous en irez toute seule, puisque vous le désirez si vivement.

Cinq minutes après, Blanche Castella montait en fiacre, et le lourd véhicule roulait lentement vers Auteuil.

Madame d'Audival n'avait ajouté qu'une médiocre créance aux explications assez peu vraisemblables de son amie.

Elle demeura persuadée que la jeune marquise, jusqu'à ce moment si vertueuse, venait de quitter la route droite pour les chemins de traverse, et que son embarras, son trouble, sa pâleur, son apparent malaise, décelaient l'agitation et les angoisses d'une femme honnête qui va cesser de l'être et qui, toute tremblante et se sentant perdue, mais cédant au vertige qui l'entraîne, court à un premier rendez-vous.

Ainsi juge bien souvent le monde !...

Combien de femmes, chaque jour, accusées et condamnées sur de semblables apparences, ne le sont pas moins injustement que Blanche Castella !

Ceci est vrai, — nous l'affirmons, — et s'il nous fallait citer des exemples à l'appui, nous n'aurions que l'embarras du choix...

Quelques secondes avant d'arriver en face de la petite porte qui touchait à la grille de la Folie-Normand, la jeune marquise fit arrêter sa voiture.

Elle descendit ; — elle paya le cocher qui tourna bride aussitôt ; — elle continua son chemin à pied, d'un pas furtif, rasant la muraille de clôture, et ne tarda point à atteindre la petite porte dont elle avait la clef dans sa poche.

La nuit était profonde, mais belle, et les myriades d'étoiles semées sur le manteau d'azur sombre du ciel donnaient, par leurs rayonnements, une sorte de transparence à l'obscurité.

§

Rejoignons Gaston et Laurence, et voyons comment l'homme bon, mais faible, et la sirène malfaisante profitaient de la solitude que l'épouse offensée et trahie leur avait ménagée pour les surprendre.

Le dîner fut court et silencieux.

La présence des domestiques dans la salle à manger arrêtait forcément sur les lèvres de Gaston l'expression des sentiments tumultueux qui débordaient dans son cœur.

L'orpheline semblait atteinte d'un mutisme absolu.

Elle répondait brièvement et d'une voix très-basse aux quelques paroles banales et de pure politesse que le marquis ne pouvait se dispenser de lui adresser devant ses gens.

Elle tenait sans cesse les yeux baissés et elle évitait, avec une persistance manifeste, de croiser une seule fois son regard avec celui de son interlocuteur.

Jamais, d'ailleurs, elle n'avait été plus belle, — jamais sa beauté n'avait exhalé mieux ce je ne sais quoi d'irrésistiblement séduisant qui rayonne autour de certaines femmes, et qui produit des effets comparables à ceux des philtres magiques auxquels on croyait autrefois...

Laurence semblait s'efforcer de paraître calme, mais sa respiration haletante et son corsage soulevé par les battements précipités de son sein décelaient une violente agitation intérieure.

Qu'elle fût réelle ou simulée, le spectacle de cette agitation enivrait Gaston.

— C'est ma pensée qui la trouble ainsi, — se dit-il avec ravissement, — c'est ma présence qui fait battre son cœur... — Je crois que le jour est venu, je crois que le jour est proche où je dois triompher enfin d'une résistance aussi cruelle pour Laurence que pour moi-même.

Et il attachait sur l'orpheline de longs regards d'où jaillissaient des torrents de flammes magnétiques.

Le repas était terminé.

Les domestiques placèrent le dessert sur la table et se retirèrent pour un instant.

Gaston s'empressa de mettre à profit ces quelques minutes de liberté complète.

— Laurence, — murmura-t-il d'une voix tremblanté, — ayez pitié de moi!... — si vous n'avez pour moi ni haine ni mépris, si vous ne voulez pas me voir mourir de désespoir, ou me tuer moi-même à vos pieds, cessez de m'infliger des souffrances qui sont au-dessus de mes forces!...— Vous avez entr'ouvert devant moi les portes du paradis, et maintenant vous me rejetez en enfer!... — Est-ce juste, et que vous ai-je fait?... — Ce soir nous sommes seuls... ce soir nous sommes libres... — il faut que je vous voie... il faut que je vous parle... il faut que je sache de vous le dernier mot de ma destinée... — Ce rendez-vous que j'implore, Laurence, ne me le refusez pas!... — pour une heure cessez de me fuir, sinon, sur ma foi de gentilhomme, je vous jure que, dans cinq minutes, je me fais sauter la cervelle.

L'orpheline tressaillit; — elle devint livide et elle balbutia :

— Gaston, vous parlez de mourir!... Gaston, vous menacez de vous tuer!... ah! c'est mal!... c'est bien mal .. et vous êtes cruel!...

— Je ne suis pas cruel, je suis désespéré!... — ma vie est entre vos mains... — si vous refusez de m'entendre et de me répondre... ce soir, vous prononcerez mon arrêt de mort!...

Laurence poussa un gémissement.

— Vous le voulez, — balbutia-t-elle, — eh bien, soit!... — aussi bien, il faut en finir!... — Dans une heure... à la grotte... je vous attendrai!... — Que Dieu nous pardonne à tous deux une faute qui est un crime, et qu'il fasse retomber sur moi seule tous les malheurs que je prévois!...

XXXVII. — CERTITUDE.

Blanche ouvrit sans bruit la petite porte, et la referma derrière elle après s'être introduite furtivement dans le jardin.

Tout semblait autour d'elle désert et silencieux.

— Si pourtant je m'étais trompée!... — se dit-elle... — si la jalousie m'avait inspiré des soupçons odieux et mensongers!... — s'il devenait évident pour moi, tout à l'heure, que Gaston et Laurence n'ont point profité de mon absence pour se réunir!... — oh!... si cela était, quel bonheur!... quelle joie divine!...

Cette pensée fit battre le cœur de Blanche et il lui sembla qu'un baume délicieux coulait dans ses veines et rafraîchissait son sang brûlé par les insomnies et par le chagrin.

Elle suivit à pas lents l'allée circulaire qui décrivait une courbe élégante autour de la pelouse et aboutissait au perron.

Le salon, — nous croyons l'avoir déjà dit, — se trouvait au rez-de-chaussée.

Une lumière vive s'échappait des fenêtres entr'ouvertes.

La jeune femme s'approcha de ces fenêtres, en ayant soin cependant de se tenir hors de la portée des rayons lumineux qui se projetaient au dehors sur le sable de l'allée et presque sur le gazon de la pelouse.

Deux lampes Carcel répandaient leurs clartés sidérales dans la vaste pièce.

Ni Gaston, ni Laurence n'étaient là.

Blanche leva les yeux vers les croisées du premier étage.

Toutes étaient sombres, excepté celles de la chambre à coucher de la marquise douairière.

Peut-être Gaston passait-il la soirée auprès de sa mère... — peut-être l'orpheline s'y trouvait-elle aussi.

Une telle supposition n'avait rien d'inadmissible, et cependant la jeune femme secoua la tête en se disant :

— Non... non!... — s'ils sont ensemble, ce n'est point auprès de ma mère.

Assaillie de nouveau par les soupçons poignants qui lui avaient accordé quelques instants de trêve, Blanche Castella, le cœur serré par les plus sombres pressentiments, se dirigea vers les profondeurs du jardin.

Elle avait en ce moment la conviction que ses doutes feraient bientôt place à une désespérante certitude.

Cependant elle n'eut pas un instant la pensée de s'arrêter, d'interrompre l'épreuve et de retourner en arrière.

A tout prix elle voulait savoir, dût-elle mourir foudroyée par l'évidence de la trahison...

Elle parcourut ainsi la plus grande partie du jardin, d'un pas lent et inégal, semblable à celui du condamné qui marche au supplice.

Elle s'enfonçait à dessein dans les allées les plus tortueuses, les plus obscures, persuadée que les deux complices devaient rechercher celles-là surtout pour y cacher leur crime et leur honte.

Elle n'entendait que le bruit des battements de son cœur, — le frou-frou de sa robe de soie frôlant les feuilles tombées; — le murmure monotone des ruisselets qui, de cascatelle en cascatelle, glissaient sur la déclivité de la colline...

Fatiguée de cette inutile recherche, elle allait reprendre, au bout de plus d'une heure, le chemin du pavillon, lorsque le hasard la conduisit auprès de cette grotte que nous connaissons et dont un rideau de lierre flottant voilait l'ouverture.

Là elle s'arrêta, frémissante; — elle chancela, et, pour ne point tomber, elle fut obligée de s'appuyer contre le tronc d'un arbre.

Le bruit faible, entrecoupé, à peine distinct, de deux voix qui parlaient au fond de la grotte, derrière le rideau de lierre, venait de frapper son oreille, et, dans ces voix, il lui semblait reconnaître celle de Laurence et celle de Gaston.

Alors un nuage de feu passa devant ses regards, — des tintements bizarres, des bourdonnements confus remplirent son cerveau... — elle crut sentir le sol se dérober sous ses pieds... — elle crut voir les noires silhouettes des grands arbres s'agiter et former une ronde autour d'elle...

Une crise de ce genre devait, selon toute apparence, se terminer par un évanouissement...

Il n'en fut point ainsi.

Blanche eut la force de dominer son émotion et de résister à la défaillance qui s'emparait d'elle...

Elle resta debout et les symptômes alarmants que nous venons de signaler se dissipèrent avec une extrême promptitude.

Le nuage de feu disparut, — les bruissements firent silence... — la terre redevint immobile, — la ronde des grands arbres s'interrompit...

La jeune femme, entièrement rendue à elle-même, ne craignit pas alors de quitter son point d'appui...

Elle se rapprocha de la grotte et elle écouta.

. . . .

Le tête-à-tête du marquis Castella et de l'orpheline durait depuis plus d'une heure et semblait devoir se prolonger longtemps encore.

Le dialogue, tournant dans un cercle vicieux, se répétait sans cesse et n'avançait point, ainsi qu'il arrive toujours dans les entretiens amoureux où l'un ne se lasse point de supplier, et l'autre s'obstine dans ses refus.

Le fond et la forme des dialogues de ce genre sont identiques, par la force des choses; — les répliques se suivent et se ressemblent fatalement, par l'excellente raison que les mêmes demandes, répétées cent fois, entraînent cent fois les mêmes réponses...

— Laurence... Laurence... — disait le marquis avec une expression désespérée... — ah !... je vois bien que vous ne m'aimez pas !...

— Est-ce ne point vous aimer, — répondait l'orpheline, — que ne pas vouloir de votre mépris ?

— Mon mépris !... — Laurence, que dites-vous ? — vous savez bien que rien n'égale mon respect pour vous !... vous savez bien que je ne cesserai jamais de vous respecter...

— Gaston, vous me mépriseriez demain, si je vous cédais aujourd'hui... J'accepte votre amour et j'en suis fière; mais je veux que votre estime l'accompagne...

— Laurence, encore une fois, vous ne m'aimez pas comme je vous aime !...

— Je vous aime plus et mieux, peut-être !...

— La chose qui m'est le plus chère en ce monde, après vous, c'est mon honneur... — Eh bien, si vous me demandiez mon honneur, je vous le sacrifierais sans hésiter...

— Non, Gaston, vous ne feriez pas cela...

— Je le ferais, vous dis-je !...

— Je refuse de vous croire, de même que moi refuserais de vous déshonorer !... — L'amour, ce sentiment divin, cette union des cœurs et des âmes, doit être sans souillures !... — C'est ainsi que je le comprends... — c'est ainsi que je l'éprouve !... — Je vous aime mille fois plus que ma vie, Gaston !...

— je donnerais pour vous tout mon sang goutte à goutte et je mourrais joyeuse, en disant votre nom dans mon dernier soupir, si je mourais pour vous !... — mais vous n'obtiendrez de moi, sachez-le bien et ne l'oubliez pas, ni une lâcheté, ni une trahison...

— Cette lâcheté, cette trahison dont vous parlez, — s'écria le marquis avec feu, — où sont-elles donc ?

— Vous voulez le savoir ?

— Je vous supplie de me l'apprendre...

— La marquise, votre femme, n'a-t-elle point été pour moi une mère, la meilleure des mères !... une sœur aînée, la plus tendre des sœurs ?... — reconnaître ses bienfaits en lui enlevant son mari, ne serait-ce pas une trahison odieuse ?... — devenir votre maîtresse sous son toit ne serait-ce pas une lâcheté infâme ?... — ceci est la vérité, Gaston, l'éclatante vérité, et je vous défie d'y répondre.

— J'y répondrai pourtant... — L'homme n'a ni la force ni le droit d'imposer silence à son cœur !...

— Quand le cœur parle, il faut l'écouter... — quand il commande, il faut obéir... — hors de là, point de vérité, rien que des phrases et des sophismes... comme ceux que je viens d'entendre...

— Que devez-vous, d'ailleurs, à la marquise ?... — qu'a-t-elle fait pour vous ? — quels sont ces bienfaits qui vous enchaînent par la reconnaissance ? — qui donc n'aurait agi comme elle ? — qui n'aurait recueilli l'enfant abandonnée ? — plus tard, elle a subi le charme !... elle vous a aimée !... mais tout le monde vous aime !... — elle obéissait à la loi commune... elle ne pouvait faire autrement et vous ne lui devez rien pour cela...

— C'est mal, ce que vous dites là, Gaston !... — répliqua vivement Laurence. — La reconnaissance ne me pèse pas, et je n'ai point envie de m'en affranchir...

— Mais elle me pèse, à moi ! — s'écria le marquis... — elle me pèse cette reconnaissance qui se dresse entre nous comme une infranchissable barrière... — Je veux en finir avec elle une fois pour toutes !... — Imposez donc silence à ces délicatesses insensées qui font de moi le plus malheureux des hommes, ou plutôt respectez ces scrupules, que j'admire après tout, car leur exagération même prouve la noblesse de votre cœur... — Acceptez ce que je vous ai proposé déjà... ce que je vous propose encore... prenez ce parti qui concilie votre délicatesse et mon bonheur... — quittez cette maison, — vous me suivrai...

— Me suivre !... — répéta Laurence avec un accent d'incrédulité, — me suivre !... y pensez-vous ?... pourriez-vous le faire ?...

— Croyez-vous donc que j'hésiterais !

— Oui, certes, vous hésiteriez, et, au dernier moment, vous reculeriez, j'en suis sûre.

Gaston frappa du pied avec une colère mal contenue.

— Qu'ai-je donc fait... — s'écria-t-il, — pour

que vous doutiez ainsi de moi ? — suis-je donc un homme faible et sans volonté?... — quels motifs impérieux pourraient, d'ailleurs, me retenir ici lorsque vous en seriez partie ?

— Des motifs parfaitement légitimes et respectables... — votre femme d'abord...

— Laurence, je vous en supplie, cessez de me parler de ma femme!...

— Vous vous devez à elle !...

— Je ne me dois qu'à vous, puisque c'est à vous seule que mon cœur appartient...

— Vous avez aimé Blanche, cependant...

— C'est-à-dire que j'ai cru l'aimer... — elle était belle et j'étais jeune... En faut-il plus pour expliquer une erreur d'autrefois?

— Mais aujourd'hui, après tant d'années d'une vie à deux, n'éprouvez-vous plus rien pour celle qui porte votre nom ?

— Laurence, depuis que je vous aime, personne n'existe plus pour moi...

— Je veux le croire... — Pourtant, vous deviendriez coupable et cruel en désespérant votre femme...

— Eh! qui vous dit qu'elle serait désespérée?...

— Accepte-t-on sans souffrance l'abandon de celui qu'on aime?... — Or, Blanche fait plus que vous aimer... elle vous adore...

Gaston haussa les épaules.

— Allons donc!... — répliqua-t-il d'un ton dédaigneux... — vous la connaissez mal!... — Blanche est une nature glaciale, sur qui les passions brûlantes n'ont aucune prise... — Comment m'adorerait-elle?... — elle ne sait même pas ce que c'est que l'amour...

— En êtes-vous certain? — demanda Laurence.

— Oui, certain...

— Eh bien, j'affirme, moi, que vous vous trompez!... — Blanche vous paraît froide, parce que son amour est tranquille... — mais la mer aussi n'est jamais plus calme, dit-on, qu'à l'heure qui précède les orages !... — votre femme se croit sûre de vous... — elle s'endort dans son bonheur qu'elle juge devoir être éternel!... — L'abandon serait pour elle, peut-être, le coup de vent qui soulève les flots et déchaîne la tempête...

— Eh bien! que m'importe, après tout?... — Est-ce ma faute si je vous aime?... — quel reproche peut-on m'adresser ?... — L'aiguille aimantée se tourne obstinément vers le pôle... — je sais, comme elle, où le courant irrésistible m'entraîne!...

— En ce bas monde, chacun pour soi !... — S'il était en mon pouvoir d'éviter à Blanche une douleur, un chagrin, je le ferais ; — que puis-je aujourd'hui ? — rien, vous le savez!... — D'ailleurs, le chagrin passe vite... Blanche versera quelques larmes et se consolera...

— Il est des désespoirs incurables, — dit Laurence d'une voix lente et d'un air grave.

— Le désespoir de la marquise ne sera pas de ceux-là !... — répliqua Gaston.

— Qui sait ?... — si pourtant Blanche allait mourir de votre abandon, quel crime pour vous, et quel remords !...

— Si Blanche mourait, — répliqua le jeune homme que poussait à sa perte je ne sais quel démon échappé de l'enfer, — la marquise Castella s'appellerait bientôt Laurence...

En prononçant, presque sans en avoir conscience, ces hideuses paroles qui résonnèrent à son oreille comme un blasphème, Gaston frissonna malgré lui.

Il achevait à peine lorsqu'un gémissement sourd, un cri étouffé, se firent entendre près de la grotte, et furent immédiatement suivis du bruit sourd produit par la chute d'un corps humain sur le sol...

Laurence fit un geste de triomphe, et un sourire d'une expression étrange se dessina sur ses lèvres.

— On nous épiait! — balbutia Gaston en s'élançant, effaré et furieux hors de la grotte.

Ses pieds heurtèrent le corps de sa femme... — il souleva ce corps inanimé dans ses bras, et, malgré les ténèbres, il reconnut aussitôt, ou plutôt il devina la marquise.

— Malheur!... — s'écria-t-il... — c'est Blanche!... — elle écoutait, — elle a tout entendu!...

Malgré le rôle abominable et inexcusable joué par lui dans la conversation qui précède, Gaston, nous croyons devoir le répéter, était bien moins un méchant homme qu'un homme faible, un homme entraîné.

En parlant à Laurence, ainsi qu'il venait de le faire, il avait été de bonne foi, et cependant le fond de son cœur valait mieux que ses paroles...

Il oublia pour un instant tout ce qui venait de se passer ; — il ne se souvint plus ni de son amour, ni de l'orpheline ; — de grosses larmes roulèrent sur ses joues, et il murmura dans un sanglot :

— Blanche est morte!... c'est moi qui l'ai tuée, et je suis un misérable !...

XXXVIII. — DEUX LETTRES.

Non... Blanche n'était pas morte!... — malheureusement pour elle!...

Gaston, écrasé sous le poids d'un remords violent, mais qui devait être, hélas! de courte durée, s'était agenouillé sur le sable à côté de sa femme sans connaissance.

Tantôt il se frappait la poitrine, — tantôt il pressait dans ses mains les deux mains froides de l'ange qu'il croyait tué par lui ; — il murmurait d'incohérentes paroles de repentir et d'amour ; — il faisait des serments que Blanche ne pouvait entendre ; — enfin, il était à moitié fou d'effroi et de douleur, croyant naïvement racheter sa trahison par son désespoir.

Il pleurait, — nous l'avons dit...

Ses larmes tombaient goutte à goutte, et brûlantes, sur le pâle visage de Blanche...

Ce furent ces larmes qui tirèrent la jeune femme de son évanouissement profond...

Elle fit un léger mouvement, et un soupir s'exhala de ses lèvres.

— Vivante! elle est vivante!... — s'écria le marquis avec un immense élan de joie. — Ô mon Dieu, soyez béni, vous m'avez pardonné!...

La voix de Gaston acheva de ranimer Blanche en frappant ses oreilles.

Elle ouvrit les yeux, — elle se souleva à demi, et le sentiment de sa situation lui revint avec une promptitude foudroyante, en même temps que la lumière se faisait dans son esprit et dans ses souvenirs.

Gaston, qui venait de passer son bras autour des épaules de sa femme pour la soutenir, la sentit frissonner sous son étreinte.

— Blanche, chère Blanche... — murmura-t-il, — c'est moi... moi qui t'aime mille fois plus que ma vie!... moi qui ne cesserai jamais de t'aimer!... — tu m'entends, Blanche... tu me crois...
— Oh! ne doute pas de moi... ne doute pas, je t'en supplie, car je te jure sur mon honneur et sur mon amour que je dis la vérité.

La malheureuse femme poussa un sourd gémissement. — Si je mourais, balbutia-t-elle, en répétant les monstrueuses paroles qui venaient quelques minutes auparavant de lui traverser le cœur comme un coup de couteau, et de la blesser incurablement, — si je mourais, la marquise Castella s'appellerait bientôt Laurence...

Gaston s'arrachait les cheveux...

La grandeur de son crime, l'énormité de son infamie, se dressaient devant lui et lui faisaient peur...

— Blanche, — s'écria-t-il d'une voix décomposée, — j'avais la tête perdue... j'étais fou... je mentais... Mais tu as raison, tu ne peux pas me croire... — je suis un misérable!... — veux-tu que je me tue?...

Un amer sourire vint aux lèvres de la marquise.

— Est-ce qu'on se tue, — murmura-t-elle, — quand on a dans le cœur un amour comme le vôtre?... — et d'ailleurs quel est votre crime? de quoi donc êtes-vous coupable?... — Vous ne m'aimez plus, ou plutôt vous ne m'avez jamais aimée. — est-ce votre faute?... — Vous l'avez crié tout à l'heure, Gaston, on ne peut pas m'aimer, moi!...

En parlant ainsi qu'il venait de le faire, en disant ce qu'il venait de dire, Gaston était de bonne foi.

S'il avait eu sous la main, en ce moment, une arme, — couteau ou pistolet, — il se serait frappé en pleine poitrine, — il se serait fait sauter la cervelle...

A défaut de l'arme qui lui manquait, il eut la pensée de se briser la tête contre un arbre, contre une muraille, contre un des rochers de la grotte...

Mais pour se rapprocher de l'arbre ou du rocher, il fallait abandonner Blanche que ses bras continuaient à soutenir, et, dans la situation où se trouvait la jeune femme, il ne pouvait lui retirer son appui.

Il se mit donc à plaider sa cause avec un désordre plus entraînant que l'éloquence la plus persuasive; il s'efforça de toucher Blanche, de la ranimer, de la convaincre, d'effacer enfin l'impression terrible et meurtrière produite sur elle par la certitude d'une honteuse trahison...

Au bout de quelques minutes la marquise l'interrompit.

— Tout à l'heure, — dit-elle amèrement, — tout à l'heure je vous écoutais déjà... — C'était la même voix, les mêmes accents, presque les mêmes paroles... — Vous étiez suppliant comme à présent; — comme à présent vous étiez prodigue de paroles d'amour! — et tout cela, cependant, vous l'adressiez à une autre!... — Regardez-moi bien, Gaston... — reconnaissez-moi... — je suis votre femme, et c'est peut-être à ma rivale que vous croyez parler...

— Blanche... chère Blanche... — s'écria le marquis désespéré, — n'auras-tu pas pitié de moi?...

La jeune femme fit un faible mouvement d'épaules.

— De la pitié!... — répéta-t-elle. — Eh bien, soit, — j'ai pitié de vous... — je veux vous épargner une nouvelle honte et de nouveaux mensonges... — Cessez donc d'inutiles discours, auxquels je ne crois pas... — cessez d'hypocrites protestations qui me révoltent et qui m'humilient, car elles témoignent qu'à défaut d'amour vous ne me gardez pas même votre estime... — Tout est fini pour moi dans la vie... — j'ai vieilli de vingt années en quelques minutes... — Mon âme est morte, mon cœur est brisé, et peut-être n'attendrez-vous pas longtemps désormais l'heure heureuse et bénie où la marquise Castella s'appellera Laurence...

Un spasme violent succéda aux dernières paroles de Blanche.

Gaston, frémissant d'épouvante, sentit le corps si souple qu'il étreignait se roidir dans ses bras.

La tête de la jeune femme roula en arrière, — ses paupières s'abaissèrent sur ses yeux et les battements de son cœur devinrent si faibles qu'on put croire qu'ils allaient s'éteindre.

Blanche venait de perdre connaissance pour la seconde fois.

Gaston la souleva dans ses bras, — ce fardeau léger lui pesait à peine; — il reprit rapidement le chemin de la maison, — il gravit l'escalier qui conduisait à la chambre de la marquise, et, voulant éviter de mettre les domestiques dans la confidence de ce qui se passait, il déshabilla lui-même sa femme, il l'étendit sur son lit et il lui prodigua des soins qui restèrent d'abord sans résultat...

Ce fut en vain d'abord qu'il lui mouilla les tempes avec de l'eau fraîche et qu'il lui fit respirer des sels anglais; malgré tout, il ne parvenait point à la ranimer...

Très-inquiet de cette crise si longue, très-effrayé de n'obtenir aucun résultat, il allait appeler un domestique et envoyer chercher un médecin, lorsqu'il entendit le bruit d'une voiture qui s'arrêtait devant le perron de la Folie-Normand.

Se sentant complétement incapable de recevoir en un tel moment, le marquis passa dans l'antichambre de sa femme et frappa sur un timbre, décidé à faire congédier au plus vite le visiteur importun.

— Monsieur a sonné? — demanda le valet de chambre en s'inclinant.

— Qui donc vient d'arriver?...

— Personne, monsieur le marquis...

— Cependant il m'avait semblé entendre le bruit d'une voiture...

— Monsieur le marquis ne s'est pas trompé...

— Eh bien, cette voiture?...

— C'est un coupé de remise que mademoiselle Laurence a donné l'ordre d'aller chercher pour elle à la station la plus proche...

Gaston tressaillit et sentit son cœur se serrer.

Depuis une heure la pensée de l'orpheline ne s'était pas une seule fois présentée à son esprit...
Il devenait maintenant évident pour lui que Laurence allait accomplir quelque résolution décisive; — qu'elle allait, en un mot, *faire un coup de tête*...

Selon toute apparence, elle se disposait à quitter la maison où depuis son enfance elle avait vécu...

— La malheureuse enfant... — pensa le marquis, — si elle part, où ira-t-elle?...

Certes, Gaston comprenait bien qu'après ce qui venait de se passer, Laurence ne pouvait rester sous le toit de Blanche... — son départ était nécessaire...

Disons plus, — il était inévitable...

Mais Gaston ne pouvait permettre qu'elle s'éloignât ainsi brusquement, à une heure avancée, comme une servante qu'on chasse, sans qu'il eût fait choix pour elle d'un asile sûr et convenable...

— Ah!... mon Dieu, monsieur le marquis se trouve mal!... — s'écria tout à coup le valet de chambre, très-surpris de voir son maître pâlir et chanceler sans cause apparente.

Profondément humilié de donner ainsi son émotion en spectacle à un domestique qui ne manquerait point de le commenter à l'office ce qu'il avait vu, avec le reste de la livrée, Gaston fit sur lui-même un violent effort et domina son trouble.

— Non, — dit-il, d'une voix qu'il réussit presque à rendre assurée, — non, je ne souffre pas... — Allez prévenir mademoiselle Laurence que je la prie de vouloir bien m'attendre un instant dans le salon...

— Oui, monsieur le marquis...

Le valet fit quelques pas pour s'éloigner, mais il se retourna presque aussitôt vers Gaston.

— Monsieur le marquis, — dit-il, — il est trop tard, mademoiselle Laurence est partie...

En effet, on entendait retentir de nouveau le bruit des roues broyant le sable, et la voiture s'éloignait rapidement.

— C'est bien... — murmura Gaston atterré, — je n'ai plus besoin de vous...

— Faudra-t-il prévenir monsieur le marquis, quand mademoiselle Laurence rentrera?...

— C'est inutile... — allez...

Le valet sortit.

— Ah!... c'est trop de malheurs à la fois!... — s'écria le marquis resté seul, en se frappant la poitrine avec désespoir. — Blanche malade... en danger peut-être... et Laurence disparue!... disparue pour toujours sans doute!... — Blanche ne m'aime plus!...—Laurence ne m'a jamais aimé!... — à quoi bon vivre maintenant?...

On frappa doucement à la porte.

Le marquis se hâta d'essuyer ses yeux humides et il donna l'ordre d'entrer.

C'était la femme de chambre chargée d'une façon spéciale du service de Laurence.

— Que voulez-vous? — demanda brusquement Gaston à cette fille, — parlez vite...

— J'apporte une lettre pour monsieur le marquis, et une autre pour madame la marquise...

— De quelle part?...

— De la part de mademoiselle Laurence...

— Donnez...

La femme de chambre sortit.

Gaston tenait dans sa main les deux enveloppes sur lesquelles étaient tracés son nom et celui de Blanche.

Le papier satiné et parfumé de ces enveloppes lui brûlait les mains...

L'écriture fine et aristocratique de la suscription, ces caractères d'une élégance exquise, tracés par la main de Laurence, l'éblouissaient et l'aveuglaient...

— Qu'y a-t-il là dedans?... — se demandait-il, — quelle douleur nouvelle va s'échapper pour moi de ce frêle papier?... — quel coup écrasant puis-je recevoir encore?...

Et il ne se sentait pas le courage de briser le cachet de cire rouge...

Deux ou trois minutes se passèrent ainsi, puis Gaston se décida soudainement.

Il déchira l'enveloppe... — il déploya le papier, et enfin il lut les lignes suivantes, tracées d'une main fiévreuse, et dont l'écriture, pâlie çà et là, offrait d'évidentes traces de larmes:

« Gaston, cher Gaston, je vous le demande à genoux, je vous le demande à mains jointes, lisez cette lettre jusqu'au bout... — ne la jetez pas loin de vous avec colère, avec mépris, lorsque vous en aurez parcouru les premières lignes, vous à qui sans doute maintenant je fais horreur, comme je me fais horreur à moi-même.

« Je quitte cette demeure où s'est écoulée mon heureuse enfance, où s'est passée ma triste jeunesse; j'abandonne cette maison qui devait être sacrée pour moi comme un temple et j'y laisse en m'éloignant la honte, le malheur et le désespoir...

« Je pars... je m'enfuis, sans seulement tourner la tête et sans oser regarder derrière moi, tant j'ai la conscience du mal que j'ai fait à ceux que j'aime... et cependant j'ai le droit de dire que de toutes les femmes je suis la plus à plaindre, mais que je suis la moins coupable...

« Ecoutez-moi, Gaston, — jugez-moi, — et ensuite condamnez-moi si vous en avez le courage...

« Je n'étais qu'une enfant encore, et je vous aimais déjà...

« J'en atteste le Dieu puissant qui lit au fond des cœurs, rien au monde n'était plus pur, rien au monde n'était plus chaste que cette tendresse profonde où l'admiration se mêlait à la reconnaissance...

« Je ne vous aimais pas comme une fille aime son père, car, malgré la différence de votre âge et du mien, je voyais la jeunesse en sa fleur rayonner sur votre front...

« Je vous aimais comme une sœur aime son frère aîné, — vous occupiez sans cesse mes regards et ma pensée...

« Lorsque vous n'étiez pas là, je n'avais qu'à regarder au dedans de mon âme pour vous y voir, et je passais les heures de l'absence à attendre la minute du retour...

« Je devins une jeune fille...

« Rien n'était changé dans mes sentiments pour vous; — ma tendresse, tout en grandissant, restait calme, et je croyais plus que jamais vous aimer comme on aime un frère...

« Le moment arriva où je fis, sous vos auspices, mon entrée dans le monde...

« Pendant les premières soirées, une sorte d'enivrement, d'étourdissement bizarre, s'empara de moi...

« J'entendis de toutes parts répéter que j'étais belle, et beaucoup d'hommes, vous le savez, s'empressèrent autour de ma beauté...

« Je vous dois la vérité, mon ami, puisque ceci est une confession, en même temps que ce sera, je l'espère, une justification, et cette vérité, je vous la dirai tout entière...

« Je fus orgueilleuse, d'abord, de ces hommages qui montaient vers moi comme la prière monte vers Dieu...

« Je respirai avec une joie folle, avec un immense orgueil, les vapeurs de l'encens brûlé sur mes autels...

« J'avais seize ans à peine!... — Cet âge rendra peut-être excusables à vos yeux ces accès d'absurde vanité qui durèrent d'ailleurs peu de temps...

« A mesure que je regardais les hommes empressés autour de moi, je ressentais pour eux un dédain grandissant ;— ils me semblaient bien petits et bien nuls, bien mesquins et bien sots... — ils produisaient sur moi l'effet de pantins mis en mouvement par des rouages identiques, et parlant tous le même langage...

« Savez-vous pourquoi, Gaston, — savez-vous pourquoi mon impression se modifiait ainsi brusquement?...

« Vous ne le savez pas, et je vais vous le dire...

« C'est qu'involontairement, instinctivement, presque à mon insu, en même temps que je regardais ces hommes, je vous regardais...

« Je les comparais à vous, malgré moi, et vous les dominiez de toute la hauteur de votre immense supériorité...

« Hélas! cette comparaison involontaire devait être fatale!...

« En vous voyant tel que vous étiez, en vous comprenant comme vous méritez d'être compris, en appréciant les qualités tout à la fois brillantes et solides, dont les autres possèdent à peine quelques-unes, et qui se réunissent en vous seul, je commençai à sentir mon cœur battre d'une façon étrange, et j'éprouvai près de vous un trouble dont mon innocence ne cherchait point à se rendre compte, mais que je trouvais délicieux...

« Le malheur irréparable de ma vie allait se consommer!...

« Mon affection pour vous changeait de nature...

« Ma tendresse de sœur se transformait, hélas!... — elle devenait un sentiment fatal... — un sentiment coupable et qui me tuera!...

« Elle devenait de l'amour !...

« Oh!... Gaston, pourquoi ne suis-je pas morte, avant de lire dans mon cœur et avant de savoir que je vous aimais ainsi!...

« Au moins, je serais morte heureuse!... »

. . . .

En cet endroit de la lettre, des traces de larmes plus nombreuses rendaient l'écriture presque illisible...

Il était clair comme le jour, qu'arrivée aux dernières lignes que nous venons de reproduire, Laurence avait pleuré beaucoup... ou, que du bout de son joli doigt rose, elle avait laissé tomber sur le papier de nombreuses gouttes d'eau, dans le but intelligent de simuler des larmes...

Cette dernière supposition nous paraît, à nous, infiniment vraisemblable, mais nos lecteurs doivent comprendre qu'elle ne se présenta même pas à l'esprit de Gaston.

Une indicible émotion faisait trembler la main du jeune marquis, et mettait un voile devant ses regards.

Il passa son mouchoir sur ses yeux humides, et il reprit sa lecture :

« Je vous aimais, Gaston, — continuait la lettre, — j'éprouvais pour vous une passion indomptable, une passion insensée; mais si grande était ma candeur que j'ignorais ce qui se passait dans mon âme, et j'aurais pu l'ignorer longtemps encore, si Blanche et vous n'aviez porté la lumière dans la nuit de mes sentiments...

« Le jour où, pour la première fois, la marquise Castella m'a parlé de mariage, j'ai compris que je vous aimais...

« Vous vouliez tous les deux me donner à un autre... — Je me suis juré que, puisque la fatalité me défendait de vous appartenir, je n'appartiendrais à personne, et ce serment-là, Gaston, je le tiendrai !... — Oui, sur ma vie, je le tiendrai !...

« Hélas !... j'en avais fait un autre... et à celui-là, j'ai manqué !...

« Je m'étais juré de mourir, plutôt que de vous laisser deviner l'amour fatal qui me dévorait... — Je demandais comme une grâce d'aller enfermer dans un cloître ma vie perdue, mon cœur brisé, mes ardeurs criminelles...

« Gaston, vous ne l'avez pas voulu !...

« Depuis cette soirée, Gaston, que n'ai-je pas fait, non-seulement pour vous résister, mais encore pour me résister à moi-même ?...

« J'ai lutté, vous le savez bien... — j'ai lutté de toute la force de ma faiblesse... — j'ai eu le courage d'éviter avec vous tout entretien... — j'ai supporté héroïquement mes souffrances sans nom... — j'ai fait bien plus encore, puisque j'ai supporté les vôtres...

« Ce soir, pour notre malheur à tous deux, le courage m'a fait défaut...

« J'ai consenti à vous entendre *pour la dernière fois*, et ce sera bien, en effet, la dernière fois...

Gaston la souleva dans ses bras. — Page 135.

« Ai-je besoin de vous rappeler cette soirée qui ne s'effacera jamais de ma mémoire et où, sans le savoir, sans le vouloir, entraînée, fascinée, éperdue et folle, j'ai laissé mon secret s'échapper de mes lèvres ?...

« Cette soirée, Gaston, si je devais vivre longtemps, resterait dans ma mémoire comme un souvenir de délices et d'horreur...

« Quel crime, mais aussi quelle ivresse !...

« Je rougis de honte et d'effroi, et je voudrais pouvoir effacer de mon existence ces heures adorées et maudites... — mais mon cœur bat à rompre ma poitrine... mon sang bouillonne dans mes veines embrasées, et mes bras se tendent vers vous...

« J'avais des pressentiments funestes... — il me semblait qu'un grand malheur était dans l'air et planait sur nous !...

« Mes pressentiments ne me trompaient pas...

« Le malheur est venu !...

« Il est venu plus terrible, plus complet, plus foudroyant que je n'aurais pu le prévoir...

« Votre honneur et le mien viennent de périr dans le grand naufrage où s'engloutit notre bonheur et celui de votre femme...

« La marquise me regarde comme une ingrate et lâche créature, comme une vipère réchauffée dans son sein et qui paie ses bienfaits par une morsure venimeuse et mortelle...

« Dieu seul lit au fond des âmes !... — en me

jugeant ainsi, la marquise use de son droit, et je lui pardonne de tout de mon cœur son involontaire injustice...

« Mais, je connais bien votre femme ; — elle ne vous pardonnera jamais, à vous, votre trahison... — Les blessures de l'amour peuvent se cicatriser... — celles de l'amour-propre ne se referment point.

« La marquise n'oubliera pas... — il y aura toujours, oui, toujours, entre elle et vous, le fantôme du passé !... — Votre intérieur est perdu... hélas ! et c'est mon ouvrage !... — je suis la cause, l'unique cause de cette irréparable calamité, et cependant j'aurais donné tout mon sang, goutte à goutte, pour vous éviter un chagrin !..

« Vous comprenez qu'avec un tel remords, avec le fardeau d'une responsabilité si écrasante, j'ai beau me savoir innocente, il m'est impossible d'accepter la vie...

« Ah ! Dieu m'en est témoin, c'est sans le vouloir que j'ai fait le mal, et j'en ai été la première victime, mais il n'en est pas moins juste et légitime que j'en sois punie, et je me charge de la punition.

« Gaston, je vous ai demandé, en commençant cette lettre, de la lire jusqu'au bout... — C'est que les lignes que je trace en ce moment renferment un adieu éternel...

« Ce n'est pas cette maison seulement que je vais quitter.. — c'est la vie.

« Le jour qui s'achève ne sera pour moi suivi d'aucun autre jour...

« Demain vous entendrez dire :

« *— Une jeune fille inconnue, pauvre à coup sûr, et sans doute malheureuse, vient de chercher un asile dans le suicide...*

« Vous pourrez vous répondre, Gaston :

« *— Cette jeune fille inconnue, c'est Laurence... — elle est morte pour m'avoir aimée !...*

« Vous voyez, mon ami, que je n'ai point fait un serment téméraire en jurant de n'appartenir à personne, puisque je ne pouvais être à vous...

« La fatalité me défend de dormir dans vos bras... — je dormirai dans ceux de la mort.

« Encore une fois, Gaston, adieu !... — les derniers battements de mon cœur seront à vous, à vous seul, comme l'ont été les premiers... »

« LAURENCE. »

Avant de commencer cette lecture, Gaston, agenouillé auprès du lit de sa femme, oubliait l'orpheline.

Après l'avoir achevée, il ne se souvenait plus de Blanche.

— Ah ! — balbutia-t-il avec une exaltation délirante, — j'arriverai assez tôt pour la sauver ou pour mourir avec elle !..

Et, la tête égarée, il frappa à deux ou trois reprises sur un timbre.

Plusieurs domestiques accoururent.

Parmi ces domestiques se trouvaient le valet de chambre du marquis et la femme de chambre de l'orpheline.

Gaston, sans même réfléchir à l'étonnement que devaient causer ses questions, et aux suppositions auxquelles elles allaient infailliblement donner lieu, demanda d'une voix décomposée :

— Quelqu'un de vous se trouvait-il auprès de mademoiselle Laurence au moment où elle est montée en voiture ?

— Moi, monsieur... — répondit la femme de chambre ; — c'est sur le perron que mademoiselle Laurence m'a remis la lettre pour monsieur le marquis et celle pour madame la marquise.

— Et quel ordre mademoiselle Laurence a-t-elle donné au cocher ?

— Elle lui a dit : — *A Paris.*

— Et, rien de plus ?

— Non, monsieur le marquis, rien de plus.

Gaston fit un geste de découragement et son visage prit une expression de profond désespoir.

— Ah !... — balbutia-t-il, — c'est à en devenir fou !... — comment la retrouver ?... comment la rejoindre ?...

Il releva la tête et il s'aperçut que tous les domestiques le regardaient d'un air étonné.

Mais que lui importait...

A cette minute, pour lui, il n'y avait dans le monde entier que Laurence... — Le reste n'existait pas !

— La voiture de louage, Baptiste, — demanda-t-il au valet de chambre, — c'est vous, n'est-ce pas, qui êtes allé la chercher ?

— Oui, monsieur le marquis.

— Où est la station ?

— A dix minutes d'ici, tout au plus.

— Eh bien, courez à cette station, et donnez l'ordre, qu'aussitôt que le cocher qui a mené mademoiselle Laurence à Paris sera de retour, on me l'envoie.

Les domestiques échangèrent entre eux des regards significatifs.

— Monsieur le marquis, — demanda Baptiste, entraîné par une curiosité si invincible qu'elle lui fit oublier toutes les convenances, — mademoiselle Laurence ne reviendra donc pas ici cette nuit ?

Gaston lança au malencontreux questionneur un coup d'œil foudroyant.

Le valet de chambre, effaré, courba l'échine et s'élança hors de la pièce.

— Sortez, vous autres, sortez tous !... — reprit le marquis, — je n'ai pas besoin de vous.

Les domestiques disparurent.

Gaston se laissa tomber sur un fauteuil.

— Ah !... — murmura-t-il avec rage, — avant que cet homme soit revenu, Laurence aura eu dix fois, vingt fois, cent fois le temps de mourir !... — Qui donc me viendra en aide ?... — qui donc me tirera de cet abîme de désespoir où je m'engloutis ? — qui donc prendra ma vie, pour sauver la vie de Laurence ?...

Gaston avait parlé d'une voix presque haute.

Le bruit d'un soupir et d'un sanglot arriva jusqu'à lui par la porte entr'ouverte de la chambre à coucher de sa femme...

Il se souvint alors de la marquise qu'il avait laissée sans connaissance, et dont la lettre de départ de l'orpheline venait de distraire si complètement sa pensée depuis une demi-heure.

Il crut sortir d'un rêve et il franchit le seuil de la chambre.

Blanche n'était plus évanouie.

Assise sur son lit, elle cachait son visage pâle dans ses deux mains tremblantes et elle pleurait amèrement.

Au moment où son mari s'approcha d'elle, Blanche écarta ses mains et releva la tête.

— Gaston, — dit-elle d'une voix brisée, — si toute pitié n'est pas morte dans votre cœur, au nom du ciel, laissez-moi partir.

— Partir!... — répéta le marquis, — mais c'est de la folie!... — Où donc irais-tu, Blanche, si tu sortais d'ici?

— Je ne sais pas... mais ce que je sais bien, c'est qu'il m'est impossible de rester un instant de plus dans cette maison.

— Pourquoi?

— Vous osez le demander!... Pour qui me prenez-vous, Gaston! croyez-vous que je consente à vivre une heure encore sous le même toit que cette femme?... — Je pourrais la chasser, mais ne craignez rien pour elle...— je ne m'abaisserai point à des scènes de violences indignes de moi... — qu'elle reste... c'est moi qui partirai...

— Celle de qui tu parles n'est plus ici... — murmura Gaston.

Une lueur passagère brilla dans le regard éteint de Blanche.

— Ah! — s'écria-t-elle, — est-ce possible?... — est-il bien vrai que l'odieuse créature ait pris la fuite?

— Blanche, la colère te rend injuste!... — Accable-moi, je l'ai mérité, mais n'insulte pas une malheureuse enfant qui n'a rien à se reprocher, et qui, peut-être, au moment où je te parle, s'est déjà cruellement punie d'une faute qui n'était pas la sienne.

— Que voulez-vous dire?... je ne vous comprends pas.

— Lis... — répliqua Gaston en présentant à Blanche l'enveloppe qui portait le nom de la marquise Castella.

— Elle m'écrit!... — balbutia la jeune femme.
— elle ose m'écrire!... — ah!... quelle audace et quelle impudeur!...

— Blanche, — s'écria Gaston avec une violence contenue... — prends garde d'insulter une morte...

Un tremblement nerveux s'empara de la marquise.

Elle attacha sur son mari un regard où se lisaient le doute et l'épouvante, puis elle déchira l'enveloppe et elle en dévora le contenu...

La lettre de Laurence était courte.

Elle ne contenait que ces quelques lignes :

« Madame la marquise,

« Vous que j'ai si tendrement aimée, vous que j'aime si tendrement encore, vous que je ne reverrai jamais, je vous supplie de me pardonner...

« Je vous ai grièvement offensée, mais c'est sans le savoir et sans le vouloir, je le jure.

« Je tombe à vos genoux avec une humilité sans bornes, avec un repentir immense, avec un désespoir incurable.

« Encore une fois, je vous demande grâce...

« Souvenez-vous, madame la marquise, qu'on ne repousse point le vœu suprême de ceux qui vont mourir, et c'est une mourante qui vous écrit...

« Souvenez-vous de cela, et vous daignerez m'accorder, peut-être, le pardon que j'implore...

« LAURENCE. »

— Ah!... — s'écria Blanche, — maintenant j'ai peur de comprendre!... — la malheureuse!... que va-t-elle faire?...

— Se tuer!... — elle est partie d'ici pour cela...

— Mais, — reprit la marquise avec exaltation, — mais il faut empêcher cet acte de folie et de désespoir!... — Celle que j'ai recueillie, adoptée, celle que j'ai vue grandir... celle que j'ai nommée ma fille et ma sœur, ne peut mourir ainsi... — il faut la sauver... à tout prix il faut la sauver!...

— Et, comment?...'grand Dieu!... comment?

— Il est temps encore, peut-être, d'entraver cet affreux projet!... — s'écria Blanche. — Courez, Gaston... courez!... — Mais, non... non... — reprit-elle aussitôt... — n'y allez pas!... — je vous conjure de n'y point aller... — Je vais courir moi-même auprès de Laurence... — je lui dirai que je lui pardonne, et que je l'aime encore, et que je la supplie de vivre loin de nous... bien loin...

En disant ce qui précède, Blanche s'était jetée hors de son lit et cherchait ses vêtements épars autour d'elle.

— Restez, Blanche!... — murmura Gaston d'une voix sombre, — la malheureuse enfant est condamnée sans ressource, irrévocablement perdue; car vous ignorez, ainsi que moi, quel est le lieu choisi par elle pour y cacher son suicide.

Blanche attacha sur son mari un regard acéré et presque farouche.

— Ah! — s'écria-t-elle ensuite, — si vous saviez où est Laurence, vous seriez déjà près d'elle...

— Croyez-vous donc que je la laisserais mourir?...

— Non, oh! non!... je ne le crois pas... — N'avez-vous point dit tout à l'heure, et ne l'ai-je pas bien entendu : — *Qui donc prendra ma vie, pour sauver la vie de Laurence?...* — Ah! cette femme, cette femme... comme vous l'aimez!... mon Dieu!... comme vous l'aimez!...

Surpris par cette agression imprévue, Gaston, déjà livide, pâlit encore et sentit un frisson courir sur sa chair.

Le hasard lui sauva, d'ailleurs, l'embarras d'une réponse qui, sans doute, aurait été violente et cruelle, car, presque toujours, l'homme qui souffre devient méchant, surtout lorsque sa souffrance est le résultat de ses propres fautes.

Le bruit lointain d'une voiture se fit entendre.

Gaston prêta l'oreille et ne respira plus.

Le bruit se rapprocha rapidement et ne s'interrompit qu'au moment où la voiture s'arrêtait devant le perron de la villa.

Cette voiture, sans aucun doute, était celle qui venait de mener Laurence à Paris.

Le marquis s'élança hors de l'appartement de sa femme, descendit l'escalier comme un ouragan, en renversant presque au passage son valet de chambre qui accourait le prévenir, et il sortit du vestibule.

Le coupé de louage stationnait devant le perron dont ses lanternes éclairaient les marches.

Le cheval soufflait bruyamment.

— Mon bourgeois, — dit le cocher au marquis, — on vient de me prévenir, à la station, comme je rentrais, que vous m'aviez fait dire de venir chez vous tout de suite. — Je n'ai pas perdu tant seulement la queue d'une minute... j'ai fouetté le poulet d'Inde, et me voilà. — Qu'est-ce qu'il y a pour votre service?

— C'est vous, — demanda Gaston, — qui avez conduit à Paris une jeune fille il y a une heure?

— Une belle demoiselle que j'étais venu chercher ici?... Oui, bourgeois...

— Où l'avez-vous laissée, cette jeune fille?

— Je vas vous raconter la chose en deux temps... Comme nous arrivions dans le bois de Boulogne, la demoiselle tape au carreau... J'arrête ma boîte et je me retourne.

« — Cocher, — qu'elle me dit, — vous me conduirez à un hôtel.

« — Lequel? — que je demande.

« — Celui que vous voudrez, pourvu que ce ne soit pas un hôtel riche, dans les grands quartiers.

« — Ça suffit, — j'ai votre affaire. »

— Il faut vous dire, mon bourgeois, que je connais le propriétaire d'un petit hôtel très-bien tenu, faubourg Saint-Honoré, une maison honnête tout à fait, où logent les cochers les plus comme il faut quand ils sont sans place... — l'*hôtel d'Albion*... — C'est là que j'ai mené la demoiselle, sans arrêter, sauf devant la boutique d'un pharmacien où elle est descendue et où elle a acheté quelque chose... — Voilà l'anecdote de point en point... — Présentement, qu'est-ce qu'il faut faire?

— Vous allez me conduire...

— Où donc?

— A Paris, à l'hôtel d'Albion; et, surtout, brûlez le pavé!...

— Mais, bourgeois, mon cheval n'en peut plus.

— Si cette course forcée le tue, je vous le payerai le double de sa valeur.

— Il n'est pas à moi, il est au patron.

— Eh bien, cent francs pour vous... mais au galop, cocher!... au galop!...

— Soyez paisible... on ira bon train...

Gaston ouvrit la portière pour se jeter dans la voiture.

Le cocher l'arrêta.

— Bourgeois, — lui dit-il, — faites attention que vous êtes sans chapeau... on vous prendra pour un fou.

— Un fou!... — murmura le marquis en se dirigeant vers sa chambre à travers les escaliers qu'il escalada... — c'est qu'en effet je deviens fou!...

Il saisit le premier chapeau qui lui tomba sous la main, et il allait sortir de son appartement, lorsque, sur le seuil, une femme, ou plutôt un fantôme, se dressa devant lui.

C'était Blanche.

— Gaston, — balbutia-t-elle, — où vas-tu?

— Tu le sais bien... je vais la sauver...

— Gaston, au nom du ciel! n'y va pas!...

— Tu veux donc qu'elle meure!...

— Que Dieu me préserve d'une telle pensée!... je veux qu'elle vive, mais j'irai moi-même.

— Tu arriverais trop tard et je serais un assassin...

— Je suis prête à partir... j'arriverai à temps.

— C'est impossible!... — fais-moi place!...

— Gaston, faut-il tomber à genoux pour te conjurer? — Gaston, si tu ne veux pas me tuer cette nuit, cède à ma prière ardente et ne revois point cette femme...

— Chaque minute de retard est une chance de plus que tu donnes à la mort!... — s'écria le marquis, — je te répète qu'il faut que je passe!...

Blanche, à bout de forces, mais non vaincue, anéantie, mais non résignée, s'était laissé glisser jusqu'à terre devant son mari dont elle embrassait les genoux avec des gémissements sourds et avec des sanglots convulsifs.

Gaston, mis hors de lui-même par cette résistance à laquelle il ne s'attendait pas, et dont les conséquences, — il le croyait du moins, — pouvaient être terribles et irréparables, n'ajouta pas une parole et prit le parti d'employer la force, puisque la persuasion, il le comprenait bien, serait inutile.

Il se pencha donc vers Blanche; — il essaya de dénouer l'étreinte des deux bras enlaçant ses genoux, et, comme il n'y parvenait point, il tordit ces bras charmants avec assez de violence pour arracher à la jeune femme un cri d'angoisse et de douleur.

En même temps, par un mouvement brusque, il la repoussa, et, aussitôt que la porte se trouva libre devant lui, il s'élança au dehors...

Blanche tomba à la renverse.

Dans sa chute, le haut de sa tête heurta l'angle d'une muraille.

Elle éprouva une sensation aiguë et cuisante; — elle porta la main à l'endroit blessé, et, quand elle retira cette main, elle y vit des gouttes de sang.

— Mon Dieu!... — balbutia-t-elle d'une voix inarticulée, — mon Dieu!... c'est un rêve que je fais... un mauvais rêve... un rêve effrayant!... — Mon Dieu, permettez que je m'éveille!... — Mon Dieu, éloignez de moi le hideux cauchemar qui m'oppresse et qui m'étouffe!... — Rien de ce qui se passe autour de moi n'est réel et n'est possible...— une créature humaine, lorsqu'elle n'a rien fait pour mériter un tel châtiment, ne saurait tomber ainsi tout à coup des sommets du bonheur dans les gouffres du désespoir...

Blanche achevait à peine cette déchirante lamentation, lorsque le bruit de la voiture qui s'éloignait, emmenant Gaston, frappa distinctement son oreille.

La jeune femme tressaillit comme on tressaille lorsqu'un brusque réveil interrompt un sommeil profond.

— Oh! non!... — s'écria-t-elle, — non, je ne rêvais pas!... — tout est vrai... tout est réel... — je suis lâchement trahie!... je suis abandonnée!...

— Gaston me foulerait aux pieds pour courir à Laurence... — il vient de le prouver! — Personne ne m'aime... je suis un obstacle pour ceux qui s'aiment, et je vois bien que c'est à moi de mourir!...

XXXIX. — A L'HÔTEL D'ALBION.

Laurence venait de jouer un coup décisif, et de disposer sa mise en scène avec une promptitude, avec une justesse de coup d'œil, qui faisaient le plus grand honneur à l'esprit d'intrigue de ce Machiavel en jupons.

Pareille à ces généraux habiles qui ne laissent rien au hasard et réussissent, à l'aide d'un calcul savant des probabilités, à se rendre compte à l'avance, d'une manière parfaitement exacte, de toutes les chances favorables et défavorables de la bataille prochaine, Laurence avait prévu les moindres incidents de la soirée à laquelle nous venons de faire assister nos lecteurs.

Depuis longtemps les soupçons de Blanche ne lui échappaient point...

Elle les avait vus grandir de jour en jour et d'heure en heure, depuis le moment où, pour la première fois, ils s'étaient révélés à elle...

Elle ne mettait point en doute que la marquise ne veillât, et qu'une surprise ne dût être prochaine...

Bien loin de redouter cette surprise, elle l'appelait de tous ses vœux.

Ne fallait-il pas en finir avec une situation qui menaçait de se prolonger indéfiniment?

Ne fallait-il pas mettre Gaston dans l'absolue nécessité de choisir hautement entre deux femmes, l'une qui était à lui, et qu'il n'aimait plus; — l'autre qui ne lui appartenait pas encore, et qu'il adorait?

N'était-il pas indispensable enfin, pour Laurence, de quitter la maison d'Auteuil en des circonstances telles que le marquis ne pût se dispenser de la suivre?

Tout cela semblait, au premier abord, difficile à réaliser; — mais l'orpheline était une de ces créatures privilégiées qui possèdent le grand art de diriger les événements.

Lorsque Laurence apprit que Blanche allait dîner à Paris sans son mari, — ce qui ne lui arrivait jamais, — un sourire se dessina sur ses lèvres, elle devina en moins d'une seconde le plan si simple de la jeune femme, et elle se dit avec une complète assurance:

— C'est pour ce soir...

Nous savons déjà qu'elle ne se trompait pas.

Elle passa le reste de la journée à combiner la lettre que, selon toute apparence, elle adresserait à Gaston quelques heures plus tard...

Lorsque après le dîner elle accorda un tête-à-tête au marquis, dans la grotte du parc, elle avait la conviction, pour ne pas dire la certitude, que l'apparition de Blanche servirait de dénoûment à cet entretien.

L'événement prouva qu'en cela, comme en tout le reste, Laurence avait deviné juste.

Immédiatement après la catastrophe finale, c'est-à-dire après l'arrivée et l'évanouissement de la marquise, Laurence s'empressa d'aller s'enfermer chez elle, tandis que Gaston terrifié prodiguait des soins à sa femme.

L'orpheline écrivit avec une rapidité prodigieuse les deux lettres dont elle avait arrêté d'avance le contenu.

Aussitôt ces lettres terminées, Laurence envoya chercher une voiture, et partit pour Paris, bien certaine qu'avant deux heures, Gaston saurait le nom de l'hôtel où elle se serait fait conduire, et qu'il ne perdrait pas un instant pour la rejoindre, et pour entraver ses prétendus projets de suicide.

Chemin faisant, la dangereuse créature fit une courte halte devant une pharmacie dont les bocaux bleus, rouges et jaunes, traversés par la lumière des lampes, illuminaient la rue de clartés multicolores.

Là, elle acheta un petit flacon rempli d'un liquide inoffensif, mais dont la nuance brune reproduisait à s'y méprendre celle du poison actif violent qui s'appelle *le laudanum*.

Elle descendit ensuite à l'hôtel d'Albion où le cocher du coupé de louage jugea convenable de la conduire; elle prit une chambre modeste qu'elle paya d'avance, en annonçant qu'elle partirait le lendemain matin, et elle attendit l'arrivée de Gaston, tout en se disant:

— Quelque diligence qu'il fasse, il ne peut être ici avant une heure ou deux.

Pour occuper les loisirs de cette longue attente, Laurence gratta fort adroitement l'étiquette du petit flacon, et, à la place du mot pharmaceutique qui s'y trouvait inscrit, elle traça le nom du poison terrible dont nous venons de parler quelques lignes plus haut.

∗ ∗ ∗ ∗ ∗ ∗ ∗ ∗ ∗ ∗

Rejoignons Gaston Castella, au moment où il quittait la Folie-Normand.

L'appât irrésistible des cent francs promis agissait sur le cocher, qui fouettait son cheval avec une énergie semblable à de la férocité.

Le malheureux animal, dont la tranchante lanière de cuir cinglait incessamment l'échine amaigrie et les côtes saillantes, galopait comme certes il ne l'avait jamais fait aux jours de sa jeunesse...

Haletant et blanc d'écume, il procédait par bonds impétueux et irréguliers, faisant craquer son harnais, secouant ses brancards, ébranlant enfin le véhicule dans sa carcasse, comme les coups de mer ébranlent dans sa membrure un vieux canot désemparé...

A chaque instant le train et les roues étaient menacés d'une complète dislocation...

De minute en minute, le quadrupède infortuné semblait près de s'abattre...

Le cocher cependant, enivré d'avance par la pensée des innombrables verres de vin bleu que renfermaient les cinq pièces d'or du magnifique pourboire, continuait à l'exciter du fouet et de la voix...

Le coupé volait sur la route, ce qui n'empêchait pas Gaston d'abaisser à chaque seconde la glace de devant, et de crier à l'automédon, qui ne l'entendait pas au milieu du vacarme assourdissant produit par cette course insensée :

— Plus vite ! plus vite encore !...

La voiture atteignit la barrière.

Le mari de Blanche aurait volontiers sauté à la gorge des employés de l'octroi qui, se présentaient à chaque portière, lui demandaient s'il n'avait rien à déclarer.

Il se contraignit cependant.

Le coupé reprit sa marche rapide et ne s'arrêta plus que dans la rue du Faubourg-Saint-Honoré, devant une porte étroite et basse au-dessus de laquelle se lisaient en lettres rouges, sur un transparent de verre dépoli, ces mots :

HÔTEL D'ALBION, MEUBLÉ.

Il était temps...

Le cheval paraissait complètement incapable de faire désormais cent pas de plus...

— Nous y voici, bourgeois ! cria le cocher, — et, sacrebleu !... je crois que c'est aller rondement !...— Les chevaux de Sa Majesté ne vont pas si vite que ça !... Je m'en vante !...

Gaston descendit de voiture et mit cent vingt francs en or dans la main du cocher.

— Grand merci, bourgeois !... — s'écria ce dernier. — Faut-il vous attendre ?

— Oui.

— Suffit...

Gaston pénétra dans une allée presque sombre et vit sur sa droite une sorte de cage vitrée dans laquelle trônait une dame d'un certain âge, de tournure commune, et vêtue avec une élégance particulière et de mauvais goût...

Il ouvrit brusquement la porte de cette cage, qui servait de bureau.

A l'aspect d'un homme au visage pâle et dont la physionomie bouleversée exprimait l'égarement, la dame prétentieuse éprouva quelque vague inquiétude, mais elle fit bonne contenance, et elle dit en minaudant :

— Qu'y a-t-il pour le service de monsieur ?...

— Madame, — demanda Gaston d'un ton mal assuré, — il est arrivé une jeune fille dans votre hôtel, n'est-ce pas, il y a à peu près une heure ?...

— Mais, monsieur, une telle question...

— Répondez-moi, madame, au nom du ciel, répondez-moi !... — Ce que je vous demande est d'une importance capitale, d'une gravité suprême...

— Eh bien !... oui, monsieur, une jeune fille est, en effet, descendue à l'hôtel...

— Où la trouver, madame ?... — Vite ! vite ! où la trouver ?...— Il faut que je la voie à l'instant...

— Mais, monsieur, je ne sais si je dois ..— Cette demoiselle ne m'a nullement témoigné l'intention de recevoir... surtout à pareille heure...

— Eh ! madame, répondez donc !... — s'écria le marquis d'une voix impérieuse. — Votre hésitation est un crime !... — Il s'agit de vie et de mort !...

— Cette jeune fille est venue ici pour se tuer !...

— Grand Dieu...

— Moi seul, peut-être, je puis la sauver encore.

— Mais où est-elle, madame ? où est-elle ?...

— Ah ! je n'hésite plus !... — Se tuer, la malheureuse !... — Courez, monsieur, sauvez-la !...— Vous la trouverez au second étage, chambre numéro 22.

Gaston n'avait pas besoin d'en savoir davantage. Il s'élança dans l'escalier, — il atteignit en moins d'une seconde le deuxième étage, et il vit en face de lui la porte sur laquelle était tracé le numéro 22.

Le marquis, on doit le comprendre, avait une crainte profonde, une immense inquiétude de trouver la porte fermée et d'être contraint d'employer la force pour la briser et la traverser...

Lorsqu'il eut la certitude que la clef était en dehors, à la serrure, son cœur bondit de joie...

Il entra comme un ouragan.

Laurence, assise au fond de la chambre, en face de la porte, auprès d'une petite table sur laquelle s'appuyaient ses coudes, et qui supportait une bougie dans un chandelier de cuivre, fut le premier objet qui frappa ses regards.

Les mains entrelacées de la jeune fille cachaient son visage baigné de larmes, et son attitude était celle d'une statue de la douleur.

Le bruit de la porte qui s'ouvrait lui fit relever la tête. — Elle vit Gaston. — Elle poussa un cri, et, saisissant le petit flacon plein d'une liqueur brune, elle l'approcha vivement de ses lèvres.

Mais déjà le marquis avait franchi la distance qui le séparait d'elle...

Il lui arracha le flacon qu'il broya sous ses talons; puis, la soulevant dans ses bras, et l'appuyant contre sa poitrine avec un transport fiévreux et passionné, il balbutia à son oreille :

— Laurence, chère Laurence, ayez pitié de vous, ayez pitié de moi!... — Vivre sans vous m'est impossible, et, si vous voulez mourir, je mourrai le premier !...

XL. — LE RETOUR.

L'entretien du mari de Blanche et de l'orpheline ne fut qu'un long commentaire des dernières paroles que nous venons de reproduire.

Vainement Laurence semblait refuser obstinément de se laisser convaincre...

Le marquis faisait preuve d'une obstination non moins grande.

A tous les raisonnements de la sirène il répondait :

— Renoncez à votre projet de suicide, ou je me tuerai !...

« Je me tuerai de même si vous ne consentez pas à vivre pour moi et à me rendre tout votre amour.

« Cette résolution est inébranlable...

« Avez-vous le courage, Laurence, de me condamner froidement à mort ? »

Lorsque l'orpheline jugea qu'elle avait fait une assez longue résistance, et que le moment de capituler était enfin venu, elle céda, mais elle eut l'art de donner à sa faiblesse les plus complètes apparences de l'abnégation et du sacrifice...

Bref, au bout de deux heures le marquis Castella quittait l'hôtel d'Albion en emportant le serment de Laurence.

La jeune fille venait de lui jurer solennellement, sur son honneur, sur son amour, sur le salut de son âme, qu'elle renonçait à son projet de suicide; — qu'elle acceptait de lui les moyens d'existence qui lui manquaient absolument, puisqu'elle ne possédait aucune fortune personnelle; — enfin, qu'elle consentait à le recevoir chaque jour, et qu'elle ne lui défendait point de lui parler d'amour...

Mais, en échange de ces promesses, elle avait exigé du marquis le serment, non moins solennel, qu'il la respecterait comme une sœur et qu'il ne lui demanderait, ni maintenant, ni jamais, le sacrifice de son honneur...

Gaston sortit, le cœur plein de joie.

— Laurence tiendra ses engagements, — se disait-il, — et moi je ne tiendrai pas les miens!... avant un mois, et par la force des choses, Laurence sera ma maîtresse...

De son côté, l'orpheline murmurait avec orgueil :

— Allons, j'ai bien conduit ma barque au milieu des écueils qui m'enveloppaient de toutes parts, et le succès passe mon espérance!... voilà la situation nettement dessinée... — Gaston m'appartient mieux et plus complètement que l'esclave n'appartient à son maître; et le jour où je sera marquise de Castella est proche!... — Oh!... les hommes!... — quelle misérable et sotte engeance, et comme il suffit de la plus pauvre scène de comédie pour s'emparer d'eux et pour en faire des pantins dociles!... — Gaston était une nature honnête et droite, eh bien, si demain je lui demandais de commettre un crime, il m'obéirait aveuglément!...

Tandis que Laurence se tenait à elle-même ce langage cynique, le jeune marquis avait repris place dans le coupé de louage qui se dirigeait vers Auteuil, non plus au galop, mais au petit pas, car le cheval, à moitié fourbu, ne faisait mouvoir qu'à grand'peine ses jambes roidies et ankylosées.

Cependant, à mesure que diminuait la distance, Gaston sentait se dissiper les fumées d'ivresse amoureuse qui obscurcissaient son jugement, et une vague inquiétude s'emparait de lui...

La pensée qu'il allait se retrouver en présence de sa femme, mettait dans son âme un remords involontaire...

— Pauvre Blanche, — se disait-il, — je la fais cruellement souffrir, et, cependant, je donnerais beaucoup pour éloigner d'elle le moindre chagrin, mais il est des situations dans la vie où l'on n'est plus le maître de soi-même !... — Je sacrifierais tout à ma femme, tout, excepté mon amour pour Laurence; car c'est un sacrifice que je n'ai ni le droit ni la volonté de lui faire; mais j'agirai en homme du monde, en galant homme, en excellent mari... — Je redoublerai d'égards pour elle, — je sauverai toutes les apparences, et ce sera vraiment sa faute si elle ne se trouve pas heureuse au milieu des prévenances assidues et du soin affectueux dont je l'entourerai sans relâche...

C'est avec d'aussi déplorables sophismes que les cœurs faibles s'affermissent dans le mal, et que les esprits malsains s'illusionnent !...

Le coupé s'arrêta devant la grille de la Folie-Normand.

Il était deux heures du matin.

Gaston descendit, — il mit une pièce d'or dans la main du cocher et il étendit la main vers la chaîne de la cloche...

Mais, avant même qu'il eût agité cette chaîne, la petite porte lui fut ouverte; et à la clarté des lanternes du coupé qui s'éloignait, il reconnut son valet de chambre.

— Comment c'est vous, Baptiste! — s'écria-t-il — par quel hasard êtes-vous là?

— J'attendais monsieur le marquis...

— Depuis longtemps ?...

— Depuis minuit...

— Qui vous en avait donné l'ordre ?...

— Personne; mais j'ai pensé qu'il était nécessaire de prévenir monsieur le marquis...

— Me prévenir! — répéta Gaston, voyant que le valet de chambre s'interrompait.

— Oui, monsieur le marquis...

— De quoi donc?... — parlez, Baptiste...

— Ah! c'est que c'est difficile à dire...

— Vous avez une mauvaise nouvelle à m'annoncer?... — s'écria Gaston pâlissant.

— Hélas! oui.

— Eh bien, quelle que soit cette nouvelle, expliquez-vous... — Ne me cachez rien!... — Mieux vaut la certitude que l'angoisse!... — il ne s'agit pas, je l'espère, d'un malheur irréparable...

— Oh!... non, monsieur le marquis, grâce à Dieu!... car, à l'âge de madame la marquise, on en revient de loin...

— Madame est donc malade?... bien malade?... — balbutia Gaston consterné et épouvanté.

— Oh!... oui, monsieur le marquis, bien malade... — Madame a une fièvre qui fait peur, et le délire... elle est comme qui dirait folle et elle ne reconnaît personne... Ça lui a pris presque tout de suite après le départ de monsieur le marquis... J'ai couru chercher le médecin, et la femme de chambre a prévenu madame la marquise, mère de monsieur.

— Ma mère est auprès de ma femme!... — s'écria Gaston d'une voix étranglée.

— Oui, monsieur le marquis, et madame votre mère, paraît-il, a dit qu'elle y passerait toute la nuit...

Le jeune homme n'en écouta pas davantage...

Il se mit à marcher très-vite, ou plutôt à courir du côté du pavillon.

La porte du vestibule était entr'ouverte. — La lanterne flamande suspendue au plafond répandait une clarté faible...

Gaston gravit l'escalier avec une rapidité quasi fantastique et se trouva en moins de quelques secondes dans l'antichambre de l'appartement de sa femme.

Là, il fit un détour, de manière à arriver dans

Gaston ouvrit brusquement la porte de la cage qui servait de bureau. — Page 142.

la chambre à coucher par un cabinet de toilette que desservait un étroit couloir.

La porte de ce cabinet n'était point fermée, mais une portière d'étoffe masquait l'ouverture.

Gaston souleva un coin de cette tenture; — il regarda et il écouta.

Un spectacle navrant s'offrit à ses regards.

Blanche, couchée, le visage pourpre, les yeux brillants du feu de la fièvre, les mains jointes et étendues en avant, murmurait, avec un accent de supplication profonde et désespérée, des paroles entrecoupées de sanglots.

— Gaston, n'y va pas... je t'en conjure! — disait-elle; — Gaston, par pitié, reste auprès de moi!

— Il ne m'écoute point, mon Dieu!... — il ne

m'entend pas!... il ne veut pas m'entendre!... — il part... il est parti!... — Cette femme l'attend... cette femme l'appelle!... — pour la suivre il me foulerait aux pieds!... pour la rejoindre, il passerait sur mon cadavre!... — Oh! Gaston, que t'ai-je donc fait pour mériter de telles tortures!... — je t'ai bien aimé, cependant... — je t'aime encore plus que ma vie!... Mon cœur est tout à toi et tu brises mon cœur!... — Je te pardonne, mais tu me tues!... — Je suis trop faible pour tant souffrir... — la vie se retire de moi... — Quand tu reviendras, je serai morte....

La voix de Blanche s'éteignit; — au lieu de paroles distinctes ce fut un murmure inarticulé qui sortit de ses lèvres et qui, lui-même, finit par un gémissement. . . . .

Au pied du lit la marquise douairière était assise dans un grand fauteuil.

Nous savons déjà que la noble dame, infirme, toujours souffrante, et ne conservant pour ainsi dire que le souffle, ne sortait presque plus jamais de son appartement.

Depuis la mort de son mari, — par conséquent depuis bien des années, — elle n'avait pas quitté le grand deuil.

Des flots de dentelles noires et les longues mèches de ses cheveux blancs en désordre encadraient son visage amaigri, coloré faiblement comme du vieil ivoire, et presque semblable à la face décharnée d'un spectre...

Ses mains blanches, fluettes, presque diaphanes, s'appuyaient sur ses genoux...

Elle regardait sa belle-fille avec un intérêt profond et douloureux, et de grosses larmes coulaient une à une le long de ses joues ridées.

On eût dit le fantôme du passé assistant à l'agonie de la jeunesse...

Gaston, debout derrière la portière du cabinet de toilette, contemplait avec épouvante le tableau que nous venons de mettre sous les yeux de nos lecteurs.

Gaston entra comme un ouragan. — Page 142.

Il fit, sans le vouloir, un mouvement léger.

Une des feuilles du parquet craqua sous son pied.

Ce bruit, si faible qu'il fût, attira l'attention de la marquise douairière...

Elle tourna la tête du côté où il venait de se produire, et elle aperçut, dans l'entre-bâillement de la tenture, la figure pâle et contractée de Gaston.

Une écrasante expression de mépris et de colère se peignit aussitôt sur les traits flétris de la vieille dame.

Elle fit, pour quitter son fauteuil, un effort visiblement pénible, et elle se dirigea d'un pas lent vers la porte du cabinet...

A mesure qu'elle avançait, Gaston reculait malgré lui...

Elle souleva l'étoffe et franchit le seuil...

Le marquis, rencontrant derrière lui la muraille, fut contraint de s'arrêter dans son mouvement de recul...

Il était chancelant, anéanti, et ses yeux se baissaient devant le regard fixe et sévère fixé sur lui.

La douairière, sans prononcer une parole, fit un geste impérieux pour ordonner à son fils de se rapprocher d'elle...

XLI. — LA MÈRE ET LE FILS.

Gaston obéit passivement.

La marquise, toujours silencieuse, continuait à attacher sur lui des regards qui descendaient au fond de sa conscience et lui causaient un indicible malaise.

— Ma mère... — balbutia-t-il au bout de quelques secondes, — que se passe-t-il donc ici?...

— C'est à moi de vous le demander!... — répliqua la douairière d'une voix très-basse, mais parfaitement distincte. — Que se passe-t-il dans la maison de votre mère et de votre femme?... — Je n'ai pas voulu questionner des valets... je n'ai même pas voulu les entendre, car ils étaient prêts à parler; mais j'ai le droit et le devoir d'interroger mon fils, et je vais le faire... — Expliquez-moi donc les paroles échappées au délire de votre femme... — Pourquoi parle-t-elle d'abandon?... pourquoi dit-elle que vous brisez son cœur, et pourquoi le nom de Laurence se mêle-t-il à chacune de ses plaintes désespérées?...

— Hélas! ma mère, — répondit le marquis avec une hésitation facile à comprendre, — un grand malheur nous arrive... — Blanche est devenue jalouse tout à coup...

— Jalouse?... — Sans motifs?...

— Elle croit en avoir...

— D'où venez-vous, au milieu de la nuit?...

— De Paris...

— Laurence, où est-elle?...

— Elle a quitté cette maison il y a quelques heures...

— Doit-elle y revenir?...

— Jamais...

— Pourquoi ce départ, ou plutôt cette fuite?...

— Laurence, se voyant soupçonnée, ne pouvait rester ici plus longtemps...

— Les soupçons de votre femme sont-ils donc injustes?...

— Oui, certes, ils le sont, car je vous jure que Laurence n'est point ma maîtresse.

— Cette réponse ne me suffit pas... — Des paroles coupables n'ont-elles jamais été échangées entre Laurence et vous?... — Laurence est-elle encore aujourd'hui pour vous ce qu'elle a été si longtemps, ce qu'elle devait être toujours, votre fille ou votre sœur?...

Gaston sentit que l'audace lui ferait défaut pour le mensonge poussé à de telles limites.

Il garda le silence.

La marquise comprit toute la portée de ce silence qui, véritablement, équivalait à l'aveu le plus explicite.

Une expression de dégoût se peignit sur son visage.

— Ah! — murmura-t-elle, — c'est bien triste et c'est bien infâme!... — Si votre père était vivant encore, lui, l'honneur et la loyauté mêmes, il aurait honte de son fils!... — Il rougirait en vous regardant!...

— Mais, ma mère, — répliqua Gaston, sourdement irrité d'un jugement si sévère, — en me supposant même beaucoup plus coupable que je ne le suis, il me semble que l'infidélité d'un homme ne fut jamais un crime indigne de pardon... — Le monde ne voit là qu'une erreur excusable, un péché des plus véniels...

— Je vous croyais de l'intelligence et du cœur, — s'écria la douairière, — et je m'aperçois trop bien en ce moment que vous n'avez ni l'un ni l'autre!... — L'homme qui fait du foyer conjugal le théâtre de ses égarements, et qui choisit pour complice de l'adultère la protégée, l'enfant d'adoption de sa femme, cet homme n'est coupable ni d'une erreur excusable, comme vous le dites, ni d'un péché véniel; il commet un crime honteux devant lequel reculeraient d'effroi les débauchés les plus perdus, les libertins les plus impurs!...

— Ma mère!...— dit Gaston avec emportement.

— Ma mère!...

— Allez-vous me menacer?... — dit froidement la marquise.

— Que Dieu m'en garde!... Mais vous me traitez avec une rigueur dont je m'étonne, et dont je m'irrite malgré moi; si grands que soient mon respect et ma tendresse pour vous...

— Je vous traite comme on doit traiter un lâche...

— Un lâche!... moi!... un lâche!...

— Quel nom donner à l'homme qui fait mourir de désespoir une femme douce, tendre, adorable comme la vôtre?...

— Ma mère, pour grossir la faute, vous en exagérez les conséquences... — Blanche n'est point mourante...

— Blanche est en danger...

— C'est impossible!...

— Le médecin l'a déclaré lui-même...

— Le médecin se trompe... — Il y a quelques heures à peine, la santé de Blanche ne pouvait donner aucune inquiétude...

— Il y a quelques heures, votre femme n'avait pas reçu le coup terrible qui vient de la foudroyer. — Mais ce n'est plus du passé qu'il s'agit...

— Les faits accomplis sont malheureusement irréparables... — Parlons de l'avenir... — Peut-être, et je l'espère de toute mon âme, — il est temps encore de sauver Blanche en lui rendant le calme d'esprit, la quiétude, la confiance, qui cicatriseront à la longue les blessures saignantes de son cœur... — Que comptez-vous faire ?...

— Je ne prévoyais rien de ce qui vient de se passer, je n'ai pu, par conséquent, former aucun projet...

— Etes-vous homme d'honneur ?...

— Oh! ma mère, si sévère que vous soyez pour moi, vous ne doutez pas de mon honneur!...

— Oui, j'y veux croire encore, malgré tout!...

— Etes-vous disposé à suivre mes conseils ?...

Gaston fit un signe affirmatif, mais cette manifestation, nous devons le dire, était en désaccord parfait avec sa pensée intime.

Madame Castella reprit :

— Eh bien!... mon fils, laissez-vous guider par moi. — Je vous montrerai la voie qu'il faut suivre pour reconquérir votre bonheur, sinon à tout jamais perdu, du moins gravement compromis...

— D'abord, et pendant bien longtemps, vous ne devez plus vous séparer un seul instant de votre femme...

— Pourquoi cela ? — Ne puis-je donc continuer à vivre avec elle comme je vivais par le passé ?...

— Non. — Votre présence continuelle peut seule la rassurer absolument et empêcher la défiance et le soupçon de se présenter à son esprit... — Me comprenez-vous ?...

Gaston fit un geste vague que la douairière crut devoir interpréter comme un témoignage d'adhésion.

— En second lieu, — continua-t-elle, — vous quitterez cette maison qui rappellerait sans cesse à votre femme de tristes et honteux souvenirs...

— Partir d'ici !... s'écria le marquis.

— C'est indispensable...

— Quand ?

— Aussitôt que la santé de Blanche lui permettra de vous suivre, et j'ai la ferme croyance que la certitude de ce départ hâtera son rétablissement...

— Où irons-nous ?... — A Paris, sans doute ?...

— Bien loin de Paris, au contraire... — répliqua vivement la douairière, nous voyagerons...

— La pensée qu'il y a des milliers de lieues entre Laurence et vous contribuera beaucoup à rendre à Blanche le calme dont elle a tant besoin.

— Est-ce tout enfin, ma mère ?... — demanda Gaston avec une intonation presque ironique.

— Pas encore, — répondit la douairière ; — vous allez me jurer, sur votre honneur, sur le nom que vous portez, sur la mémoire de votre père, que vous ne reverrez jamais Laurence, et que vous ne prêterez les mains à aucune des tentatives qu'elle pourrait faire pour se rapprocher de vous !... — Je veux croire que cette malheureuse jeune fille est plutôt aveuglée et égarée que franchement infâme... Je m'occuperai de son sort... j'assurerai son avenir, et il ne tiendra qu'à elle d'être heureuse, si elle a le courage et la volonté de rester honnête.

La marquise s'interrompit.

— Eh bien, vous ne répondez pas ?... — dit-elle après deux ou trois secondes.

— Mon Dieu, ma mère, — murmura Gaston, — que puis-je répondre ?...

— Vous pouvez et vous devez, avant tout, me faire le serment que j'attends de vous...

— Non, je ne le puis pas, non, je ne le dois pas !... — répliqua le jeune homme d'un ton ferme.

Le pâle visage de la douairière exprima la stupeur et l'effroi.

— Eh quoi, — s'écria-t-elle d'une voix altérée, — vous me refusez cette promesse !...

— Oui, ma mère, je vous la refuse.

— Mais, pourquoi ?

— Parce que, depuis bien des années déjà, je suis et je dois être le seul maître de mes actions, le seul juge de ma conduite, et que, fût-ce même entre vos mains, qui sont les plus nobles et les plus saintes que je connaisse, il ne me convient point d'abdiquer ma liberté, que je prétends garder tout entière.

— Pour le mal comme pour le bien, n'est-ce pas, malheureux enfant ?...

— Oui, ma mère, pour le mal comme pour le bien. — Je ne suis plus un enfant qui se laisse conduire, vous ne l'ignorez pas... j'ai l'âge de discernement, et, si je choisis le mauvais chemin, c'est de propos délibéré et en toute connaissance de cause... — Vous voyez, dans de telles conditions, à quel point les serments deviendraient inutiles...

— Mon Dieu !... — murmura la douairière en élevant vers le ciel ses yeux humides et ses mains jointes, — mon Dieu, j'ai peur de comprendre !... — Gaston, rassure-moi !... — dis-moi que le mauvais ange ne s'est pas emparé sans réserve de ton âme !... — dis-moi que tu n'es pas à tout jamais perdu !... — dis-moi, enfin, dis-moi que tu ne reverras plus Laurence !...

— Je vous ai déjà répondu, ma mère, avec un profond respect, mais avec une inébranlable fermeté ; — je vous ai dit que je prétendais garder ma liberté tout entière, et n'en rendre de compte qu'à Dieu seul.

La marquise douairière regarda son fils, comme les médecins du moyen âge regardaient un pestiféré.

— Allons, je le vois bien, — murmura-t-elle ensuite d'une voix sourde, — c'est fini !... vous êtes perdu !... — il ne me reste qu'à prier Dieu d'avoir pitié de vous !... — il ne me reste qu'à le supplier d'éloigner de vous le châtiment et de vous donner le temps du repentir, à vous qui serez le meurtrier de votre femme et de votre mère... — puisse-t-il m'entendre et m'exaucer !...

Après avoir prononcé les dernières paroles que nous venons de reproduire, la vieille dame s'éloigna lentement de son fils, souleva la portière, et se disposa à rentrer dans la chambre de Blanche.

Gaston fit un mouvement pour la suivre.

Madame Castella tourna la tête, et clouant son

fils à la place où il se trouvait, par un geste rempli tout à la fois de grandeur et de simplicité, elle lui dit :

— N'avancez pas !... — Depuis quand les meurtriers viennent ils assister à l'agonie de leurs victimes !... — Il n'y a plus rien de commun désormais entre Blanche et vous... — Arrière !... — je vous défends de franchir ce seuil !...

Et la tenture retomba, séparant, comme une barrière infranchissable, le passé et l'avenir de Gaston.

XLII. — FAITS DIVERS.

La marquise douairière venait d'agir avec une extrême dignité, mais en même temps avec la plus insigne maladresse.

Elle n'avait pas compris que le pire moyen de ramener son fils était de le violenter moralement.

L'homme cède volontiers parfois à qui l'implore en s'humiliant devant lui...

Il se révolte et se cabre infailliblement lorsqu'on paraît vouloir le contraindre et substituer à sa volonté une volonté plus forte.

Même dans l'âge mûr, — même dans la plus extrême vieillesse, l'homme reste enfant pour certaines choses...

Plus il aurait besoin d'être mis en tutelle et plus la pensée de recevoir une direction l'effarouche...

Il ne tient jamais tant à sa liberté que lorsqu'il se propose d'en faire un mauvais usage.

Ces concessions immenses que la mère aurait eu peut-être chance d'obtenir par les larmes, par l'attendrissement, elle les rendait impossibles en prétendant les imposer.

Nous devons le dire, d'ailleurs, que ce qui précède est juste surtout en thèse générale.

Dans la circonstance particulière qui nous occupe, Gaston se trouvait dominé par une passion tellement impérieuse, il appartenait si bien et si complétement à Laurence, que rien au monde, — nous le croyons du moins, — n'aurait pu lui donner la force de se soustraire aux séductions de la sirène irrésistible.

La marquise Castella n'aurait donc vraisemblablement réussi qu'à obtenir de son fils des promesses non suivies d'exécution.

Gaston, très-ulcéré, et en proie à une agitation facile à comprendre, se retira dans son appartement et ne songea même pas à se jeter sur son lit.

Il passa le reste de la nuit à se promener de long en large, dans sa chambre à coucher, comme fait une bête fauve prisonnière.

Blanche et Laurence se livraient au fond de son âme un combat acharné... — L'amour et le remords luttaient.

Par instants le remords prenait le dessus... — par instants la femme légitime l'emportait sur la femme désirée ; — mais ces victoires de droiture et du bon sens n'avaient que la durée de l'éclair, et la passion coupable, avec son cortége d'enivrements, reprenait bien vite et plus que jamais son empire sur l'âme et sur les sens de Gaston.

Au point du jour, le jeune marquis se rendit à l'appartement de Blanche pour avoir des nouvelles.

Une femme de chambre, placée tout exprès dans le salon d'attente, lui barra le passage en lui disant que la marquise douairière le priait de ne pas entrer.

— Madame repose, — ajouta cette fille, — et monsieur troublerait son sommeil.

La fièvre et le délire avaient duré toute la nuit avec une violence non interrompue.

Maintenant, depuis une heure, un profond assoupissement leur succédait.

Gaston se retira sans insister pour voir sa femme.

A dix heures on vint le prévenir, comme de coutume, que le déjeuner était servi.

Il se mit à table, seul, et il lui fut impossible de toucher à aucun mets.

Son repas se composa d'une tasse de thé.

Comme il allait sortir de la salle à manger, il vit par une des portes fenêtres, son médecin habituel, l'un des meilleurs de Paris ; — la marquise douairière l'avait fait prévenir, et il se dirigeait vers le pavillon.

Gaston ne se montra pas.

Il attendit que la visite du docteur fût terminée ; — il l'aborda dans le jardin au moment où il allait rejoindre sa voiture restée près de la grille, et il le questionna.

Les réponses du médecin furent à peu près rassurantes.

L'état de la jeune femme, — il crut pouvoir en convenir, — offrait sans doute quelque gravité, mais il n'y avait nullement lieu de concevoir des inquiétudes immédiates, et, à moins que le transport au cerveau ne fût suivi d'une fièvre cérébrale, il était permis d'espérer qu'avant une semaine la jeune marquise entrerait en convalescence.

— Du reste, monsieur le marquis, je viendrai chaque jour ici, — ajouta le médecin, — et vous voudriez bien prendre la peine de me faire prévenir sur-le-champ si quelque symptôme imprévu venait à se présenter.

Délivré par les paroles du docteur de l'inquiétude qui le tourmentait, car il aurait donné, malgré son amour coupable, la moitié de sa vie pour prolonger la vie de Blanche, Gaston mît de côté ses remords...

Il ne songea plus qu'à Laurence.

Le soir venu, il donna l'ordre d'atteler, — il partit pour Paris ; — il fit arrêter sa voiture dans la rue du Faubourg-Saint-Honoré, — il renvoya ses gens et franchit pédestrement la courte distance qui le séparait de l'hôtel d'Albion.

Il trouva Laurence pâle et défaite.

— Qu'avez-vous donc ? — lui demanda-t-il.

— Je ne sais pas, — répondit-elle ; — aussitôt après votre départ un chagrin poignant, une tristesse indéfinissable et telle que je n'en avais jamais ressenti, se sont emparés de moi... je me suis mise à pleurer et mes larmes ont coulé pendant toute la nuit.

— Mais enfin, chère Laurence, pourquoi cette tristesse et ces larmes?

— Je l'ignore... — elles viennent sans doute d'un pressentiment... — il me semble que quelque grand malheur nous menace et va nous accabler.

— Quel malheur pourrait nous atteindre, puisque nous nous aimons et que nous sommes tout l'un pour l'autre?

— Oui, vous avez raison, mon ami ; et cependant il est une chose, je le sens bien, à laquelle je ne pourrai jamais habituer ma fierté.

— Et, cette chose, Laurence?

— C'est la honte...

— La honte, dites-vous!... — Grand Dieu, d'où viendrait-elle, et qui donc, en fouillant votre vie entière, pourrait y trouver matière à un reproche?...

— Vous vous aveuglez étrangement, Gaston!...
— Oubliez-vous que notre amour est criminel?...

— Il ne l'est pas... il ne peut pas l'être, puisque rien n'en ternit la pureté...

— C'est vrai... mais personne ne voudra le croire... — pour l'univers entier je suis votre maîtresse...

— Que vous importent des jugements faux et menteurs?

— Ils ne m'importent point en effet, ceux-là ; mais il en est un seul dont, au prix de ma vie, je voudrais racheter l'injustice... c'est celui de l'unique personne au monde que j'aie offensée sans le vouloir... c'est celui de Blanche Castella...

— Laurence, au nom du ciel, ne parlez point de ma femme...

— Pourquoi?... — Je veux parler d'elle, au contraire... — Est-ce une raison, parce qu'elle a le droit de se croire trahie, pour que je cesse de l'aimer et de m'intéresser tendrement à elle?...
— En échange du bien qu'elle m'a fait, je ne lui ai rendu, moi, que du mal?... — Je voudrais tomber à ses genoux en lui demandant pardon, embrasser ses pieds et les couvrir de mes larmes... — Elle me maudit, n'est-ce pas?... — elle me croit infâme?...
— que vous a-t-elle dit de moi?... parlez, Gaston, je veux tout savoir...

— Blanche n'a point prononcé votre nom... — murmura le marquis.

— C'est impossible!...

— Je vous jure que c'est la vérité...

— Il me paraît impossible de croire que Blanche, après ce qui s'est passé hier au soir, ne vous ait point parlé de moi cette nuit, ou ce matin...

— Hélas!... la pauvre Blanche ne pourrait, en ce moment, parler ni de vous, ni de rien...

— Elle est malade!... — s'écria Laurence avec une expression déchirante.

— Oui... — bien malade...

— En danger, peut-être?...

— Non... — le danger n'existe pas, et, selon toute apparence, il ne doit point venir...

Laurence se frappa la poitrine avec les symptômes du désespoir le plus violent.

— Ah!... — balbutia-t-elle d'une voix entrecoupée de sanglots... — ah!... je suis maudite!... je porte malheur à ceux que j'aime!... — Vous me trompez, ou on vous trompe... Blanche est perdue déjà, peut-être, mais je ne lui survivrai pas... — Si elle meurt, je la suivrai dans la tombe, et, lorsqu'elle me verra couchée près d'elle sous la terre, elle comprendra bien que je ne la trahissais pas...

Gaston s'efforça de calmer Laurence.

Il eut d'autant plus de peine à y parvenir, que la douleur de l'orpheline étant une pure comédie, cette comédie devait suivre son cours, et rien ne pouvait l'interrompre prématurément.

Ceci rendit l'entrevue fort triste et l'empêcha de se prolonger, mais Gaston se dit de la meilleure foi du monde, en descendant l'escalier de l'hôtel d'Albion, que Laurence était la plus immaculée de tous les anges descendus du ciel, et que personne au monde n'était plus qu'elle fidèlement et saintement dévoué à Blanche.

L'orpheline, restée seule, se frotta les mains, tandis que ses beaux yeux étincelaient d'une joie féroce et qu'un étrange sourire soulevait ses lèvres roses.

— Le coup est porté!... — se dit-elle, — la marquise Castella frappée au cœur, va me céder la place, et l'heure approche où je pourrai commander ma robe de noces!...

. . . .

Gaston ne pouvait laisser plus longtemps Laurence dans une chambre modeste d'un hôtel garni de dixième ordre.

Un tel séjour lui semblait, à tous les points de vue, complètement indigne de sa bien-aimée.

En conséquence, il employa le reste de la soirée à se mettre en quête d'un appartement, et, sur le boulevard de la Madeleine, il trouva ce qu'il cherchait, c'est-à-dire un délicieux petit entresol, composé de cinq pièces et décoré avec la plus grande fraîcheur et avec une richesse de bon goût.

Il fit venir aussitôt un tapissier auquel il expliqua ses intentions, accompagnées de la promesse d'un paiement immédiat et largement rémunérateur si, dans la soirée du lendemain, l'appartement se trouvait garni d'un mobilier féerique et prêt à recevoir ses hôtes...

Le tapissier promit et il tint parole...

Paris est le pays des miracles!...

XLIII. — DERNIÈRE ENTREVUE.

Deux semaines s'étaient écoulées sans apporter,

du moins en apparence, d'importants changements dans la situation de nos personnages.

Au milieu du désordre complet de sa vie, Gaston conservait une sorte de régularité.

Il ne désertait pas absolument la maison conjugale.

Il se persuadait à lui-même que, vis-à-vis de ses gens, sa conduite ne blessait en rien le décorum et sauvegardait toutes les convenances.

Il partait chaque matin pour Paris, où il passait la journée auprès de l'orpheline ; mais, chaque soir, il revenait à Auteuil, et il s'enfermait dans son appartement, après avoir demandé des nouvelles de la marquise douairière et de Blanche.

Les réponses ne variaient guère.

— L'état de madame est toujours le même, — répliquait très-uniformément la femme de chambre... — Madame ne quitte pas son lit, mais le médecin est sans inquiétude... — Madame la marquise douairière semble en bonne santé... — elle est sans cesse auprès de madame...

Gaston se trouvait dans un état de si prodigieux aveuglement, — la passion absorbante qui le dominait anéantissait à tel point son sens moral, — que de pareilles réponses suffisaient pour le satisfaire, pour endormir sa conscience, pour le mettre en un mot en paix avec lui-même.

Il n'avait aucune honte de sa vie nouvelle ; — il ne se disait pas que sa conduite était celle d'un misérable ; — il lui semblait parfaitement naturel et légitime de rapporter à Laurence toutes ses pensées, car désormais, dans le monde entier, il n'y avait plus pour lui que Laurence...

La jeune fille, avec une infernale habileté, attisait cette flamme par tous les raffinements de la coquetterie la plus savante, par tous les artifices d'une rouerie précoce et consommée.

Cette vierge à qui ses instincts tenaient lieu de la science du mal, avait la corruption froide et profonde d'une courtisane émérite.

Sans descendre de son piédestal d'ange immaculé, elle chauffait à blanc la fournaise dans laquelle se consumait la marquise Castella...

Elle possédait l'art de laisser espérer tout et de ne jamais accorder rien. — Elle s'était juré de n'appartenir à Gaston que lorsqu'elle serait sa femme, et ni les ardentes prières, ni les brusques désespoirs du marquis n'auraient pu la décider à manquer à ce serment sur lequel elle faisait reposer, non sans raison, ses plus chers intérêts d'avenir, ses intérêts de richesse et d'orgueil.

Gaston se croyait de plus en plus adoré chaque jour, et tout autre, à sa place, aurait partagé cette illusion, car Laurence était une comédienne de telle force que le doute devenait impossible aussitôt qu'elle avait parlé.

Le mari de Blanche attribuait à la vertu la plus pure la résistance véritablement héroïque que lui opposait la jeune fille, et, bien que s'irritant parfois et se désolant de cette invincible chasteté, il ne pouvait se défendre de l'admirer et d'en être fier.

N'était-ce pas pour lui, en effet, un splendide triomphe d'avoir su conquérir et subjuguer l'âme et le cœur de cette enfant si pure et si courageuse, qui trouvait la force de lutter victorieusement, non-seulement contre l'amour qu'elle inspirait, mais encore contre celui, non moins violent, qui consumait son propre cœur?

En élevant à Laurence un piédestal de respect, en même temps que d'adoration, Gaston se grandissait à ses yeux, comme faisaient jadis ces prêtres des faux dieux, qui se croyaient d'autant plus sacrés que leurs idoles étaient placées plus haut.

Un soir, en revenant à Auteuil, selon sa coutume invariable, le marquis fut étonné de voir qu'un grand mouvement remplaçait le calme habituel.

Des lumières passaient et repassaient derrière les vitres de la villa...

Les domestiques allaient et venaient, avec des physionomies bouleversées...

Gaston, le matin de ce même jour, avait interrogé la femme de chambre de Blanche, et il en avait reçu cette réponse rassurante :

— La nuit de madame la marquise n'a pas été mauvaise...

En de telles circonstances il lui semblait impossible d'admettre que l'état de sa femme se fût grièvement modifié en quelques heures.

Il commençait à éprouver, cependant, une vague inquiétude.

Il franchit le seuil du vestibule et il se sentit troublé jusque dans les profondeurs de son âme, en se trouvant face à face avec un prêtre qui se disposait à sortir de la maison.

Ce prêtre était le curé d'Auteuil.

Gaston le reconnut, le salua avec empressement et déférence, et fit un mouvement pour l'aborder.

Le prêtre lui rendit son salut d'un air grave et froid et passa rapidement sans s'arrêter...

Son intention de ne pas entamer d'entretien avec le marquis était évidente, et Gaston ne s'y trompa point...

L'inquiétude vague dont nous avons parlé grandit alors et devint une véritable épouvante.

L'amant de Laurence s'élança dans l'escalier et arriva dans l'antichambre qui précédait l'appartement de sa femme.

Cette antichambre était déserte.

Après un instant d'hésitation, le marquis traversa un petit salon dont il trouva les portes ouvertes ; — il ne s'arrêta que sur le seuil de la chambre à coucher de Blanche, et il jeta un coup d'œil à l'intérieur.

Un tableau profondément triste frappa ses regards...

La jeune marquise, étendue sur son lit, immobile et les yeux fermés, semblait évanouie ou morte.

Son doux et beau visage, singulièrement amaigri, offrait une pâleur mate et uniforme qui devait le faire croire sculpté dans un bloc de marbre blanc...

Aucune nuance rosée ne se voyait sur les joues. Les lèvres mêmes étaient incolores...

La marquise douairière, assise au pied du lit dans un grand fauteuil, ressemblait à une statue de la douleur.

Sa tête se renversait en arrière...

Son regard fixe avait une expression pleine d'amertume...

De grosses larmes s'échappaient de ses paupières rougies et roulaient sur ses joues sillonnées de rides...

— Mon Dieu... — balbutia Gaston avec une sorte d'égarement — Mon Dieu... Blanche n'existe plus...

Et il sentit ses genoux ployer et se dérober sous lui...

Si bas qu'il eût prononcé les paroles que nous venons de reproduire, elles arrivèrent cependant aux oreilles de la marquise douairière, non point distinctement, il est vrai, mais d'une façon suffisante pour attirer son attention...

Elle tourna lentement la tête du côté de la porte, et elle aperçut Gaston.

Un grand changement, une prodigieuse transformation, se firent en elle à l'instant même...

Un flot de sang indigné monta de son cœur à ses joues livides, et les colora d'une pourpre vive.

Son visage prit cette expression menaçante et terrible que les peintres et les sculpteurs donnent aux divinités vengeresses...

Un éclair s'alluma dans ses yeux caves, et Gaston crut se sentir inondé d'un double jet de flamme...

En même temps la vieille dame quitta le fauteuil sur lequel elle était assise, ou plutôt étendue, et d'un pas ferme, malgré sa lenteur, elle se dirigea vers son fils pétrifié, anéanti...

Lorsqu'il n'y eut entre elle et lui qu'une si faible distance qu'elle eût pu lui toucher la poitrine en étendant la main, la marquise dit d'une voix basse, mais nette, incisive, méprisante :

— Malheureux !... que venez-vous faire ici ?...

— Ma mère... — balbutia Gaston.

— Bourreau ! — poursuivit la douairière en interrompant le marquis par un geste impérieux, — vous faut-il donc le spectacle d'une agonie ?... — Venez-vous recueillir ici le dernier souffle de votre victime ?...

— Grand Dieu, ma mère, que dites-vous ?... — Blanche est-elle en danger sérieux ?... — Devons-nous vraiment craindre pour ses jours ?...

— Blanche se meurt... et c'est vous qui l'avez tuée !...

— Ah ! je suis un misérable !... — s'écria Gaston avec un entraînement irrésistible, — je le sais bien ; je le sens bien... — Laissez-moi passer, ma mère... — Je veux tomber aux pieds de Blanche... je veux me traîner à ses genoux... je veux la supplier de vivre... je veux la conjurer de me pardonner...

— Vous ne passerez pas.... — répondit impétueusement la douairière.

— Ma mère, au nom du ciel...

— C'est le ciel lui-même qui m'ordonne de vous repousser !... — Je ne vous connais plus !... — vous n'êtes plus mon fils... vous n'êtes plus le mari de ma fille bien-aimée... — vous n'êtes qu'un lâche et qu'un assassin !... — Arrière ! vous dis-je... — arrière, maudit !...

Gaston, atterré, courba la tête sous ce foudroyant anathème, et sans doute il allait se retirer, ou plutôt s'enfuir, lorsqu'une voix faible comme un souffle, mais d'une angélique douceur, s'éleva dans les profondeurs de la chambre et murmura ces mots :

— Ma mère, laissez-le passer, car c'est Dieu qui l'envoie... — il m'eût semblé trop triste de mourir, si j'étais morte sans l'avoir revu...

C'était Blanche défaillante, Blanche presque inanimée, qui venait de se soulever sur sa couche et qui parlait ainsi.

La marquise se tourna vivement vers la jeune femme.

— Eh quoi, chère enfant, — lui demanda-t-elle avec une surprise manifeste, — eh quoi, vous voulez...

Elle s'interrompit.

— Je veux que Gaston s'approche de moi... — continua Blanche Castella, — car, pour la dernière fois de ma vie, il faut que je lui parle...

La douairière s'éloigna du cadre de la porte dans lequel, jusqu'à ce moment, elle s'était tenue debout, comme une sentinelle vigilante, pour interdire à son fils la chambre de Blanche.

— Puisque cet ange y consent, — dit-elle, — passez donc, — mais souvenez-vous que moi, votre mère, je vous ai chassé... je vous ai maudit...

Gaston, le front incliné et le visage couvert d'une mortelle pâleur, franchit en chancelant le seuil défendu.

La gravité terrible et inattendue des circonstances venait d'opérer un revirement soudain dans cette âme faible et dans ce cœur fragile.

Une douleur réelle et profonde, un remords poignant et sincère, — quoique vraisemblablement l'un et l'autre dussent être de courte durée, — s'emparaient du cœur et de l'âme du marquis, mettaient en fuite tout autre sentiment, éloignaient toute autre pensée...

Gaston traversa l'espace qui le séparait du lit de sa femme, et, se laissant tomber à genoux auprès de ce lit, il cacha son visage baigné de larmes dans les draps en désordre, et il balbutia d'une voix brisée :

— Blanche, je suis coupable envers toi... oh !... oui, bien coupable... Mais je me repens du fond du cœur. — Au nom du ciel, ne sois pas sans miséricorde !... pardonne-moi !... pardonne-moi !...

Le marquis venait à peine de prononcer ces paroles, lorsqu'il sentit une main frêle et brûlante s'appuyer doucement sur sa tête penchée.

En même temps Blanche lui disait :

— Un homme ne doit s'agenouiller que devant la femme qu'il aime ou devant le Dieu qu'il adore. —Relevez-vous donc, Gaston, car vous ne m'aimez plus et vous ne priez pas... — Relevez-vous, et asseyez-vous auprès de mon lit...

Gaston fit un geste de refus.

— Je vous en prie... — répéta Blanche.— C'est ma dernière prière... Ne l'exaucerez-vous pas ?...

Gaston ne pouvait désormais que se soumettre...

Il s'assit donc, ou plutôt il se laissa tomber dans le grand fauteuil que la marquise douairière occupait un instant auparavant.

XLIV. — BLANCHE ET GASTON.

En ce moment, le regard de Gaston chercha sa mère et ne la trouva point.

La vieille dame, n'éprouvant plus que de l'indignation et du mépris pour le fils qu'elle avait tant aimé, n'avait pas voulu être témoin de l'entretien qui se préparait.

Elle venait de sortir de la chambre ; — elle avait refermé la porte ; — elle se promettait de ne quitter le salon voisin que lorsque Gaston s'éloignerait du lit de Blanche.

Après avoir constaté cette absence, les yeux du marquis revinrent se fixer sur le pâle visage de sa femme.

La jeune marquise, noyée à demi dans les flots de ses cheveux blonds dénoués, ressemblait presque à une apparition surnaturelle.

On aurait pu la comparer à ces anges quasi diaphanes que la main naïve des pieux artistes du moyen âge peignait sur les fonds d'or des panneaux de cèdre...

Un sourire doux et triste se jouait autour de sa bouche charmante mais presque décolorée....

Ses prunelles bleues brillaient d'un feu sombre sous ses paupières qu'entourait un cercle de bistre.

Il devenait impossible de s'y méprendre, l'âme et le corps de la jeune femme n'étaient plus réunis que par des liens fragiles qui, d'une heure à l'autre, allaient se briser...

Pour la première fois à cet instant une conviction douloureuse se fit jour dans l'esprit de Gaston ; — pour la première fois il comprit que Blanche était véritablement perdue sans ressources ; — alors une émotion toute-puissante s'empara de lui ; — son cœur se serra convulsivement ; — les sanglots l'étouffèrent, et des torrents de larmes jaillirent de ses yeux et inondèrent son visage.

Pendant quelques secondes, Blanche respecta les transports de cette douleur dont elle ne pouvait suspecter la sincérité.

— Merci, mon ami...—dit-elle ensuite,— merci de toute mon âme...— Je n'attendais, je n'espérais pas ces larmes... Je suis heureuse d'une surprise qui me console de bien des chagrins et qui me rendra ma fin plus douce...

Et, comme Gaston la regardait d'un air d'étonnement manifeste, elle s'empressa d'ajouter, avec un nouveau sourire tout chargé de mélancolie :

— Je vois bien que vous ne me comprenez pas ; mais je vais vous expliquer ce qui vous échappe dans ma pensée. — Oui, je suis heureuse de votre chagrin, Gaston, — c'est là un sentiment bien égoïste, n'est-il pas vrai ?... Mais il faut me le pardonner... — Je suis heureuse de votre chagrin, disais-je, parce qu'il me prouve que je me trompais en croyant n'être plus pour vous qu'une indifférente, une étrangère, presque une ennemie...

— Blanche, chère Blanche... — s'écria le marquis, — est-il bien vrai, est-il bien possible que vous ayez pu me juger ainsi !... — Une ennemie pour moi !... vous ?...

— Je le craignais, — continua la jeune femme, — car j'étais un obstacle entre vous et le bonheur que vous rêvez...— Heureusement, cet obstacle est fragile, et dans quelques heures, plutôt moins peut-être, il aura disparu...

— Au nom du ciel, — balbutia Gaston d'une voix sourde,— au nom du ciel, Blanche, chassez de telles pensées...— Vous êtes, grâce à Dieu, pleine de jeunesse et pleine de force... — Il vous reste à vivre de longues années...

La marquise secoua doucement la tête.

— Non... non... —répliqua-t-elle, — je me connais bien, et personne au monde ne pourrait me tromper sur mon état... — Avant la fin de la nuit qui commence, je n'existerai plus. — Oh ! ne m'interrompez point, mon ami, et ne cherchez pas à me faire prendre des illusions pour la réalité, car, je vous le jure, la mort n'a rien qui m'effraye, et je ne souhaite point voir ma vie se prolonger... — Je désirais une seule chose, votre présence, car j'ai bien des choses à vous dire, mais vous ne semblez guère en état de m'entendre, et cependant le temps nous presse, et, si je ne veux pas être interrompue brusquement par une main glacée se posant sur ma bouche, il faut que je me hâte...

La crise de douleur qui s'était emparée du marquis augmentait d'instant en instant...

Suffoqué par des remords tardifs, mais poignants, Gaston se tordait les mains, et sanglotait avec une violence presque convulsive...

Blanche garda le silence pendant deux ou trois secondes.

— Mon ami, — dit-elle ensuite, — mon ami, je vous en conjure, calmez-vous et écoutez-moi... — C'est l'unique prière que je vous adresse... C'est la dernière que je vous adresserai jamais... — Ne voulez-vous point faire tous vos efforts pour l'exaucer ?...

Gaston se sentit incapable de répondre, mais sa tête se pencha par un signe affirmatif...

En même temps il comprima de son mieux les

soulèvements de sa poitrine et ses sanglots se ralentirent.

— Donnez-moi votre main, — reprit la mourante, — je veux la tenir encore une fois dans les miennes, cette main qui m'appartenait jadis uniquement, et sur laquelle je me croyais si sûre de m'appuyer jusqu'à la mort.

Gaston obéit machinalement, et il frissonna en sentant sur sa chair le contact des doigts de la mourante.

Blanche reprit :

— N'allez pas croire, au moins, mon ami, que je songe à vous adresser d'inutiles reproches... — mais comptées, et l'instant suprême approchait avec une rapidité prodigieuse.

Elle ne se faisait aucune illusion à cet égard, car, aussitôt qu'elle eut repris haleine et triomphé, pour quelques secondes, de l'oppression qui l'étouffait, elle continua :

— Le passé, Gaston, notre passé, combien il fut beau !... — Lorsque les regards de mon âme se tournent en arrière, il me semble que je fais un rêve enchanté, ou que mes souvenirs me transportent dans une vision du paradis. — Vous vous dites aujourd'hui, je le sais, qu'une autre a votre premier amour, mais vous vous mentez à vous-même !...

N'avancez pas ! Depuis quand les meurtriers viennent-ils assister à l'agonie de leurs victimes. — Page 148.

Une telle pensée est bien loin de moi... — mes lèvres n'exprimeront point une amertume qui ne se trouve pas au fond de mon âme !... — J'oublie que le présent existe, et je ne veux vous parler que de deux choses, *notre* passé et *votre* avenir... le passé qui fut commun entre nous... — l'avenir qui n'est qu'à vous seul...

Blanche fit une pause.

Sa faiblesse était extrême ; — une oppression grandissante faisait haleter sa poitrine et rendait sa voix presque semblable à un râle...

Une sueur glacée venait à ses tempes et perlait, comme des gouttes de rosée, à la racine de ses cheveux blonds...

Les minutes de la jeune femme étaient désormais

Vous m'avez bien aimée, mon ami, — vous m'avez aimée de toute votre âme, et la tendresse que je vous inspirais, pour être chaste et légitime, n'en était pas moins ardente et profonde !... — Pendant bien des jours, bien des mois, bien des années, vous avez vécu pour moi seule, et vous m'avez donné une assez large part de bonheur pour remplir toute une existence... — Peu de femmes en ce monde, parmi les plus enviées, j'en ai la ferme conviction, ont été, dans une longue vie, heureuses autant que moi dans ma vie si courte... — Vous le voyez, Gaston, ce ne sont pas des reproches qu'il me faut vous adresser, c'est l'expression de ma gratitude que je dois vous faire entendre...

Blanche s'interrompit de nouveau.

Le marquis, dont les sanglots avaient cessé, mais dont les larmes coulaient toujours, l'écoutait avec une stupéfaction grandissante.

Les paroles qu'il entendait étaient à tel point dissemblables du langage auquel il pensait devoir s'attendre, que c'est à peine s'il pouvait ajouter foi au témoignage de ses sens...

Blanche trahie, abandonnée, tuée par lui, bien loin de le maudire, lui parlait de sa reconnaissance et le remerciait du bonheur passé!...

C'était à n'y pas croire!...

Et cependant l'angélique créature était de bonne foi...

A l'heure suprême elle oubliait les offenses et les douleurs, pour ne se rappeler que les saintes et pures joies du temps passé, et les jeunes amours dont Gaston, lui, se souvenait à peine...

Blanche poursuivit, d'une voix de plus en plus lente, et de plus en plus faible :

— Vous le voyez, mon ami, c'est en souriant que je regarde le passé, mais, hélas!... il n'en est pas de même de l'avenir... — L'avenir m'épouvante pour vous, Gaston, car j'ai la prescience, j'ai la certitude, qu'au lieu de vous donner le bonheur que vous attendez de lui, il vous apportera le malheur et la honte... — Je vais mourir, mon ami, — déjà mon âme flotte sur mes lèvres, et, — vous le savez sans doute, — l'âme devient étrangement lucide au moment de quitter sa terrestre demeure. — Gaston, laissez-moi vous sauver tandis qu'il en est temps encore... — Gaston, ne doutez pas de la parole d'une agonisante... — Croyez-moi quand je vous le dis, croyez-moi quand je vous le jure!... — La femme qui va prendre une place auprès de vous n'est pas digne de vous. — Elle a trahi sciemment et lâchement l'affection sans bornes de celle qui était à la fois pour elle une mère, une sœur, une amie... — elle trahira de même votre amour, qu'elle ne partage pas et qu'elle raille!... — elle fera de vous son jouet, sa dupe et sa victime... — elle vous apportera en dot le déshonneur, le désespoir et la mort... — Demain vous serez libre, Gaston, puisque demain je ne serai plus là... — ne dédaignez point ma voix expirante!... — Au nom du ciel, par pitié pour vous-même, fuyez, fuyez Laurence!...

Tandis que Blanche parlait ainsi, elle se soulevait peu à peu, malgré son épuisement presque absolu, et le marquis sentait sur sa main émue se crisper et se roidir les mains défaillantes de la jeune femme.

Il lui semblait que cette pression sollicitait de lui une promesse, un serment, et, comme il se savait incapable de tenir la parole donnée s'il prenait le téméraire engagement de s'éloigner de l'orpheline, il gardait un silence contraint et il n'osait attacher ses regards sur le visage pâle et sur les prunelles fixes de Blanche...

Cette situation eût un dénoûment brusque et terrible, mais qui ne pouvait passer pour imprévu...

La jeune femme, voyant que Gaston restait muet, ouvrit les lèvres pour articuler une dernière prière, pour murmurer un dernier conseil.

Mais la parole expira soudain dans sa gorge contractée...

Un long soupir, qui ne devait être suivi d'aucun autre, s'exhala de sa bouche...

Elle retomba en arrière; — son cœur cessa de battre; — le regard de ses grands yeux se voila...

Une ou deux minutes s'écoulèrent sans que le marquis soupçonnât la vérité sinistre...

Ce fut seulement lorsque la main de sa femme devint froide et dure comme un marbre, qu'il devina, qu'il comprit...

Dans le premier moment, un désordre complet régna dans son esprit... — l'effroi et la stupeur l'affolèrent en quelque sorte, et nous n'en voulons d'autre preuve que ce cri d'appel qu'il fit retentir à plusieurs reprises :

— Au secours!... au secours!... Blanche est morte!...

La porte de la pièce voisine s'ouvrit aussitôt, et la marquise douairière se montra, livide, hautaine, pareille à une apparition menaçante.

Elle alla droit au lit, sans regarder Gaston, et elle plaça successivement sa main sur le cœur et sur le poignet de Blanche.

Certaine alors que tout était fini, elle se pencha vers le cadavre et elle appuya longuement ses lèvres sur le front de la jeune morte, en murmurant :

— Dors en paix, pauvre chère enfant... dors en paix, douce victime, et puisse la tombe te donner ce repos et ce bonheur que des misérables t'ont volés si lâchement dans la vie...

Ayant ainsi parlé, la marquise se releva, et se tournant vers Gaston qui s'était laissé tomber à genoux et qui sanglotait, elle lui dit d'une voix sourde, mais dont les notes basses étaient irrésistiblement impérieuses :

— Assez de larmes menteuses!... assez d'hypocrites lamentations!... — L'assassin est deux fois lâche quand il gémit en se tordant les mains près du corps inanimé auquel il vient d'arracher la vie!... — Le crime est consommé!... — l'ange d'amour et de lumière que Dieu vous avait donné n'existe plus!... — Cessez d'insulter à son cadavre par votre présence!... — Vous n'avez rien à faire ici désormais, et votre digne complice vous attend! — Sortez de cette chambre et sortez de cette maison!... — Epoux infâme, fils indigne, je vous chasse et je vous maudis!...

. . . .

La marquise douairière ne survécut que de quelques semaines à la pauvre Blanche...

Elle fut implacable et inébranlable jusqu'au bout, — elle ne pardonna point à Gaston; — elle refusa de suivre les conseils de son directeur spirituel, qui la suppliait, qui lui enjoignait presque de rappeler son fils auprès d'elle au dernier moment...

Elle mourut dans une solitude profonde, dans un isolement complet, et ce fut le lendemain seulement que Gaston, qui ne venait plus à Auteuil, apprit qu'il avait perdu sa mère...

La marquise douairière n'ayant fait aucune disposition testamentaire, son fils unique se trouva naturellement héritier de toute la fortune...

Ceci causa une joie sans bornes à Laurence, qui tremblait que la vieille dame n'eût privé le marquis de la part d'enfant dont la loi lui permettait de disposer, c'est-à-dire de la moitié de son bien.

Trois mois après la mort de Blanche, le mariage de Laurence et de Gaston fut célébré, presque sans témoins, dans l'église de la Madeleine.

L'orpheline atteignait la réalisation de son rêve.

Elle était marquise Castella et elle avait cent mille livres de rente...

DEUXIÈME PARTIE.

UN PROTÉE PARISIEN.

I. — MADAME VEUVE DAMIRAN.

Six ans environ après les faits qui terminent la première partie de ce livre, par une belle soirée du mois d'août, un petit coupé, attelé d'un cheval anglais plein de distinction, s'arrêta devant l'un des hôtels garnis les plus aristocratiques de la rue de la Madeleine.

Les hôtels, ou plutôt les importantes maisons meublées de la rue dont nous venons d'écrire le nom, possèdent, ou plutôt possédaient, personne ne l'ignore, une considérable clientèle de riches familles provinciales, d'Anglais gonflés de bancknotés et d'Américains millionnaires.

L'*Hôtel du Louvre*, et surtout le *Grand Hôtel* du boulevard des Capucines, ce Léviathan de la moderne hospitalité parisienne, hospitalité fort peu écossaise, ont porté peut-être un coup funeste aux établissements dont nous venons de parler; mais, à l'époque où nous transportons nos lecteurs, ces établissements jouissaient encore d'une vogue suffisamment méritée par leur bonne tenue et le comfort parfait de leurs dispositions intérieures.

Revenons au petit coupé de maître que nous avons laissé faisant halte devant l'*hôtel Wilson*.

Un jeune homme de bonne mine, d'une charmante figure, d'une parfaite élégance, et portant un ruban multicolore à la boutonnière de sa redingote, descendit de ce coupé, franchit la voûte de la porte cochère et pénétra dans le *bureau*; — tel est le nom que l'on donne au petit salon où se tiennent habituellement le propriétaire ou l'administrateur de toute maison garnie.

Une femme d'un certain âge, qui avait été jolie, qui, sans aucun doute, croyait l'être encore, et qui prenait un extrême plaisir à rehausser par une toilette plus voyante qu'il n'aurait fallu ses appas volumineux et un peu mûrs, se trouvait seule dans ce bureau, étendue au fond d'une vaste causeuse et feuilletant d'une façon distraite un journal des modes, illustré de gravures coloriées.

Cette femme, ou plutôt cette *dame*, n'était rien moins que la directrice de l'hôtel Wilson.

Elle se nommait madame Damiran.

Elle était veuve d'un galant homme, de son vivant chef de bureau au ministère des finances, et auquel elle avait, hélas!... causé de bien grands soucis...

Feu Sosthènes Damiran ne passait généralement pas un seul jour sans égayer ses collègues et ses employés par le triste récit des infortunes conjugales qu'il avait à subir, si bien que son nom, au ministère, était devenu synonyme de celui de *Georges Dandin*.

Ceci, d'ailleurs, n'empêcha point sa veuve, la toujours belle Ellénore, de le regretter très-sincèrement quand il passa de vie à trépas...

Il y a des femmes qui sont ainsi... — il y en a même beaucoup.

A l'expiration de son deuil, madame Damiran, à qui sa fortune plus que modeste ne permettait point de satisfaire ses goûts de coquetterie, résolut de se livrer à une industrie quelconque...

Mais il lui fallait une industrie tout à la fois lucrative et compatible avec ses habitudes et ses prétentions de jolie femme...

Elle chercha longtemps, sans trouver rien qui lui parût convenable, ou seulement acceptable.

Enfin l'idée lui vint de se mettre à la tête d'une maison meublée bien tenue, dans un beau quartier.

Bon nombre d'étoiles de la galanterie parisienne, lorsqu'elles cessent de briller d'un éclat irrésistible, parmi les constellations chères à Vénus, prennent leur retraite dans des positions de ce genre...

Madame Damiran se mit en quête et ne tarda guère à découvrir l'*hôtel Wilson*, dont les directeurs voulaient céder la propriété, après avoir réalisé une honorable et rapide fortune.

L'hôtel Wilson lui convenait à ravir...

Volontiers elle aurait traité sur-le-champ, pour entrer en jouissance dès le lendemain...

Une difficulté l'arrêta;— une seule, mais de premier ordre...

Pour devenir dame et maîtresse de la maison meublée, il fallait tout d'abord payer une somme considérable, et conserver néanmoins par devers soi des capitaux importants, indispensables comme fonds de roulement...

Or, la petite fortune de madame Damiran ne représentait pas le quart du chiffre nécessaire.

Comment s'y prendre pour tourner l'obstacle?... Madame Damiran eut une seconde idée.

Tant que son mari avait vécu, la belle Ellénore, quoique se trouvant à peu de chose près dans la situation des *lionnes pauvres* mises en scène par Emile Augier, avait fait preuve d'une délicatesse singulière, à laquelle il nous faut bien rendre hommage, et qui ne s'était jamais démentie.

Non-seulement elle n'avait rien sollicité, mais encore, en aucun cas, elle n'avait rien voulu recevoir de ses adorateurs les plus favorisés...

Elle faisait une question de dignité féminine et d'amour-propre bien entendu à n'accepter pas même le plus humble bijou...

— Des fleurs et des bonbons, tant que vous voudrez, — disait-elle, — mais pas autre chose...

Naturellement cette conduite, beaucoup plus rare à Paris que ne le croient les bonnes gens, lui avait valu l'estime de ses adorateurs, qui restaient tous ses amis, lorsque leur règne était passé.

Or, voici en quoi consiste la seconde idée de madame Damiran:

La jeune veuve résolut d'aller trouver tous ceux qu'elle avait rendus heureux, — Dieu sait que le nombre en était grand!... — de les mettre au fait de sa situation actuelle, et de leur demander de lui venir en aide à titre de commanditaires...

Les anciens amis de madame Damiran étaient généralement des gens du monde, et presque tous des gens riches.

Ils accueillirent avec une extrême bienveillance la demande d'Elénore, et chacun d'eux s'inscrivit sur la liste des commanditaires, selon la mesure de ses moyens...

Lorsque la veuve eut achevé de parcourir le cercle de ses souvenirs amoureux, elle se trouva non-seulement en mesure d'opérer son acquisition, mais encore à la tête d'un capital bien supérieur à celui dont elle avait réellement besoin.

Les choses furent faites, d'ailleurs, dans toutes les règles.

Un acte notarié détermina la situation de madame Damiran vis-à-vis de ses bailleurs de fonds; — l'hôtel Wilson, dirigé avec intelligence, prospéra comme par le passé, et les commanditaires touchèrent avec une régularité parfaite l'intérêt de leur argent.

Le jeune homme très-distingué et considérablement décoré que nous venons de voir descendre de sa voiture à la porte de la maison meublée, était l'un des anciens favoris de la veuve...

Nous avons présenté ce jeune homme à nos lecteurs, au début de ce récit, dans un fauteuil d'orchestre du théâtre des Variétés, et dans la loge de Laurence Castella, au même théâtre.

Il se nommait le comte Raoul de Crédencé.

En entendant ouvrir la porte vitrée du bureau, madame Damiran laissa tomber sur ses genoux le journal de Modes, et leva les yeux nonchalamment..

Mais, à peine eut-elle regardé le nouveau venu, qu'elle le reconnut... Une joie vive se peignit sur son visage...

Ses yeux et ses lèvres s'illuminèrent...

Elle poussa un petit cri de surprise et d'allégresse, et, s'élançant de son siége, ou plutôt bondissant comme une balle élastique, malgré l'ampleur de sa personne rebondie, elle parut avoir toutes les peines du monde à ne point jeter ses bras avec une tendre effusion autour du cou de son visiteur...

Elle parvint cependant à se contenir, et, au lieu de se livrer à une accolade intempestive, elle se contenta de tendre la main à M. de Crédencé, en lui disant d'une voix tremblante d'émotion:

— Ah! cher monsieur le comte, que c'est bien à vous de vous être souvenu de moi, et que je suis heureuse de vous voir!...

Rien au monde n'était plus sincère que cette réception ultra-affectueuse, et madame Damiran éprouvait très-réellement une satisfaction profonde...

Est-ce à dire que M. de Crédencé eût été jadis de sa part l'objet d'une adoration exclusive?

Mon Dieu, non...

Elle avait aimé le comte, ni plus ni moins que ses prédécesseurs et ses successeurs...

Elle recevait chacun de ses anciens amis avec une sympathie non moins vive que celle que nous venons de lui voir témoigner à M. de Crédencé...

Tous les amoureux du temps passé étaient égaux devant le cœur de cette digne personne...

Le visiteur répondit par une pression amicale au serrement de main fiévreux de madame Damiran.

— Toujours charmante, Ellénore!... — dit-il.

— Vrai? fit la veuve en minaudant.

— Parole d'honneur!... — Plus charmante que jamais!...

— Ah! cher monsieur le comte, vous êtes d'une galanterie!...

— Je suis sincère, Ellénore, et non point galant... Et vous le savez bien, coquette!... — Votre miroir vous dit chaque jour qu'il faudrait être aveugle pour ne point vous trouver adorable...

La veuve, à demi pâmée d'aise et de vanité, se laissa retomber sur la causeuse qu'elle venait de quitter au moment de l'entrée du comte...

— Ma chère Ellénore, — demanda ce dernier en s'asseyant, — comment vont les affaires?...

— Le mieux du monde...

— Ainsi, vous êtes contente?...

— Il faudrait que je sois bien difficile et bien ingrate si je ne l'étais point...

— Vous aurez quelque jour cent mille livres de rente!...

— Oh!... cher comte, je n'ai point de ces ambitions folles... — Cent mille livres de rente! grand Dieu, qu'en ferais-je?... — Je me contenterai de vingt mille, et à moins de catastrophes imprévues, e les aurai certainement avant une dizaine d'années d'ici...

— Voyez pourtant, ma chère Ellénore, combien il est heureux pour vous que cet excellent Damiran ait eu l'idée de vous laisser veuve à la fleur de votre âge!...

— Ah! le fait est que le digne homme s'en est allé bien à propos... — répondit naïvement la forte femme; — mais il n'y a pas lieu de s'en étonner, car il s'était, en toute occasion, montré parfait pour moi... — Il m'aimait beaucoup, ce pauvre Damiran, et il ne négligeait aucune occasion de m'en donner la preuve...

— La dernière surtout était précieuse... — fit le comte en souriant.

— Mais c'est assez parler de moi... — reprit la veuve en attachant sur son interlocuteur un regard plein d'une tendresse rétrospective, — parlons de vous, cher comte... — Il y a des siècles qu'on ne vous a vu... — Est-ce que vous aviez quitté Paris?

— Oui...

— Où donc étiez-vous?

— Je voyageais...

II. — L'ARRIVÉE.

— Et, — continua madame Damiran, — vos voyages ont été de longue durée?...

— Il y a plus d'un an que je suis hors de France...

— Un an!... grand Dieu!... l'éternité!... — Et depuis quand êtes-vous revenu, mon cher comte?...

— Depuis huit jours à peine...

— Et vous avez pensé si vite à venir dire un petit bonjour à votre ancienne amie, à votre Ellénore, toujours si fidèlement dévouée! — Ah! mon beau Raoul, — c'est ainsi que je vous appelais jadis, vous en souvenez-vous?... — que c'est bien cela!... que c'est gracieux!... que c'est aimable!... — Vous me voyez toute prête à en sangloter d'attendrissement!

En disant ce qui précède, la veuve tirait de sa poche un mouchoir de fine batiste, garni de hautes dentelles et parfumé à outrance, et elle l'approchait de ses yeux avec conviction.

Un sourire quelque peu railleur se dessina sur les lèvres de M. de Crédencé.

— Ma belle amie, — dit-il, — calmez-vous... — Cette émotion est intempestive, il faut bien que je l'avoue...

— Intempestive, dites-vous?...

— Mon Dieu, oui....

— Pourquoi donc?...

— Parce que, si vif que soit toujours mon empressement à me rapprocher de vous, ce n'est pas uniquement le désir de passer en votre compagnie quelques instants bien doux qui m'amène aujourd'hui...

— Je comprends, cher comte... — répliqua la veuve, dont l'amour-propre, nous devons le dire, ne songea point à se cabrer, — votre visite a quelque motif que j'ignore...

— Et que vous allez connaître sans plus de retard...

— De quoi s'agit-il?...

— D'un appartement que je viens retenir dans votre maison...

— A merveille...

— Vous avez de la place?...

— Pour vous et pour vos amis, toujours... — même s'il n'y en avait pas...

— Comment l'entendez-vous?...

— De la façon du monde la plus simple... — Dans le cas où la maison tout entière se trouverait occupée, de la cave au grenier, je ne vous en dirais pas moins : *Choisissez!*... et je renverrais au plus vite les locataires de l'appartement choisi par vous...

— Voilà certes un procédé dont je vous saurais un gré infini, ma chère Ellénore; mais permettez-moi d'espérer qu'en ce moment vous ne serez point forcée d'avoir recours à de si rigoureuses extrémités...

— Je ne le crois pas non plus, à moins toutefois que vous n'ayez besoin de beaucoup de place...

— Il m'en faut très-peu...

— Ce n'est donc pas d'un grand appartement qu'il s'agit?...

— Non, c'est d'un appartement de dimensions tout à fait moyennes...

— Enfin, que vous faut-il?...

— Un salon, — une salle à manger, — une chambre à coucher, — un cabinet de toilette...

— J'ai justement cela au second étage, et délicieusement meublé!... Ce bijou d'appartement est libre depuis deux jours...

— C'est parfait!...

— Désirez-vous le voir?...

— A quoi bon, puisque vous m'affirmez que c'est bien?...

— C'est mieux que bien... — c'est charmant, et vous savez que je m'y connais...

— Vous avez eu toujours un goût exquis!...

— Ainsi!... cher comte, vous retenez l'appartement?...

— Oui, certes...

— Dès demain il sera à votre disposition... — cela *est-il assez tôt?*...

— Sans aucun doute...

— Quand doit arriver monsieur votre ami?...

L'interlocuteur d'Ellénore se mit à rire.

— Mon ami, — répondit-il, — est une dame...

La veuve se mordit légèrement les lèvres, puis elle prit le parti de sourire à son tour.

— J'aurais dû m'en douter... — fit-elle enfin, et je vois bien que je ne suis qu'une sotte... — Le comte de Crédencé, aujourd'hui comme toujours, ne se dérange que pour les femmes...

— Vous pourriez même ajouter : *et seulement pour les femmes jeunes et charmantes*... Vous en savez quelque chose, ma belle Ellénore...

Ce compliment rendit au visage de la veuve l'expression joyeuse qu'il avait momentanément perdu.

— Ainsi, — reprit-elle, — cette dame est jeune et jolie?...

— Oui... — jeune et belle autant qu'on puisse l'être...

— Et, vous en êtes bien amoureux?...

— Ah! par exemple... — répliqua le comte en riant, — ce que vous me demandez là rentre dans les mystères de ma vie privée, et voilà une question bien indiscrète...

— D'autant plus indiscrète qu'elle était inutile! — fit Ellénore avec un soupir; vos amours sont des feux de paille,... — la flamme en est brillante et brûlante, mais elle ne dure pas longtemps... — J'en sais quelque chose, mon cher comte... — mais tout ceci ne me regarde pas... Quand arrivera cette dame?

— Dans deux jours...

— Seule, ou accompagnée par vous?...

— Je serai avec elle et je présiderai moi-même à son installation...

— Amènera-t-elle des domestiques?

— Non, et je vous saurai gré de vouloir bien lui donner une femme de chambre de votre main, et de qui vous croirez pouvoir répondre.

— Je m'en charge et vous pouvez compter sur moi... — Vous savez, mon cher comte, que je serai dans la nécessité la plus absolue d'inscrire sur le registre de l'hôtel le nom de cette personne; — la police a des exigences impérieuses auxquelles on ne se peut soustraire...

— Rien de plus simple, et vous pouvez prendre note de ce nom dès à présent, afin de n'avoir point à vous en occuper plus tard.

La veuve saisit un crayon et une feuille de papier.

— Je vais écrire sur votre dictée, — dit-elle.

— Votre future locataire s'appelle la marquise Castella... — continua le comte.

— Peste!... — murmura madame Damiran, — une femme titrée!...

— Fort grande dame, je vous assure, — ajouta M. Crédencé, — et très-riche avec cela, ce qui ne gâte rien...

— Jeune, belle, riche et marquise!... — Ah! il y a des femmes qui sont bien heureuses!... — il ne manquerait qu'une chose à celle-là pour avoir un bonheur complet!...

— Et, selon vous, quelle est cette chose, ma belle Ellénore?

— C'est d'être veuve...

— Dans ce cas, rien ne manque à madame Castella.

— Elle est veuve!... — s'écria la forte femme.

— Parfaitement.

— Et, quand le mari est-il mort?

— Il y a tout au plus quelques semaines.

— Comme ça, c'est tout frais?

— Mon Dieu, oui.

— Et, ce mari, l'adorait-elle?

Le comte eut un éclat de rire impossible à réprimer.

— Vous me demandez si elle l'adorait... — répliqua-t-il au bout d'un instant d'hilarité joyeuse, — franchement, ma chère Ellénore, il doit m'être permis d'en douter.

— Ah!... parce que... — fit vivement la veuve; mais elle interrompit la phrase commencée.

— Oui, précisément, PARCE QUE, comme vous le dites fort bien... — ajouta M. de Crédencé en riant de plus belle... — la raison me paraît valable...

— Eh bien, c'est ce qui vous trompe.

— Ah! bah!...

— Mon Dieu, oui... — Moi qui vous parle, mon cher comte, j'aimais très-sincèrement ce pauvre Damiran (que Dieu veuille avoir sa chère âme)!... je l'aimais beaucoup plus que vous ne pouvez vous le figurer, et, la preuve, c'est que je me suis rougi les yeux pendant au moins huit jours à pleurer toutes les larmes de mon corps, quand la mort est venue me le prendre, et cependant vous savez bien que ça ne m'a pas empêchée de...

— Oui... oui... je sais, — interrompit M. de Crédencé vivement. — Que voulez-vous, ma chère, le cœur des filles d'Eve est un abîme!... — J'ajouterai que le marquis Castella, moins heureux que feu Damiran, n'a été ni tendrement chéri par sa femme, ni vertueusement pleuré par sa veuve.

Ceci termina l'entretien, et le comte prit congé de la ci-devant belle Ellénore, qu'il laissa très-curieuse de voir cette marquise dont M. de Crédencé, sans aucun doute, était passionnément épris.

Le surlendemain, vers neuf heures du soir, le coupé du comte, au lieu de s'arrêter en face de la porte cochère, entra dans la cour de l'hôtel Wilson.

Il était suivi de deux grands fiacres dont une foule de cartons et de valises encombraient les banquettes, et dont une douzaine de malles surchargeaient les impériales.

Le comte descendit du coupé.

Il tendit la main à une jeune femme portant un costume de voyage entièrement et rigoureusement noir.

Un voile de dentelle de laine, très épais, couvrait le visage de cette jeune femme et cachait ses traits, au grand chagrin et surtout au très-vif désappointement d'Ellénore, forcée de remettre à un autre jour pour satisfaire sa curiosité.

Tandis que M. de Crédencé conduisait à son appartement Laurence, — car c'était bien elle, — madame Damiran adressait aux cochers de fiacre les questions suivantes:

— D'où venez-vous?... où avez-vous chargé ces colis?

Ils répondirent:

— Au chemin de fer du Nord.

— Et, cette dame, est-ce qu'elle est arrivée en même temps que les bagages?

— Oui, ma bourgeoise; seulement le jeune monsieur qui a son coupé l'attendait, et il l'a fait monter tout de suite en voiture avec lui, tandis que les commissionnaires nous apportaient les malles et tout le tremblement.

— Elle vient des pays étrangers... — se dit alors madame Damiran, — et elle est en deuil pour de bon... — Est-ce que ce serait, par hasard, une vraie veuve et une vraie marquise?

Laissons Ellénore se poser des questions de ce genre, et montons au second étage dans le petit appartement dont Laurence venait de franchir le seuil au bras de M. de Crédencé.

Madame Damiran, bourgeoise jusqu'au bout des ongles et veuve d'un chef de bureau au ministère des finances, n'avait aucune idée sérieuse de ce que peuvent et doivent être les véritables élégances de l'ameublement.

Elle avait parlé selon sa conscience et d'après sa conviction en disant au comte:

— C'est un bijou d'appartement!... — c'est mieux que bien!... c'est charmant, et vous savez que je m'y connais...

La bonne dame ne mentait point.

C'était charmant, en effet; mais c'était surtout vulgaire... — Nos lecteurs vont en juger.

Il n'est personne qui, pour un motif ou pour un autre, n'ait parcouru le logis d'un homme d'affaires enrichi, d'un banquier ennemi juré des beaux-arts, ou d'un prosaïque agent de change.

Ces sortes de logis se ressemblent tous.

Ils portent l'estampille indélébile de la main du tapissier à qui l'on a donné carte blanche.

Ils sont corrects, — ils sont symétriquement décorés, — ils sont meublés richement.

Des filets d'or courent au plafond et rehaussent les moulures des boiseries.

De larges glaces s'étalent dans des cadres luxueux.

Le palissandre et l'acajou ronceux y brillent dans toutes les formes...

Les rideaux, les portières sont en damas de soie ou en lampas de qualité supérieure.

La même étoffe recouvre les siéges.

Le tapis est en moquette à trente francs le mètre.

La garniture de cheminée offre du vrai marbre, du bronze réel et de solides et consciencieuses dorures.

Rien n'est de pacotille; — la moindre chose a coûté très-cher; — en un mot, comme disent les bourgeois, tout est *cossu*.

D'accord; mais dans les appartements dont nous venons de décrire le type uniforme, vous chercheriez en vain un tableau curieux, un groupe vieux Saxe, une faïence de Rouen, de Faenza, ou de Delft, quelque cornet de Chine aux brillants émaux, quelque potiche ventrue du Japon, étalant ses dragons bleus et ses fleurs d'or et de pourpre.

Vous chercheriez en vain tout ce qui est la vie, la grâce et le charme d'un logis...

Ce qui n'empêche pas, on doit le comprendre, la fierté bien légitime d'une maîtresse de maison meublée, pouvant offrir à ses hôtes des appartements comparables à ceux que nous venons de photographier en quelques lignes.

Or, tel était le cas d'Ellénore, veuve Damiran.

Le comte de Crédencé et Laurence Castella venaient d'entrer dans un véritable *nid* de banquier ou d'agent de change.

La jeune marquise prit dans son porte-monnaie un petit papier, et le tendit au comte, en lui disant:

— Mon cher Raoul, voici la liste de mes colis... veillez, je vous prie, à ce qu'ils soient tous déposés dans l'antichambre.

— Vous pouvez vous en reposer absolument sur moi, — répondit M. de Crédencé en se dirigeant vers l'antichambre.

La marquise passa dans la chambre à coucher, et le comte attendit les bagages qu'il fit disposer en bon ordre, le long des murs de la première pièce.

Cette opération prit un quart d'heure.

Au bout de ce temps, M. de Crédencé se disposait à rejoindre la marquise, lorsque le maître d'hôtel de madame Damiran se présenta d'un air respectueux:

— Madame dînera-t-elle?... — demanda-t-il au comte.

— Oui, — répondit ce dernier.

— A quelle heure faudra-t-il servir madame?

— Aussitôt que vous serez prêt.

— Madame dînera seule?

— Non... — vous mettrez deux couverts.

— Il suffit, monsieur le comte... — d'ici une demi-heure le dîner de madame sera servi sur table.

— C'est bien.

M. de Crédencé prit alors à son tour le chemin de la chambre à coucher.

III. — LAURENCE.

Laurence, assise, ou plutôt à demi couchée sur un divan, s'était débarrassée de son pardessus de voyage.

Elle avait ôté son chapeau de crêpe noir et l'épais voile de dentelles qui cachaient son visage.

La jeune femme était très-pâle, mais toujours splendidement belle, sous l'épaisse couronne de ses longs cheveux sombres, — plus belle encore, peut-être, qu'à l'époque où, plusieurs années auparavant, elle s'emparait par ses coquetteries infernales du cœur de Gaston Castella, et faisait mourir Blanche de chagrin.

Elle ne semblait point avoir vieilli d'un jour, et cependant il y avait dans sa beauté quelque chose de plus accompli, de plus voluptueux... — ce je ne sais quoi qui se devine, qui se comprend, mais qui ne peut se définir. Le divin sculpteur avait mis la dernière touche à la statue de la déesse Vénus!...

Laurence semblait en ce moment dominée par une profonde mélancolie qui ressemblait beaucoup à de la tristesse.

Un pli léger se creusait sur son front de marbre, entre ses deux sourcils. Une teinte de bistre estompait le contour si pur de ses paupières inférieures.

Ce fut avec une distraction manifeste qu'elle tendit au comte sa main mignonne et encore gantée, qu'il sollicitait par un geste d'une tendresse caressante.

En même temps elle essaya de lui sourire, mais ses lèvres obéirent à peine à l'effort de sa volonté,

— Est-ce que vous regrettez votre mari?... — continua M. de Crédencé.

Laurence haussa les épaules de nouveau et fit entendre un éclat de rire sinistre.

— Mais enfin, voyons, — poursuivit le comte, — vous avez certainement quelque chose... — Qu'avez-vous?...

— Mon Dieu, ces hommes sont étranges!... — murmura la jeune femme, — ils ne devinent rien! — Je suis horriblement fatiguée... voilà ce que j'ai...

— Et rien autre chose?...

— Je vous l'affirme.

En entendant ouvrir la porte du bureau madame Damirau laissa tomber le *Journal des Modes*. — Page 156.

et presque aussitôt son visage reprit son expression distraite, préoccupée, et se figea pour ainsi dire dans une immobilité sculpturale.

— En vérité, Laurence, — murmura le comte après un instant de silence, vous m'inquiétez, vous m'effrayez presque...

— Je vous inquiète... je vous effraye... — répéta la jeune femme d'un air étonné, en tournant à demi la tête.

— Oui.

— Pourquoi?

— Cette tristesse visible a certainement une cause... — Est-ce que vous ne m'aimez plus?

La marquise haussa les épaules, pour toute réponse.

Le comte fit un geste de doute.

— Ne me croyez-vous pas?... — demanda Laurence à qui ce geste n'avait point échappé...

— J'ai l'impertinence de vous avouer que je suis absolument incrédule... La fatigue, dites-vous?... allons donc!... — Je vous connais trop, ma chère Laurence, pour n'être pas absolument convaincu que vous voulez me cacher un secret... — La fatigue physique n'a sur vous aucune prise... Ne vous ai-je pas vue faire quinze lieues à cheval et au galop dans des chemins difficiles, vous habiller ensuite, passer la nuit au bal, danser jusqu'au point du jour, dormir deux ou trois heures à peine, et reparaître ensuite plus fraîche qu'une rose de mai?

— Vous avez des nerfs d'acier, ma belle marquise,

sous un épiderme de satin, et la fatigue glisse sur vous comme les gouttes de rosée sur le feuillage...

— C'est possible, après tout... — qu'en prétendez-vous conclure, je vous prie?...

— Qu'il y a entre nous un mystère...

— Eh bien, quand cela serait?...

— Cela est, ne le niez pas... — Oh!... je sais à merveille que vous avez le droit de garder vos secrets pour vous seule, mais cependant il existe entre nous des liens tellement étroits...

— Liens d'amour, n'est-ce pas?... — interrompit Laurence avec une ironie à peine dissimulée.

— A quoi bon vous confier des chagrins qu'il vous est impossible de soulager?...

— Il n'existe pas, en ce bas monde, de chagrins auxquels on ne puisse trouver un remède... — dites-moi les vôtres...

— Vous le voulez?...

— Je vous en prie...

— Eh bien...

Laurence allait parler, mais la confidence prête à s'échapper de ses lèvres fut interrompue par l'arrivée d'un valet en habit noir, en cravate blanche, portant une serviette sur le bras, et venant annoncer que madame la marquise était servie.

Le bruit courut qu'il avait été, non point tué en duel, mais assassiné. — Page 164.

— Et de sang... — ajouta le comte d'une voix grave.

La pâleur de Laurence était grande.

Cependant son visage sembla pâlir encore, tandis que M. de Crédencé prononçait les mots sinistres que nous venons de reproduire.

— Eh bien après?... — répliqua-t-elle d'un ton presque provocant; je ne sache pas que le sang versé doive me mettre dans votre dépendance...

— Non certes, mais il doit vous prouver qu'en toutes choses vous pouvez compter aveuglément sur moi, sur mon dévouement qui ne vous fera jamais défaut... — Ayez donc confiance, et, puisque vous êtes triste, ne refusez pas de me laisser prendre ma part de votre tristesse...

M. de Crédencé offrit son bras à Laurence, et tous deux passèrent dans la salle à manger où le repas le plus comfortable les attendait.

Le cuisinier de l'hôtel Wilson, sachant qu'il avait à traiter des gens de qualité, — une marquise et un comte!... — s'était piqué d'honneur et, se surpassant lui-même, il venait d'éditer un menu digne des connaisseurs les plus distingués et des gourmets les plus difficiles.

Laurence, — nos lecteurs le savent, — semblait avoir été créée et mise au monde tout exprès pour devenir la prêtresse enthousiaste des sept péchés capitaux...

C'est assez dire qu'elle était gourmande.

Le comte de Crédencé ne l'était pas moins.

Ils firent longuement honneur, l'un et l'autre, aux mets exquis servis devant eux, et aux vieux vins de Bordeaux et de Bourgogne destinés à arroser ces mets.

Laurence, pendant le repas, parut oublier d'une façon complète les préoccupations qui la dominaient.

Le comte, de son côté, ne sembla plus se souvenir de son désir ardent de partager les succès et les chagrins de sa maîtresse.

Le moment, d'ailleurs, était inopportun pour des épanchements, et la présence à peu près continuelle du valet chargé de faire le service rendait toute confidence impossible...

Le dîner s'acheva.

Laurence se plut à savourer, comme une vraie fille de Constantinople, le café brûlant dans une tasse transparente.

Elle accepta même un petit verre de liqueur des îles, et le vida bravement jusqu'à la dernière goutte.

L'expression de son visage n'était plus le même. Le pli du front avait disparu ; — les teintes bistrées des paupières s'effaçaient...

Le comte la ramena dans la chambre à coucher, où elle se laissa tomber sur le divan ; — il prit place en face d'elle et il lui dit :

— Maintenant, causons...

IV. — CAUSERIE INTIME.

— Causons, puisque vous le voulez, mon cher Raoul, — répondit Laurence. — Un peu plus tôt ou un peu plus tard, il me faudra toujours satisfaire votre curiosité, je le vois... — autant vaut donc que ce soit tout de suite...

— Ah ! je vous en prie, ma belle Laurence, — interrompit le comte, — ne donnez pas ce nom frivole de curiosité à l'intérêt si sérieux, si profond, si naturel, que je porte à tout ce qui vous concerne...

— Nous lui donnerons le nom qui vous conviendra... — Ceci n'est qu'un détail... — Bref, vous tenez à connaître la cause de ma tristesse ?...

— J'en ai le plus ardent désir... — surtout s'il est en mon pouvoir d'apporter remède au mal, ainsi que je vous le disais avant de nous mettre à table...

Laurence secoua la tête.

— Ah !... — répliqua-t-elle, — ni vous, ni personne, vous ne pouvez remédier au coup qui me frappe...

— Qui sait ?...

— Je n'en suis, hélas ! que trop sûre !...

— Eh ! mon Dieu, dites toujours, — nous verrons bien ensuite... — Je suis, moi qui vous parle, un homme de ressources, beaucoup plus que vous ne le croyez peut-être...

— Permettez-moi de vous contester le don de faire des miracles..

— Qui sait ?... — répéta le comte en riant, — vous ne connaissez pas ma puissance !...

— Enfin, — reprit la marquise, — vous êtes mon ami...

— Et même un peu plus que cela... — murmura M. de Crédencé en prenant la main de Laurence.

— A ce titre, — continua la jeune femme, — vous compatissez à mes chagrins...

— Vous savez bien que je les partagerai de tout mon cœur...

— La compassion et la sympathie d'un ami ne guérissent rien, mais elles soulagent !... — Voici les faits...

— Je vous écoute avec une indicible attention...

— Je ne vous étonnerai pas beaucoup sans doute en vous apprenant que mon mariage avec le marquis Castella ne fut point un mariage d'amour...

— Vous ne m'étonnerez en aucune façon, et je m'en étais toujours douté, quoiqu'à vrai dire ce pauvre marquis fût un agréable cavalier, un fort galant homme, très-suffisant pour un mari...

— Je ne m'attendais guère, je l'avoue, à entendre son éloge dans votre bouche...

— Eh !... mon Dieu... pourquoi ne lui rendrais-je point justice... surtout maintenant ?... — il a eu beaucoup à se plaindre de moi, c'est vrai, mais je vous assure que je ne lui en veux pas le moins du monde...

— Cette délicatesse de sentiments vous fait honneur !... — murmura Laurence avec une ironie manifeste ; — qui sait ?... — peut-être même allez-vous jusqu'à regretter le marquis ?...

— Ah ! par exemple, non, ma chère, et cela par l'excellente raison que, s'il était vivant encore, je ne serais plus de ce monde à l'heure qu'il est...

Laurence trouva sans doute la raison concluante, car elle n'insista pas... Au bout d'une seconde, elle reprit :

— Lorsque j'épousai M. Castella, je n'étais encore qu'une enfant et lui avait été marié déjà...

— Sa première femme était-elle jolie ?... — interrompit le comte.

— C'est à peine si je l'ai connue, mais on la disait charmante... — Elle n'existait plus depuis un an quand le marquis me fut présenté.

— A première vue, il s'éprit de vous ?...

— Passionnément. — Il me plaisait si peu que j'hésitai beaucoup avant d'agréer l'offre de sa main... — Mais il déclara qu'il mourrait de désespoir si je répondais à son amour par un refus définitif...

— Alors, comme vous aviez un excellent cœur, vous prîtes le parti de vous sacrifier pour ne point pousser votre adorateur à des extrémités si terribles ?...

— Il y eut un peu de cela, sans doute, mais mon véritable motif fut moins héroïque et moins désintéressé que celui-là...

— Je crois que je devine...

— Il n'est pas bien difficile, en effet, de deviner

juste... — je fus séduite par le double appât d'un beau nom et d'une grande fortune.

— Aucune fille d'Ève n'aurait résisté...

— Aucune, du moins dans ma position... — J'appartenais à une famille parfaitement honorable, mais qui ne s'élevait point au-dessus de la haute bourgeoisie. — Mon père était président de chambre à la cour royale... — quant à ma fortune elle était modeste... — je possédais en tout et pour tout deux cent mille francs... — Vous voyez que, logiquement, je ne pouvais aspirer bien haut...

— Je ne vois pas cela le moins du monde...

— Comment?... sans naissance et sans fortune, comme je l'étais !...

— Qu'importait cela?... — n'aviez-vous pas votre rayonnante beauté qui vous faisait reine et qui vous permettait, je dirai plus, qui vous ordonnait de prétendre à tout?...

— Peut-être, mais enfin je me contentai d'un titre de marquise et de cent mille livres de rente.

— Pour une autre, c'eût été beaucoup... — pour vous, c'était peu...

— Flatteur!... — Bref, je devins marquise Castella... — Mon mari m'avait offert de me reconnaître dans notre contrat de mariage un apport dotal considérable...

— C'était la chose du monde la plus naturelle, la plus légitime et la plus juste...

— Je le trouve comme vous aujourd'hui, mais, alors, je vous le répète, je n'étais qu'une enfant, et j'eus le ridicule amour-propre, la vanité sotte, tranchons le mot, la folie, de m'opposer formellement aux libéralités du marquis...

— Dans de telles circonstances, ma belle Laurence, permettez-moi de vous le dire, on se marie sous le régime de la communauté, ce qui sauvegarde les intérêts de la femme sans blesser son amour-propre, puisque la question d'argent se trouve écartée...

— Vous avez cent fois raison, mais je n'entendais rien aux affaires et personne ne s'en occupait pour moi... — J'étais orpheline, et mon tuteur songeait à toute autre chose qu'à soutenir mes intérêts... — En résumé, il fut dit au contrat que j'apportais la somme de deux cent mille francs, chiffre exact de ma petite fortune.

— Ah!... chère Laurence, je prévois une catastrophe !...

— Vos prévisions, quelles qu'elles soient, resteront toujours au-dessous de la réalité!... — Les éventualités de l'avenir ne me préoccupaient en aucune façon... — Je me disais : — Mon mari est millionnaire, donc je suis millionnaire aussi, et je considérais naïvement sa fortune entière comme m'appartenant tout autant qu'à lui.

— La naïveté a toujours perdu les femmes!... — murmura le comte avec un sérieux parfait.

Laurence poursuivit : — Une fois le mariage célébré, le marquis Castella eut le mauvais goût de ne se point trouver aussi parfaitement heureux qu'il s'était sans doute promis de l'être...

— Que voulez-vous!... — il y a des gens si difficiles à contenter que rien ne saurait les satisfaire!...

— Le marquis était de ceux-là.

— Que lui manquait-il donc?

— Que sais-je?... le savait-il lui-même? Peut-être rêvait-il un poëme d'amour romanesque dans lequel il me réservait un rôle que ma froideur involontaire me défendait de jouer au naturel comme il l'aurait voulu.

— Ceci me rappelle la fable du chien lâchant sa proie pour l'ombre... — Le marquis était vraiment fou de courir après des rêves, quand il possédait la plus enivrante des réalités!...

— Au bout de fort peu de temps, — continua la jeune femme, — la folie de mon mari, — car vous avez trouvé le mot propre, — se compliqua de visions ridicules.

— Ceci veut dire, n'est-il pas vrai, qu'il devint jaloux?

— Précisément.

— Sans raison, je le parierais.

— Et vous gagneriez votre pari.

— Vous voyez bien que j'en étais sûr d'avance.

— Mon Dieu, je veux être franche avec vous... — peut-être le marquis aurait-il eu le droit de me reprocher un peu d'innocente coquetterie.

— Je nie formellement ce prétendu droit, car, selon moi, la coquetterie n'est ni un crime, ni même un défaut... — c'est l'indispensable complément de la beauté d'une femme... — La fleur embaumée qui sollicite notre admiration est-elle coupable?... — la femme, au même titre que la fleur, a le droit d'appeler à elle les hommages qui lui sont dus, comme à toute œuvre parfaite sortie des mains de Dieu.

— Voilà, certes, une conclusion pleine de galanterie et qui me paraît inattaquable; — par malheur, M. Castella ne raisonnait point comme vous.

— Il était dans son tort.

— C'est évident; mais, hélas!... je n'y pouvais rien... — j'essayai de le convaincre qu'il avait le jugement faux... — je n'obtins qu'un résultat négatif.

— Que fit le marquis?

— Il s'entêta dans les visions absurdes dont je vous parlais tout à l'heure, et devint un insupportable tyran.

— Oh! les maris! — quelle odieuse race!...

— Cher comte, à qui le dites-vous? — Les maris sont certainement ce qu'il y a de pis sous le soleil!... — M. Castella tenait à marcher dignement sur les traces de ses confrères... — Il commença par me faire quitter Paris, où j'obtenais, sans le chercher, quelque succès, et il m'emmena avec lui courir le monde, ce dont je ne me souciais nullement.

— Je me demande comment de pareilles tyrannies sont permises en un siècle de civilisation et de progrès!... — s'écria M. de Crédencé d'un air convaincu.

— Eh! cher comte, comment ne le seraient-elles pas, puisque ce sont les hommes qui ont fait la loi?

— C'est juste!... — Continuez, marquise.

— Je n'ai rien à vous dire des quelques années qui s'écoulèrent après le coup d'État du marquis, — poursuivit madame Castella; — mon existence se résuma en un interminable voyage, — mes journées devinrent des étapes et je reposai ma tête sur les oreillers poudreux de tous les caravansérails de l'Europe... — Jamais vie ne fut plus accidentée et en même temps plus insupportablement monotone que la mienne... — on aurait pu me surnommer la *Juive errante du dix-neuvième siècle*. Cette existence durerait encore, sans doute, si mon étoile ne m'avait permis de vous rencontrer l'an passé.

— Ah! chère Laurence, — interrompit le comte, — si l'un de nous doit bénir l'étoile favorable, certes, ce n'est pas vous... c'est moi.

Un sourire empreint d'amertume vint aux lèvres de madame Castella.

— Vous verrez tout à l'heure, — reprit-elle, — vous verrez, mon ami, que l'étoile en question avait quelques rayons néfastes!... — Je reprends:

— L'ennui, pour une femme, est le plus grand des maux... — A partir du jour où le hasard vous plaça sur ma route, je cessai de me trouver malheureuse, car je ne m'ennuyai plus.

« Le temps de nos amours fut un rêve enchanté.

« Ce rêve, nous l'avons fait ensemble, et je suis sûre que, pas plus que moi, vous n'en avez oublié le moindre détail.

« Notre ciel était pur et radieux... — les nuages ne s'y firent point attendre. Jusqu'à ce moment la jalousie du marquis avait été vague, incertaine, s'égarant à droite et à gauche, s'adressant à tout le monde et par conséquent ne s'adressant à personne.

« Cette jalousie, si longtemps injuste, prit un corps tout à coup; — les soupçons de mon mari allèrent droit à vous, comme l'aimant au pôle, et, cette fois, ils ne faisaient plus fausse route.

« M. Castella vous provoqua.

— Il fit plus que me provoquer!... — s'écria le comte, — il m'adressa, en votre présence, une de ces insultes mortelles qui ne peuvent se laver que dans du sang.

— Aussi, le lendemain, à la pointe du jour, il tombait frappé par vous, pour ne plus se relever.

— Ma vie était en jeu comme la sienne... — il succomba dans un combat loyal; mais comme notre duel, sur sa demande, avait eu lieu sans témoins, je jugeai prudent de me soustraire aux recherches et aux vexations de la police étrangère, et je rentrai en France sur-le-champ.

— Et vous eûtes cent fois raison, car, lorsqu'on trouva le corps sanglant et inanimé de mon mari,

le bruit courut qu'il avait été, non point tué en duel, mais assassiné.

— Que voulez-vous?... le monde est ainsi! — il juge volontiers sur les plus fausses apparences!... — il accepte d'absurdes présomptions comme des certitudes!... — heureusement j'avais passé la frontière, sans cela, je ne sais, en vérité, comment il m'aurait été possible de prouver mon innocence.

— Certes, — continua Laurence, — je n'aimais pas mon mari, et cependant je le pleurai quelque peu.

— La décence et les convenances l'exigeaient impérieusement.

— J'avais d'ailleurs, ou du moins je croyais avoir deux grands motifs de consolation... — je me disais: — *Je suis libre et j'ai cent mille livres de rente!...* — L'illusion fut de courte durée... — En quittant l'hôtel pour aller vous rejoindre au rendez-vous qui lui devait être si fatal, le marquis avait laissé bien en évidence sur un meuble de sa chambre une volumineuse enveloppe cachetée, portant l'adresse de l'un de ses plus intimes amis de Paris.

« J'hésitai avant de faire mettre cette enveloppe à la poste... — elle me causait une terreur instinctive et irréfléchie... — il me semblait qu'elle devait renfermer pour moi des malheurs infinis.

« Après avoir lutté courageusement pendant bien des heures contre moi-même, je succombai à la tentation invincible de savoir à quoi m'en tenir.

« Je pris l'enveloppe. Je la décachetai avec précaution, de manière à la refermer au besoin sans laisser de traces visibles d'effraction, si je m'étais trompée dans mes conjectures, et j'en explorai le contenu.

« Elle aenfermait deux choses, une lettre et un testament.

« J'ouvris le testament d'une main fiévreuse, et je faillis tomber foudroyée. Dans cet acte suprême, écrit pendant la nuit précédente, et daté de la veille, mon nom n'était pas même prononcé...

« Le marquis léguait la totalité de sa fortune, c'est-à-dire plus de deux millions, à des établissements de bienfaisance.

« Ainsi, je me trouvais déshéritée, dépouillée, volée!... — oui, volée, car enfin, si j'avais épousé cet homme, c'était pour sa fortune, rien que pour sa fortune, et, cette fortune, il poussait l'infamie posthume jusqu'à me l'enlever tout entière...

« Je tombais des sommets de l'opulence dans les abîmes de la misère, car je ne possède plus rien... plus rien, du moins, que les deux cent mille francs de ma dot, et deux cent mille francs, pour moi, avec mes goûts, avec mes besoins, c'est la pauvreté sordide, c'est l'impossibilité de vivre!...

. . . .

« Maintenant, vous savez aussi bien que moi, mon cher Raoul, et, vous le voyez, j'avais bien raison de vous dire, avant de commencer ce récit : *Le malheur qui me frappe est irréparable!...* »

Laurence se tut.

M. de Crédencé, qui venait de l'écouter avec une attention facile à comprendre, prit, au lieu de répondre, une attitude méditative.

Il appuya son coude sur le marbre d'un guéridon, il posa son front sur sa main, et, pendant quelques minutes, il parut s'absorber en des réflexions profondes.

— A quoi pensez-vous donc, et pourquoi restez-vous ainsi silencieux ?... lui demanda Laurence au bout d'un instant.

M. de Crédencé releva la tête.

— Vous m'avez dit le mal, — répondit-il gravement, — je cherche le remède.

Laurence fit un geste de surprise.

— Le remède ?... — répliqua-t-elle, — vous comprenez bien qu'il n'existe pas.

— Je vous étonnerai beaucoup, sans doute, en vous disant que je suis d'un avis contraire...

— Eh quoi !... — s'écria la marquise, — vous croyez que ce qui est fait n'est point irréparable ?

— Je le crois...

— Comte, parlez-vous sérieusement ?

— Vous avez de moi une triste opinion, Laurence, si vous me supposez capable de plaisanter en matière aussi grave.

— Alors je vous avoue franchement qu'il m'est impossible de vous comprendre...

— Oh ! soyez tranquille, je m'expliquerai...

— Faites-le donc sans retard, car, si vague que soit l'espoir qui naît dans mon esprit en vous écoutant, cet espoir suffit cependant pour faire battre mon cœur et pour enivrer ma pensée... — Qu'attendez-vous, Raoul ? — je suis haletante d'impatience et l'anxiété va me rendre folle !...

— J'ai à vous soumettre un projet que vous repousserez peut-être... — j'ai à vous donner des explications difficiles... — D'abord, et avant tout, répondez-moi franchement..... Les cent mille livres de rente du marquis de Castella ont été l'unique cause de votre mariage avec lui ?...

— Je l'affirme...

— Vous avez toujours considéré sa fortune comme étant à vous autant qu'à lui-même et comme devant vous appartenir tout entière après lui ?...

— Naturellement, puisque sans cette ferme croyance je ne serais jamais devenue sa femme...

— Partant de là, la conduite du marquis à votre égard doit vous sembler non-seulement odieuse, mais encore illégitime ?...

— Je vous l'ai dit, cher comte, et je vous le répète, l'acte de déshérence me paraît un vol infâme commis à mon préjudice... — Disposer d'une fortune qui m'appartenait constitue, selon moi, une spoliation inique et monstrueuse !...

— N'êtes-vous point d'avis que, lorsqu'il s'agit de reconquérir un bien volé, tous les moyens sont bons ?...

— Oui, certes !... — Croyez-vous donc que si quelque bandit nocturne s'introduisait dans ma maison pour me dérober ma bourse, j'hésiterais à me servir contre lui de la première arme qui me tomberait sous la main ?...

— Bravo, marquise !... — je suis heureux de vous entendre parler ainsi...

— Mais pourquoi toutes ces questions ?...

— Pour vous amener à entendre, sans vous effaroucher follement, la proposition que je vais vous faire ; — pour vous préparer à accueillir l'expédient hardi que je vais vous proposer...

— Ah !... mon ami, parlez hardiment !... — je passerais dans le feu, je vous le jure, pour annuler ce testament maudit, pour rentrer en possession de ces deux millions qui m'appartiennent et qu'on me vole !...

— Ce testament maudit, comme vous dites, ce monument d'une lâche iniquité, vous n'en avez parlé à personne ?...

— A personne qu'à vous...

— Interrogez bien vos souvenirs !... — un seul mot imprudent échappé de vos lèvres, dans le premier moment de votre juste colère, rendrait inutile et très-dangereuse l'exécution de mes projets...

— Personne au monde, excepté vous, ne se doute, à l'heure qu'il est, que je suis déshéritée...

— Vous n'avez détruit, je l'espère, ni le testament, ni la lettre d'envoi écrite par le marquis ?...

— Ni l'un, ni l'autre...

— Vous possédez, par conséquent, ce testament et cette lettre ?...

— Ici même... — dans un portefeuille à secret qui se trouve au fond de mon sac de voyage...

— Ma chère Laurence, avez-vous confiance en moi ?...

— Une confiance absolue, vous le savez bien, Raoul...

— Le moment est venu de m'en donner la preuve...

— Comment ?...

— Remettez-moi le testament et la lettre...

— Qu'en voulez-vous faire ?...

— Je veux être en mesure de vous apporter dans huit jours un second testament du marquis Castella, non moins olographe que le premier, qui vous constituera seule et unique héritière des deux millions de feu votre mari...

Laurence tressaillit.

— Mais ce testament sera faux !... — murmura-t-elle d'une voix altérée.

— Qu'importe, puisque nous serons seuls à le savoir, et qu'en cas de légitime défense toutes les armes sont de bonne guerre !...

— Mais le danger ?...

— N'existe pas !... — L'exécution sera si parfaite que vous y serez trompée la première et qu'il vous semblera que le marquis lui-même soit sorti de sa tombe, tout exprès pour réparer sa conduite indigne à votre égard, ni plus ni moins que le vieux don Josès de don Juan de Marana...

Laurence fixa sur M. de Crédencé un regard étincelant.

Sous le feu de ce regard, le comte ne baissa pas les yeux.

V. — ENTENTE CORDIALE.

— Raoul, — dit tout à coup la marquise, — si j'accepte ce que vous venez de m'offrir, est-ce vous-même qui vous chargerez de l'imitation du testament ?...

—, Non — répondit le comte avec un sourire ; — je n'ai pas le talent qu'il faut pour entreprendre et mener à bien une œuvre si délicate et si difficile...

— Vous comptez donc vous mettre à la recherche d'un homme assez habile pour être capable de vous suppléer ?...

— Je n'ai pas besoin de chercher cet homme...

— Vous le connaissez déjà ?...

— Oui.

— Et vous êtes sûr de lui ?...

— Comme de moi-même...

— Savez-vous bien, Raoul, que vous avez là une étrange connaissance ?...

— Etrange, j'en conviens ; mais vous voyez, chère marquise, qu'en certains cas elle peut être utile...

— Comte, vous êtes un ami précieux !...

— Sans aucun doute, puisque je suis prêt à tout pour servir ceux que j'aime...

— C'est de cette heure seulement que je commence à vous comprendre et qu'il m'est possible de vous apprécier à votre juste valeur... — Jusqu'à présent je ne voyais en vous qu'un homme du monde charmant, un brillant patricien...

— Et, maintenant, qu'y voyez-vous ?...

— Une âme vigoureuse et fortement trempée... une intelligence au-dessus des préjugés vulgaires, l'énergique nature enfin que je rêvais, mais presque sans espoir de la rencontrer jamais...

— Ces préjugés vulgaires, vous ne les partagez donc pas plus que moi ?...

— Non !... cent fois non !... Et puisque vous avez eu le courage, ou plutôt l'heureuse inspiration de vous montrer à moi tel que vous étiez, j'imiterai votre franchise, je laisserai tomber devant vous mon masque !... — Je ne crois à rien, Raoul, je ne respecte rien, je ne redoute rien... — je ne reconnais d'autres lois que celles de mon ambition sans bornes, d'autres règles de conduite que de chercher et de conquérir à tout prix la richesse, qui est la puissance et le plaisir, qui est la vie...

— Comme moi, Laurence, comme moi !... — s'écria M. de Crédencé avec enthousiasme. — Ah ! vous êtes une femme vraiment forte !... — vous êtes une créature d'élite, et vous irez loin !... nous irons loin tous deux !...

— Rien ne nous arrêtera !... — poursuivit la marquise ; — en unissant nos forces, nous les centuplerons !... — Nous sommes dignes l'un de l'autre, Raoul !... — c'est un mari comme vous qu'il m'aurait fallu !... — c'est un mari comme vous que je me serais sentie capable d'aimer !...

— Eh bien, — répliqua le comte en souriant, — il me semble qu'il n'est pas trop tard pour faire notre bonheur commun... — vous êtes veuve et je suis libre...

Laurence secoua la tête.

— Impossible !... — dit-elle.

— Pourquoi ?

— Parce que je me suis juré de n'enchaîner désormais ma vie à aucune autre vie, à moins que le hasard n'amène à mes pieds un vieillard dix fois millionnaire, me donnant toute sa fortune et me promettant un prochain veuvage...

M. de Crédencé salua Laurence avec un nouveau sourire.

— Il est évident, — dit-il ensuite, — que je ne suis d'aucune façon dans les conditions de votre programme...

— Non, — reprit la marquise, — je ne serai point votre femme, mais que vous importe, puis que je resterai toujours votre amie ?...

— Comment l'entendez-vous ?...

— Je l'entends comme il vous plaira de l'entendre vous-même...

— A la bonne heure, et je renonce au titre de mari avec moins de regrets, si j'en garde les droits...

— Revenons à la grande affaire... à l'affaire qui doit présentement nous occuper seuls...

— Le testament, n'est-ce pas ?...

— Oui. — Répétez-moi que vous êtes certain, bien certain, de la réussite de votre projet...

— J'ai la certitude matérielle que rien au monde ne saurait le faire échouer...

— L'homme qui se chargera de réaliser votre idée est donc bien habile ?...

— J'affirmerais volontiers que, pour lui, il n'y a rien d'impossible...

— Est-ce que c'est son métier d'imiter des écritures et de contrefaire des signatures ?...

— C'est du moins un de ses mille métiers, car il exerce généralement toutes les industries ténébreuses...

— Et il vit en paix avec la police ?...

— La police le cherche depuis vingt ans... elle le cherchera pendant vingt ans encore... — elle ne le trouvera jamais !... — il est insaisissable !...

— Qu'est-ce donc que cet homme ?...

— C'est le Protée parisien par excellence !... c'est le génie de la transformation et des métamorphoses !... — Aucun des acteurs les plus en renom de nos théâtres ne possède un talent comparable au sien pour se fabriquer un visage tout différent de celui qu'il a reçu de la nature... — et non-seulement il change à volonté ses traits et sa voix, mais il modifie à volonté les formes et les proportions de son corps, absolument comme si sa chair recouvrait une charpente de caoutchouc!... — Moi qui l'ai vu cent fois, je passerais très-bien à côté de lui sans le reconnaître... — bien plus, je causerais pendant une journée entière avec lui, sans me douter qu'il est mon interlocuteur...

— N'exagérez-vous pas, mon cher comte?...

— Je reste plutôt en deçà de la vérité...

— Et, comment se nomme ce personnage prodigieux?...

— Personne ne pourrait le dire d'une façon précise... — il change de nom comme de visage... — je connais deux ou trois de ses pseudonymes... il en a cent peut-être...

— Où demeure-t-il?...

— Partout et nulle part; — ses gîtes mystérieux ne sont pas moins nombreux que ses noms...

— Mais alors, où le trouverez-vous?...

— Ne vous inquiétez pas de cela... — je possède le fil d'Ariane qui me permettra d'arriver rapidement jusqu'à lui...

— Quand ferez-vous usage de ce fil?...

— Ce soir même... en vous quittant... — Croyez bien, chère Laurence, que je ne suis point homme à perdre une minute lorsqu'il s'agit de vos intérêts...

— Alors, — et vous allez me trouver singulièrement égoïste, — j'ai grande envie de vous renvoyer tout de suite...

— Je comprends à merveille votre impatience, et je suis non moins pressé que vous d'arriver à un heureux résultat... — je vais commencer mes recherches... — donnez-moi le testament et la lettre...

Laurence quitta le divan sur lequel elle était assise... — elle ouvrit son sac de voyage...

Elle y prit un assez volumineux portefeuille de chagrin noir fermoir d'argent.

Ce portefeuille semblait n'avoir ni clef ni serrure.

Laurence appuya son doigt sur l'une des nervures du chagrin; — les fermoirs se disjoignirent aussitôt en faisant entendre le petit bruit particuliers aux ressorts qui se détendent, et le portefeuille s'ouvrit.

La marquise en tira une enveloppe dont les trois larges cachets de cire noire avaient été brisés antérieurement.

Elle déchira tout à fait cette enveloppe et présenta à M. de Crédencé deux papiers pliés en quatre, en lui disant :

— Voilà ce que vous demandez...

Le comte prit son propre portefeuille et fit le geste d'y glisser les deux papiers sans les ouvrir.

Mais il se ravisa presque à l'instant.

Il déploya l'une des feuilles, et, s'approchant des bougies qui brûlaient dans un candélabre, il examina longuement et minutieusement les lignes tracées sur le velin, regardant avec une scrupuleuse attention chaque mot, chaque syllabe et chaque lettre...

Les amateurs, armés de leurs loupes grossissantes et s'efforçant de déchiffrer le monogramme et le millésime cachés sur le vernis plus que séculaire d'un tableau flamand, ne procèdent point de façon différente.

— Mon cher comte, — lui demanda Laurence au bout de quelques minutes, — que regardez-vous donc ainsi?... — je croyais vous avoir suffisamment mis au courant du contenu des pièces que vous avez entre les mains...

— Marquise, — répondit M. de Crédencé, — je ne m'occupe en aucune façon du contenu de ces pièces...

— Quelque chose cependant captive votre attention tout entière?...

— J'en conviens...

— Quoi donc?...

— Je ne connaissais pas l'écriture du marquis Castella...

— Et cette écriture vous intéresse?...

— Au plus haut point...

— Je réclame le mot de l'énigme...

— Ce mot, le voici : — Les caractères que j'ai sous les yeux, et dont je viens d'étudier la contexture, sont précisément tels qu'il nous aurait été possible de le souhaiter... — Ils facilitent d'une manière prodigieuse la complète réussite du travail auquel ils vont donner lieu...

— Comment cela?...

— Il vous suffira de regarder cette écriture pendant une seconde, avec l'intention de l'analyser, pour comprendre, aussi bien que moi, combien est aisée la parfaite imitation de ces lettres allongées, tracées d'une main ferme, avec une régularité pour ainsi dire mathématique... — Un écolier la reproduirait fidèlement, avec un peu d'application... — Jugez du résultat qu'ils donneront sous la plume d'un homme adroit entre tous, et passé maître en ces matières délicates...

— En vérité, cher comte, — s'écria Laurence, — je vous admire!... vous pensez à tout!... — Mort de ma vie, quelle forte tête!... — Moi qui vous croyais occupé seulement de chevaux, de Paris et de femmes!... — Voyez pourtant comme on se trompe!...

— Et maintenant, marquise, — reprit le comte en mettant les papiers dans son portefeuille, et son portefeuille dans sa poche, — adieu, ou plutôt au revoir...

— Quand reviendrez-vous?...

— Le plus tôt possible...

— Demain?...

— Sans aucun doute.

— A quelle heure?...

— Dans l'après-midi..

— Aurez-vous des nouvelles à me donner?...

— Je l'espère, mais je ne puis en répondre... — Cela dépendra, vous le comprenez, de la facilité plus ou moins grande avec laquelle il me sera permis, cette nuit, de mettre la main sur mon personnage...

— Allez donc, et bonne chance, et songez que je

vais vous attendre avec une impatience prodigieuse...

M. de Crédencé baisa presque respectueusement la main de la marquise Castella, sans paraître se souvenir qu'il avait des droits incontestables à une familiarité plus tendre.

Il rejoignit sa voiture qui l'attendait depuis deux heures dans la cour de l'hôtel Wilson, et il dit à son cocher :

— Boulevard Saint-Martin, près du théâtre de l'Ambigu...

VI. — M. RÉGULUS.

Le coupé s'arrêta à l'endroit désigné.

Le comte descendit et fit quelques pas sur le boulevard pour s'éloigner; mais il revint à sa voiture et il donna l'ordre à son cocher de ne point l'attendre.

Aussitôt qu'il eut vu le cheval s'éloigner au grand trot, il traversa la chaussée du boulevard et il longea les maisons jusqu'à la hauteur du Château-d'Eau.

Là il fit halte, il enleva le ruban bariolé qui fleurissait à la boutonnière de sa redingote, et il sonna à une porte bâtarde qui fut ouverte à l'instant même.

Le comte s'engagea dans un couloir de bonne apparence, bien éclairé, à l'extrémité duquel se trouvait la loge du concierge, et il entra dans cette loge.

— Bonsoir, père Mathias, — dit-il, d'un ton d'extrême familiarité, au portier qui le regardait avec étonnement et semblait le prendre pour un étranger, — est-ce que vous ne reconnaissez pas vos locataires?...

— Ah! mais... ah! mais... — s'écria le père Mathias de l'air d'un homme qui s'éveille en sursaut, — je n'ai point la berlue!... C'est bien vous, monsieur Régulus?...

— C'est parfaitement moi... — répondit le comte de Crédencé, qui parut trouver tout naturel de s'entendre donner ce nom étrange. — Mais d'où votre surprise à mon aspect, père Mathias?...

— Ah! dame!... monsieur Régulus, c'est qu'il y a si longtemps qu'on ne vous a vu!...

— Que vous pensiez ne me revoir jamais, n'est-il pas vrai?...

— Ma foi, oui...

— Vous me croyiez mort, peut-être?...

— A peu près...

— Et ça vous préoccupait beaucoup?...

— C'est sûr et certain que ça me préoccupait, mais pas tant, néanmoins, que si ça avait été tout autre locataire...

— Pourquoi donc?...

— Parce que vous avez la bonne habitude de solder toujours une année d'avance de votre petite location...

— Et, — reprit le comte en riant, — les loyers se trouvant payés, ça vous consolait de mon trépas!...

— Dame!... écoutez donc, monsieur Régulus... le propriétaire avant tout!...

— C'est de la plus stricte justice, et à cela il n'y a rien à répondre...

— Enfin, monsieur Régulus, puisque vous voilà revenu, je n'en suis pas moins joliment content de vous voir...

— Merci, père Mathias!... grand merci!...

— Et d'où donc que vous venez, sans vous commander?...

— De courir le monde, ainsi que l'exige impérieusement mon métier de commis-voyageur en draps et soieries, pour la forte maison Magellan, Canivet et Cⁱᵉ...

— Et les affaires ont-elles été bonnes?...

— Pas mauvaises, père Mathias... — Je suis assez content...

— Comme ça, vous rapportez *des noyaux* en masse?...

— Assez du moins pour pouvoir mener une vie agréable pendant un certain laps...

— Ah! ah! farceur!... allez-vous vous en donner!... Les dîners chez le *traiteur*, les grisettes, le spectacle, Valentino et tout le tremblement!... — Amusez-vous, jeune homme!... amusez-vous!... c'est de votre âge... — Ce n'est pas moi qui vous en empêcherai!... Passez-vous-la douce!... j'y souscris...

— Vous êtes bien bon, père Mathias; mais, pour le quart d'heure, je voudrais monter chez moi, et je manque entièrement de luminaire... — Pouvez-vous mettre à ma disposition un fragment de bougie quelconque?...

— Voici le *rat de cave* de votre voisin d'à côté... — Il est à la campagne, le voisin, pour jusqu'à demain soir... — Je peux bien vous prêter son *rat*... vous n'en userez guère...

Le digne concierge allumait, tout en parlant, l'extrémité du petit rouleau de bougie qu'il tendit au comte.

— Bonne nuit je vous souhaite, monsieur Régulus... — lui dit-il en même temps.

— Et à vous de même, père Mathias, — répondit Raoul, qui s'engagea d'un pas rapide dans la spirale de l'escalier montant vers le sixième étage.

Le comte de Crédencé, ou plutôt Régulus, puisque tel était le bizarre pseudonyme adopté par notre personnage pour des raisons que sans doute nous ne tarderons point à connaître, ne s'arrêta que lorsqu'il eut escaladé les hauteurs les plus escarpées de la maison.

Un corridor étroit, sur lequel s'ouvraient un nombre infini de petites portes, coupait en deux parties le sixième étage dans toute sa longueur.

Chacune de ces portes donnait accès dans une chambre, ou plutôt dans une mansarde de dimensions exiguës.

Les domestiques des étages inférieurs occupaient la plupart de ces mansardes.

Cinq ou six d'entre elles seulement avaient pour locataires des jeunes gens, des employés, des commis, que l'exiguité de leurs ressources et le chiffre minime des loyers décidaient à se loger si haut.

Régulus était un de ces jeunes gens.

Au-dessus de chaque porte se voyait un numéro.

Le comte s'arrêta en face de celle que désignait le numéro vingt et un.

Cette porte avait deux moyens de fermeture : — d'abord une serrure massive et grossière, évidemment de pacotille, comme toutes celles qui se vendent à prix réduit pour les entrepreneurs de bâtisses; — ensuite une toute petite serrure de sûreté, dont l'embouchure à peine visible se dissimulait dans une moulure du sapin peint en gris.

Cette petite serrure, placée aux frais du locataire, faisait dire au père Mathias, lorsqu'il balayait le corridor du sixième étage :

— Ce monsieur Régulus est homme de précaution... mais il faut ça !...—Ces messieurs les commis-voyageurs pour de fortes maisons ont souvent dans leur chambre des valeurs conséquentes... ils font bien de se méfier des voleurs...

Le comte de Crédencé portait à sa chaîne de montre, selon les impérieuses lois de la mode, un volumineux paquet de breloques de toutes les formes, dont quelques-unes, délicieusement ciselées et émaillées, valaient beaucoup d'argent.

Il choisit parmi ces breloques une clef d'acier microscopique qu'il introduisit dans la serrure de sûreté.

La porte s'ouvrit.

Le comte entra, et, après s'être enfermé avec soin, il alluma l'une des bougies placées sur une commode de noyer, et il éteignit le rat de cave...

L'ameublement de la mansarde était d'une simplicité toute spartiate...

La commode dont nous venons de parler, — une couchette sans rideaux, — une petite glace mal

Bonne nuit je vous souhaite, monsieur Régulus. — Page 168.

encadrée, — une table de toilette et un vieux fauteuil en faisaient les frais....

Personne au monde n'aurait pu deviner que le locataire de cette chambre, dont tout le mobilier valait bien cent écus, venait de descendre d'un délicieux coupé, attelé d'un stopper anglais de cinq mille francs.

Le comte se déshabilla complétement.

Il ouvrit l'un des tiroirs de la commode.

Il y prit un costume complet, presque neuf, mais d'une coupe excentrique et du plus mauvais goût...

C'était un pantalon écossais, à carreaux voyants, de la forme dite *à la hussarde*, c'est-à-dire plissé à la ceinture, très-large des hanches et allant se rétrécissant jusque sur la botte, — un gilet d'un bleu vif, — une cravate de soie vert-pomme, brochée de fleurettes cerise, — et enfin un paletot-sac, d'une nuance gris-clair tirant sur le jaune...

M. de Crédencé revêtit les divers vêtements que nous venons de décrire et dont la coupe et les couleurs constituaient également des crimes de lèse-élégance...

Ceci fait, il ébouriffa sa chevelure, de manière à lui donner une apparence de désordre prétentieux.

Il se servit de rouge végétal pour colorer fortement les pommettes de ses joues; — il marbra de tons bleuâtres et bistrés le contour de ses paupières; — un cosmétique d'une espèce particulière teignit en roux ses fines moustaches.

Ces diverses opérations achevées, il posa sur le côté droit de sa tête, crânement, *à la mauvais*, un chapeau gris à longs poils, très-cambré de forme et aux ailes retroussées vigoureusement, et il prit dans un coin une canne de jonc à pomme d'argent, dorée par le procédé Ruolz.

Cette canne, qui contenait un carrelet bien affilé, de cinquante centimètres de longueur, pouvait devenir au besoin une arme offensive ou défensive redoutable.

M. de Crédencé, aussitôt qu'il eut achevé sa toilette, se regarda dans la petite glace, et sourit à sa métamorphose avec une satisfaction manifeste.

La transformation était en effet aussi complète qu'il fût possible de le souhaiter. L'homme du monde, le patricien, le prince de la mode, le législateur du bon goût, avaient complétement disparu...

A leur place on voyait un gaillard de mine suspecte, toujours joli garçon sans doute, mais évidemment habitué à vivre dans les *seconds-dessous* de la grande ville.

Le viveur de vingtième ordre, ou plutôt qu'on nous passe cette expression effroyablement triviale de l'argot parisien, *le gouapeur*, le pilier d'estaminet, le culotteur de pipes, le sultan des odalisques de bas étage, avaient remplacé le gentilhomme...

Le *réalisme* de cette transformation était complet, inattaquable et digne de toute l'admiration des plus fins connaisseurs!...

M. de Crédencé quitta la mansarde dont il referma la porte derrière lui; mais, au lieu de prendre au bout du corridor l'escalier de droite, qui devait le ramener au boulevard, il prit l'escalier de gauche qui le conduisait à la rue Meslay; car la maison, ainsi que presque toutes celles du boulevard Saint-Martin, avait une issue sur cette dernière rue et possédait un deuxième concierge.

— Cordon, s'il vous plaît!... cria le comte en arrivant auprès de la porte.

— Qui va là? — demanda une voix enrouée, derrière les carreaux de la loge.

— Moi, Régulus... — répondit Raoul, — sixième étage, chambre 21, pour vous servir, père Lagrenade...

Le vasistas de la loge s'entr'ouvrit.

— Tiens! tiens! tiens! — fit la voix enrouée, d'un ton joyeux, — vous voilà donc revenu de vos voyages, m'sieu Régulus?...

— Comme vous voyez...

— En bonne santé?...

— Bon pied, bon œil, solide au poste, et vive la joie!...

— Et vous vous en allez, comme ça, à peine arrivé, courir un petit peu le guilledou!...

— Peut-être bien, père Lagrenade... peut-être bien...

— Eh! eh!... j'en aurais bien fait autant à votre âge... — faut que jeunesse se passe!... — On ne peut pas être et avoir été... — Amusez-vous bien, m'sieu Régulus!... amusez-vous bien!...

— Grand merci...

Le vieux concierge tira le cordon, en fredonnant d'un air guilleret une chanson grivoise, et M. de Crédencé se trouva sur le pavé montueux et inégal de la rue Meslay, et se dirigea rapidement vers le boulevard du Temple.

Au moment où il déboucha de la rue du Temple sur le boulevard, il était à peu près minuit moins un quart.

Le spectacle venait de finir dans deux ou trois théâtres.

Les trottoirs regorgeaient de monde, et des myriades de voitures commençaient à circuler sur la chaussée...

VII. — L'ESTAMINET DE L'ÉPI-SCIÉ.

M. de Crédencé, ou plutôt Régulus, puisqu'il convient de lui donner le nom qui s'accordait avec le costume et l'individualité dont il était revêtu momentanément, se fraya un chemin à grands coups de coude au milieu de la foule des piétons, sans s'inquiéter des murmures et des réclamations plus ou moins énergiques que faisaient naître ses procédés ultra-cavaliers... Il traversa la chaussée en se faufilant parmi les voitures avec une audace et une adresse singulières, et il reprit pied sur l'asphalte, de l'autre côté du boulevard.

A cette époque existait, à côté du *Théâtre-Historique*, devenu depuis le *Théâtre-Lyrique*, puis le *Théâtre du Boulevard du Temple*, et qui disparaîtra définitivement quelque jour sous le marteau des démolisseurs, comme ont déjà disparu ses frères, — à cette époque existait, disons-nous, un café de mauvaise réputation, dans lequel un honnête père de famille se fourvoyait rarement, et qui recrutait sa clientèle quotidienne et nocturne parmi les plus tarés des bohémiens de Paris.

Cet établissement, bien connu de la police, qui parfois y jetait ses filets, sûre d'y faire en eau trouble une pêche abondante, s'appelait *l'Estaminet de l'Epi-Scié*.

Il n'est pas un des flâneurs du boulevard du Temple qui ne se souvienne encore aujourd'hui de l'enseigne un peu vermoulue sur laquelle se lisait cet atroce calembour...

Sans la moindre hésitation, Régulus gravit les trois marches qui conduisaient à l'estaminet de l'Épi-Scié, et franchit le seuil.

Tout d'abord il fut aveuglé aux trois quarts, et asphyxié presque complétement par la vapeur épaisse, âcre, nauséabonde, qui s'échappait des fourneaux noircis d'une cinquantaine de pipes juteuses, et d'autant de ces abominables petits cigares appelés par le peuple parisien, dans son langage plein d'un esprit bizarre et coloré : — *Soutellas, voyoutellas, soutados, infectados*, etc., etc.

A travers ce voile épais de fumée fétide, on voyait vaguement s'agiter des formes humaines perdues dans un brouillard plus compacte que celui de Londres, dont cependant la réputation est faite.

On entendait des voix rauques parler toutes ensemble, — des verres se choquer, — des billes se heurter, — des dominos crépiter sur le marbre des tables... On entendait des cris et des chansons, des lazzis et des blasphèmes. — Rien, enfin, ne pouvait donner une idée plus parfaitement exacte de l'antichambre de l'enfer.

Par un mouvement involontaire et, tout instinctif, M. de Crédencé tira de la poche de son paletot-sac son mouchoir parfumé, et il l'approcha de ses narines pour combattre les senteurs malfaisantes qui lui montaient avec violence au cerveau. Mais la réflexion l'empêcha d'achever le geste commencé.

— Eh quoi, — se dit-il à lui-même en souriant, — suis-je donc un si pauvre acteur, qu'avant même d'entrer en scène j'oublie mon rôle et je démente mon personnage!... — Régulus, mon bon ami, il me semble qu'il n'y a pas encore bien longtemps, vous valiez mieux que cela !...

Le comte fit disparaître son mouchoir et s'enfonça délibérément dans la fumée, affrontant les profondeurs de l'antre dont un rideau de vapeur le séparait.

Au bout de quelques secondes, les regards du nouveau venu s'accoutumèrent à percer ces vapeurs, et son gosier vint à bout de respirer sans trop de peine l'atmosphère cependant irrespirable de l'estaminet.

Il avisa une petite table libre, à l'extrémité de l'une des tables.

Il prit possession de cette table, sur laquelle il frappa deux ou trois coups avec la pomme dorée de sa canne.

Un garçon en tablier blanc malpropre accourut aussitôt.

— Qu'est-ce qu'il vous faut? — demanda-t-il avec plus de laconisme que de politesse.

— Une chope, et des *trois sous*... — répondit le comte.

— Suffit...

Le garçon s'éloigna et revint presque aussitôt avec un grand verre rempli d'un liquide mousseux qui prenait ambitieusement le nom de bière de Strasbourg, et une soucoupe pleine de cigares à quinze centimes.

Le comte alluma l'un des cigares, — avala, non sans une angoisse intérieure mal dissimulée, quelques gorgées du breuvage écumant et frelaté, puis il promena ses yeux autour de lui, dans l'intention évidente de chercher quelqu'un.

Les clients de l'estaminet de l'Épi-scié avaient presque tous des points de ressemblance les uns avec les autres, sinon par le costume et par le visage, du moins par la physionomie et par les allures.

Il y avait là des gamins de Paris imberbes et des vieillards à barbe blanche...

Il y avait des blouses déteintes, des habits noirs déchiquetés, et aussi des costumes non moins neufs et non moins prétentieux que celui du faux Régulus.

D'un côté, quelques gros sous, à peine suffisants pour solder une humble *consommation*, ballottaient dans des poches trouées...

De l'autre, des pièces d'or tintaient joyeusement dans des goussets amplement rebondis...

L'aristocratie et le prolétariat du vice et de la fainéantise se coudoyaient et se tutoyaient à l'estaminet de l'Épi-scié, et, nous le répétons, patriciens et prolétaires offraient des allures et des physionomies à peu près identiques.

Les visages, maigres ou boursouflés, étaient d'une pâleur malsaine, ou marbrés de tons pareils à ceux de la brique pilée...

Les cheveux s'échappaient en longues mèches plates, aussi bien des chapeaux luisants que des casquettes graisseuses...

Les regards étaient faux et fuyants; — ils décelaient à la fois la bassesse, le cynisme et l'astuce.

Le moins observateur de tous les hommes, transporté par hasard dans ce pandœmonium, devait s'apercevoir à l'instant même qu'il se trouvait au milieu d'une réunion de coquins.

M. de Crédencé, — nous l'avons dit, — promena ses regards autour de lui, en homme qui cherche quelque chose ou quelqu'un.

Il ne tarda pas à apercevoir, non loin de l'endroit où il se trouvait placé, un jeune homme de vingt-cinq ou vingt-six ans, appuyant ses coudes sur une table, son front sur ses mains, et les yeux attachés avec une fixité étrange sur un petit verre vide placé devant lui.

La figure de ce jeune homme, voilée à demi par de longs cheveux noirs retombant sur son front, offrait des traits d'une régularité remarquable, mais d'une pâleur livide...

Chacune de ses pommettes portait une tache bleuâtre...

Ses paupières étaient d'un rouge vif...

Son visage exprimait tout à la fois une immense douleur et l'abrutissement hébété des fumeurs d'opium...

Il parut sortir tout à coup de la torpeur profonde dans laquelle il était plongé.

Il releva la tête, prit son verre et le porta à ses lèvres...

Nous l'avons déjà dit, le verre était vide.

Le jeune homme enfonça ses mains sous sa blouse blanchâtre et explora le fond de ses poches.

Elles étaient non moins vides que le verre.

Il fit un geste de désappointement et frappa sur la table avec force...

Un garçon accourut.

— Qu'est-ce qu'il vous faut?—demanda ce garçon, avec le laconisme que nous connaissons.

— Absinthe... — répondit le jeune homme.

— Payez d'avance...

— Pas le sou cette nuit...

— Dans ce cas, cette nuit, pas d'absinthe...

— Je payerai demain...

— Alors vous boirez demain.

— Vous pouvez bien me faire crédit de trois sous, que diable !...

— Impossible... — le patron l'a défendu...

— Le patron est une canaille !...

— C'est à lui qu'il faut le dire...

— Je ne remettrai de ma vie les pieds ici dans votre bouge !... — continua le jeune homme.

Le garçon haussa les épaules d'un air d'insouciance philosophique qui signifiait clairement :

— La perte ne sera pas grande !...

Le jeune homme pâle se leva, en murmurant des injures, et se dirigea, tout chancelant, vers la porte.

De deux choses l'une : — Ou ce jeune homme était ivre, — ou il tombait d'inanition...

Nous devons ajouter que la seconde supposition paraissait plus vraisemblable encore que la première...

Pour sortir de l'estaminet, le bizarre personnage devait passer devant la table où le faux Régulus fumait son cigare et buvait sa bière...

Ce dernier l'arrêta au passage en lui touchant légèrement le bras et en lui disant :

— Qu'est-ce que c'est donc que ça, Larifla?...— On s'en va sans dire bonsoir aux amis !... — ça n'est pas gentil, mon fils !...

Le jeune homme pâle s'arrêta et regarda son interlocuteur d'un air hébété.

— Ah ! ah !... — fit-il au bout d'un instant, — c'est toi, Régulus...

— En personne véritable et naturelle... — répondit le comte. — Veux-tu boire?...

— Toujours...

— Alors, assieds-toi là, et commande...

— Qu'est-ce qui payera?...

— Moi, pardieu, puisque je t'invite !...

— Il y a donc encore des bons enfants sous la lune !... — balbutia Larifla.

— Dame !... il faut le croire...

— Régulus, je te porte dans mon cœur !...

Le jeune homme pâle se laissa tomber, plutôt qu'il ne s'assit, sur un tabouret, et, prenant des mains du comte la canne que nous connaissons, il s'en servit pour heurter avec force le marbre de la table.

— Un carafon d'absinthe et une chope !.. — cria-t-il au garçon, — et qu'on se dépêche !... c'est monsieur qui paye !...

La bière et l'absinthe furent apportées.

Le carafon pouvait contenir la valeur de cinq ou six petits verres de l'infernal breuvage qui devrait s'appeler le poison du dix-neuvième siècle...

Larifla répandit sur le plancher un tiers environ du contenu de la chope. Ensuite il remplaça la bière par l'absinthe, et il avala d'un seul trait l'effroyable mélange.

A peine avait-il bu qu'une violente contraction nerveuse crispa ses traits, et, pendant quelques secondes, une teinte d'un rouge ardent remplaça la pâleur morbide de son visage.

Ceci ne dura d'ailleurs qu'un instant... — Les traits reprirent leur immobilité habituelle, et le masque redevint livide...

— Malheureux ! — murmura M. de Crédencé,— tu te tues !...

— Je le sais parbleu bien !... — répondit Larifla ; — mais qu'est-ce que tu veux que ça me fasse ?...

VIII. — LARIFLA.

La spontanéité, et surtout l'accent de profonde insouciance avec lequel cette réponse venait d'être faite, prouvaient jusqu'à l'évidence la sincérité du pâle jeune homme...

Il était clair comme le jour que les paroles de Larifla ne contenaient point une vaine fanfaronnade.

— Ah çà ! mon brave, — s'écria le comte, ou plutôt Régulus, — tu es donc bien malheureux, toi qui traites la vie avec une si parfaite indifférence?

— Pourquoi me demandes-tu cela ?...

— Pour le savoir...

— Et pourquoi veux-tu le savoir?...

— Parce que je m'intéresse à toi...

— Ta parole?...

— Oui... foi de Régulus !...

— Ça me paraît fort, et j'ai bien envie de n'en rien croire... Mais enfin tu es bon enfant et tu payes à boire...— Une politesse en vaut une autre, et je te répondrai convenablement, quoique je n'aime guère les gens qui se mêlent de ce qui me regarde et ne les regarde pas. — Oui, je suis malheureux...

— Qu'est-ce qui t'arrive ?...

— Rien ne me réussit !:... — Depuis que je suis venu au monde, tout tourne contre moi... — J'ai vu des mélodrames à l'Ambigu et à la Gaîté, où les premiers acteurs parlaient toujours de *leur mauvaise étoile*... — Faut croire que j'ai une étoile, moi aussi, et qu'elle est des plus méchantes...

— Conte-moi tes infortunes, mon pauvre Larifla.

— Je veux bien ; seulement, si c'est pour te moquer de moi après, je ne te dis que ça, méfie-toi !
— Je suis maigre, mais j'ai du nerf, et, quand je m'y mets, je tape dur !...

— Je ne pense en aucune façon à me moquer de toi, et l'intérêt que tu m'inspires est l'unique cause de ma curiosité...

— Je te dirai donc, d'abord, que je ne suis pas le premier venu... — J'ai un vrai nom, que personne ne sait, et *Larifla* n'est que mon surnom...

— Je m'en doutais...

— Mes parents étaient *des gens bien*... — ils avaient une forte loge dans une belle maison de la rue de Vendôme... — On les appelait *concierges*, ni plus ni moins, et le *propiétaire* leur accordait sa confiance... — Mon père raccommodait le vieux et confectionnait le neuf, comme pas un !... — Ma mère faisait les ménages de ses locataires et gagnait bien de l'argent...

— C'était une position sociale, cela...

— Fichtre ! je crois bien !... — Aussi mes parents avaient de l'ambition pour moi et m'envoyèrent à l'école.... — Je ne suis pas plus bête qu'un autre, et cependant je ne voulus jamais rien apprendre...

— Pourquoi donc ?

— Parce que ce n'était pas mon idée !... — Voyant que je ne mordais point à l'éducation, on me mit en apprentissage chez un épicier d'abord, chez un pâtissier ensuite... — Je me fis jeter à la porte avec de grands coups de pied quelque part par mes deux patrons... — Ma mauvaise étoile me poussait malgré moi à manger les pruneaux et les raisins secs de l'épicier et les brioches du pâtissier. — Que veux-tu !... pas pour un sou de chance !...

— Ce récit est palpitant !... — continue...

— Je voulus retourner à la loge... — Mon père m'appela bandit, il prit un manche à balai et fit mine de me battre... — Ma mère me dit qu'elle ne me regardait plus comme son fils... — Je tournai sur mes talons, je m'en allai et ne donnai plus de mes nouvelles aux auteurs de mes jours...

— Et alors que devins-tu ?...

— Je devins ce que je suis présentement, un pas grand'chose, un rien-du-tout, une canaille...

— Tu es sévère pour toi, Larifla !...

— Je suis juste !... — Ah ! je sais bien ce que je vaux !... — J'ai fait pour vivre tous les métiers de fainéant... — J'ai ramassé les bouts de cigares. — J'ai vendu des contre-marques. — J'ai ouvert les portières des fiacres à l'entrée et à la sortie des théâtres... — Ces vilains métiers-là nourrissaient mes camarades, moi, ils me laissaient crever de faim...

— Pourquoi ?...

— Est-ce que je sais ?... — le guignon !... la mauvaise chance !... — Bref, je n'étais déjà plus honnête... je voulus devenir complètement gredin, pensant que ça me réussirait mieux pour me tirer d'affaire.... — Eh bien ! pas du tout !... — Si je décroche une montre, elle est en cuivre !... — si je soulève un porte-monnaie, il est vide !... — Si je cassais le carreau d'un changeur et si j'emportais une sébile pleine de louis, et un portefeuille bourré de billets, je parierais ma tête contre un radis que les pièces d'or deviendraient du plomb, et que les billets de mille francs se changeraient sous ma main en adresses des *Mille fracs*... ou des *Mille franges*... à ton choix...

— Pauvre garçon !... — murmura le comte avec un sourire qui n'avait rien de railleur.

Larifla poursuivit :

— Tout le monde, ici-bas, devrait avoir, pas vrai, la pâtée et la niche ? et tout le monde l'a, plus ou moins, excepté moi qui ne l'ai ni peu ni beaucoup !... — Je me suis accoutumé, tant bien que mal, à ne manger que tous les deux jours, mais encore faut-il que je boive... — Trois sous d'eau-de-vie soutiennent un homme beaucoup mieux que trois sous de pain... — Par malheur, les trois sous manquent plus souvent qu'il ne faudrait... — Un de ces quatre matins, on me trouvera roide au coin d'une borne. — On se demandera : — *De quoi est-il mort, ce coquin-là ?...* — L'idée ne viendra à personne que ce coquin est mort de faim... — Je n'ai, à l'heure qu'il est, qu'une idée fixe, qu'un désir, qu'une ambition, qu'un rêve, c'est de me griser à force d'absinthe, parce que, quand je suis ivre d'absinthe, j'ai du sang chaud dans les veines et du bonheur dans l'âme pour une demi-journée... — Seulement, après ces moments-là, le reveil est terrible... — Il me semble que ma tête éclate et que j'ai dans les entrailles un renard qui me déchire avec ses dents et avec ses griffes... — Ça n'est pas gai... parole sacrée !... Voilà la chose exactement comme elle est, — continua Larifla.

« Tu vois que je ne peux pas me vanter de posséder précisément une existence numéro 1 !... — aussi je ne tiens pas plus à la vie qu'à des savates sans semelles, et je me fiche parfaitement bien de crever comme un vieux mousquet !... »

Il y eut un instant de silence.

M. de Crédencé réfléchissait à ce qu'il venait d'entendre.

Le jeune homme pâle fredonnait entre ses dents la mélodie populaire à laquelle il devait son nom :

La, ri, fla,
fla, fla !
La, ri, fla,
fla, fla,
Larifla, fla, fla.

Tout à coup il allongea la main vers la soucoupe dans laquelle se trouvaient les cigares.

— Peut-on ?... — demanda-t-il.

— Certainement, — répondit le comte.

Il y avait trois cigares.

Larifla, — donnant au consentement de son interlocuteur sa plus large acception, — glissa deux de ces cigares dans sa poche et alluma le troisième.

— Fameux!... — dit-il en aspirant la fumée et en l'avalant.

Puis il ajouta : — J'ai crânement soif tout de même!... — Toi *qu'as le sac* et qu'es bon enfant, repayes-tu à boire?...

— Non,—répliqua M. de Crédencé,—pas maintenant...

— Pourquoi donc ça?...

— Parce qu'il ne m'est point indifférent, pour employer tes propres expressions, que tu crèves comme un vieux mousquet...

— Aurais-tu le projet de m'adopter?... — demanda le jeune homme pâle avec une intonation comique.

— J'ai du moins le projet de te venir en aide.

— Et, comment?...

— En te donnant de quoi vivre...

— Plaisantes-tu, Régulus?...

— Pas le moins du monde...

— Vrai, tu me donnerais de quoi boire?...

— Je te donnerai, ce qui vaut beaucoup mieux, de quoi manger..

— Serais-tu, par hasard, un saint personnage? le Petit Manteau Bleu de l'humanité?...

— Je n'ai point cette prétention...

— Alors, je devine... en échange de tes bienfaits tu es quelque chose à me demander...

— Rien, maintenant...

— Mais, plus tard?...

— C'est possible....

— Quoi?

— Je ne le sais pas encore... — peu de chose, peut-être, et peut-être beaucoup... — Nous ne pouvons, quant à présent, traiter cette question, tu dois le comprendre... — L'essentiel est que tu sois disposé à me servir, quand viendra le moment où j'aurai besoin de toi, si ce moment arrive jamais...

— Régulus, mon ami, tu peux dormir en paix!... — s'écria Larifla. — Du moment que je vois en toi mon père nourricier, je ferai, n'importe quand, n'importe quoi, pour t'être agréable...

— Maintenant, fais ton calcul : — combien te faut-il pour vivre heureux?...

— Dame... — il me semble que trente sous par jour... — murmura le jeune homme pâle, après avoir réfléchi pendant quelques secondes.

Un sourire vint aux lèvres du comte. Larifla vit ce sourire.

— Tu trouves que c'est trop... — dit-il un peu confus. — Dans le fait, trente sous, c'est une somme...

— Je trouve, au contraire, que ce n'est pas assez, — interrompit le comte.

— Ah bah!...

— Et, — continua M. de Crédencé, — je t'alloue, sur ma cassette particulière, une haute paye de deux francs par jour...

— Ai-je bien entendu!... — Répète un peu!... pour voir...

— Deux francs... — répéta le faux Régulus en riant, — ou, si tu le préfères, quarante sous...

Larifla quitta le tabouret sur lequel il était assis, et ébaucha un pas de haute chorégraphie.

— Ah çà! le plus généreux des hommes, — dit-il en se rasseyant après une *chaloupe extrêmement orageuse*, — tu veux donc me charger d'assassiner un de tes oncles!...

— Mon Dieu, non... — répondit le comte.

— Oh! ne te gêne pas, mon ami, — reprit vivement Larifla;— tu n'as qu'à me faire un signe... je suis prêt!... — Un oncle est un ennemi donné par la nature!... haine aux oncles!...

— Cette ardeur me plaît, mais elle me fatigue, et je t'engage à la modérer...

— Me voici calme comme un bec de gaz... — A propos, donnes-tu un à-compte sur ma petite rente?...

— Voici ta haute paye de quinze jours...

— Trente francs!... — O ciel! ô ciel!... en croirai-je mes yeux!...

IX. — A LA RIGOLADE.

— Un *monarque et deux roues de derrière*!... — continua Larifla, dont l'enthousiasme grandissait au lieu de se calmer. — Oh! la! la!... — me voici millionnaire!... Je vas fonder une société en commandite... une banque... un comptoir d'escompte... enfin quelque chose de *rupin*!... — Qui veut des actions?... j'en donne!... — qu'on attelle mon carrosse!...

Tout en disant ce qui précède, Larifla fit disparaître sous sa blouse blanchâtre, dans la poche de son pantalon, la pièce d'or et les deux écus de cent sous, puis il reprit, d'un ton déclamatoire et avec un geste de mélodrame, en s'adressant à M. de Crédencé :

— Dans mes bras, généreux ami!... — dans mes bras!... — sur mon cœur!...

Le comte eut quelque peine à se soustraire à l'accolade que lui destinait le jeune homme.

Cependant il parvint à esquiver cette preuve de tendresse et de reconnaissance exaltées, et il changea le cours de l'entretien en disant :

— Lorsque je t'ai arrêté, tout à l'heure, j'avais un renseignement à te demander...

— S'il est en mon pouvoir de te le donner, — répondit Larifla,—c'est comme si tu l'avais déjà!...

— Tu es plus pour moi que mon propre père, vois-tu bien!... — tu es mon bienfaiteur et mon Dieu!...

— Si j'ai bonne mémoire, il me semble que tu connais M. Raymond.

— Je le connais... — répliqua Larifla d'un air sombre.

— Comme tu dis cela!...

— Je le dis comme il faut le dire... — Ah!...

quel mauvais chien que cet homme-là!... nom d'un nom!... le vilain être!...

— Tu as à te plaindre de lui...

— Un peu, ma vieille!... — D'abord, en règle générale, j'ai eu à me plaindre de tout le monde, excepté de toi... — Voilà la chose!...

— Larifla, tu es misanthrope!...

— Oh! oui... mis en trop sur la terre!... — Il n'y a rien au monde de plus vrai!... — Mais c'est la faute des auteurs de mes jours!...

Le comte céda pendant quelques secondes à l'irrésistible envie de rire que fit naître chez lui ce calembour tout à fait involontaire, puis il reprit :

— J'ai besoin de voir M. Raymond...

— Quand?...

— Le plus tôt possible... — Cette nuit même, si ça se peut...

— Enfin, pas plus tard que tout de suite, n'est-ce pas?...

— Précisément. — Sais-tu où je le rencontrerai?...

— Non... — mais je connais quelqu'un qui pourra peut-être le savoir.

— Comment nommes-tu ce quelqu'un?

— *Boule-qui-roule*... — Joli garçon, mais canaille finie...

— Où le trouverons-nous?...

— Tout près d'ici... rue des Fossés-du-Temple. — Il y a là un rogomiste dont auquel il fait ses galeries, en sa qualité de figurant au petit Lazary.

— Eh bien, mettons-nous à sa recherche...

— Ami véritable, je suis à tes ordres... — Tu me commanderais de monter dans la lune que je dirais subito : — *Garçon, apportez des échelles!*...

M. de Crédence paya la dépense et sortit de l'estaminet de l'Epi-scié avec Larifla.

Minuit sonnait.

Les spectacles étaient finis dans tous les théâtres, et le boulevard, si mouvementé, si bruyant, si lumineux quelques minutes auparavant, semblait maintenant sombre, silencieux, presque désert.

Nos deux personnages tournèrent le café Ainselain et s'engagèrent dans la rue des Fossés-du-Temple.

Cette rue, qui n'existe plus aujourd'hui, était sans contredit l'une des plus hideuses de Paris.

Etroite, mal éclairée, boueuse en toute saison, elle se trouvait derrière les théâtres, et les rez-de-chaussée et les entre-sols de presque toutes ses maisons offraient de sales boutiques de marchands de vins et de liquoristes, dont les figurants, les machinistes et les garçons de théâtre formaient la principale et fort immonde clientèle.

Or, il faudrait bien se garder de confondre la plèbe ignoble des figurants avec les acteurs proprement dits.

Les acteurs, si minimes que soient d'ailleurs leur talent, leur position, leurs appointements, sont, presque sans exception, les plus honnêtes gens du monde...

Ils ont un nom, une famille, un domicile, un état qui les fait vivre; — ils ont surtout le respect d'eux-mêmes...

Il n'en est point de même pour les figurants...

Certes, nous ne prétendons nullement affirmer que ces derniers soient tous des gredins...

Emettre une telle opinion serait absurde et surtout serait injuste, mais enfin, pour la plupart, ils sont des bohémiens sans feu ni lieu, sans moralité, vivant dans la plus abjecte débauche, et le vice les conduit trop facilement au crime.

Nous n'en voulons d'autres preuves que les vols si fréquents qui se commettent dans les coulisses des théâtres et dans les loges des acteurs... Ceci est une des plaies de la grande *machine* dramatique.

Les administrations connaissent cette plaie; — elles s'en désolent et s'en irritent, mais elles sont impuissantes à la guérir...

On manquerait de figurants, rien de plus facile à comprendre, s'il fallait exiger de ceux qui se présentent pour remplir cet emploi, moyennant quinze sous par soirée, un certificat de moralité et de domicile...

Or, les coryphées de la figuration étant indispensables à la mise en scène, il faut prendre au hasard et se contenter de ce qu'on trouve.

En face les derrières du théâtre du petit Lazary, aujourd'hui disparu et qui, grâce au ciel, ne renaîtra pas de ses cendres, existait une effroyable maison borgne et lépreuse, haute d'un seul étage sur rez-de-chaussée.

Naturellement cette maison était occupée par un marchand de vin.

Au-dessus de la porte se lisaient, en guise d'enseigne, ces trois mots tracés en lettres bleues sur fond rouge :

A LA RIGOLADE.

Au rez-de-chaussée se trouvait une salle assez vaste.

Derrière cette salle, trois compartiments exigus, renfermant chacun une table carrée et quatre tabourets, prenaient le nom prétentieux de cabinets particuliers.

Une porte vitrée s'ouvrait, dans le fond, sur un jardin poudreux où il ne poussait autre chose que des petites tables vertes, sous des tonnelles sans feuillage...

Un escalier tournant très-étroit, dont un haillon de vieux calicot rouge drapait la rampe, conduisait au premier étage.

La maison qui nous occupe n'avait, au rez-de-chaussée, sur la rue, qu'une porte et deux fenêtres.

Les volets des fenêtres étaient clos.

Le cabaretier, debout sur le seuil, et les bras croisés sur son ventre proéminent, fumait sa pipe et semblait de méchante humeur.

Au moment où M. de Crédencé et Larifla se présentèrent, il ne parut nullement disposé à se déranger pour leur livrer passage.

— Qu'est-ce que vous voulez ? — demanda-t-il d'un ton brutal.

— Une bouteille cachet vert, mon vieux, — répondit Larifla.

— Je ne reçois plus la pratique... — il est minuit... — je vais fermer, — allez boire ailleurs...

— Voilà qui ne se peut pas, père Chose... — nous avons besoin de parler à un particulier qui est chez vous...

— Je n'ai personne... — la salle est vide... — fichez-moi le camp...

— Le particulier en question se nomme Boule-qui-roule... — continua Larifla, sans se laisser

saisi d'un accès de fureur inexplicable en apparence, s'élança sur lui, le prit par la cravate, qu'il tordit vigoureusement et fit mine de l'étrangler...

Déjà M. de Crédencé levait sa canne pour venir au secours de son compagnon...

Mais ce dernier n'avait besoin de l'aide de personne. Il venait de se dégager tout seul par un mouvement brusque, suivi d'un maître coup de poing, sous lequel la poitrine de son adversaire rendit un son comparable à celui d'un tambour de forte taille.

Le cabaretier, momentanément étourdi, chancela d'abord, puis poussa un rugissement sourd,

M. de Crédencé paya la dépense et sortit de l'estaminet de l'*Epi-scié* avec Larifla. — Page 175.

décourager par le manque absolu de courtoisie du cabaretier.

— Ni vu, ni connu... — filez...

— Nom d'un nom, père Chose, ne me faites pas monter la moutarde au nez !... — je vous dis que Boule-qui-roule est chez vous...

— Et moi, clampin, — s'écria le cabaretier presque avec colère, — je te réitère que la salle est vide et que je n'ai plus personne... — Regardez-y si vous voulez...

— Dans la salle que voilà, possible... — répondit Larifla dont l'obstination ne se démentait point ; — mais dans le *sous-sol*, faudrait voir...

A peine le jeune homme pâle venait-il de prononcer ces dernières paroles, que le cabaretier,

sembla tout disposé à revenir à la charge, et baissa la tête comme un taureau prêt à l'attaque.

— Père Chose, — dit Larifla vivement, — si vous tenez à vous faire casser les os, vous pouvez vous en passer la fantaisie, — je suis là !... — néanmoins je vous conseille de réfléchir avant de procéder à l'opération... — D'abord écoutez ceci : — *Monarque de pique et sa dame de même...*

Ces quelques paroles qui n'offraient, du moins en apparence, aucun sens, produisirent cependant l'effet du fameux : *Sésame, ouvre toi !...* des contes orientaux.

La colère du cabaretier tomba comme par enchantement.

LES ENFERS DE PARIS.

— Animal, — grommela-t-il, — il fallait donc le dire tout de suite...

— Avec ça que vous m'en avez laissé le temps! — On s'explique avant de cogner, entre gens du monde!... — c'est une chose qui se fait dans les salons... — Mais vous, pas du tout...— avant seulement de dire : *Gare!*... vous sautez comme un tigre à la gorge des gens!...

— Allons, passez...

— C'est bien heureux!...

— Ce particulier-là en est-il? — demanda le cabaretier en désignant M. de Crédencé.

— Régulus!... — répliqua le jeune homme

Il déplaça la table qui occupait le milieu de ce réduit, et il souleva une trappe absolument semblable à celles par lesquelles on descend à la cave dans presque toutes les vieilles maisons de province.

Aussitôt que cette trappe fut soulevée, un grand murmure de voix, entremêlé de sonorités métalliques, se fit entendre distinctement.

En même temps une bouffée d'air fétide, et d'une chaleur asphyxiante, vint frapper au visage M. de Crédencé, qui se pencha vers Larifla.

— Qu'est-ce donc que cela? — lui demanda-t-il tout bas.

Les joueurs, au nombre d'une trentaine, fumaient, vociféraient à qui mieux mieux. — Page 178.

pâle. — Ah!... c'te bêtise!... — Vous voyez bien qu'il est avec moi!...

X. — BOULE-QUI-ROULE.

Le comte et Larifla pénétrèrent dans la salle du rez-de-chaussée.

Elle était complétement déserte.

Un seul bec de gaz, qu'on n'avait pas jugé à propos d'éteindre, mais d'où ne jaillissait qu'une flamme vacillante, dissipait à peine les ténèbres.

Le cabaretier referma la porte extérieure; — il fit tourner la clef dans la serrure et il assujettit les verrous.

Il se dirigea ensuite vers l'un des réduits appelés cabinets particuliers.

— Tiens, tu ne le savais pas!... — répondit le jeune homme pâle du même ton, — c'est le tripot de la Rigolade...

— Allons, — dit le cabaretier, — descendez et dépêchez-vous... — Boule-qui-roule est là-dedans.

La trappe ouverte démasquait les premières marches d'un escalier rapide, dans lequel s'engagèrent le comte et son compagnon.

Cet escalier conduisait à une vaste cave régnant sous toute l'étendue de la maison.

Rien ne se pourrait imaginer de plus bizarre que l'aspect de cette grande pièce souterraine, dont les murailles, salpêtrées et absolument nues, n'avaient d'autres ornements que des guirlandes interminables de toiles d'araignées.

Le cabaretier avait jugé utile à ses intérêts de changer la destination de ce sous-sol, comme disait Larifla...

Jadis il contenait des futailles et des bouteilles, ainsi que doit le faire toute cave qui se respecte...

Maintenant il était devenu salle de jeu clandestine.

Une vieille lampe à abat-jour pendait au point central de la voûte, et conjointement avec quatre quinquets fumeux, répandait une clarté, sinon bien vive, du moins suffisante.

Une grande table, formée de planches clouées sur des tréteaux et recouvertes de serge verte, occupait le milieu de la pièce.

Des banquettes de bois brut, adhérentes au sol, entouraient cette table.

Les joueurs n'avaient pas d'autres siéges.

Ces joueurs, au nombre d'une trentaine, fumaient et vociféraient à qui mieux mieux, tout en se livrant aux émotions nerveuses d'une partie de trente et quarante.

Le banquier, grand et gros homme aux épaules larges, aux favoris noirs et épais, à la figure rébarbative, était l'associé du cabaretier.

Il *taillait* avec des cartes noirâtres, huileuses, et biseautées notablement,—nous prenons sur nous de l'affirmer.

Les enjeux couvraient la table.

Il y avait là beaucoup de monnaie de cuivre, une assez grande quantité de monnaie blanche, et même quelques pièces d'or. — Les billets de banque ne brillaient que par leur absence.

Le personnel des joueurs offrait une étrange collection des visages les plus disparates et des physionomies les plus dissemblables.

A côté de l'écume des bandits parisiens, des rôdeurs de barrières, de ces hommes à mine patibulaire, qui suent le vice et le crime par tous les pores, on voyait les figures plus honnêtes, mais profondément altérées, de quelques pauvres diables d'ouvriers, attirés dans cet *enfer* par les mauvais conseils, par les suggestions perfides de faux amis déjà dévoyés, et surtout par l'espoir immoral et stupide de réaliser un gain facile et de vivre sans travail, en abandonnant l'atelier pour le tripot.

M. de Crédencé s'arrêta pendant quelques secondes sur l'avant-dernière marche de l'escalier, afin de contempler ce spectacle à la fois curieux et sinistre, auquel il n'avait jamais assisté jusqu'à ce our...

Quoiqu'il n'eût point été attiré dans un tel lieu par le désir d'y jouer un rôle d'observateur, il oubliait presque le motif de sa visite à l'enfer des Fossés-du-Temple, tant il prenait un vif intérêt aux scènes, nouvelles pour lui, qu'il avait sous les yeux.

Larifla, lui, complètement blasé sur les scènes et les émotions du tripot, regardait de tous les côtés avec attention afin de découvrir celui qu'il était venu chercher...

— Ah! — dit-il tout à coup, — je le vois...
— Qui? — demanda le comte.
— Boule-qui-roule...
— Eh bien, va lui parler et amène-le ici...

Chose digne de remarque, et que nous ne nous chargerons point d'expliquer à nos lecteurs, M. de Crédencé, lorsqu'il revêtait le costume et le pseudonyme de Régulus, conservait à son insu ses habitudes de commandement vis-à-vis de tous les bandits avec lesquels il se mettait en rapport, et ces mêmes bandits subissaient passivement la domination du comte, qu'ils devaient cependant regarder comme leur égal...

Nous devons ajouter que, sans doute, l'excessive libéralité du prétendu Régulus ne contribuait pas peu à établir cette domination et à la faire accepter sans conteste.

Les pontes, absorbés complètement par les péripéties de la partie de trente et quarante, n'accordaient pas la moindre attention aux nouveaux venus.

Larifla quitta M. de Crédencé, fit le tour de la table, s'approcha de l'un des joueurs les plus acharnés, lui toucha l'épaule et lui dit quelques paroles qui furent, du moins en apparence, assez mal accueillies.

Larifla retourna auprès du comte.

— Eh bien...— demanda ce dernier,—vient-il?
— Non...
— Comment, il ne vient pas!...
— Il refuse de quitter le jeu...
— Pourquoi ?...
— Parce qu'il est *refait* présentement, d'une fort grosse somme, et qu'il tient à se rattraper... et il se rattrapera, ce garçon, à moins qu'il *ne s'enfile* davantage... ça s'est vu...

Un sourire vint aux lèvres du comte.
— Une grosse somme?... — répéta-t-il.
— Ah, dame!... oui...
— Combien?...
— Quatre francs cinquante.
— Eh bien, retourne près de Boule-qui-roule, et dis-lui de ma part que s'il se dérange, il aura vingt francs pour sa peine... mais que, comme je suis pressé, il faut qu'il se dérange tout de suite...
— Vingt francs!... — s'écria Larifla, — comme tu y vas!... mazette!... — Oh! dans ces prix-là, l'affaire s'arrangera sans peine... — Mais dis-moi, mon vieux Régulus, tu as donc la Californie dans tes poches?...
— Peut-être bien.
— Dame!... faut croire... à moins que tu ne fasses de la fausse monnaie. — Ah çà, j'espère que tu ne fais pas de fausse monnaie, Régulus?...
— Mets-toi l'esprit en repos à ce sujet, et fais ce que je t'ai chargé de faire...
— J'y vole.

Larifla se dirigea de nouveau du côté de l'individu avec lequel, un instant auparavant, il avait échangé quelques paroles.

Cette fois sa réussite fut complète.

A peine eut-il parlé de l'offre ultra-libérale de Régulus que Boule-qui-roule se leva précipitamment et le suivit.

Il suffisait de jeter un coup d'œil sur le nouveau personnage introduit par nous dans ce récit, pour comprendre l'origine du sobriquet remplaçant son nom.

Boule-qui-roule était, dans la plus large acception du mot, un *grotesque*.

Figurez-vous un petit homme haut de quatre pieds tout au plus.

Figurez-vous un corps, rond comme une futaille, supporté par deux jambes microscopiques et surmonté par une tête non moins ronde que le torse et l'abdomen.

En trois coups de crayon un dessinateur spirituel aurait fait le portrait de Boule-qui-roule sous les espèces d'un potiron posé sur un tonneau.

Au premier abord cette créature fallotte excitait une irrésistible hilarité.

Mais, si l'examen continuait, le rire se glaçait sur les lèvres presque aussitôt.

Le gnome cessait d'être comique pour devenir effrayant.

Son visage, en effet, maladroitement modelé dans des chairs flasques et sans couleur, offrait une expression de méchanceté froide qui devait arriver bien vite à la cruauté bestiale.

Cette expression, d'ailleurs, était peut-être menteuse, et nous n'affirmerons point que le petit homme eût sur la conscience des actes de férocité ; — nous nous bornons à constater un fait matériel, à photographier une physionomie réelle.

Les courtes jambes de Boule-qui-roule étaient douées d'une vivacité de mouvements extraordinaire. — Grâce à ces courtes jambes, il trottait sous lui de manière à dépasser les plus vigoureux marcheurs de grande taille.

Seulement, en raison de sa conformation particulière, lorsqu'il marchait il semblait rouler.

De là le surnom qu'il avait reçu et qu'il acceptait avec une parfaite insouciance.

— Drôle de bonhomme, — pensa M. de Crédence en voyant s'approcher de lui le personnage que nous venons de décrire.

Boule-qui-roule, conduit par Larifla, s'arrêta en face du comte et fixa sur lui ses gros yeux d'un bleu très-pâle, dont le regard avait l'éclat glacial et la dureté d'une lame d'acier.

— Est-ce vous qui donnez un *monarque* pour le dérangement? — demanda-t-il d'une voix de polichinelle enrhumé.

— C'est moi, — répondit le comte.

— Eh bien, me voilà. — Où est-il le monarque?

M. de Crédence lui mit une pièce d'or dans la main.

— Il en a, comme ça, plein ses poches, — murmura Larifla assez haut pour être entendu de Boule-qui-roule.

Un rapide éclair passa dans les yeux de ce dernier.

— Bon!... — fit-il pour tout remerciment, en empochant la pièce d'or. — Maintenant, qu'est-ce qu'il y a pour votre service?

— Larifla m'a dit que vous connaissiez M. Raymond...

— Je le connais.

— J'ai besoin de le voir cette nuit même.

— Qu'est-ce que vous lui voulez?

— Ceci ne regarde que lui et moi... — répliqua le comte avec hauteur.

— C'est juste...

— Pouvez-vous me conduire auprès de lui?

— Oui et non...

— Comment l'entendez-vous?

— C'est Graindorge qui est de semaine... — Graindorge sait où trouver M. Raymond, et je sais où trouver Graindorge.

— Êtes-vous disposé à me conduire?

— Certainement, puisque je suis payé pour ça.

— Dans ce cas, partons à l'instant.

— Ça me botte.

— Est ce bien loin qu'il faut aller?

— Dame!... oui... pas mal... — un assez joli ruban de queue!... — près des halles... chez Paul Niquet.

— Et, vous êtes bien sûr que Graindorge sera là?

— Si j'étais aussi sûr d'avoir trois mille francs dans une heure, je ne les donnerais pas pour deux mille neuf cent quatre-vingt dix-neuf francs tout de suite.

M. de Crédence se mit en devoir de remonter l'escalier par lequel il était descendu. — Larifla l'arrêta.

— Où diable vas-tu donc, Régulus? — lui demanda-t-il.

— Mais... — répondit le comte, — il me semble que nous n'avons plus rien à faire ici.

Larifla et Boule-qui-roule se regardèrent en riant.

— C'est bien par là qu'on entre... — dit alors le jeune homme pâle en montrant l'escalier... — mais ce n'est pas par là qu'on s'en va...

XI. — UNE HIRONDELLE DU PONT D'ARCOLE.

— Nous allons vous montrer le chemin, — ajouta Boule-qui-roule, en se dirigeant vers la partie de la cave qui se trouvait la plus éloignée de l'escalier et lui faisait face.

Une porte qui semblait vermoulue, mais qui, malgré son apparence, était très-solide, s'ouvrait facilement depuis l'intérieur, mais se refermait aussitôt par le moyen d'un puissant contre-poids, et il devenait impossible de la rouvrir dès qu'on se trouvait hors de la cave.

Cette porte donnait accès dans un couloir, ou plutôt dans un boyau souterrain, très-étroit et prodigieusement humide.

Boule-qui-roule et Larifla franchirent les premiers l'entrée de ce mystérieux passage.

Le comte les suivit.

La porte se referma derrière eux et les trois hommes se trouvèrent au sein d'une obscurité profonde.

Larifla dissipa tant bien que mal ces ténèbres compactes, en tirant de sa poche une boîte d'allumettes chimiques dont il enflamma successivement une demi-douzaine.

Le couloir se prolongeait pendant une soixantaine de pas; — par une pente douce et presque insensible, il remontait vers la surface du sol.

Il aboutissait derrière une touffe de sureaux, dans un terrain vague, entouré d'une clôture de planches et longeant une ruelle déserte dont le nom nous échappe.

Boule-qui-roule souleva une des planches de la clôture, passa par le trou et se trouva sur le pavé de la ruelle.

Ses deux compagnons l'imitèrent.

La planche fut ensuite remise en place; toute trace de solution de continuité disparut, et les trois hommes gagnèrent la rue du Faubourg-du-Temple qui les ramena au boulevard, où ils arrivèrent sans avoir échangé une parole.

Une fois à la hauteur de l'estaminet de l'Épi-scié, Larifla s'arrêta.

— Régulus, modèle des amis, — demanda-t-il, — auras-tu encore besoin de moi cette nuit?

— Non, — répondit M. de Crédencé.

— Tu en es sûr?

— Parfaitement.

— Alors, tu trouves bon que je te quitte... — Je suis attendu chez une femme très comme il faut, une forte commerçante en chaussons de pommes et sucres d'orge à l'absinthe... — Elle est idolâtre de mon physique, et je suis disposé à la rendre heureuse, la malheureuse!...

— Dispose de toi... — tu as ta liberté tout entière.

— Ami véritable, sois béni!... Mais quand te serviras-tu de moi?... quand mettras-tu mon dévouement à l'épreuve?

— Je n'en sais rien.

— Tâche que ce soit bientôt! oh! oui, tâche!...

— J'y songe, si j'avais besoin de toi à l'improviste, où pourrai-je être certain de te rencontrer?...

— Le jour, c'est bien difficile à dire... — je suis tantôt ici, tantôt là... je vais et je viens, tu comprends...— Le soir, on me rencontre généralement à l'estaminet de l'Épi-scié, ou dans la cave de la Rigolade... — La nuit, oh! la nuit, par exemple, on a quatre-vingt-dix-neuf chances contre une de me mettre la main dessus du premier coup, car j'ai beaucoup de mœurs, et je ne découche presque jamais.

— Enfin, où couches-tu?

— Il y a deux mois j'avais fait mon Louvre d'un four à plâtre abandonné des buttes Montmartre... — pas de loyer et un bon air, ça m'allait comme un gant... mais on a eu la petitesse de vendre le terrain pour y construire une maison, et je me suis vu dans la nécessité cruelle de déménager à bref délai...— Oh! les propriétaires, quelle race!...

— Et, maintenant? — demanda le comte.

— Il y a un mois, — poursuivit Larifla, qui avait de l'ordre dans les idées, et qui tenait à procéder avec méthode, — il y a un mois, en quittant Montmartre, je fis élection de domicile sous la première arche du pont Marie... — il y avait de la paille... — on était très-bien, parole d'honneur... et quelle jolie société!... tous gens d'esprit!... De plus, on possédait l'agrément de pouvoir attacher une ligne à son orteil avant de se livrer au sommeil, ce qui fait que, tout en dormant, on pêchait son déjeuner du lendemain...—c'était charmant, foi de Larifla! —mais la police a imaginé de venir faire une descente, je ne sais pas pourquoi, et il m'a fallu me jeter à l'eau pour éviter de passer le reste de la nuit à la salle Saint-Martin... — par bonheur, je nage comme un poisson!... j'en fus quitte pour un bain froid.

— Sacrebleu, mon bonhomme, — s'écria M. de Crédencé avec impatience, presque avec colère, — il n'est point question de tout cela, et ton bavardage est insupportable... je ne te demande pas où tu logeais le mois passé... j'ai besoin de savoir où tu perches présentement.

— Ah! le mot est bien trouvé!... — fit Larifla en riant...— je *perche* en effet... — je suis devenu une hirondelle.

— Te moques-tu de moi?

— Me moquer de toi!... — par exemple!... — l'amitié me le défend!... j'aimerais mieux me moquer de moi-même.

— Alors, que veux-tu dire?

— Connais-tu le pont d'Arcole?

— Sans doute.

— Eh bien, figure-toi que nous sommes une douzaine de jolis garçons qui avons fait notre nid dans la charpente même du pont, sous le tablier... —Tu comprends bien que c'est introuvable...—on dénicherait les martinets des tours Notre-Dame avant de nous déloger, et nous nous sommes appelés nous-mêmes: *les hirondelles du pont d'Arcole*...— comprends-tu l'apologue, ami véritable?

— Très-bien...—mais l'ascension doit être horriblement dangereuse!...

— Elle offre en effet quelques périls... — on n'est jamais bien sûr d'arriver intact au gîte, surtout quand les nuits sont noires...—Mais que veux-tu?...—il faut se faire une raison... — *qui ne risque rien n'a rien*... comme dit le proverbe...— Je rentre généralement à minuit.

— Et, le moyen de te rejoindre?

— Il est simple comme bonjour... — Tu fais l'emplette d'un mirliton d'un sou... — Sais-tu jouer du mirliton?

— Peut-être... par don de nature... car je n'ai jamais essayé.

— Ah! bah!... le mirliton n'est pas un instrument bien difficile, et ne demande que des études préparatoires très superficielles!... — ça ira tout seul...—Donc, tu prendras le tien... tu t'installeras à proximité du pont d'Arcole, comme un galant Espagnol qui se propose de donner une sérénade à sa belle, en Andalousie, et tu joueras quelque chose de gai, par exemple l'air de la chanson que voici :

« Quand vous verrez tomber...
« Tomber les feuilles mortes...
« Vous qui m'avez aimé...
« Vous prîrez Dieu pour moi... »

Est-ce compris ?

— C'est compris...—répondit le comte en riant.

— Je saurai que c'est toi qui me demandes, — répondit Larifla, — et je descendrai tout de suite pour te rejoindre... — Sur ce, mon bienfaiteur, bonne nuit et bonne chance, et souviens-toi que, si tu mets la main sur M. Raymond, je ne te charge de rien pour lui.

Larifla, ayant ainsi parlé, se dirigea du côté du Château-d'Eau, et M. de Crédencé prit le chemin des halles, en compagnie de Boule-qui-roule.

Il s'émerveilla d'abord de la vitesse prodigieuse avec laquelle les jambes à peine ébauchées de son petit compagnon arpentaient le pavé.

Telle était la puissance d'action de ces courtes jambes que le comte avait peine à les suivre, et qu'il lui fallait faire des efforts soutenus pour ne point se laisser distancer.

Boule-qui-roule semblait prendre un plaisir tout particulier à précipiter sa marche et à augmenter dans de notables proportions sa vitesse habituelle.

En agissant ainsi il avait un projet, — projet sinistre, et que nous allons connaître.

Depuis le moment où Larifla avait dit devant lui que les poches de Régulus étaient pleines d'or, le petit homme cherchait sans trêve et sans relâche les moyens de faire passer cet or des poches de Régulus dans les siennes.

Or, à force de réfléchir, il venait de trouver une combinaison d'une réussite à peu près certaine.

Il s'agissait tout bonnement, pour lui, de saisir l'occasion favorable de donner un bon coup de couteau à son compagnon, au coin de quelque rue déserte, et de le dépouiller après l'avoir assassiné...

— On le voit, rien n'était plus simple.

Boule-qui-roule glissa l'une de ses mains sous sa blouse, dans la poche de son pantalon, et il ouvrit un grand couteau catalan, parfaitement aiguisé, dont il ne se séparait jamais, et qui lui avait déjà rendu de fort jolis services en des circonstances intéressantes.

Ses doigts caressèrent tour à tour la pointe affilée et la poignée solide de cette arme.

— Tu es un fidèle ami, mon brave couteau, — murmura-t-il dans son for intérieur, — et tout à l'heure tu feras de la bonne besogne...

A mesure que Boule-qui-roule et M. de Crédencé s'éloignaient des boulevards, le nombre des passants attardés qu'ils rencontraient sur leur chemin diminuait.

Bientôt ce fut à de longs intervalles qu'ils croisèrent quelque bourgeois allant en bonne fortune, ou quelque ivrogne égaré et titubant, qui battait les murailles.

Enfin rien ne troubla plus la solitude du dédale de petites rues dans lequel le bandit avait amené son compagnon.

Il était environ une heure du matin.

Boule-qui-roule s'arrêta brusquement à l'entrée d'un carrefour formé par trois rues qui se croisaient.

Un coup d'œil rapide lui montra que ces trois rues étaient libres aussi loin que le regard pouvait s'étendre.

— L'endroit est bien choisi, — pensa-t-il, — et je crois que les choses marcheront sur des roulettes.

En même temps il se tourna vers le comte.

— Vous êtes essoufflé... — lui dit-il.

— Ma foi, oui... — répliqua M. de Crédencé ; — voici plus d'une demi-heure que vous me faites courir d'un train de locomotive... — Tudieu, mon brave, vous pouvez vous vanter d'avoir des jambes comme on en voit peu!... — quels ressorts !...

— J'ai l'habitude de marcher comme ça quand je suis seul, — fit Boule-qui-roule, — et je n'ai point réfléchi que vous vous éreinteriez à me suivre... — Il fallait donc m'arrêter!... — Reposez-vous un instant... — Asseyez-vous sur une borne...

— Ce n'est pas de refus...—murmura le comte, en suivant le conseil de son guide et en s'improvisant un siége peu moelleux, mais suffisant néanmoins pour une courte halte.

C'était là ce qu'attendait Boule-qui-roule.

Il tira de sa poche un vieux *brûle-gueule* et une blague faite d'une demi-vessie de cochon.

Il bourra sa pipe, — il l'alluma et il se mit à se promener en fumant sur le trottoir, de façon à se trouver tantôt devant M. de Crédencé et tantôt derrière lui, et à détourner complètement son attention.

Lorsqu'il pensa que ce but était atteint, c'est-à-dire au bout d'une minute, ou environ, il exhiba le grand couteau catalan, et, de son même pas de promenade, la main haute et prête à frapper, il revint vers le comte qui lui tournait le dos et qui semblait jouer distraitement avec sa canne.

Un témoin de cette scène, — si cette scène avait eu quelque témoin invisible, — aurait dit de M. de Crédencé :

— Evidemment cet homme est perdu!...

C'était bien aussi l'opinion de Boule-qui-roule.

Il regardait comme *faite l'affaire* de son compagnon, et il se sentait tout frissonnant d'allégresse à la pensée du riche butin qu'il allait récolter sur un cadavre...

Trois pas à peine le séparaient du prétendu Régulus...

Rien au monde, désormais, ne pouvait empêcher le meurtre...

Boule-qui-roule se répétait cela avec conviction.

Qu'on juge de sa stupeur et de son désappointement lorsqu'il vit le comte bondir sur ses pieds, lui faire face, se mettre en défense et commencer avec sa canne un moulinet formidable...

— Ceci tient du prodige!... — se dit le bandit, — car enfin cet homme n'a pu voir ce qui se passait derrière son dos...

Quoique raisonnant avec une apparente justesse, Boule-qui-roule se trompait complétement...

Il avait compté sans la lueur d'un bec de gaz placé à dix ou douze pas de là, et dessinant avec une netteté merveilleuse sur le trottoir, sous les yeux de M. de Crédencé, la silhouette de l'assassin.

Le comte, qui d'abord regardait distraitement cette ombre chinoise drolatique, s'était aperçu tout à coup que la main du gnome s'armait d'un long couteau, et il avait deviné bien vite que le couteau était à son adresse...

Nous savons déjà quelle fut la conséquence de cette découverte...

Boule-qui-roule, stupéfait dans le premier moment, et comme pétrifié, reprit bien vite sa présence d'esprit...

La situation lui parut critique...

Il hésita pendant le quart d'une seconde sur le parti à prendre; mais sa férocité native, jointe à son avidité insatiable, lui conseilla de persévérer dans son entreprise, au mépris de toute prudence.

Il fit un appel à la vigueur exceptionnelle de ses nerfs et de ses muscles, et il bondit en avant, comme un jaguar qui s'élance sur sa proie...

L'insuccès de cette agression bestiale fut complet et foudroyant...

La canne du comte frappa le poignet droit de Boule-qui-roule, le brisa comme s'il eût été de verre, et fit voler à cinquante pas le couteau catalan...

En même temps le bandit, terrassé par un coup de poing formidable reçu dans le creux de l'estomac, perdit pied et roula tout étourdi sur le pavé.

Une sensation peu agréable le tira de cet étourdissement.

Le genou de M. de Crédencé lui pressait la poitrine, et la pointe du carrelet s'appuyait sur sa gorge.

— Est-ce que vous allez me tuer?... — balbutia-t-il d'une voix étranglée.

— Tu le mériterais bien, misérable!... — répondit le comte — Cependant je te fais grâce cette fois, non par pitié, mais parce que j'ai besoin de toi cette nuit pour me conduire à M. Raymond...

— Relève-toi donc et marche devant moi, et n'oublie pas que je te surveille, que ma canne contient une épée, et qu'au moindre mouvement suspect je te passe cette épée au travers du corps...

— Ah! vous n'avez rien à craindre... — murmura Boule-qui-roule en se relevant, — j'ai le bras cassé...

— Ce n'est pas le bras que j'aurais dû te casser, en bonne justice, c'est la tête!... — répliqua le comte — Allons, marche!...

Le bandit obéit silencieusement, et la dernière partie du chemin, quoique la plus courte, s'effectua beaucoup moins vite que la première.

XII. — CHEZ PAUL NIQUET.

Enfin les deux hommes arrivèrent, dans le quartier des Halles, auprès de l'établissement de *Paul Niquet.*

Il n'est personne qui ne connaisse de réputation ce cabaret, célèbre entre tous, et qui n'avait d'autre rival, ou plutôt d'autre émule, que le fameux cabaret du *Lapin blanc* dans la Cité.

A une époque rapprochée de nous, et où les études des mœurs ténébreuses du Paris inconnu étaient fort à la mode, tout le monde a parlé de la taverne de Paul Niquet..

Seulement, parmi ceux qui décrivaient cette taverne avec le plus d'assurance, un bien petit nombre avait eu le courage de la visiter...

Nous devons avouer franchement que nous nous sentons dans le cœur des trésors d'indulgence pour ces timides.

L'établissement qui nous occupe consistait en une salle très-vaste, sorte de halle, soutenue par des piliers, éclairée par des quinquets, malgré l'usage du gaz si généralement répandu, et hantée par un public d'une nature toute particulière.

La clientèle de Paul Niquet se composait, presque sans mélange, de deux éléments parfaitement distincts, les chiffonniers et les voleurs, et, par *voleurs* nous entendons les rôdeurs de barrière, *les bédouins de Paris,* les gens enfin sans feu ni lieu et sans profession avouable. Les chiffonniers, d'ailleurs, étaient en majorité. — Ils composaient la partie aristocratique de la clientèle; — ils frayaient exclusivement les uns avec les autres et tenaient à distance les gibiers de police correctionnelle et de cour d'assises; — ils s'étudiaient enfin à faire respecter leur position sociale, leur dignité professionnelle; — ils s'enivraient de façon décente, et, s'ils se prenaient aux cheveux après avoir *écrasé un trop grand nombre de grains* (pour parler leur langage), c'était toujours avec convenance, sans trop de scandale et de bruit...

Les rôdeurs et les autres gredins se gardaient bien de suivre un si bel exemple...

Ils faisaient plus de bruit que de dépense, menaient grand tapage, se livraient sous le premier prétexte venu à des rixes sanglantes, et les vigoureux garçons enrôlés par Paul Niquet avaient fort à faire pour séparer les combattants et pour les jeter dans la rue.

Outre ces consommateurs qui n'appartenaient pas précisément, ainsi que nos lecteurs peuvent le voir, à l'élite de la société, le cabaret des Halles recevait une population flottante, tout à fait étrangère à la clientèle, et malgré cela, ou peut-être à cause de cela, jetant beaucoup d'argent dans la caisse... C'étaient les curieux...

Presque chaque nuit, en effet, des artistes, des écrivains, des gens du monde, désirant contrôler par leurs propres yeux la véracité de certains récits, et charmés de jouer au *Prince Rodolphe*, se déguisaient en ouvriers et se rendaient chez Paul Niquet en compagnie de jolies pécheresses et d'actrices des petits théâtres habillées en grisettes. On avait eu soin de ménager pour ces curieux un certain nombre de cabinets vitrés et garnis de rideaux intérieurs, d'où ils pouvaient voir ce qui se passait dans la grande salle... — Ces cabinets se payaient cher, et le spectacle valait l'argent.

En aucun autre endroit de Paris il n'aurait été possible de rencontrer le coup d'œil étrange, tout à la fois burlesque et sinistre, qui s'offrait aux curieux chez Paul Niquet...

On devait se souvenir toute sa vie de l'impression produite par le tableau frappant qu'on avait sous les yeux dans ce *troisième dessous des enfers parisiens*...

Un peintre réaliste aurait certes produit un chef-d'œuvre en transportant sur la toile cette vaste salle, sombre et sordide, et les visages, les attitudes, les guenilles de ces hommes pâles, buvant debout de pleines mesures d'esprit-de-vin saturé de poivre, et à côté de ces hommes, des créatures d'un sexe douteux, véritables *androgynes*, ivres et échevelées, se vautrant sur les guenilles infectes échappées de leurs *cachemires d'osier* (1).

Boule-qui-roule et le comte entrèrent dans le cabaret.

M. de Crédencé, qui cependant venait de visiter successivement l'estaminet de l'Épi-scié et le tripot clandestin de la Rigolade, éprouva une sensation d'étonnement mêlé de dégoût en franchissant le seuil.

Boule-qui-roule avait assujetti tant bien que mal son poignet brisé dans les lambeaux d'un vieux mouchoir; — il paraissait souffrir horriblement, à en juger, du moins, par l'altération de ses traits.

Une lueur fauve jaillissait de ses yeux lorsqu'il les tournait vers son compagnon, et cette lueur contenait de la façon la plus explicite de terribles serments de vengeance.

— J'attends, — lui dit le comte à voix basse, en le voyant s'arrêter avec une apparente hésitation.

Boule-qui-roule fit un signe de tête qui signifiait :

— Vous n'attendrez pas longtemps...

(1) *Hottes*, dans l'argot des chiffonniers.

Et il s'enfonça parmi les groupes où M. de Crédencé le suivit.

Après quelques minutes de recherches, le bandit accosta un grand garçon, d'une maigreur prodigieuse, lequel, évidemment, n'était point un chiffonnier.

Il lui parla pendant quelques secondes avec vivacité, et, se retournant, il lui désigna le comte.

— J'ai fait tout ce que je devais faire, — dit-il ensuite à ce dernier, — voilà Graindorge; — entendez-vous avec lui si vous pouvez; — le reste ne me regarde pas...

Ensuite il se perdit dans la foule comme un serpent, sans même attendre la réponse de M. de Crédencé.

Graindorge, — puisque c'est ainsi qu'on appelait le grand garçon maigre, — s'approcha du comte et le regarda pendant une ou deux secondes avec attention... Ensuite il leva une de ses mains, en ayant soin d'en replier tous les doigts, excepté le doigt annulaire.

M. de Crédencé répondit par un geste pareil, mais en laissant en évidence le pouce et l'index.

Ceci fait, le dialogue suivant, — qui n'était autre qu'un mot de passe compliqué, — s'échangea entre les deux hommes :

— *Je passe...* — dit Graindorge.
— *Je vois...* — répondit le comte.
— *Quoi?...*
— *Or et billets...*
— *Tout va...* — *Brelan d'as...*
— *Et brelan carré...*

— C'est bon, — murmura Graindorge, — vous en êtes, c'est convenu... — Et, comme ça, vous voulez voir M. Raymond?...

— Oui... — je ne suis venu que pour cela...

— Et il s'agit de quelque chose de pressé et d'important?...

— De très-important, et de très-pressé...

— C'est que, voyez-vous, M. Raymond est en affaires pour le quart d'heure...

— J'attendrai qu'il ait fini... — Ça sera-t-il long?...

— Dame! je n'en sais rien... — c'est une chose, vous comprenez bien, qui dépend de bien des choses...

— Est-ce que M. Raymond est ici... dans l'établissement de Paul Niquet...

— Pardine, certainement...

— Eh bien, dites-lui que je suis là afin qu'il se hâte...

— Comment que vous vous appelez?... — demanda Graindorge.

— Régulus... — répondit le comte.

— Régulus! — ah cré coquin !... ce nom !... — en voilà un, par exemple, à coucher à la porte !... Enfin, ça n'est pas mon affaire... — je vas dire à M. Raymond que Régulus s'impatiente après lui...

Graindorge s'éloigna en riant, et M. de Crédencé le vit disparaître dans l'un des cabinets destinés aux curieux.

XVI. — M. RAYMOND.

Le long et maigre Graindorge reparut au bout d'un instant, et rejoignit en se dandinant M. de Crédencé.

— Eh bien, — lui demanda ce dernier, — vous avez vu M. Raymond?

— C'est une chose sûre...

— Vous lui avez dit mon nom?...

— Je lui ai dit, comme ça : — *Régulus est très-pressé, et c'est pour une chose de conséquence...*

— Qu'a-t-il répondu?...

— Il a répondu que c'était bien, et que vous n'aviez qu'à attendre...

Le comte fit un geste d'impatience.

Graindorge reprit : — Y a-t-il pour boire?...

M. de Crédencé, malgré l'irritation sourde que lui causait le peu d'empressement apparent du personnage auquel il avait à faire, mit une pièce de monnaie dans la main tendue vers lui.

— Merci bien... — dit Graindorge en empochant l'argent, — je vas me payer un *petit père noir* à votre santé, et je vous préviendrai quand votre tour sera venu...

Dix minutes s'écoulèrent.

Raoul, pour se donner une contenance, avait demandé un verre d'eau-de-vie, et il faisait semblant de le boire...

Tout à coup il sentit une main s'appuyer sur son épaule.

En même temps une voix lui dit :

— Bonsoir, Régulus; — ça va bien, mon brave?

Puis la même voix ajouta, mais tout bas, et de manière à ne pouvoir être entendue que de celui à qui elle s'adressait :

— Me voici aux ordres de monsieur le comte, et je demande mille pardons à monsieur le comte de l'avoir fait attendre...

M. de Crédencé se retourna vivement, et il vit à côté de lui un gros petit homme remarquablement laid, dont la figure souriante exprimait une fausse bonhomie.

Ce petit homme, coiffé d'un vieux bonnet de laine à visière verte, et misérablement vêtu, portait des chaussures de lisière à grosses semelles de cuir mou. Il ressemblait à ces mendiants patentés, aveugles pour la plupart, ou feignant de l'être, qu'on voit sous le porche des églises, armés d'un goupillon et sollicitant la charité des fidèles, tout en marmottant des bribes de latin dont ils ne comprennent pas le premier mot.

Ce personnage, nos lecteurs le connaissent déjà.

Nous le leur avons présenté, au début de la première partie de ce livre, sous le nom d'*André Bontems*, et dans la situation originale d'un homme qui vient de se pendre au bois de Boulogne et qui, décroché par un inconnu, commence par vouloir tuer en duel son sauveur, pour ensuite déjeuner avec lui et lui proposer de faire sa fortune.

Un rapide croquis ne nous paraît point ici déplacé, afin de remettre en mémoire à nos lecteurs l'étrange physionomie de l'individu qui doit jouer un rôle capital dans notre récit.

André Bontems, ou plutôt M. Raymond, — nous lui laisserons ce dernier nom jusqu'à nouvel ordre, — était petit, nous le répétons, et chargé d'embonpoint, avec un cou de taureau, de larges épaules, de grands pieds et de fortes mains...

Son visage rond et blafard, couronné par un crâne luisant, qui n'avait conservé que deux touffes de cheveux crépus au-dessus des tempes, offrait de gros yeux d'un gris pâle, sous d'énormes sourcils en broussailles.

Le nez long, mince et crochu, ressemblait d'une façon frappante au bec d'un oiseau de proie.

La bouche, pareille à une incision faite dans la chair par un coup de couteau, laissait voir des dents jaunes, écartées et pointues.

Le menton, court et fuyant, se confondait avec les boursouflures du cou, rappelant ainsi les bustes romains des Caracalla et des Vitellius.

Des rides nombreuses, mais peu profondes, sillonnaient les méplats de la figure que nous venons de décrire.

Un observateur n'aurait point manqué de découvrir un vice, une passion criminelle, quelque chose enfin de honteux et d'infâme, dans chacune de ces rides.

Choisissez parmi les premiers acteurs de Paris, le meilleur *grime*, l'artiste le mieux rompu à toutes *les ficelles* de son art, et infligez-lui un physique pareil à celui de M. Raymond...

Cet acteur, quel qu'il soit, nous prenons sur nous de l'affirmer, déclarera sans hésitation que toute transformation lui semble impossible, et qu'il reconnaît son impuissance à modifier pour la scène une individualité taillée tout d'une pièce, par la nature, ou plutôt à peine ébauchée dans un bloc de l'argile la plus grossière.

Et cependant Raymond, tel que nous venons de le décrire, n'était autre que ce héros de la métamorphose et du travestissement, dont nous avons entendu le comte de Crédencé vanter à la marquise de Castella les incarnations quasi-fantastiques, et qu'il avait ainsi défini : *Le Protée parisien par excellence.*

— Je suis aux ordres de monsieur le comte, — répéta le bizarre personnage avec une exagération de respect sous lequel l'ironie se devinait sans peine.

— J'ai à vous parler, — murmura M. de Crédencé.

— C'est ce que Graindorge m'a dit... — et, comme j'ai fait attendre monsieur le comte, je lui renouvelle l'expression de tous mes regrets pour un retard involontaire.

— Vous êtes libre maintenant?
— Certes!... et prêt à écouter monsieur le comte avec une inaltérable et infatigable attention.
— Nous ne pouvons causer au milieu de cette foule...
— C'est évident. — Monsieur le comte veut il se donner la peine de me suivre?
— Où me conduirez-vous?
— Oh!... tout près d'ici... — dans l'un des cabinets qui sont là, en face de nous.
— Passez le premier... je vous suis.
Une minute après ces paroles échangées, M. Raymond et le comte s'asseyaient l'un vis-à-vis de

des liquides frelatés qui se vendent en de pareils lieux.
— Ah!... le fait est, — murmura M. Raymond, — que nous sommes ici bien loin du boulevard des Italiens, du Café anglais et de Tortoni... Si nous nous trouvions dans mon modeste logis, j'ose espérer que monsieur le comte daignerait accepter un verre de vin de Tokaï ou de Ténériffe frappé de glace... — j'en possède un assez grand nombre de bouteilles qui méritent quelque attention et qui ne seraient point indignes des lèvres de monsieur le comte.
— En vérité, monsieur Raymond, vous avez une bonne cave?

Riche comme vous l'êtes!... allons donc!... c'est de la modestie. — Page 185.

l'autre, de chaque côté d'une petite table, dans un espace de six pieds carrés.

Un quinquet fumeux, suspendu à la muraille, éclairait l'intérieur de ce cabinet, conjointement avec les vitrages crasseux donnant sur la grande salle du cabaret.

— Monsieur le comte me permettra-t-il de lui offrir un rafraîchissement quelconque? — demanda Raymond, de l'air d'un homme qui sollicite une faveur précieuse.

— Grand merci!... — répondit Raoul... — Depuis deux heures que je vous cherche et que chacune de mes étapes est marquée par une station dans quelque bouge infâme, mon cœur se soulève et mon gosier se révolte à la seule pensée

— Mon Dieu, oui.
— Il paraît que vous êtes un gourmet...
— Je ne fais aucune difficulté d'en convenir... — J'aime une table délicate, quelques petits plats fins et des vieux vins choisis... — c'est là ma principale, ou pour mieux dire ma seule jouissance, car je ne me fais aucune illusion, et, avec mon visage et ma tournure, je ne me flatte point de plaire aux femmes.

— Riche comme vous l'êtes!... — allons donc!... c'est de la modestie!... — s'écria le comte en riant.

M. Raymond secoua la tête.

— Oh! je ne nie pas, — dit-il ensuite, — l'existence de ces Danaës que la pluie d'or rend faciles pour tous les Jupiters... — mais ces sortes de sirènes vénales n'ont pour moi que des attraits fort douteux... et, d'ailleurs, je ne suis pas riche...

— Que dites-vous là, monsieur Raymond!... — vous figurez-vous que je vais vous croire?... — vous possédez des millions.

— Je le voudrais, monsieur le comte, oh! je le voudrais... mais hélas!... il n'en est rien... — *les affaires* sont bien dures aujourd'hui, et je suis obligé de me donner beaucoup de mal pour gagner *honnêtement* de quoi vivre.

— Savez-vous bien, mon cher Raymond, que vous me conduisez de surprise en surprise!...

— Je ne comprends guère, je l'avoue, l'étonnement de monsieur le comte... — Cet étonnement viendrait-il de ce que je me suis permis de parler d'*honnêteté?*

— Il y a peut-être un peu de cela... — Je ne vous savais pas l'esprit si facétieux.

— Je ne songe nullement à railler, et je m'exprime avec une bonne foi complète.

— Ah! bah!...

— Oui, monsieur le comte... — je m'explique :
— L'honnêteté est chose relative, et tel qui passe, aux yeux de certaines gens, pour un gredin parfait, mérite cependant, selon moi, un piédestal...

— Un piédestal à la manière anglaise... — murmura M. de Crédencé entre ses dents, — Tyburn et la potence!... Puis, tout haut, il ajouta : — Comment diable l'entendez-vous?

— De la façon du monde la plus simple... Ainsi, par exemple, moi qui vous parle, j'exerce, pour gagner honorablement ma vie, plusieurs industries mal comprises, mal appréciées, et que des magistrats ridicules n'hésiteraient point à qualifier d'une manière déplaisante.

« Interrogez ces magistrats sur mon compte...

« Ils vous répondront sans hésiter, que je suis un coquin, et cependant j'ai la conscience de tenir mes engagements avec la fidélité la plus scrupuleuse et de pousser la probité jusqu'à ses extrêmes limites, vis-à-vis de mes associés et de mes clients.

« Donc, j'ai le droit de me dire honnête, puisque je le suis plus que beaucoup d'autres dont on fait sonner bien haut les vertus...

— Bravo, mon cher Raymond!... — dit M. de Crédencé en souriant; — vous seriez, je vous l'affirme, un avocat de beaucoup de style!...

Raymond accepta, sans se faire prier, cet éloge.

— Eh!... mon Dieu!... si j'avais revêtu la robe noire et le bonnet carré, — continua-t-il, — je manierais, je crois, la parole avec assez de facilité.
— Du moins, je serais consciencieux et convaincu, énergique et sincère dans mes plaidoyers, et je ferais entendre souvent au ministère public des vérités cruelles, je vous prie de le croire!... — Là était peut-être ma vocation... — Malheureusement l'homme ne connaît jamais sa vraie route que lorsqu'il en a pris une autre et lorsqu'il est trop tard pour retourner en arrière...

Raymond s'interrompit pendant une seconde.

— Ah çà!... mais,— dit-il ensuite, — c'est trop longtemps nous occuper de moi,—parlons de vous, monsieur le comte, et de l'affaire qui vous amène.

XV. — RÉGULUS ET RAYMOND.

— L'affaire qui m'amène, — dit M. de Crédencé, — est fort importante, vous le devinez sans peine.

— Évidemment, je le devine, — répliqua Raymond; — il est clair comme le jour que si cette affaire ne vous tenait pas vivement au cœur, vous ne seriez point venu, cette nuit, me relancer jusque dans ce bouge, après être resté si longtemps sans me donner de vos nouvelles... car vous m'avez négligé beaucoup, monsieur le comte, et j'aurais presque le droit de m'en plaindre respectueusement.

— Je voyageais à l'étranger.

— C'est là une raison sans réplique pour avoir laissé sans nouvelles votre si dévoué Raymond.

M. de Crédencé comprima, non sans peine, un geste d'impatience.

— Revenons, s'il vous plaît, à l'affaire qui doit nous occuper... — fit-il ensuite.

— Je ne demande pas mieux... — De quoi s'agit-il?

— D'un testament.

— À faire disparaître avec effraction et escalade?

— Pas le moins du monde.

— Alors, j'attends les explications de monsieur le comte.

— Et je vais vous les donner sur-le-champ.

Depuis une seconde, la physionomie de Raymond venait de changer. Pendant tout le commencement de l'entretien qui précède, la figure du petit homme avait exprimé une déférence et une courtisanerie poussées jusqu'à la platitude.

Maintenant il n'en était plus ainsi. Le visage large et blafard du Protée parisien se faisait de marbre et de glace.

Son masque immobile ressemblait à celui du juge d'instruction procédant à l'interrogatoire d'un prévenu, de la culpabilité duquel il se croit certain, ou bien encore à la face blême et rapace d'un usurier écoutant les supplications d'un emprunteur dont la solvabilité lui paraît douteuse.

Or, on n'ignore point qu'en thèse générale il n'y a rien au monde de plus impénétrable qu'un juge d'instruction et qu'un usurier.

Le diplomate lui-même, qui, par de longues études et de constants efforts, a su contraindre son visage à n'exprimer absolument rien, reste, pour l'*impénétrabilité*, de beaucoup en arrière des deux classes d'hommes que nous venons de citer.

M. de Crédencé commença :

— Je crois d'abord, — dit-il, — devoir vous mettre au courant de certains faits relatifs à la demande que je me propose de vous adresser.

Raymond fit un geste d'acquiescement.

Raoul continua : — La personne au profit de laquelle vous réparerez, sans aucun doute, une grande injustice, est une jeune femme digne à tous égards d'inspirer le plus vif intérêt...

— Et vraisemblablement, — interrompit Raymond, — c'est un intérêt de ce genre qu'éprouve monsieur le comte pour cette jeune femme.

— Avec vous, mon cher Raymond, je prendrai les chemins les plus directs et j'appellerai les choses par leur nom...

— Vous me ferez plaisir en agissant ainsi...

— Je suis l'amant de la personne dont je vous parle...

— Du moment que cette personne est jeune et belle, je devinais ce que M. le comte me fait l'honneur de m'apprendre... — A quelle classe de la société appartient l'heureuse favorite de monsieur le comte?

— A la classe la plus élevée...

— Son nom?... — Oh! ma question n'est pas indiscrète, puisqu'il faudra toujours que je sache ce nom, un peu plus tôt ou un peu plus tard...

— Elle s'appelle la marquise Castella...

Pendant quelques secondes Raymond parut interroger sa mémoire.

— Mes souvenirs ne me rappellent rien... — dit-il ensuite, — et je crois être sûr que j'entends prononcer ce nom pour la première fois...

— Cela est, en effet, plus que probable... — répliqua M. de Crédencé. — Aucune espèce de rapport ne devait et ne pouvait exister entre le marquis Castella et vous...

M. Raymond hocha la tête à deux ou trois reprises.

— Ah! monsieur le comte... — murmura-t-il ensuite, — que de gens il y a dans ce grand Paris, gens très-haut placés, très-honorables, très-honorés, que, selon le calcul des probabilités et des vraisemblances, je ne puis ni ne dois connaître... et que je connais cependant beaucoup... — à commencer par M. le comte Raoul de Crédencé, qui me fait l'honneur de m'écouter en ce moment...

— D'accord, — répliqua l'amant de Laurence, — mais j'affirme que le marquis Castella n'était point de ces gens-là...

— Et cette fois, vous avez raison, puisque son nom même m'est inconnu... — Continuez, monsieur le comte, je vous prie...

— La marquise étant belle comme les anges, et coquette autant que belle, — poursuivit Raoul, — le marquis était jaloux.

— C'est la règle... — murmura Raymond.

— Il trouva le séjour de Paris trop dangereux pour sa femme, et il l'emmena voyager...

Le petit homme haussa les épaules.

— Expédient absurde!... — fit-il ensuite, — mais les maris sont tous bâtis comme cela!... — ils se figurent qu'en changeant d'air ils éviteront une infortune conjugale vieille comme le monde...

— ils oublient que ce qui est écrit est écrit, — que la destinée de tout homme a ses lois immuables, et la fatalité ses coups certains et inévitables...

— Quiconque est créé et mis au monde pour être un mari malheureux le sera, — quand même, — quoi qu'il fasse...

— Peste, mon cher Raymond, — s'écria Raoul en riant, — c'est une farouche philosophie que la vôtre!!...

— Je suis sceptique, je l'avoue, en fait de vertu féminine, et comme j'ai l'esprit logique et que je ne me dissimulais point ce qui m'attendait en cas de mariage, je n'ai jamais voulu prendre femme.

— C'était prudemment agir, et le pauvre marquis Castella se serait bien trouvé de suivre votre exemple...

— Je parierais volontiers que vous fîtes en voyage la connaissance de sa femme...

— Pariez hardiment, et vous gagnerez...

— Ceci vous prouve à quel point j'avais raison tout à l'heure...

— Je n'ai nul besoin de cette preuve pour en être convaincu... — Bref, je vis la marquise, je fus frappé de sa beauté; — je passai, presque sans transition, de l'admiration à l'amour, — je déclarai ma flamme, et, après un stage que mon impatience même n'eut pas le temps de trouver trop long, je fus le plus heureux des hommes...

— Naturellement... — Et, le marquis?...

— Le marquis me regardait comme un ami très-chaud, car j'avais eu l'esprit de me faire son ami, et, malgré sa jalousie transcendante, il ne voyait absolument rien de ce qui se passait près de lui...

— C'est la règle... — Resta-t-il longtemps aveugle?...

— Plusieurs mois...

— Et, à la fin, qui donc lui ouvrit les yeux?...

— Le hasard, ou plutôt notre imprudence... — Bref, il passa, sans transition, de la confiance la plus aveugle à la certitude la plus absolue...

— Qu'arriva-t-il alors?... — eut-il le suprême bon goût de prendre son parti en brave...

— Il ne prit pas son parti du tout...

— Oh! diable !... — il fit un éclat ?...

— Il fit ce que j'appellerais volontiers un éclat intime, c'est-à-dire que sans bruit, sans scandale, sans mettre personne dans la confidence de son infortune, il m'outragea mortellement...

— Un soufflet!... — s'écria M. Raymond...

Le comte de Crédencé fit un signe affirmatif.

— C'était grave!... — murmura l'interlocuteur de Raoul.

— Vous comprenez bien, — reprit ce dernier, — qu'un duel ne pouvait manquer de s'ensuivre...

— Un duel était inévitable en effet...

— Rendez-vous fut pris, pour le lendemain, au point du jour, et le marquis, voulant éviter d'avoir à donner des explications plus ou moins vraisemblables et compromettantes à coup sûr pour son honneur, au sujet de notre rencontre, décida que cette rencontre aurait lieu sans témoins...

— Sans témoins !... — quelle imprudence !...

— Je vous répète que telle fut la volonté du marquis...

— Vous deviez vous battre à l'épée, sans doute ?

— J'aurais accepté volontiers l'épée, mais le marquis choisit le pistolet...

— Voilà un gentilhomme qui, véritablement, ne tenait guère à la vie.

— Je ne sais, mais, ce qu'il y a de certain, c'est qu'il tenait beaucoup à me tuer... — Il avait la réputation méritée d'être un tireur de première force, et, à quarante pas, il coupait douze balles de suite sur une lame de couteau...

— Dangereux adversaire, alors !...

— Tellement dangereux que je ne me dissimulai pas que j'étais un homme mort si M. Castella faisait feu le premier.

— Fâcheuse certitude !...

— Le marquis, à qui sa position d'offensé donnait le droit de régler les conditions du duel, décida que l'un de nous compterait à voix haute jusqu'à trois, et qu'aussitôt le mot TROIS prononcé, nous tirerions l'un sur l'autre en même temps...

— Excellent moyen pour faire deux victimes au lieu d'une !...

— Au point du jour nous arrivâmes sur le terrain, chacun de notre côté... — Nous prîmes position, après avoir jeté en l'air une pièce d'or pour savoir lequel de nous prononcerait les trois mots sacramentels... — Ce fut moi que le hasard favorisa...

— Ceci était d'un heureux augure...

— Sans doute, car, trois secondes après, le marquis tombait roide mort, le crâne traversé par une balle...

— Et vous n'aviez, vous, aucune blessure ?...

— M. Castella n'avait point fait feu...

XV. — UNE CONDITION.

Raymond sourit :

— Je vois ce que c'est... — dit-il, — le marquis, distrait par la pensée de ses infortunes conjugales, s'était mis en retard pour presser la détente de son arme, car je vous sais incapable, monsieur le comte, d'avoir tiré plus tôt qu'il ne fallait... — Recevez mes compliments bien sincères !... — vous êtes né, visiblement, sous une étoile favorable !... — Votre récit, d'ailleurs, m'intéresse plus que je ne saurais le dire, et je vous supplie humblement de vouloir bien ne point l'interrompre... — Une fois M. Castella parfaitement défunt, qu'arriva-t-il, s'il vous plaît ?...

— Je regagnai la ville... — je rentrai à l'hôtel. — Je prévins la marquise de ce qui venait de se passer ; puis, désireux d'éviter toute discussion avec la justice locale, je bouclai mes malles à la hâte, — je pris le chemin de fer, et le lendemain j'étais à Paris...

— Il y a de cela longtemps ?... — demanda M. Raymond.

— Quinze jours à peine, — répondit le comte.

— Et la marquise, que devint-elle après votre départ ?...

— La marquise a fait bonne contenance... — elle a présidé à l'enterrement de feu son mari..., — elle a versé une suffisante quantité de larmes, — elle a commandé des robes de deuil, — et, ces différents devoirs accomplis, elle a pris à son tour le chemin de fer pour revenir à Paris...

— Où elle est arrivée, sans doute ?...

— Oui, — depuis quelques heures. — Et maintenant, mon cher Raymond, maintenant que vous connaissez l'historique de ma liaison avec la marquise, — j'en arrive sans plus de préambule à la chose importante, c'est-à-dire au testament...

— Le testament de M. Castella, sans doute ?...

— Vous devinez juste... — le marquis s'est conduit d'une manière indigne vis-à-vis de sa femme... ou plutôt vis-à-vis de sa veuve...

— En vérité !... — murmura Raymond avec un sourire.

— Avant de quitter l'hôtel pour venir se battre avec moi, — continua le comte, — il a écrit un testament, adressé à l'un de ses amis de Paris, et qui est la ruine de la marquise...

— Il contient donc une exhérédation complète ?

— Oui, complète.

— Et la jeune femme ne possède pas de fortune personnelle ?...

— Elle en possède du moins bien peu...

— Combien ?...

— Deux cent mille francs... — Une misère.

— Le marquis, lui, était riche ?...

— Très-riche.

— Le chiffre de son actif ?...

— Deux millions, au moins...

— Ah ! diable !... — la somme est ronde, en effet, et vaut la peine d'être regrettée... — Je comprends que la marquise soit furieuse !...

— Furieuse et désespérée... — mais j'ai calmé ce soir, de mon mieux, sa colère et son chagrin...

— Comment ?...

— En lui parlant de vous, de votre habileté prodigieuse, et en lui promettant, de la façon la plus positive, que vous viendriez à son aide et la tireriez d'embarras...

— Vous avez peut-être eu tort de promettre...

— Pourquoi ?...

— Parce que, — vous ne l'ignorez pas, — je me charge d'une entreprise que lorsque j'ai la certitude absolue de la mener à bonne fin...

— La réussite de l'entreprise que je vous propose est certaine...

— Je n'en sais rien encore...

— C'est juste, mais je le sais, moi...

— Vous trouverez bon que je me réserve d'être

le seul juge en pareille matière... — Avant de prendre un parti, il me reste à vous faire diverses questions...

— Faites...

— D'abord, ce testament, adressé à un ami de Paris, qu'est-il devenu?...

— Il est en lieu sûr...

— Où?

— Dans ma poche...

Raymond se mit à rire.

— Ah! ah! — dit-il ensuite, — il paraît que la petite dame, se doutant de quelque catastrophe, a trouvé prudent d'escamoter la correspondance?...

— Fort heureusement pour elle... — répliqua Raoul, — car, sans cela, tout était perdu.

— Montrez-moi l'acte en question...

M. de Crédencé tira de sa poche son portefeuille, dans lequel étaient renfermés le testament et la lettre.

— Tenez!... — dit-il en tendant ces deux pièces à Raymond.

Ce dernier les déploya successivement, et les examina pendant quelques minutes, après avoir pris connaissance du contenu.

Tandis que son examen se prolongeait ainsi, Raoul ne le quittait pas des yeux, espérant découvrir sur son visage une impression favorable ou défavorable.

Mais nous savons déjà que rien n'égalait l'*impénétrabilité* du bizarre personnage.

M. de Crédencé ne parvint point à lire sa pensée sur ses traits immobiles.

— Je signale à votre attention l'écriture et la signature, — dit-il enfin, — l'une et l'autre me paraissent d'une imitation extrêmement facile...

— Il n'y a pas d'écriture et de signature au monde qui soient difficiles à imiter, — répondit Raymond d'un ton absolu.

— Pourquoi donc alors, en de certains cas dont vous parliez tout à l'heure, regardez-vous le succès comme douteux...

— Il ne s'agit pas du succès matériel de l'imitation, qui n'est qu'un jeu d'enfant pour une main habile... — Je m'engage volontiers à vous tromper vous-même, par une copie parfaite de votre signature dont vous serez dupe le premier...

— De quoi s'agit-il donc?...

— Des résultats probables d'une affaire envisagée dans son ensemble... — Je n'agis que lorsque la conviction m'est acquise qu'il n'y aura ni discussion, ni procès, au sujet des pièces fausses...

— Sommes-nous aujourd'hui dans ce cas?... voilà la question...

— Comment vous éclairer?...

— Rien de plus facile : — les héritiers naturels du marquis seraient seuls en droit d'attaquer un testament défavorable à leurs intérêts.

— C'est évident... — s'écria le comte.

— Or, le marquis avait-il des héritiers naturels?... — continua Raymond. — Les dispositions que j'ai sous les yeux semblent indiquer le contraire, puisque M. Castella dispose de sa fortune entière en faveur d'établissements de bienfaisance.

— Reste à savoir si cette conjecture est aussi conforme à la vérité qu'à la vraisemblance...

— A l'une comme à l'autre, — dit vivement M. de Crédencé, — le marquis n'avait pas de famille...

— En êtes-vous certain?

— Parfaitement... — Au moment où je vous parle, la race de Castella n'existe plus... — le marquis Gaston était l'unique représentant d'une illustre maison, inscrite au Livre d'or de Venise, où jadis, et pendant des siècles, elle brilla du plus vif éclat.

« Le père du marquis, condamné à mort par les autorités autrichiennes pour faits politiques, vint se réfugier avec sa femme et son fils, en France, en Provence, où il mourut, à une époque déjà éloignée...

« La marquise douairière est morte à Auteuil, il y a cinq ou six ans...

« Le dernier descendant des patriciens de Venise est mort sous mes yeux, il y a quinze jours, dans les circonstances que je vous ai dites...

« Bref, je vous répète que la famille est éteinte.

« Vous voyez, par conséquent, mon cher Raymond, qu'en l'absence de tout héritier naturel, proche ou éloigné, aucun procès n'est possible au sujet du testament...

Raymond réfléchit pendant quelques minutes.

— Eh bien, — lui demanda le comte, — que décidez-vous?...

— J'accepte... — répondit-il, — je ferai ce que vous souhaitez...

— A la bonne heure!... — s'écria M. de Crédencé, — je n'attendais pas moins de vous! — Il nous reste maintenant à traiter un point délicat...

— Lequel?...

— Celui des conditions que vous êtes en droit d'imposer...

— Parlez-vous des conditions pécuniaires?...

— Naturellement.

— Ce n'est point avec vous, monsieur le comte, que je m'entendrai à ce sujet...

— Et avec qui donc?... — demanda Raoul prodigieusement surpris.

— Avec madame la marquise elle-même... — répondit Raymond en souriant.

— Y pensez-vous!...

— Très-bien...

— Jamais, au grand jamais, les femmes dans la position de la marquise ne se sont occupées personnellement de semblables détails.

— Je suis loin de dire le contraire; mais une fois n'est pas coutume...

— Que signifie cette fantaisie étrange?...

— Le mot est bien trouvé... — C'est en effet une fantaisie... — mais le caprice de voir de près une femme du monde, une marquise, une grande dame, et qui plus est, une très-jolie femme ; car la marquise doit être vraiment charmante, puisqu'un don Juan de votre mérite, aussi blasé que vous devez l'être par vos succès parisiens, lui a fait l'insigne honneur de la remarquer et de s'attacher à elle...

— Mais enfin, que lui direz-vous?...

— Oh! soyez tranquille, monsieur le comte... je saurai m'exprimer convenablement... — Quoique je sois né dans une modeste sphère et que j'aie passé fort loin des genoux des duchesses, la marquise, je vous l'affirme, me trouvera parfait gentleman...

— J'ignore si madame Castella se prêtera à ce que vous-même vous appelez une fantaisie, un caprice... — songez qu'elle est en deuil et que sa porte est fermée à tout le monde...

— Laissez-moi donc tranquille avec votre porte fermée!... — s'écria Raymond en riant aux éclats. — Il n'y a pas de porte ici-bas, croyez-le bien, qui ne s'ouvre à deux battants pour laisser passer des millions...

Puis, comme M. de Crédence gardait le silence, Raymond reprit, en soulevant son vieux bonnet de laine à visière, et en saluant ironiquement son interlocuteur :

— A votre aise d'ailleurs, monsieur le comte, à votre aise!... — Si votre maîtresse est décidément trop grande dame pour daigner admettre en sa présence un drôle, un rustre, un faquin de mon espèce, n'en parlons plus!... — Je n'ai point mission de distraire au milieu des crises de sa douleur si légitime la veuve du marquis Castella... — Je la laisserai pleurer en paix son mari et sa fortune, qui sont partis l'un portant l'autre... — Voici le testament et la lettre... — Je vous les rends pour en faire tel usage qu'il vous semblera convenable, et il ne me reste qu'à vous affirmer combien vivement je regrette que vous vous soyez dérangé cette nuit pour rien...

Après cette péroraison moqueuse, M. Raymond se leva et fit mine de sortir du cabinet vitré.

Raoul le retint par le bras.

— Vous êtes en vérité trop susceptible, mon cher Raymond! — lui dit-il. — Que diable! il y a moyen de s'entendre...

— Il y a un moyen, en effet, mais il n'y en a qu'un... — Monsieur le comte devrait savoir que je ressemble à une barre de fer pour la roideur et à un mulet pour l'entêtement... — Quand j'ai posé une condition, absurde ou non, je n'en démords pas... — En un mot comme en cent, je ne cède jamais...

— Eh bien! c'est moi qui céderai... — répliqua Raoul, — que voulez-vous de plus?...

— Vous annoncerez ma visite à madame la marquise?...

— Oui.

— Madame la marquise me recevra?...

— Oui.

— Quand?

— Quand vous voudrez... — dès demain, si cela vous plaît...

— L'adresse de madame la marquise?

— Rue de la Madeleine, hôtel Wilson...

— C'est bien... — Je me charge de l'affaire et vous pouvez compter sur moi...

XVI. — UNE RENCONTRE.

Le comte, ayant obtenu ce qu'il désirait de Raymond, s'empressa de quitter le cabaret.

Il avait à peine fait dix pas dans la rue obscure, qu'il se heurta contre un personnage de haute taille, qui marchait rapidement et sans regarder devant lui.

— Sot animal!... double butor et triple brute! — s'écria-t-il, — ne pouvez-vous faire attention?...

— Cré nom de nom, de nom d'un nom!... — hurla l'inconnu, — c'est toi l'animal, c'est toi le butor, c'est toi la brute!... — Tais donc ton bec, et plus vite que ça, ou je cogne!...

M. de Crédence sentit que la colère le gagnait et il leva sa canne pour frapper l'insolent.

Mais il réfléchit bien vite qu'une querelle et une bataille nocturnes, avec quelque gredin déguenillé, seraient absurdes et seraient dangereuses.

En conséquence il se contenta de hausser les épaules, et il essaya de continuer son chemin.

Mais l'inconnu ne semblait point de composition facile, ni d'humeur pacifique.

De nouveau, et cette fois volontairement, il barra le passage au comte, et il reprit d'une voix de plus en plus provocante :

— Eh bien!... eh bien!... propre-à-rien de malheur, qu'est-ce que c'est donc que ce genre-là!...
— Comment, on mécanise les bons garçons qui ne vous disaient rien, et ensuite on refuse de s'aligner avec eux pour se rafraîchir d'un temps de savate!...
— Cré nom!... mais t'es donc pas un homme!... — t'es donc un rien-du-tout de rien-du-tout!...

— Drôle, — répliqua M. de Crédence en repoussant violemment son adversaire, dont la poitrine le touchait presque, — fais-moi place!... je te le conseille...

— Plus souvent, que je te laisserai passer!... — Vas-y voir!... — Allons, grand lâche, numérote tes os... je vas te démolir!...

— Pour la dernière fois, — dit le comte, — fais-moi place ou prends garde à toi!... — Je suis armé!...

— Je m'en fiche pas mal de ton armement!... — Quand tu aurais de l'artillerie dans tes poches, je ne t'en dévisserai pas moins la boussole, foi de Larifla!...

M. de Crédence fit jaillir de sa canne la lame d'acier tranchante et pointue qu'elle contenait...

Il attendait, pour frapper, le premier choc de son imprudent agresseur...

En entendant le nom que ce dernier venait de

prononcer, il se mit à rire, et le carrelet rentra dans son étui de jonc.

— Ah çà, mon pauvre Larifla, — s'écria-t-il, — tu deviens donc fou !... — Quelle ardeur belliqueuse s'empare de toi cette nuit et te pousse à dévorer les amis...

— Les amis ont un nom... — murmura le grand jeune homme pâle un peu déconcerté. — Comment t'appelles-tu ?...

— Imbécile !... je suis Régulus...

Larifla fit un bond et s'appliqua dans le creux de l'estomac une douzaine de taloches sonores.

— Ah !... sac à papier !... — balbutia t-il ensuite avec une profonde contrition, je suis un joli polichinelle !... — J'allais taper sur mon bienfaiteur !... — Je mérite une correction, et je te supplie, ô Régulus !... de m'accorder deux ou trois douzaines de coups de pied dans le... dos...

— C'est inutile,... — répondit M. de Crédencé en riant.

— Pourquoi inutile?... — Je te répète que je mérite une correction, et que je te la demande...

— Et, moi, je t'en fais grâce...

— Tu me pardonnes donc ?...

— Sans doute...

— Bien vrai ?...

— Foi de Régulus...

— Et tu ne me supprimes pas ma petite rente bi-mensuelle ?...

— En aucune façon...

— Régulus, veux-tu savoir ce que je pense de toi?... — Tu n'y tiens pas?... — Je vais te le dire tout de même... — Tu es un géant de générosité !... — quelque chose d'énorme !... — plus qu'un homme !... — un demi-dieu !... — Il ne te manque qu'un piédestal, et, si les populations te le refusent, moi je te l'élève dans mon cœur !...

— Par quel hasard es-tu dans ce quartier ? — demanda le comte, pour faire trêve à l'enthousiasme et au lyrisme de Larifla; — je te croyais aux environs du Château-d'Eau...

— En bonne fortune, n'est-ce pas ? — fit le pâle jeune homme d'une voix larmoyante.

— Du moins tu m'avais dit, en me quittant, que l'amour d'une marchande de sucres d'orge t'attendait...

— Ami bien cher, tu rouvres une plaie saignante...

— Pourquoi donc?...

— Mon amante était infidèle...

— Tu en es sûr, pauvre Larifla ?...

— Autant qu'on puisse être sûr d'une chose quand on l'a vue de ses propres yeux !... — Ma place était prise par un pompier... — Le casque de ce faquin m'a crevé les yeux. — Oh! les femmes !... les femmes !... — Alors, moi, je me suis dit : — *Ce n'est pas la peine de me faire du mauvais sang... — Je vais aller chez Paul Niquet pour me distraire de mes chagrins...* — et me voilà...

— Eh bien ! et toi, ami véritable, ça va t-il comme

tu l'entends ?... — Boule-qui-roule a-t-il mérité ton estime et gagné honorablement ta monnaie ?...

— Boule-qui-roule a voulu m'assassiner...

— Si c'est possible !... allons, tu te moques !...

— Je te dis la chose comme elle est...

— T'assassiner !... quelle abomination !... — Mais pourquoi, voyons ? pourquoi ?...

— Pour me voler, pardieu !...

— Ah ! le gredin !... — pour un gredin, voilà un gredin !... — Egorger mon ami !... — Excusez !... c'est ça qui aurait été du propre !... — J'ose espérer que tu lui as tordu le cou, à ce vilain magot de baudruche !...

— Je me suis contenté de lui casser le poignet d'un coup de canne.

— Ça n'était pas assez... — Ces bêtes venimeuses-là, vois-tu, faut leur couper le sifflet pour les empêcher de mordre... — Méfie-toi de Boule-qui-roule !... — Quand il sera raccommodé, il cherchera à te jouer un mauvais tour... — C'est aussi sûr que si c'était fait... — Méfie-toi !...

— Je serai sur mes gardes, sois tranquille...

— Et Raymond ?... cet autre coquin de Raymond ?...

— Je l'ai vu...

— Il était ici ?... chez Paul Niquet?...

— Oui ; — il y est même encore.

Larifla fit un violent mouvement de retraite.

— Ah ! il y est encore, — fit-il, — alors, moi, je m'en vais... — Au revoir, immense Régulus... au revoir, ami sans pareil...

Larifla commençait déjà à tourner sur ses talons. M. de Crédencé l'arrêta d'un mot.

— Reste, — lui dit-il.

Le grand jeune homme pâle n'acheva pas le demi-tour commencé.

— Tu veux que je reste ? — demanda-t-il.

— Oui.

— Pourquoi ?

— J'ai besoin de toi...

— Tant mieux !...

— Je bénis le hasard qui t'a conduit ici, — continua le comte, — et je vais te demander un service... — Tu es, je pense, disposé à me le rendre?...

— Si j'y suis disposé !... — J'ose croire que tu n'en doutes pas !... — Un service à mon bienfaiteur !... — Quelle chance !... — Parle, Régulus !... — parle vite, et, s'il te faut tout mon sang, n'hésite point à le demander, je suis prêt, — s'écria Larifla chaleureusement.

— Garde ton sang, — répondit le comte avec un sourire, — tu n'en as pas trop pour toi ; — il s'agit d'autre chose.

— De quoi ?

— De Raymond.

— Ah ! diable !... — murmura le pâle jeune homme dont l'exaltation s'éteignit comme par enchantement.

— Raymond est encore chez Paul Niquet, je

viens de te le dire, — reprit M. de Crédencé ; — mais j'ai tout lieu de croire que rien d'important ne l'y retient plus, et que, d'un instant à l'autre, il en sortira.

Larifla fit un second mouvement de retraite, non moins significatif que ne l'avait été le premier.

Le comte poursuivit :

— Tu vas te mettre en embuscade auprès de la porte, de manière à ce qu'il soit impossible à Raymond de quitter le cabaret sans passer sous tes yeux... — son costume le rend facilement reconnaissable... — il est vêtu de gris comme un mendiant de Bicêtre ; — il porte un bonnet de laine à

— Je n'hésite pas, — acheva le pâle jeune homme, — je refuse.

XVII. — ESPIONNAGE.

M. de Crédencé resta muet pendant un instant, tant sa surprise fut profonde.

— Ah çà, voyons, Larifla, — reprit-il ensuite, — expliquons-nous, mon bonhomme.

— Je ne demande pas mieux que de m'expliquer.

— Il doit y avoir quelque malentendu entre nous... — tu comprends mal, sans doute, ce que j'attends de toi.

Allons, grand lâche ; numérote tes os... je vais te démolir. — Page 190.

visière et des chaussons énormes... — d'ailleurs tu connais le personnage... — impossible de se tromper. — Tu le suivras, d'assez près pour ne point le perdre de vue... — d'assez loin pour qu'il ne s'aperçoive pas qu'il est suivi... — Tu le verras entrer quelque part, et, lorsqu'il sera dans son gîte, tu prendras note du nom de la rue, du numéro de la maison, et tu viendras me retrouver. — Est-ce compris ?

— Hum !... hum !... — murmura Larifla pour toute réponse.

— Que veut dire ceci !... — s'écria le comte ; — on croirait que tu hésites.

— Non... oh ! non, je n'hésite pas.

— A la bonne heure.

— Je comprends parfaitement, au contraire, que tu me demandes de suivre Raymond jusqu'à ce qu'il rentre dans son trou.

— Eh bien ?

— Eh bien, c'est là, tout justement, ce que je ne veux pas faire.

— Pourquoi ?

— Pour des raisons à moi connues... — Je suis parfaitement décidé à ne me mêler, sous aucun prétexte, de quoi que ce soit qui touche à Raymond... — je sais trop bien qu'il m'en cuirait... et je tiens beaucoup à ma peau... oh ! mais beaucoup, beaucoup...

Le comte fit un geste d'impatience.

— Je t'écoute avec stupeur, — dit-il ensuite ; —

toi qui, tout à l'heure, m'offrais de disposer de ton sang!...

— Je te l'offre encore, — interrompit Larifla; — je te l'offre plus que jamais.

— A la condition que je refuserai!... — s'écria Raoul en haussant les épaules.

— Bien entendu, — murmura le jeune homme pâle.

— Ecoute, — reprit M. de Crédencé, — et fais attention à ce que je vais te dire.

— Je suis tout oreilles.

— Je t'ai promis une petite rente.

— Sans aucun doute, ami véritable, et je n'ai garde de l'oublier.

crève mon tambour, tu donneras une larme à mes cendres.

— Ah çà, Raymond est donc, selon toi, un bien dangereux animal?...

— Plus dangereux, et plus venimeux, et plus malfaisant que tout ce qu'il y a en ce bas monde de malfaisant, de venimeux et de dangereux...

— Que t'a-t-il donc fait?

— Ça, c'est un mystère.

— Ne peux-tu me le confier?

— Jamais; — la tombe seule saura mon secret. M. de Crédencé se mit à rire.

— Ami Larifla, — fit-il ensuite, — tu devrais te

Je me relevai quand je n'entendis plus le roulement des roues. — Page 196.

— Eh bien... je te donne à choisir, présentement, entre deux partis...

— Lesquels?

— D'une part, la suppression de la rente, si tu refuses de suivre Raymond; — d'autre part, en cas d'obéissance immédiate, la continuation de cette haute paye, et, de plus, une prime de vingt francs payée tout de suite...

Larifla parut réfléchir et se gratta l'oreille.

— Quatre *roues de derrière*, — murmura-t-il ensuite, — mille noms d'un nom, c'est bien tentant...

— Te laisses-tu tenter?

— Allons, décidément, oui... — S'il m'arrive un malheur pour te rendre service, et si Raymond

faire acteur...— tu serais drôle dans le mélodrame.

— On me l'a déjà dit, — répliqua le pâle jeune homme d'une voix sombre.

— Mais, — poursuivit le comte, — assez de temps perdu; — d'une minute à l'autre Raymond peut sortir, il ne faut pas le manquer au passage... — cours te mettre en embuscade.

— C'est bon... on y va... — donne les vingt francs.

— Les voici; mais fais les choses en conscience.

— Tu peux compter sur moi; — je te promets que tu en auras pour ton argent.

Larifla se dirigea vers la porte du cabaret; mais presque aussitôt il revint sur ses pas.

— A propos, — demanda-t-il, — où te trouverai-je pour te rendre compte de mon expédition, si toutefois j'en reviens vivant ?

— Je rentrerai chez Paul Niquet aussitôt que Raymond en sera sorti; je m'installerai dans l'un des cabinets qui sont au fond, et j'y resterai jusqu'à ce que tu sois venu.

— C'est bon.

Larifla quitta son interlocuteur et alla prendre position sous l'auvent d'une boutique, juste en face de l'entrée du cabaret.

L'établissement de Paul Niquet avait obtenu de la police l'autorisation de rester ouvert toutes les nuits, et les vitres crasseuses de ses fenêtres à petits carreaux projetaient une faible lueur, de chaque côté de sa porte, sur les pavés fangeux.

L'autre côté de la rue se trouvait plongé dans une obscurité à peine transparente.

Il était donc impossible que Raymond sortît sans être vu et reconnu par Larifla, et il était bien difficile que le même Raymond constatât la présence du jeune bandit dans son observatoire capitonné de ténèbres.

M. de Crédencé, appuyé contre la muraille, à une trentaine de pas de la porte du cabaret, distinguait vaguement la place où Larifla se tenait immobile.

Cinq minutes s'écoulèrent.

Une ombre grisâtre, une forme humaine mal définie quitta la taverne populaire, prit à petits pas le milieu du pavé, et s'éloigna en tournant le dos à Raoul.

Aussitôt après, une deuxième ombre se dessina de façon confuse sur l'obscurité profonde de l'un des bas côtés de la rue, et, à peine entrevue, cessa d'être visible.

La première de ces ombres était ronde et courte.

La seconde semblait allongée, mince, presque diaphane.

L'une était M. Raymond, et la seconde, Larifla, 'est-à-dire le chasseur et le gibier.

Seulement, dans la situation particulière de nos personnages, le gibier, — chose rare et qui mérite d'être notée, — le gibier, disons-nous, inspirait au chasseur l'épouvante la plus excessive.

Dès que Larifla et Raymond eurent disparu, M. de Crédencé quitta son poste et regagna le cabaret.

Il se fit ouvrir le cabinet vitré dans lequel, si peu de temps auparavant, il s'était entretenu avec le Protée parisien, et, comme la fraîcheur et l'humidité de la nuit l'avaient glacé, il donna l'ordre d'apporter du vin chaud, malgré sa profonde répugnance pour toute consommation dans des lieux éminemment suspects, où toutes choses révoltaient ses habitudes aristocratiques et ses instincts délicats.

Au bout d'un instant l'un des garçons de l'établissement posa triomphalement sur la table recouverte d'une toile cirée gluante un bol de cuivre, jadis plaqué en argent, mais qui, depuis longtemps déjà, rougissait de toutes parts.

Ce bol était rempli d'un liquide rouge et fumant, d'où s'exhalait une violente odeur de muscade et de clous de girofle.

Une mince tranche de citron, dépouillée de son zeste, flottait sur cet océan en miniature.

Le garçon jugea convenable de témoigner quelque déférence au consommateur qui se livrait libéralement à des dépenses de premier ordre.

— Voilà un bischoff numéro 1, mon brave, — lui dit-il ; — je l'ai fait moi-même et je n'y ai rien épargné.. — j'ai mis tant de sucre que c'en est devenu un vrai sirop... — on n'en boit pas de pareil dans les grands cafés des boulevards, allez... — c'est un pur velours sur l'estomac, voyez-vous, et si vous êtes connaisseur, comme vous en avez l'air, vous m'en direz de bonnes nouvelles.

Le garçon sortit.

M. de Crédencé essuya de son mieux le verre épais et raboteux qui accompagnait le bol ; — il le remplit du liquide rouge, il le porta à ses lèvres ; — il avala une gorgée de son contenu et il se sentit la gorge déchirée par l'âcre saveur du gros vin de Collioure employé à la confection du breuvage infernal, saveur irritante que la mauvaise qualité de la cassonade et des épices augmentait encore.

— Sacrebleu !... — murmura-t-il, moitié riant, moitié toussant, — j'ai des ennemis ici, le fait est certain ; ces gens-là veulent ma mort... Borgia, Exili, la Brinvilliers, la Voisin, n'étaient que de la Saint-Jean à côté de pareils empoisonneurs !... — j'ai peine à croire que je survive à l'intoxication que je viens de perpétrer !...

Un peu soulagé par le monologue que nous venons de reproduire, le comte éloigna de la table son tabouret, de manière à pouvoir s'appuyer contre la muraille.

Il alluma un cigare, et, bercé en quelque sorte par le bourdonnement sourd et continu qui s'échappait, comme d'une ruche, des vastes salles du cabaret, il ne tarda pas à s'assoupir à demi.

Cet état d'engourdissement physique et moral, qui n'était à proprement parler ni le sommeil, ni la veille, dura à peu près une demi-heure.

Au bout de ce temps, le bruit de la porte qui s'ouvrait le rappela brusquement à lui-même.

Il leva les yeux et il vit en face de lui un individu très-long et très-maigre qu'il crut tout d'abord ne point connaître, quoique ses traits lui parussent offrir une vague ressemblance avec ceux de Larifla.

— Eh quoi !... — s'écria le nouveau venu d'une voix délicate, — tu ne me reconnais pas !

— Comment ! — balbutia M. de Crédencé stupéfait, — comment, c'est toi, malheureux !...

— Hélas ! oui .. c'est moi... malheureux...

C'était bien, en effet, l'infortuné Larifla ; — mais dans quel état, grand Dieu !...

Son visage, si blafard d'ordinaire, était marbré, depuis le front jusqu'au menton par une multitude de sillons d'un bleu livide et d'un rouge sombre, d'où perlaient par endroits des gouttelettes de sang.

Ce n'était pas tout encore.

Un large cercle noir s'étendait autour de chaque œil, et cette double meurtrissure, englobant les paupières et une partie des joues, augmentait l'effet étrange et sinistre de l'ensemble du visage.

— Que signifie cela ?... — demanda le comte, lorsqu'il fut revenu de sa première surprise ? — que t'est-il arrivé ? — parle vite.

Larifla se laissa tomber sur un tabouret, en face de M. de Crédencé, et, au lieu de répondre, il se mit à pousser des gémissements sourds.

— Enfin, voyons, comment se fait-il que tu sois accommodé de cette façon ? — répéta Raoul, dont la curiosité se trouvait excitée au plus haut point ; — parle, camarade, explique-toi !...

— Hélas ! hélas !... je suis défiguré pour le restant de mes jours ! — s'écria le jeune homme avec un accent de désespoir... — me voici désormais un meurtri, l'horreur et le rebut de la nature entière !...

— Mais non, mais non, ne crois pas cela... — répondit le comte, — je t'affirme que dans une semaine il n'y paraîtra plus...

— Tu me dis cette turlutaine pour me consoler ; mais je sais bien que tu n'en penses pas un mot... — Oh ! mon physique, mon pauvre physique !... il est anéanti !... — Tout espoir est perdu !... — je suis défiguré !... — Sans être beau, je plaisais aux femmes... — j'avais quelque chose de fripon dans l'œil... — enfin, le sexe me gobait parfaitement bien.. — et maintenant me voici bon à montrer pour deux sous dans les foires, comme un phénomène... — Ah ! il y a de quoi se frapper la tête contre les murs !... — Et c'est toi, brigand de Régulus, c'est toi qui es cause de mon malheur !... — Tiens, si je ne me retenais pas, je te casserais quelque chose, et tu ne l'aurais pas volé !...

XVIII. — MÉSAVENTURE.

Le comte de Crédencé, — nous croyons l'avoir dit dans l'un des chapitres précédents, — exerçait une domination réelle sur les êtres de l'espèce de Larifla.

Les bandits de bas étage auxquels il se mêlait le croyaient leur égal sous tous les rapports, et cependant, à leur insu, ils subissaient son autorité, contre laquelle ils s'insurgeaient rarement.

Il suffit donc à M. de Crédencé, pour ramener Larifla au sentiment du devoir et de la soumission, de faire un geste impérieux, et de s'écrier d'une voix où les notes du commandement suprême éclataient :

— Assez de folies et de sottises comme cela !...
— Je veux savoir ce qui s'est passé, et je veux le savoir tout de suite...—Es-tu tombé dans un guet-apens?... — une maison s'est-elle écroulée sur toi?... — Encore une fois, parle! réponds !...

Larifla, cette fois, n'opposa pas même une velléité de résistance à ces injonctions si précises.

Seulement, — sans doute pour ranimer ses esprits défaillants et son courage épuisé, — il jugea convenable de s'administrer un breuvage tonique et fortifiant.

En conséquence, saisissant d'une main le bol apporté pour M. de Crédencé, et auquel ce dernier, nous le savons, n'avait touché qu'à peine, il l'approcha de ses lèvres, il but avidement, et il ne replaça sur la table le récipient que lorsque ce dernier ne contint plus une seule goutte de l'affreux breuvage.

Hâtons-nous d'ajouter qu'il ne sembla partager en aucune façon l'opinion de Raoul sur le breuvage en question, car ses yeux éteints se ranimèrent subitement, et une sorte de gaieté rayonna sur son visage dévasté.

— Cré nom d'un nom !... — murmura-t-il avec conviction, — il faut convenir, pour dire la vérité, que ça fait du bien tout de même !... — C'est ça du soigné, c'est ça du vrai chenu, ou je ne m'y connais pas !... quel cataplasme sur l'estomac !... — Ça vaut mieux qu'un coup de poing !... foi de Larifla ! — Mâtin, Régulus, tu te soignes ! — Je m'abonnerai à ton régime quand tu voudras...

— Ainsi, — demanda le comte, — tu te sens mieux ?...

— Ma foi, oui...

— Rien ne t'empêche donc de me satisfaire sans plus de retard, en me mettant au fait des incidents survenus depuis une heure.

— Rien absolument...

— Alors, je t'écoute...

— Mon récit ne sera pas long, mais en revanche il ne sera pas gai... — Voici la chose en deux temps... — D'abord j'ai parfaitement reconnu ce gredin de Raymond, quand il est sorti de chez Paul Niquet, et je me suis mis à le suivre comme tu me l'avais recommandé....

— Je sais cela, — dit le comte... — de l'endroit où j'étais placé, je vous ai vus partir tous les deux, l'un derrière l'autre...

— Dans le commencement tout alla bien, — reprit Larifla, — ce gueux de Raymond ne marchait pas vite, et je l'emboîtais militairement à une distance de vingt-cinq pas, en rasant les maisons, de manière à pouvoir m'effacer *subito* s'il faisait mine de tourner la tête...

« Nous avions trottiné comme ça pendant un quart d'heure, en approchant, et je me disais déjà que je gagnerais mon argent sans trop de peine, quand je vis tout à coup, au détour d'une rue, une voiture qui ne bougeait point, et qui avait l'air d'un petit fiacre...

« Mon scélérat de Raymond s'approcha de cette voiture, et sans dire un mot au cocher, ce qui prouve bien qu'il y avait quelque manigance là-dessous, et que le fiacre n'était pas un fiacre ordinaire, il ouvrit la portière et monta dedans.

« Le cocher ne lui demanda pas non plus où il fallait le conduire.

« Il n'en fit ni une ni deux; — il fouetta son cheval qui partit au grand trot.

« — Ah! mais non... ah! mais non... — que je me dis; — voilà qui ne fait point mon affaire... — Régulus m'a donné vingt francs pour savoir où va Raymond, je saurai où va Raymond, ou j'y perdrai mon nom...

« Et je me mis à jouer des jambes.

« Le cheval filait, ni plus ni moins que s'il avait un fagot d'épines sous la queue...

« Moi je galopais comme doit galoper un homme qui sent la police à ses trousses.

« Pour suivre une voiture à ce train-là, fallait être jambé comme un cerf, mais j'ai de crânes *guibolles* et j'ai gagné le premier prix de la *course en sac* à la fête de Pantin, il y aura bientôt quatre ans.

« Bref, j'allongeai si bien mes compas que je finis par gagner de vitesse ce mâtin de cheval, — une rude bête cependant! — je rattrapai le petit fiacre, — je m'accrochai des deux mains à l'un des ressorts, — je me laissai traîner pendant un instant et enfin je me hissai tant bien que mal sur le train de derrière.

« Il était temps, — le souffle commençait à me manquer, et je crois que je n'aurais pas pu faire seulement vingt-cinq pas de plus sans me laisser tomber par terre tout à fait poussif...

« Le fiacre continuait à filer son nœud, comme si de rien n'était, et je me disais :

« — C'est commode, tout de même!... — ça me repose!... — Je suis sûr d'arriver avec Raymond à destination, et la chose me va d'autant plus que j'adore aller en voiture!...

« Il y avait dans le derrière du fiacre, comme dans tous les fiacres, et aussi je crois dans tous les carrosses, une espèce de petite lucarne carrée avec une vitre.

« Voilà que tout à coup, au moment où je m'y attendais le moins, j'entends le bruit que fait un morceau de verre qui se brise en trente six mille pièces...

« Devine un peu ce que c'était!... — Je te le donne en cent, Régulus...

— Comment veux-tu que je devine ?... — répliqua le comte avec impatience, — explique-toi tout de suite... — cela vaudra beaucoup mieux que de me poser des énigmes...

— Tu donnes ta langue aux chiens, et tu fais bien... — reprit Larifla... — Or, ce verre cassé, c'était la vitre de la petite lucarne qui volait en éclats...

« Sans même avoir besoin de réfléchir, je compris tout de suite que ça ne sentait pas bon pour moi, et je voulus sauter sur le pavé.

« Tonnerre de tous les diables de l'enfer, il était déjà trop tard !

« Cet enragé brigand de Raymond, ce coquin, ce bandit, dont je voudrais manger le nez, avait passé son bras par la lucarne, — sa main tenait le collet de ma blouse comme une tenaille de fer, elle me clouait sur place, sans résistance possible de ma part...

« En même temps le cocher se retournait vers moi !... — Je dépassais de toute la tête, pour mon malheur, l'impériale du fiacre !... — Le scélérat, sans ralentir la vitesse de son cheval, m'appliqua sur la figure, pendant plus de cinq minutes, une volée de coups de fouet dont je me souviendrai toute ma vie...

« Je me croyais aveuglé !... — Je trépignais... je me débattais... — je poussais des cris de coq en colère... — mais personne ne les entendait...

« Enfin Raymond lâcha le collet de ma blouse.

« N'étant plus soutenu, je tombai lourdement à la renverse, et je restai tout étendu et tout étourdi sur le pavé...

« Le fiacre s'arrêta.

« Raymond descendit.

« Il s'approcha de moi. — Je le voyais venir, ou plutôt je le devinais, et, comme je ne me sentais point la force de me défendre, je ne donnais pas signe de vie...

« Raymond me frappa deux fois du pied en plein visage...

« Heureusement pour moi il avait des chaussons de lisière... — s'il avait eu des semelles de bottes, il m'aurait mis le crâne en compote.

« Je l'entendis murmurer :

« — Je traiterai de la même façon quiconque essayera de m'espionner !...

« Puis il s'éloigna, me laissant pour mort, et la voiture se remit en marche.

« Je me relevai quand je n'entendis plus du tout le roulement des roues, je me mis en route clopin-clopant, pour revenir chez Paul Niquet où tu m'attendais, et me voici...

« Tu en sais maintenant aussi long que moi...

« Tu vois que je n'ai point eu de chance et que j'avais bigrement raison de ne vouloir me mêler de rien de ce qui regarde Raymond. — Ce n'est pas un homme que ce brigand-là, c'est un diable!...

« J'espère que je n'ai rien de cassé intérieurement, mais le physique est terriblement dégradé, et j'aimerais mieux je ne sais pas quoi, rapport aux *fâmes*...

« Enfin, ce qui est fait est fait!... — n'en parlons plus .. — Y aurait-il moyen, en tant que fiche de consolation, de boire une goutte de n'importe quoi?

— Veux-tu un second bol de ce vin chaud qui t'a paru si bon tout à l'heure? — demanda M. de Crédencé.

— Ah! fichtre, je le crois bien que j'en veux !...

— Dans ce cas, frappe sur la table et commande...

Larifla, comme bien on pense, s'empressa de se conformer à cette injonction.

Une deuxième portion de bischoff fut apportée séance tenante.

Le comte reprit, tandis que son infortuné compagnon savourait l'âcre breuvage :

— Tu n'as réussi ni peu ni beaucoup, mon pauvre garçon, et, maintenant pas plus qu'il n'y a une heure, je ne sais ce que j'avais intérêt à savoir... — Mais enfin tu as fait ce que tu as pu... — l'insuccès n'est point venu par ta faute. — Tu as été roué de coups en travaillant pour moi, et je te dois une indemnité... — Voici vingt francs que j'ajoute à ceux que je t'ai donnés déjà... — Tu pourras employer cette somme à te faire mettre des compresses sur la figure. — Attrape-moi ça!... eh! hop! leste et preste!...

Larifla bondit de joie, et saisit au vol, avec une adresse de singe, la pièce d'or que lui jetait le comte.

— Cré nom d'un nom! — s'écria-t-il, — c'est plaisir de se faire écharper pour toi! — Lors bien même que tu serais un fils de monarque étranger, déguisé en *gouapeur* pour la chose de courir le guilledou à ta fantaisie, comme dans *les Mystères de Paris*, tu ne te montrerais pas plus grandiose... — A ce prix-là, vois-tu, Régulus, je vends ma peau en détail, si tu veux me l'acheter! — Quant à ce qui est des compresses, oh! que nenni donc!... — pas si bête!... — La figure se raccommodera bien toute seule, et je préfère employer tes sonnettes à m'imbiber convenablement l'estomac, qui m'est encore infiniment plus précieux que mon cuir extérieur...

— Fais de ton argent ce que tu voudras, — répliqua M. de Crédencé, — c'est un détail qui te regarde seul... — L'essentiel est que tu n'oublies point nos conventions, et qu'en toute occasion je puisse compter sur toi...

— Pour ce qui est de ça, mon bienfaiteur, vas-y gaiement!... — Je suis à toi à pendre et à dépendre, et quand Régulus dira : — *Tue*!... — Larifla répondra : — *Assomme*!...

XIX. — BIJOU.

Les dernières paroles que nous venons de reproduire mirent fin au dialogue de M. de Crédencé et de Larifla.

Tous les deux quittèrent ensemble l'*enfer* de Paul Niquet.

Le comte reprit le chemin des quartiers civilisés.

Le bohème, parfaitement réconforté par ses amples libations de vin chaud, et prenant philosophiquement son parti des tatouages multicolores tracés sur son visage par le fouet du cocher de Raymond, se dirigea d'un pas leste vers son domicile habituel, en fredonnant le refrain d'une chanson populaire, œuvre nouvelle et encore à peu près inédite de quelque poëte du ruisseau :

> Oh! eh! hip!! allez donc,
> Hirondelle qui vole!
> Hirondelle du pont
> D'Arcole!...

Laissons-le continuer sa course, qu'aucun incident nouveau ne devait venir entraver et voyons ce qu'était devenu Raymond après avoir abandonné Larifla sur le pavé.

L'étrange personnage que M. de Crédencé appelait *le Protée parisien* rejoignit son fiacre, ou du moins la petite voiture qui ressemblait à un fiacre.

Le cocher se pencha vers lui et lui demanda :

— Eh bien, compère, *as-tu fait la fin* de ce grand sécot?...

— Il a son compte... — répondit Raymond; — s'il en réchappe, ce dont je doute, je réponds, du moins, que l'envie ne lui prendra plus de me suivre...

— L'as-tu reconnu?...

— Oh! parfaitement...

— Qui est-ce?...

— Une espèce d'imbécile, du nom de Larifla, qui, une fois déjà, a eu à se repentir de se mêler sottement de mes affaires...

— Il paraîtrait que la première leçon n'avait pas été bonne...

— Peut-être bien, mais la seconde sera suffisante...

Raymond remonta dans la voiture qui se remit à rouler et qui ne s'arrêta qu'en face d'une petite porte grise trouant un grand mur de la rue des Amandiers-Popincourt.

Raymond descendit, et la voiture, décrivant aussitôt un demi cercle, s'éloigna rapidement.

Notre personnage tira de sa poche une clef, il ouvrit la porte et se trouva dans un jardin qui semblait vaste.

Il s'engagea sous le berceau de verdure formé par une double rangée de charmilles, dont le feuillage très-épais rendait les ténèbres nocturnes plus impénétrables encore.

A l'extrémité de cette allée, qui pouvait compter cent cinquante pas de longueur, se trouvait une maison petite et basse.

Cette maison, nos lecteurs la connaissent déjà.

Au début de ce livre ils en ont franchi le seuil, en compagnie d'*André Bontems* et de *Maxime*, le mystérieux jeune homme de la rue du Rocher et du bois de Boulogne.

Raymond fit tourner une clef dans la serrure; — il appuya sur un ressort qui déplaça des fermetures intérieures très-solides et très-compliquées, et la porte tourna sur ses gonds, livrant passage au propriétaire.

Ce dernier ne dépassa point le vestibule, et n'y resta que le temps nécessaire pour allumer une lanterne sourde placée sur une escabelle avec une boîte d'allumettes chimiques.

Armé de la lanterne sourde, il retourna dans le jardin, mais, au lieu de s'engager dans l'allée de charmilles, il suivit la muraille d'enceinte et ne tarda point à atteindre l'ouverture de l'une de ces grottes en rocaille si fort à la mode à la fin du dix-huitième siècle et au commencement du dix-neuvième.

Au fond de cette grotte, et sous un large banc rustique qui la cachait entièrement, existait une dalle munie d'un anneau de fer à son point central.

Raymond écarta le banc, saisit l'anneau, souleva la dalle qui n'opposa aucune résistance et qui démasqua les premières marches d'un escalier de pierre fort bien entretenu.

Ces marches, au nombre de huit, aboutissaient à un couloir voûté assez large, long de dix à douze pieds, nullement humide et terminé par une porte de bois de chêne épaisse et forte comme une porte de prison.

En travers de cette porte se trouvait un lit de fer sur lequel dormait, tout habillé, un homme trapu, à figure bestiale, ayant deux revolvers à portée de sa main.

Cet homme avait le sommeil à tel point léger que le bourdonnement d'une mouche suffisait pour l'interrompre.

Au bruit, à peine perceptible cependant, que fit Raymond en déplaçant la dalle et en descendant les marches, il s'éveilla, se souleva sur le lit, saisit les révolvers, et s'écria d'une voix gutturale :

— Qui va là ? — répondez, ou je vous brûle !...
— C'est moi, Bijou... — répliqua vivement Raymond, en faisant jaillir de la lanterne une vive lueur.
— Ah ! c'est vous, maître... — murmura l'épais gaillard qui répondait au nom de Bijou ; — est-ce qu'il fait jour ?...
— Non pas ; — il est tout au plus trois heures du matin, mais il faut que je parle aux jeunes gens cette nuit même...

Bijou, quittant la position semi-horizontale qu'il gardait encore, s'empressa de changer de place son lit de fer, afin de rendre le passage libre.

Tandis qu'il se livrait à cette besogne, Raymond demanda :

— A propos, comment vont-ils, les jeunes gens ?...
— Comme ci, comme ça... — répondit Bijou ; — je ne suis pas médecin, mais, dans ma petite jugeotte, je trouve qu'ils filent un fichu coton...
— Ah ! tu trouves cela, Bijou ?...
— Oui, maître...
— Et, sur quoi bases-tu cette opinion ?...
— Dame ! sur ce que je vois... — Ils changent à vue d'œil, ces garçons... — ils deviennent secs comme des arêtes de harengs... — ils n'ont presque pas d'appétit et la fièvre les mine que ça fait pitié.

— Est-ce qu'ils se plaignent ?...
— Je vous prie de croire qu'ils ne s'en privent pas...
— Qu'est ce qu'ils disent ?...
— Ils prétendent qu'ils périront à la tâche si vous les forcez à exécuter jusqu'à la fin vos conventions... — Ils disent que, lorsqu'ils ont fait marché avec vous, ils ne savaient pas à quoi ils s'engageaient, et qu'ils seront certainement morts et enterrés avant d'avoir gagné la fortune dont l'appât les a décidés...
— C'était à eux de réfléchir, — je ne les ai pas pris en traître, moi... — je ne force personne...
— C'est une chose sûre et positive...
— Enfin, que voudraient-ils ?...
— Ils voudraient sortir, pardieu !... — ils répètent sur tous les tons que si vous vouliez les laisser prendre l'air seulement une heure par jour, ils se porteraient comme des ressuscités, et qu'ils n'en travailleraient que mieux le reste du temps...
— Et tu les écoutes, Bijou ?...
— Naturellement ; — à moins d'être sourd, il faut bien que je les entende...
— Et, tu leur donnes raison, sans doute ?...
— Je ne leur donne ni raison ni tort... — je leur laisse dire tout ce qu'ils veulent, et je ne les contredis point, afin de ne pas les mettre en colère...
— Est-ce que j'ai tort ?...
— Non ; mais n'oublie pas que j'ai mis ma confiance en toi et que je ne te pardonnerais ni une désobéissance, ni une imprudence...
— Ah ! il n'y a pas de danger que j'oublie !...
— Souviens-toi que tu me dois la vie... que sans moi ta tête, il y a trois ans, serait tombée sur un échafaud...

Le rude visage de Bijou pâlit sous les épais massifs de barbe inculte et roussâtre qui le couvraient plus qu'aux trois quarts.

Un tremblement presque convulsif secoua ses membres herculéens, et il murmura, d'une voix profondément altérée, en étendant ses mains aux phalanges velues :

— Au nom de tous les diables d'enfer, maître, ne me parlez pas de cela...
— Je veux t'en parler, au contraire, — reprit Raymond, — afin que tu comprennes bien quelle soumission passive, absolue, sans bornes, j'attends et j'ai le droit d'attendre de toi...
— Je le comprends, maître...— Ah ! je vous jure que je le comprends !...
— Tu serais perdu sans ressources, — poursuivit le dominateur de Bijou, — oui, perdu, si ta surveillance se ralentissait vis-à-vis des jeunes gens dont je t'ai confié la garde, ou si tu faisais preuve de faiblesse envers eux... — J'ai mis sous enveloppe toutes les pièces qui prouvent que tu es l'unique auteur de l'assassinat de l'horloger de Courbevoie... — Cette enveloppe porte l'adresse du procureur impérial en son parquet, au Palais de justice.

Raymond s'interrompit.

Bijou frissonnait comme un fiévreux des Marais-Pontins.

Ses yeux roulaient dans leurs orbites...

Ses dents s'entre-choquaient sous ses lèvres livides.

Le Protée parisien réprima, non sans peine, un sourire, et reprit :

— Je te laisse à penser quelle serait la joie de ce magistrat, en trouvant tout à coup sous sa main le coupable échappé jusqu'à ce jour aux recherches de la police et qu'on n'espère plus saisir!... — Eh bien ! si les jeunes gens auxquels tu portes un trop vif intérêt sortaient d'ici, ne fût-ce que pendant cinq minutes, deux heures après le procureur impérial recevrait l'enveloppe dont je viens de te parler, et je t'assure que ton affaire ne serait pas longue à instruire, et que MM. les jurés te refuseraient le bénéfice des circonstances atténuantes...

Après un court silence, Raymond ajouta :

— Maintenant c'est à toi de voir s'il te convient, à tes risques et périls, de procurer à tes deux pensionnaires le plaisir de ces promenades qu'ils réclament dans l'intérêt de leur santé...

— Tonnerre du diable!... — s'écria Bijou avec conviction, — j'aimerais mieux leur brûler la cervelle de ma propre main..

— Et, ce serait, en effet, le parti le plus sage, et même le seul parti à prendre, dans le cas où ils essaieraient de sortir d'ici malgré toi...

Bijou oublia son trouble en entendant ces derniers mots, et se mit à rire de bon cœur.

— Malgré moi!... — répéta-t-il : — ah! ce danger-là n'est pas grand!... — ces pauvres garçons n'y songent guère, j'en réponds, car ils savent que j'en avalerais une demi-douzaine comme eux entre mes repas, et que ça ne m'ôterait point l'appétit...

— A merveille; — répliqua Raymond ; — et, maintenant que je t'ai fait toucher du doigt les inconvénients d'une faiblesse, je n'ai plus rien à ajouter...

— Et vous pouvez dormir en paix, maître ! — s'écria Bijou, — car je n'oublierai rien de ce dont il faut que je me souvienne...

— J'y compte...

— Vous voulez entrer là-dedans, n'est-ce pas ?...

— Oui.

— Je vais vous ouvrir tout de suite...

XX. — BABYLAS ET GÉDÉON.

Bijou portait une veste longue, de gros drap bleu, à boutons de cuivre, dans le genre de celles des mariniers de la Seine.

Il tira de l'une des poches de cette veste une énorme clef et il l'introduisit dans la serrure de cette porte de prison ou de forteresse qui terminait le couloir voûté.

Le double pêne, huilé soigneusement, joua dans la gâche sans produire le moindre bruit, et la porte tourna sur ses gonds.

L'habitation souterraine dans laquelle pénétra Raymond, sa lanterne allumée à la main, était divisée en deux compartiments, communiquant l'un avec l'autre par une ouverture sur laquelle retombait une portière d'étoffe épaisse.

Ces compartiments, où la lumière du jour n'arrivait jamais, et qui recevaient l'air respirable par un soupirail grillé et tortueux, ne ressemblaient en aucune façon à des cachots.

Des boiseries peintes de couleurs claires recouvraient les murailles, et l'ameublement, quoique simple, offrait quelques-unes des recherches du comfortable.

La première pièce formait une sorte de cabinet de travail.

On y voyait deux grands bureaux supportant chacun une lampe Carcel armée d'un puissant réflecteur, et munie en outre d'un large abat-jour de soie verte.

L'un de ces bureaux était chargé de tous les instruments, de tous les outils nécessaires pour la gravure sur bois, la gravure au burin sur cuivre, et la gravure à l'eau-forte.

Parmi ces outils, et à côté d'une petite presse à main, s'étalaient une douzaine de billets de la banque de France et de bank-notes anglaises.

L'autre bureau était encombré d'un amas vraiment prodigieux de plumes de toutes les tailles, de fioles d'encres de toutes les couleurs, d'estampilles de toutes les formes.

Des liasses de billets à ordre et de lettres de change, surchargés de ces hiéroglyphes commerciaux qui sont les signes distinctifs des maisons de banque, s'échappaient de deux ou trois cartons entr'ouverts.

Beaucoup de ces carrés longs de papier timbré, revêtus d'en-tête gravés avec une correction merveilleuse, étaient vierges encore de toute écriture.

Raymond, trouvant insuffisante la clarté qui s'échappait de sa lanterne sourde, alluma les deux lampes, et des lueurs sidérales inondèrent aussitôt la petite pièce.

Raymond s'installa dans un large fauteuil garni de maroquin, placé devant le premier bureau, et il examina longuement, d'abord avec ses yeux et ensuite avec une loupe grossissante, deux plaques de cuivre, sur lesquelles un burin d'une incomparable habileté reproduisait en creux les vignettes caractéristiques des billets de banque.

Cet examen se prolongea pendant plus de dix minutes.

Tantôt un sourire de contentement venait aux lèvres de Raymond, tantôt ses épais sourcils se fronçaient légèrement.

Enfin, se trouvant édifié suffisamment, il changea de place ; — il alla s'asseoir auprès du second bureau, et il examina les lettres de change et le mandats avec une attention non moins grande et non moins soutenue que celle qu'il venait d'accorder aux billets de banque.

— Allons... allons...— murmura-t-il alors entre ses dents, — voici qui ne sera vraiment pas mal, et avant un an les plus riches banquiers de France et d'Europe ne seront que de pauvres diables auprès de moi...

Après avoir formulé cette réflexion qui sembla le remplir d'une joie vive, Raymond se leva, reprit sa lanterne, écarta la portière d'étoffe épaisse et pénétra dans le deuxième compartiment qui formait une chambre à coucher tendue de toile perse capitonnée, et garnie de meubles fort élégants.

Deux lits, ou plutôt deux couchettes, placées bout à bout, occupaient toute la largeur du compartiment.

Ces lits étaient occupés par deux jeunes gens endormis d'un sommeil tellement profond, que la lumière vive, en frappant leurs paupières abaissées, ne les réveilla pas.

L'un de ces jeunes gens était blond; — l'autre était brun.

Ils paraissaient avoir à peu près le même âge, c'est-à-dire vingt-huit ou trente ans.

Leurs visages réguliers, et qui même ne manquaient pas d'une certaine distinction, offraient une pâleur livide et une maigreur presque invraisemblable.

Un large cercle de bistre estompait le contour de leurs yeux fermés; — une sorte de ride se creusait aux angles de leurs bouches.

Leurs chevelures, très-épaisses sur les tempes, s'éclaircissaient au sommet de la tête et laissaient deviner le crâne, brillant et poli comme du vieil ivoire.

Leurs barbes, que le rasoir semblait n'avoir jamais touchées, tombaient jusque sur leurs poitrines.

Ils portaient, l'un comme l'autre, des chemises de flanelle rouge.

Raymond les regarda dormir pendant quelques secondes, puis, d'une voix qu'il trouva moyen de rendre sonore comme la trompette du jugement dernier, il s'écria :

— Allons, Babylas, allons, Gédéon, debout, mes petits amis... nous avons à causer tous trois...

Les jeunes gens, réveillés en sursaut par cette voix éclatante, se soulevèrent brusquement sur leurs coudes et fixèrent des yeux égarés sur le nocturne visiteur que, dans leur premier mouvement de trouble et de saisissement, ils ne pouvaient reconnaître.

— Est-ce le diable? — murmura l'un d'eux, qui sans doute se croyait le jouet de quelque songe malfaisant.

Raymond entendit cette parole naïve et se mit à rire.

— Le diable!... — répéta-t-il. — non, mes garçons, pas tout à fait... mais peut-être son cousin germain...—Babylas ne se trompe donc qu'à moitié.

—Ah çà! c'est donc vous, monsieur Raymond!... — dit Gédéon à son tour.

— Oui, mon cher enfant, c'est moi-même, et, comme je suis un peu pressé, je vous prie de me faire attendre le moins possible...—Je ne tiens pas à une toilette complète... — habillez-vous donc à peu près... — pourvu que vous sachiez vous habiller vite, je vous trouverai toujours bien.

Gédéon et Babylas se jetèrent en bas de leurs lits avec une précipitation excessive, et se mirent à la recherche de leurs vêtements épars çà et là sur les meubles.

Disons tout de suite à nos lecteurs que Babylas était le jeune homme blond et Gédéon le jeune homme brun.

Tandis qu'ils procédaient, sans perdre une seconde, à une toilette plus que sommaire, Raymond reprit la parole.

—Ah çà, mes bons garçons,—fit-il,—qu'est-ce que Bijou vient donc de m'apprendre tout à l'heure?...— j'ai peine à le croire, je l'avoue, tant la chose me paraît invraisemblable.— Selon Bijou, — qui d'ailleurs n'est qu'une lourde brute, —vous passeriez la meilleure partie de votre temps à formuler des plaintes absurdes et vous vous trouveriez mécontents de la position que je vous ai faite...— Rien de tout cela n'a le sens commun, n'est-ce pas? et Bijou ne sait ce qu'il dit?

Gédéon et Babylas gardèrent le silence.

— Etes-vous devenus muets tous les deux, mes petits amis ?... — reprit Raymond, — ou ne savez vous que me répondre ?... — faut-il ajouter foi, oui ou non, au rapport de Bijou ?

Babylas fit un appel à tout son courage.

— Eh bien, oui, monsieur Raymond, — murmura-t-il, — Bijou vous a dit la vérité...

— Ainsi, vous vous plaignez de moi ?

— De vous, non certes; mais de nous-mêmes qui avons trop présumé de nos forces en traitant avec vous dans des conditions meurtrières...

—Il me semble,—répliqua Raymond avec ironie, — que les conditions dont vous parlez, si meurtrières qu'elles soient, vous ont laissé bien vivants jusqu'à ce jour...

— Bien vivants!... — répéta Gédéon d'une voix sourde, — mais au nom du ciel, regardez-nous donc !... — ne voyez-vous pas que nous avons la mine de gens qui sortent de la tombe !...

Le jeune homme brun n'exagérait rien en parlant ainsi.

Sa maigreur effrayante, celle de son compagnon, et leurs figures livides et décomposées, leur donnaient l'air de deux spectres.

Raymond ne se dissimulait nullement cela; mais que lui importait ce détail...

— Mes petits amis, — reprit-il, — votre franchise encourage la mienne;—voici ma pensée tout entière : — Je vous trouve parfaitement ridicules et je veux en finir une bonne fois avec des réclamations qui n'ont point de sens...— Qu'est-ce que vous me demandez?

Ce fut Babylas qui prit la parole.

— Rien que vous puissiez trouver onéreux, — murmura-t-il; — nous vous supplions de rompre l'engagement qui nous lie à vous... nous renonçons aux avantages qui doivent résulter pour nous de l'exécution complète de cet engagement, et nous ne vous demandons même pas de nous payer nos travaux passés...

— En d'autres termes, vous voulez vous en aller d'ici à tout prix?...

— Nous voulons vivre!... — ici, nous mourons.

que vous vous habillez, j'ai tout le temps de jeter, en votre compagnie, un léger coup d'œil vers les faits accomplis... — Gédéon, mon bonhomme, je commence par toi.

— Mais, monsieur Raymond...

— Silence, moucheron!... souviens-toi bien de n'ouvrir la bouche que pour me répondre catégoriquement... — Quand le hasard m'a procuré le plaisir de faire ta connaissance, qu'étais tu?

— Troisième clerc de notaire.

— Aux appointements de...

— Dix-huit cents francs.

— Tu avais alors une maîtresse?

Bijou se souleva sur le lit et saisit les révolvers. — Page 198.

— Bref, il vous faut la liberté?... même sans un sou dans votre poche?

— Oui... la liberté... rien que la liberté; et, pourvu que nous soyons libres, la misère ne nous fait pas peur.

Raymond sourit.

— Ah! mes bons garçons, — répliqua-t-il, — il paraît que vous avez bien peu de mémoire...

— Comment?... que voulez-vous dire?...

— Vous me mettez dans la nécessité d'agir à votre égard comme on agit dans les pièces de théâtre où le principal personnage manque rarement de raconter aux autres personnages ce que ces derniers savent pour le moins aussi bien que lui... — Eh bien, soit, mes petits amis, et, pendant

— Hélas! oui...

— Son nom?

— Gandinette.

— Et cette maîtresse, qui d'ailleurs t'aimait pour toi-même et ne te demandait pas d'argent, te coûtait en un mois un peu plus que tu ne gagnais en un an... — Cela est-il vrai, Gédéon?

— Cela n'est que trop vrai... vous le savez bien...

— Un jour, te trouvant sans le sou, l'idée te vint de te servir de ta situation pour te procurer de l'argent... idée fort naturelle, du reste, et qui était déjà venue à bien d'autres...—Un de tes amis te donna l'adresse d'un certain David, escompteur, très-facile en affaires...

— David, c'était vous...

— Naturellement... — Donc tu vins me trouver et tu me présentas une lettre de change de cinq mille francs, endossée par le notaire, ton patron... — je connaissais la signature du digne homme... — je n'eus pas un instant de doute et je te remis les cinq mille francs, sauf l'escompte... — Quatre mois plus tard, la veille de l'échéance, tu te jetais à mes pieds, avec force larmes et grimaces, en m'avouant que la lettre de change était fausse, que toutes les signatures, y compris celle du notaire, étaient ton ouvrage, et tu ne parlais de rien moins que de te jeter à l'eau ou de te brûler la cervelle, séance tenante, si je ne consentais pas à t'accorder du temps pour payer... — Je n'avais qu'à t'envoyer promener, comme c'était grandement mon droit, et, aujourd'hui, ou tu serais à six pieds sous terre, ou tu te promènerais en casaque rouge sur les quais du port de Toulon.

— C'est possible, — murmura Gédéon; — mais du moins, au bagne, on a de l'air... on voit la lumière...

— Et on reçoit les coups de canne des gardes-chiourmes, sur les reins, toute la journée, ce qui est une chose bien gaie!.. — ajouta Raymond. — Mais ça n'est pas de ça qu'il s'agit... — Au lieu de te mettre à la porte ou de te faire arrêter, je te priai poliment d'attendre un instant... — j'allai chercher la lettre de change, j'examinai les signatures à la loupe, et, convaincu que j'avais sous les yeux un véritable chef-d'œuvre, je me sentis pénétré d'estime et d'admiration pour l'auteur de ce chef-d'œuvre, et j'eus foi dans ton avenir.

— Maudite lettre de change!... — s'écria Gédéon, — j'aurais bien fait de me couper le poignet droit, le jour où je pris une feuille de papier timbré pour en opérer la confection.

Raymond se mit à rire de bon cœur.

— Si tu t'étais, comme tu dis, coupé le poignet droit, ce jour-là mon bon garçon, — répliqua-t-il, — tu aurais acquis, dès le lendemain, le précieux talent d'imiter des signatures de la main gauche... — Que diable veux-tu y faire!... la vocation te poussait, et l'on ne peut pas se soustraire à sa vocation, c'est connu!... — D'ailleurs, un talent comme le tien dénotait une longue série de travaux élémentaires... — un faussaire distingué ne s'improvise point, et tu étais déjà très-complet...

— A l'étude, il est vrai, dans mes moments perdus, — répliqua Gédéon, — je me plaisais à imiter parfois la signature du patron et celles de quelques clients mais uniquement pour me distraire et sans arrière-pensée de me procurer plus tard de l'argent tels moyens...

— Eh bien, qu'est-ce que je te disais?... — la vocation, toujours la vocation!... — Tu me fais penser involontairement à Giotto et à Cimabué enfants, charbonnant des esquisses de tableaux sur tous les murs, sans savoir ce qu'ils faisaient... —

Mais revenons à la question...— Je pouvais te faire arrêter... — tu en conviens?

— Sans aucun doute.

— Une fois pincé, l'affaire allait toute seule...— est-ce ton avis?

Gédéon fit un signe affirmatif.

Raymond continua :

— La culpabilité n'était point douteuse...—d'ailleurs tu avouais la chose... — le jury t'envoyait au pré pour dix ans!... — Au lieu de cela, qu'ai-je fait?...

— Vous m'avez proposé un marché.

— Je t'ai tenu à peu près ce langage : Mon cher enfant, si tu veux me consacrer deux années de ta vie, je m'engage, au bout de ces deux années, à te donner une somme ronde de cent mille francs... — Acceptes-tu? — Je te préviens que si tu n'acceptes pas, je vais envoyer chercher la garde. — Néanmoins, tu es parfaitement le maître de refuser... — Tu acceptas avec enthousiasme... — Suis-je dans l'erreur?...— rien ne t'empêche de me démentir...

— Il est certain que je préférai les cent mille francs à une arrestation immédiate... — murmura l'ex-clerc.

— J'ajoutai : — Tu seras bien logé, bien nourri... — reprit Raymond; — rien ne te manquera, sauf la liberté, car tu ne sortiras pas pendant deux ans... — Tu me répondis littéralement : Ça m'est bien égal de ne pas sortir, mon bon monsieur David, et vous me sauvez la vie!... Te souviens-tu de ces paroles, Gédéon?

— Je m'en souviens...

— Il y a de cela un an et huit jours...— Ai-je manqué, depuis lors, à mes promesses?

— Non.

— Es-tu bien logé?

— Oui.

— Bien nourri?

— Trop bien, hélas!... puisque l'appétit me fait défaut et que les mets les plus délicats ne peuvent le ranimer...

— Tu comprends à merveille qu'il m'est impossible d'entrer dans de tels détails... — tout ce que je sais, c'est que tu me dois encore douze mois, moins huit jours, et que j'exige le paiement de cette dette.

— Vous êtes dans votre droit, je ne prétends pas le contraire, mais je mourrai, sans aucun doute, avant le terme fixé...

— Mon bon garçon, je n'en crois pas un mot, mais nous sommes tous mortels... — Je n'ai point à me préoccuper du plus ou moins de durée de ton existence, et s'il arrive un accident, tant pis pour toi... C'est ton affaire.

Gédéon, vaincu, courba la tête et garda le silence.

Raymond continua, en s'adressant au jeune homme blond :

— Quant à toi, Babylas, mon pauvre ami, ton

histoire est, à peu de chose près, celle de ton camarade... — Une légèreté qui pouvait te conduire loin, mettait la police à tes trousses...—Tu me fus recommandé... — Comme tu étais un très-habile graveur, fort capable de servir mes projets, je m'intéressai à toi, et je te proposai le même marché u'à Gédéon...— deux années de ta vie, en échange de cent mille francs...

« Il va sans dire que, comme Gédéon, tu acceptas sans te faire prier...

« Aujourd'hui tu trouves bon, par esprit d'imitation sans doute, de te plaindre et de récriminer avec lui...

« Je ne vous écouterai pas plus l'un que l'autre, tenez-le pour certain, et vous ne sortirez d'ici qu'à la fin du dernier jour de la deuxième année... — Est-ce compris?...

— Mais enfin, — s'écria Babylas avec un accent désespéré,— pourquoi ne pas nous laisser prendre l'air, chaque nuit, pendant une heure; sous la surveillance de Bijou, à qui vous accordez une confiance absolue?...

— Parce que je suis un homme bien avisé, mes bons garçons, et que je veux vous épargner de dangereuses tentations... — Dans la disposition d'esprit où je vous vois, vous seriez à peine à l'air libre que vous enverriez promener Bijou et sa surveillance, et que vous escaladeriez les murs de mon jardin pour vous soustraire à l'existence heureuse et calme dont vous jouissez ici...—Or, vous n'avez ni argent, ni domicile, et vous ne passeriez pas une journée dans Paris sans vous faire ramasser par la police... — On vous interrogerait, on voudrait savoir ce que vous êtes devenus depuis un an; — vous ne sauriez de quelle façon répondre; et, comme MM. les commissaires sont plus adroits que vous, ils vous tireraient les vers du nez, et, sans aucune mauvaise intention, vous me dénonceriez le mieux du monde...

— Mais, — hasarda Gédéon timidement, — le danger que vous redoutez maintenant, bien à tort, je vous l'affirme, n'existera pas moins dans un an...

— C'est qui vous trompe, mes chers amis...

— Comment?...— dans un an, si toutefois nous vivons jusque-là, ne serons-nous point libres?...

—Vous serez libres, gardez-vous d'en douter!...

— Eh bien?...

— Mais je n'aurai plus rien à craindre...

— Pourquoi?...

— Parce que alors vous serez riches... — Et, croyez-moi, mes bons garçons, l'homme qui porte cent mille francs dans sa poche ne ressemble pas plus au pauvre diable sans le sou que le jour ne ressemble à la nuit... — La richesse vous donnera un fier aplomb, et, une fois capitalistes, vous saurez fort bien ne pas me trahir et ne pas vous compromettre vous-mêmes...

Gédéon et Babylas comprirent qu'il n'y avait point à lutter contre une détermination aussi irrévocable que celle de Raymond.

Ils baissèrent la tête et gardèrent le silence.
Raymond reprit :

— Votre toilette est achevée, et nous voici, je crois, parfaitement d'accord; nous allons, si vous le voulez bien, passer dans l'atelier... — J'ai quelques observations à vous faire sur votre travail, et une besogne très-pressée à vous donner...

Les deux jeunes gens suivirent avec docilité celui qu'ils avaient jadis considéré comme leur bienfaiteur, et qu'ils regardaient maintenant comme leur tyran et leur assassin...

Ils entrèrent ensemble dans le compartiment qui précédait la chambre à coucher, et où se trouvaient les tables chargées d'instruments et de papiers, et les lampes à réflecteurs.

Raymond s'approcha d'abord de la table qui servait d'établi à Babylas.

Il souleva la planche de cuivre destinée à jeter dans la circulation un nombre infini de faux billets de mille francs, et, après l'avoir examinée de nouveau pendant quelques secondes avec la loupe grossissante, il dit :

— Cela est bien assurément, cela est même très-bien, et je ne trouve à formuler qu'une seule critique, mais elle a son importance...

— Laquelle?—demanda Babylas, dont l'amour-propre se cabra à l'idée qu'une critique, même légère, pouvait effleurer une œuvre qu'il croyait parfaite.

— Celle-ci, — répondit Raymond : — dans le médaillon commémoratif, où la Banque de France rappelle la peine édictée par le Code pénal contre les contrefacteurs, ton burin, si ferme partout ailleurs, a fait deux bavures légères, l'une à l'X de *travaux forcés*, l'autre à l'É final de *perpétuité*.

Babylas prit la plaque des mains de Raymond, et il étudia avec une attention profonde les deux lettres incriminées.

— Vous avez raison, — lui dit-il ensuite ; — les bavures dont vous parlez existent en effet, mais le mal est réparable, et il sera réparé avant une heure...

— Je n'en doute en aucune façon, et alors ton travail sera sans défaut...

Raymond, ayant fini avec Babylas, s'avança jusqu'au bureau de Gédéon.

— Toi, dit-il au jeune homme blond en feuilletant lentement une liasse de *valeurs* couvertes de timbres bizarres, de numéros d'ordre, de signatures et de paraphes, — tu ne mérites que des éloges... — tout est merveilleusement réussi, excepté cependant...

Il s'interrompit.

— Ah ! — murmura Gédéon, d'un air soucieux et mécontent, — ah ! il y a une exception?...

— Il y en a même deux... — Dans les traites tirées de New-York par la maison WILLIAM WHYTHE ET Cⁱᵉ sur Rothschild, le premier jambage du double W de *Whythe* est imperceptiblement tremblé...— Le caissier n'y verra que du feu et payera à présentation; donc je ne te dis cela qu'au point de vue de l'art...

— Et la seconde exception?... — demanda le jeune homme brun.

— Examine ce mandat sur le trésor... — La signature du receveur général de la Haute-Saône est irréprochable, mais les déliés du paraphe offrent certains empâtements qui ne se retrouvent point dans le paraphe de la signature authentique que je mets sous tes yeux...

— C'est vrai...— répondit Gédéon. — Je le vois bien maintenant... — Mais que voulez-vous? il y a des moments où ma main devient lourde... — Il faut vous attendre à ce que, bientôt, je ne serai plus bon à rien....

— Allons... allons... tu es trop modeste, et je trouve, moi, sans compliments, que tu te perfectionnes tous les jours...

Gédéon secoua la tête.

Raymond reprit :

— Je t'apporte une besogne très-pressée pour laquelle je te recommande, mon bon garçon, de déployer tout ton talent...

— Je ferai de mon mieux, mais je ne réponds de rien...

— Et moi je réponds de toi...

— De quoi s'agit-il ?

— D'un testament... — Ça rentre dans ta spécialité, ça, monsieur l'ancien clerc de notaire...

Tout en parlant, Raymond exhiba des profondeurs de sa veste grise, fragile en apparence comme de l'amadou, mais garnie de poches solides, la lettre et le testament du marquis Castella.

Il plaça ces deux pièces sur le bureau devant Gédéon.

— Lis attentivement... — dit-il, — nous causerons après...

Au bout de quelques secondes, Gédéon avait achevé sa lecture.

— Eh bien ? — demanda-t-il, en levant les yeux vers Raymond.

— Eh bien !... — répondit ce dernier, — tu ne comprends pas ?

— Je comprends que ce testament gêne quelqu'un, et qu'il faut le remplacer par un autre...

Raymond se frotta les mains en murmurant d'un air joyeux :

— Il est gentil, ce Gédéon !... il a de l'esprit comme un cœur !...

XXI. — GÉDÉON.

— C'est parfaitement cela, mon bon garçon, — continua Raymond à haute voix, — et tu as mis dans le blanc du premier coup... — Oui, ce testament gêne quelqu'un, et nous allons le remplacer par un autre qui contentera tout le monde...

— Le marquis Castella léguait l'intégralité de sa fortune aux hospices, — fit observer le ci-devant clerc de notaire : — l'acte que voici est parfaitement

nul si le testateur laisse après lui des enfants ou des petits-enfants légitimes.

— Ni enfants, ni petits-enfants... — répondit Raymond.

— Dans ce cas, les proches parents pourraient attaquer le testament, sans grandes chances de succès, il est vrai, mais enfin ils ne devraient point hésiter à risquer un procès...

— Il n'y a de parents ni proches, ni éloignés...

— Au profit de qui allons-nous donc créer un acte nouveau ?...

— Au profit de la veuve.

— Ah ! la marquise Castella existe ?...

— Elle existe, et c'est, paraît-il, une jolie femme et une rude gaillarde, qui en a fait voir de cruelles à défunt son mari, le pauvre marquis, tué en duel il y a quinze jours, — un peu légèrement, je crois, — par l'amant de sa femme...— Ah ! ah ! Gédéon, voilà une petite veuve qui va devenir, grâce à nous, un parti bien flamboyant !... — Je réponds que les épouseurs en secondes noces ne lui manqueront point à celle-là !...— Eût-elle cinquante ans passés, et fût-elle laide comme un vieux nègre, elle n'aurait encore que l'embarras du choix !...— Deux millions qui reluisent au soleil, ça attire les galants mieux qu'un miroir n'attire les alouettes...— Allons, Gédéon, allons, mon garçon, à la besogne !...

— Quelle forme faut-il donner au testament ? — demanda le jeune homme brun.

— La plus courte sera la meilleure.

— L'acte, étant olographe, peut parfaitement n'avoir que trois lignes..

— Va pour trois lignes... — Que diront-elles ?

— Ceci, et pas autre chose : — *Je donne et lègue à la marquise Castella, ma femme, l'universalité des biens qui composent ma fortune et dont le détail se trouve ci-après.*

— Et cela suffira ?

— Oui.

— Et un tel testament, pourvu que l'écriture et la signature soient imitées de main de maître, sera inattaquable ?

— Inattaquable et indiscutable... — il doit sortir son plein et entier effet, nonobstant toute opposition, et il ne pourrait devenir nul que dans un seul cas...

— Lequel ?

— L'existence d'un autre testament portant une date postérieure.

— Je comprends, mais c'est un danger qui n'est point à craindre.

— Acceptez-vous la rédaction que je viens de vous soumettre ?...

— Certainement... — en ces matières-là tu possèdes une expérience qui me manque... — Combien te faut-il de temps pour achever cette besogne ?

— Une journée, peut-être...

— Comment !... une journée pour écrire trois lignes !...

— Vous oubliez que je dois d'abord étudier longuement et minutieusement l'écriture et la signature du marquis, afin d'arriver à les reproduire d'une façon identique et irréprochable.

— C'est juste... — je te laisse travailler... — Je reviendrai ce soir chercher les résultats de ton travail...

— Une question encore...

— Voyons cette question...

— Le testament du marquis porte la date du 3 août.

— Eh bien !...

— Quelle date doit porter mon *fac-simile* ?...

— La même que l'original, pardieu !... — répondit Raymond ; — puisque c'est le lendemain matin, de bonne heure, que M. Castella a été tué...

— Il suffit, — dit Gédéon, — ce sera fait ainsi...

Raymond reprit sa lanterne et se dirigea vers la porte, mais, au moment de l'atteindre, il s'arrêta, et, après quelques secondes de méditation, il revint sur ses pas.

— Si ton *fac-simile* portait la date du 1ᵉʳ août, — demanda-t-il, — il suffirait, pour l'annuler, de produire le testament original ?...

— Naturellement, — répliqua Gédéon, — puisque le testament original se trouverait postérieur...

— Eh bien ! — reprit le Protée parisien après un nouveau silence, — toute réflexion faite, date ta copie du 1ᵉʳ août...

L'ex-clerc de notaire fit un signe affirmatif, et Raymond quitta le logis souterrain, en se disant à lui-même :

— Je crois que je viens d'avoir une idée de première force !...

§

Abandonnons la rue des Amandiers-Popincourt et la maison de l'étrange personnage que nous mettons en scène, et prions nos lecteurs de nous accompagner dans le plus brillant quartier de Paris, après en avoir exploré, sous notre conduite, les plus lointains et les plus sauvages...

Le boulevard de la Madeleine est aussi loin, moralement, du cabaret de Paul Niquet, que la Chine est loin de Paris...

Ceci nous paraît un aphorisme d'une incontestable vérité, mais que cependant il ne faudrait pas prendre absolument au pied de la lettre...

Franchissons les degrés, recouverts de moquette rouge, de l'escalier de l'hôtel Wilson, et pénétrons dans le petit appartement loué par M. de Crédencé pour la marquise Castella.

Il était un peu moins de midi.

Laurence, complétement remise des fatigues du voyage par une nuit de calme sommeil, — plus belle, plus attrayante, plus enivrante que jamais, venait de terminer sa toilette du matin.

Les nattes épaisses et brillantes de sa splendide et sombre chevelure couronnaient son front de marbre et faisaient valoir, par la vivacité du contraste, la pâleur exquise de ses traits délicieux.

Un ample peignoir de mousseline blanche brodée à miracle, — la marquise admettait le blanc dans son deuil, — l'enveloppait de ses mille plis qu'une mince cordelière de soie serrait à demi autour de sa taille mince et souple.

Ses bras de déesse s'échappaient à demi des manches flottantes.

Elle portait aux poignets, pour tout ornement, des bracelets de velours noir.

Ainsi vêtue, la jeune femme se regarda dans une glace, sourit à sa gracieuse image et, se sentant quelque velléité d'appétit, elle agita le cordon d'une sonnette.

— Mon déjeuner, — dit-elle à la femme de chambre qui répondit à cet appel, et que madame veuve Damiran se réservait de lui présenter officiellement dans l'après-midi.

Cinq minutes après, Laurence s'asseyait devant une petite table chargée de mets tout à la fois délicats et substantiels.

Elle commençait à attaquer des filets mignons à la Nesselrode, de l'aspect le plus appétissant, lorsque la porte se rouvrit et la soubrette reparut.

— Qu'est-ce ? — demanda Laurence.

— M. le comte de Crédencé est dans le salon..., — Madame la marquise veut-elle le recevoir ?...

— Oui... oui... — répondit vivement la jeune femme. — M. de Crédencé est toujours le bienvenu chez moi... — qu'il entre...

Raoul, de la pièce voisine où il se trouvait, entendit ces paroles et franchit le seuil aussitôt.

— Marquise, — dit-il, — je ne m'informe point de vos nouvelles... — Vous êtes éblouissante...

— Cher comte, déjeunez-vous avec moi ?...

— Merci, c'est fait...

— Alors, asseyez-vous...

Raoul prit un siège à quatre ou cinq pas de Laurence.

— Je n'ai besoin de rien... — dit cette dernière à la camériste, — laissez-nous...

Dès que la porte se fut refermée, elle ajouta vivement, en se tournant vers le comte :

— Eh bien, m'apportez-vous des nouvelles ?...

— Oui...

— Bonnes ou mauvaises ?...

— Excellentes...

Le visage de Laurence s'illumina.

— Ah ! — dit-elle avec conviction, — vous êtes un ami précieux, car c'est par des actions et non par des paroles que vous prouvez votre dévouement...

— Celui qui parle sans agir n'est qu'un sot et un faux ami !... — répliqua le comte.

— Sans doute, mais tout le monde n'est pas de cet avis, et pour cause... — Maintenant, mon cher Raoul, satisfaites ma curiosité... — Mettez-moi vite au courant...

— Que voulez-vous savoir ?...

— Tout, jusque dans les moindres détails... — Vous avez vu votre homme, cet étrange et mystérieux individu dont vous m'avez parlé en des termes si extraordinaires?...

— Je l'ai vu.

— Hier soir, ou cette nuit?...

— Cette nuit, vers les deux heures du matin, et, si je suis parvenu à le rejoindre, ce n'a point été sans peine et sans dangers, je vous jure...

— Sans dangers, dites-vous?... — Vous avez couru des dangers?

— Oui, ma belle Laurence, et de tels, qu'il s'en est fallu de bien peu que vous n'entendiez plus jamais parler de moi...

— Vous me donnez le frisson!... — Qu'est-il arrivé?... qu'a-t-on voulu faire de vous?...

— On a essayé de m'assassiner, tout simplement, pour pouvoir me dépouiller ensuite à loisir... — Voici d'ailleurs, en quelques mots, l'histoire de la nuit dernière...

XXII. — CHEZ LAURENCE.

Raoul s'empressa de raconter à la marquise, en les dramatisant de son mieux, les divers incidents que nos lecteurs connaissent déjà.

Tandis qu'elle écoutait cette narration, Laurence donna tous les signes d'une émotion qui n'était point jouée...

La charmante femme portait en effet à son amant l'intérêt le plus *égoïste*...

Elle frissonnait et frémissait sincèrement à la pensée du meurtre dont Raoul avait failli devenir la victime, et cela par l'excellente raison qu'en ce moment la vie de Raoul représentait pour elle deux millions, ni plus ni moins...

Incapable d'affection réelle et sérieuse à l'endroit d'une créature humaine, Laurence Castella professait à l'endroit de la fortune une adoration sans bornes.

Or, — nos lecteurs le savent aussi bien qu'elle le savait elle-même, — M. de Crédencé, tombant sous le couteau d'un bandit, emportait dans l'autre monde cette fortune qu'elle espérait si fermement reconquérir, grâce à lui...

Les pâleurs et les frissons de la marquise nous paraissent donc facilement et logiquement explicables.

— Le misérable!... — s'écria-t-elle avec impétuosité en parlant de Boule-qui-roule, — l'infâme et lâche assassin!... —Vous vous êtes montré trop grand!... trop généreux cent fois!... — Vous auriez dû le laisser mort sur la place, et c'eût été justice!...

— Vous oubliez, chère Laurence, — répliqua le comte en souriant, — qu'une fois Boule-qui-roule traversé de part en part, — comme il le méritait, j'en conviens, — le fil conducteur qui seul pouvait m'amener auprès de Raymond cette nuit, se brisait dans mes mains...—et je compte ma vie pour bien peu de chose, lorsqu'il s'agit de ne pas vous faire attendre...

La marquise jeta ses beaux bras autour du cou de M. de Crédencé, qu'elle embrassa avec effusion.

— Ah! mon ami, — balbutia-t-elle d'un ton où l'enthousiasme et l'attendrissement se mêlaient à doses égales, — vous êtes un homme comme il n'en existe plus!... vous êtes un chevalier des temps antiques!...— Aurai-je assez de toute ma vie pour vous témoigner dignement ma tendresse et ma reconnaissance?...

— De grâce, ma belle Laurence, — interrompit le comte, — pas un mot de plus à ce sujet...— Me voici trop payé!...

— Je cède... — répondit la marquise, — mais mon cœur murmure du silence auquel vous condamnez mes lèvres...

Après une pause, elle reprit :

— Il vous reste à me raconter votre entrevue avec cet introuvable Raymond, et les conditions du marché que vous avez conclu...

Raoul fit le portrait du Protée parisien sous la forme brutale adoptée par lui pour hanter le cabaret de Paul Niquet où l'appelaient sans doute quelques ténébreuses opérations.

— Quel être singulier!... — dit Laurence, lorsque le comte eut tracé les lignes principales de cette figure caractéristique et changeante. — Je croyais qu'on ne pouvait rencontrer de tels personnages que dans les ténébreux romans de Frédéric Soulié!

— Vous étiez dans l'erreur, ma chère marquise... —répliqua M. de Crédencé; — on est exposé, chaque jour, — pour peu qu'on s'écarte d'un certain milieu, — à coudoyer dans la vie des types plus étranges que ceux enfantés par l'imagination des romanciers en quête du bizarre et du prodigieux...— Il n'est pas de taverne et pas d'enfer du Paris souterrain qui n'offre des physionomies tranchées et caractéristiques, dignes de prendre place à côté des héros de Soulié et d'Eugène Sue...

— Je ne saurais vous dire à quel point vous excitez ma curiosité...

— Vraiment?...

— Votre récit me donne la fièvre...

— Faut-il envoyer chercher un médecin?... — demanda M. de Crédencé en riant.

— Ne raillez point... — Je suis fille d'Ève, et, par conséquent, curieuse...— Savez-vous quelle est, en ce moment, la chose du monde dont j'ai le plus envie?...

— Comment le saurais-je?... — Serait-ce, par hasard, d'aller une nuit chez Paul Niquet?...

— Mon ambition ne va pas tout à fait jusque-là.

— Les chiffonniers ivres et les marchands de peaux de lapin en goguette me laissent assez calme.

— Alors, quel est l'objet de votre convoitise?...

— Je voudrais, à tout prix, voir de mes deux yeux, ne fût-ce qu'un instant, ce grandiose coquin prenant toutes les formes, ce caméléon, ce Protée, traitant de puissance à puissance avec un homme comme vous, et qui, sous sa veste grise en loques et sous son bonnet de laine à visière, se fait garder, au milieu des bouges, par un état-major de bandits..

— Vous voulez voir Raymond!... — s'écria M. de Crédencé très-surpris, mais en même temps très-enchanté de ce caprice féminin impossible à prévoir.

— Je donnerais tout au monde pour cela, je vous le répète, mon cher comte...

— Parlez-vous sérieusement?...

— Oui, foi de Laurence!...

— Eh bien, ma belle marquise, s'il est un désir facilement réalisable, c'est celui-là... — et je dois ajouter, pour être dans le vrai, que vous me tirez une fameuse épine du pied, comme on dit vulgairement...

— Je ne vous comprends pas...

— Vous allez me comprendre et vous verrez que rien n'est plus simple... — Je ne savais de quelle façon vous apprendre, sans vous choquer, une exigence de Raymond, exigence bizarre, et qui me semblait inacceptable...

— Quelle est cette exigence?...

— Raymond m'a déclaré qu'il prétendait traiter avec vous, personnellement, des conditions auxquelles il vous remettra le testament *rectifié* selon vos vues... — Bref, il veut vous voir, sinon, rien de fait...

— Qu'avez-vous répondu?...

— Je redoutais de votre part un refus absolu quand je vous proposerais de recevoir un personnage de cette espèce... — J'ai donc bataillé de toutes mes forces...

— Et vous n'avez rien obtenu?...

— Rien. — Raymond s'est même blessé de ma résistance, — il a voulu tout rompre et me rendre les pièces, et je me suis trouvé dans la nécessité de le supplier presqu'à genoux, pour les lui faire reprendre, et de lui promettre tout ce qu'il a voulu...

Laurence se frotta les mains joyeusement.

— Ceci m'enchante!... — s'écria-t-elle; — je n'aurais certes pas mieux arrangé les choses si j'avais eu le pouvoir de les disposer moi-même à ma guise...

— Ma foi, marquise, il faut convenir que pour vous le hasard se montre courtisan!... — il prévient vos désirs et semble deviner les lois de votre fantaisie...

— Ainsi, Raymond viendra?...

— Cela n'est pas douteux...

— Ici?...

— Naturellement, puisqu'il m'a demandé votre adresse et que je la lui ai donnée...

— Et, quand viendra-t-il?...

— Peut-être aujourd'hui... — certainement demain...

— Ce n'est donc pas vous, mon cher comte, qui lui servirez d'introducteur?...

— Il ne m'a rien demandé de pareil... — Raymond est un gaillard qui n'a besoin de personne pour se présenter...

— Supposez-vous qu'il ait le projet de se faire annoncer chez moi sous le nom de Raymond?...

— Je l'ignore absolument, et peut-être, à l'heure qu'il est, n'en sait-il pas plus que moi à cet égard. — Je puis seulement vous garantir une chose...

— Laquelle?...

— C'est que, quelle que soit la forme qu'il adopte et le pseudonyme dont il fasse choix pour arriver devant vous, il se montrera de tout point convenable dans ses manières et dans son langage, et que le vieux gredin vous paraîtra peut-être plus gentleman que bien des gens du monde de votre connaissance...

— Ah! — s'écria Laurence, — tant pis!...

M. de Crédencé crut qu'il avait mal entendu.

— Que dites-vous, marquise? — murmura-t-il d'un air stupéfait.

— Je dis et je répète : *Tant pis!*...

— Pourquoi?...

— Si Raymond prend des façons de gentilhomme et des airs de cour, que deviendra le pittoresque?...

— Ma foi, — répliqua le comte en riant malgré lui, — j'avoue que je ne pensais pas à cela... — Mais soyez tranquille, ma belle Laurence, le pittoresque n'y perdra rien... — il naîtra de la situation elle-même et je me promets une scène qu'un romancier aux abois payerait volontiers bien cher... Le bandit Raymond, ce démon incarné des Enfers de Paris, discutant le prix d'un faux testament, avec une charmante marquise, dans un salon coquet, quoi de plus original et de plus curieux, je vous prie?... — Plus le vieux diable cachera ses griffes sous des manchettes de dentelles, plus la situation sera piquante... — Êtes-vous de mon avis?...

— Je commence...

— Vous en serez bientôt tout à fait...

— Faites-moi le plaisir de sonner...

M. de Crédencé obéit.

XXIII. — LE BARON DE SAINT-ERME.

La femme de chambre parut.

— Madame la marquise a besoin de moi?... — demanda-t-elle.

— Oui. — Descendez au bureau de l'hôtel et dites que si, aujourd'hui ou demain, quelqu'un demande à me voir, on laisse monter... — J'y suis pour tout le monde... — vous entendez bien... pour tout le monde, sans exception...

— Oui, madame la marquise...

— Allez...

La camériste sortit.

— Ventredieu, Laurence, — s'écria Raoul, — vous êtes femme de précaution!... — on voit que vous avez terriblement à cœur de ne point perdre la visite de maître Raymond!...

— Ah! mais, écoutez donc, mon cher comte, un personnage aussi curieux que celui-là, surtout lorsqu'il apporte deux millions dans sa poche, ne doit pas courir le risque de trouver porte close faute d'une consigne donnée d'avance et bien donnée !

— Vous êtes dans le vrai, et je ne puis que vous approuver...

La conversation se prolongea pendant quelque temps encore entre le comte et la marquise, mais ce qui fut dit ne mérite plus d'être mis sous les yeux de nos lecteurs.

Vers deux heures de l'après-midi M. de Crédencé quitta Laurence, en annonçant qu'il reviendrait le soir, non plus pour apporter des nouvelles, mais pour en apprendre à son tour.

Laurence, restée seule, se posa la question suivante :

— Ah çà, — se demanda-t-elle presque à haute voix, et d'un air railleur, — est-ce que par hasard j'aurais la prétention d'entreprendre la conquête de M. Raymond ?... — ah ! marquise... marquise, prenez garde !... un tel adorateur serait bien dangereux !...

La conséquence de ce petit soliloque fut que madame Castella garda son ample peignoir blanc, s'étendit sur une chaise longue, prit un journal et attendit...

Son attente dura toute la journée...

Le soir arriva.

Raymond n'avait point donné signe de vie, et

Gédéon, vaincu, courba la tête et garda le silence. — Page 202.

— Quelle toilette vais-je faire pour recevoir ce Raymond ?

Elle se regarda dans la glace, avec non moins de complaisance qu'avant l'entretien auquel nous avons fait assister nos lecteurs, et elle se répondit à elle-même :

— Le blanc me va mieux que le noir... — pourquoi ne resterais-je pas ainsi ? — C'est un costume du matin, je le sais bien, mais qu'importe ? Après tout, je suis chez moi, et mon étrange visiteur doit être fort peu au courant du code des usages mondains... — D'ailleurs, pour une femme, l'essentiel est d'être charmante, et, certes, je le suis assez pour contenter les plus difficiles...

Laurence s'interrompit en souriant.

la marquise était de l'humeur la plus exécrable lorsque M. de Crédencé se présenta.

— En vérité, mon cher comte, — lui dit-elle avec une aigreur qu'elle ne chercha nullement à dissimuler, — votre caméléon se moque de moi, et je ne vous cache pas que ses procédés me paraissent de la plus haute inconvenance !... — Lorsque la marquise Castella veut bien consentir à recevoir M. Raymond, M. Raymond ne doit pas se faire attendre...

— Ma chère Laurence, — répliqua le comte, — vous êtes femme, et par conséquent injuste...

— Ah ! je suis injuste !...

— De tout point...

— Peut-être vous serait-il difficile de me le prouver.

— En aucune façon, et deux mots vont me suffire...

— Eh bien, dites donc ces deux mots...

— Si Raymond n'est pas venu, c'est que le testament n'est pas prêt... — je n'ai d'ailleurs jamais pensé que la visite de notre homme pût avoir lieu aujourd'hui, mais je vous garantis que demain vous ne l'attendrez pas vainement...

Ces paroles produisirent l'effet prévu par M. de Crédencé... — elles calmèrent l'impatience nerveuse de la jeune femme qui se résigna, en soupirant, à patienter jusqu'au lendemain.

Les heures de la nuit s'écoulèrent.

Presqu'en même temps la camériste parut.

Elle remit une carte à madame Castella qui lut, en belles lettres gothiques, sur le carton-porcelaine, ce nom inconnu :

BARON DE SAINT-ERME.

Un tortil baronnial, délicieusement gravé, timbrait un des angles de la carte.

Laurence eut un moment de stupeur...

— Quel peut être ce M. de Saint-Erme ?... — se demanda-t-elle : — à coup sûr il doit y avoir ici quelque erreur...

— Ce monsieur est dans l'antichambre, — dit la

Presque en même temps la camériste parut. — Page 209.

Laurence ne s'endormit qu'au point du jour et ne se réveilla qu'à midi.

Elle s'habilla comme la veille, — elle déjeuna à la hâte et elle reprit sa place sur la chaise longue en essayant de lire...

Mais, chaque fois qu'il lui semblait entendre un bruit quelconque dans la pièce qui précédait le petit salon, elle tressaillait...

— Viendra-t-il enfin ? — se demandait-elle en suivant des yeux la marche lente de la grande aiguille sur le cadran de la pendule.

Au moment où trois heures sonnaient, la clochette de la porte d'entrée se fit entendre.

— Ah ! enfin ! — murmura Laurence, — c'est lui ! — ce ne peut être que lui !...

soubrette, — il fait prier madame la marquise Castella de vouloir bien le recevoir...

— Êtes-vous certaine qu'il ne se soit pas trompé, ni de porte, ni d'étage ? — murmura Laurence.

— Oh ! oui, madame, très certaine... — il a parfaitement demandé madame la marquise Castella...

— C'est bien !... — faites entrer...

Pendant les quelques secondes qui s'écoulèrent entre la sortie de la femme de chambre et l'introduction du visiteur, Laurence eut le temps de se dire :

— Mais j'y songe... sans doute c'est Raymond lui-même, sous un de ces déguisements qu'il affectionne... — Raoul m'a prévenue qu'il ignorait quelle forme le bizarre personnage revêtirait pour se présenter à moi... — Ah! si c'est lui, je le verrai bien vite... — on peut tromper l'œil de la police, on ne trompe pas l'œil d'une femme d'esprit qui se tient sur ses gardes...

La porte s'ouvrit et le baron de Saint-Erme entra, en saluant la marquise avec l'aisance discrète d'un homme de la meilleure compagnie.

A peine avait-il franchi le seuil que Laurence l'enveloppa tout entier d'un regard investigateur.

Ce regard lui suffit pour l'étudier des pieds à la tête.

— Il est impossible que ce soit là Raymond... — se dit-elle, — mais alors qui est-ce donc?

Il nous paraît indispensable de tracer ici un rapide croquis de ce visiteur qui jetait un si grand trouble dans l'esprit de madame Castella.

C'était un homme de quarante à quarante-cinq ans, de bonne mine, de taille moyenne, légèrement replet, ayant une figure reposée et monacale, un teint clair, un front chauve orné sur les tempes de quelques petits cheveux frisés, d'un blond vif...

Des lunettes d'or éblouissantes, — véritables lunettes de diplomate ou de chef de division dans un ministère, — cachaient à demi ses yeux vifs, aux paupières tendres et rougies...

Son double menton, soigneusement rasé, reposait sur une cravate d'une blancheur immaculée.

Sauf cette cravate, au nœud merveilleusement correct, et sauf les gants, d'une nuance paille, tout le reste du costume était noir...

Habit noir, illustré à la boutonnière d'une microscopique rosette d'officier de la Légion d'honneur, — gilet de soie noir, — pantalon casimir noir presque collant, s'ajustant avec précision sur des bottes d'un vernis miraculeux...

Une chaîne de montre, aux anneaux d'or mélangés de corail rose, scintillait parmi les plis du gilet.

Le baron de Saint-Erme portait sous son bras gauche un portefeuille de maroquin rouge assez volumineux; — sa main droite tenait un chapeau de soie à coiffe blanche.

Le visage de cet homme si bien tenu exprimait une spirituelle bonhomie.

Ses lèvres souriaient sans cesse.

De toute sa personne s'exhalait un parfum de haute bureaucratie.

Dans les lignes qui précèdent, et à propos de lunettes d'or, nous avons parlé de *chef de division...*

Nous ne prétendons point dire que tous les chefs de division ressemblent à M. de Saint-Erme, mais certainement M. de Saint-Erme ressemblait à un chef de division...

Après avoir lu le portrait que nous venons de tracer rapidement, beaucoup de connaisseurs seront de notre avis.

— C'est bien à madame la marquise Castella que j'ai l'honneur de parler?... — demanda le baron d'une voix douce et légèrement grasseyante.

— Oui, monsieur... — répondit Laurence en indiquant un fauteuil au visiteur qui s'assit, après avoir salué de nouveau et qui continua :

— A madame la marquise Castella, veuve de M. le marquis Gaston Castella, tué en duel, tout récemment, à la fleur de son âge, de la façon la plus malheureuse et la plus désolante?

— Oui, monsieur... — dit pour la seconde fois Laurence dont l'étonnement grandissait à chaque parole de son visiteur.

— Madame la marquise, — reprit ce dernier, — je vous supplie de m'excuser si je me présente ainsi chez vous à l'improviste et sans avoir l'honneur d'être connu de vous... — Cette démarche de ma part doit vous paraître légère et même risquée, je ne me le dissimule point, mais j'aurai sans doute quelques droits à votre indulgence quand vous connaîtrez les motifs de ma visite...

Le baron de Saint-Erme s'interrompit.

Il tourna la tête à demi, d'abord à droite, puis à gauche; — il parut explorer les différentes parties du salon, et il demanda d'un ton mystérieux :

— Sommes-nous bien seuls, madame la marquise?...

— Oui, monsieur, parfaitement seuls...

— Personne ne nous épie?

— Je le pense...

— Personne ne peut nous entendre?...

— Je ne le crois pas...

— Oserais-je vous prier, madame la marquise, d'avoir la bonté de vous en assurer par vous-même?...

Laurence se leva, un peu impatientée, mais encore plus intriguée, et elle ouvrit les deux pièces qui se trouvaient en communication immédiate avec le salon.

Ces pièces étaient désertes l'une et l'autre.

— Nous sommes à l'abri de toute surprise, monsieur... — dit la jeune femme en revenant prendre place sur la chaise longue, — vous pouvez parler librement, et je vous demande de le faire sans retard, car je suis, je l'avoue, extrêmement curieuse de connaître ce que vous paraissez avoir à m'apprendre de si mystérieux...

— Madame la marquise, il s'agit de vos plus chers intérêts...

— Mes plus chers intérêts! — répéta Laurence avec un tressaillement involontaire.

La physionomie ouverte et bienveillante du baron de Saint-Erme devint sérieuse tout à coup.

Le sourire stéréotypé sur ses lèvres disparut comme disparaît un rayon lumineux quand un nuage passe devant le soleil.

— Oui, certes, madame la marquise, — continua-t-il, — vos plus chers intérêts sont en jeu, et ce n'est pas trop dire, car il s'agit de votre fortune, de votre honneur, de votre avenir...

— Mais c'est impossible, monsieur!... — s'écria Laurence stupéfaite, — c'est complètement impossible! — je ne puis croire à ce que j'entends...—

Comment vous, monsieur, — vous que je n'ai pas l'honneur de connaître, — vous dont le nom vient de frapper mes yeux il y a un instant pour la première fois, — comment vous trouveriez-vous mêlé à tous les intérêts de ma vie?..

Le baron de Saint-Erme s'inclina.

— Madame la marquise, — dit-il, — cette question est bien naturelle, et je crois de mon devoir d'y répondre avant tout.

— J'attends votre réponse, monsieur, — murmura Laurence, — et je suis impatiente de l'entendre, je ne vous le cache pas...

— Je m'empresse de vous satisfaire, madame la marquise... — répliqua le baron de Saint-Erme... — J'ai eu l'honneur de vous faire remettre ma carte, et, sur cette carte, vous avez pu lire mon nom... mais mon titre officiel ne s'y trouvait pas...

— Et, ce titre, monsieur?...

— Le voici : — *Chef de division à la préfecture de police*...

Malgré son empire sur elle-même, Laurence se sentit devenir pâle comme une morte, et, pendant une ou deux secondes, son cœur cessa de battre.

— De grâce, remettez-vous, madame la marquise!... — s'écria M. de Saint-Erme avec un empressement plein de galanterie, — je suis désespéré, oui, véritablement désespéré d'être la cause involontaire du trouble où je vous vois...

Ces paroles rappelèrent la jeune femme au sentiment de la situation, et, grâce à un effort héroïque, elle parvint à reconquérir d'un seul coup sa présence d'esprit tout entière.

— Vous n'avez aucun reproche à vous adresser, monsieur, — répondit-elle d'une voix parfaitement calme; — je suis sujette à de fréquentes et courtes défaillances, et c'est un de ces malaises passagers qui vient de causer mon apparente émotion; mais c'est fini déjà, et il ne me reste qu'à vous témoigner la surprise grandissante que votre présence fait naître en moi, car, je ne sache pas avoir rien à démêler avec la police...

M. de Saint-Erme eut aux lèvres ce sourire plein de bonhomie que nous connaissons...

Ses yeux brillèrent d'un vif éclat sous les disques de cristal de ses lunettes d'or...

Il tira de sa poche droite de son gilet une petite tabatière de platine, d'un travail exquis; — il l'ouvrit; — il y plongea deux de ses doigts; — il savoura lentement une prise et il dispersa, par une chiquenaude, les quelques grains de tabac d'Espagne égarés sur les plis moelleux de sa chemise en toile de Hollande.

Laurence était sur les épines, mais elle se taisait pour ne point trahir son angoisse intérieure.

Après une ou deux secondes, qui semblèrent à la jeune femme lentes comme des siècles, le baron reprit, en donnant à ses paroles un accent interrogatif :

— Ainsi donc, madame la marquise croit n'avoir rien à démêler avec la police?... c'est du moins ce qu'elle vient de me faire l'honneur de me dire à l'instant...

— Oui, certes, je le crois...

— Madame la marquise voudra bien me permettre de lui répondre qu'en ceci son erreur est complète...

— Mon erreur, dites-vous!...

— Oui, madame...

— Comment, monsieur, la police s'occupe de moi?...

— Elle s'en occupe même beaucoup... — elle s'en occupe d'une façon assidue et spéciale, mais avec tous les égards dus à une personne telle que madame la marquise...

— Ces égards dont vous me parlez, monsieur, quels sont-ils?...

— Ils sont de premier ordre, ils sont exceptionnels, et madame la marquise va pouvoir en juger... — Toute autre femme moins haut placée et moins remarquable sous tous les rapports, ayant à donner à l'administration des renseignements, des éclaircissements, des explications enfin, aurait reçu la visite, non d'un chef de division empressé et respectueux, mais de deux agents plus ou moins grossiers, et serait, à cette heure, gardée à vue à la préfecture, pour de là, sans le moindre doute, être conduite en prison...

— En prison!... — s'écria Laurence suffoquée par une indicible terreur. — En prison!... — répéta-t-elle.

Le baron de Saint-Erme salua.

— Oui, madame la marquise, très-positivement, — dit-il ensuite...

— Mais c'est absurde!... mais c'est insensé!... — poursuivit la jeune femme; — vous vous jouez de moi, monsieur!... tout ceci n'est qu'une odieuse plaisanterie... — Pour être menacé de la prison, il faut avoir commis quelque action coupable... et Dieu sait que ma conscience est pure!...

Ceci fut dit avec un accent plein de pathétique, et un regard touchant et irrésistible jeté vers le ciel...

— Certes, — reprit le baron en souriant plus que jamais, — personne n'est mieux disposé que je ne le suis à croire à la complète innocence de madame la marquise... — mais le fait est qu'il existe des charges...

— Contre moi?...

— Oui, madame... — des charges très-réelles et très-graves...

— Etes-vous dans votre bon sens, monsieur le baron?...

— Madame la marquise... j'ai tout lieu de le croire, et permettez-moi d'ajouter que la mission qui m'est confiée en ce moment en est une preuve irrécusable...

— Mais alors, monsieur, alors, dites-moi donc de quoi l'on m'accuse et qui se porte mon accusateur?...

— Cette double question exige impérieusement

une double réponse. — D'abord, madame la marquise, vous n'avez d'autres accusateurs que les faits eux-mêmes... — quant à la nature de l'accusation, ou plutôt des accusations, nous allons y arriver dans un instant...

— Monsieur le baron, — s'écria madame Castella avec amertume, — vous me rendrez, je pense, cette justice de convenir que je fais preuve de beaucoup de patience!...

— Et vous, madame, — répliqua le visiteur en saluant, — vous ne refuserez point de témoigner, j'espère, que je fais preuve de beaucoup de courtoisie...

— Mettez-y donc le comble en allant droit au fait... — reprit gravement Laurence, — et, si vous avez mission de me faire subir un interrogatoire, commencez sur-le-champ, je suis prête à répondre.

— Je n'attendais, madame, que votre autorisation pour procéder à cette petite enquête tout à fait intime et confidentielle, si je puis m'exprimer ainsi.

— Dois-je vous avancer ce qu'il faut pour écrire?... — demanda la marquise avec des notes railleuses dans la voix; — je suppose que vous prendrez des notes et rédigerez un procès-verbal...

— Inutile, j'ai bonne mémoire et n'oublie jamais rien de ce dont il importe de me souvenir... — d'ailleurs, je le répète, il ne s'agit pas ici d'un interrogatoire, mais d'une causerie...

— Causons donc, monsieur... causons...

— Madame la marquise, vous avez un ami très-intime?...

— J'en ai plusieurs, monsieur le baron...

— Assurément; mais je prétends parler de celui que vous préférez à tous les autres... — devinez-vous, madame la marquise?

— Non, monsieur... pas le moins du monde...

— Eh bien, le comte Raoul de Crédencé, puisqu'il faut l'appeler par son nom...

Pour la seconde fois depuis le commencement de l'entretien, la fermeté et le sang-froid de Laurence lui firent défaut.

La jeune femme devint pourpre, depuis la naissance de son sein de marbre, dont la demi-transparence du peignoir laissait deviner les rondeurs neigeuses, jusqu'à son front couronné de cheveux noirs.

Son orgueil se cabra, au défaut de sa pudeur.

Elle se sentit transportée d'une violente colère en présence de l'inconnu qui pénétrait de prime saut dans les plus intimes secrets de sa vie...

Elle fut au moment d'éclater et de crier à cet homme, avec un geste d'impératrice outragée :

— Sortez de chez moi, monsieur!... — Vous êtes un insolent!... — je vous chasse!...

Mais une réflexion, ou plutôt un instinct de prudence rapide comme un éclair, suffit pour la contenir et pour l'arrêter.

L'étrange personnage dont l'outrecuidance faisait bouillonner son sang dans ses veines, était tout-puissant puisqu'il disposait à son gré de cette arme formidable qu'on nomme la police...

L'outrager, le chasser, c'était se faire de lui un ennemi mortel et un ennemi de qui la vengeance serait terrible et serait inévitable...

Donc, il fallait user à son égard de ménagements diplomatiques.

Laurence se dit tout cela en beaucoup moins de temps que nous n'en avons mis à l'écrire.

— Monsieur le baron, — murmura-t-elle d'une voix frémissante qu'elle s'efforçait vainement de raffermir, — j'ignore si quelque arrière-pensée injurieuse pour moi se cache sous vos paroles, et je ne veux pas le savoir...—Vous venez de nommer le comte de Crédencé... — il est en effet de mes amis et j'ai la confiance la plus absolue dans sa respectueuse affection...

— Madame la marquise, — répliqua M. de Saint-Erme avec bonhomie, — daignez mettre de côté, je vous en conjure, des susceptibilités inutiles, indignes d'une femme de votre trempe... — Un chef de division à la préfecture doit être un confesseur, vous le comprenez bien... — on a grand tort de lui mentir, car on ne peut pas le tromper... — son œil, armé des verres grossissants de l'expérience, perce à jour sans la moindre peine tous les petits mystères féminins.. — Jouons donc l'un avec l'autre cartes sur table, — le comte de Crédencé est votre amant...

— Monsieur... — commença Laurence d'un ton plein de hauteur.

Le baron l'interrompit.

— Eh! la la!... — dit-il, — ne nous emportons point!... — à quoi bon nier la lumière du soleil?... — M. de Crédencé, je le répète, est votre amant, et, la preuve, c'est qu'il a tué votre mari il y a quinze jours, que vous le savez aussi bien que moi, et qu'il n'en reste pas moins votre ami... — Je suppose, madame la marquise, que ce petit argument vous paraîtra, comme à moi, tout à fait sans réplique...

Laurence baissa la tête et garda le silence.

La preuve mise en avant par le visiteur était inattaquable en effet.

M. de Saint-Erme poursuivit :

— Je n'examine point si M. le marquis Castella, votre époux non regretté, a été tué par le comte d'une façon bien loyale...

« Il est possible que certains doutes, à cet égard, s'élèvent en mon esprit...

« Je crois même, madame la marquise, que, dans une certaine mesure, vous partagez ces doutes...

« Mais le duel ayant eu lieu hors de France, nous n'avons pas à demander compte à M. de Crédencé de sa conduite en cette occurrence, ce qui, par parenthèse, est fort heureux pour lui...

« Je tiens seulement, — et croyez bien que j'ai pour cela les motifs les plus sérieux, — je tiens, dis-je, à connaître votre sincère opinion sur le gentilhomme qui vous a rendue si lestement veuve.

— Vous voulez savoir ce que je pense de M. de Crédencé?... — balbutia Laurence, stupéfaite de la tournure de plus en plus bizarre que prenait cet entretien.

— Précisément...

— Eh bien, monsieur, je regarde le comte comme le plus galant homme du monde, et je crois fermement que sa réputation est de celles qui défient l'examen le plus approfondi et même le plus malveillant..

— En cela, madame la marquise, je suis complétement de votre avis... — répliqua M. de Saint-Erme avec une visible ironie; — la réputation du comte de Crédencé n'a rien à perdre, je vous l'accorde...

— Comment l'entendez-vous, monsieur?... — demanda Laurence.

— Je l'entends comme il faut l'entendre... — Pour nous autres, gens bien renseignés par devoir et par état, et pour qui les existences les plus mystérieuses n'ont point de secrets, la réputation du comte est faite et parfaite... — Nous savons ce qu'est au juste cet homme du monde, et, pour peu que la chose vous soit agréable, je vais vous rendre aussi savante à cet égard que nous le sommes nous-mêmes...

— Allez-vous calomnier M. de Crédencé!... — s'écria la jeune femme.

— Nous ne calomnions jamais, madame... — à quoi cela nous servirait-il?... — Nos mains sont pleines de vérités et nous les ouvrons rarement!... — C'est une preuve de haute estime que je vais vous donner en vous montrant les choses telles qu'elles sont, de manière à vous dessiller les yeux... — Si votre cécité continue après ce que vous allez entendre, c'est que vous serez aveugle volontairement...

— Parlez donc, monsieur, je vous écoute... — murmura Laurence, en donnant à son charmant visage une expression d'ennui résigné.

Le baron reprit la parole.

— Madame la marquise, — dit-il, — soyez tranquille, je serai très-court... — Voici les faits : — M. de Crédencé est d'une excellente et riche famille... — resté de bonne heure orphelin et maître de sa fortune, il a commencé par se ruiner, et ne possédant plus que des dettes, il est entré, grâce à son nom, dans la diplomatie, avec le titre de secrétaire d'ambassade... — de là, sa brochette de décorations multicolores... — Comme il a toujours adoré le luxe et la grande vie, et que ses appointements ne lui suffisaient pas, il se mit à tricher au jeu pour les augmenter... — Pris en flagrant délit, à Vienne, dans un salon semi-officiel, il s'empressa de restituer l'argent volé; — il donna sa démission et revint en France... — L'ambassadeur étouffa l'affaire, pour l'honneur du corps diplomatique... — il n'y eut ni bruit ni scandale, et M. de Crédencé ne vit aucune porte se fermer devant lui, excepté cependant, bien entendu, celle des emplois.

« Ce que je viens d'avoir l'honneur de vous dire s'est passé il y a cinq ans environ.

« Depuis cette époque, M. de Crédencé n'a reçu aucun héritage.

« Il n'est, par conséquent, pas plus riche qu'il ne l'était le jour où disparut le dernier louis de sa fortune patrimoniale.

« Cependant il a payé ses vieilles dettes.

« Il n'en fait pas de nouvelles.

« Il mène le train d'un homme rangé qui possède cinquante mille livres de rente.

« Il a dans son écurie trois chevaux, dont le moindre vaut deux mille écus.

« Il voyage en grand seigneur.

« Enfin, avant ce séjour d'une année à l'étranger, séjour pendant lequel il a eu le bonheur de rencontrer madame la marquise, il se montrait libéralement *protecteur* avec les *petites dames* du théâtre des Variétés et celui des Délassements-Comiques.

« Il ne me reste plus, madame, qu'à vous apprendre de quelle manière s'y prend M. de Crédencé pour subvenir à toutes ces dépenses...

« Il s'est fait, non-seulement *grec* assidu dans tous les cercles et dans les salons qu'il fréquente, non-seulement chevalier d'industrie sur une grande échelle, mais encore voleur... oui, madame la marquise, voleur...

XXIV. — LES ÉTONNEMENTS DE LAURENCE.

Laurence fit un geste de violente dénégation.

— Allons donc, monsieur le baron, — s'écria-t-elle, — vous vous moquez de moi!... — Un vieux et sage proverbe l'affirme : — *Qui dit trop, ne dit rien...* — si j'avais pu vous croire d'abord, vos dernières paroles me rendraient incrédule.

— Je suis dans la vérité la plus absolue, madame la marquise, — répondit M. de Saint-Erme... — le comte de Crédencé est affilié à une bande de hardis pillards, qui le prennent pour un commis-voyageur et qui ne le connaissent que sous le nom de *Régulus*... — il leur donne des indications précises sur les coups de main à faire chez les gens riches de sa connaissance intime et dans les somptueuses maisons de campagne des environs de Paris, et il partage avec eux le résultat de ces fructueuses expéditions... — Telle est la source de son opulence apparente... — le Pactole qui ruisselle entre les mains de M. de Crédencé est purement et simplement un produit de vol...

Laurence, — avons-nous besoin de l'affirmer à nos lecteurs? — était depuis longtemps et parfaitement convaincue... — mais elle ne voulait pas le paraître.

— Ah! monsieur le baron, dit-elle, en persévérant dans son apparente incrédulité... — si le comte de Crédencé était un voleur, et si vous en aviez la preuve, vous savez aussi bien que moi qu'il ne serait pas libre dans une heure.

— Prétendez-vous donner à entendre, madame la marquise, que nous le ferions arrêter?

— Oui, certes...

Le baron sourit de nouveau avec bonhomie et fit un geste empreint de la plus paternelle indulgence.

— Que madame la marquise me pardonne ma franchise, — répliqua-t-il ensuite, — mais on voit bien que madame la marquise n'a pas la moindre idée de ce que c'est qu'une police bien faite.

— Est-ce que, par hasard, une police bien faite laisse le champ libre aux gredins?—demanda Laurence railleusement.

— Quelquefois, madame la marquise, quelquefois...

— Je suis curieuse, je l'avoue, de savoir dans quel cas?

— Mais, dans le cas, assez fréquent, où la liberté du gredin nous sert infiniment plus et infiniment mieux que ne nous servirait son arrestation.

— Ceci est une énigme dont je ne me sens point capable de deviner le mot...

— Ce mot, je vais vous le donner tout de suite, madame la marquise, en sortant des généralités pour aborder directement le sujet qui nous occupe... — M. de Crédencé, prisonnier, nous est inutile... — M. de Crédencé libre, au contraire, nous rend, sans le savoir, les plus grands services.

— Lesquels?

— Il joue entre nos mains le rôle d'une sorte de fil conducteur... nous n'avons qu'à le suivre pour arriver, grâce à lui, jusqu'aux malfaiteurs, ses associés, qui, en qualité d'hommes d'exécution, sont infiniment plus dangereux qu'il ne saurait l'être jamais...

« Tenez, pas plus tard que la nuit dernière, il a procuré à nos agents, tout à fait à son insu, l'arrestation d'un des plus dangereux scélérats de la grande ville, un homme qui, depuis bien des années, se riait de nos traquenards les mieux combinés et déjouait toutes les poursuites et toutes les tentatives de la police de Paris.

« A côté de ce géant, M. de Crédencé n'est qu'un moucheron dont les bourdonnements n'ont pas même le privilége de nous causer la moindre inquiétude...

« Vous voyez, madame, et maintenant vous devez comprendre combien il importe, pour nous, que M. de Crédencé reste libre. »

M. de Saint-Erme aurait pu continuer pendant longtemps ainsi, sans avoir à craindre une interruption.

Laurence n'écoutait plus.

Une pâleur mortelle s'était répandue sur son visage.

Un tremblement nerveux agitait ses membres, et sa forte et vigoureuse nature était au moment de succomber à une défaillance absolue.

L'annonce d'une arrestation importante, opérée pendant la nuit précédente par des agents envoyés à la suite du comte, était l'unique cause de ce soudain anéantissement de la marquise.

— Monsieur le baron, — murmura-t-elle d'une voix très-agitée, au bout d'un instant, — ce scélérat dont vous venez de parler, quel est-il?

— Madame la marquise me fait l'honneur de me demander le nom de cet homme?

Laurence fit un signe affirmatif.

M. de Saint-Erme reprit :

— Voilà une question à laquelle il me serait, en vérité, bien impossible de répondre d'une façon précise.

— Pourquoi donc?

— Parce que le gredin dont il s'agit possède au moins autant de noms que nous en offre le calendrier... — il en change, comme de costume, paraît-il, une demi-douzaine de fois par jour... — bien fin qui saurait choisir parmi tous ces noms... — j'en puis citer un, cependant, à madame la marquise, et ce sera sans doute celui qu'elle connaît le mieux...

Laurence eut un frisson convulsif.

— Moi, — balbutia-t-elle, — moi, je connais un des noms de cet homme!...

— Oh! très-certainement, et la preuve ne s'en fera pas attendre. — Ce nom, c'est RAYMOND...

A ce dernier mot succéda un court intervalle de silence.

Ce silence fut rompu par M. de Saint-Erme qui s'écria, avec un empressement plein d'anxiété :

— Ah! mon Dieu! est-ce que madame la marquise se trouve mal?

Laurence, en effet, venait de fermer les yeux et sa tête se renversait en arrière sur le dossier de sa chaise longue.

La jeune femme était, sinon complétement évanouie, du moins plus qu'à moitié sans connaissance.

M. de Saint-Erme tira précipitamment de sa poche un flacon de cristal de roche, monté en vermeil, et rempli de sels anglais d'une grande puissance.

Il approcha ce flacon des narines frémissantes de madame Castella qui revint presque aussitôt à elle-même.

— Vous devez me trouver bien ridicule, monsieur...—dit-elle en essayant de sourire, — et je sollicite toute votre indulgence pour cette faiblesse passagère; mais n'est-ce pas un peu vous qu'il faut en accuser...

— Moi, madame la marquise... — et, comment cela, je vous prie? — s'écria le baron d'un air de stupeur.

— Vous me dites des choses si étranges !... — vous semblez exprimer des soupçons si incompréhensibles, si prodigieux, qu'on se sent troublée malgré soi en vous écoutant, et qu'on succombe involontairement à des émotions écrasantes... — Ceci, d'ailleurs, ne m'empêchera pas d'aller jusqu'au bout, car vous avez trouvé moyen d'exciter ma curiosité au delà de toute expression.

— Je suis prêt à la satisfaire.

— Pourquoi m'avez-vous dit tout à l'heure que je connaissais cet homme... ce Raymond?

— Distinguons, madame la marquise... distinguons!... je n'ai pas prétendu que vous connaissiez l'homme... — j'ai seulement affirmé, et j'affirme encore, que vous connaissiez le nom.

— Eh bien, monsieur le baron, vous vous trompez...

— Madame la marquise, la preuve du contraire est là...

— La preuve!...

— Oui, madame, dans ce portefeuille....

En disant ce qui précède, M. de Saint-Erme détachait doucement, un à un, les fermoirs d'argent du portefeuille rouge, d'aspect ministériel, dont nous avons précédemment parlé, et sur lequel Laurence fixait des regards remplis d'effroi.

Malgré l'excessive politesse et les façons pleines de courtoisie de son visiteur, la jeune femme se sentait prise, ni plus ni moins qu'une perdrix sous la griffe d'un oiseau de proie...

Elle pressentait un danger inévitable...

Enfin l'intervention de la police dans ses affaires, en ce moment, lui paraissait du plus fâcheux augure.

Tandis que des pensées et des réflexions de cette nature traversaient rapidement l'esprit de Laurence, le baron avait achevé d'ouvrir son portefeuille.

— Oui, madame la marquise, — reprit-il, — la preuve de ce que je viens d'avancer est là-dedans... — je dois même ajouter que sans l'heureuse arrestation qui a mis en nos mains les pièces que je vais avoir l'honneur de placer sous vos yeux, je n'aurais eu aucun motif sérieux de me présenter aujourd'hui chez vous...

— De grâce, monsieur! — s'écria Laurence; — rien au monde ne saurait être plus pénible que cette incertitude dans laquelle vous semblez prendre plaisir à me laisser!... — De quoi s'agit-il? — ces pièces dont vous me parlez, quelles sont elles?

Le baron salua.

— Je supplie madame la marquise, — dit-il, — de vouloir bien m'accorder quelque indulgence... Je procède comme je peux, et non comme je voudrais... — L'habitude, en toutes choses, devient une seconde nature, et je n'ai pas celle d'aller directement au but, l'expérience m'ayant permis d'arranger à ma manière un axiome géométrique indiscutable dont j'ai fait ceci : *La ligne droite est le plus court chemin pour ne rien apprendre de ce qu'on a intérêt à savoir.*

— Eh bien, monsieur! — répliqua madame Castella dont l'impatience nerveuse augmentait d'instant en instant, — eh bien, monsieur! prenez la ligne courbe, si la ligne droite ne vous convient pas, mais, au nom du ciel, arrivez!...

— Madame la marquise, — demanda brusquement M. de Saint-Erme, — vous est-il possible de m'expliquer par suite de quelles circonstances encore inconnues de nous, le testament de feu votre mari, le marquis Castella, se trouvait en la possession de Raymond?

Cette question, à laquelle elle ne pouvait s'attendre, frappa Laurence comme un coup de foudre.

— Le testament de mon mari!... — répéta-t-elle, afin de se donner le temps de trouver une réponse, — le testament de mon mari dans les mains de cet homme!...

— Vous ne le saviez pas?

— Comment l'aurais-je su?...

— Mais alors, madame la marquise, ce testament vous aurait donc été volé?...

Laurence se hâta de profiter de la porte que le baron de Saint-Erme ouvrait devant elle, et par laquelle il lui semblait qu'elle allait sortir d'une situation inextricable.

— C'est cela... — dit-elle vivement, — c'est bien cela... — le testament m'a été volé...

— Vous étiez-vous aperçue de vol, madame la marquise?

— Non, monsieur...

— Dans quel but aurait-il eu lieu?

— Je l'ignore...

— Des sommes en argent ou en or, des bijoux, des objets précieux, enfin, vous ont-ils été dérobés?

— Non, monsieur...

— Il faut bien admettre, cependant, qu'un intérêt quelconque a guidé le voleur...

Laurence fit un geste vaguement affirmatif.

Le baron reprit :

— Quel peut être cet intérêt, c'est ce dont il importe de nous assurer... madame la marquise le comprend?

— Sans doute... — murmura la jeune femme.

— Le testament en question contenait la fortune ou la ruine de madame la marquise... — continua le visiteur en appuyant sur chaque mot, en le soulignant en quelque sorte...

Laurence dressa l'oreille..

Peut-être allait-elle apprendre si l'acte trouvé sur Raymond était l'original lui-même, ou la copie falsifiée.

Cette question fut à l'instant résolue.

M. de Saint-Erme poursuivit :

— Ce testament représentait deux millions pour madame la marquise, puisqu'il la constituait légataire universelle de tous les biens meubles et immeubles de feu son mari...

Plus de doute!... — c'était l'œuvre du faussaire dont la police s'était emparée!

— Avez-vous une fortune personnelle, considérable, madame la marquise? — demanda le baron, en interrompant la série de ses raisonnements pour poser cette question.

— Ma fortune personnelle est minime... — répondit Laurence.

— Quel en est le chiffre?

— Deux cent mille francs.

— Dans ce cas, la destruction du testament entraînait la ruine de madame la marquise d'une façon à peu près complète; car, tomber de deux millions à deux cent mille francs, c'est la ruine...

— Oui, monsieur...

— Eh bien, madame, nous savons désormais ce que nous voulions savoir, et l'intérêt du voleur à commettre son vol est maintenant clair comme le jour... — pour moi du moins!... — Raymond jetait les bases d'une opération de *chantage*...

— Vous dites, monsieur?...

— Ah! pardon!... je me sers là d'un mot que madame la marquise ne peut comprendre, car elle l'entend bien certainement pour la première fois...
— Voici ce dont il s'agit : — Raymond a volé le testament pour être en position de dire à madame la marquise : — *Ce chiffon de papier vaut pour vous deux millions.. — donnez-moi cinq cent mille francs, sinon je le jette au feu et les deux millions s'en vont en fumée...* Une telle manœuvre s'appelle le CHANTAGE.

Laurence, en son for intérieur, bénissait le chef de division qui, se chargeant des demandes et des réponses, lui sauvait naïvement un immense embarras.

— Monsieur le baron, — dit-elle au bout d'un instant, — vous me voyez pénétrée d'admiration pour votre perspicacité... — il ne me semble pas douteux, en effet, que le voleur ait été poussé par le mobile que vous expliquez si bien...

M. de Saint-Erme salua, selon son invariable habitude.

— Madame la marquise, — fit-il ensuite, — n'aurait donc pas deviné cela toute seule?

— Non, certes!...

— Madame la marquise savait cependant, à n'en pas douter, que le petit marché en question lui serait proposé aujourd'hui même.

— Je n'en savais pas le premier mot... Et comment l'aurais-je su, puisque j'ignorais même que le testament m'eût été soustrait?... — répliqua vivement Laurence.

— Malgré mon vif désir d'ajouter foi aux assertions de madame la marquise, je suis bien forcé d'être incrédule...

— Je recommence à ne vous plus comprendre, monsieur...

— C'est faute de bonne volonté, madame...

— Comment?...

— Vous avez attendu Raymond hier, toute la journée, et vous l'attendiez encore tout à l'heure..

— Moi!...

— Vous-même, madame, et, de cela comme de tout le reste, j'ai la preuve...

— Cette prétendue preuve, monsieur, donnez-la-moi... je la veux! je l'exige!...

— La voici, madame...

Le baron ouvrit le portefeuille rougé.

Il en tira un petit agenda de chagrin noir, long et large tout au plus de quelques centimètres.

— Madame la marquise, — reprit-il, — cet agenda appartient, ou plutôt appartenait à Raymond...

« Il constituait pour ce dangereux personnage une sorte de *memorandum*.

« Chacune de ces pages contient des indications plus ou moins énigmatiques de rendez-vous donnés, de choses importantes à faire, à jour et à heures fixes.

« Sur la dernière page, à la date d'hier, je lis la note suivante, laconique, mais infiniment plus claire que les sept huitièmes de celles qui la précèdent :

« *Rue de la Madeleine, hôtel Wilson...* — *la marquise Castella... aujourd'hui ou demain, sans faute... — rendez-vous donné...*

« Et, entre parenthèses, ces deux mots complémentaires, dont la clarté vive illumine le reste :

(LE TESTAMENT.) »

« Niez-vous encore, madame la marquise, que vous attendiez Raymond, et que vous l'attendiez avec impatience?

— Oui, monsieur, oui, je nierai!... — répondit impétueusement la jeune femme qui retrouvait, en face du péril, tout son sang-froid et toute l'énergie de son caractère.

— Ainsi, vous vous inscrivez en faux contre l'évidence?

— Cette prétendue évidence n'existe que pour un esprit prévenu! — Comment puis-je être déclarée solidaire de quelques lignes écrites par un bandit que je ne connais pas? — Que vous ai-je fait, monsieur pour prendre ainsi parti contre moi?... — Etes-vous mon ennemi?

— Je suis si peu votre ennemi, madame la marquise, — répliqua le baron avec le plus paternel de tous ses sourires, — que je ne négligerai rien pour vous sauver, je vous en donne ma parole de galant homme...

— Me sauver!... — répéta Laurence au comble de l'épouvante... — suis-je donc en danger?

— Oui, madame, et même en très-grand danger... — Ne vous ai-je pas dit, au début de cet entretien, que votre honneur et votre avenir se trouvaient en jeu... — J'aurais pu ajouter : *votre liberté*...

— Ma liberté!... — qui la menace?

— La loi.

— Il y a donc une accusation contre moi?

— Il peut du moins y en avoir une d'une minute à l'autre, et une fort grave...

— Laquelle?

— Celle de complicité avec Raymond pour le triple crime de suppression de testament, de supposition de testament et de faux.

Le baron souriait en parlant ainsi.

Laurence, presque paralysée par une terreur facile à comprendre, était incapable de faire un mouvement et de prononcer une parole.

M. de Saint-Erme reprit :

— Je vois avec peine que mes paroles produisent sur madame la marquise une impression des plus pénibles... — je la supplie de se rassurer... — je me déclare son serviteur et je ne désespère point de la tirer d'une situation très-fâcheuse, mais pour m'avoir, par ses conseils funestes, précipitée dans cette aventure.

Après ce rapide monologue qui résumait toute sa pensée, la marquise murmura d'une voix très-émue et si basse qu'elle était à peine distincte :

— Excusez le désordre de mon esprit, monsieur le baron... — il est bien naturel... — je ne sais en ce moment si je dors ou si je veille... — il me semble que je fais un rêve étrange et que je suis complétement en dehors de la réalité.. — je vous entends, mais je cherche vainement à vous comprendre...

« Dites-moi donc ce que signifient ces accusations

Le comte de Crédencé est affilié à une bande de hardis pillards. — Page 213.

plutôt imprudente, selon moi, que positivement criminelle...

XXV. — UNE CONCLUSION.

Cette conclusion, à laquelle elle était loin de s'attendre, ranima quelque peu la jeune femme et lui rendit une partie de sa présence d'esprit.

— Si cet homme est véritablement animé à mon égard d'intentions bienveillantes, ainsi qu'il le paraît, — se dit elle, — rien n'est encore perdu tout à fait... — je puis d'ailleurs continuer la lutte, sauf à me déclarer vaincue quand il en sera temps... — Ah !... que Raoul soit cent fois maudit

inouïes dont vous m'accablez et dont la cause reste pour moi le plus impénétrable de tous les mystères.

« Vous m'avez parlé de suppression et de supposition de testament... éclairez-moi sur le sens et sur la gravité de ces crimes prétendus... — quand je saurai quels sont ces crimes, j'essaierai de me défendre...

— Il serait inutile de l'entreprendre, madame la marquise... — répondit M. de Saint-Erme.

— C'est-à-dire, monsieur, que vous voulez me condamner sans m'entendre.

— Loin de moi cette pensée... — mais, si j'avais pu conserver quelques doutes en venant ici, l'entretien que nous venons d'avoir ensemble les aurait dissipés.. — maintenant ma conviction est de celles que rien au monde n'ébranlerait...

« Pour vous convaincre à votre tour de ma certitude, et vous ôter toute velléité de dénégation, je vais vous dire, madame la marquise, comment les choses se sont passées... — Étes-vous disposée à m'entendre?...

Laurence fit un signe affirmatif.

Le baron reprit :

— Feu votre mari mécontent, à tort ou à raison, de vos procédés à son égard, a consigné ses volontés dernières dans un testament qui vous déshéritait.

« Ce testament, je ne l'ai pas; mais j'ai la certitude qu'il existe, ou, du moins, qu'il a existé...

« Vous vous êtes emparée de l'acte d'exhérédation, qui, s'il avait été produit, consommait votre ruine.

« Le faire disparaître, c'était bien ; mais ce n'était point encore assez...

« La destruction de cet acte fatal empêchait la fortune du marquis d'aller à sa destination, mais ne l'amenait point dans vos mains...

« Confident de vos soucis et de vos chagrins à cet égard, le comte de Crédencé, votre... ami, vous indiqua Raymond comme le plus habile faussaire de Paris, de la France, de l'Europe, et peut-être du monde entier...

« Il ajouta que Raymond vous tirerait d'embarras... — il alla le trouver de votre part, il lui remit le vrai testament, comme modèle d'écriture et de signature, et il lui en commanda un faux.

« Tout ceci, madame la marquise, est d'une exactitude littérale...

« Quoique je ne procède, comme Zadig, que par inductions, je suis encore plus certain de ne me point tromper, que ne l'était Zadig lui-même.

« J'ignore ce qu'est devenu le vrai testament; mais je sais bien que celui que j'ai là, enfermé dans ce portefeuille de maroquin rouge, est l'œuvre du faussaire Raymond.

« Et maintenant, madame la marquise, il ne me reste qu'à vous présenter mes bien humbles respects, et à prendre congé de vous.

M. de Saint-Erme se leva.

— Eh quoi! monsieur le baron, — s'écria Laurence au comble de l'effarement, — vous partez!...

— Il le faut bien... — je n'ai que trop longtemps abusé des instants de madame la marquise qui m'a certainement trouvé fort importun...

— Eh! monsieur, aurez-vous donc la cruauté inouïe de me laisser plongée dans les angoisses où me voilà?...

— Disposez de moi, madame .. — que puis-je faire pour dissiper ces angoisses ?

— Monsieur, vous pouvez tout... tout absolument...

— Madame la marquise s'exagère beaucoup le pouvoir dont je dispose dans ma petite sphère... — répondit le baron en saluant à trois reprises.

— Monsieur, — s'écria Laurence en tendant vers le chef de division ses mains suppliantes, — monsieur, au nom du ciel, sauvez-moi!...

— Madame la marquise ne s'inscrit donc plus en faux contre mes affirmations de tout à l'heure? — demanda le petit homme dont les prunelles étincelèrent sous les lunettes d'or.

— J'avoue, monsieur le baron... j'avoue tout ce que vous voudrez!... — oui, j'ai cédé à de perfides conseils.., à des suggestions dangereuses... — je suis femme... j'ai été faible... — je n'ai pu me résigner sans épouvante à tomber des sommets rayonnants de la richesse dans les privations et l'obscurité d'une fortune plus que modeste...

« Oui, le marquis Castella me déshéritait; mais, en supprimant son testament, je n'ai fait de tort à personne, car, par le testament, il léguait tous ses biens à des établissements publics.

« Je n'ai jamais aimé mon mari... — je ne l'avais épousé que pour sa fortune... — je comptais sur cette fortune... — je me suis dit que tous les moyens étaient légitimes pour réparer une injustice qui me révoltait...

« Eh! mon Dieu, monsieur, j'ai eu tort sans doute... je ne songe point à le nier, et je le comprends bien maintenant; mais, vous l'avez affirmé vous-même tout à l'heure, je suis plus imprudente que criminelle... — j'ai droit à toute votre pitié... je mérite toute votre indulgence... — Sauvez-moi, monsieur!... — sauvez-moi!...

M. Saint-Erme semblait très-ému.

Il respirait avec bruit.

Un visible attendrissement se lisait sur son large visage empreint de bonhomie.

Il fit même le geste de soulever ses lunettes d'or, et il approcha de ses yeux son mouchoir de batiste parfumé, sans doute afin d'éponger une larme furtive au bord de ses paupières rougies.

Laurence, persuadée que la victoire était en bon train, voulut l'achever en faisant donner sa réserve, comme le disent, dans leurs comptes-rendus de batailles, messieurs les journalistes, grands tacticiens sur le papier.

Elle saisit les mains épaisses, mais parfaitement soignées, de M. de Saint-Erme; elle les pressa entre les siennes et elle finit par les appuyer pendant une seconde, avec un entraînement en apparence irréfléchi, contre sa poitrine bondissante.

Tandis qu'elle se livrait à ce petit manège féminin, d'un effet généralement irrésistible, elle murmurait à l'oreille du chef de division, en appelant à son aide les notes les plus douces de sa voix et ses plus câlines intonations :

— Ah! monsieur le baron!... soyez bon pour moi... soyez généreux... — ne me laissez pas languir et souffrir plus longtemps... — tirez-moi de peine tout de suite... — dites-moi que vous me sauverez...

La figure de M. de Saint-Erme présentait, depuis quelques secondes, ce beau ton cramoisi dont les crêtes des coqs et des dindons offrent de si riches échantillons.

De sournoises flammèches jaillissaient de ses yeux d'un gris pâle, sous les verres de ses lunettes.

Il souleva jusqu'à ses lèvres une des mains de Laurence, et il baisa cette main à plusieurs reprises avec une galanterie tout à fait régence et une volupté manifeste.

— Comptez entièrement sur moi, madame la marquise, — dit-il enfin d'une voix papelarde, — vous serez contente de moi.. — je veux me montrer pour vous un ami véritable et je ne négligerai rien de ce qu'il faudra faire afin de vous mettre absolument hors d'embarras...

— Qui vous empêche de m'en sortir à l'instant même?

— Le puis-je donc?

— Oui, certes, vous le pouvez...

— Et, comment?...

— Rien n'est plus simple... — Ouvrez votre portefeuille rouge, et donnez-moi le testament...

M. de Saint-Erme sourit avec une bienveillance manifeste.

— Vous voulez bien, n'est-ce pas, monsieur le baron?... — reprit Laurence en mettant dans son accent toutes les coquetteries, toutes les câlineries d'une femme qui s'est juré à elle-même d'obtenir une chose convoitée ardemment... — vous consentez à ce que je vous demande?...

XXVI. — RAOUL ET LAURENCE.

Le chef de division secoua doucement la tête.

— Impossible, madame la marquise, — murmura-t-il .. — oui, impossible, en vérité.

— Mais, pourquoi, monsieur?... pourquoi?

— Mon devoir et ma conscience me défendent également de me dessaisir d'une pièce de cette importance.

— Il n'est question ni de votre conscience, ni de votre devoir... — il ne s'agit que de rendre un immense service à une femme qui vous implore et n'a d'espoir qu'en vous... — N'allez pas croire au moins que je veuille faire du faux testament un criminel usage... oh! non! cent fois non!... — si je vous supplie de me le donner, c'est pour l'anéantir à l'instant même, là, sous vos yeux... — Une fois ce papier maudit réduit en cendres, il ne restera plus de traces d'une erreur qui pourrait me devenir fatale, et ma reconnaissance sans bornes durera aussi longtemps que ma vie.

La physionomie souriante et paternelle du chef de division devint sérieuse et réfléchie.

— Madame la marquise, — répondit-il avec une fermeté pleine d'onction, — il m'en coûte beaucoup, je vous le jure, de vous refuser, mais je vous supplie de mettre un terme à d'inutiles instances...

— C'est dans votre propre intérêt que je ne vous cède point aujourd'hui... — daignez me témoigner quelque confiance... — comptez sur ma promesse solennelle que l'œuvre du faussaire Raymond ne sortira point de mes mains; — comptez aussi sur mon assurance que vous ne courez aucun danger immédiat, puisque personne autre que moi n'est initié, jusqu'à ce moment, aux détails de l'importante affaire dont j'ai pris la direction... — Demain, j'aurai l'honneur de vous voir, ou, tout au moins, de vous faire parvenir de mes nouvelles, et j'ai la certitude qu'elles seront satisfaisantes, et telles que vous pouvez les désirer; mais à une condition *sine quâ non*.

— Et cette condition, monsieur?... cette condition? — demanda vivement Laurence.

— C'est que M. le comte de Crédencé ne saura rien de ce qui se passe... — s'il apprend par vous ma visite, s'il est instruit de l'entretien que nous venons d'avoir ensemble, les choses suivront leur cours naturel, sans qu'il me soit possible de l'empêcher, et je ne réponds plus de rien!... — Ayez donc le courage, madame la marquise, de refuser votre porte au comte pendant un jour ou deux, si vous ne vous sentez pas la force de lui cacher un secret si grave.

— Je vous obéirai, monsieur le baron... — murmura la jeune femme après un court silence... — Le comte de Crédencé m'adresserait sans doute des questions embarrassantes, auxquelles je ne saurais comment répondre, sans me compromettre... — je ne le recevrai pas.

— Même s'il insiste? — demanda M. de Saint-Erme.

— Son insistance sera vaine, car j'aurai soin de donner une consigne inflexible.

— Cela étant, madame la marquise, il ne me reste qu'à vous répéter : — *Comptez sur moi!*...

— Et, dès demain, j'aurai votre visite?

— Ma visite ou des nouvelles positives, j'en prends l'engagement formel. Peut-être même, dès ce soir, entendrez-vous parler de moi.

— Allez donc, monsieur le baron, et n'oubliez pas que je mets en vous tout mon espoir.

Le chef de division appuya de nouveau ses lèvres sur la belle main de Laurence et quitta le salon où il avait été reçu.

Madame Castella voulut le reconduire elle-même jusqu'à l'antichambre.

Qu'on juge de sa surprise lorsqu'en se retournant, aussitôt que la porte extérieure de l'appartement eut été refermée derrière le visiteur, elle aperçut en face d'elle M. de Crédencé debout, un peu pâle, tenant d'une main la carte du baron, et appuyant un doigt sur ses lèvres pour commander le silence.

Ce geste donna à Laurence la présence d'esprit nécessaire pour contenir l'exclamation prête à lui échapper.

Raoul se pencha vers elle.

— Soyez sans crainte, — murmura-t-il à son oreille, — j'ai tout entendu... — il se passe d'étranges choses; mais je suis là!...— avant ce soir vous me reverrez.

Et, sans attendre la réponse de la marquise, le comte rouvrit sans bruit la porte par laquelle M. de Saint-Erme venait de sortir, et il s'élança dans l'escalier.

Laurence restée seule, et en proie à un trouble que ces dernières circonstances ne pouvaient qu'augmenter, voulut du moins savoir sur-le-champ à quoi s'en tenir sur la présence de M. de Crédencé chez elle, dans un moment où elle s'attendait si peu à le voir.

En conséquence elle rentra dans son salon et frappa sur un timbre.

La caméristre accourut.

— Quand M. le comte est-il arrivé? — lui demanda Laurence.

— Un quart d'heure, tout au plus, après le commencement de la visite du monsieur dont j'ai remis la carte à madame la marquise, — répondit la femme de chambre.

— Pourquoi ne m'avez-vous pas prévenue que M. de Crédencé était là?

— Parce que M. le comte me l'a défendu...— et j'ai cru comprendre, — ajouta la soubrette avec une petite mine diplomatique tout à fait réjouissante... j'ai cru comprendre qu'il fallait obéir à M. le comte presque autant qu'à madame la marquise?... — Est-ce que je me suis trompée?

— Je ne dis pas cela...— Où M. le comte a-t-il attendu?

— Dans la chambre à coucher de madame la marquise, et il y est arrivé par le couloir qui conduit de l'antichambre au cabinet de toilette de madame.

Ceci expliquait tout, de la façon la plus claire et la plus complète.

La chambre à coucher se trouvant contigue au salon, Raoul n'avait eu qu'à appuyer son oreille contre le panneau de la porte de communication pour ne pas perdre un seul mot de l'entretien engagé entre la marquise et le baron.

Aussitôt cet entretien achevé, il avait traversé le salon, il avait pris en passant la carte du visiteur, déposée par Laurence sur un meuble, et il s'était montré aussitôt que le bruit de la porte de l'antichambre se refermant lui avait fait supposer que la jeune femme se trouvait seule.

Nous savons le reste.

Deux heures s'écoulèrent.

Il nous faudrait user une rame entière de papier blanc et une bouteille d'encre bleue, pour mettre sous les yeux de nos lecteurs les multitudes de pensées confuses qui, pendant ce laps de temps, se succédèrent et se combattirent dans l'esprit enfiévré de la marquise Castella...

Nous préférons nous abstenir.

Enfin l'anxieuse attente de la jeune femme eut un terme.

La porte s'ouvrit, et M. de Crédencé entra rapidement dans le salon.

Il avait la moustache défrisée, le regard non pas complétement abattu, mais moins assuré que de coutume, et l'ensemble de son visage offrait une expression soucieuse.

Il se laissa tomber sur un siège, sans prononcer d'abord une parole.

— Voyons, Raoul, qu'y a-t-il donc? — s'écria Laurence, dont la figure sombre du comte augmentait les inquiétudes et les terreurs. — Je vous croyais incapable d'un tel affaissement!... — vous m'apportez donc de bien mauvaises nouvelles!...

— Je vous en apporte du moins, chère marquise, de bien inattendues et de bien bizarres...

— Enfin, quelles qu'elles soient, ces nouvelles, donnez-les vite...

— Savez-vous d'où je viens?

— Comment le saurai-je?

— Essayez de deviner...

— Non!... non!... je renonce à chercher... — je n'ai nullement l'esprit inventif... — ainsi donc, tirez-moi de peine sans me faire plus longtemps languir..

— Eh bien, j'arrive, tout de ce pas, de la préfecture de police...

Laurence fit un bond sur son fauteuil.

— De la préfecture de police!... — répéta-t-elle.

— Parfaitement bien!... — ou, si vous le préférez, de la rue de Jérusalem...

— Savez-vous que j'ai peine à vous croire, Raoul; tout cela est peu vraisemblable...

— Rien au monde, cependant, n'est plus vrai que ce que je vous dis là...

— Et, qu'alliez-vous faire en un tel lieu!... — s'écria la marquise.

M. de Crédencé lui tendit la carte porcelaine qu'il roulait au bout de ses doigts.

— J'allais tout simplement, — répondit-il, — solliciter une entrevue de M. le chef de division baron de Saint-Erme...

— Vous me faites frissonner!...

— Pourquoi donc?

— Une telle imprudence pouvait suffire à nous perdre tous deux!...

— Rassurez-vous, marquise, je me serais arrêté net, au moment où l'imprudence aurait commencé... — Savez-vous ce qu'on m'a répondu dans les bureaux?

— Non...

— On m'a répondu que le baron de Saint-Erme n'existait pas, ou du moins qu'il n'y avait à la préfecture de police aucun chef de division de ce nom...

— C'est impossible!...

— Impossible, soit!... mais réel, je le certifie...

— Aussi certainement que je suis le comte de Crédencé, le prétendu baron de Saint-Erme n'existe pas...

— Mais alors l'homme qui se trouvait ici en même temps que vous, il y a deux heures; — l'homme qui m'a fait remettre cette carte:

l'homme qui connaît jusque dans ses moindres détails notre vie à tous les deux, et qui tient en ses mains le faux testament ; — cet homme, Raoul, qui donc est-il ?...

— Je vais bien vous étonner, Laurence, — répondit le comte, — et cependant vous pouvez me croire, car je vous parle avec une certitude absolue... — cet homme n'est autre que Raymond...

— Le Protée parisien !... — s'écria la marquise.

— Lui même... — Je n'avais pu voir votre visiteur, puisqu'une porte close me séparait de lui, mais déjà, en entendant sa voix, un vague soupçon s'était emparé de moi...

« Je m'élançai derrière lui, vous le savez, et j'essayai de le suivre, mais personne au monde ne s'entend mieux que Raymond à déjouer les poursuites... — il sait échapper, comme un fantôme, aux yeux les plus perçants et les plus attentifs...

« On croit le tenir... — il s'évapore et ne reparaît plus...

« Je n'avais pas fait vingt-cinq pas dans la rue que déjà le faux baron s'était évanoui si subitement qu'on eût dit que la terre venait de l'engloutir...

« Ceci confirma mes soupçons...

« Un paisible chef de division n'agit point à la manière des apparitions de théâtre que dévore à l'improviste une trappe adroitement ouverte...

« C'est alors, et pour ne point rester dans le doute, que je pris le chemin de la préfecture de police...

« Je vous ai déjà dit, ma chère Laurence, quelles réponses me surent faites ; — ces réponses changèrent à l'instant même mes soupçons en certitudes...

« Le baron de Saint-Erme étant un personnage apocryphe, c'était Raymond qui sortait de chez vous !... »

. . . .

Un silence de quelques secondes suivit ces dernières paroles.

Ce fut la marquise qui rompit ce silence.

— Ah ! — s'écria-t-elle, — vous aviez bien raison, tout à l'heure, de m'annoncer d'étranges nouvelles !... — Je marche de surprise en surprise... — il me semble que je joue un rôle dans quelque invraisemblable roman...

— Ah ! — murmura le comte, — la réalité, quand elle se mêle d'être invraisemblable, dépasse parfois des limites que la fiction n'oserait atteindre...

— Mais quel pouvait être le but de Raymond en se présentant ainsi chez moi sous un nom de fantaisie et en soutenant jusqu'au bout le bizarre personnage dont il s'était donné l'aspect ?... — demanda Laurence.

— J'ignore quel est ce but, — répondit M. de Crédencé, — seulement je suis certain qu'il existe...

— Raymond n'est pas homme à jouer la comédie sans un motif très-sérieux..

— Que devons-nous craindre ?...

— Je n'en sais rien... — impossible de compter sur quoi que ce soit avec ce diable d'homme dont les combinaisons brusques et changeantes déjouent toutes les prévisions et trompent tous les calculs...

— Que devons-nous faire ?...

— Attendre... — Nous ne pouvons diriger les événements... — tenons-nous prêts à lutter contre eux, quand viendra l'heure de la lutte...

L'entretien de la marquise Castella et du comte de Crédencé se prolongea pendant plus d'une heure encore...

Il nous paraît complètement inutile d'en reproduire ici toutes les phases, car il tourna longtemps dans un même cercle, sans avancer d'un pas, comme ces écureuils captifs qui galopent à grande vitesse, avec une ardeur infatigable, dans la roue de fil de fer de leur étroite prison.

Laurence éprouvait un trouble insurmontable, une profonde inquiétude, et Raoul, malgré tous ses efforts, ne parvenait que très-imparfaitement à la rassurer...

XXXI. — UN DOMESTIQUE UN PEU GAUCHE.

M. de Crédencé quitta l'appartement de la marquise pour retourner chez lui.

Mais, en descendant l'escalier, il se ravisa.

— Raymond, — se dit-il, — pense à tout, prévoit tout, et certainement il n'est pas homme à négliger une seule précaution, si cette précaution peut être utile à la réussite de ses projets...

« Il attache une très-grande importance, j'en suis certain, à empêcher momentanément toute communication entre Laurence et moi.

« Rien ne me prouve qu'il ne vient pas d'aposter des espions dans la rue, près de la porte de l'hôtel, pour me voir sortir ou rentrer...

« Je vais lutter de ruse avec lui. »

Tout en formulant dans son esprit les réflexions qui précèdent le comte, au lieu de quitter la maison garnie, franchit le seuil du bureau où trônait comme de coutume, dans des atours d'une élégance exagérée, Ellénore, veuve Damiran.

— Ma chère amie, — dit-il à cette prétentieuse personne, — je viens vous demander un service...

— Disposez de moi, cher monsieur le comte... — vous savez bien que suis absolument à vos ordres... — Que puis-je faire ?...

— Me donner une chambre quelconque, dans la maison, pendant quarante-huit heures...

— Pour qui ?...

— Pour moi...

Ellénore fit un mouvement de surprise.

— Alors, — reprit-elle, — ce n'est pas une chambre, c'est un appartement qu'il vous faut...

— La chambre la plus modeste me suffira... — N'eussiez-vous à mettre à ma disposition qu'une mansarde, je m'en contenterais...

— J'ai deux petites pièces à l'entresol... — vous conviendront-elles?...
— Oui.
— Quand voulez-vous vous installer?...
— Tout de suite...
— Alors, venez avec moi, je vais vous conduire.
— Voici la clef du n° 5...

Le comte, que son hôtesse précédait, prit possession des deux petites pièces et s'assura, par un rapide coup d'œil, que leurs fenêtres donnaient sur la rue.

— C'est vraiment trop indigne de vous... — murmura la veuve en minaudant.

— C'est, au contraire, tout ce qu'il me faut... — seulement, j'ai deux recommandations à vous adresser.

— Lesquelles?...

— D'abord, de m'envoyer à dîner ce soir, et à déjeuner demain matin...

La surprise la plus profonde se peignit sur les pastels agréablement veloutés qui recouvraient le visage de la veuve.

— Ainsi, — dit-elle, — vous ne prendrez donc point vos repas avec cette belle marquise de là haut?...

M. de Crédencé sourit.

— Vous voyez bien que non, ma chère amie... — répondit-il.

— Et, la seconde recommandation?...

— La voici : — C'est de ne parler de moi à personne, et si, par hasard, quelqu'un venait me demander, de répondre que depuis hier je n'ai pas paru à l'hôtel...

— Vous pouvez être parfaitement tranquille..

— Ce sera fait comme par vous-même...

— Et je vous en remercie d'avance...

— Vous n'avez pas autre chose à me dire?...

— Non, pas autre chose...

— Dans ce cas, je vous laisse... — Faut-il vous envoyer des journaux?...

— C'est parfaitemet inutile... — La politique n'est pas ce que j'aime...

Madame veuve Damiran sortit, en se mettant l'esprit à la torture pour tâcher de deviner le motif mystérieux qui dictait la conduite si prodigieusement extraordinaire de M. de Crédencé.

Ses efforts d'imagination aboutirent à lui persuader que le comte, jaloux sans doute de madame Castella, et la soupçonnant d'être infidèle, se cachait dans la maison même afin d'espionner sa maîtresse.

A peine la veuve eut-elle disparu, que Raoul monta au second étage et sonna chez la marquise.

La femme de chambre l'introduisit sans retard.

— C'est encore moi, — dit-il à Laurence : — je viens vous prévenir, ma chère belle, d'une résolution que j'ai prise et que je crois utile et prudente...

raconta en peu de mots ce qu'il venait de aire, et il ajouta, en terminant :

— Vous le voyez, je me suis placé littéralement sous votre main... — Si Raymond, ou plutôt si le baron de Saint-Erme vous donne de ses nouvelles à l'improviste, vous n'auriez qu'à envoyer frapper à la porte n° 5, à l'entresol, et je monterais aussitôt...

Puis Raoul regagna son nouveau domicile.

A neuf heures du soir on sonna chez Laurence.

La camériste ouvrit, et se trouva face à face avec un gaillard de moyenne taille, de tournure assez rustique, mais en livrée de bonne maison.

— Qu'y a-t-il pour votre service? — demanda la femme de chambre.

— Madame la marquise Castella, s'il vous plaît? — fit le domestique.

— C'est ici...

— Madame la marquise est chez elle?...

— Oui, — qu'est-ce que vous lui voulez?...

— J'apporte une lettre.

— De quelle part?...

— De la part de mon maître, le baron de Saint-Erme...

— Donnez...

— Voilà...

— Y a-t-il une réponse?...

— Non ; — M. le baron m'a dit de remettre la lettre et de ne pas attendre...

— Dans ce cas, votre commission est faite.

— Pas encore tout entière, car M. le baron m'a bien recommandé, si je rencontrais à l'antichambre une jolie fille qui lui a ouvert la porte tantôt, de lui mettre quelque chose dans la main...

— Quoi donc?...

— Est-ce vous qui êtes la jolie fille?...

— Oui, c'est moi...

— Alors, tendez la main...

— La voici...

— Et voici la chose que M. le baron m'a chargé d'y mettre.

Cette chose était un double louis.

— Remerciez bien de ma part M. le baron, — dit la camériste en riant.

— Je n'y manquerai pas... — bonsoir...

Le valet salua gauchement et sortit.

A peine avait-il descendu quelques marches, qu'il tira de sa poche un portefeuille, et de ce portefeuille un billet cacheté de cire rouge.

Ce billet à la main, il entra dans la loge du concierge.

— M. le comte de Crédencé?... — demanda-t-il.

— Connais pas... — c'est un comte qui ne demeure point ici... — répondit le cerbère de l'hôtel Wilson.

— Possible... mais il vient souvent dans la maison...

— Alors, informez-vous au bureau...

— Où est-il, le bureau?...

— En face...

Le valet suivit l'indication qui venait de lui être

donnée, et, s'adressant à madame veuve Damiran, répéta son interrogation :

— M. le comte de Crédencé, s'il vous plaît, madame?...

Elléonore regarda le domestique avec attention. Elle se souvenait de la recommandation faite par Raoul, et elle répondit :

— M. de Crédencé n'habite pas l'hôtel...

— Oui, madame, mais, comme il y vient souvent, ma maîtresse avait pensé qu'il y serait peut-être ce soir...

— Comment se nomme votre maîtresse?...

— Madame la vicomtesse de Randal... — C'est pour le billet que voici...

— Il est pressé, ce billet?...

— Oh! oui, madame, très-pressé... — il faut absolument que monsieur le comte l'ait aujourd'hui ..

— S'il en est ainsi, portez-le, rue Laffitte, numéro 7, — c'est là que demeure M. de Crédencé... — Depuis hier il n'est pas venu, et il est plus que certain qu'il ne viendra pas ce soir...

— Rue Laffitte, numéro 7?... — répéta le domestique.

— Oui.

— Grand merci, madame, j'y vais de ce pas.

Le rustique valet de la vicomtesse de Randal, — vicomtesse non moins apocryphe, nous devons le dire, que le prétendu baron de Saint-Erme, quitta l'hôtel Wilson, et prit la direction du boulevard.

Un petit fiacre stationnait au coin de la place de la Madeleine.

L'infortuné Larifla aurait pu sans peine reconnaître ce véhicule, funeste pour lui.

C'était le même derrière lequel il avait grimpé, deux nuits auparavant, près du cabaret de Paul Niquet, pour y recevoir la mémorable volée de coups de fouet dont son visage gardait les marques.

Le domestique monta dans cette voiture, et il abaissa sur lui les stores de calicot rouge.

Le cocher fouetta son cheval, qui partit au trot le plus rapide...

Avons-nous besoin d'apprendre à nos lecteurs quel était ce valet de mine un peu fruste?..

Nous ne le croyons pas.

Il n'est pas un d'entre eux qui, sous ce nouveau déguisement, n'ait reconnu déjà Raymond, le Protée parisien.

. . . .

Retournons à l'hôtel Wilson, et franchissons le seuil de l'appartement de la marquise Castella, au moment où le faux domestique venait d'en sortir.

Laurence avait entendu retentir la clochette de l'antichambre, et depuis plusieurs minutes, elle attendait avec impatience.

— Qui donc a sonné?... — demanda-t-elle, quand sa femme de chambre se présenta dans le salon.

— Un domestique de M. le baron de Saint-Erme, — répondit la soubrette.

— Que voulait-il?

— Il apportait, de la part de son maître, cette lettre pour madame la marquise.

Laurence prit vivement la lettre et, pendant quelques secondes, elle en examina l'extérieur avec une extrême attention.

Ce message avait tout à fait grand air.

L'enveloppe carrée, très-large et d'un papier satiné épais comme du parchemin, était scellée par un immense cachet de cire écarlate sur lequel s'épanouissaient en relief des armoiries splendides, timbrées d'un tortil baronial.

L'écriture de l'adresse était longue et d'une tournure véritablement aristocratique.

La missive exhalait un parfum d'ambre, très-léger et du meilleur goût.

Laurence fit un mouvement pour rompre le cachet; mais, avant d'avoir brisé la cire et déchiré l'enveloppe, elle s'arrêta.

— Mieux vaut qu'il soit là, — pensa-t-elle.

Elle frappa sur un timbre.

La femme de chambre se présenta aussitôt.

— Vous allez, — lui dit la marquise, — descendre tout de suite à l'entresol.

— Oui, madame.

— Vous vous arrêterez à la porte au-dessus de laquelle vous verrez le n° 5.

— Oui, madame.

— Vous frapperez à cette porte... — c'est M. le comte de Crédencé qui vous ouvrira... — Vous direz à M. le comte que je le prie de vouloir bien venir me trouver sur-le-champ.

— J'y cours.

— Et souvenez-vous bien, — ajouta Laurence, — si par hasard, pendant que M. de Crédencé sera chez moi, quelqu'un venait le demander, de répondre que vous ne l'avez pas vu.

— Madame la marquise peut compter sur moi... — je me conformerai strictement à cette recommandation.

— Allez...

La femme de chambre sortit.

XXXII. — LA LETTRE DU BARON.

Avant que deux minutes se fussent écoulées, Raoul entrait dans le salon.

— Eh bien, ma belle Laurence, — fit-il avec une expression de vive curiosité, — y a-t-il du nouveau?

— Oui.

— Quoi?

— Une lettre...

— De Raymond?

— Oui... ou, du moins, du baron de Saint-Erme.

— Que dit cette lettre?

— La voici... je n'ai pas voulu la décacheter avant que vous soyez là...

Raoul déchira l'enveloppe et déploya l'épaisse

feuille de papier velouté et armorié qu'elle contenait.

— Véritable papier de grand seigneur!... — s'écria-t-il... — ce diable d'homme est complet en toutes choses!... — Quelle riche organisation!... — aucun détail ne lui échappe!... — Si je ne le connaissais comme je le connais, je serais pris moi-même à ses métamorphoses, tant il s'identifie de façon merveilleuse avec le personnage qu'il veut représenter.

— Ah! c'est un habile comédien!... — murmura Laurence.

— Il n'y a pas un comédien de profession en ce

moyen de concilier les devoirs que ma conscience m'impose, et l'immense désir de vous être agréable, que doivent ressentir tous ceux qui se sont approchés de vous, et que je ressens plus qu'aucun d'eux...

« Ce moyen, je crois l'avoir trouvé; — je pourrais même ajouter que j'ai presque une certitude à cet égard...

« Oui, madame la marquise, il n'est point impossible de sauvegarder en même temps la dignité de mon caractère et vos plus chers intérêts. Tout dépend de vous... de vous seule...

« Pour arriver certainement au but que nous

La camériste se trouva face à face avec un gaillard de taille moyenne. — Page 222.

bas monde qui possède seulement le quart de son talent!... — répliqua M. de Crédencé.

Puis il ajouta :

— Voici ce qu'il vous écrit...

Et il lut :

« Madame la marquise,

« Je ne me pardonnerais point de prolonger inutilement pendant une heure la situation fâcheuse dans laquelle vous vous trouvez, et les inquiétudes qui, selon toute apparence, vous assiègent...

« Depuis le moment où j'ai eu l'honneur d'être reçu par vous et le regret de vous quitter, mon esprit a travaillé sans cesse pour chercher un

convoitons aussi ardemment l'un que l'autre, il ne faut que m'accorder une confiance dont je suis digne...

« Mon âge, la gravité de ma position, mon caractère bien connu, vous répondent de moi, et vous ne sauriez redouter de ma part quelqu'une de ces folles entreprises auxquelles, avec un homme plus jeune et moins sérieux, votre éclatante beauté pourrait peut-être servir d'excuse et de circonstance atténuante...

« J'ai besoin d'avoir avec vous un long entretien; — cet entretien doit être secret, et, pour des raisons que j'aurai l'honneur de vous expliquer et qui vous sembleront bonnes, il ne peut avoir lieu chez vous...

« Demain, à neuf heures du soir, un petit fiacre portant sur ses lanternes le n° 125, stationnera devant la porte de l'hôtel Wilson...

« Montez sans crainte dans ce fiacre, madame la marquise, — il vous conduira jusqu'à l'endroit où je vous attendrai avec une respectueuse impatience, — mais montez-y seule, et n'autorisez personne à vous suivre... — Que personne même, sans exception, ne sache et ne soupçonne que vous venez me rejoindre... — sans cela, tout serait compromis, ou plutôt tout serait perdu, et la voiture, après quelques insignifiants détours, vous ramènerait à votre porte...

monde ne pourrait plus arrêter ou même ralentir l'action de la justice...

« Empêchez, pendant qu'il en est temps encore, des extrémités si funestes ; — reposez-vous absolument sur celui qui saura vous donner des preuves d'un dévouement sans égal, et permettez-lui de se dire, madame la marquise, le plus respectueux et en même temps le plus dévoué de vos serviteurs.

« Baron DE SAINT-ERME. »

— Le vieux diable en écrit bien long !... s'écria M. de Crédencé lorsqu'il eut achevé sa lec-

Tiens, c'est toi, Régulus! s'écria-t-il enfin. — Page 227.

« J'ai voulu vous écrire ce soir même, afin que le temps de la réflexion ne vous fît pas défaut...

« Songez, madame la marquise, que la décision qu'il s'agit de prendre est pour vous d'une importance capitale...

« Songez que votre repos et votre fortune dépendent absolument de la confiance que vous me témoignerez...

« Songez enfin que, si vous ne vous êtes pas rendue à mon appel demain soir, je me verrai forcé de faire, après-demain, un rapport sur l'affaire qui vous intéresse, et de déposer au parquet le testament saisi sur la personne de Raymond...

« Or, une fois le testament déposé, personne au

ture ; — tudieu !... quelle éloquence entraînante !... Que dites-vous de cette épître, ma chère Laurence?... — Je ne sais que dire, et surtout que penser... — répliqua la marquise ; — je comprends mal, ou plutôt je ne comprends pas ce que je viens d'entendre...

— C'est pourtant limpide comme de l'eau de roche... — Raymond veut un tête-à-tête avec vous ; et, pour le prolonger à sa guise, exige que ce tête-à-tête ait lieu non pas chez vous, mais chez lui...

— Dans quel but?...

— Je n'en sais pas le premier mot, mais votre incertitude à cet égard ne sera pas de longue durée...

— Comment?...

— Raymond vous apprendra demain ce qu'il nous est impossible de deviner aujourd'hui...

— Eh quoi! Raoul, me conseillez-vous donc de me rendre à cet étrange rendez-vous?...

— Je le crois pardieu bien que je vous le conseille!... — il n'y faut manquer sous aucun prétexte!... — est-ce que vous hésitez?...

— Beaucoup.

— Pourquoi?...

— Raymond est un dangereux bandit, vous me l'avez dit plus d'une fois vous-même...

— Sans doute, et rien n'est plus vrai...

— Eh bien, l'idée de me mettre à la discrétion de ce bandit m'épouvante...

— Vous n'avez rien à craindre de lui, j'en réponds...—Raymond ne fait le mal que lorsque son intérêt l'y pousse... Or, son intérêt est de vous servir et non pas de vous nuire... — Seulement, selon toute apparence, le but de la bizarre comédie qu'il joue est de se faire payer plus cher les services qu'il vous rendra... — D'ailleurs, vous ne serez point, ainsi que vous venez de le dire, à la discrétion de Raymond...—Une poignée d'hommes dévoués et fidèles veillera sur vous, et c'est moi qui guiderai vos gardes du corps.

— Vous, Raoul!... — mais vous ne savez pas même où l'on me conduira...

— J'en conviens, ce qui ne m'empêche point de vous affirmer que demain toutes mes précautions seront prises, et que j'ai la certitude de ne pas vous perdre un seul instant de vue... — Raymond est bien habile, mais je le serai plus que lui.

— Ainsi, vous répondez de tout?...

— Oui, foi de gentilhomme!...

— Je puis compter sur vous?...

— Aveuglément...

— C'est bien... — me voici décidée... — je monterai, à neuf heures précises, dans le fiacre de Raymond... et à la grâce de Dieu... ou plutôt du diable...

Une demi-heure après l'entretien auquel nous venons de faire assister nos lecteurs, M. de Crédencé descendait d'une voiture de place, sur le boulevard, auprès du Château d'eau.

Il entrait dans cette maison que nous connaissons et dont la seconde issue donnait rue Meslay.

Il escaladait les escaliers conduisant à la mansarde louée au prétendu commis-voyageur...

Il redescendait, au bout de dix minutes, complétement métamorphosé, grâce au costume décrit par nous dans l'un des premiers chapitres de cette seconde partie.

Il gagna pédestrement le boulevard du Temple, il entra chez le marchand de jouets d'enfants dont la boutique se trouve à côté du passage Vendôme, et il y fit l'emplette d'un *mirliton* de grande taille.

Une fois muni de cet instrument peu harmonieux, il se rendit à l'estaminet de l'Épi-scié, afin de voir si, par hasard, il n'y trouverait point Larifla.

Ce fut une démarche inutile.

Le pâle jeune homme, victime du cocher de Raymond, ne brillait que par son absence...

Raoul attendit que la grande aiguille de sa montre marquât minuit... Il prit alors un fiacre sur le boulevard et il donna l'ordre de gagner les quais et de remonter le cours de la Seine.

A deux cents pas environ de la tête du pont d'Arcole, il descendit, et, après avoir renvoyé la voiture, il se remit à marcher lentement, s'arrêtant de seconde en seconde pour regarder derrière lui et pour écouter..

L'obscurité, mal combattue par les becs de gaz placés à de grandes distances les uns des autres, n'offrait que de faibles transparences...

La solitude semblait complète.

La Seine était noire comme de l'encre...

Les lampadaires espacés sur les quais se reflétaient dans les eaux sombres avec des miroitements bizarres...

Raoul atteignit le pont.

La brise nocturne, traversant la gigantesque charpente de fer, en tirait des accords vagues et mélancoliques...

Raoul fit halte.

Il approcha de ses lèvres l'embouchure du mirliton, et, selon la recommandation de Larifla, il se mit à jouer l'air lugubre popularisé par les orgues de Barbarie :

> Quand vous verrez tomber,
> Tomber les feuilles mortes,
> Si vous m'avez aimé,
> Vous prîrez Dieu pour moi...

Quelques secondes s'écoulèrent, puis un bruit d'une nature toute particulière se fit entendre dans la partie supérieure de l'ossature métallique qui supportait le tablier du pont d'Arcole...

Les *hirondelles* s'éveillaient.

TROISIÈME PARTIE.

LES DAMES DE PIQUE.

I. — SOUS LA PREMIÈRE ARCHE DU PONT D'ARCOLE.

M. de Crédencé, son mirliton à la main, s'était arrêté après avoir fait cinq ou six pas sur le pont d'Arcole, et continuait à nasiller l'air des *Feuilles mortes*.

Après quelques mesures, il s'interrompit, il prêta l'oreille, et il entendit presque sous ses pieds, dans l'armature qui soutenait le tablier, ce bruissement métallique dont nous avons parlé à la fin du dernier chapitre.

Presque en même temps deux mains longues et noueuses s'accrochèrent extérieurement à deux des balustres du garde-fou, et une tête pâle, couronnée d'une chevelure noire en désordre, entremêlée de brins de paille, apparut entre ces balustres.

Ce visage livide, sillonné de nombreuses meurtrissures et que la lumière vive d'un bec de gaz éclairait en plein, appartenait à Larifla.

Le jeune bandit, brusquement arraché aux douceurs du premier sommeil, et passant sans transition d'une obscurité profonde à une clarté resplendissante, clignait de l'œil comme un oiseau de nuit transporté tout à coup sous les rayons d'un ardent soleil.

Il lui fallut près d'une seconde pour se bien assurer de l'identité du visiteur qu'il examinait de bas en haut.

— Tiens, c'est toi, Régulus !... — s'écria-t-il enfin.

— Eh oui, mordieu, c'est moi ! — répondit le comte. — Est-il donc si difficile de me reconnaître ?...

— Pas le moins du monde, mon pauvre vieux, mais je ne m'attendais guère à ta visite, et tu sais, quand on est surpris, ça vous met du vague dans la boussole ..— Ah çà, que diable fais-tu donc là ?

— Je donne le signal...

— Eh bien, cher ami de mon âme, en voilà une chouette imprudence !... Parole sacrée, je te croyais plus de jugeotte !...

— Que veux-tu dire ? — demanda M. de Crédencé très-surpris. — As-tu donc si peu de mémoire ? — Ne te souviens-tu plus de ce qui a été convenu entre nous ?... — *Quand tu voudras me voir passé minuit*, — m'as tu dit, — *tu prendras un mirliton et tu viendras jouer sur le pont d'Arcole l'air de la chanson des Feuilles mortes*. Il me semble que c'est là justement ce que je viens de faire, et je ne comprends rien à l'imprudence que tu me reproches !...

— Il ne s'agit que de s'entendre, ô mon bienfaiteur !... — répliqua Larifla. — Jamais, au grand jamais, je ne t'ai dit de t'installer sur le pont avec ton galoubet, ni plus ni moins qu'Henri IV sur son grand cheval, de manière à tirer l'œil de tous les inspecteurs et de toutes les rondes de police qui viendraient à passer ! et Dieu sait qu'il n'en manque pas !... — Môssieu se campe sous un bec de gaz !... — Nom d'un petit bonhomme, je te demande un peu si c'est une chose de bon sens ?...

— Que fallait-il donc faire ?...

— Descendre sous le pont, sac à papier !... — Le chemin de halage n'a-t-il pas été construit tout exprès pour nous ?...

— Eh bien ! je vais réparer mes torts à l'instant même...

— Je te le conseille, et dépêche-toi ; car depuis cinq minutes que je fais le Léotard en jabotant à la force du poignet, mes avant bras sont sans connaissance !... — On a beau avoir du biceps, on n'est point de fer, et, si je lâchais prise, je boirais un vilain coup en piquant une tête dans la Seine les pieds les premiers... — Ah! si seulement la rivière charriait du vin, ça serait une chose différente... on pourrait se risquer !...— Pour ma part, au petit bonheur !... — je me laisserais couler, foi de Larifla...

— Où dois-je passer ? — demanda Raoul.

— A vingt-cinq pas d'ici, sur le quai, tu trouveras l'escalier qui conduit sur la berge...

— C'est bon...

Larifla disparut, et M. de Crédencé retourna en arrière pour suivre les indications qu'il venait de recevoir.

Une minute tout au plus après l'échange des dernières répliques du dialogue reproduit par nous, le gentilhomme et le bandit, ou plutôt les deux bandits, — car le niveau du mépris doit passer sur tous les misérables, quelle que soit la caste sociale à laquelle ils appartiennent, — les deux bandits, disons-nous, se rejoignirent au sein d'une obscurité profonde sous la première arche du pont d'Arcole.

Au-dessus d'eux se trouvait la voûte de fer servant de plancher à l'alcôve des *hirondelles*...

Presque sous leurs pieds la Seine, grossie par des pluies récentes, roulait avec un bruit sourd et continu ses eaux profondes, noires comme de l'encre, et que semblaient ensanglanter de distance en distance les reflets rouges des lampadaires.

Larifla prit dans ses mains rudes les mains fines et parfumées du comte et les serra de toutes ses forces, puis il renoua en ces termes l'entretien un instant interrompu :

— Faut pas m'en vouloir, vois-tu, mon vieux Régulus si je t'ai parlé tout à l'heure là-haut d'une façon un peu roide... — tu comprends que je ne voudrais pour n'importe quoi ni pour n'importe qu'est-ce te causer une vexation, généreux mortel qui joues dans la farce de mon existence le rôle épatant de l'*homme au petit manteau bleu !* .. — Mais la sûreté générale avant tout, n'est-il pas vrai ? D'ailleurs c'était pour ton bien autant que pour le nôtre, et tu te serais mis dans l'embarras en nous y mettant...—Est-ce compris ?...

— Ah! mon pauvre Larifla, — interrompit le comte, — à quoi bon toutes ces excuses ?...— elles sont complètement inutiles...

— Inutiles, dis-tu !... et pourquoi donc ?

— Pour la meilleure de toutes les raisons...

— Laquelle ?...

— C'est que tu ne m'as pas offensé...

— Bien vrai ?...

— Foi de Régulus !...

— A la bonne heure !... me voilà content !... — La crainte de t'avoir taquiné *me mettait un moucheron dans le grelot*... comme on dit au faubourg Saint-Germain chez les ambassadeurs... —

le moucheron vient de s'envoler!... — Ainsi donc, mon bon Régulus, nous sommes venus voir un peu cette nuit notre fidèle ami Larifla?...

— Je suis venu parce que j'ai à te parler...

— Je t'ouvre mes ouïes, et je bois tes paroles comme si c'était une tirade d'un *mélo* de m'sieu Dennery...

— Larifla, j'ai besoin de toi...

— Ça se trouve joliment!... — moi qui n'ai qu'un rêve, celui de te rendre un service *aux pommes!*...

— Ainsi, tu m'es toujours dévoué?...

— Toujours et pour toujours!... — dispose de moi comme d'une chose à toi!... — fais mettre ton ami en gibelotte sans scrupule si ça peut te procurer un instant d'agrément!... — Bref, voyons, de quoi s'agit-il?...

— D'une expédition...

— Immédiate?...

— Non...—c'est seulement la nuit prochaine que nous devons agir.

— C'est-il une affaire de cour d'assises ou de simple correctionnelle, si toutefois et quantes la question n'est point indiscrète...

— Ni la police correctionnelle ni la cour d'assises ne sont en jeu... — répondit M. de Crédencé; — j'ajouterai qu'il n'y aura, selon toute apparence, que de très-faibles dangers à courir...

— Point de gendarmes à la clef et peu de têtes cassées en perspective!... — s'écria le jeune bandit. — Mais alors, mon vieux Régulus, s'il n'est question que d'une invitation à dîner, dis-le tout de suite... — on fera honneur à ta politesse... on se piquera le nez à ta santé!...

M. de Crédencé haussa les épaules.

— Je te parle sérieusement... — répliqua-t-il, — écoute-moi de même...

— Ma langue dans ma poche et mon mouchoir dessus!... — murmura Larifla. — Suffisit!... — vas-y gaiement!...

— Étais-tu seul, là-haut, tout à l'heure, quand j'ai fait entendre le signal?... — demanda le comte.

— Dans le nid?... — oh! que nenni!... *Les hirondelles du pont d'Arcole* n'ont pas donné fort cette nuit, c'est la vérité... — faut croire qu'elles ont trouvé de la bonne besogne, les pauvrettes, ou qu'elles avaient de *la braise* en poche. Mais enfin il y a encore brelan carré de *camaros* sur l'édredon de plume de Beauce... (1) et des bons!...

— Est-ce que je les connais?...

— Il y a apparence... — C'est des particuliers très-connus, l'honneur de l'*Épi-scié*, de la *Rigolade*, de *Paul Niquet* et autres endroits très-bien...

— Comment les appelles-tu?...

— Quant à ce qui est de leurs noms de famille, tu comprends que je n'ai pas eu la petitesse de le leur demander... — ç'aurait été, toi de Larifla, un procédé du plus mauvais goût, et personne n'ignore dans Paris que je suis un trop galant homme pour oublier le savoir-vivre... — mais les noms de guerre, c'est autre chose...

— Eh! de par tous les diables, éternel bavard, ce sont les noms de guerre que je te demande! — s'écria le comte.

— Les voici : *Bec de miel*, *Radis noir*, *Peau d'angora* et *Tape-à-l'œil*... Un sourire vint aux lèvres de M. de Crédencé.

— Oui... oui... — fit-il, — je les connais, et, comme tu dis, ce sont des bons...

— Tu les as vus à la besogne? — demanda le jeune bandit.

— Oui, pardieu! — je les ai vus, et plus d'une fois! — ils ont même travaillé sous mes ordres!...

— Parole d'honneur, j'ai de la chance!... parmi tous les bédouins de Paris, ce sont ceux-là que j'aurais choisis!

— Comme ça, je ne puis pas faire ton affaire à moi seul?... — Il te faut en même temps les camaros?...

— Seul, tu ne pourrais absolument rien, et mon intention, en venant ici, était de te demander du monde...

— Alors, ça se trouve joliment bien!... — Veux-tu parler toi-même aux hirondelles?...

— Oui.

— Quand?

— Tout de suite...

— Alors, il faut les appeler?

— Parbleu!... et sans perdre une minute...

II. — LA PATROUILLE GRISE.

Larifla mit deux de ses doigts sur ses lèvres, ainsi que le font les chasseurs à la pipée pour imiter le chant de certains oiseaux, puis il souffla dans cet instrument tout primitif, et l'on entendit retentir une sorte de sifflement aigu, cadencé, bizarre, dont les syllabes suivantes ne donneront à nos lecteurs qu'une idée très-imparfaite :

— Pi..: i... i... i... uit...

Un sifflement pareil, et modulé de la même façon, s'échappa comme un écho des profondeurs ténébreuses qui servaient de gîte aux hirondelles du pont d'Arcole, et Régulus entrevit ou plutôt devina des formes vagues glissant dans l'obscurité le long d'un fil de fer invisible...

Ces formes devinrent plus distinctes à mesure qu'elles se rapprochaient, — elles prirent des apparences humaines en entourant nos deux personnages, et une voix enrouée demanda :

— Ah çà, Larifla, qu'est-ce que c'est?... — de quoi qu'il retourne, mon bonhomme?... Faut que ça soye des circonstances numéro 1, pour que tu ayes l'inconséquence de déranger passé *ménuit* des braves garçons qui ronflent à trois francs par tête!...

— Camarades, — répondit Larifla, — pas un

---

(1) *Plume de Beauce*, paille.

mot de plus!.. — voici le compère Régulus qui veut vous en dire deux... — Or, vous le savez aussi bien que moi, Régulus est un colosse de générosité qui dépasse de toute la tête le géant du boulevard du Temple, et quand il se mêle d'une affaire, règle générale, *il y a gras!*... jamais de chou blanc!... — point d'exemple qu'on ait *remporté sa veste!*...

Un murmure d'approbation accueillit ces paroles.

Ce murmure prouvait jusqu'à l'évidence qu'en effet la libéralité et l'habileté hors ligne du soi-disant Régulus étaient connues et appréciées.

Les quatre mains droites des quatre bandits se tendirent avec un ensemble parfait vers le nocturne visiteur qui dut subir cette quadruple étreinte en dissimulant son dégoût.

— Puisqu'il s'agit de faire affaire avec Régulus, la chose nous va... — reprit la voix rauque, — nous tapons de confiance!... — Vas-y donc de l'avant, ma vieille, et ne mets pas ta langue dans ta poche, car tu parles à des gaillards qui ne bouderont ni peu ni beaucoup!...

— Pour ce qui est de ça, c'est la vérité dans son costume de tableau vivant! — murmura Larifla d'un ton convaincu. Gaillards solides et rudes lapins! — On ne trouverait pas mieux n'importe où! — La fleur du *second dessous* de Paris! une vraie crème!

Le comte prit la parole en ces termes :

— Pardieu, je vous connais, mes amis, et je sais que je puis compter sur vous... aussi, comme il y a demain de l'argent à gagner et point de risque à courir, ou du moins si peu que ce n'est pas la peine d'en parler, j'ai songé tout de suite à vous faire profiter de cette aubaine...

— Vive Régulus!... — dirent avec enthousiasme les cinq drôles d'une voix unanime à laquelle la prudence seule mettait une sourdine.

— Un très-petit nombre de mots me suffira pour vous expliquer ce que j'attends de vous, — continua M. de Crédencé... — c'est simple comme bonjour... — Demain soir...

La main de Larifla, posée sur les lèvres du prétendu Régulus, interrompit brusquement ce dernier.

En même temps le jeune bandit prononçait ce monosyllabe inquiétant : — Chut!...

— Qu'y a-t-il donc?... — demanda tout bas le comte, en écartant la main qui pesait sur sa bouche.

— Ce qu'il y a? — répliqua le pâle jeune homme... — écoutez!...

M. de Crédencé et les quatre hirondelles prêtèrent l'oreille.

Ils entendirent un bruit lointain, régulier, qui venait à coup sûr de l'extrémité la plus reculée du pont d'Arcole, et semblait produit par les pas cadencés de plusieurs hommes.

— Ça m'est suspect!... — reprit Larifla; — mais je vas faire un peu de trapèze, et je saurai vous dire de quoi il retourne... — s'agit pas de se faire pincer, que diable!... — Eh! hop!... en avant le Léotard!...

En même temps le jeune homme, avec une agilité et une adresse de clown, de singe et d'acrobate, s'élançait dans l'armature du pont, arrivait au nid des hirondelles, et de là se hissait jusqu'au niveau des balustres du garde-fou, entre lesquels il passait sa tête, ainsi que nous le lui avons vu faire au moment où Raoul jouait sur le mirliton l'air des *Feuilles mortes*.

Il resta pendant quelques secondes dans une immobilité absolue, semblable à ces Indiens peaux-rouges qui passent des heures entières tapis sur une grosse branche ou sous un buisson pour guetter l'approche de leurs ennemis...

Enfin sans doute il se trouva suffisamment instruit, et il redescendit plus vite encore qu'il n'était monté.

— Eh bien? — demanda le comte.

— Eh bien, — répondit Larifla, — j'avais deviné juste.

— Qu'est-ce que c'est ?

— La patrouille grise...

Bec de miel, Radis noir, Peau d'angora et Tape-à-l'œil firent entendre un grognement de mauvais augure.

— La patrouille grise!... — répéta Raoul.

— En personne véritable et naturelle, et que le diable l'emporte!...

— Combien d'hommes ?

— Une douzaine et deux lanternes.

— Y a-t-il danger pour nous ?

— Oui et non...

— Comment?

— *Non*, s'ils continuent à patrouiller sur le quai en quittant le pont.. — *Oui*, s'ils ont la mauvaise idée de descendre sur la berge où nous voilà...

— Ceci leur arrive-t-il quelquefois?

— Plus souvent qu'à leur tour.

— Alors, que ferons-nous ?

— Pardine, ça n'est pas bien malin à deviner... — nous nous *déguiserons en cerfs* (1).

— Ne serait-il pas plus simple, — demanda le comte, — de regagner votre gîte qui doit être une cachette introuvable?

— Ça serait très-simple, en effet, si tu n'étais pas là... — mais toi, que deviendrais-tu?... — il faudrait te lâcher, et, *en bonne société*, on ne s'en va pas les uns sans les autres...

— Je vous suivrais...

Le sentiment d'une situation quasi périlleuse put seul comprimer l'éclat de rire prêt à s'échapper des lèvres de Larifla et de ses quatre compagnons.

— Ami véritable, — répliqua le jeune bandit — tu as le droit d'essayer, si toutefois et quantes tu possèdes dans ton plafond l'araignée de te casser les reins bel et bien... — A seule fin de

(1) *Se déguiser en cerf*, jouer des jambes.

grimper là-dedans, vois-tu, ma vieille, faut une gymnastique d'un fort calibre !... — entreprendre la chose pour la première fois en pleine nuit noire, ça serait la tocade d'un particulier sans cervelle qui voudrait passer général et n'aurait point été caporal !... — Là-dessus, silence et méfiance...— la patrouille n'est plus bien loin...

Le bruit des pas de la petite troupe sur le plancher sonore commençait, en effet, à retentir au milieu du grand silence de la nuit avec une netteté singulière.

On pouvait même distinguer, en prêtant l'oreille, le vague murmure des paroles que les agents de police, tout en marchant, échangeaient entre eux.

Bientôt la patrouille dépassa la tête du pont.

— S'ils tournent vers Bercy, tout va bien !... — dit Larifla entre ses dents.—Espérons qu'ils prendront à droite...

Cet espoir ne devait pas se réaliser.

La patrouille fit demi-tour à gauche et s'engagea sur le quai.

— Il n'y a encore rien de gâté... — continua le jeune bandit ; — s'ils passent l'échelle, nous sommes des bons !...

La déception ne se fit guère attendre...

Au moment d'atteindre l'escalier qui conduisait du quai sur la berge, la patrouille fit halte pendant le quart d'une seconde, puis les deux lanternes parurent à la plus haute marche de cet escalier, répandant parmi les ténèbres un cercle de lumière tremblante.

— Nom d'un caniche, mauvaise affaire !... — murmura Larifla.—En voilà des raseurs !... quelle scie !... On n'est plus chez soi, saperlotte !... — Camaros, *esbignons-nous*, et tâchons de filer à la sourdine !... — une, deux, trois... jouons la fille de l'air !...

En même temps les cinq hirondelles et le gentilhomme prirent leur course en faisant des efforts couronnés de succès pour étouffer le bruit de leurs pas...

Ils parcoururent de cette façon un espace de cinquante ou soixante mètres, et déjà ils pouvaient se croire hors de tout danger lorsque Larifla, qui marchait en tête et servait pour ainsi dire d'éclaireur à la bande, s'arrêta si soudainement que ses compagnons, lancés en avant par la force de la vitesse acquise, vinrent l'un après l'autre se heurter contre lui...

— Tonnerre !... — balbutia le jeune bandit d'une voix entrecoupée, — le diable se mêle de nos affaires cette nuit !... — regardez là-bas !...

— Pincés !... — dit l'organe rauque, — c'est vexant !...

Hâtons-nous d'apprendre à nos lecteurs, pour expliquer le temps d'arrêt de Larifla et l'exclamation de l'autre bandit, que les clartés rougeâtres de deux falots venaient d'apparaître sur le chemin de halage, à une assez grande distance, et trahissaient la présence d'une ronde de police ou de troupe de ligne s'avançant à la rencontre de la première...

Avant dix minutes, cette ronde et la patrouille grise devaient se rejoindre...

A la droite des bandits, la Seine, large, noire et profonde, roulait avec de sourds grondements ses eaux rapides et tumultueuses...

A leur gauche, un plan incliné de maçonnerie se dressait tellement à pic que l'escalade en était impraticable...

Aucune issue... — nulle fuite possible...

Donc, nos six personnages allaient infailliblement se trouver pris entre les deux rondes...

Or, à peine aux mains des agents de la patrouille grise, il leur faudrait subir un interrogatoire en règle, exhiber des papiers, prouver un domicile, expliquer leur réunion, justifier leur présence sur les rives de la Seine, au milieu de la nuit, à l'heure où les honnêtes gens dorment...

Cet interrogatoire et ses suites, très-inquiétants déjà pour Larifla et les quatre bandits vulgaires, étaient surtout dangereux pour l'amant de Laurence...

Ses relations évidentes avec des misérables sans nom, avec des repris de justice du plus bas étage, le rendraient à bon droit suspect...

On ne se contenterait point des explications plus ou moins invraisemblables qu'il pourrait donner...

On irait au fond des choses...

On n'accepterait que sous bénéfice d'inventaire son pseudonyme de haute fantaisie...

On creuserait le tuf du mensonge pour arriver à la vérité...

On démolirait l'échafaudage habilement construit...

On trouverait enfin, sous le prétendu Régulus, le comte de Crédencé !...

Une fois cette découverte faite, Raoul était perdu sans ressource !...

III. — PAVÉS DE FONTAINEBLEAU.

Tout ce que nous venons de dire, M. de Crédencé se l'était dit à lui même, beaucoup plus vite et avec une terrible éloquence...

Cependant il ne se tenait pas encore pour vaincu.

Il avait foi dans son étoile... Il comptait sur quelque hasard providentiel venant à son aide à l'improviste, juste à point pour l'empêcher de rouler au fond de l'abîme...

Seulement, si ce hasard se décidait à intervenir, il lui restait peu de temps à perdre pour se manifester, car les falots de la patrouille grise et ceux de la ronde de sûreté se rapprochaient avec une rapidité inquiétante...

— Que faire ?... — murmura le comte avec une profonde expression d'angoisse — que faire ?...

Quoique ces paroles eussent été prononcées tout bas et d'une voix sourde, Larifla les entendit.

— Parole sacrée, mon pauvre vieux, — répondit-il, — je n'en sais rien! — l'affaire est décidément mauvaise!.. — Des *curieux* par devant!... des *curieux* par derrière!...— Nous sommes dans la position vexante d'un particulier qui a le nez pris entre deux portes.

— Eh quoi, — reprit Raoul, — aucun moyen de nous échapper?...

— Dame!... — répliqua le jeune bandit après une seconde de réflexion, — il y en aurait bien un...

— Lequel?... — demanda vivement le comte.

— Celui de nous jeter à l'eau carrément et de traverser la rivière à la nage...

Les canards l'ont bien passée!...
Tire, lire, lon, fa!...

comme on dit, ou plutôt comme on chante, au théâtre de môssieu Séraphin...

Raoul abaissa les yeux sur le fleuve qui glissait dans les ténèbres, pareil à une nappe d'encre sans limites, tachetée çà et là de points lumineux.

— Les eaux sont trop hautes... la nuit est trop noire...— balbutia t-il.— Une telle tentative, c'est la mort.

— Oh! quant à ça, je ne dis pas le contraire... — Mais qu'est-ce que tu veux?... au petit bonheur!... qui ne risque rien, n'a rien...

— Moi, j'ai idée d'une autre frime pour brûler la politesse à ces oiseaux-là... — grommela le bandit dont nous avons à plus d'une reprise constaté l'extinction de voix presque complète.

— Dans ce cas, — s'écria Raoul, — parle vite, et, si ton idée est praticable, dix louis pour toi!...

— Voici ce que c'est, — reprit l'organe enroué : — nous nous aplatissons contre le talus... nous laissons arriver l'une des deux rondes, puis, quand elle n'est plus qu'à dix pas de nous, nous courons sur elle, nous jouons du couteau et nous passons...

— Jouer du couteau!... — répéta Raoul avec un frémissement involontaire, — verser le sang!...

— Ah! dame!... nous n'avons pas le choix des moyens... — à la guerre comme à la guerre!...

— Et, si nous sommes pris, l'échafaud!... — continua le comte. — Non... non... grand merci! je refuse...

— Puisque c'est comme ça, laissons-nous faire. — reprit l'homme à la voix éteinte. — Qu'est-ce que nous risquons, après tout?... le pain est aussi bon à Poissy qu'ailleurs...

Tandis que ces répliques s'échangeaient, Larifla, acceptant avec une philosophique insouciance le dénoûment quel qu'il fût, avait fait quelques pas en avant d'une façon toute machinale.

Grande fut la surprise de ses compagnons de le voir tout à coup s'abattre le visage contre terre, en poussant un faible cri.

Raoul le crut atteint d'un mal subit et s'avança pour le relever...

Mais déjà le bandit était sur ses jambes.

— Qu'y a-t-il donc? — lui demanda M. de Crédencé.

— Il y a que je vais te payer *illico* ma dette de reconnaissance, ami véritable, — répondit le pâle jeune homme, — en te tirant du pétrin où nous sommes!... — Il y a que nous nous fichons présentement de la police comme de *Colin-Tampon*! — *Sauvés*!... *sauvés*!... *Merci, mon Dieu*!... comme disent môssieu Dumaine ou m'ame Laurent dans les *mélos* du grrrrand Dennery!...

— Que signifie tout cela? — reprit Raoul avec un peu d'impatience, — explique-toi.

— L'explication sera claire et catégorique... — Sais-tu pourquoi je viens *de prendre un billet de parterre?*...

— Non...

— Tout bêtement parce que mes pieds se sont embarlificotés dans une corde tendue... — Or, point n'est besoin d'avoir beaucoup d'esprit pour deviner que cette corde sert d'amarre à un bateau que la nuit nous cache et qui va nous offrir un asile sûr...

— Mais, — demanda M. de Crédencé, — ce bateau, comment l'atteindre?...

— Tu te *neyes* dans ton crachat, mon fiston!... — c'est l'A, B, C de la chose... — on prend la corde des deux mains et on se trimballe à la force des poignets!. .— simple histoire de faire concurrence au gymnaste américain Olmar!... — En définitive, c'est aussi facile d'aller comme ça que d'aller en fiacre!... — tu vas voir... — Attention au commandement, eh! les autres!... — je passe le premier pour vous montrer le chemin...

Larifla saisit en effet la corde, se laissa couler le long de la berge et disparut dans les ténèbres.

— M'y voici... — dit-il au bout d'un instant, — faites comme moi!... — pas plus de danger que sur le trottoir du boulevard!... — Attention seulement de bien tenir la corde... — On entend ricaner entre la berge et le bateau un petit tourbillon qui n'est pas drôle...— Si on tombait dedans, bon soir la compagnie! plus personne!

Malgré l'impression produite sur lui par ces paroles, beaucoup moins encourageantes que Larifla ne semblait le croire, M. de Crédencé se risqua et il atteignit sans encombre, sinon sans fatigue, le bordage du bateau qu'il escalada avec l'aide du jeune bandit.

Bec de miel, Peau d'angora, Tape-à-l'œil et Radis noir firent ensuite le même trajet avec le même heureux résultat.

L'embarcation qui devenait ainsi lieu d'asile pour nos personnages était un de ces grands bateaux plats, chargés tantôt de vins, tantôt de charbons, tantôt de moellons, et que sur la Loire on appelle des *chalands*.

Celui-ci portait une cargaison complète de pavés de Fontainebleau dont le poids immense le faisait enfoncer presque jusqu'à fleur d'eau.

Grâce à la nature de ce chargement qui n'avait

rien à craindre des pilleurs d'épaves et des pirates de la Seine, l'équipage, composé de trois mariniers, jugeait complétement inutile de passer la nuit à bord.

Cinq minutes à peine après le moment où M. de Crédencé et ses compagnons se trouvèrent en sûreté, les deux patrouilles se rencontrèrent en face du bateau.

Celle qui venait du côté de Bercy était composée de huit soldats d'infanterie sous la conduite d'un sous-officier.

On fit halte de part et d'autre; — l'inspecteur commandant la patrouille grise échangea quelques mots avec le sergent, puis les deux troupes se tournèrent le dos et chacune reprit le chemin par lequel elle était venue.

Aussitôt que les agents et les fantassins eurent mis entre eux un intervalle de quelques centaines de pas et se trouvèrent par conséquent hors de la portée de la voix, Larifla se livra sans contrainte aux manifestations de la joie la plus bruyante et la plus excentrique.

— A Chaillot, les gèneurs! — s'écria-t-il d'abord, en frappant l'une contre l'autre à plusieurs reprises ses longues mains osseuses qui produisirent un bruit de castagnettes.

Puis, au risque de perdre l'équilibre et de se précipiter la tête la première dans ce désagréable tourbillon dont nous lui avons entendu parler, il se mit à exécuter sur la montagne de pavés de Fontainebleau un pas de haute fantaisie, tout en glapissant d'une voix de soprano acidulé la rengaîne musicale à l'abus de laquelle il devait son nom:

> La-ri-fla
> Fla, fla!...
> La-ri-fla,
> Fla, fla!...
> Lari-fla, fla fla!...

— En voilà une situation un peu corsée, pour la Gaîté ou pour l'Ambigu! — dit-il ensuite, lorsque la danse et le chant l'eurent mis complétement hors d'haleine. — Je vois ça d'ici sur l'affiche, — une affiche de deux mètres vingt-cinq de large, sur trois mètres cinquante de haut. — *Les Hirondelles du pont d'Arcole*, drame en cinq actes et vingt-trois tableaux, avec prologue et épilogue. — Quinzième tableau : *La Patrouille grise*... Seizième tableau : *Le Bateau sauveur*. — Quel effet! — il y a deux cents représentations là-dedans! — faudra que je parle de la chose à un fort, à un malin, à un carcassier! — Ils sont au boulevard une demi-douzaine de gaillards qui ont le truc et qui connaissent les ficelles! — J'irai voir môssieu Anicet... à moins que ça ne soye môssieu Victor Séjour... — Ah! il m'irait bien tout de même môssieu Séjour, pour la chose de collaborer... — *La Tireuse de cartes*, j'ai vu ça sept fois... — Nom d'un chien, la belle ouvrage!...

— Larifla, mon compère, — demanda Raoul en riant, — il me paraît que la joie d'avoir donné le change à la patrouille grise te porte notablement à la tête!... — Vas-tu bavarder longtemps comme ça?...

— Ami véritable, j'ai fini!... — s'écria le jeune homme pâle, — et je n'ouvrirai plus désormais la bouche que pour te donner une bonne idée...

— Voyons ton idée... — répondit le comte : — après le service que tu viens de me rendre, il faudra qu'elle soit bien inacceptable pour ne pas être acceptée...

— Tu as à causer de choses sérieuses avec les camaros et avec moi, n'est-il pas vrai?...

— Tu le sais bien...

— Oui, mais je sais aussi que rien ne creuse et n'altère comme les émotions et la gymnastique, et que nulle part on ne saurait être mieux qu'à table pour causer... — Or, nous avons grand faim, et soif à l'avenant, ce qui nous donnerait des distractions pour t'écouter si nous t'écoutions à jeun... — Comprends-tu l'apologue, ami Régulus?...

— Je comprends que vous avez envie de souper.

— Dans mes bras! sur mon cœur, oh! Régulus! — il a tout deviné!... — Ah! saperlipopette, quelle belle intelligence!... cet enfant ne vivra pas!... il a trop d'esprit!...

— Mais, à deux heures du matin et dans ce quartier, — reprit Raoul, — je ne vois pas trop le moyen...

— Ne t'inquiète point des menus détails!... — interrompit Larifla; — déclare seulement que tu consens à nous payer un petit *balthasar* intime, et ça suffira... — le reste me regarde... — Voyons, dis-tu *oui*? dis-tu *non*?...

IV. — AU GOUJON QUI FAIT LA NOCE.

— Je dis *oui*, pardieu!... et de bien grand cœur! — répliqua M. de Crédencé.

— Vous l'entendez, camarades! — s'écria le jeune homme pâle avec une véritable frénésie d'enthousiasme; — la libéralité de mon bienfaiteur ne connaît d'autres bornes que celles de notre appétit lui-même!... — Ce généreux mortel va nous prodiguer dans peu d'instants les mets les plus variés et les plus délicats!... — Rien de trop bon pour notre festin, ni le gigot froid piqué d'ail, ni la chicorée aux œufs durs, ni le vieux bourgogne cachet vert, ni l'eau-de-vie de cent sept ans, ni le bischoff à la muscade, ni le punch de pur jamaïque!... — Nom d'une pipe, c'est monumental! — Je vote à Régulus un obélisque d'honneur, avec son *estatue* tout en haut, en argent fin, contrôlé à la Monnaie!...

— J'accepte l'obélisque et l'*estatue*... — répondit Raoul en riant; — mais où diable trouverons-nous ce souper délicat dont tu viens de rédiger le menu?... — J'imagine qu'il ne sortira pas, tout servi, des pavés de ce bateau?...

— As pas peur! — dit Larifla, — on va te conter

la chose en deux temps... Connais-tu le *Goujon qui fait la noce ?*..

— *Le Goujon qui fait la noce?*... répéta Raoul.

— Oui...

— Qu'est-ce que c'est que ça ?... Je n'ai jamais entendu parler de ce goujon légèrement fantaisiste.

— Parole d'honneur, tu m'étonnes !...

— Pourquoi donc?...

— Un amateur aussi distingué que toi, et qui a toujours le gousset garni, devrait être au courant de tous les bons endroits! — Le *Goujon qui fait la noce* est un cabaret de la Râpée, un petit bouchon joliment tenu... et en partie double...

bon nombre de jolis saumons de cuivre et de plomb, de belles petites tonnes de vins fins et de mignons barils d'alcool qui ne lui coûtent pas bien cher... — Ah! le gaillard entend son métier !...

« La nuit, enfin, il donne à manger et à boire aux braves garçons de notre acabit qui ont le moyen de payer la carte et qui savent le mot qu'il faut dire pour se faire ouvrir la porte...

« Le père Filoche ne dort jamais que d'un œil et son garde-manger est toujours garni... — tu dois comprendre présentement que la maison est bonne à connaître...

« Voilà ce que c'est, ami Régulus, que le caba-

Les deux patrouilles se rencontrèrent en face du bateau. — Page 232.

— Je demande le mot du rébus...

— Voici le mot demandé : — Le gargotier, — un vieux Lascar qui s'appelle le père Filoche, — a deux clientèles bien distinctes et deux cordes à son arc, je pourrais dire trois au besoin, et même quatre, car il est logeur, pêcheur, restaurateur et recéleur...

« Le jour, il vend des fritures, des matelotes et des lapins sautés à toute sorte de monde honnête, ou soi-disant tel, mariniers d'eau douce, débardeurs, pêcheurs à la ligne, etc...

« Le soir, il traite des opérations du commerce au plus juste prix avec les *rats de Seine* et les pilleurs d'épaves qui viennent lui vendre leur récolte de la journée... — Le père Filoche a dans sa cave

ret du *Goujon qui fait la noce*... —quand tu auras fait sa connaissance, tu y reviendras! je ne te dis que ça!... et, en route! — Empoigne la ficelle, ma vieille...—tu sais le chemin, à toi l'honneur !...

Dix minutes environ après ce moment, M. de Crédencé et ses compagnons traversaient le pont d'Arcole et longeaient d'un pas rapide le quai de la Râpée sans y faire de rencontre désagréable et compromettante.

— Halte!... dit tout à coup Larifla. — Nous sommes arrivés...

M. de Crédencé, très-absorbé par des réflexions dont il nous paraît facile de deviner la nature, suivait distraitement.

Il s'arrêta, il leva les yeux et il vit, grâce aux

clartés d'un bec de gaz placé à peu de distance, une maison ou plutôt une masure d'apparence misérable, haute de deux étages et dont la porte et les volets peints en rouge étaient soigneusement fermés.

Sur la muraille le nom bizarre du cabaret avait été peint à la détrempe en grosses lettres noires lavées par la pluie et devenues presque illisibles.

— Voilà la chose!... — reprit Larifla, — ça n'a pas tout à fait *autant d'œil* que la Maison Dorée des gandins, ou même que le restaurant de môssieu Deffieux, mais le dehors ne signifie rien... Dedans c'est un petit palais, parole sacrée, dont un quart d'agent de change ne ferait point fi pour payer des huîtres à une baladeuse de la haute!...

— Ce cabaret semble désert... — fit observer Raoul, — ou du moins ses habitants sont profondément endormis...

— Ah! ouiche!... — répliqua le jeune homme pâle; je t'ai déjà dit que le père Filoche ne dormait jamais que d'un œil... — d'ailleurs il y a un truc pour entrer...

Un enclos formé par une palissade de planches mal équarries et souillées de boue attenait à la maison de mauvaise mine...

Au milieu de la palissade se voyait une porte.

Larifla fit crépiter une allumette chimique, il s'approcha de cette porte, et la flamme vacillante de son flambeau improvisé lui suffit pour découvrir un anneau de fil de fer à peine visible qu'il saisit et qu'il tira fortement à lui.

La porte s'ouvrit aussitôt et se referma par son propre poids derrière les rôdeurs nocturnes lorsqu'ils eurent pénétré dans l'enceinte, qui présentait une superficie de trente ou quarante mètres, divisés en un certain nombre de *bosquets* poudreux sous chacun desquels se voyaient une table et deux bancs.

Ceci constituait une annexe du cabaret à l'usage des bons bourgeois de Paris, qui considèrent un dîner en pleine poussière, à la Râpée, comme la plus chère de leurs joies dominicales.

Les fenêtres donnant sur le jardinet avaient des volets et ces volets étaient fermés.

— Il est prudent, le père Filoche!... — murmura Larifla, — et ça se conçoit!— il y a des écus plein la cassine, sans compter l'argenterie, qui est du Ruolz numéro 1!— Faut pas croire au moins qu'ici on *béquille* dans du fer ou de l'étain!... — ah! mais non! — la clientèle ferait la grimace! — tous gens distingués et délicats!...

En disant ce qui précède, le jeune bandit s'avança jusqu'à la troisième fenêtre...

Il frappa contre le volet trois petits coups régulièrement espacés, puis il se mit à chanter à demi-voix le vieil air :

> Au clair de la lune,
> Mon ami Pierrot,
> Prête-moi ta plume
> Pour écrire un mot !

— C'est là le truc!...— dit-il ensuite en se tournant vers M. de Crédencé; — tu vas voir maintenant comme ça se joue...

Pendant une demi-minute à peu près, personne ne donna signe de vie à l'intérieur.

— Oh! oh!...— reprit Larifla, — est-ce que par hasard le père Filoche dormirait cette nuit des deux yeux?... — Je vas roucouler le second couplet de ma romance..

Déjà il commençait à chanter :

> Ma chandelle est morte!...
> Je n'ai plus de feu!...
> Ouvre-moi...

Il n'eut pas le temps d'achever...

Le bruit sec d'un ressort détendu se fit entendre. Une sorte de guichet carré s'ouvrit brusquement dans le volet...

Un rayon de lumière jaillit, puis une tête toute ronde, coiffée d'un bonnet de coton blanc, s'encadra dans l'ouverture et une voix grasseyante demanda :

— Qui diable vient me réveiller à une pareille heure en chantant *Mon ami Pierrot*?...

— Ah! ah!... père Filoche, enfin c'est vous!— répondit Larifla,— il paraît que vous étiez en train de casser une rude canne; (1)— Nous commencions à trouver le temps long!... parole sacrée!... Mais puisque vous voilà, n'en parlons plus!... — Ouvrez-nous, et dépêchez-vous!...

— Ouvrir!... ouvrir!... c'est bientôt dit! — répliqua le cabaretier; — je n'ouvre point aux premiers venus!... — D'abord et donc, qui que vous êtes?...

— Comment, père Filoche! — s'écria le jeune homme pâle d'un ton scandalisé, — vous ne reconnaissez pas vos clients!... — Ah! par exemple, pour un vilain trait, voilà un vilain trait!... — je n'attendais pas cela de vous!...

— Je ne reconnais personne!... — la nuit tous les chats sont gris!... — Les clients ont un nom... — dites le vôtre.

— Saperlipopette et sac à papier... mettez vos lunettes, vieil infirme!... — je suis Larifla.

— Suffit... suffit, mon fiston... — je te remets parfaitement... Et les autres sont avec toi?

— Oui, père Filoche; c'est ma société...

— Dans ce cas-là, on peut s'entendre... — Qu'est-ce que vous demandez, mes enfants?

— Nous demandons une nourriture abondante et variée, arrosée de vins de choix et couronnée par un punch à tout casser.

— Mazette, mes petits agneaux, rien que ça de nopce et bombance!... — vous avez donc levé un fort sac?

— Il y a apparence, digne gâte-sauce.

— C'est que, vous connaissez la maison, — reprit le cabaretier, — pas de monnaie, pas de Suisse!... — Ici, on fait crédit de la main à la poche...

(1) Dormir.

— Il me semble qu'on ne te demande point de crédit...

— C'est certain... c'est certain... mais j'y ai déjà été pris!...—Avez-vous de l'argent, bien sûr?

— De l'argent! — s'écria Larifla, — fi donc!... vil métal!... — pourquoi pas du cuivre?... pourquoi pas des *monacos*? des *patards*? — Non, nous n'avons pas d'argent, mais nous avons de l'or! — Régulus, ami véritable, le vieil incrédule est comme saint Thomas, — il ne croira que quand il aura vu... — voici l'instant, voici le moment de manifester ton opulence...

Raoul s'approcha du guichet; — il tira de sa poche une quinzaine de louis et les fit danser dans sa main sous les yeux du cabaretier qui murmura timidement :

— Vous me répondez au moins qu'ils ne sont pas faux?

Un éclat de rire général accueillit cette question... — Filoche se décida à ouvrir et laissa pénétrer les nouveaux venus dans l'intérieur de la maison.

— Mènerez-vous grand tapage? — demanda-t-il.

— On n'en sait rien... — répliqua Larifla... — après boire on chante et l'on crie... — Mais qu'est-ce que ça peut te faire?... si on détériore la vaisselle, on te payera la casse... on a de quoi...

— La patrouille passe quelquefois sur le quai... — murmura Filoche... — il ne faut pas lui donner l'éveil.... — ça me ferait du tort. — Je vais vous mettre dans le petit salon du sous-sol... — on y pourrait tirer le canon sans qu'on entende rien au dehors.

— Va pour le sous-sol, — répondit philosophiquement Larifla ; — nous serons plus près de la cave...

V. — LE MENU DE LARIFLA.

« *Il ne faut point juger les gens sur l'apparence,* » dit un proverbe.

L'individualité de Filoche confirmait une fois de plus la véracité indiscutable du vieil adage.

Nous savons déjà quelles industries mystérieuses et clandestines le cabaretier joignait à sa profession avouée.

Nous savons qu'il se faisait le recéleur et le trésorier des *rats de Seine*, ces dangereux pillards pour qui sa maison devenait lieu d'asile lorsqu'ils en pouvaient payer l'hospitalité peu écossaise.

Filoche, en outre, ne dédaignait point d'*exercer* lui-même et pratiquait le vol nocturne avec un talent digne d'éloges, toutes les fois que l'occasion se présentait de faire un *bon coup* sans courir trop de risques.

Bref, l'aubergiste de la Râpée pouvait et devait passer pour un gredin de la pire espèce, et cependant son apparence était celle du plus honnête homme qu'il fût possible d'imaginer.

Figurez-vous, sur un petit corps rond comme une futaille et pourvu d'un ventre de Falstaff, figurez-vous, dis-je, un visage large et rubicond, empreint de la plus parfaite bonhomie, des joues luisantes d'embonpoint et de santé, des yeux clairs dont le regard respirait la franchise, et enfin de grosses lèvres bienveillantes et souriantes.

Filoche se montrait presque toujours coiffé d'un bonnet de coton blanc, surmonté d'une houppe monumentale qui s'agitait au sommet de sa tête comme un papillon prêt à s'envoler.

Quand par hasard le cabaretier dépouillait cette coiffure, il offrait aux regards surpris un crâne de couleur beurre frais remarquable par sa calvitie prodigieuse. Aucun vestige de végétation capillaire ne se montrait, en effet, ni sur le sommet de la boîte osseuse, ni sur la nuque, ni même sur les tempes.

Vue par derrière, la tête de Filoche ressemblait d'une façon frappante à une énorme bille de billard.

Nous devons ajouter que le cabaretier possédait un organe doux et grasseyant, et qu'il s'attachait à exprimer les choses les plus fortes d'une façon toujours calme et mesurée... — Ce à quoi, d'ailleurs, il réussissait à merveille.

Filoche, avons-nous dit, laissa pénétrer dans la maison ses clients nocturnes. Il les précéda, tenant à la main une chandelle fichée dans un flambeau de cuivre vert de grisé ; — il traversa une assez vaste cuisine aux fourneaux éteints ; — il souleva une trappe pesante, et il descendit le premier les marches d'un escalier, ou plutôt d'une échelle, qui semblait conduire à la cave.

Le prétendu *salon du sous-sol*, dans lequel il introduisit nos personnages, n'était autre chose, en effet, qu'un caveau dont on avait changé la destination en recouvrant la terre nue d'un plancher grossier et en collant du papier sur les murailles.

Seulement Filoche, lorsqu'il opérait cette transformation, avait compté sans l'humidité, compagne inséparable des lieux souterrains voisins d'un fleuve.

Le plancher se moisissait de toutes parts ; — d'étranges végétations se manifestaient dans les fissures ; — çà et là de petits champignons vénéneux montraient leurs têtes rondes et livides.

Quant au papier, jadis grisâtre et semé de bouquets rouges, mais qui n'offrait plus de couleur distincte, il semblait atteint de la lèpre et pendait çà et là en lambeaux hideux, pareils à la peau déchiquetée d'un reptile que la putréfaction dévore.

Une table ronde, entourée d'une dizaine de chaises de bois, se dressait au milieu de ce salon d'un nouveau genre.

Quatre bougies, — de véritables bougies!... — placées dans des flambeaux oxydés, jouaient aux quatre coins sur la table.

Filoche alluma ces bougies dont la flamme éclaira d'une lueur trop vive l'ensemble de choses ignobles dont nous venons de tracer un crayon rapide.

Le comte de Crédencé jeta un coup d'œil autour

de lui et sentit courir sur son épiderme un frisson de dégoût...

Certes, ce gentilhomme dégradé avait depuis longtemps déjà pris l'habitude des bouges honteux et des lieux sinistres, il avait dû s'aguerrir et se bronzer, — mais jamais rien, jusqu'à ce jour, ne s'était offert à lui de si abject, de si *écœurant*...

L'estaminet de l'Epi-scié, le cabaret de la Rigolade et celui de Paul Niquet étaient des lieux splendides et surtout joyeux à côté du sous-sol du *Goujon qui fait la noce*...

En s'incarnant dans le personnage de Régulus, Raoul s'était résigné à subir toutes les exigences du rôle qu'il voulait jouer.

Il cacha donc son dégoût et il s'assit sur une chaise boiteuse entre Larifla et Bec de miel.

— Avance à l'ordre, père Filoche!... — dit le jeune bandit, — et fiche-toi dans la boussole qu'il s'agit cette nuit de te distinguer !...

— On fera pour le mieux, mon fiston... — répliqua le cabaretier : — qui est-ce qui se charge du menu ?...

— C'est le petit que voilà, ma vieille, et sois paisible; ça va-t-être fait en deux temps et trois mouvements...

Larifla appuya son coude sur la table, sa tête sur sa main et s'absorba dans une méditation profonde relative au menu en question.

— Tonnerre du diable!... — grommela l'homme à la voix enrouée, — il ne fait pas trop chaud ici, savez-vous!... — Avant de taper sur le solide, je me réchaufferais assez volontiers le *fanal* avec n'importe quoi de liquide...

— Ça nous va !... — répondirent en chœur les trois autres bandits ; — *versons-nous du combustible dans le calorifère!*...

— Que faut-il vous servir, camarades ?... — reprit Filoche.

— Moi,— fit Radis noir, — *j'étoufferai un perroquet...* (1).

— Moi, *idem*... — dit Bec de Miel.

— Moi, *ibidem*...— appuyèrent en même temps Tape-à-l'œil et Peau d'angora.

— J'irai de la même au même!... — s'écria Larifla en interrompant ses réflexions gastronomiques. — Et toi, Régulus?...

— Moi, — répondit Raoul, — je me contenterai du souper...

— Liberté! libertas!... — chantonna le jeune bandit; — celui qui paye est toujours le maître de limiter sa consommation!...

— Cinq absinthes ? — demanda Filoche.

— Comme tu dis, ma vieille...

— Absinthes nature ?...

(1) Prendre une absinthe, — locution fantaisiste et populaire. — Le perroquet est vert, l'absinthe aussi. — Doit-on chercher dans la similitude des couleurs, l'origine de cette locution pittoresque ? — Nous livrons cette question importante à la sagacité des *Saumaise* de l'avenir.

— Oh ! que nenni ! *plumet d'anis!*...

— Absinthes panachées!... voilà ! voilà !...

Filoche s'élança dans l'escalier avec une légèreté que rendait invraisemblable son embonpoint, et reparut bientôt apportant des bouteilles et des verres.

— Attention au commandement !...—dit Larifla après avoir savouré le mélange d'absinthe et d'anisette : — voici la carte du balthasar et je la crois un peu ficelée... — D'abord et d'une, as-tu des œufs frais ?...

— Toujours...

— Omelette au lard de vingt-quatre œufs, avec une grosse fourniture d'échalotes et d'oignons hachés...

— Sois paisible, mon fiston, — rien qu'à la respirer ça tirera les larmes des yeux... — Et ensuite?

— Possèdes-tu au garde-manger un gigot froid avec beaucoup d'ail ?...

— J'ai votre affaire... — le gigot est cuit de ce soir et il embaume toute la maison...

— Bravo, ma vieille!... — voilà qui va bien!...

— Tu nous donneras après ça une forte salade rudement poivrée, moitié chicorée, moitié œuf durs...

— n'épargne ni le vinaigre, ni la moutarde, ni l'échalote... — Pour dessert, un demi-kilo de géromé qui coule et qui marche tout seul... — si on peut en approcher, nous n'en voulons pas...

— Comme ça se trouve !... — j'en ai tout juste un morceau sans pareil... — Le garçon épicier qui l'apportait s'en est trouvé mal en arrivant!...—le pauvre diable était comme asphyxié!... — quand on respire ce fromage-là on croirait qu'on a le nez sur une fuite de gaz !...

— Cré coquin!... — s'écria Larifla, — c'est ça qui va nous chatouiller agréablement le *fusil*... — Je m'en pourlèche les barbes d'avance!... — Une assiette de mendiants complétera la chose en attendant le punch au tafia... — Allons, digne gâte-sauce, en route, et que le service marche rondement!...

— Quel vin buvez-vous?... — demanda Filoche au moment de s'éloigner.

— Nous sommes six, tu nous apporteras pour commencer douze bouteilles de petit bourgogne... Nous verrons après...

— Suffit !...

Laissons nos personnages attaquer avec un vigoureux appétit et une satisfaction manifeste le repas substantiel servi devant eux, — il est bien entendu que nous ne parlons point ici de M. de Crédencé, —et, tandis qu'ils font disparaître rapidement l'omelette et le gigot, en vidant les flacons de vin de Mâcon, traçons un croquis de ces figures excentriques qui doivent prendre place dans la galerie des *Enfers de Paris*, galerie bizarre, peuplée de types odieux et repoussants, mais d'une implacable réalité...

Il ne nous reste rien à ajouter au sujet de Larifla que nous connaissons amplement, mais nous allons présenter à nos lecteurs Bec de Miel, Radis noir, Tape-à-l'œil et Peau d'angora.

Un très-petit nombre de lignes nous suffiront d'ailleurs pour mener à bien cette besogne...

Notre ambition est modeste.

Nous nous proposons de charbonner des silhouettes sur un mur, et non de tracer des portraits en pied.

Que de plus habiles prennent le pinceau... — Nous nous contenterons du fusain...

VI. — SILHOUETTES AU CHARBON. — LE TRUC DE BEC DE MIEL.

Bec de miel était le type accompli d'une race que personne assurément ne regrettera et qui semble avoir à peu près disparu depuis que l'édilité parisienne a porté la pioche dans les fondations des théâtres du boulevard du Temple.

Vous l'avez tous connu ce type du *voyou* parisien dans ce qu'il offre de plus abject.

Il n'est pas un flâneur qui ne se souvienne de ces adolescents maigres et livides, aux visages flétris, aux traits tirés, aux pommettes saillantes, aux yeux entourés d'un cercle bleuâtre, vêtus d'un pantalon effrangé, d'une blouse sordide, et portant une casquette trop étroite sur de longs cheveux gras roulés en tire-bouchons de chaque côté des tempes et retombant jusqu'au menton.

Le boulevard du Temple était la terre promise de ces jeunes misérables, à l'époque où chaque soir six ou sept théâtres contigus illuminaient leurs façades et conviaient le public aux terreurs du mélodrame, à l'éclat de rire du vaudeville, au coup de pied traditionnel de la pantomime funambulesque.

Aussitôt que s'allumaient les becs de gaz dans les ténèbres encore transparentes, les bohèmes de bas étage prenaient possession de l'asphalte qu'ils foulaient fièrement de leurs bottes aux semelles feuilletées... Ils monopolisaient les industries de ramasseurs de bouts de cigares et de marchands de contre-marques ; qui constituaient pour eux des professions avouées, destinées à masquer d'autres industries inavouables.

A chaque entr'acte on les voyait se précipiter comme une meute avide sur les spectateurs sortant des théâtres, on les entendait s'écrier d'une voix à la fois enrouée et glapissante :

— Vendez-vous, monsieur ?... vendez-vous ?...

Ou bien :

— Si vous ne rentrez pas, mon ambassadeur, faites-m'en cadeau.

A minuit, après avoir réalisé quelques sous, *les rôdeurs du bitume* allaient engloutir à l'estaminet de l'Epi-scié ou au *Café des Folies* une ou deux mesures d'esprit-de-vin pimenté, puis ils disparaissaient jusqu'au lendemain.

Où logeaient-ils? Les maisons en démolition et les fours à plâtre de la banlieue auraient pu le dire...

Tous, ou du moins presque tous, étaient affiliés à ces associations de voleurs et de filous, qui venaient s'asseoir de loin en loin, au nombre de soixante-dix ou quatre-vingts, sur les bancs de la cour d'assises et sur ceux de la police correctionnelle, au grand étonnement et au grand effroi des Parisiens...

Aucun d'eux, — sans exception, — n'aurait reculé devant un méfait de la nature la plus grave, devant un vol nocturne, par exemple, à main armée, avec effraction et escalade...

Le vrai peuple, le peuple honnête, les appelait *graine de bagne*, dans son langage énergique et coloré. Le peuple avait raison.

Les rôdeurs du bitume, en effet, *poussaient* et *grandissaient* pour le bagne, et des places *honorables* leur étaient réservées à Brest, à Rochefort, à Toulon.

Bec de miel, nous l'avons dit, représentait d'une façon très-complète, très-accentuée, cette bohème abominable.

Il avait de dix-huit à vingt cinq ans... — comment mettre un âge sur ce visage avachi, sillonné de rides profondes?... — ses cheveux huileux et couleur de filasse tombaient en longues mèches droites sur son bourgeron déchiré en vingt endroits.

Un jour, ou plutôt une nuit, à la suite d'une rixe avec des bandits de son espèce, il était resté sur le terrain, sans connaissance, et un peu plus qu'aux trois quarts étranglé...

Grâce à la force réelle de sa constitution et malgré l'apparente débilité de ses membres grêles, le jeune homme s'était tiré de ce mauvais pas, mais une extinction de voix presque complète avait été la conséquence de cette strangulation si bien commencée...

Notre personnage, — nous avons eu plus d'une fois déjà l'occasion de le constater, — ne pouvait arracher désormais de son gosier que des sons rauques, caverneux, tout à fait semblables au vague grincement d'une crécelle.

Ceci nous explique son surnom... Ses collègues de la contre-marque et du bout de cigare, employant sans le savoir une figure de rhétorique, l'avaient, par antiphrase, appelé *Bec de miel*...

Avant la perte de son organe, le bohème, qui se nommait alors tout simplement *Polyte*, s'était créé sur l'asphalte du boulevard du Crime une sorte de célébrité relative en inventant un *truc*.

Voici quel était ce *truc*, grâce auquel Polyte réalisait parfois d'assez jolis bénéfices... Les rôdeurs du bitume disaient *bénefs*...

Le jeune homme, aussi pâle et aussi maigre que Gaspard Hauser après quatorze ans de captivité, et laissant flotter le long de ses joues caves ses longs cheveux d'un blond faux, se promenait aux abords des petits théâtres et cherchait dans la foule jusqu'à ce qu'il eût rencontré quelque figure tout à la fois naïve et sentimentale sur laquelle il jetait incontinent son dévolu.

Il marchait droit à cette figure, et après l'avoir saluée humblement il murmurait à son oreille, d'une voix tremblante et entrecoupée :

— Mon digne monsieur, au nom de la belle âme qui se peint dans vos yeux, ayez pitié d'un malheureux jeune homme prêt à se périr par amour, et que votre bienfaisance peut sauver d'un trépas cruel et prématuré...

L'étrangeté de ce début piquait la curiosité du flâneur auquel s'adressait Bec de miel et qui se demandait tout bas, en le regardant avec surprise :

— Est-ce un fou?...

— Monsieur, — reprenait avec vivacité le jeune homme, — je vois votre idée!.. —Vous vous dites présentement : — *Ce grand blondasse qui se fait l'honneur de m'adresser la parole, a la boussole qui bat la breloque !... il possède un hanneton dans ses frises !...*

« Eh bien !... parole d'honneur, c'est une erreur !... — Le cerveau n'est que trop solide !... — il n'y a que le cœur qui soit détraqué !...

« Hélas, monsieur, je suis amoureux, et si bien amoureux qu'il y a des toqués à Charenton qui ne sont pas si toqués que moi...

« Je vous vois venir !... — Vous vous dites : — *Mais pourquoi diable ce grand blondasse vient-il ainsi verser dans mon sein ses confidences incohérentes?... — Ça ne me regarde ni peu ni beaucoup...*

« Mille pardons, mon digne monsieur, — ça vous regarde plus que vous ne le pensez, puisque vous êtes un homme bienfaisant et que vous pouvez beaucoup pour moi...

« Vous n'êtes pas sans connaître celle qui m'a pincé mon cœur... — c'est une cocotte insensée, une fille de marbre, une caboulotière, une baladeuse, une petite dame de théâtre!... — C'est la célèbre Dodudindette qui joue les *Vénus* et autres farceuses dans les revues des Délas-Com, et qui n'a rien de caché pour le public...

« Je n'ai point d'espoir que Dodudindette consente jamais à couronner ma flamme... — Je lui ai écrit plus de dix déclarations... ça été comme si je chantais...

« Je manque de chic, je manque de *sac*, d'habit Dusautoy et de pince-nez... Dodudindette me préfère les petits gandins bien astiqués qui payent à souper chez Bonvalet...

« J'en ai pris mon parti, monsieur; mais la vue de mon idole est plus nécessaire à mon existence que le pain quotidien, et la preuve c'est que bien souvent je me prive de pain pour me payer le soir *un* stalle au poulailler... — Voir Dodudindette ou *casser ma pipe*, il n'y a pas de milieu ..

« Aujourd'hui l'ouvrage a manqué... — je n'ai pas dîné, je n'ai pas un sou... — J'ai faim, mais je m'en moque... ce n'est point à mon estomac que je pense! — Prouvez la grande bonté de votre cœur, mon digne monsieur... — secourez une victime de l'amour... — payez-moi le paradis!... — donnez-moi dix *ronds!* — Dix ronds, ça n'est pas grand'chose quand il s'agit du bonheur de son semblable !... — Vous paraissez un homme calé, et je vous crois le porte-monnaie bien garni...

« Si vous me refusez, mon affaire est dans le sac! — je n'en fais ni une, ni deux, — j'en finis avec tous mes chagrins d'un seul coup... — Je prends ma feuille de route pour l'autre monde et je vas piquer une tête dans le canal Saint Martin, en face la maison du quai Valmy, où demeure Dodudindette...

« Mais vous ne voudrez pas avoir sur la conscience le trépas d'un jeune homme honnête, victime de sa sensibilité trop exquise!...Vous vous direz : *Ce grand blondasse m'attendrit !... je vais l'envoyer voir sa belle!* et vous m'aboulerez les dix *ronds!* »

. . . .

Ce boniment, qui comportait de légères variantes, et qu'accentuaient les jeux de physionomie et le geste produisait assez souvent l'effet attendu. Cinq fois sur dix le flâneur naïf s'intéressait aux amours du bohème et lui fournissait libéralement le moyen d'aller rassasier ses yeux du spectacle des charmes de Dodudindette.

Bec de miel, une fois nanti de la somme désirée, se gardait bien d'entrer aux Délassements-Comiques et prenait incontinent le chemin de l'estaminet de l'Épi-scié.

Une poule au billard, l'absinthe homicide et l'eau-de-vie frelatée avaient pour lui beaucoup plus d'attraits que toutes les comédiennes de Paris.

L'extinction de voix dont nous avons raconté les causes vint, hélas! porter un coup mortel au truc du faux amoureux.

Ne pouvant plus se faire entendre, il dut renoncer à l'impôt quasi quotidien qu'il levait sur la crédulité des jobards, il se trouva réduit aux contremarques, aux bouts de cigares, maigres ressources, et renonçant bien malgré lui aux *garnis des logeurs à la nuit* de la rue des Fossés-du-Temple, fréquentés par l'aristocratie des rôdeurs du bitume, il prit place dans les rangs des hirondelles du pont d'Arcole.

Radis noir, plus âgé que Bec de miel de cinq ou six ans, était un tout petit homme, presque un nain, d'une difformité étrange et curieuse.

— Tu devrais te montrer dans les foires pour deux sous, — lui disaient parfois ses *collègues*, — tu deviendrais bientôt rentier...

Ce personnage offrait en effet aux regards surpris une tête énorme, couronnée d'une chevelure crépue et placée sur un buste herculéen que supportaient deux petites jambes rabougries.

Radis noir, assis, semblait un géant.

Debout, nous le répétons, c'était un nain.

Il jouissait d'une force musculaire prodigieuse.

On le voyait soulever sans la moindre peine, à bras tendu, des poids d'une effrayante pesanteur.

Sa nature hargneuse, brutale, emportée, inspirait à ses intimes une véritable terreur.

Ses colères soudaines et irréfléchies ressemblaient à celles d'une bête féroce ; — aussitôt que le sang lui montait à la tête, ce qui arrivait pour les causes les plus futiles, il *voyait rouge* et jouait du couteau.

Traduit en justice à plus d'une reprise pour coups et violences, il avait subi des condamnations sévères.

Chaque jour, presque invariablement, son repas du matin se composait d'un morceau de pain et d'un radis noir frotté de sel.

De là son surnom.

Celui de *Peau d'angora* avait une cause que peut-être nos lecteurs ont déjà devinée.

Le bohème exerçait en plein Paris l'industrie de braconnier.

Muni d'un grand sac de toile qu'il dissimulait sous sa blouse, il donnait la chasse, sans port d'armes, aux chats de tous les quartiers...

Lorsqu'il avait réussi à mettre la main sur quelque victime innocente, il la dépouillait lui-même avec le plus grand soin son gibier de nouvelle espèce. Un cabaretier de la barrière Mont-Parnasse lui achetait les matous dépouillés, qui se transformaient dans ses casseroles en gibelottes de lapins fort appréciées des consommateurs.

Quant aux peaux des chats angoras ou des simples chats de gouttières, le chasseur les vendait ensuite à un marchand de fourrures et tirait ainsi d'un même sac deux moutures...

La vérité nous oblige à convenir que cette double industrie nourrissait assez mal son homme... Peau d'angora était fort maigre !...

Il ne nous reste à tracer qu'une dernière silhouette, celle de *Tape-à-l'œil*...

Ce quatrième compagnon de Larifla n'offrait de remarquable au physique qu'une large tache couleur lie de vin, englobant l'œil droit, pareille à une de ces meurtrissures violettes et bleuâtres qui viennent à la suite d'un violent coup de poing. Cette tache toute naturelle donnait au visage carré de Tape-à-l'œil une extrême ressemblance avec la face d'un *bull-dog* anglais bizarrement marqué.

Au moral, le bohème était un hardi compère, prêt à tout, d'une nature insouciante et joviale.

Il avait la verve grotesque et l'*humour* parisien de bas étage, en même temps que la plus complète, la plus effrayante insensibilité.

Bref, Tape-à-l'œil réunissait ces qualités cyniques qui mettent une auréole au front de certains héros du bagne.

Il était homme à faire un calembour en donnant un coup de couteau !...

VII. — LE MÉLO DE LARIFLA.

Le repas dont nous avons admiré le menu était commencé depuis plus d'une heure.

La gaieté des hirondelles devenait bruyante et même tapageuse.

Les bouteilles se vidaient avec une incroyable rapidité, et Larifla, que nous avons vu se constituer de son autorité privée grand maître des cérémonies, avait fait apporter par Filoche un nouveau panier de *petit bourgogne*. M. de Crédencé, craignant de voir ses convives s'exalter au point de ne plus pouvoir prêter une oreille attentive aux communications importantes qu'il avait à leur adresser, prit le parti de traiter sur-le-champ la question.

En conséquence, il frappa sur la table à deux reprises.

Larifla se leva aussitôt, comme s'il avait été mû par un ressort.

— Bas les gobelets, et silence dans les rangs, camaros !... — s'écria-t-il. — Régulus demande la parole !... — c'est bien le moins qu'on écoute avec soin le généreux mortel qui nous offre un *balthasar* de ce numéro carabiné !... — Le premier qui parle avant son tour, je le cogne !...

Cette énergique allocution du jeune bandit produisit un effet immédiat. Un silence si profond s'établit qu'on eût entendu voler une mouche.

— Camarades, — commença Raoul, — vous savez que je suis allé cette nuit vous chercher au pont d'Arcole, parce que j'avais une affaire à vous proposer...

Les hirondelles répondirent par un grognement affirmatif.

— Et j'ajouterai de mon cru, — dit Larifla, — qu'une affaire proposée par Régulus est acceptée d'avance !... — N'est-ce pas votre avis comme le mien, camaros ?...

— Oui, pardieu !... — murmurèrent les bandits.

— J'ai besoin de vous la nuit prochaine... — continua M. de Crédencé, — il faudra donc que vous vous teniez à ma disposition dès huit heures du soir...

— La chose est convenue... — murmura Larifla ; — commande, ma vieille... on obéira au doigt et à l'œil.

— Connaissez-vous, — reprit le comte, — une boutique de marchand de vin qui se trouve au coin de la rue de la Pépinière et de la rue du Rocher ?

— Je la connais, — dit Larifla, — et je me charge d'y conduire les autres... — Elle a pour enseigne : *Au rendez-vous des petits Polonais*.. — n'est-ce pas cela, mon vieux Régulus ?...

— C'est bien cela... — le maître du logis est un ci-devant citoyen de la petite Pologne, un brave homme qui ne voit que ce qu'il faut voir et n'entend que ce qu'il faut entendre... — Au fond de la boutique se trouve un cabinet... — c'est là que j'irai vous prendre à huit heures... — Vous vous ferez servir à dîner, mais ne donnez point sur les liquides sans modération, car vous aurez besoin de tout votre sang-froid...

— Sois paisible... — dit Radis noir, — on n'en prendra pas plus qu'on n'en pourra porter !... —

chacun son litre, comme une demoiselle, et un simple petit verre de *fil en quatre* dans le gloria !..
— Je crois qu'il n'y a rien à dire là contre...
— Y aura-t-il un gros magot à dénicher?... — demanda la voix presque inintelligible de Bec de miel.
— Y aura-t-il des coups à donner? — demanda Tape-à-l'œil à son tour.
— Il ne s'agit ni de vol, ni de violences... — répondit M. de Crédencé.
— Mais alors, — murmura Radis noir, — où diable seront les *bénefs* de la chose?...
— Vous travaillerez pour mon compte et vous serez payés par moi.

— Mais, — fit observer Radis noir, — *si les toiles se touchent*, qui est-ce qui soldera le dîner que nous devons faire chez le cidevant petit Polonais?...
— Ne t'inquiète pas de cela, camarade, — répliqua le comte.
— Je m'en inquiète bigrement, au contraire...
— Impossible de se dissimuler que nous avons des pelures qui n'inspirent pas la confiance!... — On ne nous fera point crédit sur la mine... — à preuve ce vieux coquin de Filoche qui nous aurait laissés à la porte le mieux du monde si tu n'avais montré des jaunets...

Bec de miel était le type accompli d'une race que personne ne regrettera. — Page 237.

— Qu'est-ce que tu offres?...
— Trois napoléons à chacun de vous...
— C'est une chose qui s'accepte... — Donnes-tu des arrhes?...
— Non... Pour deux raisons...
— Lesquelles?
— La première, c'est que vous me connaissez assez pour avoir confiance en moi...
— Oui... oui!... — s'écria Larifla avec feu, — confiance entière!... — la parole de Régulus vaut la signature de M. le baron de Rothschild...
— La seconde raison, et la plus sérieuse, — continua Raoul, — c'est que si vous aviez de l'argent en poche, vous seriez ivres quand viendrait le moment d'agir...

— Encore une fois, soyez tranquilles... — le cabinet sera retenu et la consommation payée d'avance...
— A la bonne heure... — reprit Radis noir, — ça se dessine!... — Je commence à croire que nous dînerons... — après le dîner, qu'est-ce que nous aurons à faire?...
— Vous aurez à monter dans un fiacre...
— Et, ensuite?...
— Vous le verrez quand vous y serez...
— C'est-à-dire que tu ne veux pas qu'on te questionne?...
— Questionne-moi si ça t'amuse... seulement je me réserve la liberté de ne rien répondre...
— Pour lors je me prive d'esquinter mon organe

en pure perte... — Je tiens à conserver mon *do* de poitrine, et je dis comme Grégoire : — j'aime mieux boire!...

Toutes choses étant convenues pour le lendemain, M. de Crédencé ne s'opposa plus aux libations des bandits, et les bouteilles recommencèrent à circuler.

Vers trois heures du matin la gaieté atteignait son paroxysme et le souper tournait à l'orgie.

Chacun criait, chacun chantait de son côté, sans accorder la moindre attention à ses compagnons.

Larifla, un peu plus qu'aux trois quarts ivre, se leva non sans peine.

— Et, comment que ça s'appelle?...
— Titre flambant : Les *Egouts de Paris*!... mélo à grand spectacle, précédé de : *L'Egout collecteur*, prologue en quatre tableaux.
— Mazette!...—je retiens *un* stalle pour le soir de la première.
— Moi aussi!...
— Moi aussi!...
— Moi aussi!...
— Je veux entendre nommer l'auteur, *M. Larifla, homme de lettres!...* — s'écria Peau d'angora. — Cré coquin!... je rirai-t'y!...

Eh! eh! — dit le petit homme en s'approchant avec un sourire narquois. — Page 241.

— Camaros, — s'écria-t-il d'une voix avinée, — je vas vous en dire une si belle que jamais, au grand jamais, vous n'en avez entendu de pareille!...
— Une, quoi?... — demanda Tape-à-l'œil.
— Une ronde, saperlipopette, et un peu chouette, je m'en vante!.. la ronde des *Enfants de minuit* !
— D'où ça sort-il?
— Ça sort de là, mon petit! — répondit Larifla en se frappant sur le front ; — c'est moi-même et personnellement que j'en suis l'auteur, dans le *mélo* que j'ai composé...
— Tu as composé un *mélo*!... toi, Larifla! — s'écrièrent les hirondelles en riant aux éclats.
— Un peu, mes neveux, et chiqué dans le bon style!...

— Et, quand que ça se jouera? — demanda Tape-à-l'œil.
— Est-ce qu'on peut savoir?...—Ces directeurs sont si *gniolles!* ils ne veulent seulement pas prendre connaissance du manuscrit, sous prétexte que ça manque d'orthographe... — Je vous demande un peu, camaros, à quoi que ça peut servir l'orthographe dans un mélo?...
— A rien du tout... — répondit Radis noir avec une conviction profonde.
— Et la preuve, — reprit Larifla, — c'est que quand les *cabots* sont sur les planches, avec leurs costumes, et qu'ils parlent, personne n'est dans le cas de savoir comment les mots qu'ils disent sont écrits, et les grands savants qui ont fait leurs

classes n'y voient que du feu, tout comme les autres...

— Ça, c'est la vérité!... — répliquèrent les hirondelles. — Mais laisse un peu voir l'orthographe de côté, pour voir, et dis-nous la ronde; — c'est la ronde que nous voulons...

— Voici la chose, camaros, — fit Larifla en saluant :

« Faut d'abord vous dire que le théâtre représente un cabaret dans le genre de l'estaminet de l'Epi-scié ou de l'établissement de Paul Niquet, meublé de trois ou quatre douzaines de chenapans dans notre genre qui culottent des bouffardes en sirotant du fil en quatre et en complotant de faire disparaître la jeune innocente qui n'est pas la fille du riche capitaliste qui se croit son père, parce qu'elle est l'enfant légitime du pauvre diable auquel elle a été enlevée, rapport au trésor dont connaît le traître et qu'il a juré de se procurer avec des papiers de famille très-conséquents pour lui.

« Vous ne comprenez peut-être pas très-bien tout ça, parce que raconter n'est pas mon état comme si j'étais de l'Académie, mais dans le mélo c'est plus clair que de l'eau de roche...

« Je poursuis... »

VIII. — LES ENFANTS DE MINUIT.

— Pour lors, — continua Larifla, — dring!... broum!... — patatras!... — musique à l'orchestre... — La fenêtre du fond s'ouvre avec tapage et un bonhomme qui n'a ni la touche ni la pelure d'un ambassadeur entre en scène...

— Par la fenêtre? — demanda Tape-à-l'œil.

— Naturellement.

— Et pourquoi ça?... — est-ce qu'il a la police à ses trousses?

— Il n'a rien du tout à ses trousses... — si je le fais débouler par la fenêtre, c'est que le public aime beaucoup ça... — c'est un effet sûr!... — j'ai étudié la chose au paradis de l'Ambigu et de la Gaîté et je m'y connais.

Tape-à-l'œil fit entendre un grognement sourd qui ne prouvait point une entière satisfaction.

— Cependant, — murmura-t-il, — il me semble...

— Ah ça, ma vieille, — interrompit Larifla, — tu me fatigues considérablement, parole d'honneur! — Est-ce que tu comptes passer ton temps à chercher des asticots dans mon mélo?... — veux-tu me laisser narrer, oui ou non?... — je la trouve mauvaise, je t'en préviens, et je n'entends pas que tu me la fasses à l'oseille.

— Vas-y!... — répliqua Tape-à-l'œil, — on se taira.

— C'est bien heureux!... — Je reprends mon fil...

« Donc le bonhomme qui n'a point l'air d'un ambassadeur, et qui répond au nom de *Carambolage*, par rapport à son adresse incomparable au noble jeu de billard dont il est professeur breveté de plusieurs têtes couronnées, fait son entrée à la satisfaction générale de toute la société.

« Ce Carambolage possède une voix de ténor qui ne laisse rien à désirer... — un véritable flageolet, quoi!...

« Si les organes de la troupe sont insuffisants, le directeur signora un engagement de trois mois à un *artisse* de la grande Opéra impériale de musique et de danse.

« Il est inutile que Bec de miel se mette sur les rangs... il n'attraperait point un bon numéro...

— Eh! là-bas!... — grommela Bec de miel, — tâche voir un peu de pas m'empoigner... — ça finirait par des batteries!...

— En voilà un *gêneur*!... le mot pour rire est donc défendu?...

« Bref, les chenapans, vauriens et autres pas grand'chose de l'estaminet, s'empressent autour de Carambolage et lui disent :

« — Ah! mon petit Carambolage, toi qui as un si bel organe, chante-nous un joli morceau...

« Ça se pratique comme ça dans tous les mélos de ma connaissance...

« Carambolage, qui est un bon zig, ne se fait point tirer l'oreille et répond :

« — Comment donc, mes amis, mais avec plaisir!... — enchanté de vous donner un échantillon de mes talents; seulement, vous payerez quelque chose, attendu que les eaux sont basses et que j'ai besoin, quand je roucoule, de me rafraîchir le gosier avec n'importe quoi de très-chaud...

« — Ça va! — disent les personnages... — nous payerons ce qu'il faudra!...

« — Pour lors, — reprend Carambolage, — je commence!... — méfiez-vous!... — soignez la ritournelle et chauffez le refrain en chœur!...

« — Sois paisible!... — réplique l'assistance.

« Là-dessus le chef d'orchestre donne son coup d'archet... — Une, deusse... — Carambolage tousse et se mouche... — il prend une pose et s'écrie :

« — La ronde des *Enfants de minuit*!... — Gare là-dessous!... — Premier couplet :

> Quand le soleil s'efface,
> Emportant sa clarté,
> La nuit vient dans l'espace
> Et prend la royauté!...
> Le bon bourgeois sommeille;
> Silence!... c'est la nuit!...
> Et voici que s'éveille
> Le vrai fils de minuit!...

« L'assistance reprend en chœur les deux derniers vers, avec accompagnement obligé de gobelets entre-choqués sur le théâtre, et grand bacchanal de timbales, de grosse caisse et de tam-tam à l'orchestre, sans oublier les chapeaux chinois qui mènent un sabbat d'enfer...

« Carambolage poursuit:

« — Second couplet!... et chauffons!... Eh!... hop!...

> Le voleur téméraire
> Sort de son gîte obscur...
> Le rôdeur de barrière
> S'embusque au coin d'un mur.
> Le joueur est fidèle
> Au hasard qu'il poursuit!...
> Voilà ceux que j'appelle
> *Les Enfants de minuit!...*

« Reprise à tout casser... — brouhaha à l'orchestre!... — Applaudissements au parterre... — les chevaliers du lustre se font venir des ampoules aux pattes!...

« Troisième couplet :

> Quand les maris tranquilles
> Dorment d'un lourd sommeil,
> Les amants plus agiles
> Se moquent du soleil!...
> Chacun prend son échelle
> Et l'amour le conduit!...
> Voilà ceux que j'appelle
> *Les Enfants de minuit!...*

« Ici, les dames jouent de l'éventail, sous le vain prétexte qu'il fait très-chaud, pour ne pas laisser voir qu'elles rougissent!... — Les amoureux qui sont dans la salle crient : *Bravo!* de toute la force de leurs poumons, et les maris se grattent le front...

« Carambolage, malgré toute la modestie dont il est doué par la nature, ne s'illusionne pas sur l'enthousiasme qu'il produit... — ça lui fait l'effet d'un bol de punch avalé d'un seul trait, et il continue avec un redoublement d'ardeur qui met le feu aux planches!...

« — Quatrième couplet :

> Le recéleur, dans l'ombre,
> Allume un feu d'enfer!...
> Bientôt l'or va se fondre
> Dans son creuset de fer!...
> Le métal étincelle...
> Le lingot se durcit!...
> Voilà ceux que j'appelle
> *Les Enfants de minuit!...*

Larifla s'interrompit pendant un instant.
— Ouf!... — dit-il, — c'est époumonant, savez-vous!...

Il prit une bouteille sur la table, et, l'approchant de ses lèvres, il but à longs traits.

— Saperlipopette !.. — reprit-il ensuite, — ça fait du bien!... — voilà mon velouté revenu...

Puis, s'adressant à ses compagnons, il ajouta :
— Et bien, camaros, ça vous va-t-il ?
— Mais, oui... tout de même... — répondit Peau d'angora... — c'est assez mignon, cette chose-là...
— Blague dans le coin de l'œil, c'est-il toi qui en es l'auteur ?
— Parole sacrée, je le suis, seul et unique.

— Pour lors tu possèdes des *moilliens* assez conséquentes...
— Ah! dame! mes chers bons, je m'en vante...
— Est-ce que c'est fini, ta complainte ?
— Fini!... — vous voulez rire... — il reste le plus beau...
— Alors faut pas nous laisser en plan!... — tu n'es point *poumonique*, tu peux bien nous dégoiser la susdite romance jusqu'à sa finition...
— Pas un mot de plus, Peau d'angora... — m'y revoici.

Larifla se remit en position ; — il toussa de nouveau pour s'éclaircir la voix, puis il reprit :

> Dans chaque rue obscure,
> Fantôme à demi nu,
> Quelque fille murmure
> Un couplet sangrenu...
> Sa caresse est mortelle!...
> Malheur à qui la suit!...
> Voilà ceux que j'appelle
> *Les Enfants de minuit!...*

— Eh! eh!... — interrompit Tape-à-l'œil en riant d'un gros rire, — si ces demoiselles des petites rues vont voir ton mélo, elles t'arracheront les yeux en sortant, les pauvres chattes!... — tu fais tort à leur industrie... — on voit que tu n'es pas le favori des belles!...

Larifla ne répondit rien à cette observation intempestive qui souleva parmi les convives de Régulus une bruyante hilarité.

Il se contenta de protester par une attitude fière et par un silence dédaigneux.

Puis, quand les rires se furent un peu calmés, il frappa sur la table pour commander le silence, et il reprit :

> L'homme de la police,
> Bravant l'obscurité,
> Quand il fait nuit se glisse
> A travers la Cité...
> Prudente sentinelle,
> Il passe à petit bruit...
> Voilà ceux que j'appelle
> *Les Enfants de minuit!...*

Depuis quelques instants Radis noir, vaincu par l'ivresse, s'était presque endormi sur la table.

Le couplet que nous venons de reproduire le tira de cette lourde somnolence.

— Qui est-ce qui parle de la police ? — balbutia-t-il avec un effroi manifeste.
— Personne, — répondit Larifla.
— Si la police est ici, — continua Radis noir en se cramponnant à son idée avec l'obstination des ivrognes... fichons le feu à la baraque, et filons...
— Chut!... mais chut donc!... — dors et tais-toi!... — crient les hirondelles avec un ensemble bien flatteur pour Larifla.

Radis noir fit entendre un sourd grognement et laissa retomber sa tête sur la table.

Le chanteur poursuivit :
— Septième et dernier couplet : — Moralité de la chose :

> Enfin, tous ceux dont l'aile
> Ne s'ouvre que les soirs...
> Ceux que Paris recèle
> Dans ses bas fonds bien noirs...
> Ceux dont la vie est belle
> Lorsqu'arrive la nuit...
> Voilà ceux que j'appelle
> *Les Enfants de minuit!...*

X. — LE COMMISSIONNAIRE.

Des applaudissements enthousiastes accueillirent le dernier couplet, et, pour la seconde fois, réveillèrent en sursaut Radis noir qui s'écria :
— De quoi?... de quoi?...—Est-ce qu'on se fiche des claques, ici, simple histoire de se dégourdir les biceps?... — Que diable, camaros, on ne se bat pas les uns sans les autres... — si on tape j'en suis...
— On t'a déjà dit de dormir et de cuver ton vin !... — répliqua Peau d'angora. — A c'te niche, pochard !...
Puis les applaudissements recommencèrent de plus belle.
Ce bruit flatteur produisit sur Larifla l'effet de la trompette guerrière sur le cheval de bataille.
Il devint la proie d'une exaltation fiévreuse.
Il se figura qu'il avait triomphé de l'indifférence et du dédain de ces directeurs dont il parlait avec tant d'irrévérence quelques minutes auparavant...
Enfin, il se crut transporté par avance au beau soir de la première représentation de son mélodrame *Les Egouts de Paris*, précédé de l'*Egout collecteur*, prologue...
— A la bonne heure !... — murmura-t-il, — le public me rend justice !... — Je vas prendre au théâtre une place un peu chique !... — je vas être un auteur célèbre, et je crois que môssieu Dennery n'a qu'à se bien tenir !...
Larifla fut arraché aux douceurs de ce séduisant mirage par les hurlements de ses compagnons interpellant le père Filoche et réclamant à grands cris le punch annoncé.
Le propriétaire du *Goujon qui fait la noce* apporta sur la table un immense saladier contenant la moitié d'un pain de sucre et deux ou trois citrons coupés par tranches.
Il versa dans ce saladier un peu d'eau chaude, plusieurs litres de tafia, et il approcha une allumette de ce mélange qui flamboya tout aussitôt.
Tape-à-l'œil éteignit alors les quatre bougies, et la salle basse du cabaret ne se trouva plus éclairée que par les flammes bleuâtres du punch.
On sait quel aspect étrange et quasi fantastique les clartés tremblantes de l'alcool en feu donnent aux objets qu'elles illuminent... La salle basse, dont nous connaissons la physionomie déjà lugubre, devint effrayante... Les visages dévastés des hirondelles, rendus plus livides encore par les reflets du punch incandescent, donnèrent aux convives de Régulus l'apparence d'une réunion de damnés entourant la chaudière qui va les engloutir.
— Le diable m'emporte !... — se dit M. de Crédencé à lui-même, — on se croirait au fond de l'enfer !...
Cette fantasmagorie dura quelques minutes, puis les flammes alcooliques s'éteignirent, les bougies furent rallumées et toutes choses reprirent leur aspect habituel...
Avons-nous besoin d'ajouter que le punch acheva rapidement ce que le vin de Bourgogne avait commencé, et que bientôt la lourde ivresse des buveurs fut complète...
Cinq heures du matin sonnaient au moment où Larifla, le plus solide de la bande, roula sous la table.
M. de Crédencé seul, et pour cause, avait conservé tout son sang-froid... Il s'était contenté, pendant le repas, de porter son verre à ses lèvres, tandis que ses convives vidaient les leurs jusqu'à la dernière goutte.
Il laissa tomber sur les ivrognes endormis un regard méprisant.
— Brutes abjectes! — murmura-t-il, — créatures immondes!... pourquoi faut-il que j'aie besoin de vous!...
Ensuite il appela le cabaretier.
— Eh! eh!... — dit le petit homme en s'approchant avec un sourire narquois, — les voilà jolis garçons, ces agneaux !... — ils en ont leur suffisance, et même un peu plus; mais ça ne leur fera pas de mal, attendu que tous les liquides de ma cave sont naturels et nullement frelatés... — quand ils auront dormi deux ou trois heures, ils se réveilleront frais comme mon œil !...
— Père Filoche, — reprit Raoul, — nous allons compter ensemble, s'il vous plaît...
— Très-volontiers... — nous allons compter, — répliqua le cabaretier, — et je vous établirai des prix doux, parce que vous m'avez l'air bon zig et que je tiens à votre pratique...
L'addition fut bientôt faite, et Raoul la paya en or.
— Ce n'est pas tout, — reprit-il ensuite ; — vous êtes un brave homme, père Filoche, et je veux vous demander un service...
— Un service?... — répéta le propriétaire du *Goujon qui fait la noce* en se grattant l'oreille. — Ah! ah !... vous voulez me demander un service...
— Est-ce que vous n'êtes pas disposé à m'obliger?...
— O mon Dieu si, tout de même...
Filoche s'interrompit.
— Achevez donc!... — fit Raoul.
— Pourvu qu'il ne m'en coûte rien...
— Il ne vous en coûtera rien... au contraire, — ça vous rapportera quelque chose...
— Soyez tranquille alors... — je ne ferai pas d'objection... — de quoi retourne-t-il ?...

M. de Crédencé désigna du geste les buveurs endormis, et dit :
— Vous voyez ces bons garçons...
— Parbleu !... à moins d'être aveugle...
— J'ai besoin de les avoir à ma disposition ce soir, à huit heures... — Ils doivent se trouver à un rendez-vous que je leur ai donné...
— Pourquoi qu'ils y manqueraient ? — d'ici à ce soir ils auront eu plus que le temps de cuver leur vin...
— Oui, sans doute ; seulement rien ne me prouve qu'une fois réveillés ils n'iront pas boire ailleurs...
— Ça n'aurait rien de bien surprenant, j'en conviens, mais que puis-je y faire ?...
— Vous pouvez les garder ici, jusqu'à ce soir...
— Impossible...
— Pourquoi ?
— Mon cabaret n'est pas une prison... — On est libre d'en sortir comme d'y entrer...
— Aussi je ne vous propose point de les retenir de force...
— Il y aurait bien un moyen de les faire rester de bon gré... — murmura le père Filoche...
— Quel moyen ?...
— Celui de leur offrir un bon déjeuner...
— C'est ainsi que je l'entends et j'allais vous en parler...
— Mais qui payera ?
— Moi, et d'avance... — que demandez-vous ?...
— Oh !... ça ne sera pas cher... — après la bombance de cette nuit, ces gaillards-là se contenteront parfaitement bien d'une soupe à l'oignon avec beaucoup de fromage, et de côtelettes de porc sauce Robert... — Je ne leur donnerai qu'une bouteille à chacun, et point d'eau-de-vie... — ça les remettra dans leur assiette... — Vous en verrez la fin pour quatre *roues de derrière*...
— Voici vingt francs, — je compte sur vous...
— Est-ce que vous filez tout de suite ?...
— Oui.
— Alors soyez paisible... — Quand vos camarades se réveilleront, je leur parlerai du déjeuner et je traînerai la chose en longueur de manière à ce qu'ils ne sortent d'ici que vers les quatre heures... — Ça vous va-t-il ?...
— Parfaitement bien... — Au plaisir de vous revoir, père Filoche.
— Sans adieu, ma nouvelle pratique...

Le comte de Crédencé quitta le cabaret de la Râpée, rentra pédestrement dans Paris et se rendit au petit logement du boulevard Saint-Martin où nous savons qu'il avait coutume d'opérer ses métamorphoses.

Il y resta longtemps ce jour-là, car, au lieu de reprendre son costume d'homme du monde, il revêtit un nouveau travestissement très-complet, et, grâce à une veste et à un pantalon de velours vert bouteille, grâce surtout à une perruque rousse et à de gros favoris de la même nuance, il se transforma en commissionnaire.

La raison de ce travestissement est des plus simples.

Nos lecteurs se souviennent peut-être que Raymond, incarné dans le personnage du prétendu baron de Saint-Erme, chef de division à la préfecture de police, avait fait prendre la veille à la marquise Castella l'engagement formel de ne point recevoir le comte de Crédencé jusqu'au lendemain soir, et de lui laisser ignorer de façon absolue tout ce qui venait de se passer.

Laurence, convaincue qu'elle avait eu affaire à un très-important personnage, haut dignitaire de la préfecture, aurait sans nul doute tenu sa promesse, si Raoul, amené par un hasard que nous connaissons, ne s'était trouvé dans la pièce voisine fort à point pour tout entendre, ce qui devait lui permettre de déjouer les projets de Raymond, ou du moins de l'entreprendre.

Mais M. de Crédencé connaissait trop bien Raymond, le Protée parisien, pour ne pas avoir la certitude qu'il ferait surveiller les abords de l'hôtel Wilson, afin de s'assurer que la marquise Castella restait fidèle à l'engagement pris par elle.

Ceci doit expliquer à nos lecteurs la nécessité dans laquelle se trouvait Raoul de revêtir un déguisement pour se rapprocher de Laurence sans éveiller la défiance des sentinelles placées par Raymond.

M. de Crédencé avait eu soin de se munir d'un paquet enveloppé de toile cirée et portant l'adresse de la marquise Castella.

En approchant de l'hôtel Wilson il aperçut de loin la figure éminemment suspecte d'un grand gaillard mal vêtu et de mauvaise mine qui se promenait de long en large sur le trottoir de manière à ne jamais perdre de vue la porte cochère.

Raoul alors ralentit le pas et se mit à étudier avec attention les numéros de toutes les maisons, comme quelqu'un qui cherche une adresse. Arrivé devant l'hôtel, il s'arrêta près de l'escogriffe qui continuait sa faction, il parut hésiter, il sembla relire l'adresse écrite sur le paquet, et enfin il se décida à entrer.

Sous la voûte il se trouva face à face avec un domestique qui lui dit : — Mon brave, qui demandez-vous ?...

— Madame la marquise Castella, — répondit Raoul en donnant à sa voix les intonations les plus auvergnates.

— Au second... — la porte à droite... — montez...

Raoul gravit l'escalier rapidement et sonna à la porte de Laurence.

La femme de chambre vint lui ouvrir.

Le déguisement du comte était si parfait, sa métamorphose si complète, que cette jeune fille ne reconnut en aucune façon le visiteur et le prit pour un véritable commissionnaire.

Raoul ne jugea point utile de la désabuser.

— Madame la marquise Castella, s'il vous plaît ? — demanda-t-il en conservant l'accent du Puy-de-Dôme dans toute sa pureté.

— C'est bien ici, — répondit la camériste.
— Peut-on lui parler?
— Non.
— Pourquoi?
— Madame est encore couchée.
— Alors, j'attendrai qu'elle se lève.
— Vous tenez donc beaucoup à la voir?
— Je tiens beaucoup à m'acquitter exactement de la commission dont on m'a chargé pour elle...
— Quelle est cette commission?
— D'abord, de remettre à votre maîtresse le petit paquet que voici...
— Ne puis-je le remettre à votre place?

Raoul secoua la tête.

— Ça ne servirait à rien, — répliqua-t-il... j'ai quelque chose de particulier à dire à madame la marquise.
— Eh bien, dites-moi cette chose... — je vous promets de la répéter exactement...
— Vous me demandez l'impossible, ma jolie fille; j'ai reçu l'ordre de parler moi-même à madame Castella, et de ne parler qu'à elle...
— Alors, c'est comme qui dirait une consigne?
— Justement... — Ayez donc la complaisance de prévenir votre maîtresse...
— Madame est couchée et endormie, je vous le répète.
— Réveillez-la...
— Grand merci!... pour me faire perdre ma place!...
— C'est un danger qui n'est point à craindre quand votre maîtresse saura de quelle part je viens...
— De quelle part venez-vous donc, s'il vous plaît?...
— De celle de M. de Crédencé.

Ce nom produisit un effet magique et fit évanouir à l'instant même tous les scrupules de la camériste.

— Attendez un moment, — dit-elle, — je vais prévenir madame.
— Ah! j'ai de la patience, ma jolie fille, — répondit le faux commissionnaire, — mais je ne crois pas que madame la marquise me fasse attendre longtemps...

La jeune fille traversa le salon et pénétra sur la pointe des pieds dans la chambre à coucher où les doubles rideaux dégagés de leurs embrasses entretenaient une demi-obscurité favorable au sommeil.

Laurence ne s'était endormie qu'au point du jour, après une nuit partagée entre une pénible insomnie et de mauvais rêves qui lui avaient montré le baron de Saint-Erme sous des formes multiples, tantôt effrayantes et tantôt grotesques.

Son lit en désordre témoignait de longues heures d'une fiévreuse agitation.

Ses beaux bras nus, d'une blancheur de marbre et d'une pureté de forme digne de la statuaire antique, s'arrondissaient sur la couverture...

Son pâle visage, d'une beauté sublime, se noyait dans les dentelles de l'oreiller et dans les masses opulentes de sa splendide chevelure dénouée.

La camériste s'approcha du lit et murmura à deux ou trois reprises, d'un ton très-bas, comme si elle avait peur d'être entendue :

— Madame la marquise...

Laurence fit un mouvement léger, fronça ses noirs sourcils, entr'ouvrit ses grands yeux, et, voyant la jeune fille debout devant elle, se souleva sur son coude et demanda, avec un mécontentement manifeste :

— Mon Dieu, Mariette, que me voulez-vous, et quelle folie malfaisante vous pousse à me venir éveiller au moment où je m'endormais à peine?
— Je supplie madame la marquise de me pardonner... — balbutia la jeune fille... — j'aurais désiré plus que tout au monde respecter le sommeil de madame la marquise; mais il y a là un homme, un commissionnaire, qui veut parler sans retard à madame, pour des choses importantes à ce qu'il prétend, et qui vient de la part de M. le comte de Crédencé.

Laurence tressaillit, et d'un geste brusque elle écarta les mèches éparses qui voilaient son front.

— De la part de M. de Crédencé!... — répéta-t-elle.
— Oui, madame... — Ai-je bien fait de réveiller madame la marquise?...
— Certes!...
— Est-ce que madame la marquise va s'habiller?
— Ce serait trop long... — Amenez ici cet homme à l'instant.
— Madame le recevra dans sa chambre à coucher?... — s'écria la camériste avec une surprise manifeste.
— Eh! qu'importe? — Vous m'avez dit, je crois, que c'était un commissionnaire?
— Oui, madame.
— Eh bien, un commissionnaire ne compte pas — Abaissez d'ailleurs les rideaux de mon lit de manière à me cacher entièrement...

La jeune fille obéit, puis elle sortit de la chambre pour aller chercher l'homme au message.

— Ma maîtresse vous attend, — lui dit-elle... — venez...

Raoul ne se fit pas répéter deux fois cette injonction, et suivit la camériste.

— Vous êtes chargé d'une commission pour moi, mon ami?... — lui demanda Laurence à travers les rideaux qui l'enveloppaient comme une tente.
— Oui, madame la marquise... — fit notre héros sans cesser de contrefaire son organe.
— De la part de M. de Crédencé?
— Oui, madame la marquise, de sa part...
— Eh bien, parlez... — je vous écoute...
— Je ne dois parler qu'à vous seule, — répliqua le comte.
— Laissez-nous, mon enfant... — dit Laurence à la femme de chambre qui sortit aussitôt.
— Maintenant, — reprit-elle — personne ne

nous écoute... — expliquez-vous... — Et d'abord, donnez-moi ce paquet.

— Inutile, chère amie, — répondit Raoul de sa voix naturelle qui fit bondir la marquise sur son lit; — ce paquet ne contient que des chiffons... — il était le complément de mon costume, et voilà tout...

Laurence, stupéfaite, écarta brusquement les rideaux, et fixa sur le visiteur ses yeux dilatés par l'étonnement.

C'était la première fois que M. de Crédencé se montrait à elle sous un déguisement qui le rendait méconnaissable.

Elle venait, il est vrai, de le reconnaître à la voix et ne conservait aucun doute à l'égard de son identité ; mais elle ne pouvait s'expliquer une si prodigieuse transformation.

— Vous !... — balbutia-t-elle, — vous, comte !... — est-ce possible ?...

— Eh oui, pardieu, c'est moi, ma chère Laurence !... — que trouvez-vous de si étonnant à cela ?...

— Une métamorphose à ce point complète !... je n'en puis revenir !... — Savez-vous bien que vous méritez, tout autant que Raymond lui-même, le surnom de *Protée parisien*...

— Vous me flattez, marquise ; mais je n'accepte le compliment que sous toutes réserves... — Auprès de Raymond je suis un enfant, un écolier...

— Mais pourquoi donc un déguisement ce matin ?

— Afin d'arriver inaperçu jusqu'à vous... — l'hôtel Wilson est surveillé...

— Par qui ?...

— Je m'étonne que vous ayez besoin de le demander... — par un émissaire de Raymond, mordieu !... — Raymond veut s'assurer que je n'aurai aujourd'hui aucune communication avec vous... — il attache une grande importance à paralyser mon intervention ; mais le vieux diable n'en viendra point à bout, malgré toute sa malice... — me voici au cœur de la place et il ne s'en doute pas ..

— Qu'avez-vous à me dire ?

— D'abord que j'ai passé la nuit entière à m'occuper de vos affaires et à recruter une escorte d'invisibles gardes du corps qui veilleront avec moi sur vous quand le moment en sera venu...

— Avez-vous réussi ?

— Pourrai-je ne pas réussir quand c'est pour vous que je travaille ?... — Oui, j'ai trouvé ce qu'il me fallait, et je vous jure que la nuit prochaine vous serez bien gardée !... — Maintenant il faut tout prévoir, et je vais vous tracer votre ligne de conduite, si vous placez toujours en moi votre confiance entière.

— Entière, absolue, aveugle !... — répliqua Laurence... — Quelle que soit la chose que vous me direz de faire, je la ferai sans hésiter...

M. de Crédencé prit une des belles mains de la marquise, et sur cette main il appuya ses lèvres, puis il continua :

— Deux hypothèses se présentent.

« Ou Raymond, sous les espèces du fabuleux baron de Saint-Erme, vous donnera de ses nouvelles aujourd'hui, — chose qui me paraît d'ailleurs assez peu probable...

« Ou la situation restera telle qu'il l'a faite par la lettre d'hier, et le fiacre portant le n° 125 stationnera devant la porte de l'hôtel Wilson à neuf heures précises, pour vous emporter au lieu inconnu du rendez-vous donné par Raymond.

. . . .

Raoul s'interrompit un instant.

Il s'approcha d'un meuble sur lequel se trouvait un flacon rouge de verre de Bohême, constellé d'étoiles d'or.

Puis il reprit, en désignant ce flacon :

— Dans le premier cas, c'est-à-dire si vous recevez à l'improviste des nouvelles de Raymond, il vous suffira de faire déposer ceci par votre femme de chambre sur le rebord intérieur de l'une des fenêtres du petit appartement de l'entresol...

« J'aurai soin de passer dans la rue plusieurs fois aujourd'hui, et si j'apprenais par ce signal qu'un incident nouveau vient de se produire, je monterais auprès de vous...

« Dans le cas contraire, n'ayez ni hésitation, ni terreur ; — ne redoutez point un danger imaginaire ; — dites-vous qu'un ami fidèle, à la tête d'une poignée de prétoriens prêts à tout, veille sur votre sûreté et ne vous quittera pas plus que votre ombre...

« Descendez à l'instant précis où sonneront neuf heures, et confiez-vous hardiment au fiacre mystérieux...

X. — LA JOURNÉE DE RÉGULUS.

— Je ferai ce que vous me conseillez de faire, mon cher comte, — répondit Laurence ; — mais, quoique j'aie la prétention de n'être point une femme faible, mon cœur battra bien fort, je l'avoue, au moment de monter dans cette voiture et d'affronter un tête-à-tête avec l'étrange personnage que vous considérez vous-même comme excessivement dangereux...

— Raymond ne saurait être dangereux pour vous. — Je vous l'ai déjà dit et je vous le répète... — murmura M. de Crédencé.

— Est-ce bien votre conviction ?...

— Je vous en donne ma parole !... — Vous savez d'ailleurs que si je croyais au moindre péril, je ne vous laisserais certes pas vous exposer... Et maintenant, ma belle amie, je vous quitte...

— Déjà !...

— Il le faut...

— Pourquoi ?...

— L'émissaire de Raymond a vu tout à l'heure entrer un commissionnaire à l'hôtel Wilson... — il s'étonnerait à bon droit si ce commissionnaire y restait trop longtemps...

— Puisqu'il en est ainsi, je n'ose vous retenir...
— allez donc, mais ne vous reverrai-je pas avant ce soir?...

— La prudence m'ordonne de ne monter que si le signal convenu m'annonce que vous avez à m'apprendre quelque chose de nouveau. — Peut-être aurai-je à vous faire parvenir des instructions...

— Dans ce cas, je prendrai les mesures nécessaires pour que vous les receviez en temps utile...

— Quoi qu'il arrive, comptez sur moi!... — vos intérêts me sont plus chers que les miens et je ne vous ferai pas défaut!...

M. de Crédencé baisa la main de la marquise et quitta l'hôtel.

En mettant le pied sur le trottoir de la rue de la Madeleine, il put se convaincre que l'espion embusqué par Raymond l'examinait avec une attention pleine de défiance.

Il ne parut point s'en préoccuper, ni même s'en apercevoir, et il prit d'un pas tranquille et régulier la direction de la rue de la Pépinière.

Après avoir marché pendant sept ou huit minutes, il se retourna brusquement et il acquit la certitude qu'il n'était ni suivi ni épié...

Il en conclut que la franchise et le naturel de son allure avaient dépisté les soupçons naissants de l'émissaire du Protée parisien...

Complétement rassuré, il s'engagea dans la rue de la Pépinière et il franchit le seuil du cabaret dont nous l'avons entendu parler à Larifla la nuit précédente.

Ce cabaret occupait le rez-de-chaussée de la maison formant l'angle de la rue du Rocher.

Il offrait pour enseigne cette légende :

AU RENDEZ-VOUS DES PETITS-POLONAIS.

Or, quiconque avait entendu parler des habitants et des mœurs de la *Petite-Pologne* aujourd'hui disparue — (ne donnons à sa mémoire aucune larme!...) — devait savoir à quoi s'en tenir sur le compte des habitués de cette taverne.

M. de Crédencé prit à part le maître du cabaret; — il lui commanda et lui paya d'avance le dîner des cinq hirondelles, en lui recommandant de ne leur servir le vin et l'eau-de-vie qu'avec la plus grande modération.

— Soyez paisible, mon brave!... — répondit le cabaretier; — si vos gens se pochardent aujourd'hui, je vous réponds que ce ne sera pas chez moi.

Raoul, satisfait de cette promesse, alla chercher une citadine sur la place du chemin de fer du Havre, se fit conduire au boulevard Saint-Martin, monta dans la chambre que nous connaissons et quitta son déguisement de commissionnaire pour revêtir un autre costume qui lui donnait à peu près l'apparence d'un cocher de voiture de remise.

Du boulevard Saint-Martin il gagna le faubourg Saint-Antoine et pénétra dans la cour d'Amoy.

Nous venons d'écrire un nom qui sans doute n'offre aucune signification pour le plus grand nombre de nos lecteurs.

Nous allons donner à ce sujet une brève explication.

La cour d'Amoy est une sorte de vaste entrepôt consacré d'une façon à peu près exclusive à l'industrie des ferrailleurs et des démolisseurs de voitures.

Ces derniers, généralement Auvergnats, achètent à vil prix des voitures de toutes formes et de toutes provenances, réputées hors de service. Quelques-unes, — les moins dévastées, — reprennent entre leurs mains un éclat trompeur, grâce aux artifices de la peinture et du vernis, et sont revendues par eux avec un bénéfice de trois cents pour cent. Les autres sont abandonnées aux *dépeceurs* qui se livrent sur elles à une véritable dissection chirurgicale, et qui mettent de côté et divisent par lots toute la ferraille provenant de ces démolitions, fers de roue, ressorts, boulons, etc.,

Ces épaves de la carrosserie trouvent acquéreurs à des prix avantageux, et, après avoir traversé le feu de la forge et subi l'épreuve du marteau, recommencent un nouveau service.

M. de Crédencé parcourut le vaste bazar qui joue pour les vieilles voitures le rôle de la rotonde du Temple pour les vieux chapeaux et les vieilles bottes.

Son choix s'arrêta sur un antique coupé, démantelé, déverni, crevassé, hideux, dont un loueur de dixième ordre n'aurait pas voulu, mais qui paraissait capable de rouler encore, sans trop de danger de dissolution complète, sinon pendant quelques jours, du moins pendant quelques heures.

Il marchanda longuement cet abominable véhicule et finit par tomber d'accord avec l'Auvergnat au prix de trois cents francs qu'il paya séance tenante.

— Faudra-t-il vous livrer cela chez vous, mon bourgeois?— demanda le vendeur.

— Inutile, — répondit M. de Crédencé, — je viendrai prendre le *berlingot* ce soir, vers les huit heures, avec un poulet d'Inde...

— Suffit, mon bourgeois, on vous attendra...— Ah! vous pouvez vous vanter que vous venez de conclure un fameux marché tout de même!... — Ce carrosse-là, voyez-vous, vous n'en verrez pas la fin!... — Ça vous fera le service d'une voiture neuve!... — je vous l'ai laissé à trop bon compte! — je ne gagne pas plus d'une pistole dessus... — parole sacrée!... — Aussi vrai que nous sommes tous les deux de braves gens, si c'était à recommencer, vous ne l'auriez point à ce prix là!...

— Si je vous ramène demain ce *cabas*, — fit Raoul en riant, — me le reprendrez-vous pour dix louis?...

L'Auvergnat se mit à tousser.

— Hum!... faudra causer de ça!... — répliqua-t-il ensuite; — dix louis, c'est de l'argent, voyez-vous, et les affaires sont si *cervantes*!...—

Ah! cré coquin, par le temps qui court on a bien du mal à gagner sa pauvre vie !...

Raoul quitta la cour d'Amoy, enchanté de son acquisition et très-réjoui par la petite comédie supplémentaire que l'Auvergnat venait de lui donner gratis...

Nous ne le suivrons pas dans toutes les courses qui remplirent sa journée. Il nous suffira d'apprendre à nos lecteurs qu'il passa devant l'hôtel Wilson à plusieurs reprises, et que le flacon rouge ne fit point son apparition sur l'une des fenêtres de l'entresol.

Donc Raymond n'avait pas donné de ses nouvelles à Laurence !...

joutier de madame, et que vous venez de la rue de la Paix...

— Le bijoutier de madame... — rue de la Paix... — répéta le commissionnaire ; — soyez tranquille... je n'oublierai pas...

§

Sept heures sonnaient au moment où le prétendu Régulus, conduisant en main un grand cheval maigre, mal harnaché et portant la tête basse, prit le chemin du faubourg Saint-Antoine.

Ce cheval efflanqué, d'assez pauvre apparence

L'Auvergnat fumait sa pipe à l'entrée du hangar. — Page 250.

Vers quatre heures de l'après-midi, M. de Crédencé écrivit une lettre assez longue, sur l'une des petites tables de marbre d'un café du boulevard des Capucines.

Il enferma cette lettre dans une boîte à bijoux avec un objet de petite dimension, soigneusement enveloppé de papier de soie.

La boîte fut ensuite ficelée, cachetée, et Raoul la remit à un commissionnaire, avec l'adresse de la marquise Castella.

— Vous allez porter ceci sans perdre une minute, mon garçon, — dit-il à ce commissionnaire en lui donnant une pièce de cinq francs ; — et si par hasard quelqu'un vous demandait qui vous envoie, n'oubliez pas de répondre que c'est le bi-

sous son harnais poudreux, était un admirable trotteur anglais de pur sang, tout muscles et tout nerfs, incomparable pour la beauté de ses actions et la rapidité de ses allures...

Nos lecteurs n'ignorent point que le cheval de race, quelles que soient d'ailleurs la pureté de ses formes et la puissante énergie de son organisation, offre la plus parfaite image d'une *rosse*, lorsqu'il n'est ni monté, ni attelé, ni en liberté, lorsque rien enfin ne lui donne cette animation, ce mouvement, qui font de lui le chef-d'œuvre de la création et le véritable roi du règne animal.

Les connaisseurs ne s'y trompent pas, mais les connaisseurs sont rares, et le public passe indifférent et dédaigneux auprès de *La Toucques*, de

Mon Étoile, ou de *Franc-Picard*, sans reconnaître ces gloires du Turf, lorsqu'il les rencontrait ailleurs que sur le champ de courses, théâtre de leurs exploits.

Raoul et son trotteur, marchant côte à côte, atteignirent la cour d'Amoy au milieu de l'inattention publique.

C'est tout au plus si quelques gamins crièrent sur leur passage.

— Oh! hé!... Rossinante!... oh! eh!... — c'est le cocher qui traîne le cheval!... oh! eh!... le monde est renversé!...

L'Auvergnat, assis sur le marche-pied d'un landau contemporain des premières années de la restauration, fumait sa pipe à l'entrée du hangar qui lui servait de remise.

— Ah!... vous voilà, bourgeois, — dit-il, — je vous attendais... Puis il ajouta, en jetant sur le trotteur un regard plein de raillerie : — Est-ce que c'est cette bête-là que vous allez atteler à votre voiture?...

— Certainement, — dit Raoul. — Pourquoi me demandez-vous cela?

— Parce que le pauvre animal ne viendra point à bout de démarrer la *guimbarde*... — il a l'air d'avoir assez de peine à se traîner lui-même!... — Est-il maigre, cré coquin!... est-il maigre!... — En voilà un que la nourriture n'étouffera pas!...

— Ses côtes sont saillantes, j'en conviens... — répondit Raoul avec un sourire, — mais il a du courage, et vous allez voir tout à l'heure qu'il ne s'en tirera pas trop mal...

L'Auvergnat secoua la tête, d'un air d'incrédulité manifeste, et se mit en devoir de faire reculer le trotteur dans les brancards.

XI. — LES TROTTEURS.

Deux minutes suffirent à M. de Crédencé et à l'Auvergnat pour atteler le pur-sang, qui continuait à baisser la tête et semblait le plus pacifique des quadrupèdes.

— Ah ça, — demanda le ferrailleur au moment où Raoul s'apprêtait à monter sur le siège, — où diable est donc votre fouet?

— Je n'en ai pas, — répliqua le prétendu Régulus.

— Je peux, si le cœur vous en dit, vous en vendre un d'occasion, presque neuf et à bon compte.

— Inutile...

— Avec quoi donc que vous taperez sur la bête?

— Avec rien... — je n'ai point l'habitude de frapper les chevaux...

L'Auvergnat mit ses poings sur ses hanches et se prit à rire à gorge déployée.

— Ah! bon!... ah! bien!... — s'écria-t-il quand ce rire homérique se fut un peu calmé, — vous ferez courir ce poulet d'Inde à la voix, comme un cheval savant de chez Franconi.

— Peut-être...

— Par exemple, c'est ça qui va-t-être drôle!...
— Avez-vous loin à aller, sans vous commander?
— A l'autre bout de Paris.
— Dans ce cas, si vous teniez à arriver avant la nuit, vous auriez dû venir à midi.
— Vous croyez donc que mon pauvre cheval va me laisser en route?...
— Franchement, ça me fait cet effet-là.
— Eh! mon Dieu, ne savez-vous pas que l'apparence est parfois trompeuse?
— Je ne soutiendrai point le contraire; mais pour ce qui est des chevaux, voyez-vous, je m'y connais...
— Je le vois bien... — ce n'est pas à vous qu'on vendrait un vieux *rossart* pour un pur-sang...
— Ah! mais non!... la chose est certaine!...

Raoul, sans s'aider du marchepied, s'élança sur le siège, rassembla les guides et fit entendre un claquement de langue à peine perceptible.

Jamais transformation ne fut plus soudaine et plus complète.

Le trotteur, comme si quelque étincelle électrique venait de le galvaniser en le touchant, devint méconnaissable.

Sa longue encolure se recourba gracieusement à la façon d'un cou de cygne. Le panache mouvant de sa queue fouetta ses jarrets nerveux et se déploya comme une chevelure de femme soulevée par le vent.

Les muscles et les veines saillirent sous la peau du noble animal, qui, se sentant contenu par le mors, se mit à pointer impétueusement.

— Tonnerre!... — s'écria l'Auvergnat stupéfait, — la cavale a du vice!... — qu'est ce que c'est donc que ce cheval-là?

— Ce cheval-là, mon vieux, — répondit le comte en riant, — est un trotteur anglais qui vaut dix mille francs!... — Commencez-vous à croire qu'il ne me laissera point en route?

En même temps il rendit la main, et le stepper docile partit avec la rapidité d'un tourbillon.

Une fois sorti de la rue Saint-Antoine, M. de Crédencé suivit la ligne des boulevards en modérant l'allure de son cheval de manière à ne point attirer l'attention des promeneurs.

Il faisait nuit depuis longtemps lorsqu'il atteignit la Madeleine et s'engagea dans la rue Tronchet, qui le conduisit à la place du Havre et à la rue de la Pépinière.

Le gentilhomme arrêta la voiture à quelques pas du *Rendez-vous des Petits-Polonais*.

Il appela un commissionnaire qu'il chargea de veiller sur son cheval et il entra dans le cabaret.

— Votre monde est là, — lui dit le maître du logis en désignant le cabinet vitré dont Raoul franchit aussitôt le seuil.

Larifla et les quatre hirondelles accueillirent chaudement le nouveau venu.

— Vive Régulus!... — s'écrièrent-ils.
— Plus bas!... — dit vivement Raoul.

— Vive Régulus!..., — répétèrent en sourdine les bohémiens.

— Ah çà, mes braves, — demanda le comte, — j'espère que vous n'êtes pas ivres?

— Ivres!... — répliqua Larifla, — plus souvent!... — Pour qui nous prends-tu?... — nous ne sommes point des *rien qui vaille!...* apprends, ami véritable, que nous subirions la *pépie* en face des *pictons* les plus distingués, plutôt que nous pocharder quand il s'agit de faire de la bonne ouvrage pour un camarade, pour un bienfaiteur!...

— C'est bien!... — répondit le faux Régulus... — je suis content de vous...

— Voilà une parole qui vous transporte!... — murmura Larifla avec conviction.

— Le moment est venu... — reprit Raoul.

— Nous sommes prêts...

— Je vous ai promis trois louis à chacun... vous en aurez quatre.

Les hirondelles du pont d'Arcole firent entendre un grognement d'enthousiasme, tandis que Larifla se livrait à une pantomime destinée à peindre l'exaltation de ses sentiments et la vivacité de sa reconnaissance.

M. de Crédencé continua en tirant dix louis de sa poche :

— Voici la moitié de la somme... — vous toucherez le reste cette nuit même, aussitôt que nous aurons mené à bonne fin notre expédition...

— Chose entendue... chose convenue... — fit Larifla.

— Maintenant, écoutez mes instructions ..

— Ouvre ton robinet, nous boirons tes paroles...

— Je vais sortir le premier... — vous me suivrez dans trois minutes... — vous verrez à dix pas d'ici une vieille voiture... — c'est moi qui la conduirai... — vous monterez dans cette voiture...

— Tous les cinq? — demanda Peau d'angora.

— Oui, tous les cinq... — Vous fermerez les portières et vous baisserez les stores...

— Tiens! tiens! tiens!... — murmura Tape-à-l'œil, — ça m'ira joliment de rouler carrosse!...

— Une fois en voiture, — continua Raoul, — il vous est interdit de chanter, et même de causer... — le silence le plus absolu est de rigueur...

— On s'y conformera.

— On passera son temps à *en griller une...* — fit observer Radis noir.

— Ne comptez pas là-dessus, — interrompit vivement Raoul, — défense de fumer comme de causer.

— Ah! ah!... Et pourquoi donc ça?

— Parce que je le veux ainsi...

— C'est juste... — celui qui paye a le droit d'être servi comme il l'entend, — dit philosophiquement Peau d'angora.

— On s'y conformera... — grogna la voix enrouée de Bec de miel, — la langue dans la poche et la bouffarde dans le coin de l'œil... — compte là-dessus!...

— Vous avez bien compris?... — Je sors... — rejoignez-moi avant cinq minutes...

— Vas-y gaiement, ma vieille, — nous ne te ferons point languir...

— Vous vous approcherez de ma voiture et, s'il passe du monde, l'un de vous me dira : — *Eh! cocher, es-tu chargé?...* Je répondrai : *Montez, mes braves...* — Et j'ajouterai : *Où allons-nous ?*

— Qu'est-ce qu'il faudra répliquer? — demanda Larifla.

— Tout simplement ceci : — **A** *l'heure et file au pont d'Iéna.*

— Suffit...

M. de Crédencé quitta le cabaret, donna quelques sous au commissionnaire, regrimpa sur son siège et attendit.

Au bout d'un instant, Larifla et ses compagnons s'approchèrent; les paroles convenues furent échangées, et les rôdeurs du bitume montèrent dans la voiture, qui partit aussitôt.

Neuf heures moins un quart sonnaient à l'horloge de la Madeleine au moment où le coupé conduit par Raoul passait devant la maison meublée dont madame veuve Ellénore Damiran était la souveraine.

Aucune voiture ne stationnait en face de la porte cochère.

— Je suis en avance... — pensa M. de Crédencé... — c'est à merveille...

Il dépassa l'hôtel Wilson et n'arrêta l'antique véhicule que cinquante ou soixante pas plus loin, de l'autre côté de la rue.

Il se renversa ensuite en arrière, adossant le haut de son corps à l'impériale de la voiture, dans une attitude familière aux cochers de place et de régie qui mettent à profit pour le sommeil les longues heures d'attente.

Il nous paraît superflu d'ajouter que Raoul ne songeait guère à dormir, et que son regard interrogeait sans cesse les profondeurs de la rue vaguement éclairée par les becs de gaz, et relativement obscure grâce à l'absence presque complète de magasins et de cafés semblables à ceux qui, si près de là, illuminent les boulevards.

Dix minutes s'écoulèrent.

Deux ou trois voitures de maîtres et autant de fiacres passèrent successivement sans s'arrêter...

Les piétons étaient rares sur les trottoirs.

La rue de la Madeleine est l'une des moins fréquentées, surtout le soir, du quartier par excellence de la vie et du mouvement.

Enfin, au moment où neuf heures allaient sonner, Raoul entendit au loin le bruit d'un trot exceptionnellement rapide...

Une voiture se rapprochait, et des gerbes d'étincelles jaillissaient sous les fers du cheval frappant le pavé avec une énergie qui ne le cédait en rien à celle du stepper de Raoul lui-même.

— Mordieu!... — pensa le comte, — le cheval qui trotte ainsi doit être un merveilleux animal!...

La voiture passa...
M. de Crédencé tressaillit.
Cette voiture était un fiacre...
Ce fiacre portait sur ses lanternes le n° 125.

XII. — LE NUMÉRO 125.

— Je commence à comprendre!... — se dit Raoul à lui-même, — la voiture et le cheval appartiennent à Raymond!... — une citadine passe partout et n'attire l'attention nulle part...— Le Protée parisien, habile en cela comme en toutes choses, a voulu que son équipage eût l'apparence d'une citadine... — Parole d'honneur j'admire cet homme, et, si je n'étais moi, je voudrais être lui...

M. de Crédencé devinait juste.

Le petit fiacre, après avoir parcouru la distance qui le séparait de l'hôtel Wilson, tourna sur lui-même et s'arrêta le long du trottoir, juste en face de la porte cochère.

Pénétrons dans la maison garnie de madame veuve Ellénore Damiran; — montons au second étage et franchissons le seuil de l'appartement occupé par la marquise Castella.

La pendule rocaille placée sur la cheminée du salon marquait neuf heures moins dix minutes...

Laurence, assise à côté d'une petite table sur laquelle brûlait une bougie, tenait de la main gauche un flacon de cristal, soigneusement bouché à l'émeri.

Elle avait sous les yeux la lettre envoyée dans l'après-midi par Raoul en même temps que la boîte à bijoux, et elle relisait cette lettre pour la dixième fois peut-être, de manière à graver profondément en sa mémoire chacun des mots qu'elle contenait.

— Allons, — murmura-t-elle ensuite en froissant la lettre et en l'allumant à la flamme de la bougie, — c'est clair et c'est compris! l'effet est sûr... presque foudroyant, et le danger n'existe plus pour moi... — Décidément je proclame le comte un homme d'infiniment d'esprit et de beaucoup de ressources!... — La manière dont il utilise au profit de ma situation l'une des plus étonnantes découvertes modernes est à elle seule un trait de génie!... — Bravo, cher comte, vous avez mon estime et vous êtes digne de me servir... ce qui n'est pas un éloge à dédaigner!...

Après ce court monologue, Laurence regarda la pendule.

La petite aiguille touchait le chiffre IX, et la grande allait atteindre le chiffre XII.

— Voici le moment décisif!... — reprit la marquise, — il ne me reste que juste le temps d'achever ma toilette si je ne veux pas me faire attendre...

Laurence se leva.

Elle était entièrement vêtue de noir, ainsi que son deuil l'exigeait de façon impérieuse; mais la couleur sombre de ses vêtements n'excluait point la coquetterie la plus attrayante.

Le corsage de sa robe dessinait à ravir les harmonieux contours d'un buste de déesse.

Ses bras, nus jusqu'aux coudes, s'échappaient des manches entr'ouvertes...

Ses épaules de marbre étincelaient d'un doux et radieux éclat à travers le réseau de la dentelle noire...

Quelques perles de jais se mêlaient aux torsades lourdes de sa chevelure...

Un bracelet pareil entourait son poignet délicat dont il faisait ressortir la blancheur rosée....

Enfin deux perles noires se suspendaient aux lobes de ses petites oreilles, aussi finement ciselées que celles de la Vénus de Phidias.

Laurence, debout devant la glace, souriait à sa gracieuse image en lissant du bout du doigt les annelures de ses cheveux rebelles...

Elle attacha sur sa tête un chapeau de crêpe d'une légèreté tout aérienne...

Elle drapa sur ses épaules un châle de dentelle d'une grande valeur, et, au moment de mettre ses gants, elle agita le cordon d'une sonnette.

La jeune femme de chambre accourut.

— Madame a sonné? — demanda-t-elle.

— Oui, mon enfant... — répondit Laurence.

— Madame a des ordres à me donner?...

— Mes ordres, les voici... — Vous allez descendre et vous irez jusqu'à la porte cochère qui donne sur la rue de la Madeleine...

— Oui, madame...

— Une fois là, — poursuivit la marquise, — vous regarderez dans la rue...

— Que faudra-t-il que je regarde, madame ?

— Tout simplement s'il y a un fiacre devant la porte...

— Un fiacre!... — répéta la cameriste avec quelque surprise.

— Vous ferez en sorte de vous souvenir quel est le numéro de ce fiacre...

— Et ensuite, madame?...

— Vous remonterez me rendre réponse...

— Si je vois un fiacre, faudra-t-il dire quelque chose au cocher?

— Pas un mot... — Allez vite, mon enfant.

— J'y cours, madame...

La cameriste quitta le salon et Laurence glissa ses doigts mignons dans la peau souple et parfumée de ses gants.

Elle achevait à peine d'attacher les doubles boutons lorsque la jeune fille reparut.

— Eh bien? — lui demanda vivement la marquise.

— Eh bien, madame, il y a un fiacre... mais pas depuis longtemps, par exemple... — il vient d'arriver en même temps que moi, juste au moment où neuf heures sonnaient à la Madeleine...

— Vous savez le numéro ?

— Oui, madame... je l'ai lu sur les lanternes...

— Le n° 125.

— C'est bien...

— Madame n'a pas d'autres ordres à me donner?...

— Non...

— Madame va sortir?

— Oui.

— Faudra-t-il attendre madame?

— C'est complétement inutile... — je rentrerai peut-être un peu tard... — Donnez-moi la clef de l'appartement; couchez-vous, et si par hasard on venait sonner, n'ouvrez à personne...

Après avoir fait à la camériste ces utiles recommandations, Laurence abaissa le voile de son chapeau de crêpe et descendit l'escalier sans hésiter.

La jeune femme était peut-être un peu plus pâle que de coutume; mais sa résolution ferme se lisait sur son visage qui rayonnait d'une beauté surhumaine.

Elle atteignit la porte cochère, s'arrêta devant le fiacre et mit la main sur la poignée de la portière.

Le cocher se pencha vers elle.

— Ne vous trompez-vous pas de voiture, madame?...— lui demanda-t-il d'une voix très-basse.

— Non... — répondit Laurence.

— En êtes-vous bien sûre?

— Parfaitement sûre, puisque vous portez le n° 125 et que neuf heures viennent de sonner...

— C'est juste... et je vois bien maintenant que vous connaissez votre affaire...—Montez, madame, je vais vous conduire...

Laurence ouvrit la portière, croyant presque trouver dans l'intérieur le prétendu baron de Saint-Erme...

Elle se trompait.

Le fiacre était vide...

Elle prit place sur les coussins moelleusement capitonnés, d'où s'exhalait une fort agréable senteur de patchouli, et, à peine était-elle assise, que le cheval partit à cette allure impétueuse que nous avons déjà constatée.

Laissons cette citadine de contrebande brûler le pavé de Paris et rejoignons Raoul et l'antique coupé dont il s'était fait l'automédon...

M. de Crédencé connaissait un axiome dont plus d'une fois déjà il avait eu l'occasion de faire son profit.

Cet axiome, le voici:

« En bonne police, la seule manière de suivre quelqu'un sans faire naître ses soupçons, est de le précéder. »

Rien n'est plus vrai, non point au figuré, mais pratiquement et au pied de la lettre...

En effet, le scélérat le plus pourchassé, le plus disposé à voir partout des piéges et des traqueurs, n'aura pas l'idée de se défier du quidam qui marche devant lui.

Raoul avait donc résolu de *suivre* le fiacre de Raymond en le *précédant*.

Cette manœuvre devait offrir des difficultés sérieuses, surtout si la citadine s'engageait successivement dans un grand nombre de rues différentes, car alors la moindre erreur entraînerait des conséquences graves et forcerait le comte à revenir sur ses pas et à donner ostensiblement la chasse au lieu de paraître se laisser poursuivre; mais Raoul comptait sur sa bonne étoile et sur la vitesse de son trotteur, vitesse tellement hors ligne qu'elle lui permettait de conserver toujours une avance égale et considérable, malgré le mérite exceptionnel du cheval de Raymond.

Il s'agissait pour M. de Crédencé de procéder dès le début par conjectures et, devinant au hasard, de deviner presque toujours juste...

Afin d'arriver à ce résultat, Raoul avait établi rapidement un calcul de probabilités...

La première de ces probabilités était celle-ci:

—Selon toute apparence, le fiacre de Raymond gagnera le boulevard par le plus court chemin...

— Donc il faut le précéder dans la direction du boulevard.

En conséquence, aussitôt que la citadine portant le n° 125 s'ébranla, Raoul rendit la main au stepper qui dévora l'espace, ainsi que le coursier fantastique de la ballade de Burger.

M. de Crédencé, *la barbe sur l'épaule*, comme on disait jadis, partageait son attention entre son cheval,—si facile à mener malgré son ardeur qu'un enfant l'aurait conduit avec un fil de soie, — et les lanternes rougeâtres de la voiture venant derrière lui.

Il eut bientôt la preuve qu'il ne s'était point trompé dans la première de ses conjectures.

La citadine du Protée parisien se dirigeait en ligne directe vers la Madeleine, par conséquent vers le boulevard.

Alors, Raoul, raisonnant pour la seconde fois d'après son calcul de probabilités, se dit:

— Les habitudes, les mœurs, les relations de Raymond l'appellent dans un centre qui n'a rien de commun avec le quartier des Champs-Elysées. Il est par conséquent extrêmement vraisemblable que le fiacre où se trouve Laurence, au lieu de prendre le chemin de la place de la Concorde, va descendre les boulevards, de la Madeleine à la Bastille...

XIII. — RUE DES AMANDIERS-POPINCOURT.

La preuve ne se fit pas attendre que, cette fois encore, Raoul avait raisonné juste.

Le petit fiacre, au lieu de tourner à droite dans la rue Royale, prit le chemin de la porte Saint-Denis.

La tâche de M. de Crédencé devenait momentanément facile.

L'affluence des véhicules circulant et se croisant le long de l'immense artère des boulevards, ralentissait forcément la marche du cheval de Raymond...

Raoul n'eut aucune peine à conserver son avance

sans perdre un seul instant de vue la voiture qui le suivait.

Cette course se prolongea longtemps.

La citadine et le coupé dépassèrent le boulevard Saint-Martin, puis le boulevard du Temple...

— Où diable va-t-on nous conduire?... — se demanda Raoul.

Au moment précis où il s'adressait cette question, il se trouva pour la première fois en défaut.

Le véhicule portant le nº 125 venait de tourner brusquement à gauche et de s'engager dans la rue d'Angoulême.

Rien de plus aisé, sans doute, que de le suivre, de le rejoindre et de le dépasser; mais c'était attirer à coup sûr l'attention du cocher, et peut-être exciter la défiance...

M. de Crédencé prit sa résolution sur-le-champ et joua un jeu hardi...

Il fit claquer sa langue d'une façon qui donna des ailes au trotteur, et il le lança comme une flèche dans une rue latérale formant un angle aigu avec la rue d'Angoulême qu'elle rejoignait à quelques centaines de pas plus loin.

En dépassant cet angle, Raoul eut la joie d'apercevoir derrière lui, à deux portées de fusil, les lanternes de la citadine;—un succès complet venait de couronner sa tentative.

Nous ne nous appesantirons pas davantage sur les péripéties de cette bizarre poursuite, qui se termina seulement dans la rue des Amandiers-Popincourt.

Après avoir dépassé le grand mur que nous connaissons, Raoul s'aperçut tout à coup de la subite immobilité de la citadine.

Le cocher de Raymond venait d'arrêter son cheval devant la petite porte grise trouant la muraille du jardin..

Raoul, sans hésiter, fit entrer sa voiture dans la première ruelle qui s'offrit à ses regards...

Là, il sauta en bas du siège, ouvrit la portière et dit aux hirondelles qui se livraient sur les coussins poudreux aux douceurs du sommeil :

— Vite!... vite!... que l'un de vous descende et tienne la bride!... — Pas une minute à perdre!... il y a du succès de l'affaire!...

Larifla s'élança et se plaça devant le trotteur, la tête renversée en arrière, les bras croisés sur sa poitrine, dans l'attitude enfin d'un groom anglais de bonne maison.

Tout ceci s'était fait en beaucoup moins de temps que nous n'en avons mis à le raconter...

Raoul, alors, revint en courant sur ses pas...

Il s'arrêta à l'angle de la ruelle et du grand mur, et avança la tête de manière à embrasser du regard la sombre perspective de la rue des Amandiers-Popincourt, cette voie déserte d'un quartier perdu qui semble à cent lieues de Paris.

Il arriva juste à temps pour voir le cocher remonter sur son siège, faire tourner son cheval, et disparaître dans la direction du boulevard.

— Voilà qui va bien!...— murmura M. de Crédencé; — je sais où est Laurence... — les choses, désormais, marcheront toutes seules...

Et il rejoignit ses compagnons.

Bec de miel, Radis noir, Tape-à-l'œil et Peau d'angora avaient jugé convenable de descendre du coupé.

Ils entouraient Larifla et ils échangeaient tout bas quelques mots, se demandant les uns aux autres où ils se trouvaient, car les stores, baissés d'après les ordres formels du chef de l'entreprise, ne leur avaient point permis de reconnaître le chemin suivi par la voiture.

— Ça va-t-il comme tu veux, mon illustre ami? — demanda Larifla d'une voix très-basse.

— Oui, — répondit Raoul du même ton, — je suis content.

— Maintenant qu'on a pris l'air et qu'on s'est dégourdi les quilles, — continua le jeune bandit...— faut-il se réintégrer dans la boîte, à l'instar des z'harengs dans un baril, ou des cornichons dans un bocal... sans comparaison, bien entendu?

— Pas en ce moment.

— C'est donc ici que nous allons travailler?...

— Oui, c'est ici...

— Alors et pour lors, allons-y gaîment!...— Indique-nous l'ordre et la marche.

— D'abord, l'un de vous va rester près du cheval.

— L'un de nous, c'est entendu...— Mais lequel?

— Ce sera Bec de miel...— répondit Raoul après un instant de réflexion.

— On s'y conformera... — murmura la voix éteinte du bandit... — Mais si je n'ai rien à faire, qu'à monter la garde en face de la guimbarde, ça ne m'empêchera pas, je suppose, de toucher ma part comme les autres?

— Eh! mordieu, cela va de soi!... — répliqua M. de Crédencé... — Est-ce que je suis jamais revenu sur une parole donnée ou sur une promesse faite?

— Non, jamais!... jamais de la vie!... — dit Larifla avec un enthousiasme concentré...— Qui donc oserait prétendre que le grand Régulus, mon protecteur et mon bienfaiteur, est capable d'une lésinerie?... — Où est-il celui-là?...— qu'il se montre, sac à papier... — et je lui conseille, en ami, de bien numéroter ses os, car je vas lui démolir un peu proprement la carcasse...

— Silence, éternel bavard!... — silence donc!... — fit Raoul avec un sourire involontaire.

Puis il ajouta :

— Donc, Bec de miel prendra son poste devant le cheval, et il attendra sans bouger... — Suivez-moi, vous autres...

Raoul conduisit ses compagnons jusqu'auprès de la petite porte grise.

Il désigna du geste l'enclos qui s'étendait derrière la muraille, et il dit :

— Camarades, il s'agit d'entrer là-dedans..

— Ça ne me paraît pas bien malin... — murmura Larifla... — un moutard de dix-huit mois en ferait la farce...

M. de Crédencé continua :

— Je me suis muni à tout hasard d'une corde et d'un crochet... — nous allons nous en servir...

Et il se mit en devoir de dérouler une corde tournée autour de ses reins, sous son paletot.

— Une corde et un crochet... — répéta Larifla... — pourquoi faire ?...

— Pour escalader le mur...

— Oh! la! la!... — un mur de deux mètres et demi!... — si ça ne fait pas pitié!... — Attends, ma vieille, je vais lui dire deux mots, à ton mur, et je n'aurai pas besoin de corde et de crochet pour ça!... Eh! Tape-à-l'œil, avance par ici, ma biche, et fais-moi un peu la courte échelle, pour voir...

Tape-à-l'œil obéit et présenta ses mains entrelacées et ses larges épaules à Larifla, qui, se servant de lui ainsi que d'une escabelle à deux degrés, atteignit en deux élans le couronnement de la muraille, y resta pendant le quart d'une seconde en équilibre, comme l'acrobate sur la corde raide, et se laissa glisser dans le jardin du Protée parisien.

Une minute s'écoula, puis Raoul et les hirondelles entendirent le petit bruit sec produit par le pêne d'une serrure jouant dans la gâche...

En même temps la porte grise s'ouvrit sans bruit et Larifla parut sur le seuil.

— Ça n'était pas plus difficile que ça, camaros!... — fit-il en saluant avec une exagération grotesque. — Entrez, messieurs!... entrez, mesdames!... — On ne vous demande que la bagatelle de rien du tout, et encore vous ne payerez qu'en sortant... si vous êtes satisfaits...

M. de Crédencé passa le premier et les quatre hirondelles le suivirent.

— Faut-il refermer la porte derrière nous ?... — demanda Larifla, tout fier et tout joyeux de la réussite qu'il venait d'obtenir.

— Oui, certes, il le faut! — répondit Raoul. — Ne comprends-tu pas que cette porte ouverte nous dénoncerait au premier passant!...

— C'est juste!... — j'ai dit une ânerie!... que veux-tu... l'homme n'est pas parfait!...

La lune était absente, mais des myriades d'étoiles brillaient dans un ciel sans nuages et rendaient les ténèbres presque transparentes.

Raoul et ses compagnons, dont les yeux s'habituaient à l'obscurité, distinguèrent bientôt la double rangée de charmilles bordant l'allée droite qui conduisait au pavillon dans lequel, au début de ce récit, nous avons vu Raymond introduire le jeune homme rencontré par lui d'une façon si bizarre au milieu d'un fourré du bois de Boulogne.

— Suivons cette allée, camarades... — dit à voix basse le prétendu Régulus, — marchons sans bruit, et plus un mot!... — l'ennemi n'est pas loin, et peut-être des oreilles attentives sont-elles aux aguets autour de nous.

La recommandation du comte fut suivie religieusement; — les nocturnes aventuriers arrivèrent au pied du perron de trois marches donnant accès dans le vestibule du pavillon.

Aucune parole n'avait été échangée entre eux pendant ce trajet.

La façade du pavillon était sombre.

Aucune lumière ne brillait derrière les vitres du rez-de-chaussée, ni derrière celles du premier étage.

Raoul gravit les trois marches et mit la main sur le bouton de serrure de la porte de style rococo, richement sculptée.

Avec des précautions infinies il essaya de faire tourner ce bouton, mais il rencontra une résistance invincible qui lui prouva de façon péremptoire que la porte était fermée en dedans.

Forcer cette porte, il n'y fallait pas songer!... — le bruit le plus léger donnerait l'éveil à Raymond ou à ses serviteurs, et tout serait perdu sans ressources si le Protée parisien se savait espionné!

Raoul ne pouvait cependant admettre la pensée d'abandonner Laurence à qui il avait si solennellement promis de veiller sur elle et de là protéger contre tout péril.

Or, le péril existait...

Raoul avait soutenu le contraire à la jeune femme, mais il ne s'illusionnait point lui-même.. — avec un homme tel que Raymond, tout était à craindre...

M. de Crédencé descendit les marches et se mit en devoir de faire le tour du corps de logis.

Il arriva sous l'un des groupes de tilleuls séculaires qui formaient un ombrage magnifique de chaque côté du pavillon.

Là un soupir de soulagement s'échappa de sa poitrine.

Deux des fenêtres du premier étage laissaient jaillir les rayonnements d'une véritable illumination intérieure.

XIV. — OU LARIFLA FAIT DE LA GYMNASTIQUE.

Larifla se trouvait à côté de Raoul.

Le jeune bandit approcha sa bouche de l'oreille du prétendu Régulus et il lui dit, en étendant la main vers la fenêtre éclairée :

— C'est là qu'est le pot aux roses... pas vrai?...

— Oui... — répondit Raoul.

— Serais-tu, par hasard, curieux de connaître ce qui se passe présentement entre les quatre murs de cette cassine qui semble nous dévisager avec sa croisée flamboyante ? — reprit Larifla.

— Oui, certes!... — murmura M. de Crédencé... — je donnerais même beaucoup, pour cela...

— Eh bien, tu vas être satisfait, et on ne te demandera aucun supplément...

— Qui me dira ce que je veux savoir?...

— Moi, saperlipopette!... et ça ne sera pas long..

— Toi, Larifla!... — murmura Raoul.

— En personne véritable et naturelle, ma petite vieille...

— Comment feras-tu?...

— Ça me regarde.

— Pas d'imprudence, surtout!...

— Pas d'imprudence!... oh! la! la!... — en voilà une recommandation éventée!... — personne n'ignore que pour ce qui est de la prudence, j'en ai plus que pas un *sergent*...

Ici, nous ouvrons une parenthèse afin de déclarer que, selon toute apparence, Larifla disait *sergent* au lieu de *serpent*.

— Songes-y bien... — reprit Raoul, — il est travagance, faudrait donc avoir une écrevisse dans la tourte!... — Merci!... pas de ça, Lisette!... — On est enfant de Paris, que diable! — on a cueilli quelques jambons à la girouette des mâts de cocagne dans les fêtes patriotiques des Champs-Elysées!... — Je vas escalader ce gros arbre et j'en ferai mon observatoire... — Voilllà!...

Sans attendre la réponse de M. de Crédencé, Larifla saisit des deux mains la plus basse branche de l'un des tilleuls, et, s'élevant à la force des poignets, il disparut au sein des ténèbres qui formaient un dôme impénétrable au-dessus de nos personnages.

Tape-à-l'œil obéit et présenta ses mains entrelacées et ses larges épaules à Larifla. — Page 255.

de la plus haute importance pour moi de ne point donner l'éveil aux gens qui se trouvent dans la maison...

— Aucun danger, — répondit le jeune homme pâle : — la chauve-souris qui passe en volant, le hibou perché sur une branche dans les ténèbres, sont des espions moins discrets que moi...

— Quel est ton projet?...

— Tout bonnement de me livrer à une gymnastique américaine dont tu me donneras dans peu d'instants de bonnes nouvelles...

— Songerais-tu donc à grimper le long de la muraille?

— Oh! que nenni, landérirette!...—oh! que non pas, landérira! — pour essayer une pareille ex-

Pendant quelques secondes Raoul entendit un léger frémissement dans le feuillage, puis ce frémissement cessa et rien ne troubla plus le silence profond de la nuit.

Cinq ou six minutes s'écoulèrent.

Raoul attendait avec une fébrile impatience, et chacune de ces minutes lui semblait d'une longueur interminable.

— Que se passe-t-il donc sous ses yeux pour le retenir ainsi?... — se demandait-il en pensant à Larifla.

Tout à coup ce dernier toucha le sol, à deux pas de Raoul, comme un fruit trop mûr qui se détache de la branche...

Le comte tressaillit.

— Eh bien! — demanda-t-il vivement.

— Eh bien, mon protecteur, — répliqua le jeune bandit, — parole sacrée, foi de bon garçon, je n'en ai pas eu pour mon argent...

— Que veux-tu dire?

— Je veux dire que j'avais bonne envie de crier, comme au poulailler des *Funamb* ou du *Petit-Laz* : — *La toile ou mes quat' sous*— Je ne sais pas si ce que j'ai vu t'empoignerait, mais j'ai touvé ça bigrement fadasse.

— Bavard incorrigible, en finiras-tu!... — murmura M. de Crédencé presque avec colère; — ce ne sont pas tes impressions que je te demande...

— Et, dans cette chambre, — murmura-t-il, — dans cette chambre, n'y a-t-il personne?

— L'immeuble est habité, — répondit Larifla, — il y a du monde dans le décor...

— Qui?

— Un monsieur et une dame... — les bourgeois de la chose, à ce que j'imagine... — Des gens bigrement bien couverts!... quant à ce qui est de ça, faut en convenir...

— Comment sont-ils? — reprit Raoul, — parle vite...

— Le monsieur, petit, gros, pas trop vilain, entre quarante cinq et cinquante. — bésicles d'or

Laurence n'accordait qu'une attention distraite à toutes ces merveilles. — Page 269.

— Naturablement, ami véritable!... — Tu veux savoir comment que ça se joue là-dedans?

— Oui, cent fois oui...

— On va faire son possible pour te contenter. — D'abord et d'une le théâtre représente une belle chambre très-reluisante, meublée, astiquée, décorée et pomponnée dans le grand chic... — des tapis par terre, de la soie partout, et des glaces sur les murs ni plus ni moins que dans les premiers cafés des boulevards... — au milieu de cette chambre, une petite table avec un sou per... aux pommes... sans compter des fioles de toutes les espèces, à donner soif à un noyé...

Raoul frappa du pied.

sur le nez... — linge superfin, — cravate blanche, — habit noir de la tête aux pieds, et la rosette rouge à la boutonnière... bref, un particulier tout à fait de la haute... — ça se voit du premier coup d'œil..

Raoul avait déjà reconnu Raymond sous la forme solennelle et bureaucratique du baron de Saint-Erme.

Il ne put s'empêcher de sourire en écoutant la dernière phrase de Larifla.

— Et, la dame? — demanda-t-il ensuite.

Le jeune bandit appuya deux de ses doigts sur ses lèvres et produisit un bruit pareil à celui d'un baiser.

— Pour ce qui est de la dame, — répliqua-t-il,

— cré croquin, la belle femme!... — je connais les plus célèbres limonadières de Paris et autres écaillères très-chouettes... eh bien, foi de Larifla, c'est encore autre chose!... — Le joues pas tout à fait aussi rouges qu'il le faudrait; mais les yeux plus brillants que des becs de gaz!... ah! mazette!...

— Son costume?... — reprit Raoul.

— Comme celui du monsieur... tout noir... — Si c'est le mari et l'épouse, ces gens-là auront enterré quelqu'un, bien sûr.

L'identité de Laurence était désormais non moins manifeste pour Raoul que celle de Raymond lui-même.

Il continua :

— Que font-ils?

— Rien du tout.

— Comment, rien?...

— Ma foi, non... — La dame est assise sur un sopha... — le monsieur exécute un cavalier seul sur ses pattes, en face d'elle, et ils m'ont l'air de tailler une bavette de longueur...

— Sont-ils calmes?

— Tranquilles comme Baptiste!... — une paire d'amis, quoi!.....

Raoul réfléchit pendant un instant, puis il reprit d'une voix très-basse :

— Larifla...

— Présent! — répondit le jeune homme pâle, — montre ton jeu... de quoi qu'il retourne?...

— J'ai le plus grand intérêt à voir de mes propres yeux ce qui va se passer dans cette maison... — continua le comte.

— Eh bien, ma vieille, il me semble que rien ne t'en empêche. — Prends au bureau *un* stalle d'amphithéâtre comme j'ai fait tout à l'heure... — vas-y gaiement... — tu trouveras de la place et tu n'auras pas la peine de payer un petit banc à l'ouvreuse...

— Sans doute... mais j'ai moins que toi l'habitude de grimper aux mâts de cocagne et de décrocher des jambons...

— En voilà une *induction* défectueuse... — à quoi donc que pensaient les auteurs de tes jours?

— Bref, — continua M. de Crédencé, — l'expérience me fait défaut...

— En conséquence de quoi, — reprit Larifla, — tu voudrais bien grimper là-dedans... mais tu dis : — *Méfiance et gare aux entorses!...*

— Juste!...

— Et tu voudrais que l'ami Larifla te facilite la chose?...

— Tu devines merveilleusement ma pensée...

— Sois donc paisible, ô mon bienfaiteur... — je vais te tendre la perche et mettre une rampe à ton escalier...

— Comment t'y prendras-tu?

— Tu vas voir... — As-tu toujours sur toi cette fameuse corde dont tu parlais pour escalader le mur du jardin?...

— Oui... — la voici...

— Donne-la-moi...

— Qu'en veux-tu faire?

— Regrimper dans l'arbre et l'attacher là-haut. — Elle tombera jusqu'à terre... — tu n'auras qu'à la saisir, qu'à t'y cramponner des deux mains, et, une fois sûr de ne pas tomber, il te sera facile de te servir des branches de l'arbre comme des échelons d'une échelle... — Ça te va-t-il, ô mon bienfaiteur?... c'est-il une chose qui te convienne?...

— Parfaitement...

— Alors, point de temps à perdre...—Dans une minute l'affaire sera faite.

Larifla saisit avec ses dents l'extrémité de la corde, et pour la seconde fois il disparut au milieu des feuillages du tilleul avec l'adresse d'un singe et l'élasticité d'un clown.

Au bout de quelques secondes, il fit entendre un sifflement léger, presque imperceptible, destiné à apprendre à Régulus que tout était préparé pour son ascension.

Raoul n'attendait que ce signal.

Il se suspendit au cordage ; il atteignit la branche la plus basse, et, aussitôt que ses pieds eurent pris position sur ce point d'appui solide, il lui devint possible, malgré les ténèbres, d'escalader les hauteurs de l'arbre, et enfin il se trouva côte à côte avec Larifla.

— Eh bien, ma vieille, — lui dit ce dernier, — nous voici aux premières loges!...— rien ne t'empêche de voir la pièce, de siffler les acteurs si tu n'es pas content, et personne ne s'avisera de te crier : — A BAS LA CABALE!...

XV. — OU LE BARON DE SAINT-ERME REVIENT EN SCÈNE.

Laissons M. de Crédencé s'installer au poste aérien d'où son regard plongeait dans l'une des pièces de la maison de Raymond ; — retournons de quelques pas en arrière et rejoignons Laurence au moment où elle venait de quitter l'hôtel Wilson.

La jeune femme, nous le savons déjà, s'était confiée sans hésitation au fiacre portant le n° 125.

Aussitôt que ce véhicule se fut mis en marche avec une vitesse qui semblait démentir sa modeste apparence de voiture de place, Laurence écarta le coussinet d'étoffe masquant la petite lucarne pratiquée derrière elle et elle regarda...

Il ne lui fallut qu'une ou deux secondes pour acquérir la certitude matérielle qu'aucune voiture ne suivait la sienne.

Ceci lui inspira quelque inquiétude, malgré la fermeté de son caractère, et elle se demanda, non sans trouble, si M. de Crédencé oubliait sa promesse positive de veiller sur elle et de ne la point perdre de vue...

A cette inquiétude s'en joignit bien vite une autre. Raymond, grâce aux ressources mystérieuses de sa police particulière, pouvait avoir eu connaissance des projets de Raoul.

Dans ce cas, il avait certainement pris à l'avance toutes les précautions nécessaires pour déjouer ces projets.

Peut-être déjà le comte subissait-il la peine de son audacieuse et imprudente immixtion dans les affaires du Protée parisien... — son absence rendait même cette dernière supposition vraisemblable.

Peut-être Laurence allait-elle se trouver sans défense à la merci de l'un des hommes les plus dangereux des bas-fonds de la grande ville.

Sans doute alors, — s'il en eût été temps encore, — elle aurait refusé de se jeter dans une aventure pleine de hasards et de périls, et dont l'issue paraissait plus que douteuse.

Mais il était trop tard...

Laurence n'avait plus la possibilité de revenir sur ses pas, ni même de s'arrêter dans son entreprise...

Il lui fallait marcher jusqu'au bout à la conquête de cette fortune si précieuse pour elle et que Raymond seul pouvait lui rendre.

La voiture s'arrêta, rue des Amandiers-Popincourt, en face de la petite porte de l'enclos.

Le cocher fit entendre une sorte d'exclamation sourde et gutturale destinée à servir de signal.

A l'instant la porte grise tourna sans bruit sur ses gonds huilés.

Raymond parut; — il avait conservé le costume et le visage du prétendu chef de division à la préfecture de police.

Il se précipita vers la portière, qu'il ouvrit d'un air empressé, et il aida Laurence à descendre, en balbutiant d'une voix que rendait tremblante une émotion vraie ou fausse :

— Ah! madame la marquise... c'est à peine si j'osais vous attendre... — c'est à peine si j'osais espérer votre présence... — Quelle joie et quel honneur pour mon humble maison!... — quel orgueil et quelle ivresse pour le plus passionné de vos serviteurs!... — Daignez prendre mon bras, madame la marquise, — nous allons, s'il vous plaît, traverser mon petit jardin...

La marquise Castella s'appuya sans rien répondre sur le bras de Raymond.

Avant de franchir avec lui le seuil de la porte, et de se trouver par conséquent en son pouvoir et à sa discrétion absolue, elle jeta furtivement un coup d'œil en avant et en arrière, espérant que quelque indice lui révélerait la présence de Raoul et de ses compagnons.

Cette attente fut déçue...

Laurence ne vit rien...

Son regard eut beau fouiller les ténèbres, — la rue des Amandiers-Popincourt lui sembla complètement déserte.

Elle entendit seulement le bruit d'une voiture qui roulait à quelque distance et qui s'arrêta tout à coup; — mais il était impossible de supposer que cette voiture invisible eût le moindre rapport avec les gardes-du-corps qu'elle attendait vainement.

— Allons, — se dit tout bas la jeune femme, — je suis abandonnée! — en douter plus longtemps serait folie!... — je ne dois désormais compter que sur moi seule... — Eh bien, qu'importe!... — je suffirai seule à ma tâche, et si la victoire est possible, je serai victorieuse!...

La porte, en se refermant brusquement, interrompit ce monologue de Laurence.

— Seriez-vous souffrante, madame la marquise? — demanda le Protée parisien avec une expression de vif intérêt.

— Souffrante, monsieur le baron!... — répéta la jeune femme, — pas le moins du monde, je vous assure... — Pourquoi me faites-vous cette question?

— Parce qu'il m'a semblé, tout à l'heure, sentir votre bras charmant trembler sur le mien...

Laurence eut aux lèvres un éclat de rire sonore.

— Ah! monsieur le baron, quelle erreur!... — s'écria-t-elle, de ma vie je n'ai tremblé, je vous jure, et certes je ne commencerai pas cette nuit!... — ma présence doit vous prouver surabondamment, ce me semble, que je n'ai pas la moindre inquiétude, et que ma confiance en vous est sans bornes.

— Précieuse confiance!... — murmura Raymond... — Elle me rend le plus fier et le plus heureux des hommes!... — ah! madame la marquise, que dois-je faire pour vous en témoigner ma reconnaissance!...

— C'est bien facile... — répondit Laurence... — il s'agit, tout simplement, de me donner la preuve que vous la méritez.

— Et, comment ?

— La lettre que vous m'avez écrite était la lettre d'un ami affectueux et dévoué... — Soyez véritablement cet ami pour moi...

— Doutez-vous donc que je le sois?... — interrompit Raymond vivement.

— Non, certes, je n'en veux pas douter, — répliqua la marquise; — mais j'en douterai bien moins encore lorsque vous m'aurez manifesté autrement que par des paroles l'intérêt que je vous inspire... — Votre langage, monsieur le baron, est celui d'un galant homme... — que vos actions viennent confirmer vos promesses... — Je me suis montrée confiante... — c'est à vous, maintenant, de vous montrer sincère.

— Madame la marquise, — répondit le Protée parisien d'un ton presque solennel, — le baron de Saint-Erme n'a qu'une parole!... — il tiendra vis-à-vis de vous ses engagements, soyez-en sûre, et vous pouvez compter sur lui autant que sur vous-même...

— Nous verrons... — murmura Laurence...

Toutes les répliques qui précèdent s'étaient échangées entre nos deux personnages dans une obscurité profonde, sous le couvert de l'allée de charmille conduisant au pavillon.

Cette obscurité produisait une impression pénible sur la nature nerveuse de la jeune femme.

— Monsieur le baron, — demanda-t-elle, — allons-nous dialoguer indéfiniment au milieu des ténèbres comme nous le faisons en ce moment ? — Je ne vous cache point que j'aime à voir le visage de mon interlocuteur...

— Dans moins d'une seconde, madame la marquise, — répondit Raymond, — votre divine beauté va rayonner au sein d'une atmosphère lumineuse... — nous sommes arrivés... — vos petits pieds de fée, en touchant le seuil de ma modeste demeure, la métamorphoseront en palais...

Le Protée parisien quitta le bras de Laurence, franchit les degrés du perron et ouvrit la porte.

Une lueur éclatante jaillit aussitôt du vestibule brillamment éclairé par des torchères. — Les volets intérieurs étaient ajustés avec une précision si rigoureuse, que rien ne trahissait au dehors cette ardente illumination.

Raymond redescendit les marches du perron, et, prenant la main de la jeune femme, il lui dit :

— Venez, madame la marquise... — vous voici chez vous, puisque vous voici chez moi...

Laurence sourit involontairement de cette galanterie Pompadour, et suivit le maître de la maison.

Aussitôt qu'elle eut pénétré avec lui dans le vestibule, il appuya sur un ressort, et la porte se referma d'elle-même avec un fracas métallique éclatant et prolongé.

Ce bruit inattendu fit tressaillir madame Castella.

— Sommes-nous donc en prison ? — demanda-t-elle ; — j'ai souvenir de mélodrames où des sonorités pareilles se manifestaient à l'acte des cachots...

— Les portes et les volets de mon logis sont doublés de plaques d'acier... — répondit Raymond d'un air parfaitement dégagé.

— Doublés d'acier !... — s'écria Laurence.

— A l'épreuve de la balle, et presque du boulet ; oui, madame la marquise.

— Et pourquoi faire, grand Dieu !

— Pour la sûreté personnelle de votre très-humble serviteur.

— Seriez-vous peureux, monsieur le baron ?

— Non, madame la marquise, je ne suis pas peureux ; mais je suis prudent...

— Que pouvez-vous avoir à redouter ?... — Paris n'est point, ce me semble, un pays de peaux-rouges et de Mohicans !... — on n'entend guère parler ici de ces attaques nocturnes à main armée, dont je croyais que les territoires contestés du Nouveau-Monde et les récits des romanciers américains avaient le monopole...

— D'abord, madame la marquise, — répliqua Raymond, — on n'entend pas parler, tant s'en faut, de tout ce qui se passe à Paris... — la grande ville a ses mystères qu'enveloppent des ténèbres profondes !... — les journalistes et les romanciers ne soulèvent pas tous les voiles !... — ensuite j'ai le malheur de me trouver dans une situation complètement exceptionnelle...

— Ah !... — murmura Laurence.

— Les fonctions élevées que j'occupe à la préfecture m'ont fait beaucoup d'ennemis... — continua le prétendu baron de Saint-Erme... — je suis en guerre ouverte avec les plus dangereux coquins du monde... de vrais sauvages, ceux-là, auprès desquels les Indiens de Fenimore Cooper et de Gabriel Ferry sont des Mohicans à l'eau de rose... — Je ne risque point le scalpel, c'est vrai ; mais chaque nuit, si je n'y prends garde, je puis avoir la gorge coupée... —Vous voyez, madame la marquise, que ma défiance est légitime, et que mes précautions ne sont que prudentes...

Laurence ne répondit pas.

Après un instant de silence, Raymond continua :

— Si madame la marquise veut bien accepter de nouveau mon bras, je vais avoir l'honneur de la conduire au premier étage.

Laurence obéit passivement.

XVI. — TÊTE-A-TÊTE.

L'escalier dans lequel le prétendu baron de Saint-Erme guida la marquise Castella était de médiocre largeur, mais décoré avec un goût exquis.

Les marches disparaissaient sous un épais tapis de moquette écarlate. Des tapisseries flamandes, admirablement conservées, couvraient les murailles...

Un lustre de cuivre rouge à dix branches, soutenu par une chaîne en fer poli, pendait au plafond.

De grands vases de cette vieille faïence hollandaise bleue et blanche, si recherchée des amateurs, s'échelonnaient de distance en distance sur les degrés, et contenaient des camellias aux fleurs blanches et roses et des cactus aux larges feuilles épineuses.

Laurence, dominée par les préoccupations sérieuses dont nos lecteurs devinent facilement la nature, n'accordait qu'une attention distraite à toutes ces merveilles...

Une chose néanmoins lui causait un profond étonnement, c'était, de voir un homme tel que Raymond, un bandit de la pire espèce, s'entourer de semblables recherches et vivre au milieu des raffinements d'un luxe qu'un artiste riche ou qu'un prince auraient apprécié.

L'escalier s'arrêtait au premier étage, en face d'une porte sculptée, de pur style Louis XVI, recouverte à demi par deux larges pans de tapisseries semblables aux panneaux de la tenture.

Raymond écarta ces tapisseries, ouvrit la porte, et s'effaça pour laisser passer la marquise.

Cette dernière éprouva une sorte d'éblouissement en franchissant le seuil d'un salon éclairé comme pour une fête.

Ce salon était la pièce que Larifla, quelques instants plus tard, devait rapidement décrire à M. de Crédencé.

Les boiseries blanches, rehaussées de filets et d'arabesques d'or, offraient dans tous leurs panneaux des glaces vénitiennes du XVIIIe siècle, coûteux caprice du financier dont la petite maison avait jadis abrité les amours.

Ces glaces nombreuses réfléchissaient les lumières et les multipliaient avec une profusion vraiment féerique.

Les meubles, en bois doré et en brocatelle cramoisie, attiraient les regards par leur splendeur quasi royale.

Quatre consoles fouillées à jour comme des dentelles, et recouvertes en brèche rouge, supportaient des potiches du Japon d'un émail miraculeux.

Un bonheur du jour et un chiffonnier en bois des îles signés : *Riesner*, se faisaient face et étalaient leurs délicates et ravissantes incrustations, comparables aux mosaïques florentines les plus précieuses.

Un tapis de la Savonnerie, touffu comme un gazon au mois de mai, ressemblait bien moins à un tissu de laine qu'à une jonchée de fleurs éclatantes.

Au milieu de ce salon, transformé pour la circonstance en salle à manger, se dressait la table signalée par Larifla et chargée des apprêts d'un souper pour deux personnes.

Nous ne nous lancerons point ici dans la nomenclature détaillée d'un menu qui ferait bien certainement venir l'eau à la bouche de nos lecteurs.

Il nous suffira d'affirmer que ce menu était de nature à satisfaire les instincts les plus gourmets, en même temps que les estomacs les plus exigeants.

L'escadron des *fioles* poudreuses, si fort admirées par le pâle séide de Raoul, s'étalait en bon ordre sur un guéridon placé tout près de la petite table.

Deux bouteilles de vin de Champagne se congelaient à demi dans des rafraîchissoires en argent ciselé.

Les assiettes et les plats étaient en vieux Chine (*famille verte*) de la plus belle qualité.

L'argenterie se recommandait bien moins par son prix intrinsèque que par la main-d'œuvre qui lui donnait une valeur artistique incomparable.

D'un seul coup d'œil Laurence embrassa ces détails, et, nous le répétons, malgré sa préoccupation persistante, elle fut frappée, et surtout étonnée, d'un luxe si grandiose et si complet.

Avons-nous besoin d'ajouter qu'elle dissimula de son mieux cet étonnement?

Raymond, ou plutôt le prétendu baron de Saint-Erme, s'aperçut à merveille de l'impression produite sur la visiteuse par le spectacle imprévu qui frappait ses yeux.

Il garda le silence pendant un instant, pour laisser à cette impression le temps de se fortifier, puis il dit, avec une modestie si bien jouée qu'elle semblait réelle :

— Je sais à merveille, madame la marquise, combien ma pauvre demeure est peu digne de vous recevoir; mais on a vu des reines ne point dédaigner de se reposer une heure sous le toit de leurs plus humbles sujets...

— Monsieur le baron, — répondit Laurence en riant, — les hôtels et les palais eux-mêmes pourraient envier à bon droit les magnificences de votre logis!... — Laissez-moi vous complimenter sur le goût hors ligne d'une installation qui vous fait le plus grand honneur.

Raymond s'inclina.

— Vous dites vrai, madame, — reprit-il, — mais cette vérité n'est que relative...—Oui, certes, les palais, ce soir, envieraient ma maison ; mais c'est votre seule présence qui transfigure ce modeste intérieur et le fait resplendir... — En quelque lieu que vous soyez, les rayonnements émanés de vous illuminent ce qui vous entoure...

Une expression moitié souriante, moitié railleuse, se peignit sur le visage de Laurence.

— Ah! monsieur le baron, — dit-elle, — n'auriez-vous point par hasard, commis jadis, à vos moments perdus, quelque volume de poésies galantes?...

— Pourquoi cette question, madame la marquise ? — demanda Raymond.

— Parce que, si cela était, — répondit Laurence, — je vous soupçonnerais très-fort de me réciter une strophe de votre façon dont vous auriez supprimé les rimes...

Le Protée parisien, malgré son empire sur lui-même, fronça légèrement le sourcil. Il avait l'épiderme sensible, et n'aimait point la raillerie, même sur les lèvres d'une jolie femme.

— De grâce, madame la marquise, — répliqua-t-il d'un ton quelque peu sec, — daignez être indulgente pour le ridicule involontaire que je me suis donné... — j'aurais dû me souvenir qu'un chef de division à la préfecture de police est un personnage trop sérieux pour avoir le droit d'exprimer tout haut son éblouissement en face d'une beauté comme la vôtre...

— Je viens de commettre une imprudence... — pensa la marquise ; — le bandit fait patte de velours, mais il ne tarderait guère à montrer ses griffes aiguës!...

Afin de réparer sa faute, elle jeta sur le prétendu baron de Saint-Erme un de ses plus irrésistibles regards, et elle demanda d'un air câlin :

— Vous aurais-je blessé sans le vouloir, monsieur le baron?... — s'il en était ainsi, combien je regretterais une innocente plaisanterie... — Mais vous êtes homme du monde et vous savez qu'une femme se croit tout permis quand elle est jeune encore, et quand elle passe pour jolie...

Puis, sans laisser à Raymond le temps de répondre, elle se hâta d'ajouter :

— Ce ne sont pas seulement les magnificences du logis qu'il faut admirer ici... — je ne sais rien de plus charmant que les préparatifs du souper que voilà, et j'envie presque l'heureux convive qui doit le partager avec vous...

Les sourcils du Protée parisien s'étaient déjà détendus.

— Madame la marquise, — murmura-t-il, — j'ose à peine vous avouer quel était mon espoir...

— Ah! monsieur le baron, — reprit Laurence, — parlez sans crainte... — qu'espériez-vous?...

— Que vous daigneriez me faire l'honneur d'être ce convive et de vous asseoir à ma table...

Laurence jugea convenable de baisser les yeux, et son délicieux visage prit une expression de pruderie coquette.

— En vérité, monsieur le baron, — répliqua-t-elle, — vous n'y pensez pas!...

— J'y pense beaucoup, au contraire, madame la marquise, et je n'ai pas de plus cher désir...

— Souper en tête-à-tête avec vous!...

— Pourquoi non?

— Nous en sommes à peine, ce soir, à notre seconde entrevue... — Puis-je vous traiter en vieil ami?... — Une telle légèreté me compromettrait gravement...

— Aux yeux de qui, madame la marquise, s'il vous plaît?

— Mais, d'abord, aux yeux de vos gens...

Raymond sourit.

— J'avais prévu cette objection... — répondit-il.

— Cela vous prouve combien elle est juste...

— Elle le serait sans doute si je n'étais en mesure de la réfuter à l'instant même de façon victorieuse.

— De quelle manière?

— J'ai fait en sorte que vous n'ayez à redouter aucun regard indiscret... — mes gens sont éloignés pour cette nuit... nous sommes seuls dans la maison...

Laurence se sentit pâlir...

L'idée de son isolement absolu avec un homme capable de toutes les violences, de tous les crimes, et dont elle ne pouvait deviner les intentions à son égard, lui causait une angoisse nerveuse très-pénible.

Elle trouva cependant la force de cacher son émotion et d'appeler sur ses lèvres un sourire un peu contraint.

Puis elle reprit, comme une femme qui défend le terrain pied à pied, avant de se déclarer vaincue :

— Vous avez réponse à tout, j'en conviens, monsieur le baron; — cependant je croyais que le but principal de notre nocturne entrevue était de causer sérieusement des affaires qui sont pour moi d'un si grand intérêt...

— Vous avez mille fois raison, madame la marquise, — mais j'ai remarqué bien souvent, dans ma carrière déjà longue, que les affaires, de quelque nature qu'elles soient, ne se traitent jamais mieux qu'à table...

— Ah! vous avez remarqué cela...

— Je vous en donne ma parole d'honneur!...

— Il faut donc absolument que j'accepte sous toutes leurs formes les splendeurs de votre hospitalité? — demanda Laurence en riant.

— Vous me rendrez le plus heureux des hommes, si vous daignez faire droit à ma requête...

La marquise parut hésiter pendant une seconde, puis elle murmura :

— Eh bien, monsieur le baron, que votre volonté soit faite... — Il était sans doute écrit là-haut que je commettrais cette nuit le péché de gourmandise!...

Pendant toute cette première partie du tête-à-tête entre madame Castella et le Protée parisien, les deux interlocuteurs étaient demeurés debout, en face l'un de l'autre, comme si l'entrevue n'avait pas dû se prolonger.

Laurence promenait ses regards autour d'elle, et d'instant en instant, à la dérobée pour ainsi dire, elle les reportait sur le prétendu baron de Saint-Erme...

Lorsqu'elle eut enfin formulé son acquiescement au désir exprimé par ce dernier, elle dénoua les brides de son chapeau de crêpe et se débarrassa du châle de dentelles qui se drapait autour de sa taille souple et charmante.

Puis, la tête nue, sans autre ornement que les nattes opulentes de ses cheveux splendides, — les épaules à peine voilées par le tissu diaphane de sa guimpe, Laurence se laissa tomber, dans une pose gracieuse et nonchalante, sur l'un des *sophas* Pompadour adossés aux boiseries blanches...

Ensuite la conversation continua.

C'était le moment où le jeune bandit, grimpé sur l'une des maîtresses branches du vieux tilleul, aventurait son premier regard dans l'intérieur du pavillon.

Tout en causant, Laurence examinait son hôte étrange, furtivement, mais avec une attention pénétrante...

Nos lecteurs se souviennent-ils du portrait tracé par nous dans la précédente partie de ce livre?

Nous disions à peu près ceci :

Le prétendu baron de Saint-Erme était, ou du moins, semblait être un homme de quarante-cinq à quarante-huit ans, plutôt laid que beau, mais de bonne mine, de taille moyenne, légèrement replet, avec une figure reposée et monacale, un teint clair, un front chauve, orné sur les tempes de quelques cheveux frisés, d'un blond douteux.

D'éblouissantes lunettes d'or, — véritables lunettes de diplomate ou de magistrat, — cachaient à demi ses yeux vifs, aux paupières tendres et rougies.

Son double menton, rasé soigneusement, reposait sur une cravate d'une blancheur immaculée. Sauf cette cravate, au nœud correct, tout le reste du costume était rigoureusement noir.

La rosette d'officier de la Légion d'honneur illustrait la boutonnière de l'habit. — Le gilet de soie, intérieurement garni d'une ceinture de cuir, faisait de louables efforts pour maintenir dans de justes proportions un petit ventre déjà rondelet, et l'empêcher de *tourner au majestueux*, comme disait Brillat-Savarin.

Le pantalon de casimir noir, demi-collant, s'ajustait avec précision sur des bottes miraculeusement vernies.

En étudiant les détails de ce visage calme et vermeil, plein de finesse et de bonhomie, si bien d'accord avec l'ensemble de cette tenue caractéristique, Laurence se sentait prise d'une admiration sans bornes pour l'homme capable de métamorphoser son être tout entier d'une façon si prodigieuse.

Elle s'avouait à elle-même que, sans les affirmations positives du comte de Crédencé, aucun soupçon ne se serait éveillé en elle, et qu'elle aurait très-naïvement accepté Raymond pour ce qu'il lui plaisait de paraître, c'est-à-dire pour le baron de Saint-Erme, chef de division à la préfecture de police.

Tandis que madame Castella formulait en son for intérieur les réflexions que nous venons de reproduire, sa préoccupation devenait visible; — le Protée parisien ne pouvait manquer de s'en apercevoir et s'en apercevait en effet.

— Madame la marquise, — demanda-t-il tout à coup, — voulez-vous me permettre de vous adresser une question?

— Oui, certes, je vous le permets volontiers... — répondit Laurence en souriant.

— Et me répondrez-vous avec franchise?

— Avec une franchise entière...

— Il y a deux jours, — reprit Raymond, — lorsque j'eus l'honneur, non pas de vous être présenté, mais de me présenter moi-même à vous, vous avez bien voulu me faire une promesse...

— Laquelle?

— Celle d'éviter, de la manière la plus absolue, tout rapport, direct ou indirect, avec M. de Crédencé.

— C'est exact, et je me souviens à merveille de l'engagement pris par moi vis-à-vis de vous.

— Veuillez donc me dire, madame la marquise, si vous avez tenu cet engagement?

— Est-ce que vous en doutez?

— Peut-être...

— Vous me jugez mal, monsieur le baron... — je n'ai qu'une parole, et quand je l'ai donnée, je n'y manque jamais...

— Ainsi donc, vous n'avez pas vu M. de Crédencé?

— Non... — répondit Laurence d'un ton ferme.

— Il a dû se présenter chez vous, cependant?

— Oui, deux fois... — mais une consigne inflexible était donnée et M. de Crédencé n'a point été reçu...

— Ne vous a-t-il pas écrit pour vous demander l'explication de la mesure inattendue et rigoureuse dont il se trouvait victime?

— Non.

— Cela est bizarre, convenez-en!... — bizarre et inexplicable...

— Je pense à cet égard tout autrement que vous... — je trouve très-simple que le comte, blessé par une exclusion sans motif, ou, ce qui revient au même, motivée par quelque absurde caprice féminin, ait jugé convenable de bouder et de se retirer sous sa tente, jusqu'à ce que j'aie fait moi-même la première démarche pour le rappeler.

— C'est possible, en effet... — l'amour-propre froissé donne la clé de bien des mystères!... — Puisqu'il en est ainsi, M. de Crédencé ignore ma visite à l'hôtel Wilson?

— Complétement.

— Il ne connaît point mon existence et n'a jamais entendu prononcer mon nom?

Laurence interrompit son interlocuteur.

— Ah! par exemple, — répliqua-t-elle, — voilà ce que je ne puis affirmer...

— Pourquoi donc? — demanda Raymond vivement et avec une sorte d'inquiétude.

— Parce qu'il me semble qu'aucun des héros du monde parisien n'a le droit d'ignorer votre nom et les hautes fonctions dont vous êtes revêtu... — je suis convaincue que le comte de Crédencé a cent fois entendu parler du baron de Saint-Erme, et peut-être même, à votre insu, vous connaît-il personnellement.

Raymond secoua la tête en souriant, d'un air tout à fait rassuré.

— Votre supposition est plausible, madame la marquise, — répliqua-t-il, — mais je doute beaucoup qu'elle soit conforme à la vérité... — Je me prodigue fort peu, *je cache ma vie*, comme les philosophes du bon vieux temps recommandaient de le faire, et je n'ai que des rapports *officiels* avec le monde un peu plus qu'interlope où M. de Crédencé rayonne...

— Cet homme est immense!... — pensa la marquise... — il soutient son rôle avec une audace qui touche au génie... — en l'écoutant, je doute presque de mes certitudes, et je me demande avec effroi si Raoul ne s'est pas trompé!...

Raymond reprit :

— Une parole imprudente prononcée par vous aurait eu les conséquences les plus graves, ainsi que je me suis fait un devoir de vous l'affirmer lors de notre première entrevue; mais désormais me voici tranquille, et je vous félicite bien sincèrement, madame la marquise, d'une vertu rare chez les femmes, la discrétion...

Le Protée parisien ajouta, en présentant sa main

droite à madame Castella : — Vous plaît-il maintenant de vous mettre à table ?... — j'aurai l'honneur de vous servir, et nous pourrons traiter à tête reposée le sujet qui vous intéresse...

Laurence s'appuya sur la main que lui tendait Raymond et s'assit à la petite table qu'inondaient d'une lumière ardente deux candélabres chargés de bougies.

Raymond prit place en face d'elle.

— Étrange situation que la mienne !... — se dit la marquise, tandis que le maître du logis découpait avec une habileté magistrale une galantine de faisan aux truffes...—Je ne sais rien au monde de plus original et de plus bizarre que ce tête-à-tête d'une grande dame et d'un bandit, au milieu d'un luxe féerique et devant un souper princier !...

— Les *tapis-francs* de la Cité ne ressemblaient guère à l'intérieur de ce pavillon, et si quelque hardi romancier racontait au public la bizarre aventure dont je suis l'héroïne, le public crierait à l'invraisemblance et peut-être même à la folie !...

— Madame la marquise, — reprit Raymond, — je vous recommande cette galantine... — le faisan vient des forêts royales de Souabe... — les truffes furent triées sur le volet, à Périgueux, exprès pour moi. — Quant aux foies gras, ils sont dignes de votre attention, je le crois du moins, car les oies qui les produisent n'ont été soumises à un système d'alimentation particulier dont j'ai donné la recette à l'éleveur et qui produit de merveilleux résultats.

Laurence goûta la galantine.

— En vérité, — fit-elle, — c'est exquis et digne de la table impériale !...

Raymond ploya les épaules, à la façon de quelqu'un qui vient d'entendre une énormité.

— La table impériale !... — répliqua-t-il, — ah ! croyez bien, madame la marquise, qu'on n'y mange rien de pareil !...—la politique et les soucis du pouvoir absorbent trop complètement les têtes couronnées pour leur laisser le temps de songer à la gastronomie...

Tandis que ces paroles s'échangeaient dans le salon du premier étage transformé en salle à manger, Raoul et Larifla, les pieds appuyés sur une grosse branche et se soutenant des deux mains à d'autres branches plus petites, se trouvaient dans une position, sinon dangereuse, du moins fort incommode, et ne paraissaient cependant point disposés à descendre de leur observatoire aérien.

M. de Crédencé voulait assister jusqu'au bout aux péripéties futures d'un spectacle commencé d'une façon si calme, mais qui, d'un instant à l'autre, pouvait changer de nature et devenir orageux.

Le jeune bandit, au contraire, aurait volontiers regagné la terre ferme, mais il n'osait abandonner son *protecteur*, beaucoup moins ferré que lui sur la gymnastique, et n'ayant point pratiqué jadis le trapèze et les mâts de cocagne...

A deux reprises il s'était permis de murmurer timidement :

— Dis donc, Régulus, est-ce que nous allons rester longtemps encore sur notre perchoir, ni plus ni moins que des perroquets ?... — Je te préviens que je commence à sentir des inquiétudes dans mes quilles, et, pour peu que ça continue encore cinq minutes, je suis menacé d'une forte crampe au mollet gauche... — Méfie-toi !... — si je me laisse dégringoler, il y aura de la casse... et ça sera dommage...

— Silence !... — avait répondu Raoul d'un ton brusque... — descends si tu veux... — je reste !...

XVII. — OU LE BARON DE SAINT-ERME EST MIS EN DEMEURE.

— Saperlipopette !... — reprit entre ses dents le pâle jeune homme après un instant de silence, — ça t'amuse donc, ami Régulus, de regarder à travers une vitre ces deux pantins qui gesticulent sans qu'on sache de quoi il retourne... — Si encore l'homme et la femme avaient une bonne explication à coups de trique... si la pincette et le manche à balai se mêlaient de la danse, on pourrait rigoler un peu, je ne dis pas non... Et allez donc, turlurette. — Mais rien de rien, nom d'un chien !...
— parole sacrée, c'est à avaler sa langue !...
— Ces particuliers-là ne s'embrassent seulement pas...
— qui donc est-ce qui m'a fichu des lapins de cet acabit !... — C'est p... drôle !... Ah ! zut ! alors...

Larifla venait de murmurer à voix très-basse ces récriminations pittoresques. Raoul, extrêmement préoccupé, n'avait point songé à l'interrompre, par l'excellente raison qu'il ne l'avait pas entendu.

Le jeune bandit modifia de son mieux sa position aérienne, de manière à éviter autant que possible le fâcheux contact d'une branche noueuse dont les aspérités chatouillaient désagréablement ses épaules. Il n'atteignit d'ailleurs ce but que d'une façon très-incomplète, et, comme il n'osait exprimer tout haut sa mauvaise humeur, il se mit à défiler *in petto* un interminable chapelet de jurons qui ne dépassèrent pas le bord de ses lèvres.

Enfin arriva le moment où Raymond offrit la main à Laurence pour la conduire à table.

— A la bonne heure !... — murmura Larifla...
— ça se dessine ! — ils vont *béquiller* !... — *Le balthasar a de l'œil* !... — je troquerais ma place contre la leur avec complaisance, s'ils me le demandaient bien poliment...

Ceci fut prononcé trop haut.

Raoul gratifia Larifla d'un violent coup de coude dans les reins.

Le pâle jeune homme faillit perdre l'équilibre.

— Pourquoi que tu me rudoies ?... — pourquoi que tu me mécanises... ô mon protecteur ?... — demanda-t-il d'un ton de reproche.

— Pour t'imposer silence, incorrigible moulin à paroles !... — répliqua M. de Crédencé. — Tais-toi donc ou quitte la place ; car si tu continues à me rompre la tête de ton monotone ronronnement, je te jetterai du haut en bas de cet arbre, et tant pis pour toi si tu te casses le cou dans ta chute...

— Inutile d'employer les voies de fait... — répondit vivement Larifla... — me voici muet comme une tanche...

Laissons le gentilhomme et le bandit perchés dans les ramures verdoyantes du vieux tilleul, franchissons de nouveau le seuil du pavillon, regagnons

Il portait d'instant en instant la santé de Laurence, et cela *rubis sur l'ongle*, selon la coutume des buveurs classiques..

Il faisait honneur à tous les vins.

Hâtons-nous d'ajouter que ces continuelles libations étaient évidemment sans effet sur le cerveau bronzé du prétendu baron de Saint-Erme. Sa physionomie restait calme, son attitude respectueuse, sa parole facile et rapide...

En un mot, rien dans sa personne ne trahissait les symptômes avant-coureurs de l'ivresse naissante ou prochaine...

Tout au plus un observateur attentif aurait-il

Voilà le testament. — Page 268.

le premier étage et rejoignons Raymond et Laurence.

Le prétendu baron de Saint-Erme environnait la jeune femme de tous les soins d'une galanterie raffinée.

Il choisissait pour elle les morceaux les plus délicats des mets exquis servis sur sa table.

Il lui versait les vins les plus vieux des crûs célèbres dont le guéridon supportait de remarquables échantillons...

Enfin il lui débitait toutes sortes de madrigaux si bien enrubanés, qu'un talon rouge du XVIIIe siècle en aurait envié la pimpante allure.

Tout en excitant la marquise à vider son verre, Raymond ne se ménageait point.

pu remarquer que les paupières du chef de division apocryphe passaient du rose pâle au rouge vif, et que les regards qu'il dardait sur Laurence à travers le cristal de ses lunettes d'or devenaient plus fixes et plus ardents.

La marquise attendait avec une impatience facile à comprendre que son hôte abordât l'entretien pour lequel elle était venue.

Raymond, lui, ne semblait point deviner cette impatience, assez mal dissimulée cependant...

Il parlait de toutes choses, excepté de la seule chose dont Laurence aurait voulu l'entendre parler. On eût dit que le testament de feu le marquis Gaston Castella n'existait pas pour lui.

Le moment arriva où la jeune femme se sentit

incapable d'endurer plus longtemps la contrainte qu'elle s'imposait.

Elle profita d'une minute où Raymond s'absorbait dans la contemplation extatique du vin de Tokay remplissant son verre et brillant comme une limpide et lumineuse topaze brûlée sous les facettes du cristal, et elle lui dit :

— Monsieur le baron, avez-vous de la mémoire ?

Raymond replaça son verre sur la table et regarda Laurence bien en face.

— Vous me demandez si j'ai de la mémoire, madame la marquise ? — répéta-t-il.

Laurence fit un signe affirmatif.

Le Protée parisien reprit :

— Je vous répondrai : — Oui, madame... — deux fois oui... — J'ai de la mémoire par nature et j'en ai par habitude... — Les cases de mon cerveau ressemblent aux tiroirs d'une caisse de sûreté... — elles gardent tout ce qu'on leur confie... — Je n'oublie rien, quand je veux ne point oublier... — De quoi faut-il que je me souvienne pour vous plaire ?...

— Vos souvenirs n'auront pas besoin de remonter bien haut... — répliqua la jeune femme... — il s'agit de votre lettre d'hier...

— Ah !... fit Raymond.

— Les expressions de cette lettre sont elles présentes à votre esprit ?... — continua Laurence.

— Parfaitement... — Je pourrais même, si cela vous était agréable, vous réciter mon épître presque mot pour mot, depuis la première phrase jusqu'à la dernière...

— Que Dieu me garde de vous imposer une pareille tâche !... — s'écria la marquise en souriant... — ce serait d'ailleurs inutile, car j'ai cette épître que vous savez par cœur...

Tout en disant ce qui précède, la jeune femme introduisit deux de ses doigts dans le délicieux sanctuaire de sa gorgerette...

Elle retira de ce charmant asile un papier plié en quatre et elle ajouta, en montrant à Raymond ce papier : — Voici votre lettre...

— Heureuse lettre !... — soupira le Protée parisien dont le regard enflammé s'égara sous la guimpe entr'ouverte de Laurence qui révélait avec une charité prodigue les blanches rondeurs d'une gorge de déesse.

— Heureuse lettre !... — répéta-t-il, — qui ne voudrait être à sa place !...

La marquise Castella fit semblant de ne pas entendre.

Elle déploya le papier qu'elle tenait à la main, et elle poursuivit :

— Je réclame toute votre attention, monsieur le baron... — ce n'est plus moi qui vais parler, c'est vous... — Voici votre style ; — assurément il vaut mieux que le mien...

Après ce court préambule, Laurence lut les phrases suivantes, en SOULIGNANT, pour ainsi dire, par son accent, les expressions les plus significatives :

« Depuis le moment où j'ai eu l'honneur d'être reçu par vous et le regret de vous quitter, mon esprit a travaillé sans cesse pour chercher un moyen de concilier les devoirs que ma position m'impose, et l'immense désir de vous être agréable que doivent ressentir tous ceux qui se sont approchés de vous, et que je ressens plus qu'aucun d'eux...

« Ce moyen, je crois l'avoir trouvé... Je pourrais même ajouter que j'ai presque une certitude à cet égard.

« Oui, madame la marquise, il n'est point impossible de sauve-garder en même temps la dignité de mon caractère et vos plus chers intérêts.

« Tout dépend de vous, de vous seule.

« Pour arriver certainement au but que nous convoitons aussi ardemment l'un que l'autre, il ne faut que m'accorder une confiance dont je suis digne.

. . . .

Ici, Laurence interrompit sa lecture.

— Vous le voyez, monsieur le baron, — fit-elle, — rien au monde n'est plus clair, plus positif, plus explicite que vos affirmations... — aucun doute ne peut s'élever sur ce que vous avez voulu dire... — l'ambiguïté n'existe pas...

« Pour me tirer honorablement d'une situation déplorable à tous les points de vue, que me demandez-vous ?...

« Ma confiance... Ne vous l'ai-je pas accordée tout entière et sans réserve, monsieur le baron ?...

« N'ai-je pas poussé cette confiance jusqu'à l'imprudence et presque jusqu'à la folie, puisque, sur votre première demande, je me suis confiée à la voiture mystérieuse qui devait m'entraîner vers un but inconnu... Je m'adresse à votre bonne foi et je vous adjure de me dire si vous croyez que dans Paris il existe une femme, une seule, capable de ce que j'ai osé ce soir !...

« Toute autre à ma place aurait hésité d'abord, vous le savez bien, et aurait enfin reculé quand serait venu le moment décisif...

« Moi, dès la première minute, je me suis sentie attirée vers vous... — J'ai compris que vous étiez un ami véritable, ou du moins que vous ne tarderiez pas à le devenir...

« J'aurais cru vous faire injure en doutant de votre parole, ne soupçonnant un piège tendu par vous... — Et ce ne sont point là de vaines phrases et des mots vides ; — vous en avez la preuve puisque je suis venue...

« Me voici, monsieur le baron...

« J'ai franchi le seuil de votre maison ; — ma main a touché votre main ; — je suis assise à votre table...

« Jamais confiance ne fut plus complète et plus indiscutable que la mienne...

« A votre tour prouvez-moi maintenant que je n'ai pas trop compté sur vous... Ma destinée est entre vos mains... Que pouvez-vous faire, ou plutôt que voulez-vous faire pour moi?... Par quel moyen me sauverez-vous?...

XVIII. — OU LE TESTAMENT REPARAIT.

Laurence se tut.

Raymond salua la jeune femme en souriant avec une bonhomie un peu ironique.

— Mes compliments, madame la marquise...— dit-il... — vous auriez été, je l'affirme, l'un des membres les plus distingués du Corps législatif, à l'époque où le régime des interpellations florissait... — vous possédez le grand art de poser nettement les questions, et vous venez de me mettre en demeure le mieux du monde, d'une façon tout à fait carrée.

— Pouvais-je agir autrement, monsieur le baron?... — répliqua Laurence... — ne comprenez-vous pas que l'état d'incertitude dans lequel je me trouve est intolérable?...

Raymond tira de sa poche la tabatière de platine délicieusement ciselée que nous connaissons déjà.

Il l'ouvrit. — Deux de ses doigts massèrent le tabac d'Espagne parfumé à l'ambre, puis il savoura sa prise avec une savante et gracieuse lenteur, digne d'un marquis de la Régence ou d'un premier rôle de la Comédie-Française.

— Chère madame, — demanda-t-il ensuite, d'un ton de familiarité quasi paternelle qui ne ressemblait plus à son expression habituelle de très-humble et très-profond respect, — vous tenez donc beaucoup, mais beaucoup, aux deux millions constituant l'héritage de feu votre mari, le regretté marquis Castella?...

— Si j'y tiens!... — s'écria la jeune femme dont les yeux étincelèrent comme des diamants noirs... — si j'y tiens!... — répéta-t-elle.

— Vous tenez à cette fortune autant qu'à votre vie?

— Plus qu'à ma vie...

— Ah! ah!...

— Cela vous étonne, monsieur le baron?

— Un peu, je l'avoue...

— Pourquoi?

— La vie est une bonne chose... à votre âge surtout, belle dame.

Laurence haussa les épaules et secoua la tête.

— Sans la fortune, — répondit-elle, — la vie est un supplice, et plus on est jeune lorsque ce supplice commence, plus on doit l'endurer longtemps...

— Ne m'avez-vous pas fait l'honneur de me dire l'autre jour que vous possédiez en propre deux cent mille francs?... — reprit Raymond.

— Je vous l'ai dit; mais deux cent mille francs, avec mes habitudes et mes goûts, c'est la misère.

— Misère un peu dorée, ce me semble... — beaucoup d'honnêtes gens se trouveraient heureux de ces dix mille livres de rente...

Laurence fit un geste d'inimitable dédain, puis elle répliqua :

— Le capital de ces dix mille livres de rente représente pour moi deux années d'existence telle que je la comprends, telle qu'il me la faut... voilà tout...

— Cent mille francs par an?

— Oui, monsieur le baron, cent mille francs...

— Cela vous semble étrange, sans doute, pour ne pas dire absurde?

— Non, chère madame, pas le moins du monde... — j'ai l'habitude de tout comprendre, et rien ne saurait m'étonner...

« Vous êtes dans le vrai, d'ailleurs... — ajouta le prétendu baron de Saint-Erme avec galanterie. — Aux chefs-d'œuvre de la nature, comme aux chefs d'œuvre de l'art, il faut, pour les mettre en valeur, un encadrement merveilleux... — Or, une grande fortune pourrait seule vous donner ce cadre splendide...

— Et cette fortune, — répliqua vivement la marquise, — il ne tient qu'à vous de me la rendre...

Raymond hocha la tête à plusieurs reprises, mais d'un air qui ne devait point paraître absolument décourageant.

— Ah! chère madame... — murmura-t-il d'un ton de reproche, — pouvez-vous croire que si la chose ne dépendait que de moi, elle ne serait pas déjà faite!...

Laurence appuya ses coudes sur la table, regarda son interlocuteur *dans le blanc des yeux*, comme on dit vulgairement, et lui demanda d'une voix lente et incisive : — Il y a donc des obstacles?

Le soi-disant chef de division prit une physionomie stupéfaite.

Il leva les mains vers le plafond et il s'écria :

— Vous me demandez s'il y a des obstacles!...
— Est-il bien possible, chère madame, qu'avec votre brillante intelligence vous en ayez un instant douté!...

— Eh bien, soit... — reprit Laurence... — je vous accorde qu'ils existent; mais le but unique de notre entrevue est de les faire disparaître...—votre lettre en fait foi...

— Ma lettre exprimait ma pensée, mon désir, ma volonté... — répondit Raymond... — je suis toujours le même... — Ce que je promettais, je le promets encore, et nous allons nous occuper à l'instant même des moyens de vous satisfaire...

La jeune femme respira.

Elle touchait enfin à la solution attendue!...

Il lui sembla voir étinceler dans un horizon magique les piles de pièces d'or rutilantes retombant les unes sur les autres dans une cascade métallique... Elle crut entendre déjà le frou-frou soyeux des billets de banque agités par ses mains fiévreuses...

Convaincue que le projet de Raymond était d'arriver par des chemins mystérieux, par des tranchées obscures, à se faire donner une large par de la curée, elle se résignait par avance au sacrifice inévitable qu'il lui faudrait subir...

— Cet homme me tient!... — se disait-elle, — je ferai les choses grandement... — je ne marchanderai point avec lui...—s'il veut cent mille francs... s'il en veut deux cent mille même, il les aura... — ce n'est pas payer trop cher deux millions...

Tandis que la marquise monologuait ainsi, le prétendu baron avait quitté la table.

Il s'était approché de l'un des meubles en bois des îles dont nous avons parlé dans notre rapide description du salon du premier étage.

Il ouvrit ce meuble avec une clef d'acier microscopique, suspendue à sa chaîne de montre au milieu d'un gros paquet de breloques, et il prit au fond de l'un des tiroirs ce volumineux portefeuille de maroquin rouge qu'il portait sous son bras gauche lors de sa visite à l'hôtel Wilson et qui s'harmonisait si bien avec son costume noir et sa cravate blanche.

La vue du portefeuille fit battre violemment le cœur de Laurence.

Les plis du maroquin écarlate renfermaient la fortune et la destinée de la jeune femme...

Raymond, calme et souriant, revint s'asseoir en face de madame Castella et se mit en devoir de détacher, l'un après l'autre, les fermoirs d'argent... Laurence le suivait du regard, pâle et muette.

Lorsque le dernier fermoir eut cédé, Raymond tira du portefeuille une enveloppe carrée, et, la montrant à la jeune femme, il lui dit :

— Voilà le testament...

— Lequel? — demanda vivement Laurence.

— Celui qui dispose en votre faveur de deux millions et qui, par les soins du très-habile scélérat dont j'avais l'honneur de vous entretenir hier, s'est enrichi de la signature admirablement imitée, mais fort peu authentique, de feu le marquis Castella... — Nous appellerons ce testament *le mauvais*, ou *le bon*, comme il vous plaira, chère madame... — il mérite ces deux épithètes, selon le point de vue auquel on se place pour l'apprécier.

— Et l'autre?... — balbutia la marquise.

— L'autre, c'est-à-dire le véritable?...

— Oui... — Qu'est-il devenu?...

— Je l'ignorais hier... — Peut-être vous souvenez-vous, chère madame, que je vous l'ai dit?...

— En effet... oui... je me souviens...

— Il n'en est plus de même aujourd'hui... — je me suis renseigné... — j'ai puisé à la source la plus sûre... — j'ai vu Raymond lui-même... — Raymond est le scélérat en question... — il m'a répondu très-franchement, dans l'espoir de capter ma bienveillance, et je sais ce que je voulais savoir.

— Ne m'instruirez-vous pas à mon tour?

— Je vous instruirai très-volontiers, d'autant que la chose vous intéresse plus que personne au monde... — Le testament original, l'acte qui vous déshéritait et dans lequel votre nom n'était pas même prononcé, est anéanti..

XIX. — OU LE BARON DE SAINT-ERME SE MONTRE INCORRUPTIBLE.

Laurence fit un mouvement brusque.

— Est-ce bien certain que c'est le testament?... — demanda-t-elle.

— Oh! parfaitement certain...—Raymond (puisqu'il est convenu que nous appelons ainsi le faussaire) a brûlé l'acte original et la lettre du marquis Castella qui lui avaient été remis par le comte de Crédencé ; — il a brûlé, dis-je, ces deux pièces, aussitôt qu'elles lui sont devenues inutiles, la confection du faux testament étant terminée...

— De telle sorte, — reprit Laurence, — qu'il n'existe plus aucune preuve contre moi...

— Aucune, si ce n'est le faux lui-même...

— Qu'importe, puisque ce faux ne peut être découvert...

— Comment l'entendez-vous?... que prétendez-vous dire?...

— Tout simplement que personne au monde n'a d'intérêt à contester la signature du marquis Castella...

La figure monacale du prétendu baron de Saint-Erme prit une expression digne et sévère.

— Madame la marquise, — répliqua-t-il, — comptez-vous pour rien la justice ?

Laurence fit un geste ironique.

— La justice, — murmura-t-elle, — ne voit que ce qu'on lui montre et n'entend que ce qu'on lui dit... — Elle doit être aveugle et sourde dans tout ceci...

La physionomie déjà sévère de Raymond devint presque irritée.

Ses joues se gonflèrent et des étincelles semblèrent jaillir de ses yeux, sous les verres de ses lunettes d'or.

— Madame la marquise, — reprit-il avec une roideur singulière, — vous oubliez que je suis un des représentants de la loi, par conséquent de la justice!... — vous oubliez que la vérité m'est connue et que mon devoir est de tout dire...

— Je sais au contraire très-bien cela, cher monsieur le baron, — fit Laurence avec les intonations les plus caressantes ; — mais je sais aussi que vous ne direz rien...

— Ah! vous croyez cela?

— Je fais mieux que le croire... j'en suis sûre...

— En vérité, madame!... — Et pourquoi donc cette certitude, s'il vous plaît ?...

— Parce que vous êtes mon ami, et qu'un ami ne trahit pas ce qu'il aime...

L'effet prévu et désiré par Laurence se manifesta tout aussitôt.

La physionomie du prétendu baron de Saint-Erme perdit son expression de sévérité et redevint souriante.

— Vous avez raison, madame la marquise, — répondit-il d'un ton mielleux... — je suis votre ami, et plus encore que vous ne le pensez...

— Je n'en ai jamais douté, vous le savez bien... — reprit Laurence; — mais il ne tient qu'à vous de m'en donner à l'instant même la meilleure de toutes les preuves.

— Comment ?...

La jeune femme désigna du bout du doigt l'enveloppe carrée qui renfermait le faux testament.

— En me remettant ceci... — dit-elle.

Raymond saisit vivement l'enveloppe vers laquelle s'étendait la main de la marquise, et fit disparaître cette enveloppe dans les profondeurs du portefeuille rouge, ce qui déconcerta complètement Laurence.

— Eh! quoi!... — murmura-t-elle, — vous refusez!...

Au lieu de répondre, le prétendu baron de Saint-Erme interrogea.

— Chère madame, — demanda-t-il, — si je vous remettais ce testament faux, qu'en feriez-vous ?

— Ce testament faux répare une grande injustice, — s'écria la jeune femme... — il me rend une fortune qui doit être la mienne... il anéantit les conséquences d'une mauvaise action dont je suis victime... — je le produirai sans hésitation et sans remords...

— Soit, — reprit Raymond, — je comprends votre conduite en cette occurrence, — ce qui ne veut pas dire que je l'approuve... — Mais dites-moi, je vous prie, si je vous laissais faire, quel serait mon rôle en tout ceci ?

— Celui d'un ami véritable...

— Non, madame... — celui d'un complice...

— La complicité suppose un crime, et ce crime n'existe pas...

— Il existerait si vous faisiez usage sciemment d'une pièce entachée de faux.

— Une action, quelle qu'elle soit, ne saurait constituer un crime lorsqu'elle ne porte préjudice à personne...

— Permettez-moi de vous dire, madame la marquise, que cette morale est étrange et que ma conscience la repousse... — Plaçons-nous d'ailleurs, s'il vous plaît, sur un terrain plus positif, celui de mon intérêt personnel...

— Eh bien ?...

— Eh bien, chère madame, puis-je risquer de me compromettre, de me perdre uniquement pour l'amour de vous ?... — je vous en fais juge... — Répondez...

— Vous compromettre ?... — vous perdre ?... — comment cela serait-il possible ?...

— La justice, instruite de votre secret et de ma complicité morale, me considérerait avec raison comme aussi coupable, sinon comme plus coupable que vous...

— Je vous l'accorde; — mais qui donc pourrait révéler mon secret à la justice ?

— Qui ?... — Raymond lui-même... — il est prisonnier... — il doit passer en jugement... — peut-être voudra-t-il acheter, par des révélations importantes, l'indulgence du tribunal...

— N'existe-t-il aucun moyen de forcer cet homme au silence ?...

— Je n'en connais pas...

— Ne pourriez-vous lui rendre la liberté ?

— Je le pourrais, sans doute, en me compromettant beaucoup; mais le premier usage qu'il ferait de cette liberté serait de venir vous trouver et de vous dire : — *Vous me devez votre fortune... je veux ma part!...*

— Eh bien, je lui donnerais largement cette part, et peut-être, se trouvant pour toujours à l'abri du besoin, redeviendrait-il honnête homme.

Le prétendu baron de Saint-Erme secoua la tête:

— Je n'en crois rien... — répliqua-t-il.. — vous savez le proverbe : — *Qui a bu, boira!...* qui fut coquin le sera toute sa vie... — Raymond se fera reprendre... l'épée de Damoclès planera de plus belle sur votre tête et sur la mienne, et le moindre malheur qui puisse m'atteindre, c'est une destitution honteuse, car vous comprenez à merveille, madame la marquise, qu'un homme dans ma situation est comme la femme de César, il ne doit pas être soupçonné...

Raymond se tut.

— Nous y voici... — pensa Laurence... — il a parlé de sa position compromise pour m'ouvrir la voie... — Je vais aller droit au but... — cela me coûtera cher, sans doute, mais je n'ai pas le choix des moyens...

Puis, tout haut, elle demanda :

— Monsieur le baron, êtes-vous riche?

— Pourquoi cette question, madame la marquise ?

— Elle vous paraît sans doute indiscrète et je ne chercherai point à la justifier, mais je ne vous prie pas moins d'y répondre...

Raymond salua :

— Vos désirs sont pour moi des ordres, — dit-il... — j'obéis... — Non, chère madame, je ne suis pas riche... — Ma famille possédait jadis une large opulence... — Malheureusement mon père était prodigue jusqu'à la folie... — il dépensait sans compter... — Quand il est mort, il avait englouti une fortune au moins égale à celle de feu le marquis Castella, et m'a laissé pour tout héritage cette maisonnette... — je n'ai par conséquent d'autres revenus que les émoluments de ma place qui, grâce au ciel, sont assez élevés...

— Monsieur le baron, — reprit Laurence, — j'ai une proposition à vous adresser...

— Une proposition... à moi ?...

— Oui...

— Laquelle ?...

— Elle est délicate; mais vous avez une intelligence trop élevée pour vous formaliser d'une offre toute naturelle et qui n'est que strictement juste...

— Je ne vous cacherai point, chère madame, — interrompit Raymond, — que voilà des préliminaires qui me causent quelque inquiétude...

— Cette inquiétude est mal fondée, car il s'agit de la chose du monde la plus simple...

— Les choses si simples, permettez-moi de vous le dire, ont rarement besoin de tant de préambules... — Enfin, voyons... — de quoi s'agit-il ?

— J'attends de vous un immense service, monsieur le baron, et ce service, si vous me le rendez, peut entraîner pour vous les conséquences les plus graves à tous les points de vue, et principalement au point de vue pécuniaire...

Raymond fit un signe affirmatif.

— Mon premier devoir, — reprit la jeune femme, — était de chercher un moyen sûr de vous mettre à l'abri de ces conséquences. Ce moyen, je l'ai trouvé... — le voici : — Au moment où j'entrerai, grâce à vous, en possession d'une fortune qui m'appartient légitimement, je vous remettrai le capital d'une somme que vous fixerez vous-même et dont les intérêts annuels seront égaux aux émoluments de la place que vous risquez de perdre pour moi... — Vous voyez, monsieur le baron, que cette offre est acceptable, et qu'il faudrait, pour la refuser, faire preuve d'un étrange mauvais vouloir à mon égard...

Raymond garda le silence pendant un instant.

Laurence cherchait sur son visage quelle serait sa réponse; mais ce visage restait impénétrable. La physionomie habituellement si mobile de notre personnage n'exprimait absolument rien.

— Madame la marquise, — dit enfin le prétendu baron de Saint-Erme, — on a bien raison d'affirmer qu'une femme jeune et belle se croit tout permis, et que les choses les plus énormes lui paraissent naturelles et légitimes !... Savez-vous que vous venez de me traiter comme vous traiteriez Raymond lui-même, s'il se trouvait en face de vous...

Laurence entr'ouvrit les lèvres pour formuler une vive dénégation.

Son interlocuteur ne lui laissa pas le temps de prononcer un seul mot.

— Oh! vous aurez beau faire, chère madame, — continua-t-il, — vous envelopperez vainement de miel le poison de vos paroles... — vous ne détruirez pas ce poison !... — Vous venez de commettre une action parfaitement définie dans nos codes criminels, et qui se nomme tentative de corruption d'un fonctionnaire public... cela est grave, madame la marquise, très-grave...

Laurence regardait Raymond avec un étonnement inouï, et la stupeur la rendait muette...

Elle commençait à ne plus comprendre l'étrange personnage à la table duquel elle était assise... — Elle commençait à douter qu'il fût vraiment cet insaisissable bandit, ce Protée parisien dont lui avait parlé Raoul.

Le prétendu chef de division à la préfecture poursuivit :

— Dans la situation où vous venez de me placer, chère madame, j'ai le choix entre deux partis, m'irriter d'une insulte qui s'adresse à ma personne au moins autant qu'à ma position, ou n'attacher à cette insulte d'autre importance que celle qu'on attache aux paroles irréfléchies d'un enfant...

« Ai-je besoin d'ajouter que je m'arrête à ce dernier parti, et que j'oublie l'injure avec d'autant plus d'empressement que j'ai la conviction formelle qu'elle était involontaire...

« Seulement, je vous en supplie, ne recommencez pas, et nous redeviendrons bons amis, comme nous l'étions il y a cinq minutes avant votre offre malencontreuse et inconcevable...

« Dites que vous vous repentez, chère madame, et tendez-moi votre main charmante, sur laquelle je veux déposer le baiser de l'oubli et du pardon...

Laurence, de plus en plus anéantie par cette stupeur immense qu'il nous semble facile de comprendre, abandonna sa main blanche et fine au prétendu baron de Saint-Erme, qui la couvrit de baisers, non pas une fois, mais dix, mais vingt, et qui sembla ne plus pouvoir en détacher ses lèvres.

Tout doit avoir une fin, cependant.

Raymond mit un terme à cette longue caresse distraitement subie par Laurence.

Il quitta la table en emportant avec lui le portefeuille rouge que la marquise suivit d'un regard désespéré.

Il rouvrit le petit meuble de bois de rose, et il replaça le portefeuille dans le tiroir où il l'avait pris et qu'il referma soigneusement.

Ceci fait, il s'approcha de la fenêtre, où, pendant une ou deux secondes, il appuya son front brûlant contre la vitre froide, sans se douter qu'en face de lui deux hommes, cachés dans le feuillage et dans l'obscurité, épiaient ses moindres mouvements, et que d'autres hommes attendaient, embusqués au bas de la croisée.

Il revint s'asseoir ensuite.

Il vida son verre, rempli de vin de Champagne frappé, et il dit d'un ton singulier :

— Maintenant, belle marquise, causons...

XX. — OU LE MASQUE TOMBE.

Laurence fit un geste de surprise.

— Que nous reste-t-il donc à dire ?... — demanda-t-elle, — quel sujet d'entretien peut exister entre nous désormais, puisque vous opposez à mes prières des refus obstinés, et que vous accueillez mes offres les plus naturelles ainsi qu'on accueillerait de mortelles injures ?...

— Chère madame, — répondit Raymond en souriant, — on est parfois bien près de s'entendre, lorsque tout accord semble impossible...

La marquise dressa la tête comme le fait un cheval de chasse quand la trompe résonne sous bois :

— Sommes-nous dans cette situation? — s'écria-t-elle?

— Peut-être...

— Il existe un moyen d'obtenir de vous la remise du testament qui peut me perdre ou me sauver?...

— Peut-être... — répéta Raymond d'un ton mystérieux.

— Mais alors, que faut-il faire pour atteindre ce but?... — c'est à vous de me l'apprendre, car moi je renonce à deviner après l'échec complet que je viens de subir...

— Tout dépend de vous, chère madame...

— Comment?...

— J'ai repoussé vos propositions, c'est vrai... — reste à savoir si les miennes vous paraîtront acceptables...

— Vous avez des propositions à m'adresser?...

— Oui.

— Eh!... monsieur le baron, quelles qu'elles soient, elles sont acceptées d'avance... — que ne parliez-vous plus tôt!...

— De grâce, madame la marquise, — interrompit Raymond, — ne vous engagez pas sans savoir... — Peut-être, tout à l'heure, reculerez-vous...

— Il s'agit donc de choses bien terribles?...

— Terribles, non... mais bizarres et inattendues...

— Et cela vous arrête!... — ne comprenez-vous pas qu'avec un caractère comme le mien, le bizarre et l'imprévu ont d'énormes chances de me plaire...

— Grand merci, chère madame, — fit Raymond en souriant... — j'avais besoin d'un encouragement, vous me le donnez... — Grand merci!...

— De grâce, monsieur le baron, soyez sans crainte et parlez vite, — je me meurs d'impatience!...

— Je parlerai; mais il faut d'abord que vous me fassiez une promesse...

— Laquelle?...

— Celle de ne vous blesser d'aucune de mes paroles, quelles qu'elles soient, car, en arrachant mon masque, je vais aussi faire tomber le vôtre...

Laure eut aux lèvres un sourire un peu contraint.

— Je ne vous comprends pas très-bien, monsieur le baron, — répliqua-t-elle... — je ne sais quels sont ces masques dont vous parlez; mais je vous donne l'assurance de vous écouter, non-seulement sans colère, mais encore avec le plus vif intérêt...

— Et me répondrez-vous franchement?

— Oui, foi de marquise Castella...

Raymond se leva et fit à Laurence un profond salut :

— Madame la marquise, — dit-il, — je prends acte!... — *Noblesse oblige!*... — vous avez promis... vous tiendrez!... — Je vais d'ailleurs vous donner l'exemple de la franchise en éclairant d'un seul mot la situation... — Le baron de Saint-Erme, chef de division à la préfecture de police, n'a jamais existé...

Laurence ne sourcilla pas.

Son interlocuteur poursuivit :

— Je suis l'homme que le comte Raoul de Crédencé est venu trouver de votre part... — je suis le fantôme insaisissable que la police de Paris cherche partout, cherche sans cesse, et qu'elle ne trouvera jamais!... — J'ai cent visages et je porte cent noms... — Vous en connaissez un, celui que je vais vous dire : Raymond...

En prononçant les paroles qui précèdent, le maître du logis étudiait la figure de madame Castella.

Il s'attendait à voir la surprise et la terreur s'y peindre de la façon la plus expressive.

A son grand étonnement, rien de semblable ne se manifesta.

La chaude pâleur des joues de Laurence ne fut point altérée; — aucun pli ne se creusa dans l'ivoire de son front, et ses lèvres, écartées par un demi-sourire, laissèrent étinceler ses dents blanches.

Une ou deux secondes de silence succédèrent aux derniers mots de la tirade sur laquelle le Protée parisien avait compté vainement pour produire un immense effet.

La jeune femme fut la première à rompre ce silence :

— Monsieur le baron, — dit-elle, — car je vous demande la permission de vous nommer ainsi pour ma commodité personnelle... — si vous êtes le plus grand acteur de notre temps, — ce que j'accorde bien volontiers, — je n'en suis pas la pire comédienne...

« Vous avez joué votre rôle d'une façon merveilleuse, soit; mais je ne me suis point trop mal acquittée du mien, convenez-en!...

« Tout ce que vous venez de m'apprendre, monsieur le baron, je le savais...

Le Protée parisien tressaillit violemment et balbutia :

— Vous saviez que je n'étais pas le baron de Saint-Erme?...

— Oui.

— Vous saviez que j'étais Raymond?

— Oui.

L'étrange personnage frappa du pied :

— Qui donc m'a trahi!... — s'écria-t-il avec une expression de dépit et de colère.

— Personne, ou plutôt vous-même... — répondit Laurence.

— Moi!... — répéta Raymond.

— Positivement...

— De quelle manière?

— Par la perfection même de votre déguisement et de votre jeu... — Hier, pendant toute la durée de votre visite, aucun doute, aucun soupçon ne se sont élevés dans mon esprit; mais après votre départ j'ai réfléchi, j'ai fait un appel à mon sang-froid, j'ai examiné la situation sous toutes ses faces, et j'en suis arrivé à cette certitude qu'un chef de division à la préfecture de police, armé contre moi des pièces écrasantes que vous aviez entre les mains, aurait fait procéder purement et simplement à mon arrestation immédiate, sans se donner la peine de me venir interroger chez moi avec la plus exquise courtoisie...

« Donc, mon visiteur était un faux baron et un chef de division apocryphe...

« Je savais désormais qui vous n'étiez pas...

tretien à l'hôtel Wilson, je puis cependant me croire capable d'établir tout comme un autre un calcul de probabilités, et de conclure du connu à l'inconnu...

. . . .

Tandis que Laurence parlait ainsi, les plis creusés sur le front de Raymond s'étaient effacés, et sa physionomie mobile offrait une indéfinissable expression de contentement et d'ardeur.

— Vertudieu, madame la marquise, — s'écria-t-il avec une joie presque farouche, — je baisse pavillon devant vous et je m'incline... — vous n'êtes plus mon égale, vous êtes ma souveraine... — Ah!

J'ai cent visages et je porte cent noms. — Page 271.

— il me restait à chercher qui vous étiez... Ma tâche devenait facile.

« Un seul homme dans Paris, — m'avait dit M. de Crédencé, — possédait le talent et la souplesse nécessaires pour donner aux incarnations les plus dissemblables un cachet inimitable de réalité...

« Cet homme, c'était vous...

« Je fus à l'instant fixée, et je me dis avec certitude que je venais de recevoir la visite de Raymond lui-même...

« Vous voyez, monsieur le baron, que je ne me trompais pas, et que, sans élever la prétention de lutter d'esprit et de perspicacité avec l'immortel Zadig, cité par vous dans notre en-

vous saviez que j'étais Raymond et vous avez eu confiance en moi!... — ah! vous êtes venue, sans crainte et sans hésitation, vous jeter dans le repaire du bandit!... — c'est beau, cela!... c'est splendide, madame la marquise!... — je vous proclame grande comme le monde, et j'ai la certitude, désormais, que nous allons nous comprendre et nous accorder à merveille, car nous sommes gens de même race et de même valeur...

— Eh! monsieur le baron, — répliqua Laurence en riant, — je suis prête à signer avec vous un traité d'entente cordiale, pourvu que mes deux millions soient au bout...

— Si nous tombons d'accord, — répondit Raymond, — vos deux millions ne vous sembleront plus que ce qu'ils sont en effet, c'est-à-dire une misérable somme...

— Prétendez-vous donner à entendre que vous avez mieux que cela à me proposer?... — s'écria la jeune femme.

— Certes!...

— Que m'offrez-vous donc?

— Une royauté...

Laurence fit une moue de désappointement.

— Une royauté!... — murmura-t-elle avec ironie, — c'est cela que vous tenez à ma disposition, monsieur le baron?

— Oui, madame la marquise...

ni ne me blesse.. — vous me jugez mal parce que vous ne me comprenez pas; mais il me suffira de quelques mots pour vous éclairer...

— Ces quelques mots, dites-les donc...

— Je vais être forcé de vous parler de moi plus longuement que je ne le voudrais...

— Qu'importe...

— Me pardonnerez-vous de vous occuper ainsi de mon humble personnalité?

— Rien de ce qui vous touche, cher monsieur le baron, ne peut être dénué d'intérêt...— Une question seulement...— Ce que vous allez m'apprendre nous éloignera-t-il beaucoup de mes deux millions?

INVASIONS. — Page 279.

— Dans le pays des chimères, sans doute, ou dans la principauté des songes bleus?

— Non, madame; mais en plein Paris...

— Royauté de théâtre, alors?

— Royauté réelle, richesse immense, et puissance à peu près sans bornes...

La jeune femme hocha la tête d'une façon qui signifiait :

— L'homme qui parle ainsi n'a point la tête saine!...

Raymond devina la pensée de Laurence et répondit en souriant :

— Vous vous dites que je suis fou, chère madame, et vous avez tort... — votre opinion, du reste, me semble très-naturelle... elle ne m'étonne

— Peste!... comme ils vous tiennent au cœur!...

— Infiniment!... — Répondez, je vous prie...

— Eh bien, cela nous y ramènera par le chemin le plus court et le plus sûr...

— C'est tout ce que je voulais savoir... — Maintenant, allez, monsieur le baron...— je vous écoute et je suis tout oreilles.

Raymond salua :

— Je commence, — dit-il.

« M. de Crédencé vous a, sans aucun doute, renseigné sur mon compte, chère madame, d'une façon très-complète.

« Il vous a dit que j'étais un bandit, et rien n'est plus vrai; seulement je ne suis pas un bandit vulgaire...

« Je ne rougis point de ma profession ; — je crois l'avoir élevée à la hauteur d'un art ; — je lui consacre toutes mes facultés, toute mon intelligence, et je l'aime passionnément, en raison même des périls incessants et des chances diverses qu'elle comporte, de même que certains chasseurs, épris du braconnage, n'auraient plus de plaisir à tuer un chevreuil, s'ils le tuaient avec un port d'armes dans leur poche et sous la protection légale de messieurs les gendarmes.

« La nécessité, mauvaise conseillère, et certaines circonstances dans le détail desquelles il est absolument inutile d'entrer avec vous, ont fait de moi un ennemi de la société, à l'époque où j'entrais dans la vie et où je pouvais, jusqu'à un certain point, choisir ma voie.

« Aujourd'hui je continue mon métier de chercheur d'or dans les *placers* parisiens, non plus par besoin, mais pour la satisfaction de mes instincts pillards et de mon ambition insatiable...

« Vous m'avez demandé tout à l'heure si le baron de Saint Erme était riche, et je vous ai répondu que non.

« Le baron de Saint-Erme est pauvre, rien n'est plus vrai, puisqu'il me plaît qu'il soit pauvre ; mais moi, je possède une fortune immense déjà, et cette fortune, par suite d'une opération nouvelle et sûre, à laquelle je me livre, atteindra bientôt des proportions devant lesquelles l'imagination recule.

« Dans quelques semaines mes richesses égaleront celles de la Banque de France, car l'opération dont je viens de vous parler consiste en une imitation des billets de mille et de cinq cents francs, imitation si parfaite, si prodigieuse, que le régent de la Banque, ses contrôleurs et ses caissiers y seront infailliblement trompés.

« Peut-être, chère madame, cherchez-vous en ce moment le motif qui me pousse à vous raconter ces choses dont vous n'avez que faire... Un peu de patience, je vous en prie ; — dans quelques minutes vous comprendrez que ces détails ne sont point inutiles, et qu'il m'est impossible de les supprimer...

« Lorsque le comte Raoul de Crédencé, votre ami, vint me trouver avec le testament et la lettre de feu le marquis Castella, en réclamant mon concours pour vous faire rendre l'héritage qui vous était enlevé, j'eus l'idée d'abord, je l'avoue, d'agir comme le premier venu aurait agi à ma place, c'est-à-dire de réclamer une somme insignifiante de vingt-cinq ou trente mille francs en échange du faux testament qui modifiait votre position...

« Par bonheur la réflexion m'éclaira, ou plutôt je ne sais quel vague instinct m'inspira le désir de vous voir, et de traiter directement avec vous l'affaire qui vous intéressait.

« M. de Crédencé vous annonça donc la visite de Raymond, et ce fut le baron de Saint-Erme qui se rendit à l'hôtel Wilson et à qui vous fîtes l'honneur de le recevoir...

« Ici, madame la marquise, ma confession devient difficile, car il me faut me servir d'un langage avec lequel je ne suis point familier, et je crains bien que mes paroles ne me trahissent par leur insuffisance à rendre ma pensée...

« A peine en votre présence, madame la marquise, un sentiment que jusqu'alors je n'avais jamais éprouvé, s'empara de mon être tout entier avec une spontanéité vraiment foudroyante...

« La flamme de vos yeux m'incendia...

« Mon cœur, dont je ne soupçonnais point l'existence, se mit à battre dans ma poitrine...

« En un mot, — car en certaines situations un seul mot exprime plus de choses que de longues phrases, — je compris que je vous aimais.

XXI. — L'IDÉE DE RAYMOND.

. . . .

Raymond s'interrompit ; — il lui semblait voir l'expression d'une moquerie irrésistible se peindre sur le visage de Laurence.

— Je vous parais bien ridicule, n'est-il pas vrai, madame la marquise ?... — demanda-t-il avec une sécheresse pleine d'amertume.

— Ridicule !... — répondit vivement la jeune femme... — certes, non !... — vous ne pouvez l'être !... — mais j'ai quelque peine à prendre au sérieux la déclaration improvisée que vous me faites entendre, et à laquelle je m'attendais si peu, je l'avoue...

— Rien n'est plus sérieux, cependant, je vous le jure... — reprit Raymond ; — mais soyez sans crainte... — je n'abuserai point d'un langage amoureux mal placé sur mes lèvres, et c'est par des arguments bien autrement solides que de banales protestations de tendresse, que je compte vous convaincre... — Je vous demande de nouveau toute votre attention... toute votre bienveillance... — m'est-il permis d'espérer qu'elles ne me manqueront pas ?

— Elles vous sont d'avance acquises... — répondit Laurence.

Raymond continua :

— Je vous l'ai dit tout à l'heure, je suis au moment d'inonder Paris, la France, l'Europe et le monde, d'un torrent de papier-monnaie qui reviendra dans mes mains sous la forme des flots d'or d'un Pactole inépuisable...

« En vous voyant, madame la marquise, une idée merveilleuse, une illumination de génie, me traversa l'esprit.

« Je me suis dit que, pour mettre à l'abri de tout danger cette émission colossale de billets de banque, il faudrait la faire passer par les mains d'une femme telle que vous, à laquelle je créerais une position si haute, qu'aucun soupçon ne pourrait monter jusqu'à elle.

« Vous réunissez, en effet, toutes les conditions que je chercherais vainement ailleurs...

« Vous êtes jeune et de la plus éclatante beauté.

« Vous êtes veuve, et par conséquent complétement libre de votre personne et de vos actions...

« Vous posséderiez d'ailleurs une fortune notoirement indépendante et considérable, puisque je vous ferais mettre sans retard en possession de l'héritage de feu le marquis Castella...

« Rien ne nous empêcherait de laisser croire au public, par quelques indiscrétions adroitement combinées, que le chiffre de cette fortune est double, triple, quadruple, de ce qu'il est en réalité...

« Avant un mois, soyez-en sûre, on vous dirait plus riche que les maisons Rothschild et Péreire réunies.

« Je me chargerais de vous acheter un hôtel princier et de vous installer dans cet hôtel avec une magnificence retentissante et un train de maison fastueux.

« Commencez-vous à comprendre, madame la marquise, quelle est cette royauté dont je vous parlais?... quelle est cette couronne que je vous offrais tout à l'heure?... C'est la royauté de Paris... c'est la couronne du luxe, de l'éclat, de la richesse...

« Dans de telles conditions, je vous le demande, qui donc aurait la pensée folle de s'étonner en voyant les billets de banque couler entre vos doigts comme l'eau qu'un enfant essaie de garder dans sa main?

« La grande ville, dominée par vous, ne songerait qu'à faire monter au pied de vos autels l'encens d'une admiration et d'une adoration perpétuelles...

« Paris est la tête du monde!... — vous verriez le monde à vos pieds!...

« Voilà quel serait votre rôle, madame la marquise... — je ne sais pas s'il en existe un plus beau sous l'orbe du ciel, et, franchement, j'ai peine à le croire...

« Voici maintenant quel serait le mien...

« Je n'ai jamais aimé ni le bruit, ni l'éclat; — je suis de la nature des oiseaux de nuit... le trop grand jour me fait peur et le trop vif soleil m'aveugle...

« Je vivrais chez vous, près de vous, dans votre hôtel, sous les voiles d'une obscurité protectrice...

« Je ne serais plus ni Raymond, ni le baron de Saint-Erme; — je deviendrais un bonhomme aux allures discrètes, venu de la province, un peu simple, très-honnête, et remplissant avec un zèle et une probité au-dessus de tout éloge les fonctions d'intendant de madame la marquise.

« L'or s'entasserait dans nos caves... — les millions viendraient grossir les millions... — les métaux et les pierreries de la Californie et des Indes afflueraient chez nous!... — Un beau jour, si la fantaisie nous en prenait, nous achèterions la moitié de Paris d'abord, puis, un peu plus tard, l'autre moitié pour nous arrondir...

« Je dis *nous* à dessein, madame la marquise, ou plutôt chère Laurence, car entre nous tout serait commun; chaque parcelle de cette fortune quasi-fantastique vous appartiendrait comme à moi, et c'est encore moi qui resterais votre obligé, car vous me donneriez une chose plus précieuse mille fois que l'or... vous me donneriez l'amour... »

. . . .

Raymond se tut.

En prononçant les dernières phrases que nous venons de mettre sous les yeux de nos lecteurs, le Protée parisien s'était animé peu à peu, et la physionomie placide du baron de Saint-Erme avait entièrement disparu pour faire place à une expression pleine d'énergie et d'une sorte de poésie bizarre...

Le bandit reprit la parole au bout de quelques secondes, mais d'un ton beaucoup plus calme et d'une voix toute différente, car son exaltation venait de tomber.

— Vous connaissez maintenant, — dit-il, — mes désirs, mes ambitions, mes espérances... — Prononcez!... — mais ne laissez pas d'absurdes et vaines considérations d'amour-propre peser sur votre décision... — ne vous dites pas : *Je ne puis, moi, la marquise Castella, appartenir à Raymond, car Raymond est un bandit !...*

« Ne vous dites pas cela, madame la marquise, ou du moins répondez-vous : *Je n'ai point cru que je dérogeais en aimant Raoul de Crédencé, et pourtant Raoul de Crédencé était un voleur !...*

— Mieux vaut le bandit que le voleur...

— Ai-je le droit de refuser?... — demanda la marquise après un silence très-court.

— Oui, certes, vous avez ce droit...

— Si j'en use, qu'arrivera-t-il?

— Rien autre chose que ceci : — J'anéantirai le testament, et vous resterez en butte aux atteintes de la pauvreté qui vous semble si fort effrayante..

— Et si j'accepte, au contraire?... — reprit Laurence.

Les yeux de Raymond étincelèrent.

— Si vous acceptez, — répondit-il, — vous emporterez le testament, et vous toucherez vos deux millions en attendant mieux... — Je me hâte d'ajouter que ce *mieux* ne se fera guère attendre...

Madame Castella prit à peine le temps de réfléchir.

— J'accepte... — dit-elle, — donnez-moi le testament...

Raymond sourit avec une expression que Méphistophélès aurait pu lui envier.

— Excusez une défiance qui vous semblera légitime, chère marquise... — murmura-t-il. — Je suis naturellement trop modeste pour oser croire à mon bonheur... — Vous ne verrez en moi qu'un esclave soumis, je le jure, dès que j'aurai reçu des gages de votre bonne foi !...

XXII. — LE FLACON.

— Des gages de ma bonne foi ? — répéta Laurence.

— Il m'en faut deux, — reprit Raymond.

— Lesquels ?

— D'abord quelques lignes de votre écriture qui puissent devenir entre mes mains une arme contre vous, dans le cas fort invraisemblable où vous cesseriez d'être pour moi une alliée fidèle...

— Craignez-vous donc que je vous trahisse ?

— Non, certes, je ne le crains pas, mais je suis de l'avis du proverbe qui dit : *La prudence est la mère de la sûreté !*...

— Que faudrait-il écrire ?...

— A peu près ceci : — *Je reconnais que le testament grâce auquel j'ai été mise en possession de la fortune de feu le marquis Castella, mon mari, est un acte faux, fabriqué par mes ordres pour remplacer le véritable testament, qui me déshéritait...*

Laurence fit un brusque soubresaut.

— Et vous avez espéré que je signerais cela !... — s'écria-t-elle.

— Pourquoi non ?...

— Mais ce serait ma perte !...

— Allons donc !... — Vous savez tout comme moi que je ne ferai jamais usage de ce petit papier...

— Dans ce cas, à quoi pourrait-il vous servir et pourquoi le demander ?...

— A quoi sert une cuirasse ?... — C'est une arme défensive et pas autre chose... — Je vous ai livré l'un de mes secrets, que diable ! le plus important de tous, peut-être !... — Je veux avoir garde à carreau !... — Trois lignes et votre signature me répondent de vous corps et âme, et m'assurent contre les éventualités funestes de cette trahison presque innocente qui s'appelle une indiscrétion féminine !...—Je serais bien sot, convenez-en, si je n'exigeais point ces trois lignes !... — Aussi je les veux, et je les aurai, car vous allez comprendre bien vite que vous avez tout à gagner et rien à perdre en acceptant mes conditions.

Laurence appuya son coude sur la table, son front sur sa main et s'absorba pendant quelques secondes dans une méditation profonde.

Raymond la contemplait en souriant.

La jeune femme releva la tête.

Une résolution pleine d'énergie se lisait dans ses yeux étincelants.

— Monsieur le baron, — dit-elle, — j'ai plus de confiance en vous que vous n'en avez en moi...

— Comment l'entendez-vous, chère belle ?...

— Vous voulez une arme contre moi, et je consens à vous la donner, parce que je crois fermement que vous n'en ferez point usage...

— Ainsi, vous signerez la déclaration relative au testament ? — demanda Raymond.

— Je signerai tout ce qu'il vous plaira que je signe... — Puis-je répondre mieux ?...

— Vous êtes adorable !...

— Ah ! je le sais bien !... — murmura Laurence avec un mouvement de tête plein de la coquetterie la plus provocante.

Le visage du Protée parisien rayonnait de joie.

Madame Castella reprit :

— Ainsi, maintenant, nous sommes d'accord ?...

— Complétement sur le premier point...

— Il y en a donc un autre ?...

— Ne vous ai-je pas dit tout à l'heure que je réclamais de vous deux gages...

— Le second a-t-il la même importance que le premier ?...

— Il en a beaucoup moins au point de vue de ma sûreté, et beaucoup plus au point de vue de mon bonheur...

— Vous parlez par énigmes, monsieur le baron.

— C'est qu'il me plairait fort, je l'avoue, d'être deviné par vous sans autre explication... ou tout au moins compris à demi-mot...

— Alors, ne comptez pas sur moi... — répondit Laurence en riant, — j'ai l'esprit paresseux...

— Je ne comprends que les choses claires...

— Puisque vous m'y forcez, — continua Raymond, dont la physionomie habituellement si résolue exprima une nuance d'hésitation, — je vais m'expliquer de mon mieux...

— Je vous le demande avec instance... — reprit la jeune femme. — Notre souper est achevé; — nous allons dans une minute être d'accord sur tous les points; il se fait tard et je voudrais retourner à l'hôtel Wilson...

Le Protée parisien se mit à rire, d'un rire gaulois digne de Rabelais.

Laurence le regarda d'un air stupéfait.

— Vous venez, à votre insu, de me tirer d'un grand embarras !... — dit-il. — La forme suffisamment intelligible, que je cherchais sans la trouver, vous me l'avez donnée...

— Je continue à ne pas comprendre... — murmura Laurence.

Raymond tira sa montre, et reprit d'une voix un peu tremblante :

— Il est minuit moins quelques minutes; le gage que je vous demande est de ne quitter cette maison que dans la matinée de demain...

Laurence devint pourpre...

D'un geste plus rapide que la pensée elle mit ses deux mains devant son visage pour cacher la rougeur ardente qui montait à ses joues, et surtout l'expression de dégoût et de mépris qu'elle se sentait incapable de dissimuler.

Or, il suffisait pour tout perdre que l'œil de lynx du Protée parisien surprît cette expression.

— Laurence le comprenait bien...

Son parti était pris, sa résolution arrêtée. — Elle voulait soutenir son rôle jusqu'à la fin...

Au bout de quelques secondes elle écarta ses mains.

Un pourpre vif colorait encore la pâleur transparente de son teint ; — Des rayonnements d'un éclat incomparable jaillissaient de ses paupières abaissées.

Raymond la trouva si belle qu'il en fut ébloui, et que son cœur, bondissant dans sa poitrine, reçut une commotion électrique.

Il aurait voulu parler, mais la situation, neuve pour lui, déconcertait complétement son aplomb habituel...

Il ne trouvait pas une parole.

La marquise rompit le silence.

— Vous me mépriserez si je reste... — balbutia-t-elle en détournant les yeux.

En entendant ces mots, Raymond crut voir s'ouvrir devant lui les portes du paradis.

— Vous mépriser!... — s'écria-t-il avec une fougue passionnée. — Ah! Laurence, que dites-vous!... — Méprise-t-on ce qu'on adore!...

La jeune femme avait assisté à la représentation de quelques mélodrames... Elle fit un appel à ses souvenirs et trouva dans le fond de sa mémoire une phrase dont elle fit un usage immédiat, en se contentant de la modifier légèrement.

Cette phrase la voici :

— Je subirai ma destinée, puisque je lutterais en vain contre lui... — Ah! Raymond, Raymond, vous êtes un homme étrange et fatal!... — On ne vous résiste pas plus qu'à Satan !...

Sous sa physionomie véritable le Protée parisien pouvait être terrible, émouvant, passionné...

En ce moment, il devint grotesque.

Il oublia les lunettes d'or, les favoris corrects, le front chauve et la cravate blanche du baron de Saint-Erme...

Il se laissa tomber à genoux devant Laurence et saisit ses deux mains, qu'il couvrit de baisers en balbutiant des paroles d'amour incohérentes et désordonnées... Madame Castella l'interrompit en lui disant : — Ces trois lignes qui me mettent à votre discrétion... ce billet qu'il faut que je signe...

— l'oubliez-vous ?...

Pour un homme tel que Raymond, les affaires passaient avant toutes choses...

Il se releva aussitôt et il répondit :

— Vous avez raison, chère Laurence .. — finissons-en bien vite avec ces détails afin de n'y plus penser... — Je vais vous donner à l'instant tout ce qui vous est nécessaire pour écrire.

Il se dirigea vers le meuble placé en face de celui dans lequel était enfermé le portefeuille rouge, et il se mit en devoir d'ouvrir ce meuble.

Dès qu'il eut le dos tourné, Laurence tira de sa poche le petit flacon qui lui avait été envoyé dans un coffret à bijoux par le comte de Crédencé...

Elle le déboucha et elle en renversa le contenu sur la table auprès de la place où Raymond allait revenir s'asseoir.

Un parfum subtil, qui n'était point sans analogie avec celui de l'éther, se dégagea aussitôt de la liqueur et se répandit dans le salon.

Cette odeur étonna Raymond.

— Qu'est-ce donc? — demanda-t-il à Laurence

— Ceci... — répondit la jeune femme en désignant le flacon dont elle feignit de laisser tomber quelques gouttes sur son mouchoir.

— Seriez-vous souffrante ? — s'écria le Protée parisien avec inquiétude.

— Ne vous inquiétez pas... — Il s'agit d'un malaise nerveux, fréquent, mais passager... — Je suis habituée à ses atteintes, et je sais comment les combattre... — Je ne vous demande qu'une seule chose, c'est, pendant quelques minutes, de ne vous point occuper de moi...

— Avez-vous besoin d'air !... — Voulez-vous que j'ouvre la fenêtre ?...

Laurence fit signe qu'elle ne le voulait pas ; — elle se renversa en arrière, dans une attitude tout à la fois gracieuse et dolente, et elle appuya fortement son mouchoir contre ses narines...

Raymond avait trouvé ce qu'il cherchait, c'est-à-dire un élégant encrier de Boulle, une plume à bec de diamant, montée en or, et quelques feuilles de papier à lettre ornées de filigranes élégants.

Il apporta sur la table ces divers objets, et, ainsi que l'avait prévu la jeune femme, il reprit la place qu'il occupait depuis le commencement du repas.

Le parfum bizarre et pénétrant dont nous avons parlé arrivait à lui directement et de très-près, mais il n'y prenait pas garde, convaincu que ce parfum s'exhalait du mouchoir de Laurence.

— Vous trouvez-vous mieux ? — demanda-t-il au bout d'une ou deux secondes.

Madame Castella secoua la tête négativement, sans éloigner de ses narines le tissu de batiste qui les pressait, ou plutôt qui les protégeait.

Raymond appuya son coude sur la table, et, le regard obstinément tourné vers la jeune femme, il attendit qu'elle fût en état de l'entendre et de lui répondre...

XXIII. — CATALEPSIE.

Une minute environ s'écoula sans apporter de changement appréciable dans la situation et dans l'attitude des personnages que nous mettons en scène.

Au bout de ce temps, un effet bizarre et inattendu se produisit, effet qu'il importe de signaler et sur lequel nous appelons l'attention de nos lecteurs.

Raymond parut en proie à une sorte de malaise, vague et indéterminé d'abord, et de la nature duquel il ne semblait point se rendre compte...

Le Protée parisien passa la main sur son front à plusieurs reprises, en respirant fortement, péniblement, comme un homme qui sent l'air vital manquer à sa poitrine...

Il fit ensuite une tentative manifeste pour quitter son siége...—il se souleva même quelque peu, mais la force lui manqua pour achever le mouvement commencé... Il retomba sur la chauffeuse et ne renouvela pas son infructueux effort...

Immédiatement après cette tentative avortée, l'état de Raymond se modifia...

Tous les symptômes de malaise disparurent, pour faire place à une expression de calme absolu, de repos profond...

Le visage du prétendu baron de Saint-Erme se détendit par degrés et bientôt rayonna d'une étrange et inexplicable béatitude...

Le sourire paradisiaque des Thériakis, des derviches tourneurs, des Chinois fumeurs d'opium et des Indiens mangeurs de hatchisch, effleura d'abord les lèvres épaisses de Raymond et finit par s'y fixer tout à fait...

Ses paupières battirent de l'aile, lentement d'abord, puis plus vite, puis très-vite...

Ses prunelles se renversèrent et disparurent dans les orbites profondes, ne laissant plus voir que le globe de l'œil, d'un blanc bleuâtre et nacré.

Pendant quelques instants la tête roula d'une épaule à l'autre, puis finit par se fixer sur l'épaule droite...

La respiration s'arrêta; — aucun mouvement, même le plus faible, n'agita le corps immobile, et le Protée parisien offrit la parfaite image, non d'une créature humaine endormie, ni même d'un cadavre, mais d'une figure de cire modelée d'après nature, cravatée de blanc et vêtue de noir...

Une expression de joie triomphante se peignit alors sur toute la partie du visage de Laurence que ne cachait point le mouchoir appuyé contre ses narines.

Les regards de la jeune femme contemplèrent avec une pitié moqueuse Raymond métamorphosé en statue et désormais en son pouvoir aussi complétement qu'une chose inanimée...

Mais, après avoir fait sa part légitime à cette première ivresse du succès, madame Castella ne s'attarda point à jouir de son triomphe...

Elle se leva vivement et elle se réfugia dans la partie la plus lointaine du salon, là où l'atmosphère devait se trouver moins imprégnée des émanations de la liqueur répandue...

Une fois à ce poste, elle continua d'observer Raymond, et elle murmura, sous le tissu de batiste garni de dentelles qui couvrait ses lèvres roses :

— Raoul ne s'est point trompé!... — Le chloroforme a produit l'effet attendu!...

Ces mots doivent éclairer nos lecteurs, si toutefois (ce qui nous paraît invraisemblable) quelques-uns d'entre eux n'ont pas deviné depuis longtemps la nature du liquide merveilleux, presque magique, contenu dans le flacon envoyé par le comte de Crédence à Laurence...

Le chloroforme venait d'agir avec la puissance irrésistible qui le caractérise, et rien au monde, ni le fracas de dix pièces de canon tirant en batterie, ni le scalpel d'un chirurgien pratiquant sur la chair des incisions douloureuses, n'auraient pu tirer Raymond de la catalepsie formidable dans laquelle il se trouvait plongé pour une heure.

Laurence laissa s'écouler quelques instants encore, afin de rendre le sommeil du Protée parisien plus profond et son insensibilité plus complète; puis comme, malgré les précautions prises, elle commençait à ressentir certains étourdissements, symptômes avant-coureurs d'une prochaine défaillance, comme ses oreilles se remplissaient de bourdonnements confus et que des papillons noirs semblaient voltiger devant ses yeux, elle se hâta d'ouvrir une fenêtre, et, se penchant au dehors, elle respira largement, à pleins poumons, l'air frais de la nuit, tout chargé des douces senteurs qu'exhalaient les feuillages et les écorces des arbres, ainsi que les fleurs des parterres...

Le malaise dont nous venons de parler disparut presque aussitôt d'une manière absolue.

— Je suis sauvée ! — se dit la jeune femme, — la part la plus difficile de ma tâche est accomplie !... — à l'œuvre pour le reste !...

Elle se retourna vers l'intérieur de la chambre, et elle allait s'éloigner de la fenêtre, lorsqu'un bruit soudain la fit tressaillir de la tête aux pieds et vint glacer son sang dans ses veines.

Ce bruit, dont elle ne put dans le premier moment comprendre l'origine, paraissait venir à son oreille, non pas d'en bas, mais d'en haut, et ressemblait à ce sifflement discret qui sert de signal entre gens qui s'entendent, et qui n'éveille point l'attention des indifférents...

— J'ai trop vite espéré ! — pensa Laurence au comble de la terreur. — Raymond m'avait menti en me parlant de la solitude ! — Ses complices gardent cette maison ! ils me voient... ils m'entourent, et maintenant je suis perdue !...

La jeune femme, malgré la force de caractère, la présence d'esprit et le sang froid dont elle était si amplement douée, n'offrit aucune résistance à l'épouvante panique et nerveuse qui venait de s'emparer d'elle et qui la dominait complétement.

Sans doute, oubliant tout le reste et comme affolée, elle allait chercher à fuir, lorsque son nom, doucement prononcé par une voix qu'il lui sembla reconnaître, se fit entendre dans le silence de la nuit..

Il avait suffi de peu de chose pour anéantir profondément la marquise...

Il suffit de peu chose pour la ranimer...

Cette voix familière, ou qui du moins lui parut telle, produisit sur elle l'effet d'un souverain dictame.

Elle s'arrêta frémissante, et prêta l'oreille avec une fébrile attention. La voix qui semblait venir du ciel résonna de nouveau et articula directement, quoique d'un ton très-bas et pour ainsi dire voilé, ces trois mots :

— Laurence, me voici.

Plus de doute... — c'était un ami... c'était un défenseur... c'était M. de Crédencé qui parlait ainsi !...

Savoir le comte auprès d'elle, dans les circonstances où elle se trouvait, équivalait pour la marquise à la complète disparition du péril.

Le sang revint à ses joues et l'espoir à son cœur...

Elle fut au moment de pousser un cri de joie, mais l'instinct de la prudence arrêta ce cri sur ses lèvres, et elle se contenta de murmurer en assourdissant à dessein le timbre si doux de sa voix :

— La nuit est sombre au dehors... — je vous entends, mais je ne puis vous voir... — où donc êtes-vous ?...

— Ici... — répliqua le comte.

— Où donc, encore une fois ?— votre voix vient d'en haut... — Est-ce du ciel que vous descendez ?

Pour toute réponse à cette question, un crépitement léger retentit à une faible distance de la fenêtre qui formait à Laurence un encadrement lumineux.

En même temps, une sorte d'éclair bleuâtre jaillit au milieu des ramures pressées du vieux tilleul, et pendant une seconde éclaira vaguement la figure de Raoul, sous son costume de prolétaire, et le pâle visage de Larifla avec ses cheveux noirs en désordre.

Le comte de Crédencé venait d'enflammer une allumette chimique. Cette allumette s'éteignit presque aussitôt, et tout rentra dans l'obscurité.

— Que dois-je faire ? — reprit Laurence, lorsque eut disparu la vision à peine entrevue.

— Attendre... — répondit Raoul.

— Vous allez venir me rejoindre ? — continua la jeune femme.

— Oui.

— Quand ?

— A l'instant même.

M. de Crédencé se disposait en effet à quitter le poste élevé, mais peu confortable, qui lui servait d'observatoire depuis près d'une heure.

— Tiens bien la corde... — dit-il à Larifla, — je descends...

— As pas peur !... — répliqua le jeune bandit, — et laisse toi couler... — le grelin est solide ! ..
— il en porterait dix-sept comme toi... — Une question seulement, ô mon bienfaiteur : — quand tu auras filé ton nœud, pourrai-je filer le mien également ? — il n'est que temps, je t'en préviens, attendu que j'ai, depuis belle lurette, la crampe dans les tibias, et la petite mort dans les biceps...

— Oui, certes, tu peux descendre ! — dit Raoul à Larifla, — tu le peux d'autant mieux que je vais me servir de toi tout à l'heure...

— Faudra-t-il détacher la corde ? — demanda le pâle jeune homme.

— Garde-toi bien de l'oublier... — nous allons probablement en avoir besoin...

— Suffit...

M. de Crédencé, ou plutôt Régulus, se tira sans encombre de sa descente, malgré les ténèbres qui l'enveloppaient et malgré l'insuffisance notoire de ses études gymnastiques, et rejoignit Radis noir et ses collègues qui continuaient à monter la garde, dans une complète immobilité, au bas de la fenêtre.

— Eh bien ! compère Régulus, — demanda Tape-à-l'œil, — la besogne va-t-elle enfin commencer ?
— Ça n'est pas drôle, sais-tu, de monter au pied d'un mur une faction de longueur, et ça engourdit les guibolles !... — Va-t-on démolir la cassine ?... histoire de rire ! — voilà une chose qui nous botterait joliment !

— J'apprécie cette ardeur... — répondit Raoul en souriant, — mais je vous engage, camarades, à la garder pour une meilleure occasion.

— Et, pourquoi donc ça ?... — reprit Tape-à-l'œil.

— Parce qu'il y a apparence que, cette nuit, votre besogne doit se borner à toucher le reste de la somme promise !... — Dans cinq minutes ce qui m'amenait ici sera terminé, et vous ne pouvez pas m'aider à le finir...

XXIV. — INVASION.

Tandis que s'échangeaient les répliques précédentes, Larifla détachait la corde attachée à une grosse branche, et se laissait glisser ensuite du haut en bas du tilleul avec une rapidité et une adresse prestigieuses.

Il se rapprocha de Raoul.

— Que faisons-nous présentement, ami Régulus ? — lui demanda-t-il.

— Je te le dirai dans un instant, — répondit notre héros.

— A ton aise !... — murmura le jeune bandit...
— Rien ne presse. — Moi, je suis comme les fiacres à l'heure .. — je m'arrête quand on veut...

M. de Crédencé, debout sous la fenêtre ouverte, fit une sorte de porte-voix avec ses deux mains, et prononça d'un ton bas et mesuré cette question :

— Savez-vous, Laurence, si la maison est déserte ?...

— J'ai tout lieu de le croire... — répliqua la marquise.

— Pouvez-vous nous introduire ?... — continua Raoul.

— Je l'ignore ; mais je vais m'en assurer.

Laurence quitta la fenêtre et elle essaya d'ouvrir les trois portes du salon.

Le pavillon du Protée parisien était intérieurement machiné comme un théâtre de féeries.

Partout se cachaient des ressorts qu'il fallait connaître pour parvenir à les faire jouer.

Les trois portes résistèrent l'une après l'autre.

La jeune femme revint alors à la croisée.

— Impossible de faire ce que vous me demandez... — dit-elle... — je suis prisonnière dans ce salon... — Je compte sur vous, et sur vous seul, pour me délivrer...

— Soyez sans inquiétude, — reprit M. de Crédencé... —vous serez libre dans quelques minutes.

Puis il ajouta, en s'adressant à Larifla :
— Qu'as-tu fait de la corde ?
— La voici.
— Peux-tu t'en servir pour escalader le premier étage ?
— Rien n'est plus facile, pourvu toutefois que cette dame, qui est là-haut, se charge de faire mordre le crochet sur la barre d'appui de la fenêtre.
— Elle s'en chargera.
— Alors, ça ira comme sur des roulettes.

Raoul avertit Laurence de ce qu'il attendait d'elle. — Larifla lança la corde dont l'extrémité retomba du premier coup dans le salon, et la jeune femme assujettit de son mieux le crampon de fer.

— Faut-il grimper ? — demanda Larifla.
— Oui.
— Et une fois là-haut ?...
— Tu t'assureras que la corde est assez solidement attachée pour supporter le poids de mon corps, et tu m'attendras...
— Ah ! ah !... — murmura le pâle jeune homme avec étonnement... — tu vas donc faire un peu d'escalade pour ton propre compte ?...
— C'est indispensable...
— Tu ne viendras jamais à bout d'arriver...
— C'est ce qui te trompe... — Je te donnerai bientôt la preuve que tout ce qu'on veut fermement, on le peut...
— Oh ! je sais que tu es un rude lapin ! .. — répliqua Larifla; — mais n'empêche... — la chose te paraîtra peu commode...
— Assez de paroles... à la besogne !... — dit Raoul avec impatience.

Larifla saisit la corde, fit un bond gigantesque, et, se hissant à la force des poignets, il atteignit la fenêtre en moins d'une seconde.

— Voilà comme ça se joue !... — murmura-t-il en enjambant la barre d'appui. — Madame, j'ai bien l'honneur...

Il regarda Laurence en face, avec l'impudence cynique du *voyou* de Paris pur sang; puis il ajouta, en soulevant la casquette trop étroite et graisseuse qui couvrait à demi ses cheveux plats :

— Saperlipopette, la belle femme !... — ah ! par exemple, vous pouvez vous flatter, madame, d'être arrivée la première à la distribution des physiques !... — j'en ai connu de plus grêlées que vous et qui n'étaient pas trop déchirées !... — De loin, vous faisiez un crâne effet ; mais de près c'est encore un bien autre chic !... — un vrai soleil, quoi !... — ça éblouit !... — Nom d'un petit bonhomme, je demande des lunettes vertes pour me conserver la vue !... — En attendant, j'ai celui de vous offrir mon cœur, — le cœur de Larifla, — avec tous les accessoires et avantages y attachés...

Malgré la gravité de la situation dans laquelle elle se trouvait, Laurence ne put s'empêcher d'accueillir en souriant l'enthousiasme du jeune bandit.

Cet enthousiasme si sincère, si manifeste et si pittoresquement exprimé, la flatta sans doute comme aux époques fabuleuses l'éloge enflammé des vieillards troyens enorgueillit la belle et funeste Hélène sur les remparts de la ville assiégée...

Mais le temps pressait et Larifla ne pouvait se consacrer plus longuement à la galanterie...

Il assujettit avec force la corde qui venait de lui servir à consommer l'escalade, et, se penchant au dehors de la fenêtre, il jeta ces paroles à Raoul :
— Le grelin est amarré comme il faut... — tu peux grimper, si le cœur t'en dit...

M. de Crédencé suivit de son mieux l'exemple que le jeune bandit venait de lui donner... Il commença son ascension, et, comme il était fort et hardi, souple et nerveux, il s'en tira à son honneur et atteignit la fenêtre du salon beaucoup mieux et beaucoup plus vite que Larifla ne l'aurait cru capable de le faire.

— Ah ! mon ami !... — murmura Laurence en entraînant Raoul dans un des angles du salon... — c'est donc bien vrai !... — vous voilà !... vous ne m'aviez point abandonnée ?...

— Est-ce que vous m'auriez fait l'injure de m'en accuser ? — demanda le comte.

— Non, certes, je ne vous accusais pas; mais je craignais que Raymond n'eût eu l'habileté diabolique de deviner et de déjouer vos projets...

— Mes mesures étaient trop bien prises !... — Avec un adversaire tel que Raymond, on ne peut triompher qu'à force de ruse et de discrétion...

— Je croyais du moins, — reprit Laurence, — avoir l'inquiétante certitude que vous n'aviez pu me suivre...

— Je le comprends, et vous étiez dans le vrai; car en effet je ne vous suivais pas, je vous précédais... — Mais ce n'est ni le moment, ni le lieu des explications... — je vous raconterai plus tard à loisir l'histoire de ma journée et de ma soirée... Avisons maintenant au plus pressé... — ne laissons pas à Raymond le temps de revenir à lui-même...

— Vous avez cent fois raison...

— Selon toute probabilité, la léthargie profonde de Raymond doit durer encore au moins une heure; mais il est de certains cas exceptionnels où l'engourdissement se termine plus vite... — ne risquons pas d'être surpris... — faisons main-basse sur le testament.

— Je sais où il se trouve... — dit vivement Laurence.

— Pardieu !... et moi aussi, je le sais...

La jeune femme regarda Raoul d'un air étonné.

— Qui donc vous l'a dit ? — demanda-t-elle.

— Mes propres yeux... — Depuis plus d'une heure je suis posté dans l'arbre, en face de cette fenêtre... — J'ai vu tout ce qui s'est passé... — je ne vous entendais pas, j'en conviens, mais vos physionomies étaient si expressives, que je devinais le sens des paroles que prononçaient vos lèvres.

— Alors, je n'ai rien à vous apprendre?

— Absolument rien... — Seulement, moi, j'ai une recommandation à vous faire...

— Laquelle?

— Devant ce jeune homme qui m'accompagne, et devant ses camarades restés en bas, évitez avec soin de me nommer *Raoul* et ne m'appelez que *Régulus*.. — C'est sous ce pseudonyme, je crois vous l'avoir déjà dit, que me connaissent ces gens-là... — Or, vous le comprenez, il ne faut pas qu'ils

Au moment où il passait devant la fenêtre, Larifla se rapprocha de lui et lui glissa dans l'oreille ces mots :

— Maintenant que tu as fini de dialoguer avec la belle femme, peut-on t'adresser une question?

— Parle...

Le jeune bandit promena ses regards autour de lui, et ses yeux brillants revinrent se fixer sur l'argenterie qui couvrait la petite table.

— *Il y a gras* ici!... — reprit-il... — un pauvre diable comme moi ne trouve pas souvent des occasions pareilles de *bénef*, mais je ne veux pas risquer de te causer du désagrément... — Est-il

Laurence commença sa descente aventureuse. — Page 284.

soupçonnent en moi autre chose que ce que je veux être pour eux.

— C'est convenu... — répliqua Laurence.

— Et maintenant, — reprit le comte, — je vais détacher les breloques de Raymond pour y trouver la clef du petit meuble où repose le portefeuille rouge.

Raoul fit un pas vers la table. La marquise l'arrêta.

— Prenez garde!... — lui dit-elle.

— A quoi?

— Aux émanations du chloroforme...

— Le conseil est bon à suivre, — murmura le comte en appuyant son mouchoir de poche contre ses narines, ainsi que nous l'avons vu faire à Laurence.

permis de faire ses orges et de se garnir les *profondes*?...

— Sur ta vie, ne touche à rien!... — répondit vivement Raoul...

— Pourquoi donc ça, sans te commander?

— Il y va de ton salut et du mien!... — nous serions perdus si le maître de ce logis soupçonnait que nous avons pénétré chez lui, et ses soupçons se porteraient tout d'abord sur nous si quelque vol était commis cette nuit.

— Le maître du logis est donc un particulier bien terrible?

— Regarde-le... — le reconnais-tu?

— Je le vois en ce moment pour la première fois de ma vie.

— Tu te trompes...
— Je le connais ?...
— Oui.

Larifla secoua la tête.

— Si l'un de nous se trompe, — répliqua-t-il, — ce n'est pas moi... plus j'examine cette boule, plus je suis convaincu qu'elle ne me rappelle rien du tout... sauf, peut-être, un juge d'instruction qui m'a procuré dans le temps bien du désagrément...
— ça serait-il lui, par hasard ?...

Raoul haussa les épaules et reprit :
— Cet homme est Raymond ?...
— Te moques-tu de moi ?
— Non, foi de Régulus, je dis la vérité...

Le jeune bandit frissonna de la tête aux pieds, et recula instinctivement de deux ou trois pas.

— Je demande à décamper... — balbutia-t-il.
— Toutes les fois qu'il m'est arrivé de me frotter à ce brigand-là, tu sais bien que je m'en suis tiré fort mal accommodé...

— En ce moment Raymond n'est pas plus à craindre qu'une statue de pierre ou de bois...
— Mais s'il se réveillait ?... — dame ! ça s'est vu... — le fin renard a le sommeil léger...
— Impossible !... — la léthargie qui pèse sur lui obéit à des lois immuables... — quand Raymond reprendra ses sens, nous serons partis depuis longtemps...
— Possible... — mais, vois-tu, c'est plus fort que Bibi... — je serai tranquille quand je serai loin...

— Nous partirons dans quelques minutes... — seulement, je te le répète, le moindre vol commis ici cette nuit trahirait notre présence, et attirerait sur nous un péril inévitable, la vengeance de Raymond.

— Ah ! sois paisible, ami Régulus, — balbutia Larifla d'un ton dolent, — si quelqu'un touche à n'importe quoi, saperlipopette et nom d'un caniche, tu peux compter que ce ne sera pas moi !...

XXV. — ENFIN !

M. de Crédencé, se croyant parfaitement sûr que la terreur inspirée par Raymond mettrait un frein salutaire aux instincts pillards de Larifla, ne jugea point utile de prolonger ses recommandations, et s'approcha du Protée parisien qui paraissait plus que jamais métamorphosé en statue.

Il détacha la lourde chaîne d'or, ornée de corail rose, qui fixait un volumineux paquet de breloques à la boutonnière du gilet de Raymond. Il n'eut aucune peine à trouver parmi ces breloques la microscopique clef d'acier s'ajustant à la serrure du petit meuble de marqueterie, et avec cette clef il ouvrit ce meuble.

Le portefeuille rouge fut le premier objet sur lequel se fixèrent ses regards. Il le prit et il l'apporta près de la fenêtre pour en inventorier le contenu sous les yeux de Laurence.

Les papiers assez nombreux qui gonflaient les triples poches du maroquin rouge furent étalés sur un fauteuil et examinés avec soin l'un après l'autre, ils étaient insignifiants, ou du moins ils n'offraient aucun rapport avec l'importante affaire qui préoccupait si vivement nos personnages.

Outre ces papiers, le portefeuille renfermait une dizaine de billets des Banques de France et de Belgique, et de bank-notes anglaises, et trois ou quatre enveloppes carrées ne portant aucune adresse.

Raoul visita successivement ces enveloppes.

Les premières contenaient des projets de lettres se rapportant à des affaires commencées par Raymond, et dont M. de Crédencé n'avait point connaissance...

. . . .

Madame Castella se sentait agitée d'un tremblement nerveux et devenait d'une pâleur effrayante, à mesure que l'examen se prolongeait. Elle se souvenait bien que le prétendu baron de Saint-Erme lui avait dit en lui désignant une enveloppe :
— Voilà le testament...

Mais elle se souvenait aussi qu'il ne lui avait point montré cette pièce importante...

Elle commençait à croire que Raymond s'était joué d'elle, et que le testament, — si toutefois il existait, — ne se trouvait pas dans le portefeuille. S'il en était ainsi, la position de la jeune femme devenait non-seulement inquiétante, mais désespérée...

Raymond, à coup sûr, une fois revenu à lui-même, ne se tromperait point sur la nature du sommeil auquel il avait succombé, et ne pardonnerait jamais la tentative faite contre lui...

Ainsi Laurence aurait échoué d'une façon complète, et, de plus, elle se serait attiré la haine d'un homme dont la rancune passait à bon droit pour implacable !...

La jeune femme se livrait avec une profonde amertume à ces tristes réflexions, lorsque tout à coup Raoul fit entendre une joyeuse exclamation.
— Nous le tenons !... — dit-il ensuite, — le voilà !...

En effet, la dernière enveloppe visitée par lui contenait une grande feuille de papier pliée en quatre, et au bas de cette feuille il venait de lire la signature du marquis Gaston Castella.

Laurence crut un instant que son cœur allait se briser, tant il se mit à battre dans sa poitrine avec une violence convulsive et désordonnée. Tout au plus eut-elle la force de balbutier, d'une voix à peine distincte : — Donnez, mon ami... — donnez vite... J'ai soif de lire... j'ai soif de savoir...

Raoul lui passa la feuille de papier.

Laurence eut une sorte d'éblouissement en fixant les yeux sur cette page qui contenait sa destinée.

Elle éprouva d'abord, et avant tout examen, une déception amère et poignante.

L'écriture de son mari mort frappait ses regards, et cette écriture offrait un si prodigieux cachet de réalité que la marquise, pendant une ou deux secondes, crut que Raoul venait de lui remettre le véritable testament, celui qui la déshéritait...

Cette terreur fut de courte durée.

Laurence dévora les premières lignes et elle en arriva presque aussitôt à l'enivrante certitude qu'elle avait entre les mains un acte en bonne forme, qui la constituait unique héritière des deux millions de feu son mari.

Raoul avait étudié sur le visage de madame Castella le reflet de ses sensations intérieures.

Il vit la joie et le triomphe succéder à l'inquiétude et à l'épouvante.

— Eh bien? — lui demanda-t-il alors, — êtes-vous contente?...

— Comment ne le serais-je pas, puisque je suis sauvée !... grâce à vous !...

— Ainsi, le testament est tel qu'il vous le faut ?

— Oui, cent fois oui !...

— Que dites-vous de l'imitation ?...

— Je dis qu'elle tient du prodige !...

— Vous voyez que je n'avais rien exagéré en vous promettant une merveille...

— Non certes, et je vous le déclare en mon âme et conscience, pour moi Raymond n'est pas un faussaire... Raymond est un sorcier !

— Il est très fort assurément !... — Au réveil, en se voyant joué, sa colère sera terrible !... — Pour la première fois de sa vie, croyez-le bien, le bonhomme aura travaillé gratis...

— Oh ! je ne l'entends pas ainsi !... — répliqua Laurence.

— Que comptez-vous faire ?

— Je compte l'indemniser...

— Comment ?

— Aussitôt que je serai mise en possession de la fortune du marquis Castella, je lui enverrai cent mille francs en belles pièces d'or toutes neuves...

— A quoi bon ?

— Toute peine mérite salaire...

— Raymond est riche et n'a pas besoin de votre argent..

— Que m'importe ?... — Je vais être riche aussi, moi, et je ne veux pas qu'un bandit puisse dire que je l'ai volé...

— C'est très-beau cela ! — C'est très généreux, sans doute; mais permettez-moi d'ajouter que c'est absurde !... — J'espère parvenir à vous le démontrer un peu plus tard... — Pour le moment, ne nous attardons point dans une discussion inutile...

— L'heure s'écoule... rien ne nous retient plus... il est temps de partir...

En parlant ainsi, Raoul remit dans le portefeuille rouge les papiers et les billets de banque qu'il en avait tirés un instant auparavant.

Tout ce qui précède s'était dit à voix basse, et Larifla n'avait pu rien entendre des paroles échangées entre le comte et la marquise, mais il n'avait pas perdu un seul de leurs gestes, jusqu'au moment où ses regards s'étaient attachés sur les billets de banque avec une ardeur d'avidité comparable à celle de ce personnage dont parle Rabelais, et qui faisait maigrir les jambons en les contemplant à l'étalage des boudiniers.

— Ah ! saperlipopette et nom d'un bonhomme ! — se disait-il à lui-même, — que voilà bien ce qu'il me faudrait !... — Y en a-t-il de ces *fafiots garatés* !... — y en a-t-il !... — Si je m'en garnissais les doublures, quelle occase !... — Noces et festins, bombance et tout ce qui s'ensuit !... Et allez donc, Turlurette !... — Régulus et la belle femme n'ont seulement pas l'air d'y faire attention. — Oh ! la ! la !... — Faut-il qu'ils aient un fort moucheron !...

Larifla continua à formuler des réflexions de ce genre, et ce monologue intérieur ne prit fin que lorsque les billets de banque disparurent dans les flancs du portefeuille rouge.

Le pâle jeune homme poussa un énorme soupir.

— Défense d'y toucher, — balbutia-t-il. — Cré coquin, c'est-il assez écœurant !... — En voilà une situation empoignante !.. — Je vas la mettre dans mon mélo : *Les Égouts de Paris*... — Je referai un tableau exprès pour ça... — Je crois que le public gobera la chose !... — Faudra voir...

— Je vais ménager un réveil agréable à ce vieux satan de Raymond !... — pensa M. de Crédencé. — Il faut qu'en ouvrant les yeux il voie à l'instant qu'il est vaincu !...

Pour atteindre ce but, Raoul, au lieu de replacer le portefeuille rouge dans le meuble en bois de rose, le mit bien en évidence sur la petite table, à côté de la montre et des breloques.

— Partons, maintenant, — dit-il ensuite.

— Je ne demande pas mieux, — répliqua Laurence, — mais par où ?

— Par la fenêtre, ma chère enfant, nous n'avons pas d'autre chemin... — Montez sur mes épaules et tenez-moi ferme par le cou... — Je me laisserai glisser, et nous toucherons terre ensemble...

Larifla intervint.

— Mauvais, le moyen !... — fit-il. — Avec un poids sur le dos, tu lâcheras prise, tu *dénisseras ton billard* (1) et celui de madame se trouvera mal accommodé !... — Crois-moi, ma vieille, la chose est impraticable...

— Mais alors, comment donc faire ?...

— Descends le premier... — madame, qui a l'air d'une solide gaillarde, trouvera bien la manière de se laisser couler tout doucettement le long de la corde... histoire de ne pas déchirer ses gants... — D'ailleurs, si elle allait plus vite qu'il ne faut, tu serais en bas tout porté pour la recevoir...

XXVI. — LE RÉVEIL.

Ici, Laurence intervint, et certes, elle en avait

(1) *Dévisser son billard*, se tuer.

le droit, puisque la question débattue l'intéressait de la manière la plus directe.

— Ce jeune homme a raison, — dit-elle, — complétement raison ! — je descendrai par la fenêtre et je ne lâcherai pas la corde... — Je ne suis point une femmelette, et je me souviens d'avoir fait dans mon enfance des choses plus difficiles que celle qu'il s'agit en ce moment de mener à bien...

— A la bonne heure !... — murmura Larifla, d'un ton manifestement admiratif : — c'est parler comme il faut, cela !... — la belle femme a reçu *de l'inducation*, ça se voit !... — Ah ! saperlipopette ! — je sens que si je la fréquentais seulement trois fois, j'aurais un fort *béguin* pour elle !... — c'est une créature comme on n'en voit guère !... — j'en ferais volontiers madame Larifla !...

Raoul interrompit le monologue du jeune bandit.

— Te charges-tu, — lui demanda-t-il, — de faire disparaître la corde lorsque nous serons descendus tous trois ?

— Oui, pardieu, je m'en charge....

— De quelle manière t'y prendras-tu ?...

— C'est simple comme bonjour... — je détacherai le crochet, je mettrai la corde en double, à cheval sur la barre d'appui, et, une fois par terre, je n'aurai qu'à lâcher un des bouts et à tirer sur l'autre... — le grelin viendra tout seul...

M. de Crédencé fit un geste de satisfaction.

— Tu es un garçon intelligent ! — dit-il. — Tu mérites une haute paye, et je te la promets...

— Voilà qui va comme il faut !... — répliqua le pâle jeune homme. — Puis, tout bas, il ajouta :

— A propos de haute paye, j'en sais une que je pourrais bien, tout à l'heure, m'adjuger à moi-même... — faudra voir...

En même temps, il glissait un regard furtif et sournois du côté du portefeuille rouge.

— Et maintenant, — reprit Raoul, en s'adressant à Laurence, — descendons...

— Encouragez-moi par votre exemple, monsieur Régulus... — fit la marquise en riant, — passez le premier, je vous suivrai...

Raoul saisit la corde, enjamba la barre d'appui et s'élança dans le vide.

Au bout d'un instant très-court sa voix s'éleva.

— Je suis arrivé !... — murmurait cette voix; — à votre tour, madame.. — venez et soyez sans crainte... — c'est beaucoup plus facile que ça n'en a l'air... — parole d'honneur !

Larifla se pencha au dehors.

— Eh ! Régulus, — dit-il, — attention ! — tire sur la corde pour la raidir... — plus elle sera tendue et mieux la chose ira de soi-même...

Le conseil était bon...

M. de Crédencé se hâta de le suivre et Laurence commença sa descente aventureuse avec une audace et une adresse qui furent couronnées d'un complet succès... Lorsque la jeune femme toucha le sol, elle n'avait pas même déchiré ses gants.

— Savez-vous bien, Laurence, — fit Raoul avec un enthousiasme contenu, — savez-vous bien que vous êtes une héroïne !...

— Une héroïne, moi ?... — allons donc !... — répondit la marquise avec un sourire plein d'ironie, — pas plus que le condamné qui s'échappe de sa prison n'est un héros !...

Tandis que Laurence effectuait son évasion, Larifla, resté seul avec le corps inanimé de Raymond dans le salon du premier étage, semblait combattu par des sentiments très-opposés et d'une égale violence.

D'un côté, l'habitude d'obéir à Régulus ne lui permettait guère de fouler aux pieds l'ordre formel qu'il avait reçu...

D'autre part, les billets de banque renfermés dans le portefeuille rouge l'attiraient avec une violence irrésistible...

La lutte entre l'obéissance et l'avidité fut terrible, mais elle ne dura qu'une seconde... L'avidité resta victorieuse.

— Des occasions comme celle-ci ne se rencontrent pas deux fois dans la vie d'un bon garçon !... — se dit Larifla ; — je serais bien bête, après tout, de rater ma fortune pour faire plaisir à Régulus !... — La subvention qu'il me donne et la haute paye qu'il me promet ne sont que de la Saint-Jean auprès des *faflots garatés* que j'ai là sous la main !... — Raymond n'est pas sorcier, que diable, et quand j'aurai mis la patte sur le fort sac qui me fait des yeux, il sera bien fin, foi de Larifla, s'il me devine et s'il me rattrape...

S'étant ainsi persuadé lui-même, le jeune bandit s'élança vers la table et se mit en devoir d'ouvrir le portefeuille pour en retirer les précieux chiffons.

Mais sa main tremblait d'impatience et d'inquiétude, et les fermoirs d'argent semblaient prendre un malin plaisir à déjouer ses tentatives... Il comprit vite que le temps lui manquerait et que Régulus allait s'étonner de son retard...

Il s'empara du portefeuille lui-même et le cacha sous sa blouse, entre sa chemise et la ceinture de son pantalon; il revint ensuite près de la fenêtre, détacha la corde fixée sur la barre d'appui, ainsi que nous l'avons entendu projeter de le faire, puis, ces préparatifs accomplis, se laissa glisser au dehors, toucha le sol et rebondit comme une balle élastique.

Raoul, Laurence et les trois bandits, dont le rôle s'était borné cette nuit-là à monter la garde dans le jardin, reprirent en silence et rapidement le chemin de la petite porte qui donnait sur la rue des Amandiers-Popincourt.

Cette porte fut ouverte et nos personnages rejoignirent la voiture et le trotteur stationnant dans la ruelle voisine sous la garde de Bec de miel.

Raoul, — ou plutôt Régulus, — fit à ses gardes du corps la distribution du reste de la somme promise et joignit à cette somme une gratification très-large.

— Au revoir, camarades, — leur dit-il, — et

bonne chance... — Séparez-vous et soyez prudents... — n'oubliez pas que si Raymond soupçonnait que nous avons pénétré chez lui, sa vengeance nous poursuivrait tous et saurait nous atteindre l'un après l'autre... — Or, il ne faudrait qu'une parole pour éclairer Raymond... — il est de ceux qui devinent à demi-mot, vous le savez aussi bien que moi.

Les hirondelles jurèrent une discrétion absolue, un silence inviolable, et s'éloignèrent dans des directions différentes.

Raoul fit monter Laurence dans le vieux coupé. Il grimpa lui-même sur le siége et rendit la main au trotteur, qui partit comme l'éclair et qui dévora en quelques minutes la distance séparant les boulevards de la rue des Amandiers-Popincourt.

Près de la Madeleine M. de Crédencé arrêta son cheval.

La marquise descendit.

— Rejoignez à pied l'hôtel Wilson, chère Laurence, — lui dit il; — j'irai vous y retrouver dans deux heures et nous causerons sérieusement; car je ne suppose pas qu'il vous convienne d'attendre jusqu'à demain pour parler de ce que nous venons de faire et de ce qui nous reste à faire encore...

— Non, certes!... — répondit madame Castella, — je vais vous attendre, mon ami, et Dieu sait avec quelle impatience!...

§

Retournons au pavillon de la rue des Amandiers et franchissons de nouveau le seuil du salon dans lequel viennent de se passer les scènes que nous avons mises sous les yeux de nos lecteurs.

Les bougies du lustre, des candélabres, des torchères, continuaient à répandre des torrents de clarté sur les boiseries blanches à filets dorés et sur les meubles de brocatelle rouge.

L'air extérieur entrait à grands flots par la fenêtre largement ouverte, et les vapeurs du chloroforme répandu sur la table commençaient à se dissiper...

C'est à peine si le parfum subtil et pénétrant de l'éther se faisait sentir encore...

Raymond conservait cette immobilité de cadavre, cette raideur de statue, qui duraient depuis près d'une heure.

Il était d'une pâleur mortelle...

Le rouge placé sur les pommettes afin d'accentuer la physionomie placide et bénigne du baron de Saint-Erme tachait seul ce masque livide et produisait un effet étrange...

Les yeux ouverts, les prunelles renversées, donnaient à la figure un aspect cadavérique et presque effrayant.

On aurait pu croire que le Protée parisien n'existait plus, sans la respiration faible, mais parfaitement égale, qui soulevait sa poitrine.

Le moment du réveil, ou plutôt de la résurrection, approchait.

Raoul, Laurence et les bandits venaient à peine de refermer derrière eux la porte du jardin, quand un soupir profond, mais qui n'avait rien de douloureux, s'exhala des lèvres de notre personnage.

En même temps une faible nuance rosée chassa la pâleur sinistre du visage...

Les paupières recommencèrent à battre, comme au moment où la catalepsie commençait...

Les prunelles, disparues jusqu'à ce moment dans les profondeurs des orbites, reprirent leur position naturelle; — le regard vint animer les yeux, mais un regard vague, morne, où manquait encore l'étincelle électrique de la pensée...

Bref, Raymond ressemblait bien moins à un vivant qu'à un cadavre, auquel le fluide galvanique d'une machine puissante a rendu pour quelques secondes, non la réalité, mais l'apparence de la vie.

Un anéantissement moral absolu, d'une durée plus ou moins longue, succède toujours aux léthargies résultant de l'aspiration du chloroforme, comme à celles causées par l'opium.

Pour les natures très-énergiques et pour les organisations douées d'une force peu ordinaire, cet anéantissement peut être fort court.

Il en fut ainsi pour Raymond.

C'est à peine si pendant une ou deux minutes des brumes épaisses enveloppèrent l'esprit si lucide et si pénétrant du Protée parisien...

De même que les chauds rayons du soleil dissipent les vapeurs matinales amoncelées par la nuit dans les vallées, de même les feux de l'intelligence chassèrent les brouillards flottants dont nous venons de parler...

Un lumineux éclair traversa le cerveau de Raymond et se réfléchit dans ses yeux qui reprirent instantanément tout leur éclat...

Le prétendu baron de Saint-Erme passa ses deux mains sur son front, comme pour écarter le dernier nuage, puis il promena son regard autour de lui, — ses sourcils se contractèrent, — sa physionomie exprima tout à la fois la colère et l'étonnement...

Le réveil moral s'achevait... — la mémoire était revenue!

XXVII. — A DEUX HEURES DU MATIN.

Raymond se souvenait, mais dans ses souvenirs la réalité se montrait à lui si bizarre, si invraisemblable, si impossible en un mot, que pendant quelques secondes il se persuada presque qu'il était le jouet d'un rêve...

— Pourquoi me serais-je brusquement endormi? — se demanda-t-il à voix haute. — Et si la marquise Castella avait franchi le seuil de ce salon, comment en serait-elle sortie?

Tout en s'adressant ces questions, le Protée parisien regardait les deux couverts placés en face l'un de l'autre, — puis il tournait la tête vers la fenêtre ouverte, et enfin ses yeux s'arrêtaient sur sa chaîne de montre, détachée de sa boutonnière, et que Larifla n'avait point emportée.

Douter plus longtemps en présence de tels témoignages, aurait été folie.

Raymond comprit la vérité cruelle.

Un cri de rage s'étouffa dans son gosier; — il quitta brusquement son siége en balbutiant ces deux mots :

— Le testament!...

Puis il saisit les breloques parmi lesquelles se trouvait la clef que nous connaissons, et il voulut s'élancer vers le petit meuble en bois des îles...

Mais ses nerfs et ses muscles ébranlés étaient momentanément sans force; — ses jambes se dérobaient sous lui et supportaient à grand'peine le poids de son corps...

Ce fut presque en rampant qu'il atteignit le bonheur du jour, dont l'un des tiroirs devait renfermer le portefeuille rouge.

Il ouvrit ce tiroir d'une main tremblante, et son premier regard lui prouva qu'il ne s'était point trompé dans ses conjectures et que le portefeuille avait disparu.

Raymond fit retentir alors un éclat de rire étrange et discordant, et se laissa tomber sur le fauteuil le plus rapproché de lui.

— Bien joué, marquise !... — murmura-t-il d'une voix sourde. — Pour la première fois de ma vie j'ai rencontré cette nuit un adversaire digne de moi, ou plutôt supérieur à moi, puisque me voici vaincu et volé par une femme !... — La chose, certes, tient du prodige; car enfin, sans vanité, il me semble que je suis toujours moi même, que je ne baisse pas encore, et que l'heure des *Homélies* de l'archevêque de Grenade n'est pas sonnée pour moi !...

Après un court silence, Raymond releva la tête qu'il avait penchée sur sa poitrine en prononçant ces derniers mots...

L'expression de profond découragement empreinte sur son visage s'effaça; — un éclair brilla dans ses yeux, et enfin il reprit avec une renaissante énergie :

— Oui, bien joué, marquise !... Mais j'aurai ma revanche, une revanche éclatante et certaine, et je la tiens déjà dans mes mains, car je suis pareil aux vieux généraux mûris sur les champs de bataille !

— Lorsque mon ennemi me croit complètement battu, j'ai déjà jeté les fondements d'une victoire prochaine, que rien au monde ne peut m'arracher !

« Vous riez de Raymond, marquise... — Riez à votre aise !.. — à belles dents !...

« Raymond rira de vous à son tour, et rira bien qui rira le dernier !...

« Vous vous croyez sauvée, et vous êtes perdue !

— Vous vous croyez délivrée de moi, et je vous tiens dans mes serres comme le vautour tient l'alouette, comme le chat tient la souris !...

. . . .

Ainsi consolé de l'échec imprévu qu'il venait de subir, le Protée parisien se mit l'esprit à la torture pour trouver l'explication des faits accomplis dans sa maison depuis deux heures...

Le souvenir de la prétendue indisposition de Laurence et de l'odeur d'éther qui s'était échappée tout à coup du flacon de la jeune femme, l'amena sans trop de peine à deviner la cause du sommeil léthargique auquel il avait succombé...

Mais il entassa vainement conjecture sur conjecture, relativement à la fuite de la marquise; il lui fut impossible d'arriver à une explication vraisemblable, ou seulement admissible.

Convaincu que Laurence avait agi seule, et qu'aucun auxiliaire ne lui était venu en aide depuis le dehors, Raymond épuisa son intelligence et ne trouva point le mot de l'énigme...

A coup sûr, la jeune femme avait quitté le pavillon par la fenêtre, unique voie qui lui fût ouverte; mais comment admettre qu'en l'absence de toute échelle et de tout cordage elle se fût précipitée de la hauteur du premier étage sans se briser dans sa chute, ou tout au moins sans se blesser de la manière la plus grave ?...

Le bon sens du Protée parisien se révoltait contre une telle conclusion, et nos lecteurs savent déjà combien il était dans le vrai...

A force de chercher, Raymond en vint à se dire que la marquise pouvait bien avoir été victime de son imprudence, et que peut-être son corps inanimé, meurtri, sanglant, gisait sur le sable au pied de la fenêtre...

Malgré lui, cette supposition le fit frissonner...

— Ah ! — balbutia-t-il, — ce serait affreux !...
— Je veux une vengeance, mais pas celle-là !... — Cette femme est trop jeune et trop belle pour mourir !...

Il quitta le salon en toute hâte, descendit au jardin et s'approcha en tremblant de l'endroit où la chute de Laurence pouvait s'être effectuée...

Nous savons déjà qu'il ne trouva rien...

— Sommes-nous donc en pleine magie ?... — se demanda-t-il en se frappant le front — La marquise avait-elle des ailes, ou le diable est-il venu lui-même à son aide, sous la forme d'un cheval volant ?...

Il resta pendant quelques secondes absorbé, puis il ajouta d'un ton rêveur :

— Je sens que je deviendrais fou en m'obstinant à chercher plus longtemps la clef de ce mystère !...

— N'y pensons plus, et allons dormir, si toutefois le souvenir de cette séduisante et diabolique créature me permet de fermer les yeux !...

Le Protée parisien rentra dans le pavillon, mais, tandis qu'il regagnait le premier étage où se trouvait sa chambre à coucher, une voix intérieure lui criait :

— Raymond, prends garde à toi !... — Raymond, cuirasse ton cœur !... — Si tu subis le charme de la sirène qui s'est jouée de toi, si tu t'abandonnes à l'amour, Raymond, tu es perdu !

§

Deux heures du matin sonnaient au moment où le comte de Crédencé, redevenu lui-même, c'est-à-dire débarrassé du costume, de la perruque et des favoris qui lui donnaient l'apparence d'un cocher de régie, descendit de citadine devant l'hôtel Wilson.

Raoul avait eu fort à faire, depuis le moment où nous l'avons vu se séparer de madame Castella près de la Madeleine.

Il s'était d'abord débarrassé du véhicule antique acheté quelques heures auparavant à la cour d'Amoy.

Il avait ensuite ramené dans son écurie le trotteur anglais dont nous avons signalé les mérites incomparables.

Il s'était enfin rendu à la chambre du boulevard Saint-Martin que nous connaissons déjà, afin d'y reprendre sa forme véritable et son apparence naturelle...

Tout ceci, nos lecteurs le comprennent, demandait beaucoup de temps et doit expliquer d'une façon surabondante la venue tardive de notre héros.

Raoul, en passant, jeta son nom au concierge tout ensommeillé qui l'interpellait.

Il monta rapidement l'escalier et frappa trois petits coups contre la porte de l'appartement de Laurence.

Cette dernière avait depuis longtemps déjà permis à sa femme de chambre de se retirer...

Ce fut elle-même qui vint ouvrir à M. de Crédencé.

Elle l'entraîna dans la chambre à coucher où des viandes froides et des bouteilles poudreuses étaient servies sur une petite table.

— Savez-vous, marquise, — dit le comte en riant, — que vous me semblez douée, cette nuit, du plus merveilleux appétit !...—votre souper avec Raymond ne vous suffit donc pas ?... — Il était, cependant, des plus fins et des plus exquis, ce souper !... — Tudieu, ma chère, quelle belle fourchette ! Recevez mes compliments bien sincères à ce sujet...

— J'ai pensé que vous auriez grand'faim après l'expédition qui vient de s'accomplir, et j'ai fait préparer ceci pour vous... — répliqua Laurence.

— Puisqu'il en est ainsi, — dit Raoul en baisant la main de la marquise, — merci de cette attention bienveillante... — Je vais vous prouver à l'instant même qu'elle n'était point superflue, car, en regardant cette terrine de Ruffec et ces perdreaux à la gelée, je sens naître un appétit de chasseur !...

Le comte s'attabla et fit vigoureusement honneur à l'ambigu placé devant lui.

Après avoir apaisé la première fougue de son appétit, il approcha de ses lèvres un verre mousseline rempli d'un vieux vin de Château-Margaux, orgueil des caves de madame veuve Ellénore Damiran, et il le vida en disant :

— A votre santé, ma belle Laurence, et à la gloire dont vous vous êtes couverte cette nuit !...

— Me suis-je donc couverte de gloire ? — demanda Laurence en souriant :

— Oui, certes ! — Votre conduite, dans le tête-à-tête avec Raymond, a laissé bien loin ce que j'attendais de vous !.. — Rien ne peut dépasser, rien ne peut même égaler le sang-froid, la présence d'esprit, la résolution, dont vous avez fait preuve !

— Songez, ma chère Laurence, que je parle avec toute connaissance de cause, car j'étais aux premières loges pour vous admirer...

— Ainsi, vous avez été content de moi ?...

— J'en ai été enthousiasmé !...— Les meilleures actrices de notre époque envieraient, à bon droit, la façon souriante et triomphante dont vous avez joué le plus difficile de tous les rôles !...—Tromper Raymond, l'abuser, faire de lui votre dupe, et cela, non pendant quelques minutes, mais pendant près de deux heures, n'est-ce pas le chef-d'œuvre de l'art ? n'est-ce pas le dernier mot du talent ?...

— Ah ! de grâce, comte, cessez ! — s'écria Laurence en riant, — je finirais par prendre vos galantes flatteries pour de belles et bonnes vérités, et je deviendrais vaine, ce qui serait une chose fort sotte !...

— Laissez-moi dire...— reprit Raoul, — je n'en dirai jamais assez !... — Ainsi, par exemple, quels éloges ne vous sont pas dus pour l'adresse merveilleuse avec laquelle vous avez répandu le chloroforme sur la table pendant la minute si courte où Raymond détournait la tête !..

— Oh ! cher comte, — répliqua Laurence, — s'il est, dans tout ceci, quelqu'un qui mérite un piédestal, ce n'est pas moi...

— Et qui donc ?

— C'est vous-même...

— Quelle plaisanterie !...

— Rien n'est plus sérieux, et je le prouve...

— Comment ?

— L'idée du chloroforme vous appartient...— Or, sans cette idée merveilleuse, le testament qui me sauve serait encore à l'heure qu'il est aux mains de Raymond, et n'en sortirait peut-être jamais.

XXVIII. — OU LAURENCE TRIOMPHE.

— L'idée du chloroforme serait venue à tout le monde, — répliqua Raoul, — mais vous seule étiez capable de la réaliser comme vous l'avez fait. .

— Eh bien, soit !... — dit Laurence en souriant de nouveau, — j'accepte vos éloges pour ce qu'ils valent, et je veux bien vous croire sincère ; — mais faisons trêve, je vous en prie, à ces compliments réciproques, et parlons de choses sérieuses...

— C'est pour cela que je suis ici...

— Les résultats de notre expédition vous sembient, comme à moi, satisfaisants?... — demanda la jeune femme.

— Ils ne sauraient l'être davantage, puisque vous avez dans les mains un testament inattaquable qui vous assure la fortune de feu le marquis Castella.

— Oui, sans doute... — murmura Laurence d'une voix sourde et nullement joyeuse... — vous avez raison... nous ne pouvions espérer mieux...

— Comme vous dites cela !... — vous semblez triste... — Qu'avez-vous donc ?...

— Je ne suis pas triste, mais je suis soucieuse...

— Pourquoi ?

— Parce que, depuis mon retour à l'hôtel Wilson, depuis que je ne suis plus dans la chaleur de l'action, j'ai beaucoup réfléchi...

— Et le résultat de ces réflexions...

— C'est une très-vive inquiétude...

— Laquelle ?...

— J'ai peur de la vengeance de Raymond...

M. de Crédencé secoua la tête.

— Rassurez-vous, — dit-il ensuite, — cette vengeance n'est point à craindre...

— Raymond sera blessé, cependant, profondément blessé dans son amour-propre et dans son orgueil... — reprit Laurence... — la charité chrétienne ne doit pas être son fort... — pardonnera-t-il cette humiliation ?...

— Je ne puis répondre qu'il pardonne... — mais comment se vengerait-il ?... — que tenterait-il contre vous ?...

— Un crime, peut-être... — balbutia la marquise.

— Par ce mot : Crime, — demanda Raoul, — entendez-vous un assassinat ?

— Oui...

— Dormez alors, ma chère, dans une paix profonde... — Raymond est un bandit, c'est exact, mais pas le moins du monde un homme sanguinaire... — soyez certaine que votre vie est sacrée pour lui...

Laurence respira.

Les paroles de Raoul éloignaient de ses yeux 'a perspective infiniment désagréable d'un coup de couteau.

— Mais... — reprit la jeune femme au bout d'une seconde, — n'existe-t-il point d'autres moyens de vengeance ?

— Je n'en connais aucun...

— S'il me dénonçait ?...

— Il lui faudrait une accusation plausible à mettre en avant... — De quoi vous accuserait-il ?

— De faire usage, avec connaissance de cause, d'un testament falsifié !...

M. de Crédencé haussa les épaules.

— Raymond a trop de bon sens pour agir ainsi, — répliqua-t-il, — et pour commettre une pareille absurdité... — l'imitation de l'écriture est tellement exacte qu'elle tromperait le marquis lui-même, si le marquis revenait à la vie... — les témoins et les preuves du faux manqueraient à l'accusateur... — D'ailleurs, vous le comprenez aussi bien que moi, il ne pourrait vous dénoncer sans se dénoncer en même temps !... — Donc, je vous le répète, vous n'avez rien à craindre...

— J'en accepte l'augure, et, comme ma confiance en vous est sans bornes, je veux chasser toute inquiétude...

— Bravo ! chère Laurence, j'aime à vous voir ainsi !...

— Maintenant, parlons du souriant avenir qui s'ouvre devant moi... — j'ai hâte d'être riche...

— Je vous crois sur parole et je trouve votre impatience parfaitement naturelle et légitime..

— Que dois-je faire pour être mise bien vite en possession de ma fortune ?

— Savez-vous quel était le notaire de votre mari ?

— Oui.

— Comment le nommez-vous ?

— M. Chauvelin.

— Il demeure ?...

— Rue Neuve-des-Petits-Champs, n° 27.

— Vous connaît-il ?

— A peine... — Il m'a vue cependant deux ou trois fois et je ne doute pas qu'il me reconnaisse...

— Allez le trouver aujourd'hui même, dans la matinée... — apprenez-lui la mort du marquis, chose que probablement il ne sait pas encore ; — remettez-lui le testament de votre mari, accompagné de votre procuration, et chargez-le de toutes les démarches nécessaires pour amener votre envoi en possession...

— Et vous pensez que les choses marcheront promptement ainsi ?

— Je fais mieux que le penser... j'en suis sûr...

§

La marquise ne perdit point de temps pour suivre les conseils du comte de Crédencé.

Avide de richesse et de luxe, elle aurait donné le plus pur du sang de ses veines, nous le savons, pour se trouver maîtresse à l'instant de cette fortune si ardemment convoitée.

Dès onze heures du matin elle revêtit une élégante toilette de grand deuil, — elle monta en voiture et se fit conduire chez le notaire de feu le marquis Gaston Castella.

M. Chauvelin était un homme de quarante-cinq à cinquante ans, d'une parfaite élégance, célibataire, et continuant la tradition de ces notaires illustres dont Balzac nous a raconté les galantes faiblesses.

Il s'intéressa de la façon la plus chaleureuse à la situation de sa belle cliente ; — il lui donna l'assurance que le testament qui l'instituait légataire universelle était en bonne forme et tout à fait inattaquable ; — il lui fit signer la procuration dont il avait besoin pour agir au mieux de ses intérêts, et enfin, il mit sa caisse à sa disposition en la suppliant d'y puiser largement et sans compter.

Une telle offre ne pouvait trouver Laurence insensible.

Elle accepta donc une cinquantaine de mille francs afin de faire face à ses premières dépenses, puis elle s'éloigna avec la riante certitude qu'avant quinze jours elle posséderait deux millions.

A partir de sa visite au notaire, l'existence de la jeune femme devint une véritable féerie, et ses journées lui parurent trop courtes, tant elle trouvait de charme aux occupations qui les remplissaient.

Elle s'adressa aux tapissiers les plus artistes, et leur inspira des ameublements merveilleux, d'une richesse sans rivale et d'une incomparable originalité.

Elle visita les écuries, célèbres dans le monde entier, des marchands de chevaux des Champs-Élysées, pour y trouver des steppers anglais dignes d'être attelés à sa voiture, lorsqu'elle daignerait honorer de sa présence la rive gauche des lacs du bois de Boulogne.

Les carrossiers, dont le nom seul est un brevet d'élégance et de comfortable, reçurent ses ordres.

Et moi, madame la marquise, je vous dis : AU REVOIR. — Page 294.

Au moment de se voir à la tête d'une fortune de cent dix mille livres de rente, et convaincue que cent mille francs par an lui suffiraient pour mener une grande existence et pour éblouir Paris par les merveilles de son luxe, elle résolut de consacrer intégralement aux premiers frais de son installation grandiose les deux cent mille francs reconnus dans le contrat de mariage comme constituant son apport dotal.

Un instant elle eut l'idée d'acheter un hôtel, mais la crainte d'immobiliser une trop forte partie de son capital et de le rendre improductif l'arrêta.

Elle prit le parti de se contenter d'un appartement, et parcourut les quartiers élégants et aristocratiques afin d'y découvrir un logis à son gré...

Elle fit choix de trois voitures, une calèche à huit ressorts, une victoria grand train, un petit coupé.

Elle envoya chez le bijoutier les diamants de famille provenant de feu la marquise douairière...

— Elle commanda pour eux des montures à la mode du lendemain, et leur adjoignit bon nombre de pierreries nouvelles, d'une grande valeur.

Tout ceci, nous le répétons, faisait de l'existence de la jeune femme une succession de jours enchantés.

Une seule chose troublait quelque peu ces joies sans cesse renaissantes.

Des convenances impérieuses, qu'il était impossible de fouler aux pieds sans impudeur et sans scandale, imposaient à Laurence la loi de porter le grand deuil pendant les six premiers mois de son veuvage, et le petit deuil jusqu'à la fin de l'année.

Cette nécessité funeste enlevait à notre héroïne le plaisir si vif et si délicieux de choisir des étoffes de toutes les nuances, de combiner des toilettes de toutes les formes, et de présider enfin le conseil des grandes *faiseuses*, dont l'imagination est inépuisable et les arrêts sans appel en tout ce qui concerne les véritables lois de la mode.

Laurence soupirait parfois en passant devant les étalages des magasins de nouveautés, tapageuses mosaïques des couleurs éclatantes de la soie et du velours

— Ah! quelle revanche je prendrai dans un an!... — murmurait-elle alors.. — le rose, le bleu tendre, le vert émeraude, toute la gamme enfin des tons jeunes et des tons joyeux, charmeront sans cesse mes regards et se succéderont dans mes toilettes, fraîches comme le printemps, vivantes et changeantes comme l'été.

Parfois aussi le souvenir de Raymond se présentait à l'improviste à l'esprit de la marquise.

Ce souvenir ne manquait jamais de provoquer chez elle un certain malaise, car, malgré les affirmations de Raoul, elle ne pouvait se défendre d'une inquiétude vague en songeant au Protée parisien,..

A mesure que passait le temps, l'image du prétendu baron de Saint-Erme revenait à de plus longs intervalles et s'effaçait peu à peu, comme s'efface au matin l'impression d'un cauchemar nocturne.

Déjà dix jours s'étaient écoulés depuis la scène dont le pavillon de la rue des Amandiers-Popincourt avait été le théâtre.

Raymond n'avait pas donné signe de vie.

— S'il s'était complu dans une idée de vengeance, — se disait Laurence, — la réalisation de cette pensée se serait fait attendre moins longtemps... — Raymond est un homme d'esprit et un beau joueur.. — il pardonne à son heureux adversaire de lui avoir gagné la partie... — Il accepte philosophiquement les faits accomplis et ne s'obstine point à la poursuite d'une revanche impossible!... — Tout va bien!...

. . . .

XXIX. — LE COMMIS DU BIJOUTIER.

Le onzième jour, vers les quatre heures du soir, la marquise sortie depuis le matin, rentrait à l'hôtel Wilson.

— Le bijoutier de madame la marquise attend dans le salon... — lui dit la femme de chambre.

— Mon bijoutier!... — répéta Laurence avec un certain étonnement...

— Oui, madame, — reprit la camériste, — ou du moins son premier commis... — Il apporte des écrins à madame la marquise... — il est là depuis plus d'une heure...

— C'est bien... — Priez-le d'attendre quelques minutes encore..., — je vais me débarrasser dans ma chambre de mon châle et de mon chapeau, et je le rejoins au salon.

La nuance de surprise manifestée par madame Castella était naturelle.

La jeune femme avait passé la veille rue de la Paix, chez Didmer, son joaillier, l'un de ces artistes inspirés et consciencieux qui sont les Benvenuto Cellini du xixe siècle, et elle avait appris de sa propre bouche que ses bijoux ne seraient pas prêts avant quelques jours.

Quels pouvaient donc être ces écrins envoyés par lui?

Laurence se posait cette question, et aucune réponse ne se présentait à son esprit,

— A quoi bon me préoccuper pour une chose de si peu d'importance? — murmura-t-elle enfin, — dans une minute je vais savoir.....

Elle ouvrit la porte du salon et vit en face d'elle un homme d'une quarantaine d'années, mis avec une extrême recherche, ayant des cheveux et des favoris blonds, et dont la physionomie anglaise et insignifiante ne lui rappelait absolument rien.

Ce personnage était assis à côté d'une petite table, sur laquelle se trouvaient plusieurs écrins, recouverts les uns en chagrin noir, les autres en velours grenat et en maroquin rouge.

Au moment où madame Castella franchit le seuil, il se leva avec empressement et salua jusqu'à terre.

— Ma femme de chambre m'apprend que vous m'attendez depuis longtemps, monsieur... — dit Laurence... — croyez bien que je le regrette...

L'homme aux écrins s'inclina de nouveau.

— Vous êtes l'un des employés de M. Didmer, mon joaillier?... — continua la jeune femme.

— Oui, madame la marquise, — répliqua l'inconnu avec un accent très-prononcé, — je suis son commis principal, et un peu son associé...

— Il me semble que je vous vois en ce moment pour la première fois...

— Cela est en effet plus que probable... — je suis rarement dans les magasins... C'est à moi qu'incombe la charge de surveiller et de diriger le travail des ateliers...

— M. Didmer m'avait dit hier que les montures neuves de mes vieux diamants seraient prêtes dans une semaine au plus tôt.

— M. Didmer a bien renseigné madame la marquise... — le travail est loin d'être achevé...

— Alors quels sont ces bijoux? — reprit Laurence en désignant les écrins.

— Je vais avoir l'honneur de l'expliquer à madame la marquise... — Une très-grande dame, une princesse étrangère, ruinée de façon à peu près complète par des jeux de bourse, se trouve dans la nécessité de vendre ses pierreries qui sont d'une remarquable beauté. — Elle s'est adressée hier au soir à M. Didmer, son joaillier... — L'affaire est excellente, l'occasion admirable; mais mon patron ne peut débourser en ce moment une très-forte somme sans avoir la certitude de rentrer prochainement dans ses fonds... — Il a pensé sur-le-champ à madame la marquise qui sait si bien admirer et apprécier les belles choses... — Dans le cas où madame la marquise voudrait profiter d'une occasion vraiment rare, M. Didmer s'empresserait de mettre madame la marquise en son lieu et place, et se contenterait d'un très-léger bénéfice à titre de commission.

Laurence sourit.

— Je reconnais bien là, — dit-elle, — la courtoisie de M. Didmer. — Voyons ces bijoux...

Le commis du joaillier ouvrit les écrins, et la jeune femme resta pendant quelques secondes éblouie et comme pétrifiée d'admiration.

Un rayon du soleil couchant tombait sur les pierreries étalées, et faisait jaillir un véritable feu d'artifice d'étincelles des diamants et des rubis, tous de la plus belle eau et dignes de faire partie de la collection célèbre du duc de Brunswick.

— Ah! — s'écria Laurence... — quelles merveilles!...

— Il est certain, — murmura le commis, — que ces parures sont dignes d'une reine...

Laurence prit dans ses mains les colliers, les bracelets et les fit scintiller avec un plaisir que les femmes seules comprendront.

Après avoir savouré pendant un instant cette jouissance, la marquise laissa retomber les bijoux et poussa un profond soupir :

— Parure de reine!... — murmura-t-elle... — c'est vrai... — mais aussi fortune de reine!...

Puis, après un silence, elle ajouta :

— Combien valent ces joyaux?

— Madame la marquise désire-t-elle savoir leur valeur réelle ou le prix que la princesse veut les vendre?

— La valeur réelle, d'abord...

— M. Didmer a fait une estimation consciencieuse, et cette estimation atteint le chiffre de huit cent mille francs, au bas mot.

— Et la princesse demande ?

— Cinq cent mille francs.

— Une perte si grande est effrayante!... — s'écria la jeune femme...

— Effrayante, oui, madame la marquise, mais indispensable... — il faut à la princesse de l'argent comptant, et un demi-million ne se trouve pas toujours dans les quarante-huit heures...— Je m'empresse d'ajouter que si l'acquisition de ces joyaux convenait à madame la marquise, M. Didmer ferait toutes les avances et qu'il tiendrait seulement à être assuré du remboursement dans un laps de trois mois...

Après une minute de réflexion, Laurence secoua la tête et replaça vivement diamants et rubis dans les écrins qu'elle referma.

— Emportez, emportez tout cela!... — dit-elle ensuite, — hâtez-vous, monsieur... ne me tentez pas plus longtemps...

— Ainsi, — reprit le commis, — madame la marquise refuse d'acheter ces pierreries?

— Il le faut...

— Madame la marquise me permet-elle au moins de lui demander pourquoi?

— Oh! pour la meilleure des raisons...— M. Didmer me croit sans doute plus riche que je ne le suis réellement... — à peine ai-je cent mille livres de rente, et cette fortune modeste ne me permet pas une pareille dépense...

— Je supplie madame la marquise de vouloir bien autoriser une nouvelle question...

— Parlez!... — Cette question?...

— La voici : — Si l'importance de la somme à débourser n'était un obstacle, madame la marquise serait-elle heureuse de conserver tous ces joyaux?...

— Oui, certes!... — je suis fille d'Ève, et, en cette qualité, tout ce qui brille me plaît et m'attire...

— Eh bien, puisqu'il en est ainsi, que madame la marquise daigne prendre ces écrins et les enfermer dans un de ses meubles... — ils sont à elle.

Laurence fit un brusque mouvement de surprise et regarda son interlocuteur en se demandant tout bas s'il jouissait de son bon sens...

L'homme aux écrins comprit la signification de ce regard et répliqua en souriant :

— Madame la marquise me croit fou, mais elle se trompe... — j'ai la tête parfaitement saine...

— Alors, monsieur, expliquez-vous... — que voulez-vous dire?...

— L'explication est facile... — J'offre à madame la marquise ces diamants qui lui plaisent, et je la supplie de les accepter...

— Est-ce une insulte ou une raillerie, monsieur?... — demanda Laurence dont une vive rougeur colora le visage... — je ne sais de quelle façon je dois prendre vos paroles, mais il est évident que vous êtes un insolent ou un insensé, et j'instruirai M. Didmer de l'inconvenance de votre conduite...

L'inconnu salua :

— Madame la marquise... — reprit-il, — je vous dois une confession...

— Une confession!... à moi!... — répéta Laurence.

— Je vous ai trompée tout à l'heure...

La jeune femme recula instinctivement, avec un effroi tout machinal...

— Je ne suis point commis chez M. Didmer,— poursuivit l'inconnu, — et je n'ai même pas le plaisir de connaître ce bijoutier...

— Mais alors, monsieur, — balbutia la marquise, — mais alors, qui donc êtes-vous?

— Chère madame, — répondit une voix dont les intonations firent tressaillir Laurence depuis la plante des pieds jusqu'à la racine des cheveux, — faites-moi l'honneur de me regarder bien en face... — peut-être me reconnaîtrez-vous maintenant...

La marquise fixa ses yeux effarés sur le prétendu commis dont le visage subissait une transformation soudaine et complète.

De même qu'elle venait de reconnaître la voix de Raymond, elle reconnut les traits du baron de Saint-Erme.

— Vous!... — s'écria-t-elle... — vous!... chez moi!...

— Chère madame, — reprit le Protée parisien, — il m'a bien fallu, pour être admis dans le sanctuaire, revêtir cette forme nouvelle... — Si le baron de Saint-Erme ou Raymond, vos anciennes connaissances, s'étaient fait annoncer chez vous, ils auraient trouvé porte close...—Or, je voulais vous voir... — je le voulais, et il le fallait...

Laurence, très-inquiète, se laissa tomber sur un siége.

— Qu'avez-vous à me dire? — demanda-t-elle d'une voix sourde et comme brisée.

— Beaucoup de choses, chère madame; — mais vous avez tort de vous troubler et de pâlir ainsi, car aucune parole de reproche, je vous en donne l'assurance, ne sortira de mes lèvres...

— Bien vrai?

— Faut-il vous en faire le serment?

— Vous n'êtes donc pas irrité contre moi?

— En aucune façon. — Dans la première heure, j'en conviens, quand je suis sorti du lourd sommeil provoqué par vous et dont vous aviez si bien profité, j'ai ressenti quelque colère; mais je me suis bien vite apaisé en m'avouant à moi-même que cette colère était absurde et qu'elle était injuste!...

« Que pouvais-je vous reprocher, après tout?

« Nous avons joué l'un contre l'autre une partie dont le plus habile devait emporter les enjeux...

« Vous avez mis, à force d'audace et d'adresse, la victoire de votre côté...—vous m'avez vaincu!...

— c'est très-fort!...— Dois-je vous en vouloir pour cela?... — Non!... cent fois non!... — Voici ma main!...

XXX. — L'AIGLE ET LE VAUTOUR.

Un peu rassurée par ces paroles conciliantes et inattendues, la marquise appuya l'extrémité de ses doigts aristocratiques sur les doigts courts et carrés que lui tendait Raymond.

Le Protée parisien avait une main épaisse et trappue, véritable main de voleur vulgaire, et c'était la seule partie de son individu qu'il lui fût impossible de modifier, malgré le talent inouï de transformation que nous lui connaissons.

— Ainsi donc, — demanda le visiteur, — nous voici bons amis?

— Oui, de très-grand cœur... — répondit Laurence... — je n'ai, pour ma part, aucune raison de vous en vouloir... — Seulement, j'ai peine à me persuader, je l'avoue, que vous soyez venu me trouver ce soir tout exprès pour me tendre la main et m'annoncer que vous étiez sans rancune à mon endroit...

— C'est qu'en effet, chère madame, je ne suis pas venu seulement pour cela... — nous avons à causer, je vous l'ai déjà dit...

— Eh bien, je vous écoute, et vous ne doutez ni de mon attention profonde, ni de mon très-vif intérêt.

Raymond s'inclina.

— Vous êtes maîtresse de votre soirée, je l'espère, madame la marquise, — continua-t-il, — et vous pouvez m'accorder quelques minutes?

— Je vous accorderai tout le temps nécessaire, et, afin que rien ne vienne nous interrompre, je vais défendre à l'instant ma porte...

— Vous êtes adorable, chère madame, et vous prévenez mes désirs, en m'offrant de vous-même ce que j'aurais à peine osé vous demander...

Laurence donna l'ordre à sa femme de chambre de ne laisser arriver personne jusqu'à elle, et elle ne fit point d'exception pour le comte de Crédencé.

Elle revint ensuite trouver Raymond.

— Me voici complétement à vous... — lui dit-elle... — parlez... — j'attends...

— J'abuserai le moins possible de votre bienveillance, — reprit le Protée parisien, — et pour cela faire, j'irai droit au but... — Vous souvient-il, madame la marquise, de nos deux heures de tête à tête dans le pavillon où j'eus le bonheur de vous recevoir il y a dix jours?

— Oui, certes, je m'en souviens!... — s'écria Laurence.

— Alors, — continua Raymond, — vous ne sauriez avoir oublié mes propositions...

— Ma mémoire est fidèle, — répliqua la marquise en souriant, — vous m'avez fait deux offres généreuses, celle de la moitié de votre fortune, et celle de votre cœur tout entier...

— Vous aviez paru les accepter d'abord, — poursuivit d'un ton mélancolique l'étrange personnage, — puis, au moment d'en exécuter les premières clauses, vous m'avez fait tomber tête baissée dans un piége tendu par vous avec une adresse infernale...

— Ah! monsieur le baron, — interrompit Laurence, — ne venez-vous pas de me promettre que les reproches seraient bannis de notre entretien?

— Aussi, loin de moi la pensée de vous en adresser un seul... — répliqua Raymond... — je constate simplement un fait et je m'empresse d'ajouter que la ruse était de bonne guerre...—J'irai plus loin encore, et je déclare que votre conduite a fait grandir mon admiration pour vous...

— Mille fois, merci!... — murmura Laurence; — mais à quoi, s'il vous plaît, voulez-vous en venir?...

— J'en veux venir à ceci : — Avez-vous fait des réflexions?

— A quel propos?

— A propos de mes offres?

— Persistez-vous donc à me les adresser?

— Oui, plus que jamais...

La marquise secoua la tête.

— S'il en est ainsi, monsieur le baron, — fit-elle, — permettez-moi de vous dire en toute franchise que vous avez tort...

— Pourquoi?

— Parce que, de mon côté, je persiste dans mon refus...

— Ce n'est pas là votre dernier mot, madame la marquise, et vous reviendrez sur cette détermination.

— J'en doute très-fort.

— Et, moi, je garde, malgré tout, l'espoir de vous convaincre... — Lors de notre première entrevue, vous avez pu croire que j'exagérais ma fortune pour vous éblouir... — je vous donne aujourd'hui la preuve de ma sincérité en mettant à vos pieds des bijoux qui représentent près d'un million...

— Oh! vous êtes très-riche, je le crois, j'en suis sûre, — répondit Laurence en souriant, — mais j'ai des goûts modestes... — les deux millions que je possède me suffisent... — je m'en contente et ne demande rien de plus...

Raymond sourit à son tour.

— Ces deux millions dont vous parlez, — répliqua-t-il, — vous ne les possédez pas encore... — Souvenez-vous du proverbe, madame la marquise : — *De la coupe aux lèvres il y a souvent plus loin qu'on ne pense!*...

La jeune femme interrompit son interlocuteur.

— Je dois vous prévenir, — dit-elle, — que vous essaierez vainement de m'inspirer quelque inquiétude à ce sujet... — votre habileté même a tourné contre vous!... Le testament que je vous dois est inattaquable!... — mon notaire m'en a donné l'assurance...

— Rien n'est inattaquable en ce monde, madame la marquise, et si je voulais...

— Eh bien?...

— La fortune dont vous vous croyez déjà maîtresse s'évanouirait demain pour toujours...

Laurence ne jugea point utile de répondre.

Les dernières paroles de Raymond lui semblaient renfermer une menace vaine qui ne méritait de sa part aucune attention et ne devait faire naître aucune crainte.

— Ecoutez-moi... — poursuivit le Protée parisien dont le visage restait impassible, mais dont un tremblement léger agitait la voix, — au risque de vous sembler ridicule, je vais me dévoiler à vous tout entier et vous laisser lire dans mon âme...

« Je vous aime, Laurence!... — je vous aime d'un amour exclusif et farouche comme celui du lion pour sa lionne!... — Cet amour, je l'ai combattu, mais je n'ai pu le vaincre... il a grandi malgré tous mes efforts... — Maintenant il me possède, il me domine, il me consume!... — il coule dans mes veines avec mon sang! — rien ne peut plus le séparer de moi!... — il doit durer autant que ma vie, à moins que vous veniez à bout de le changer en haine, et prenez-y garde, madame, ce serait un malheur pour vous, car ma haine est aussi terrible, aussi implacable que mon amour est ardent et dévoué...

« Je dispose d'une force immense; cette force, c'est la volonté, — la volonté ferme, inflexible, qui ne s'écarte jamais de son but et qui marche au succès malgré tous les obstacles...

« Je me suis juré que vous seriez à moi, et vous serez à moi!...

« S'il faut commencer la lutte, je suis prêt; mais croyez-moi, chère Laurence, ne me réduisez pas à la cruelle nécessité de vous combattre, vous que j'adore!... de vous briser peut-être!...

« Acceptez de bonne grâce une fortune que je ferai gigantesque, un bonheur que je saurai rendre infini...

« Nous sommes de la même race tous les deux... — le sang des oiseaux de proie, ces rois de l'espace, coule dans nos veines!...

« Vous êtes née comme moi, non pour la vie du foyer, uniforme, monotone, asphyxiante, mais pour une existence de ruse, d'intrigue et de domination!...

« Soyez ma compagne, mon amie, mon génie domestique et mon autre moi-même...

« A nous deux, nous ferons de grandes choses!... — nous régnerons sur Paris... — nous bouleverserons le monde!...

« Ce que j'ai fait, je puis le défaire... — je puis élever une barrière insurmontable entre vous et ces deux millions qu'il vous semble déjà toucher de vos mains blanches...

« Avec moi, la richesse, la puissance, la royauté.
« Sans moi, la misère... — Choisissez!...

. . . .

Raymond se tut. Laurence se leva.

Une magnifique expression d'audace et de fierté rayonnait sur le visage de la jeune femme et formait une auréole à son front pâle couronné de cheveux noirs...

Une colère mêlée de dédain se lisait dans ses grands yeux étincelants.

Le Protée parisien avait manqué son but... la violence de sa passion venait de l'abuser en l'entraînant jusqu'à la menace.

La nature de Laurence était de celles qui peuvent se soumettre à la persuasion, mais jamais à la violence, et que toute tentative d'intimidation conduit infailliblement à la révolte.

Dans le discours ardent de Raymond, elle n'avait vu qu'une déclaration de guerre à outrance si elle refusait d'accepter l'amour du bandit, et des menaces formidables dont la réalisation lui semblait impossible.

— Mon choix est tout fait, monsieur le baron... — répliqua-t-elle d'une voix lente et incisive. — Nous avons, dites-vous, le sang des oiseaux de proie dans les veines!... — c'est possible; mais alors je suis de la race des aigles, et vous êtes de celle des vautours!... Or, on n'intimide pas les aigles!... les aigles ne savent point obéir!...

« Entre vous et moi, rien de commun!... — J'ai repoussé vos offres déjà!... — De nouveau je les repousse, et pour la dernière fois!... — Cherchez ailleurs une compagne digne de vous!... — la marquise Castella décline l'honneur insigne que vous voulez lui faire!

Raymond ne s'attendait point à cette réponse.

Il devint pâle comme un spectre, et pendant quelques secondes il appuya sa main sur le côté gauche de sa poitrine, pour comprimer les battements impétueux de son cœur.

— Ainsi, — balbutia-t-il, — c'est la guerre?...
— La guerre, soit!...
— Vous me forcez à devenir votre ennemi!...
— Il le faut bien, puisque vous refusez d'être mon ami sans conditions...
— Par pitié pour vous-même, ne me contraignez pas à vous perdre!...

Laurence fit un geste dédaigneux.

— Monsieur le baron, — dit-elle, — vous me connaissez trop peu pour savoir que, moi aussi, j'ai une volonté ferme, et que mes résolutions sont immuables... — vous ne l'ignorerez plus à l'avenir... — J'ajouterai que notre entretien me semble terminé, et que je craindrais d'abuser de vos moments en vous retenant davantage.

Raymond avait les dents serrées et sa respiration sifflante s'échappait avec peine de ses narines dilatées.

Une ride profonde se creusait sur son front et ses sourcils se rejoignaient de manière à dessiner le fer à cheval sinistre des Redgauntlet...

Il fit sur lui-même un violent effort, un effort héroïque.

Son visage resta livide, mais sa physionomie redevint calme comme par enchantement, et le sourire reparut sur ses lèvres.

— Pardon, madame la marquise, — murmura-t-il en quittant son siège, — mille fois pardon d'avoir fatigué votre patience dans ce très-long et très-inutile entretien... — Il ne me reste qu'à vous présenter mes humbles respects et à prendre congé de vous.

En disant ce qui précède, Raymond replaçait soigneusement dans un coffret en cuir de Russie, à clous d'argent, muni de courroies comme un sac de voyage, les écrins disséminés sur la table.

Lorsqu'il eut achevé cette besogne et lorsque le coffret fut refermé, il reprit : — De nos trois entrevues, madame la marquise, une seule a fini sans orage... c'est la première... — Que seront les prochaines?... — Dieu seul le sait... moi je l'ignore...

— Les prochaines... répéta Laurence avec un effroi véritable, — celle-ci n'est-elle donc pas la dernière?...

Le Protée parisien secoua la tête.

— La dernière?... — répliqua-t-il, — j'en doute très-fort...

— Je vous dis : Adieu, cependant...

— Et moi, madame la marquise, je vous dis : Au revoir...

Puis, après ce trait final qui ressemblait à la flèche du Parthe, Raymond salua de nouveau et sortit sans se retourner.

XXXI. — UNE LETTRE ET UNE LOCATION.

Deux heures après la visite de Raymond, un billet portant l'adresse de la marquise Castella fut remis par un commissionnaire au concierge de l'hôtel Wilson.

Laurence se hâta de briser le cachet.

Le billet contenait les lignes suivantes :

« *Madame la marquise,*

« *L'intérêt que je vous porte est trop vif, il a dans mon cœur de trop profondes racines, pour que je n'essaye pas de vous sauver malgré vous-même...*

« *Je viens donc vous tendre pour la dernière fois une main secourable au moment où vous allez rouler dans l'abîme...*

« *Appelez la réflexion à votre aide, et puisse-t-elle vous éclairer tandis que vous pouvez encore retourner en arrière...*

« *Je vous accorde huit jours...*

« *Avant une semaine écoulée, je n'agirai point contre vous.*

« *Si la lumière se fait à vos yeux, — si votre résolution se modifie, — si vous acceptez enfin la plus belle existence qu'une femme amoureuse de pouvoir et de richesse puisse ambitionner, écrivez-moi ce seul mot :* Venez!

« *Deux heures après, je serai chez vous...*

« *A partir de demain, et pendant huit jours, un commissionnaire dont la médaille portera le numéro 15, stationnera, de midi à une heure, en face de la porte de l'hôtel Wilson.*

« *Remettez-lui vous-même votre réponse, si vous avez l'heureuse inspiration de me répondre...*

« *Il est inutile que votre billet porte mon nom, et si vous interrogez le commissionnaire vous ne pourrez tirer de lui un seul mot, par l'excellente raison qu'il est muet...* »

. . . .

La nuit suivante, Laurence dormit mal.

Elle était inquiète et préoccupée beaucoup plus qu'elle ne voulait se l'avouer.

Elle ne songeait point à accepter les propositions du Protée parisien ; — elle n'admettait même pas comme possible la réalisation de ses menaces, mais la pensée du péril, vague et incessant, que la haine de Raymond allait faire planer sur sa tête, lui causait un intolérable malaise.

Les projets les plus bizarres et les plus incohérents se succédaient comme les rêves d'un fiévreux dans son esprit en désordre...

Tantôt elle se proposait de donner un rendez-vous à Raymond et de le frapper au cœur tandis qu'il se livrerait à elle sans défiance.

Tantôt elle se promettait de le livrer à la justice et de renier avec un visage de bronze et une inflexible audace la complicité qui les unissait l'un à l'autre...

Tantôt, enfin, elle s'abandonnait à l'idée de fuir la France, et d'aller cacher sa fortune dans quelque contrée lointaine où, grâce aux voiles obscurs épaissis autour d'elle, elle braverait les recherches du Protée parisien...

Vers le matin, seulement, Laurence put goûter quelques heures d'un sommeil qui rafraîchit et reposa son âme en même temps que son corps.

Au réveil, elle se sentit calmée, ranimée, presque forte.

La plus grande partie de ses craintes avait disparu en même temps que les ténèbres...

Aussitôt sa toilette achevée, elle fit prévenir Raoul qu'elle désirait le voir le plus tôt possible...

M. de Crédencé s'empressa d'accourir.

La marquise lui raconta dans les moindres détails son entrevue de la veille au soir...

Elle lui montra la lettre de Raymond et quand il en eut pris connaissance, elle lui demanda : — Que pensez-vous de tout ceci ?

Raoul haussa les épaules et répondit d'un ton dédaigneux :

— En vérité, ma chère Laurence, le piédestal du Protée parisien s'amoindrit étrangement à mes yeux...

« Je croyais Raymond très-fort, et je m'aperçois que j'avais de beaucoup surfait sa valeur...

« Il ne possède aucune arme contre vous, cela me paraît clair comme le jour ; il espère suppléer à sa faiblesse par l'intimidation, mais ses façons d'agir à votre égard sont de la plus entière maladresse, puisqu'il se renferme dans des généralités banales pour vous effrayer, et n'articule rien de précis...

« Vous me demandez ce que je pense ?

« Mon opinion est nette et carrée... — la voici :
— Raymond ne me semble nullement à craindre pour vous... — il est désarmé, par conséquent, il est impuissant... — Laissez-le dire... — laissez-le faire... — ne répondez pas à sa lettre et ne vous inquiétez de lui en aucune manière...

« Je suis votre meilleur ami, vous le savez ; — je passe pour avoir quelque prudence, et je vous répète : — *Dormez en paix.* »

Vous avez vu parfois les rayons du soleil se frayer un passage dans un ciel sombre et nuageux, et dissiper en un instant les vapeurs amoncelées entre la terre et l'astre roi...

Les paroles de Raoul produisirent un effet identique ; — elles chassèrent les nuages, ou plutôt les inquiétudes de Laurence, et rendirent au ciel de la jeune femme sa brillante sérénité.

Le trouble et les terreurs dont nous avons parlé s'envolèrent, et madame Castella éloigna de son esprit jusqu'au souvenir de Raymond...

— Lorsque vous m'avez fait mander, tout à l'heure, j'allais me mettre en route pour venir chez vous, — reprit M. de Crédencé ; — j'ai une bonne nouvelle à vous apprendre...

— Une bonne nouvelle ! — répéta Laurence, — parlez bien vite ! je brûle de la connaître...

— Je ne vous ferai pas languir... — mais d'abord une question...

— Eh bien ?...

— Avez-vous cherché des appartements hier, comme vous le faites chaque jour ?

— Oui.

— Et avez-vous enfin rencontré quelque chose qui vous convienne ?

— Hélas, non ! Il est en vérité bien difficile aujourd'hui de se loger confortablement à Paris, quand on n'a que cent mille livres de rente, et qu'on ne veut pas consacrer à son loyer un bon quart de ses revenus.

— S'il en est ainsi, ma chère Laurence, — poursuivit le comte, — j'ai été plus heureux que vous...

— Vous avez trouvé ? — demanda vivement la marquise.

— Oui. — Du moins je le crois.

— Où ?

— Dans un quartier tout à fait central et fort élégant... — la rue de la Chaussée d'Antin... — Vous ne tenez pas, je suppose, au noble faubourg Saint-Germain ?...

Laurence sourit.

— En aucune façon !... — répondit-elle ; — la Chaussée-d'Antin me convient à merveille... — Parlez-moi de l'appartement en question.

— C'est beaucoup mieux qu'un appartement...

— Qu'est-ce donc ?

— C'est un grand pavillon, situé entre cour et jardin, derrière les principaux corps de logis d'un immense et magnifique hôtel. — Vous seriez là complètement chez vous...

— La chose que je désirais le plus au monde ! — s'écria Laurence. — Et vous dites que ce pavillon est convenable ?

— Un vrai palais en miniature... — Rez-de-chaussée, premier étage et mansardes... — Les pièces de réception forment le rez-de-chaussée... — trois salons, dont les portes-fenêtres prennent jour sur un jardin relativement vaste et délicieusement planté de grands arbres et d'arbustes à feuillages persistants, ce qui fait qu'on a de la verdure sous les yeux, même en hiver... — Votre appartement particulier occuperait le premier étage, et rien de plus charmant, je vous jure, que les huit ou dix pièces qui le composeraient... — Les mansardes peuvent loger grandement une douzaine de domestiques ; — enfin les écuries sont pour cinq chevaux, et les remises pour trois voitures...

— Tout ceci me paraît merveilleux !... — dit la jeune femme. — Trop merveilleux, même, je le crains...

— Pourquoi donc ? — demanda Raoul.

— Parce que, dans de telles conditions, le loyer doit être formidable...

— Voilà justement ce qui vous trompe....

— Ce n'est pas à faire frissonner ?

— Jugez-en...

— Combien ?

— Dix mille francs...

Laurence frappa ses deux petites mains l'une contre l'autre...

— Impossible ! — s'écria-t-elle, — à ce prix-là, ce serait donné !

— C'est mon avis... — le bon marché est réel, l'occasion me semble rare, et je vous conseille très-sérieusement de la saisir aux cheveux...

— Raoul, vous êtes ma providence ! — jamais je ne pourrai me montrer assez reconnaissante envers vous pour tous les services que vous me rendez...

— Quelle folie ! — répliqua le comte en riant.

— Avez-vous votre voiture en bas ? — reprit la marquise.

— Oui.

— Je mets un chapeau... je jette un châle sur mes épaules, et nous allons visiter ensemble le nouvel Éden que vous m'avez trouvé.

— Je suis à vos ordres, chère Laurence.

Une heure après cette conversation, la marquise avait parcouru de la cave au grenier le petit hôtel de la Chaussée-d'Antin, et partageait si bien l'enthousiasme du comte de Crédencé, qu'elle se rendait, séance tenante, chez le propriétaire et signait un bail de neuf ans...

XXXII. — LE CIEL SE COUVRE.

Les dispositions intérieures et les détails d'ornementation du pavillon loué par la marquise Castella étaient irréprochables sous le triple rapport du comfortable, du bon goût et de la fraîcheur.

Laurence n'eut donc rien à changer, rien même à modifier... ce qui restait à faire pour son installation regardait exclusivement les tapissiers.

Elle pressa si bien ces derniers, qu'au bout d'une semaine tout était à peu près terminé, et que la jeune femme pouvait prendre possession de sa nouvelle résidence, ce qu'elle fit avec une joie délirante.

Ces huit jours, — il nous semble inutile d'insister sur ce point, — s'étaient écoulés avec une rapidité prestigieuse.

C'est à peine si Laurence, au milieu des innombrables occupations qu'elle se créait, avait pensé de loin en loin au Protée parisien, à ses menaces, et au délai accordé par lui, délai dont le terme définitif approchait.

L'idée de remettre une réponse au commissionnaire qui chaque jour, de midi à une heure, stationnait en face de l'hôtel Wilson, ne s'était même pas présentée à son esprit.

Le neuvième jour, dans la matinée, elle se rendit rue Neuve-des-Petits-Champs, chez M. Chauvelin, le galant notaire qui se dévouait à ses intérêts avec un zèle si absolu.

Elle venait lui demander l'époque positive où la fortune de feu son mari serait mise enfin à sa disposition.

M. Chauvelin reçut sa belle cliente avec sa galanterie et son empressement habituels, et cependant Laurence crut remarquer dans ses manières une nuance d'embarras dont il lui fut impossible de deviner la cause.

Le notaire, interrogé par elle, lui répondit que certaines formalités à remplir retarderaient de quelques jours encore son envoi en possession.

— Mais, au moins, — reprit la jeune femme avec un désappointement des plus vifs, — êtes-vous bien sûr, cher monsieur Chauvelin, que ce retard ne se prolongera pas au-delà des quelques jours dont vous parlez ?

— Oh ! parfaitement sûr... — dit le notaire tout d'abord.

Puis, se reprenant, il ajouta :

— J'ai du moins tout lieu de le croire et de l'espérer...

— En l'état des choses, — continua la jeune femme avec un sourire un peu contraint, — il me faut solliciter de vous un service.

— A vos ordres, madame la marquise...

— Depuis une semaine j'ai dépensé beaucoup, et, pour activer les tapissiers auxquels je demandais des miracles, j'ai promis de l'argent comptant...

M. Chauvelin hocha la tête d'une façon qui signifiait :

— C'était en effet le meilleur de tous les moyens.

Laurence poursuivit :

— Or, je tiens, vous le comprenez, à faire honneur à ma parole...

— C'est la chose du monde la plus naturelle.

— Deux fois déjà vous eu la courtoisie de mettre votre caisse à ma disposition... — je viens vous prier de vouloir bien m'y laisser puiser encore aujourd'hui...

M. Chauvelin fit une grimace imperceptible.

— Quelle est la somme dont madame la marquise a besoin ?... — murmura-t-il.

— J'ai besoin de vingt-cinq mille francs...

Le notaire parut hésiter pendant quelques secondes, puis il prit son parti en brave, et il répondit, mais avec une légère altération dans la voix :

— Je vais avoir l'honneur de remettre vingt-cinq mille francs à madame la marquise...

Laurence signa un reçu, emporta les billets de banque et rentra chez elle très-inquiète.

— Evidemment il se passe quelque chose que M. Chauvelin n'a pas jugé convenable de m'apprendre... — s'était-elle dit chemin faisant.

« Ce nouveau retard à propos de l'envoi en possession me paraît inexplicable !... — Légataire universelle, je n'ai rien à démêler avec des cohéritiers... — d'où peut donc venir une difficulté ? — je cherche en vain, mon esprit s'y perd !...

« D'ailleurs, je l'ai bien vu, M. Chauvelin a hésité pendant un instant avant de me remettre la somme que je lui demandais et qui complète une misérable avance de cent mille francs... — Or, qu'est-ce que cent mille francs pour un notaire nanti de deux millions, dont personne au monde n'est en droit de me contester la propriété ?

« Cela est étrange !... très-étrange !... et je redoute le plus terrible des périls, le péril inconnu !... — Oh ! l'incertitude ! l'incertitude !... quel supplice !...

. . . .

L'incertitude de Laurence fut de courte durée.

Le lendemain matin, le comte de Crédencé en venant déjeuner avec la jeune femme, la trouva pâle, défaite, bouleversée, méconnaissable.

— Grand Dieu !... — s'écria-t-il. — qu'avez-vous ?...

— Ce que j'ai !... — répondit la marquise d'une voix sourde et à peine distincte, — vous allez le savoir... — lisez...

En même temps elle tendait à Raoul une lettre timbrée de la veille, adressée à l'hôtel Wilson et arrivée depuis quelques minutes seulement à la rue de la Chaussée-d'Antin.

Laurence, d'une voix faible, demanda son chemin aux jeunes avocats. — Page 299.

Raoul lut avidement et devint presque aussi pâle que Laurence.

La lettre ne contenait qu'un très-petit nombre de lignes, précédées de cet en-tête imprimé :

PALAIS DE JUSTICE.
CABINET DE M. LE PROCUREUR IMPÉRIAL.

Quant aux quelques lignes, les voici :

« *M. le procureur impérial prie madame la marquise Castella de se trouver demain dans son cabinet, au Palais de Justice, à une heure précise ; — il a des éclaircissements à lui demander pour une affaire de la plus haute importance qui la concerne.* »

Raoul regarda la date.

— La lettre est d'hier... — murmura-t-il : — demain, c'est aujourd'hui... — il est onze heures sonnées ; — il faut que vous soyez dans deux heures au palais...

Un frisson nerveux courut sur l'épiderme de Laurence.

— Le procureur impérial !... — balbutia-t-elle... — qu'ai-je à démêler avec lui ?...

M. de Crédencé baissa la tête sans répondre.

— Il m'ordonne de me rendre en son cabinet... — continua la jeune femme, — que me veut-il ?... — quelle est cette affaire de la plus haute importance, qui me concerne et dont il me parle ?

— Je l'ignore...

— Je tremble, Raoul, j'ai peur !... — Et vous aussi, vous avez peur comme moi, n'est-ce pas ?...

— Le procureur impérial m'épouvante toujours, je l'avoue... — répliqua le comte en essayant vainement de sourire ; — la pensée seule de ce puissant personnage me cause une angoisse involontaire...

— Puis-je ne pas obéir ?

— Non, cent fois non, vous ne le pouvez pas !...

— Si cependant je refusais de me rendre à l'invitation qui m'est faite ?...

— Cette invitation se transformerait, dans le délai le plus bref, en un *mandat de comparution*, et si, cette fois encore, vous faisiez défaut, ce premier mandat deviendrait un *mandat d'amener*, mis à exécution par les agents de la préfecture de police.

— On m'arrêterait !... moi !... moi, la marquise Castella !...

— Parfaitement bien...

La jeune femme donna tous les signes de la plus violente terreur.

— S'il en est ainsi, — s'écria-t-elle, — je vais fuir !... — fuir à l'instant !... — je vais m'expatrier !... — je veux rester libre à tout prix...

— De grâce, chère Laurence, calmez-vous !... — répondit Raoul dont le sang-froid était revenu... — ne vous exagérez pas une situation qui, sans doute, est moins dangereuse que nous ne l'avions supposé dans le premier moment...—Rien ne nous prouve qu'un péril sérieux vous menace...

— Cependant, cette lettre ?...

— Cette lettre n'est, après tout, qu'une invitation polie dans sa forme...— Elle ne prouve qu'une seule chose, c'est que le procureur impérial veut vous voir, et qu'il a ou qu'il croit avoir, des éclaircissements à vous demander...

— Des éclaircissements !... — mais à quel propos ?...

— Plus je réfléchis et plus je sens grandir en moi la conviction que ce doit être au sujet du testament...

— Raymond, dans sa soif de vengeance, m'aurait-il donc accusée d'avoir produit un testament faux ?...

— Je crains que le misérable n'ait commis cette infamie, et je lui faisais trop d'honneur en l'en supposant d'abord incapable...

— Mais alors, je suis perdue !... — perdue sans ressource !... — balbutia la marquise en se tordant les mains...

— Perdue, dites-vous, chère Laurence !... — Allons donc !... pas le moins du monde...

— Comment parviendrai-je à écarter de moi une accusation qui n'est que trop bien fondée ?...

— Si bien fondée qu'elle soit, elle tombera cependant, soyez-en sûre, devant votre attitude calme et dédaigneuse, car il ne s'agit ici, j'en réponds, que d'une dénonciation anonyme, ne reposant sur aucune preuve... — Il ne faudrait rien moins que la présence de Raymond pour faire naître un danger réel. Or, vous le comprenez aussi bien que moi, Raymond ne viendra pas se livrer à la justice, rien que pour le plaisir de vous perdre...

— Oui, je le comprends... — répliqua la marquise... — mais, s'il m'a dénoncée, il vous a dénoncé en même temps...

— Ceci ne me paraît pas douteux...

— Ne courez-vous aucun risque ?...

— J'en cours certainement, au contraire, et de plus sérieux que vous ; mais je vais prendre dès aujourd'hui mes précautions, et me mettre à l'abri jusqu'à la solution de cette affaire.

— Tracez-moi ma ligne de conduite, car, il faut bien que j'en convienne, cette lettre a failli me rendre folle, et je n'ai pas une idée lucide dans ma pauvre tête !...

— Votre ligne de conduite est des plus simples. — Vous ne savez rien de ce qu'on vous veut...— vous ne comprenez rien à ce dont on vous accuse. — vous répondez aux questions du procureur impérial avec dignité, mais sans raideur... — vous restez vis-à-vis de lui dans votre rôle de grande dame bienveillante, et vous n'avez qu'un froid dédain pour les honteuses dénonciations anonymes auxquelles vous ne supposez pas que personne puisse ajouter foi...

Tandis que Raoul parlait ainsi, la pâleur des joues de la marquise avait presque entièrement disparu.

Elle comprenait son rôle, elle se sentait capable de le jouer en grande comédienne ; elle commençait enfin à entrevoir la possibilité et même la probabilité du succès.

Laurence déjeuna rapidement.— Elle fit une toilette très-simple, mais d'un goût exquis, et à midi et demi elle partit pour le palais de justice.

XXXIII. — LE PROCUREUR IMPÉRIAL.

Pour quiconque ne se sent pas la conscience parfaitement nette, le palais de justice est un lieu terrible, rempli de vagues épouvantes, et de poignantes appréhensions.

Le cabinet du procureur impérial surtout, pareil

à l'antre du lion, donne la chair de poule aux mieux bronzés...

Laurence était tremblante d'émotion et d'angoisse au moment où elle pénétra dans l'immense nef qui porte le nom si cruel et si vrai de *Salle des pas perdus*, — son cœur bondissant heurtait les parois de sa poitrine, comme un oiseau captif qui s'élance contre les barreaux de sa cage; et ce fut d'une voix faible et brisée qu'elle demanda son chemin aux jeunes avocats drapés dans leurs toges noires et portant sous leurs bras, avec importance, de lourds paquets de dossiers périmés, Démosthènes futurs que la vue d'une femme si belle et si pâle pétrifia d'admiration et de stupeur.

Enfin la marquise arriva dans l'antichambre du procureur impérial...

L'huissier de service lui demanda son nom, la pria d'attendre, et elle s'assit, ou plutôt elle se laissa tomber sur un grand fauteuil de chêne garni de basane verte et de clous jadis dorés.

Elle était là depuis quelques minutes, lorsque la porte de l'antichambre s'ouvrit pour livrer passage à M. Chauvelin, le notaire que déjà nous avons présenté à nos lecteurs.

Laurence se trouvait dans une de ces situations d'esprit où la vue d'une figure connue et amie apporte un immense soulagement.

Il lui sembla que son isolement cessait, que la présence du notaire était d'heureux augure, et que désormais elle allait avoir un allié, un défenseur.

En conséquence elle se leva vivement et fit quelques pas à la rencontre du nouveau venu.

Ce dernier ne parut nullement surpris de voir la marquise et la salua avec l'empressement galant et respectueux auquel il l'avait habituée:

— Eh quoi!... cher monsieur Chauvelin, vous aussi!... — murmura Laurence... — vous aussi dans ce lieu funeste!...

— Oui, madame la marquise, comme vous... — répondit l'officier ministériel, — et sans aucun doute pour la même affaire...

— La même affaire!... — répéta Laurence... — vous connaissez donc le motif qui m'a fait mander aujourd'hui par M. le procureur impérial?

— Je ne le connais pas d'une manière positive, mais je le devine facilement...

— Dans ce cas, vous êtes plus heureux que moi, — reprit la jeune femme, — car il m'est impossible de m'arrêter à une supposition vraisemblable... — Je m'épuise en conjectures et je ne trouve rien... — j'en arrive à me demander si je suis somnambule, et si, dans mon sommeil, j'ai commis quelque crime... — Venez à mon aide, cher monsieur Chauvelin!...—je vous en supplie, éclairez moi!...

Le notaire fit un geste de surprise.

— Eh quoi! madame la marquise, — murmura-t-il d'un air de doute,—vous ne soupçonnez rien?

— Non, je vous l'affirme...

— Dans ce cas, tenez pour certain qu'il s'agit du testament de feu M. le marquis Castella...

— Le testament de mon mari!... — s'écria Laurence.

— Oui, madame...

— Ne m'avez-vous pas dit vous-même qu'il était parfaitement régulier et inattaquable?...

— Il m'a paru tel, j'en conviens... mais...

Le notaire n'eut pas le temps d'achever sa phrase.

Il fut interrompu par l'huissier qui vint annoncer que le procureur impérial attendait madame la marquise Castella et M. Chauvelin...

La jeune femme pâlit de nouveau et chancela.

Il lui sembla que son sang se glaçait dans ses veines et que son cœur cessait de battre. — En même temps ses yeux se voilèrent, et des bruissements bizarres retentirent à ses oreilles..

Elle se soutenait à peine, mais elle sentait la nécessité de faire bonne contenance, et, quoique défaillante et anéantie, elle entra d'un pas ferme dans le cabinet du magistrat.

Le notaire la suivit.

Le procureur impérial était un homme de quarante-huit à cinquante ans, grand et mince, parfaitement distingué de tournure, de langage et de manières.

Son visage d'une blancheur mate, rasé avec soin, ses cheveux argentés par le travail, les veilles et la méditation, bien plus que par les années, et formant sur ses tempes des boucles naturelles, lui donnaient l'apparence d'un de ces illustres magistrats du temps passé, dont les portraits commandent aujourd'hui encore la sympathie et le respect.

Ses yeux, d'un bleu sombre, avaient un regard lumineux et ferme qui semblait devoir lire au fond des cœurs et sonder les consciences.

Ses lèvres, du dessin le plus correct, respiraient à la fois la douceur et l'énergie.

Il salua successivement Laurence et M. Chauvelin, puis, désignant de la main un fauteuil à la jeune femme, il lui dit :

— Veuillez vous asseoir, madame la marquise...

Laurence obéit.

Le procureur impérial s'assit lui-même, et, après avoir examiné rapidement quelques papiers placés devant lui sur son bureau, il reprit : — Je crains bien, madame la marquise, d'avoir à vous apprendre une funeste nouvelle...

La jeune femme frissonna instinctivement, mais elle fit sur elle-même un violent effort et elle répondit avec un calme apparent :

— Quelle que soit cette nouvelle, monsieur, je saurai l'entendre avec courage et résignation...

— Je vous ai fait écrire, madame la marquise, que j'attendais de vous des éclaircissements... — reprit le magistrat, — permettez-moi donc de vous adresser quelques questions...

Laurence s'inclina.

— Je suis à vos ordres... — murmura-t-elle.

— Je vais effleurer le plus délicat de tous les

sujets, — continua le procureur impérial, — mais il m'est impossible d'agir autrement... — Votre union avec le marquis Castella était-elle heureuse?

— Parfaitement heureuse... — répondit la jeune femme en baissant les yeux, tandis qu'un nuage pourpre envahissait son visage. — M. Castella éprouvait pour moi une tendresse profonde, et je ressentais pour lui l'estime et l'affection qu'une honnête femme doit au galant homme dont elle porte le nom...

— Ainsi donc, entre vous et votre mari, jamais de nuages?...

— Jamais.

— Jusqu'au dernier moment de l'existence du marquis?...

— Jusqu'au dernier moment, oui, monsieur...

— Je crois savoir que M. Castella a péri de la façon la plus malheureuse, tué en duel à la fleur de son âge, au moment où un magnifique avenir semblait se dérouler devant lui...

— Hélas! monsieur, ce n'est que trop vrai... — balbutia Laurence en appuyant son mouchoir sur ses yeux pour cacher ses larmes qui ne coulaient pas.

— Connaissez-vous la cause de ce duel à jamais regrettable?...

— Cette cause, déplorablement futile, fut une discussion politique dans les salons du Cursaal d'Aix-la-Chapelle... — Le marquis Castella était d'origine vénitienne, fils d'un père condamné à mort par le gouvernement autrichien... — Quelques paroles imprudentes dites par un Français à propos des derniers événements accomplis en Italie le froissèrent. — De là tout le mal...

XXXIV. — DÉCEPTION.

Un silence de deux ou trois secondes succéda à cette réplique de Laurence, puis le procureur impérial reprit :

— Le marquis Castella possédait-il une grande fortune?

— Deux millions environ...

— Votre fortune personnelle, madame la marquise, était-elle égale à la sienne?...

— Oh! monsieur, bien loin de là!... — Ma dot ne dépassait pas le chiffre modeste de deux cent mille francs...

— Le marquis Castella avait-il de proches parents?...

— Je ne lui connaissais aucun parent, ni proche, ni éloigné...

— Dans les termes de douce intimité et de parfait accord où vous viviez avec votre mari, sa pensée constante devait être de vous laisser, après sa mort, tout ce qu'il possédait?...

— Telle était en effet sa volonté... — répondit Laurence.

Le procureur impérial déploya l'un de papiers placés devant lui, puis il poursuivit :

— J'en trouve la preuve manifeste dans ce testament remis par vous, madame, aux mains de M. Chauvelin, votre notaire, testament en date du 1er août, et qui vous institue légataire universelle de feu le marquis Castella.

La jeune femme écoutait avec stupeur...

Le procureur impérial ne semblait point mettre en doute l'authenticité du testament sorti de la fabrique du Protée parisien...

Mais alors que voulait-il donc à Laurence? — Pourquoi l'avait-il appelée dans son cabinet, et quel était le but mystérieux de l'interrogatoire qu'il lui faisait subir?...

Notre héroïne eut à peine le temps de se poser ces questions embarrassantes, et son incertitude ne fut pas de longue durée...

Le magistrat reprit presque aussitôt :

— Quelle fut la date du duel si fatal à M. le marquis Castella?...

— C'est le 4 août au matin que mon mari a été mortellement frappé... — répondit Laurence.

— Faites-un appel à vos souvenirs, madame la marquise, avant de me répondre, et dites-moi, je vous prie, si entre le 1er et le 4 août il ne s'est passé dans votre intérieur aucun incident de nature à modifier les bienveillantes dispositions de M. Castella à votre égard?...

Ces paroles firent éprouver à la jeune femme une violente secousse.

Elle devina que la question du procureur impérial cachait pour elle un danger terrible, mais elle ne comprit pas encore quel était ce danger...

— Il ne s'est rien passé... — répondit-elle après avoir paru réfléchir, — ou du moins ma mémoire ne me rappelle aucun fait saillant... — Notre vie s'est écoulée calme et paisible comme d'habitude... — Nous étions heureux, parfaitement heureux, et le bonheur, vous le savez, monsieur, ne laisse que des souvenirs uniformes, tous frappés à la même empreinte...

— Ainsi, la veille de sa mort, M. Castella n'a point eu à subir quelque profonde douleur, quelque catastrophe imprévue?...

— Une douleur! une catastrophe!... — répéta Laurence. — Non, monsieur, non! certes, non!...

— En êtes-vous bien sûre, madame? — demanda le magistrat après un silence.

— Oui, monsieur, parfaitement sûre... — répliqua la jeune femme.

— Prêteriez-vous serment que telle est bien votre conviction?...

— Sans hésiter...

— Peut-être auriez-vous tort, madame...

— M'est-il permis, monsieur, de vous demander pourquoi?...

Le procureur impérial ne répondit pas.

Un silence plus long que ceux qui l'avaient précédé succéda à la dernière question de Laurence. Le magistrat avait les yeux baissés. — Il appuyait son coude sur le bureau, son front sur sa main, et s'absorbait évidemment dans une méditation profonde.

Enfin, après deux ou trois minutes qui semblèrent interminables à la jeune femme, il releva la tête et il poursuivit en ces termes l'interrogatoire commencé : — Veuillez, je vous prie, madame, m'apprendre le nom de l'adversaire du marquis Castella ?...

— Cet adversaire s'appelait le comte Raoul de Crédencé... — murmura Laurence.

— Un Français ?...

— Oui, monsieur...

— Pendant la soirée funeste où la provocation eut lieu dans les salons du Cursaal d'Aix-la-Chapelle, le marquis Castella et le comte Crédencé se voyaient-ils pour la première fois ?...

— Non, monsieur...

— Ils se connaissaient antérieurement ?...

— Oui, monsieur...

— Depuis combien de temps ?

— Depuis quelques mois...

— Le comte de Crédencé était-il reçu dans votre maison ?...

— Oui, monsieur...

— Ses relations avec le marquis Castella et avec vous étaient-elles intimes et suivies ?...

— Sinon intimes, du moins fréquentes...

— Et jamais, jusqu'alors, aucune discussion politique n'avait eu lieu entre ces deux hommes ?...

— Jamais. — M. de Crédencé ignorait complétement les opinions de mon mari, et c'est de cette ignorance qu'est venu tout le mal, car j'ai la certitude que le comte n'aurait pour rien au monde voulu froisser son ami...

— Personnellement, madame la marquise, comment accueilliez-vous le comte de Crédencé ?

— Mais, monsieur, je faisais à ce gentilhomme l'accueil bienveillant et distingué qu'une femme du monde, qu'une maîtresse de maison doit à ses hôtes..

— N'aurait-il point été possible de reprocher à cet accueil un peu trop d'empressement ?

Laurence devint pourpre. — Elle sentit que son cœur cessait de battre... Cependant elle répondit avec un calme affecté, que démentait le tremblement de sa voix :

— Je ne sais si je comprends bien le sens de votre question, monsieur, mais je me crois incapable d'un oubli des convenances, quel qu'il soit...

— Il ne faut pas voir dans mes paroles une accusation, madame la marquise... — reprit le procureur impérial ; — la question que je viens de vous adresser n'a qu'un but, celui de savoir si les visites assidues de M. de Crédencé, et la gracieuse familiarité de vos manières à l'endroit de ce jeune homme, n'étaient point de nature à faire naître chez le marquis Castella une certaine jalousie...

— Toute jalousie suppose un soupçon, — répliqua la jeune femme ; — or, mon mari ne me soupçonnait jamais, parce qu'il avait la certitude que je méritais sa confiance...

— Quelle fut l'arme choisie pour le duel ?

— Le pistolet.

— M. de Crédencé ne vous semble-t-il pas avoir fait preuve d'une inexplicable cruauté, en n'épargnant point l'homme que la veille encore il appelait son ami, et qu'il a tué sans pitié pour la plus misérable de toutes les causes ?

— M. de Crédencé avait reçu du marquis l'un de ces outrages qui ne se lavent que dans le sang... — répliqua Laurence. — Peut-être d'ailleurs le hasard, bien plus que son adresse et sa volonté, a-t-il guidé sa main...

— Peut-être, en effet... — murmura le procureur impérial. — Puis il continua : — Savez-vous, madame la marquise, si depuis le funeste événement M. de Crédencé est rentré en France ?...

Laurence hésita.

Elle eut tout d'abord la pensée de répondre qu'elle l'ignorait, — mais peut-être le magistrat était-il instruit de la vérité beaucoup plus qu'il ne voulait le paraître. Dans ce dernier cas, un mensonge allait compromettre étrangement la jeune femme.

Elle se dit cela, en beaucoup moins de temps que nous n'en avons mis à l'écrire, et elle répondit :

— Oui, monsieur, — le comte de Crédencé est rentré en France.

— Est-il à Paris ?

— Il est à Paris...

— L'avez-vous revu ?

— Il s'est présenté chez moi sous le prétexte d'une communication importante à me faire, et je l'ai reçu une seule fois.

Le procureur impérial ne releva point cette réponse, mais ses sourcils se froncèrent et son visage prit une expression d'étonnement et de dédain.

— Je sais à peu près tout ce que je voulais savoir, — reprit-il, — et maintenant il me faut revenir à mon point de départ... — Réfléchissez de nouveau, madame la marquise, interrogez votre conscience, et dites-moi si rien ne vous met sur la trace des causes probables d'un changement complet survenu dans les dispositions du marquis Castella à votre égard ?

— Ces causes n'existaient pas, monsieur, elles ne pouvaient exister, et la preuve c'est que le changement dont vous me parlez n'a point eu lieu... — balbutia Laurence.

— C'est ce qui vous trompe, madame la marquise... — répliqua le procureur impérial.

La jeune femme devint blanche comme un linceul.

— Eh quoi !... — s'écria-t-elle, — M. Castella a-t-il donc modifié ses volontés dernières ?

— Oui, madame, et telle est la fâcheuse nouvelle que j'avais à vous apprendre...

— Mais c'est impossible... — oui, c'est impossible !

— Rien, cependant, n'est plus vrai, madame.
— Il existe un autre testament?
— Un testament en date du 3 août, oui, madame, écrit et signé par conséquent quelques heures avant la fatale rencontre où le marquis Castella devait succomber... — Cet acte, postérieur de trois jours à celui que vous avez remis à M. Chauvelin, rend le premier testament nul et de nul effet...

— Et, — demanda Laurence d'une voix sourde, — l'acte dont vous venez de parler me dépouille d'une partie de la fortune du marquis Castella?...

— Il vous dépouille de la fortune tout entière, madame, car votre nom ne s'y trouve même pas mentionné...

— Alors, — s'écria la marquise avec une indicible rage, — alors, je m'inscris en faux contre ce testament.

— Vous en avez le droit. — Qui accusez-vous?...
— La créature humaine, quelle qu'elle soit, à qui ce testament profite.

— Accusation impossible, madame la marquise, accusation insensée qu'aucun tribunal ne voudrait et ne pourrait admettre.

— Pourquoi ce déni de justice?
— Parce que le marquis Castella donne et lègue la totalité de ce qu'il possédait à des œuvres de charité et à des établissements de bienfaisance!...

Depuis longtemps déjà Laurence avait reconnu la main et la vengeance de Raymond dans la déplorable situation qui lui était faite.

Mais, à cette minute seulement, elle comprit que le Protée parisien s'était servi pour la perdre du testament véritable écrit par le marquis Castella.

— Monsieur le procureur impérial, — demanda-t-elle, — puis-je prendre connaissance de l'acte qui me déshérite?

— Oui, sans doute, madame la marquise... — je n'ai ni le droit, ni la volonté de vous en refuser communication.

En même temps le magistrat tendait à Laurence le testament qu'elle ne connaissait que trop bien...

Un seul regard jeté sur le papier prouva surabondamment à la jeune femme que ses suppositions étaient d'accord avec la réalité.

— Tout espoir est perdu!... — pensa-t-elle, — je suis ruinée sans ressource, mais du moins j'échappe à l'accusation de faux qui pou... . ne pas même me laisser la liberté en échange de ma fortune évanouie!

— Monsieur le procureur impérial, — murmura-t-elle ensuite, — pardonnez à mon trouble, à mon abattement, que je ne saurais cacher à vos yeux... — Puis-je sans une émotion profonde, sans une immense et légitime douleur, me voir enlever si injustement une fortune que pour tant de raisons je considérais comme la mienne?... — Puis-je, après avoir cru que j'étais riche retomber à l'improviste dans une pauvreté qui sera pour moi un supplice pire que la mort?

— Je conviens volontiers, madame, que vous êtes à plaindre... — répliqua le magistrat avec une compassion un peu ironique; — permettez-moi, cependant, de vous faire remarquer qu'il vous reste une fiche de consolation dont se contenteraient beaucoup de veuves.

— Laquelle?
— Deux cent mille francs, c'est-à-dire dix mille livres de rente! — Ce n'est pas la pauvreté, cela, madame... c'est l'aisance.

— Eh! monsieur, — s'écria Laurence, — interrogez M. Chauvelin que voici... — il vous répondra qu'à l'heure qu'il est les deux cent mille francs composant toute ma fortune n'existent plus.

Le procureur impérial fit un geste d'étonnement.
— Qu'est devenu cet argent? — demanda-t-il.
— Je me croyais maîtresse de cent mille livres de rente... — Une installation digne de ma fortune illusoire a dévoré ce qui m'appartenait réellement. J'ai des meubles splendides, des chevaux, des voitures, et je ne possède plus un sou!... — Oh! maudit soit celui qui sans pitié, sans loyauté, sans remords, m'a dépouillée de mon bien et m'a réduite à la misère et au désespoir!... que maudit soit son nom! que sa mémoire soit maudite!...

En disant ce qui précède, Laurence se tordait les mains et son admirable visage devenait presque hideux, décomposé comme il l'était par la haine et par la fureur.

La noble et belle figure du procureur impérial devint menaçante et terrible.

— Taisez-vous, madame la marquise! — fit-il avec un geste hautain, — celui que vous accusez, celui que vous blasphémez, avait le droit et le devoir d'agir comme il l'a fait... — En écrivant le testament qui vous dépouille, il ne s'est pas vengé, madame, il a puni!

XXXV. — LA LETTRE D'AIX-LA-CHAPELLE.

Pendant quelques secondes, Laurence resta muette et comme foudroyée par les paroles sévères et par la généreuse indignation du magistrat dont elle sentait le regard peser sur elle.

Mais la jeune femme se trouvait dans une situation d'esprit à ne rien ménager, et bientôt les flots pressés de la colère qui débordait en elle montèrent jusqu'à ses lèvres.

— Je me croyais dans le sanctuaire de la justice! — s'écria-t-elle en croisant l'éclair de ses prunelles avec le rayon calme et dédaigneux jaillissant des paupières du procureur impérial, — je vois que je me trompais, monsieur, puisqu'au lieu de prêter main forte à celle qu'on dépouille, vous l'insultez par des doutes injurieux! vous foulez aux pieds sa détresse! — Ah! c'en est trop, et je me révolte à la fin!... — Mon mari, dites-vous, était juste, — il avait le droit de punir!..

— soit! — mais qu'ai-je fait? je veux le savoir! — De quoi m'accuse-t-on, et quel est mon accusateur? »

Laurence, ayant ainsi parlé, se tut, anéantie par la violence même de ses sensations.

Le procureur impérial prit sur son bureau une lettre qu'il tendit à la marquise en lui disant pour toute réponse ce seul mot : — Lisez!

Laurence saisit la missive dont elle regarda d'abord la suscription.

Cette suscription était ainsi conçue :

« *Monsieur le Procureur impérial du département*
« *de la Seine. Au Palais de justice.* »

PARIS — (FRANCE).

Le timbre rouge de la ville d'Aix-la-Chapelle étalait son empreinte parfaitement nette et lisible entre ces lignes.

Il n'y avait pas d'enveloppe.

La marquise déploya rapidement le papier qu'elle tenait entre ses mains et courut à la signature...

Mais aucun nom ne se lisait au bas du verso de la quatrième page.

— Une lettre anonyme!... — s'écria Laurence d'un ton méprisant. — Ah! monsieur!... et c'est d'une telle arme que vous prétendez vous servir!...

— Lisez, madame... — répéta le procureur impérial, — vous répondrez ensuite, si vous avez quelque chose à répondre...

La lettre était longue.

Quelques secondes suffirent néanmoins à Laurence pour en parcourir d'un bout à l'autre le contenu que nous allons mettre textuellement sous les yeux de nos lecteurs :

« Aix-la-Chapelle, le **

« Monsieur le procureur impérial,

« C'est à vous que je viens m'adresser pour empêcher une grande et déplorable injustice...

« Je ne sais quelle tragédie classique a dit en un vers que je défigure peut-être :

« *On ne peut hériter de ceux qu'on assassine!...*

« Or, une jeune Française, madame la marquise Castella, après avoir assassiné moralement son mari, — puisqu'elle est la cause immédiate et directe de sa mort, — se trouve au moment de faire main basse sur sa fortune entière. — Or, il importe que la marquise Castella ne puisse recueillir un héritage taché de sang...

« Je n'ai point la prétention folle de rédiger un acte d'accusation. — Voici les faits : je vous les donne dans toute leur simplicité et sans les accompagner du moindre commentaire.

« Le marquis Castella avait pour ami très-intime un Français d'une parfaite élégance et d'un savoir-vivre vraiment exquis, le comte Raoul de Crédencé.

« En sa qualité d'ami du mari, le comte était l'amant de la femme...

« Tout le monde à Aix-la-Chapelle connaissait cette liaison... — M. Castella, en sa qualité de principal intéressé, l'ignorait seul, selon l'usage généralement répandu parmi messieurs les maris qui semblent posséder *des yeux pour ne point voir,* selon l'expression des Saintes Écritures... Mais la cécité d'un mari, quelle que soit sa persistance, doit cependant avoir une fin lorsque les coupables commettent l'insigne maladresse de se laisser surprendre en flagrant délit de trop grande intimité...

« Ce fut ce qui arriva au comte et à la marquise le troisième jour du mois d'août dernier.

« Le marquis Castella souffleta le comte de Crédencé, et les deux hommes se battirent au pistolet, le lendemain, sans témoins...

« Je me trompe, ils en avaient un, mais à leur insu, et ce témoin n'était autre que moi-même.

« Le marquis Castella fut tué roide.

« Le comte se pencha sur le cadavre, fouilla les vêtements du mort, y prit une enveloppe fermée par un large cachet de cire noire, et s'enfuit, car des gendarmes, attirés par le bruit des coups de feu, apparaissaient dans le lointain, et personne n'ignore que les conséquences d'un duel sans témoins peuvent être graves pour celui des combattants qui survit...

« Je suivis le comte à distance et je m'aperçus bientôt, qu'emporté par la rapidité de sa course, il venait de laisser tomber derrière lui, sans le savoir, l'enveloppe volée sur le cadavre.

« Je ramassai cette enveloppe qui portait les quatre mots sacramentels : CECI EST MON TESTAMENT... — Je brisai le cachet sans le moindre remords, et j'allais prendre connaissance du contenu lorsque je vis le comte revenir sur ses pas avec la physionomie d'un homme très-inquiet, très-préoccupé...

« Il regardait à terre, en marchant, et sans aucun doute il cherchait le papier perdu...

« Je me jetai derrière un bouquet d'arbres où je disparus à ses yeux. — Il passa tout près de moi en blasphémant d'une voix étouffée, et ses recherches vaines l'auraient ramené jusqu'auprès du cadavre, si les chapeaux des gendarmes, dont les galons d'argent brillaient au soleil et se rapprochaient visiblement, ne lui avaient inspiré une prudente et salutaire terreur.

« Il renonça donc à retrouver la précieuse enveloppe et reprit avec une extrême rapidité le chemin de la ville...

« Moi que rien ne pressait, je restai dans le bouquet d'arbres, et je pris connaissance du testament. Il portait la date de la veille et déshéritait de la façon la plus complète la marquise Castella.

« J'appris dans la soirée que le comte n'avait reparu à l'hôtel qu'il habitait que pour faire porter ses bagages au chemin de fer.

« Quelques heures plus tard il était en France.

« La semaine suivante, la marquise partit à son tour.

« Je l'avouerai sans détour, monsieur le procureur impérial, je ne savais que faire et je n'avais pris aucun parti définitif au sujet du testament tombé entre mes mains...

« Je suis homme, et madame Castella, en sa qualité de femme délicieusement jolie, m'inspirait une sorte de pitié, et même d'intérêt...

« — Peut-être qu'à l'heure qu'il est, — me disais-je, — cette charmante veuve déteste cordialement son complice et pleure son mari de toutes ses forces!... — cela s'est vu!... — S'il en est ainsi, pourquoi me faire l'instrument de la vengeance du défunt? — laissons les choses suivre leur cours...

« Mais, tout en me disant cela, je voulus me renseigner...

« J'ai des amis à Paris... — Je leur écrivis afin d'avoir des renseignements... Ces renseignements ne se firent point attendre et furent aussi complets, aussi détaillés, que si la police elle-même s'était mise à mes ordres...

« J'appris que, non-seulement madame Castella n'avait point rompu avec le meurtrier de son mari, mais encore qu'elle vivait avec lui dans une intimité plus grande et plus complète que jamais.

« Le comte de Crédencé s'était chargé de procurer un logement provisoire à la marquise dans une maison meublée de la rue de la Madeleine, maison connue sous le nom d'*Hôtel Wilson.*

« Le comte s'était ensuite occupé de l'installation définitive de sa maîtresse, pour laquelle il vient de louer un pavillon somptueux, rue de la Chaussée-d'Antin, n° ***.

« Pendant que M. de Crédencé agissait ainsi, madame Castella, munie d'un testament dont j'ignore la date, faisait les démarches nécessaires pour être mise en possession de la fortune du marquis, et ces démarches vont aboutir...

« L'idée que cette femme sans pudeur épouserait sans doute le comte de Crédencé, enrichissant ainsi le meurtrier avec les dépouilles de la victime, me vint à l'esprit et me révolta...

« Pour moi la complicité morale du sang versé était établie non moins complétement que celle de "amour adultère...

« Je résolus de ne point laisser triompher cette œuvre de ténèbres, et je pris l'unique parti qui pût me conduire à mon but par le chemin le plus court et le plus direct... — Je vous envoie, monsieur le procureur impérial, le testament du marquis Castella, le seul valable, celui qui annule tous les autres...

« Ce qui vous reste à faire, vous le savez mieux que moi... — Votre devoir vous est connu... — je n'ai pas besoin de vous le dicter...

« Peut-être vous demandez-vous pourquoi je ne signe point cette lettre... La raison en est simple ; — la voici : — Je veux bien empêcher une grande injustice, mais je n'y veux sacrifier ni mon repos, ni peut-être ma vie...

« Le comte de Crédencé et la marquise Castella sont gens à ne reculer devant rien pour se venger de quiconque anéantit, ainsi que je viens de le faire, l'édifice de leurs espérances...

« Or, l'absence de mon nom au bas de ces pages est pour moi la plus sûre de toutes les égides... On ne se venge pas d'un inconnu...

« Voilà pourquoi, monsieur le procureur impérial, je prétends rester un inconnu pour tous... même pour vous...

« Cette lettre, quoique anonyme, mérite cependant toute votre créance... — Prenez la peine de faire une enquête, cherchez les preuves de ce que j'avance, et vous verrez que mes accusations reposent sur des bases solides et inébranlables...

« Enfin, — et pour me résumer en un mot, — interrogez la marquise Castella elle-même... — je la mets au défi de nier l'évidence. »

Lorsque Laurence eut achevé, la lettre s'échappa de ses mains et ce fut le notaire qui la ramassa sur le parquet pour la rendre au procureur impérial.

— Eh bien, madame, — dit ce dernier à la jeune femme, — vous avez lu... — que pouvez-vous répondre?...

— Rien... — balbutia la marquise d'une voix sourde.

— Votre abattement répond pour vous... — reprit le magistrat... — votre silence est éloquent... — il équivaut à l'aveu le plus complet...

Laurence releva la tête.

— Vous vous trompez, monsieur!... — répliqua-t-elle avec une audace renaissante... — je n'avoue rien, et vous donnez à mon silence une interprétation que je repousse de toutes mes forces!... — A quoi bon me défendre contre une accusation anonyme?... et d'ailleurs, comment le pourrais-je?... — depuis longtemps déjà je le sais, et vous le savez aussi bien que moi, l'innocence ne se prouve pas!... — Votre jugement, monsieur, est prononcé d'avance... — je suis condamnée quand même!...

— Madame la marquise, — dit avec calme le procureur impérial, — je me sens plein de compassion pour votre douleur, mais cette douleur vous égare... — Je représente ici la justice et la loi, permettez-moi de vous le rappeler, et je ne saurais tolérer des attaques qui, s'adressant à moi, retomberaient sur elles...

— Je n'ajouterai pas un seul mot, — répliqua Laurence, — et j'accepterai sans une plainte, sans un murmure, la ruine qui me frappe et que vous semblez croire méritée... — Puis, après un silence, elle ajouta : — Monsieur le procureur impérial, m'est-il permis de me retirer?...

— Rien ne vous retient plus ici, madame la

marquise, — répondit le magistrat, — vous êtes libre...

Laurence se leva aussitôt... Elle salua légèrement le procureur impérial, fit au notaire un signe de tête protecteur, quitta le cabinet, traversa l'antichambre, la salle des Pas perdus, et regagna sa voiture qui l'attendait sur la place Dauphine.

Après le départ de la jeune femme, le magistrat et le notaire échangèrent un coup d'œil.

— Maître Chauvelin, — dit ensuite le procureur impérial, — vous avez là une cliente bien dangereuse !... — Prenez garde !... — cette femme est capable de tout... — j'ai lu dans son regard des choses effrayantes !... — La loi reste désarmée contre elle, mais je garde une certitude terrible...

— Laquelle, monsieur le procureur impérial ? — demanda le notaire.

— C'est qu'elle a fait sciemment frapper son mari par son amant.

— Ah !... — balbutia maître Chauvelin avec une physionomie bouleversée, — ce serait monstrueux !...

— Cela est ! n'en doutez pas, car je ne puis en douter moi-même...

— Si belle !... — continua le notaire... — et capable d'un crime si noir !... — voilà ce qui confond mon esprit !...

Un sourire vint aux lèvres du procureur impérial.

— L'expérience, — demanda-t-il, — vous fait-elle à ce point défaut que vous jugiez l'âme par le visage ?... — Les sirènes aussi étaient belles !... — belles et sans pitié !... — souvenez-vous !...

— C'est vrai... — murmura maître Chauvelin, — oui, vous avez raison... — la marquise Castella pourrait bien être une sirène...

— Au reste, — poursuivit le magistrat, — le dernier mot n'est pas dit entre cette femme et moi... — nous nous reverrons un jour face à face...

— A propos de ce même testament ? — demanda le notaire avec vivacité.

— A propos d'une action que j'ignore, — répondit le procureur impérial, — et qui peut-être n'est pas commise à l'heure où je vous parle, mais qui se commettra tôt ou tard et mettra cette fière marquise sous la main de fer de la justice...

XXXVI. — DÉSESPOIR.

Aussi longtemps que roula la voiture qui ramenait Laurence du Palais de justice à la rue de la Chaussée-d'Antin, la jeune femme, épuisée par l'énergie dont elle avait fait preuve pendant son entretien avec le procureur impérial, resta plongée dans une sorte de torpeur morale, pareille à l'engourdissement physique qui suit les grandes fatigues et les grandes douleurs.

Ne recevant que des hommes, elle les accueillait tous de même façon. — Page 310.

Elle se souvenait à peine et la faculté de penser semblait chez elle momentanément suspendue.

Mais lorsqu'elle eut quitté sa voiture, lorsqu'elle se trouva en présence du comte de Crédencé qui l'attendait dans le salon, et qu'elle l'entendit s'écrier en la voyant :

— Laurence, répondez !... répondez vite !... — que s'est-il passé ? — votre figure est effrayante !...

Les souvenirs lui revinrent à l'instant, — son désespoir fit explosion, — son cœur longtemps gonflé déborda, — des sanglots convulsifs montèrent, comme un hoquet sinistre, de sa gorge à ses lèvres, — des larmes abondantes ruisselèrent sur son visage et elle balbutia :

— Je suis perdue, Raoul !... — perdue sans ressource et sans espoir !...

— Perdue, dites-vous !... — répéta le comte, — c'est impossible !... — vous vous trompez vous-même !... — vous ne pouvez être perdue, puisque vous voilà libre !...

— Eh ! — reprit la marquise impétueusement, — ce n'est pas de ma liberté qu'il s'agit, c'est de ma fortune !... — Oui, certes, je suis libre, mais seulement de mourir de misère et d'humiliation, car ma ruine est complète !... — je ne possède plus rien !... — m'entendez-vous, Raoul !... plus rien !... plus rien au monde !...

— Je vous entends, — répondit M. de Crédencé, — mais je vous comprends mal, faute des explications nécessaires, et je ne puis que vous prier de nouveau de m'apprendre ce qui s'est passé. — D'abord, et avant tout, pourquoi le procureur impérial vous avait-il fait appeler ?...

— Pour jouir de ma déception... de ma confusion... de ma honte, en face du testament maudit par qui mes espérances étaient anéanties...

Raoul tressaillit.

— De quel testament voulez-vous parler !... — s'écria-t-il.

— De l'acte fatal, écrit et signé par le marquis la veille de sa mort... remis à vous par moi, et par vous à Raymond...

— Eh quoi ! — murmura le comte stupéfait et consterné, — cet acte existe !... — Raymond ne l'a donc pas détruit, ainsi qu'il vous en avait donné l'assurance...

— Cette assurance n'était qu'un mensonge éhonté du misérable !... — Le testament, le vrai testament, voilà l'arme fatale dont Raymond me menaçait ! — Cette arme, il vient de s'en servir contre moi, et de me prouver qu'elle était mortelle !...

— Le procureur impérial soupçonne-t-il le faux ? — reprit M. de Crédencé.

— En aucune façon...

— Alors, pourquoi donc le testament qui vous ruine annule-t-il celui qui vous faisait riche ?...

— Parce que la date du premier est postérieure de trois jours à celle du second...

Raoul frappa du pied.

— Ah ! — s'écria-t-il, — je reconnais bien là

Raymond !... — C'est véritablement un démon que cet homme !... — il pense à tout !... — il prévoit tout, et, quand on se croit certain de l'avoir vaincu, il se redresse tout à coup triomphant et dominateur !... — Je ne le vois que trop désormais, contre un tel homme la lutte est impossible !

Laurence resta muette.

Au bout d'un instant, M. de Crédencé reprit :

— De quelle façon le testament est-il arrivé aux mains du procureur impérial ?...

— Dans une lettre portant le timbre vrai ou faux d'Aix-la-Chapelle, et écrite par un anonyme qui n'est autre que Raymond, je l'ai deviné tout d'abord.

— Vous souvenez-vous du contenu de cette lettre ?

— Parfaitement.

— Voulez-vous me le faire connaître ?...

Laurence reproduisit non-seulement le sens, mais presque les expressions de la missive sans signature.

— Vous ne vous trompez pas... — murmura le comte, après avoir écouté jusqu'au bout ; — l'auteur de cette lettre est Raymond... — L'adresse infernale des accusations de l'anonyme m'en donne la preuve la plus manifeste.

— Que pensez-vous maintenant de la situation ?...

— Hélas ! ma chère Laurence, je pense comme vous, qu'elle est sans issue....

— Ainsi, je dois renoncer absolument et à tout jamais à reconquérir la fortune du marquis ?...

— Vous le devez... — L'administration de l'assistance publique va poser sa griffe sur les deux millions de feu votre mari, et l'on ne gagne pas un procès contre l'assistance publique, surtout quand ce procès est insoutenable...

Laurence s'était laissée tomber sur son siège. Elle cacha dans ses deux mains son visage baigné de larmes, et elle balbutia :

— Mais alors... alors, que vais-je devenir ?...

La réponse à cette question était embarrassante. Raoul n'eut cependant qu'une très-courte hésitation.

— Si j'avais une fortune à mettre à vos pieds, chère Laurence, — dit-il avec chaleur, — vous seriez riche, puisque je le serais... — J'espère que vous n'en doutez pas... — Malheureusement je n'ai que l'apparence de la richesse, vous le savez bien... — Ne désespérez pas, néanmoins... — l'avenir nous appartient, puisqu'il vous reste les moyens d'attendre...

La marquise releva vivement la tête.

— Les moyens d'attendre ?... — répéta-t-elle.

— Sans doute...

— Où croyez-vous les voir, ces moyens ?...

— Les deux cent mille francs que vous possédez sont une ressource, ce me semble...

Laurence, sans laisser à Raoul le temps de continuer, haussa les épaules et répliqua :

— Faut-il donc vous répéter, à vous, ce que je disais tout à l'heure au procureur impérial !...

— Ces deux cent mille francs dont vous parlez sont dépensés, et au delà !... — Je n'ai pas touché la somme entière chez mon notaire, il est vrai, mais tous mes fournisseurs sont mes créanciers, et dès qu'ils apprendront ma ruine, ce qui ne peut pas tarder, ils vont s'abattre sur cette maison comme des vautours sur un cadavre !...

« Regardez, Raoul, ces meubles, ces tapis, ces tentures !... — Mes deux cent mille francs sont représentés par le luxe qui nous entoure, par les chevaux qui hennissent dans mes écuries, par les voitures rangées sous mes remises.

« J'avais voulu faire un nid splendide à mes cent mille livres de rente... — J'avais voulu rendre mon intérieur vraiment digne des deux millions que je croyais posséder... — Le rêve s'est évanoui. — Les millions ont disparu, et ce luxe acheté si cher, ce luxe que je ne puis conserver, représentera tout au plus une misérable somme de quarante ou cinquante mille francs sous le marteau du commissaire-priseur qui dispersera mes dépouilles... — Or, je vous le demande, Raoul, ne vaut-il pas mieux cent fois en finir tout de suite avec une existence impossible ?... — Je songe sérieusement à mourir ; — quelques gouttes d'acide prussique, que vous saurez bien me procurer, me débarrasseront à la fois de la vie et de la misère...

— Mourir à votre âge, chère marquise ! — répliqua Raoul en souriant, — ce serait là la plus absurde des folies, et malheureusement aussi la plus irréparable...

— Eh ! — s'écria Laurence, — que voulez-vous que je devienne ? — Ne vous l'ai-je pas dit cent fois, je préfère la mort à la pauvreté ? — Je ressemble aux fleurs des tropiques qui ne peuvent vivre sans soleil... — Je ne puis vivre dans l'obscurité !... — il faut à ma nature les rayonnements de l'opulence... — Mon nécessaire, c'est le superflu !

— Eh bien ! ce superflu, je me charge de vous le donner...

— Vous, Raoul !...

— Moi-même... — Ah ! cela vous étonne, sachant par mon propre aveu que j'ai moi-même les apparences seules de la richesse... — Ma promesse est sérieuse, cependant, et positive... — Vous conserverez cet intérieur digne de vous, — vous ne changerez rien à votre état de maison, vous l'augmenterez même si la fantaisie vous en prend... — l'or ruissellera dans vos mains et vous dépenserez sans compter...

— Est-ce un rêve ? — demanda Laurence stupéfaite.

— Non pas !... — c'est une réalité positive...

— Et comment ferez-vous pour amener un tel résultat ?...

— Je vais vous le dire...

XXXVII. — LES DAMES DE PIQUE.

— Avez-vous entendu parler des *Enfers* de Londres ? — demanda M. de Crédencé.

— Qui n'en a pas entendu parler ? — répondit Laurence. — Les *Enfers* sont des maisons de jeu clandestines dans lesquelles les lords, les commerçants de la Cité, les jeunes gens riches et les étrangers de distinction viennent perdre leur argent...

— C'est bien cela... — poursuivit Raoul ; — des sommes immenses s'engloutissent chaque nuit dans ces *Enfers*, et les gentlemen qui donnent à jouer et qui récoltent les bénéfices, font de rapides et brillantes fortunes...

— Tant mieux pour eux ; — mais à quel propos me parlez-vous de cela ?...

— Vous ne tarderez guère à le comprendre...

— Donc, un peu de patience, je vous en prie... — A Paris les *Enfers* n'existent pas, sous ce nom du moins, mais les maisons de jeu clandestines sont innombrables et tenues presque toutes par des femmes qui, dans l'argot d'un certain monde, s'appellent *les Dames de pique*... — Quelques-unes de ces dames sont jeunes et jolies... — leurs logis ont alors des autels pour l'amour en même temps que pour le jeu ; — elles se font les prêtresses de ce double culte et vivent largement des offrandes volontaires et forcées des fidèles... — D'autres ont dépassé l'âge des galantes faiblesses. — Chez elles le boudoir a disparu et le tripot tient toute la place...

— Et un beau jour, ou plutôt une belle nuit, — interrompit Laurence, — le commissaire de police arrive à l'improviste, escorté de ses agents, on saisit le mobilier, on arrête les joueurs, on fait main basse sur les enjeux, la *Dame de pique* est conduite en prison, et la police correctionnelle lui donne une leçon sévère en l'envoyant pour six mois à Saint-Lazare...

— Les choses se passent généralement ainsi, j'en conviens, — répondit Raoul ; — mais savez-vous pourquoi ?...

— Parce que la loi défend les jeux de hasard, j'imagine...

— Oui, d'abord, mais surtout parce que les *Dames de pique* sont des malheureuses créatures tarées, perdues, tarifées, connues de la police, surveillées d'une façon incessante, et recevant chez elles, avec des grecs de bas étage et quelques honnêtes dupes, une foule de personnages équivoques et compromettants...

— Eh ! mon Dieu, — répliqua Laurence, — quoi de plus naturel ?... — Ces malheureuses, comme vous dites, reçoivent non qui elles veulent, mais qui elles peuvent... — Évidemment l'élite de l'aristocratie parisienne ne se donne pas rendez-vous chez elles... — C'est tout simple. — Auriez-vous par hasard la prétention de transformer une grande dame en dame de pique ?...

— J'ai cette prétention... — dit Raoul du ton le plus convaincu.

— Et, cette grande dame, puis-je la connaître ?

— Vous la connaissez déjà...

— Son nom ?

— La marquise Castella...

Laurence haussa les épaules et fit entendre un éclat de rire moqueur.

— Décidément, mon cher comte, — s'écria-t-elle ensuite, — vous êtes fou !...

— Pas que je sache...

— Avez-vous de moi si basse opinion que vous puissiez me mettre par la pensée à la tête d'un honteux tripot ?...

— Eh ! qui vous parle de tripot, marquise ? — c'est avec des vilains mots comme celui-là qu'on en arrive à dénaturer les choses et à se fausser complétement l'esprit !... Quel rapport voyez-vous, s'il vous plaît, entre la Bastringuette, la Bambochinette ou la Rigolblague, faisant tailler un baccarat, avec des cartes sales, à quelque cinquième étage de la rue des Martyrs ou de la rue Bréda, en présence d'une vingtaine de filous, d'étudiants de dixième année, de commis marchands et de prétendus officiers d'infanterie en retraite ; — quel rapport voyez-vous, dis-je, entre cette triste Dame de pique et la grande dame, la femme d'or étincelante, entourée dans ses salons somptueux de tout ce que Paris renferme de noms illustres et de fortunes immenses ?...

« A coup sûr, ma chère Laurence, l'une de ces femmes ne ressemble pas plus à l'autre que le misérable sou rongé par le vert-de-gris ne ressemble à la pièce d'or étincelante, et le bouchon de carafe mal taillé aux diamants le Sancy, le Grand Mogol, le Régent, ou la Montagne de Lumière !...

« Et, maintenant, parlez avec franchise... — Ai-je raison ?... — êtes-vous convaincue ?...

— Votre manière de raisonner est spécieuse... — répliqua Laurence, — mais je crois néanmoins qu'on pourrait vous répondre, et j'ajouterai même que la réponse serait facile...

— Dans ce cas, gardez-vous bien de le faire ! — reprit M. de Crédencé en riant. — Laissez-vous persuader sans plus de résistance... — cela vaudra mieux, j'en réponds !... — Votre situation, me disiez-vous tout à l'heure, vous semble à tel point désespérée que vous songiez très-sérieusement au suicide... — est-ce vrai ?

— Oui, c'est vrai... — murmura Laurence.

— Eh bien ! qu'est-ce que je vous demande ? — de vous laisser vivre largement, princièrement, comme si l'un des bras du Pactole, détourné de son cours, venait couler chez vous !... — Vous êtes reine par la beauté, reine par la grâce, reine par l'esprit... — je me charge de vous improviser une cour... — je vous présenterai, dès demain, quelques-uns des hommes les mieux posés de Paris... — ceux-ci vous en amèneront d'autres, et tous vous proclameront souveraine !... — Votre salon deviendra bien vite le plus à la mode, et le plus recherché des salons féminins de la grande ville... — les chroniqueurs parleront, en des termes hyperboliques, de vous d'abord, madame la marquise, puis de vos fêtes et de vos dîners !... — On jouera chez vous... — où ne joue-t-on pas ?...

Les joueurs étant millionnaires, les sommes perdues et gagnées atteindront des chiffres énormes ! — ceci ne vous occupera pas le moins du monde... — vous vous contenterez d'être radieuse et charmante, sans même toucher du bout de vos gants blancs les pièces d'or et les billets de banque entassés sur les tapis verts, et je vous promets cependant la meilleure part de ces richesses...

— Ainsi donc, je ne jouerais pas ?...

— Jamais ! — que Dieu vous en garde ! — Me croyez-vous, par hasard, assez abandonné du ciel pour vouloir métamorphoser ma belle Laurence en une joueuse aux doigts crochus ?...

— Mais alors, qui gagnerait pour moi ?

— Ceci me regarde, marquise, et me regarde seul.

— D'où vous vient l'étrange certitude que la fortune nous serait toujours favorable ?

— La fortune est une coquette et même un peu plus que coquette, — répliqua Raoul en souriant, — elle se refuse souvent aux caresses de ceux qui l'implorent à genoux et qui méritent ses faveurs ! Elle se donne sans vergogne au premier venu qu'elle quitte ensuite brusquement pour aller de l'un à l'autre, passant de main en main et ne sachant pas se fixer !... J'ai connu des femmes de ce caractère, — il fallait les violenter pour les contraindre à rester fidèles...

— Prétendez-vous faire violence à la fortune ?... — demanda vivement la marquise.

— Il le faudra bien, puisque c'est le moyen unique de n'avoir point à craindre sa disgrâce...

— Tricher au jeu ! — murmura Laurence avec une expression de dégoût et d'effroi.

— Le mot est déplaisant, j'en conviens, mais je vous assure que la chose est fort bien portée par le temps qui court...

— Et le danger, le comptez-vous pour rien ?...

— Quel danger ?

— Celui d'être surpris en flagrant délit et traité publiquement comme un misérable ?...

— Ce péril n'existera pas pour moi...

— Comment ?

— Je prendrai mes précautions de manière à rendre impossible toute fâcheuse découverte...

— Ces précautions, d'autres que vous les ont prises, et elles ont échoué...

— Rassurez-vous, marquise, je serai plus heureux, parce que je serai plus habile... — Bannissez de votre esprit toute inquiétude... — je réussirai, j'en réponds... — Dites-moi seulement que votre consentement m'est acquis, que je puis réaliser mes projets, et regardez-vous comme sauvée...

Laurence parut avoir un instant d'hésitation.

Ensuite elle releva la tête, et elle répondit :

— L'homme qui se noie saisit d'une main fiévreuse la planche, la perche ou la corde tendues vers lui, sans s'inquiéter si ce point d'appui fragile ne va pas se briser sous sa main et l'abandonner aux mortelles étreintes du gouffre...

« Je suis dans la même situation que ce malheureux...

« Vous me demandez si je consens?

« Il le faut bien, puisqu'un refus m'est impossible!... — Agissez donc comme vous le voudrez, mon ami; mais souvenez-vous que le jour de la honte serait pour moi le jour de la mort! — à l'instant où les hôtes de ma maison découvriraient qu'en les attirant chez moi, mon but unique était de les dépouiller, je m'enfoncerais dans le cœur une lame de couteau...

« La marquise Castella ne peut pas, ne veut pas affronter comme une *Dame de pique* la sixième chambre et Saint-Lazare! »

. . . .

Laurence se tut.

M. de Crédencé, rayonnant, prit une des mains de la jeune femme, et sur cette main il appuya ses lèvres.

— Vous avez consenti, chère Laurence, — dit-il ensuite, — il n'en faut pas davantage, et tout ira bien!... — je réponds du succès et du mystère!... — La réussite est sûre et le secret sera bien gardé. — Vous voilà riche... — soyez joyeuse...

— Que dois-je faire? — demanda la marquise.

— Rien autre chose que d'aller à l'Opéra ce soir dans une loge que je vais chercher à l'instant...

— Mais je suis en deuil....

— Quittez-le...

— Est-ce convenable?...

— Pourquoi pas? — je trouve absurde de porter le deuil d'un mari qui vous déshérite...

— Soit... — je m'habillerai de gris perle et j'aurai dans mes cheveux une rose blanche...

— Vous serez adorable ainsi et toutes les lorgnettes de l'orchestre se braqueront sur vous...

— Et, — reprit la jeune femme, — une fois à l'Opéra, que se passera-t-il?

— Je vous saluerai respectueusement depuis l'orchestre... — vous me répondrez par un gracieux mouvement de tête et j'irai vous faire dans votre loge une visite de quelques minutes...

— Tout ceci me paraît fort simple... — Et ensuite?...

— Ce sera fini pour ce soir...

— Mais, demain?

— Demain, les présentations commenceront...

XXXVIII

Narcisse, c'en est fait, Néron est amoureux !...
(RACINE.)

Un laps de dix-huit mois environ s'était écoulé.

Nous allons raconter en quelques lignes les faits principaux accomplis pendant ces dix-huit mois, et nous ramènerons ensuite nos lecteurs aux événements qui forment en quelque sorte le prologue de ce long récit; — nous voulons parler de la rencontre de Raymond, sous le nom d'*André Bon-temps*, avec le jeune inconnu de la rue du Rocher, dans un fourré du bois de Boulogne.

Les projets du comte de Crédencé avaient reçu une réalisation complète, et le succès était venu combler, et même dépasser, les espérances du gentilhomme et de la marquise.

Nous savons déjà que Raoul, en raison de son nom et des alliances de sa famille, possédait de nombreuses relations dans le meilleur monde.

Quelques amis, appartenant à la haute aristocratie de naissance et d'argent, l'entouraient, à l'orchestre de l'Opéra, au moment où pendant un entr'acte madame Castella fit son apparition sur le devant de la loge louée pour elle par le comte.

Ce dernier salua la marquise, puis, quittant l'orchestre aussitôt après, il alla lui faire une visite dont la durée fut de cinq ou six minutes tout au plus.

A son retour parmi ses amis il se vit accablé de questions au sujet de cette étoile aux rayons vainqueurs, brillant pour la première fois parmi les constellations du firmament parisien, et les éclipsant toutes.

Raoul répondit que la marquise Castella était une jeune veuve de grande naissance et de grande fortune, dont il avait connu le mari très-intimement en pays étranger.

Il ajouta que la marquise se fixait à Paris, — qu'elle venait d'y faire une installation splendide, et qu'elle se proposait, sinon de donner des fêtes, du moins d'ouvrir sa maison à un certain nombre d'hommes distingués...

Rien au monde n'est plus séduisant qu'une jolie femme, surtout quand cette jolie femme est veuve et millionnaire...

Les amis de Raoul sollicitèrent incontinent la faveur d'être présentés à madame Castella.

Le comte promit de se faire l'interprète de leur requête et de l'appuyer chaudement.

Il semblait d'ailleurs rempli de confiance dans la réussite de ses démarches, et il ne crut point devoir cacher à ses amis qu'il jouissait d'un assez grand crédit sur l'esprit de la belle veuve.

En effet, pendant l'entr'acte suivant, il alla demander à la marquise une permission qui lui fut octroyée de la manière la plus gracieuse.

Le lendemain, — ainsi que Raoul l'avait prédit à Laurence, — les présentations commencèrent.

Trois mois après cette soirée, la marquise était à la mode et les personnages les mieux posés, les hommes les plus brillants de Paris, tenaient à honneur d'être reçus chez elle.

Nous devons ajouter que cet honneur ne s'accordait point à la légère, et que Laurence se montrait sévère pour les admissions.

Quiconque n'était ni porteur d'un grand nom, ni célèbre à un titre quelconque, ni possesseur d'une grande fortune, trouvait la porte fermée impitoyablement.

La jeune femme, avec son intelligence vive et son

brillant esprit, sut bien vite se créer dans le monde une position exceptionnelle et originale qui décupla son prestige.

Son nom parfaitement authentique, son titre non moins indiscutable, les cent mille livres de rente qu'on lui supposait, ne permettaient à personne, même aux plus malveillants, de la ranger dans la classe des aventurières de la haute bohème.

Ses mœurs, — du moins en apparence, — étaient d'une irréprochable pureté; — en aucune circonstance sa conduite ne donnait prise au plus léger soupçon, quoiqu'il n'y eût rien en elle qui ressemblât à de la pruderie...

En vertu d'un système préconçu, et dont elle n'aurait pour rien au monde voulu se départir, elle ne connaissait pas de femmes et ne consentait, sous aucun prétexte, à s'en laisser présenter une seule.

Ne recevant que des hommes, elle les accueillait tous de la même façon, avec une grâce exquise, avec une séduisante et irrésistible coquetterie; mais elle se faisait la loi de ne favoriser personne.

Chacun de ses hôtes avait droit à une part égale de ses regards et de ses sourires...

Elle écoutait les déclarations en riant, sans y répondre autrement que par un mot spirituel qui ne pouvait ni encourager ni désespérer ses adorateurs.

Le salon de Laurence était l'un des salons parisiens où l'on causait le mieux...

On y faisait parfois d'excellente musique; — les artistes les plus célèbres ambitionnaient l'honneur d'être entendus et applaudis par ses habitués...

On dînait chez la marquise; — son cuisinier continuait en maître les grandes traditions des Beauvilliers et des Carême...

On y jouait surtout, et, les joueurs étant presque tous immensément riches, des sommes énormes s'engageaient sur chaque coup.

Jamais Laurence ne touchait une carte... — jamais elle ne s'approchait des tapis verts; — elle n'offrait aux joueurs malheureux qu'une compassion légèrement ironique...

Qui donc aurait pu deviner que cet hôtel, rendez-vous de la meilleure compagnie, que ces salons honorés de la présence des hommes les plus illustres et les plus recommandables, n'était en réalité qu'un tripot où la ténébreuse escroquerie tenait ses états, et qu'une véritable grande dame se faisait la *Dame de pique* de cet éblouissant *Enfer de Paris*?...

Qui donc aurait osé soupçonner cette réalité impossible?... — demandions-nous à l'instant... — qui donc aurait osé, surtout, exprimer un tel soupçon?

Personne...

Si quelque clairvoyant malavisé s'était permis de dire timidement :

— Il me semble qu'on vole au jeu chez la marquise Castella...

Un doute si absurde et si ridicule aurait fait hausser les épaules à tout homme de sens, et l'observateur confondu se serait vu traiter de rêveur et de fou!...

Aussi les choses allaient au mieux pour les deux complices triomphants...

Le comte de Crédencé roulait sur l'or, comme aux plus beaux temps de sa splendeur passée, comme à l'époque déjà lointaine où l'héritage paternel se fondait entre ses doigts...

Laurence menait grand train et vivait princièrement; — elle regardait sa nouvelle source d'opulence comme inépuisable et ne regrettait plus que de loin en loin les deux millions dont elle avait été dépouillée par Raymond d'une manière si cruelle et si imprévue.

XXXIX. — MAXIME ET RAYMOND.

Puisque les courants de ce récit viennent de placer sous notre plume le nom du Protée parisien, revenons à cet étrange héros du crime...

Depuis le souper auquel nous avons assisté dans le pavillon de la rue des Amandiers, et surtout depuis la dernière entrevue entre Raymond et la marquise, entrevue dont nous connaissons les résultats, le bandit était le plus malheureux des hommes...

Nos lecteurs n'ont point oublié la classique légende de la tunique de Déjanire consumant le centaure Nessus...

Un prodige pareil s'était accompli pour Raymond...

L'irrésistible beauté de Laurence avait allumé dans son âme de bronze un impétueux amour, un de ces amours qui calcinent le cœur, corrodent les nerfs et changent en une lave ardente le sang que les veines embrasées charrient...

Il entreprit vainement de lutter contre la passion qui le débordait et lui faisait des jours sans repos et des nuits sans sommeil...

Le Protée parisien, orgueilleux si longtemps de sa force morale et de son insensibilité absolue, s'était d'abord cru de taille à lutter, non-seulement contre le monde entier, mais encore contre lui-même.

Il eut bien vite la preuve qu'il s'était trompé, et que quiconque vit et respire, depuis le vermisseau jusqu'au lion, — en passant par l'homme, — doit reconnaître un Dieu suprême, un maître absolu, l'amour!...

Raymond amoureux!... Raymond passionnément amoureux!...

Eh! mon Dieu, c'est étrange, sans doute, étrange et ridicule, nous le voulons bien, mais ce n'est point invraisemblable...

S'il faut en croire le tendre Racine, Néron lui-même, l'empereur farouche, le tigre altéré de sang, a passionnément adoré Junie!...

Or, Racine a menti peut-être au point de vue de

l'histoire; mais le poëte de Phèdre et de Britannicus n'a pu se tromper au point de vue du cœur féminin!...

Nous ne raconterons pas les combats inutiles de Raymond contre lui-même et ses tentatives pour bannir de sa pensée l'image absorbante et incendiaire de Laurence...

Il alla jusqu'à quitter Paris pendant quelque temps, espérant trouver sous le ciel brumeux de Londres des distractions et l'oubli.

Ce remède héroïque resta sans effet et le Protée parisien revint en France plus épris, plus embrasé que jamais...

Il mit fin alors à cette lutte désespérée, et, au lieu de se roidir plus longtemps contre son amour, il chercha les moyens de se rapprocher de Laurence.

Grâce à son imagination inépuisable, le bandit trouva sans peine ces moyens... A maintes reprises, sous des formes diverses, il pénétra jusqu'à la marquise, et, dans les courtes entrevues qu'il parvint à se procurer ainsi, il s'efforça de la séduire par ses promesses ou de l'épouvanter par ses menaces, espérant que l'un ou l'autre de ces moyens d'action le conduirait à son but...

Il échoua complétement.

Raymond, nous l'avons dit, renouvela plusieurs fois ses tentatives infructueuses avec des résultats de plus en plus négatifs et décourageants... Puis un jour arriva où il comprit que tout espoir était définitivement perdu pour lui, et, à moins d'être fou, il ne pouvait conserver à cet égard aucune illusion...

Cette certitude lui fit éprouver une douleur si aiguë, si intolérable, que l'existence lui parut impossible et qu'il résolut d'en finir avec la vie... En conséquence, il mit une corde dans sa poche et il alla se pendre au bois de Boulogne...

Il nous semble à peu près impossible que nos lecteurs aient oublié ce qui suivit la pendaison du Protée parisien.

Si cependant leur mémoire est infidèle, nous les renvoyons aux premiers chapitres de la première partie de ce livre, car l'espace nous fait défaut pour analyser, même rapidement, ces chapitres lointains.

En revenant à lui-même, grâce aux soins empressés de Maxime, — ainsi se nommait le jeune inconnu de la rue du Rocher, — Raymond, ou plutôt André Bontems, avait eu peine à se reconnaître : tant le changement qui venait de s'opérer en lui était complet et inattendu.

Le Protée parisien sortait sain et sauf de sa tentative avortée de suicide, mais sa passion pour la marquise Castella n'existait plus...

Une haine infinie, un immense désir de vengeance, avaient remplacé sans transition cet amour par lequel il avait tant souffert.

Sa vie, désormais, allait avoir un but unique, celui de perdre Laurence et de lui rendre le mal pour le mal.

Mais quelles armes employer contre une femme telle que la marquise, pour amener à bien une vengeance savante et longuement préparée?...
Raymond se posa cette question avec inquiétude.

La réponse ne se fit pas attendre.

Un seul regard jeté sur Maxime suffit au Protée parisien.

Une lueur soudaine éclaira son intelligence et mit une vive lumière à la place des ténèbres.

En moins de quelques secondes, son plan d'attaque fut combiné solidement, sinon dans tous ses détails, du moins dans son ensemble... Ce plan était digne de l'homme qui l'avait conçu... — Nous ne tarderons guère à le reconnaître par ses résultats...

§

Rejoignons le protecteur et le protégé dans l'une des pièces du premier étage du pavillon de la rue des Amandiers.

Les deux hommes étaient assis en face l'un de l'autre, séparés seulement par un guéridon sur lequel se voyaient des liqueurs de toutes sortes et une douzaine de petits verres en cristal de Bohême, constellés d'étoiles d'or.

Une boîte entr'ouverte renfermait des *trabucos* arrivés en ligne directe de la Havane.

Maxime, étendu dans un moelleux fauteuil, semblait transfiguré...

Son visage, pâle et fatigué au moment où nous avons fait la connaissance du jeune homme, quelques heures auparavant, dans sa mansarde sordide et misérable, respirait maintenant le bien-être le plus complet et s'illuminait des lueurs de l'espérance.

Maxime fumait lentement un cigare exquis, d'un blond jaune, piqueté de points blancs...

D'instant en instant il trempait ses lèvres dans un verre plein de chartreuse verte, et savourait avec une satisfaction manifeste ces jouissances matérielles si complètes.

Raymond le regardait en souriant.

Aucune parole n'avait été échangée depuis quelques minutes entre lui et son hôte. Le Protée parisien rompit ce silence tout à coup :

— Mon cher enfant, — demanda-t-il, — me permettrez-vous de vous adresser une question?

— Oui, certes!... — s'écria Maxime... — Vous n'en doutez pas, j'espère...

— Et vous me répondrez avec franchise?

— Je vous le promets...

— Eh bien, à quoi pensiez-vous tout à l'heure?

— Je pensais que ce rêve est délicieux, et je demandais au bon Dieu de m'éveiller le plus tard possible.

— Vous avez donc beaucoup de peine à croire à la réalité de ce qui se passe?...

— Beaucoup de peine, j'en conviens... — Et n'ai-je pas raison?— Est-il vraisemblable, je vous le demande, est-il admissible même, que la réalité prenne ainsi pour moi, depuis ce matin, les apparences quasi fantastiques du roman?... — Le hasard est puissant, je le sais, mais sa puissance a des limites... — il ne saurait faire de miracle...

— Il en a cependant fait un aujourd'hui... — répliqua Raymond; — vous êtes bien éveillé, je vous l'affirme... — vous n'avez, pour vous en convaincre, qu'à glisser votre main droite dans la poche gauche de votre redingote, — vous y trouverez une liasse de bons billets de banque qui ne sont point une illusion...

Le jeune homme fit machinalement le geste indiqué par Raymond.

Il sentit frissonner sous ses doigts le papier soyeux des billets signés : *Garat.*

— C'est vrai!... — balbutia-t-il... — le doute est impossible!... — j'étais pauvre il y a quelques heures... plus pauvre que le dernier mendiant... — mes yeux interrogeaient vainement l'horizon pour y chercher une lueur... — autour de moi tout était ténèbres... — j'allais me tuer aussi pour ne pas mourir de misère, et maintenant me voilà riche...

— Riche, vous ne l'êtes pas encore... — interrompit le Protée parisien... — mais vous le serez bientôt... — je vous l'ai promis et je tiendrai mes promesses, je le jure...

Maxime passa sa main blanche et effilée sur son front d'abord, puis dans les boucles épaisses de sa chevelure blonde.

— Pardonnez-moi, — reprit-il ensuite, — pardonnez-moi, ô mon bienfaiteur, si pour la seconde fois j'exprime un doute qui peut vous sembler offensant...

— Aucune offense ne saurait me venir de vous... — répondit Raymond... — parlez donc en toute liberté...

— Eh bien, ma raison se refuse à comprendre que vous fassiez tant pour moi, sans avoir l'intention de me demander quelque chose en échange...

— Je croyais vous avoir déjà répondu à cet égard...

— Vous m'avez répondu que vous étiez un original...

— N'est-ce pas en effet la meilleure de toutes les raisons?... une raison qui explique tout et contre laquelle viennent échouer les efforts de la logique et du raisonnement... — Oui, je suis un original, puisque, par le temps qui court, la reconnaissance du service rendu est une bizarre et piquante originalité...

— Que parlez-vous de service rendu?... — je n'ai rien fait pour vous!...

Raymond se mit à rire aux éclats :

— Vous êtes oublieux, mon cher enfant!... — répliqua-t-il ensuite, — mais moi je me souviens que sans vous, à l'heure qu'il est, je me balancerais au bout d'une corde, à tous les vents, raide et glacé.

— Vous m'avez sauvé la vie!... — est-ce si peu de chose que cela?...

— Oui, c'est peu de chose en certains cas, et le vôtre est du nombre... — Puisque le sang-froid, la résolution ferme ne vous avaient pas fait défaut au moment de vous accrocher par le cou à une grosse branche, c'est que vous aviez d'excellentes raisons pour trouver l'existence insupportable...

— Mon cher enfant, — murmura le Protée parisien, — lorsqu'on juge au hasard, sans une parfaite connaissance de cause, on s'expose très-fort à porter des jugements téméraires, et c'est ce qui vous arrive!... — Vous me mettez dans la nécessité désagréable de vous avouer que j'ai subi ce matin un accès de folie, une attaque de fièvre chaude, et que je l'ai prouvé largement!... — la fièvre s'est calmée depuis lors, le bon sens est revenu, je tiens à la vie plus que jamais, je m'estime parfaitement heureux de n'avoir point fait mon entrée dans le sombre royaume des âmes, et je serai reconnaissant jusqu'à ma dernière heure à vous qui m'avez, malgré moi, ramené sur la terre!... — ceci vous paraît-il concluant? — êtes-vous enfin convaincu?...

Maxime hocha légèrement la tête.

— Vous voulez savoir si je suis convaincu?... — dit-il.

— Oui.

— Vous m'avez tout à l'heure recommandé la franchise... — Eh bien, je vous réponds franchement : — *Pas encore...*

Raymond frappa du pied :

— Vertudieu!... — s'écria-t-il presque avec impatience, — que vous faut-il donc de plus?

— Je serais fort embarrassé de le dire... — Je m'efforce de vous croire; mais le doute subsiste dans mon esprit, malgré moi...

— Ce doute obstiné m'étonne au-delà de toute expression!... — reprit le Protée parisien... — Rien n'est plus simple que ce qui se passe entre nous...

— Est-ce votre avis?... — demanda Maxime... — ce n'est pas le mien...

— C'est mon avis, foi d'André Bontems, et ce sera le vôtre bien vite si vous voulez m'écouter pendant une minute avec attention...

Maxime fit un geste qui signifiait : — Je suis tout oreilles...

— Supposons, — reprit Raymond, — que le service rendu par vous l'ait été par un autre... — supposons que cet autre soit quelque personnage subalterne auquel je ne saurais m'intéresser de façon bien vive, un garde du bois de Boulogne, par exemple, un cocher de fiacre, un sergent de ville... — Ma reconnaissance eût été la même, sans doute, mais la manière de la témoigner ne pouvait être que bien différente... — Au sergent de ville, au cocher de fiacre, au garde du bois de Boulogne, j'aurais offert un billet de mille ou de cinq cents francs, je me serais considéré comme parfaitement quitte envers lui, et l'image de mon sauveur se serait à l'instant même effacée de mon esprit et de ma mémoire...

— C'eût été de l'ingratitude, cela!... — interrompit Maxime en souriant.

— Eh! mon Dieu! qui dit le contraire?... — je ne suis pas parfait, tant s'en faut; — mais laissez-moi poursuivre... — Au lieu du personnage subalterne dont je viens de parler, le hasard présenta mon sauveur à mes yeux sous la forme d'un charmant jeune homme auquel il était impossible de ne pas vouer tout d'abord une vive et profonde sympathie...

« Quelques mots échangés avec ce jeune homme sans famille!... je lui donnerai tout, la famille et la fortune... — Il est orphelin, je serai son père!... »

Raymond se tut.

XL. — LE RÉCIT.

Pendant quelques secondes, Maxime regarda fixement son interlocuteur, et sa physionomie mobile exprima l'une après l'autre toutes les sensations peintes sur le visage d'un auteur dramatique ou d'un romancier en quête d'un dénoûment qui, tantôt leur semble trouvé, et tantôt s'éloigne et

Cette femme était la marquise Castella. — Page 327.

me donnèrent la preuve que son intelligence ne le cédait en rien à son brillant extérieur... Je touche à la vieillesse, mais la jeunesse m'attire, et le plus vif chagrin de ma vie, je ne vous en fais point mystère, était de n'avoir pas un fils, compagnon et soutien de mes dernières années et possesseur après moi de mon immense fortune...

« Notre long entretien dans l'un des cabinets du pavillon d'Armenonville me donna la preuve que, malgré les difficultés de votre situation et les étreintes de la misère, vous aviez soutenu vaillamment le combat de la vie, sans commettre une action douteuse, sans transiger avec les impérieuses lois de l'honneur.

« Je me dis aussitôt : — *Il est pauvre, il est*

disparaît sous des brumes soudainement épaissies... Raymond étudiait ces nuances avec une curiosité et un intérêt faciles à comprendre...

— Plus que jamais vous vous demandez ce que je pense, n'est-il pas vrai ? — dit le jeune homme tout à coup.

— C'est parfaitement exact... — répliqua le Protée parisien.

— Je vais vous l'apprendre... — poursuivit Maxime, — mais à une condition...

— Laquelle?

— C'est que, si je devine juste, vous me répondrez : — *C'est vrai*...

— J'en prends l'engagement formel...

— Eh bien, une idée bizarre, invraisemblable,

folle peut-être, vient de se présenter à mon esprit, et j'ai peine à l'éloigner de moi, parce que, bien mieux que vos paroles de tout à l'heure, elle semble me donner la clé de la situation...

— Et... — demanda Raymond, — cette idée?...

— C'est qu'au moment où le hasard nous a placés ce matin en face l'un de l'autre, vous m'avez reconnu à quelque indice mystérieux, à quelque signe que j'ignore... — Peut-être ne suis-je pas un inconnu pour vous... — peut-être appartenez-vous à la famille qui m'a délaissé jadis... — peut-être enfin des liens étroits nous attachent-ils l'un à l'autre...

— Allez jusqu'au bout, mon enfant, — dit le Protée parisien avec la plus touchante bonhomie... — vous avez pensé, n'est-ce pas, que je pouvais être votre père?

— Oui... — murmura Maxime... — j'ai pensé cela... — me suis-je trompé?

Raymond poussa un profond soupir.

— Hélas! oui, vous vous êtes trompé!... — répliqua-t-il d'un ton triste... — Oh! je donnerais beaucoup, je le jure, pour que votre supposition fût fondée!... — avec quel bonheur, avec quelle ivresse, Dieu le sait, je vous ouvrirais mes bras en vous criant : — Mon fils, viens sur mon cœur!... — Malheureusement, il n'en est rien!... — je n'ai pas de famille; il y a quelques heures je ne soupçonnais point votre existence et, au moment où je vous parle, je ne sais sur votre compte que ce que vous m'avez appris vous-même... — C'est peu de chose, vous le voyez...

Maxime fit un signe affirmatif. Raymond continua :

— Abandonnez donc des chimères... faites bon marché de rêveries qui ne reposent sur aucun fondement... — je vous ai dit les motifs de mon intérêt pour vous... — n'en cherchez pas d'autres que ceux-là... — ils sont réels et ils sont sincères...

— Je veux vous croire... — je vous crois... — répondit le jeune homme au bout d'une ou de deux secondes de réflexion.

— Vous avez à cela peu de mérite, — répliqua le Protée parisien en souriant... — car les preuves de ma franchise seront nombreuses et ne se feront guère attendre...

— Seulement, — ajouta-t-il après un court silence, — j'ai besoin, pour vous bien servir, de vous connaître mieux... — vous m'avez promis ce matin votre confiance; vous avez paru disposé à me raconter votre vie... — suis-je indiscret en vous rappelant cette promesse; le moment d'un récit n'est-il pas venu?

— Je suis à vos ordres, — répondit Maxime.

— S'il en est ainsi, mon cher enfant, commencez... — je vous écoute avec l'attention la plus sympathique...

— J'abuserai le moins possible de cette attention... — je vais abréger de tout mon pouvoir, et placer sous vos yeux, non les détails, mais le sommaire de mon existence... — j'ai réfléchi qu'une narration longue et diffuse serait complètement inutile... — quelques faits et quelques dates suffiront pour vous mettre au courant du passé que vous désirez connaître...

— Soit! — murmura Raymond avec un nouveau sourire... — je me contenterai d'un *scénario* du drame ou du roman de votre vie, et mon intelligence, je l'espère, saura suppléer à ce que vous ne me direz pas...

— Je commence donc... — fit Maxime.

Il alluma un deuxième cigare... — il trempa ses lèvres dans un verre rempli de *curaçao sec*, de Wynand Focking, et il commença en ces termes :

— J'ai vingt-trois ans à peu près... — je suis, selon toute apparence, un enfant de l'amour, et mon début dans la vie ressemble au prologue d'un mélodrame de la vieille école, ou d'un roman de 1830...

« Jugez-en...

« Pendant les premiers jours du carnaval de 1840, une jeune blanchisseuse, habitant l'une des ruelles les plus perdues du quartier Saint-Marceau, mit au monde un enfant chétif et malingre qui vécut tout au plus une semaine.

« Quelques heures après l'enterrement de cette pauvre petite créature, un homme de bonne mine, décoré, et qui devait être un médecin, entra chez la blanchisseuse et la trouva pleurant silencieusement dans son lit, tandis que son mari travaillait au dehors pour gagner la nourriture du lendemain.

« — Vous venez de perdre un enfant, ma pauvre femme, — dit-il à la jeune mère très étonnée d'une telle visite, et dont cette question redoubla les larmes.

« — Oui, monsieur, — balbutia-t-elle.

« — Vous êtes dans la misère?... — continua le médecin.

« — Oui, monsieur... — mon homme et moi nous avons bien du mal à vivre, quoique nous ne soyons point paresseux...

« — Quelqu'un qui s'intéresse à vous m'a donné l'assurance que vous étiez de braves gens, et je veux amener un peu d'aisance dans votre intérieur... — reprit le visiteur.

« — Et de quelle manière, monsieur?

« — En vous faisant confier un enfant qui vient de naître et dont les mois de nourrice vous seront payés largement... — Consentirez-vous à vous en charger?

« — Oh! monsieur, de grand cœur, et je vous réponds que l'enfant sera soigné, choyé, dorloté comme un vrai fils de prince...

« — Etes-vous certaine que votre mari ne mettra point d'obstacles à ce que je vous propose?

« — Mon homme ne voit que par mes yeux, et tout ce qu'il me convient de faire lui semble bien fait...

« — Alors, c'est chose convenue?...

« — Oui, monsieur... — Quand amènera-t-on l'enfant?...

« — Ce soir, à la nuit tombante...

« — Qui viendra me l'apporter?

« — La mère elle-même, selon toute apparence.

« — Est-ce un garçon ou une fille?

« — C'est un garçon...

« Le médecin se retira, laissant la jeune blanchisseuse un peu consolée par l'annonce de cette bonne fortune imprévue.

« La nuit vint... — le mari et la femme attendaient avec impatience, et, voyant le temps s'écouler, ils commençaient à croire que la promesse du visiteur inconnu ne se réaliserait pas.

« Enfin, au moment où sonnaient neuf heures, un fiacre s'arrêta devant la misérable maison, qu'il faut plutôt appeler *cahute*, car cette demeure, construite avec des matériaux sans nom, ne se composait que d'un rez-de-chaussée divisé en deux pièces.

« Le mari de la blanchisseuse courut ouvrir la porte.

« Jugez de sa stupeur lorsqu'il vit descendre du fiacre une sorte de fantôme noir dont le visage n'offrait rien d'humain.

« Ce fantôme portait dans ses bras et appuyait contre sa poitrine avec des précautions infinies un objet enveloppé de linges blancs.

« — Je suis celle que vous attendez... — dit le fantôme d'une voix douce, en entrant dans la maison.

« La clarté faible d'une chandelle permit alors de distinguer une femme enveloppée dans les plis amples d'un domino noir.

« Le capuchon, à demi rabattu, s'unissait au masque de velours noir pour cacher les traits de cette femme, qui sans doute voulait rester inconnue et s'était fait du carnaval un prétexte à ce déguisement.

« Elle s'approcha du lit de la blanchisseuse, et présentant à cette dernière un petit être entouré de langes garnis de riches dentelles, elle murmura :

« — Voilà mon fils... je vous le confie... les apparences me condamnent... mais ne m'accusez pas cependant d'être une mauvaise mère... — J'aime cet enfant de toutes les forces de mon cœur, de toutes les puissances de mon âme, et, si je me sépare de lui, c'est que je n'ai pas le droit de le conserver auprès de moi...

« Elle fit ensuite à la nourrice future de longues et minutieuses recommandations... — elle lui remit une bourse qui renfermait cinquante pièces d'or, en ajoutant qu'elle recevrait chaque année une somme égale, et elle ne quitta le misérable logis qu'après avoir pressé l'enfant à plusieurs reprises contre son cœur, et l'avoir couvert de ses baisers et de ses larmes...

« La blanchisseuse et son mari ne pouvaient croire à leur bonheur... — ils ne se souvenaient déjà presque plus de la perte si douloureuse qu'ils venaient de faire... — la vue des cinquante louis les rendait fous... — Ces braves gens n'avaient jamais possédé la centième partie d'une telle somme, et la fortune tombant ainsi du ciel dans leurs mains leur semblait inépuisable...

« Ajoutez à cela que la finesse de mes langes, la magnificence des dentelles qui les garnissaient, jointes à l'éclat des bagues dont les doigts de la jeune femme au domino noir étaient couverts, fascinaient ces pauvres diables et leur persuadaient que l'enfant confié à leurs soins était tout au moins un fils de prince...

. . . .

XLI. — DÉBUT DANS LA VIE.

Depuis quelques secondes, un vague sourire se jouait sur les lèvres de Raymond.

En ce moment il interrompit le narrateur.

— Mon cher enfant, — lui dit-il, — une question...

— Laquelle?...

— Pendant les dernières années qui viennent de s'écouler, n'avez-vous pas suivi quelque peu, de fait ou d'intention, la carrière d'homme de lettres?

— Pourquoi n'en conviendrais-je pas? — répondit le jeune homme, — c'est parfaitement vrai...

— vous devinez juste...

— J'en étais sûr!... — murmura le Protée parisien.

— A mon tour de vous demander sur quels indices se basait cette conviction..

— Sur votre manière de raconter... — vous avez tout à fait le style haché menu et procédant par petits paragraphes à effet des feuilletonistes à la mode... — en vous écoutant il me semble que j'entends parler le héros d'un roman des *Veillées Parisiennes* ou du *Journal pour Tous*...

— Est-ce un éloge ou une critique?

— Ni l'un ni l'autre... — c'est la constatation d'un fait, voilà tout... Je m'empresse d'ajouter que votre récit m'intéresse infiniment, et que je vous prie de le continuer sans retard..

L'hôte de Raymond poursuivit :

— L'enfant confié à la nourrice d'une façon si mystérieuse, pendant une nuit de carnaval, c'était moi, — vous l'avez deviné sans peine... Un carré de papier, attaché à mes langes par une épingle d'or, portait en gros caractères le nom de MAXIME.

— La nourrice en conclut que ce nom devait être le mien... — elle me le laissa et je le porte encore aujourd'hui... Plusieurs années s'écoulèrent...

« La dame au domino noir, ma mère, surveillée de très-près sans doute et ne jouissant d'aucune liberté, ne remit plus les pieds dans la misérable maison du faubourg Saint-Marceau, mais l'homme décoré revint à de longs intervalles s'informer de moi, et les cinquante louis promis au pauvre ménage ne se firent jamais attendre...

« Quand je fus près d'atteindre l'âge de raison,

une main inconnue vint m'enlever à ces braves gens que j'appelais mon père et ma mère et que j'aimais comme si j'avais été véritablement leur fils. Je fus placé dans une pension où mon éducation primaire s'accomplit...

« De cette pension je passai dans un des grands colléges de Paris.

« Il ne m'appartient point de faire mon éloge, mais je puis vous dire cependant que le travail avait de vifs attraits pour moi, et que le cours de mes études ne fut qu'une longue suite de succès...

« J'avais dix-neuf ans lorsque je quittai le collége, après avoir remporté les premiers prix de la classe de philosophie...

« La main providentielle qui me suivait en tous lieux depuis ma naissance me fit remettre par le proviseur six mille francs et l'adresse d'un banquier chez lequel je n'aurais qu'à me présenter tous les ans, à une époque déterminée, pour toucher une somme de même importance... Je me trouvai donc sur le pavé de Paris, seul, complétement libre, et, sinon riche, du moins sûr de vivre dans une large aisance aussi longtemps que la pension annoncée me serait payée d'une façon régulière...

« Ici je supprime tous les détails qui ne peuvent vous intéresser, et qui par conséquent allongeraient inutilement mon récit.

« Je vécus comme vivent les jeunes gens... — J'étais amoureux du plaisir sous toutes ses formes... — je lui donnais éperdûment la chasse, je ne l'atteignis pas toujours, et parfois, à sa place, je rencontrai la désillusion, la fatigue et l'ennui...

« En somme, mon existence était douce et charmante, — je me trouvais heureux du présent, et je ne songeais guère à l'avenir...

« Il y a un an cet avenir me contraignit à penser à lui pour la première fois, en m'apparaissant sombre et chargé de nuages.

« A l'époque indiquée je m'étais rendu chez le banquier qui me payait de la façon la plus régulière depuis trois années les arrérages de ma pension.

« Je restai stupéfait et confondu lorsque le caissier, après avoir compulsé un registre gigantesque à coins et à fermoirs de cuivre, me répondit d'un air moitié compatissant et moitié moqueur qu'aucun dépôt d'argent n'avait été fait à mon intention.

« Ces paroles furent pour moi un coup de foudre auquel, tout d'abord, j'essayai de ne pas croire.

« — Mais c'est impossible !... — m'écriais-je...

« — Impossible, peut être... —réel à coup sûr... — répliqua l'homme de chiffres.

« Je poursuivis :

« — Un oubli si complet serait inexplicable, incompréhensible !... nous devons nous trouver en face d'un malentendu, d'une erreur...

« — Cette erreur, qui l'aurait commise, s'il vous plaît ?... — me demanda le caissier d'un ton sec.

« — Vous, monsieur... vous, sans aucun doute...

« — Je suis un homme sérieux... je ne me trompe jamais...

« — Personne au monde ne peut se vanter d'être infaillible... — Je vous en supplie, je vous en conjure, examinez de nouveau et plus attentivement vos livres...

« Le caissier haussa les épaules, mais c'était un brave homme au fond... — il fit ce que je lui demandais.

« Dieu sait avec quelle fiévreuse impatience j'attendais le résultat de ses recherches...

« Au bout de quelques instants il se tourna vers moi, triomphant :

« — J'étais certain d'avance de mon fait !... — murmura-t-il. — Dans une maison comme celle-ci une erreur matérielle est impossible ! — Le crédit de M. Maxime n'est crédité d'aucune somme, importante ou minime... — Peut-être M. Jules Barral pourra-t-il vous donner une explication à ce sujet...

« M. Jules Barral était le banquier.

« Je me sentis un peu rassuré... — il me sembla qu'une lueur d'espérance brillait à mes yeux.

« Je répondis vivement :

« — Oui, monsieur, oui... — je désire voir M. Barral...

« — Il est dans son cabinet... — reprit le caissier... — on va vous conduire...

« Un instant après j'étais en présence de l'une des notabilités de la haute finance parisienne... M. Jules Barral me reçut avec la politesse la plus bienveillante et m'écouta d'un air d'intérêt.

« — Malheureusement, monsieur, — me dit-il après m'avoir entendu, — je n'ai rien de satisfaisant à vous répondre... — Chaque année, une semaine environ avant le jour où vous vous présentez à la caisse, une lettre chargée, mise à la poste tantôt dans un lieu, tantôt dans un autre, m'arrive et contient, outre les six mille francs qui vous sont remis, un droit de commission tel que le comportent les affaires de banque... — J'ignore complétement par qui ces six mille francs me sont adressés... — Cette année, je n'ai rien reçu....

« — Peut-être, — m'écriai-je, — n'est-ce qu'un retard...

« — Peut-être, en effet...

« — Je garde l'espoir que bientôt... demain, sans doute, la lettre chargée arrivera...

« — Rien ne vous empêche d'espérer...—Croyez bien d'ailleurs, monsieur, que je joins mes vœux aux vôtres, car votre situation me touche...

« Le banquier me salua et je pris congé...

« Je revins le lendemain, puis le surlendemain... — je revins tous les jours pendant une semaine...

« Aussitôt que je me montrais à la porte de la caisse, un hochement de tête négatif de l'employé me prouvait que ma démarche était vaine... Je laissai s'écouler un mois avant de reparaître... Rien !... toujours rien !...

« Alors la réalité chassa l'illusion et je compris

que je ne devais plus désormais compter que sur moi-même...

« Je me dis que ma mère était morte... — je me dis que la certitude de l'abandon dans lequel elle allait laisser son enfant avait dû joindre une douleur aiguë aux souffrances de son agonie...

« Bien loin d'accuser cette pauvre femme, cette pauvre mère, je pleurai sur elle et je pris le deuil...

« Ensuite je me demandai comment j'allais vivre.

« Il y avait de quoi me préoccuper, car, malgré mon éducation brillante et mes succès de collége, je ne me dissimulais pas que je n'étais bon à rien et qu'aucune carrière sérieuse ne s'ouvrirait devant moi...

« J'occupais, dans une maison de la rue Saint-Lazare, un appartement de garçon, meublé d'une façon presque élégante...

« J'avais une garde-robe bien montée, — une montre, une chaîne d'or, des épingles de cravate, quelques armes d'une certaine valeur, achetées le lendemain d'une partie de lansquenet qui m'avait rapporté cent louis. Mais je ne possédais littéralement plus un sou...

« J'eus recours au Mont-de-piété pour faire face aux éventualités les plus pressantes, et j'embrassai résolûment la profession de ceux qui n'en ont aucune et qui se croient de l'esprit et du talent... — je me fis homme de lettres...

« Ah! monsieur, quel affreux métier!... — si je haïssais mortellement quelqu'un, je ne lui souhaiterais rien de pis que d'être réduit à conquérir à la pointe de sa plume son pain quotidien...

« Je me mis à écrire...

« Je travaillai sans relâche, courageusement, fiévreusement!... — je me courbai jour et nuit sur ma table et sur mon papier, je répandis des flots d'encre, ne m'arrêtant que lorsque la fatigue physique et morale roidissait ma main et paralysait mon cerveau.

« J'enfantai de cette façon et coup sur coup deux vaudevilles, un drame, plusieurs nouvelles, un roman de longue haleine...

« Ceci me demanda six mois.

« Au bout de ce temps, je mis mes manuscrits dans mes poches et j'assiégeai les théâtres et les journaux...

« J'ignore si mes œuvres étaient excellentes, et je n'en crois rien, mais enfin elles valaient toujours autant, si ce n'est mieux, que bon nombre des platitudes qui s'étalent chaque matin au rez-de-chaussée des feuilles politiques, et chaque soir aux feux de la rampe...

« Eh bien, monsieur, il me fut impossible d'en placer une seule... impossible même de faire lire aux aristarques dramatiques et littéraires une ligne de mes manuscrits... partout on me répondit :

« — Nous ne voulons pas de noms inconnus... — faites-vous connaître d'abord, et revenez nous trouver ensuite... »

« — Me faire connaître!... — répliquai-je avec désespoir, — mais comment?

« — Cela ne nous regarde pas...

« Après avoir entendu cent fois cette réponse implacable, je pris mes manuscrits et je les brûlai!

XLII. — OU LAURENCE REVIENT EN SCÈNE SANS LE SAVOIR.

— En vérité!... — s'écria Raymond d'un air presque incrédule, — vous avez eu le courage de livrer au feu vos manuscrits?...

— Et sans hésiter, je vous le jure!... — répondit Maxime.

— Tous?...

— Oui, monsieur, tous!... — je n'ai fait aucune exception, et tandis que ces malheureux enfants de ma pensée flambaient sous mes yeux, j'éprouvais une joie farouche...

— Allons, allons, — reprit le Protée parisien en souriant, — je vois que vous n'étiez pas né pour le métier d'écrivailleur... — un homme de lettres de profession aurait fait preuve d'amour-propre, et ne se serait séparé pour rien au monde de ses chefs-d'œuvre... — Continuez, mon jeune ami... — votre récit m'intéresse de plus en plus.

Maxime poursuivit :

— De toutes les portes auxquelles j'avais frappé, une seule avait daigné s'ouvrir devant moi... — c'était celle d'un petit journal se disant artistique et littéraire, et ne s'occupant guère que des pièces nouvelles et des comédiennes à la mode...

« Ce journal accepta et inséra quatre ou cinq articles de ma façon; mais, quand je sollicitai le paiement de ces articles, il me fut répondu avec l'aplomb le plus merveilleux que les rédacteurs de ladite feuille méprisaient les biens périssables de ce monde et ne travaillaient que pour la gloire...

— C'était peu nourrissant, — interrompit Raymond.

— Je le pensai comme vous, — continua Maxime, — et cependant, malgré cette déception nouvelle, je continuai ma collaboration au petit journal qui me donnait, à défaut d'argent, mes entrées dans deux ou trois théâtres...

« J'avais toujours aimé le spectacle, et ma misère croissante ne me permettait plus le luxe de ce plaisir...

« Vous devinez sans peine comment je vécus pendant plus d'un an.... Je me défis d'abord des quelques meubles que le propriétaire consentit à laisser sortir du logement dont le loyer n'était plus payé.

« Je me défis ensuite de mes armes, et c'est à grand'peine que je parvins à trouver le quart de leur valeur.

« Je vendis enfin l'un après l'autre les vêtements de ma garde-robe, ne conservant que le costume à peu près convenable dont vous me voyez revêtu.

Tout cela prolongea tant bien que mal, pendant quelques mois, mon existence misérable...

« J'habitais une mansarde ignoble de la rue du Rocher et je mangeais une nourriture aussi malsaine que peu abondante...

« Malgré l'économie plus que sordide qui m'était commandée par ma situation, mes humbles ressources s'épuisèrent...

« Un jour arriva où je me trouvai sans un sou vaillant dans ma poche et sans aucun moyen honorable de me procurer la plus minime somme d'argent. Ce jour était hier.

« Je vous l'ai déjà dit, je ne voulais ni mendier, ni voler... — il ne me restait donc que le choix entre deux partis, mourir de faim ou me faire sauter le crâne... Je choisis le dernier...

« Je possédais un vieux pistolet sans aucune valeur. — Je le mis dans ma poche... J'écrivis et je laissai sur l'unique table de ma mansarde une lettre à l'adresse du commissaire de police du quartier Saint-Lazare, afin qu'on n'accusât personne de ma mort.

« Je pris ensuite le chemin du bois de Boulogne; — j'entrai dans un fourré et j'allais me brûler la cervelle lorsqu'un bruit bizarre et inexplicable attira mon attention...

« Machinalement je cherchai la cause de ce bruit, et je me heurtai le front contre les deux pieds d'un pendu qui s'agitait en proie aux dernières convulsions de l'agonie...

« Ce pendu, c'était vous...

« Il ne me reste rien à ajouter, car vous savez le reste aussi bien que moi... »

⁂ . . . .

Quelques instants de silence succédèrent aux dernières paroles de Maxime.

Raymond hochait doucement la tête et battait la mesure avec ses doigts sur le plateau d'argent chargé de bouteilles et de petits verres.

— Mon cher enfant, — dit-il enfin, — nous avons eu tous les deux une heureuse chance aujourd'hui... — nous nous devons mutuellement la vie, et je vais vous faire la plus heureuse existence qu'un homme de votre âge ait jamais rêvée... — Je dois vous avouer cependant qu'une crainte m'agite...

— Quelle est cette crainte?

— C'est de vous voir manquer de confiance en moi...

— Ah! monsieur!...

— Oui, mon enfant, je suspecte votre franchise.

— Puis-je vous demander pourquoi?

— Pour une raison bien simple... — l'amour ne tient aucune place dans votre récit : or, il est impossible, — malgré votre affirmation positive de ce matin, — qu'il n'en tienne aucune dans votre vie... — vous ne sauriez être une exception, unique peut-être en ce bas monde... — un cœur de vingt-trois ans n'est jamais glacé!...

— Ne vous ai-je pas dit que j'avais vécu comme vivent les jeunes gens? — répliqua Maxime... — J'ai eu des maîtresses d'une semaine et des maîtresses d'un jour... — aucune d'elles n'a pu me fixer, et je n'ai pas su les rendre fidèles...

— Eh quoi! pas autre chose que ces tendresses éphémères?

— Pas autre chose...

— Vous me le jurez?

Maxime hésita.

— C'est donc ma confession tout entière que vous exigez?..., — demanda-t-il en souriant.

— Je vous demande une confession absolue, sans réticence et sans détours.

— C'est qu'il s'agit d'une folie si absurde, si ridicule, que vous allez vous moquer de moi...

— Je m'en garderai bien!... — Vous êtes d'un âge où la folie me semble mille fois préférable à la raison!... — Parlez donc, et parlez sans crainte.

— Je vous ai dit, — reprit Maxime, — qu'en échange de ma collaboration gratuite, un petit journal artistique et littéraire m'avait donné mes entrées dans quelques théâtres...

— Je vous vois venir..., — fit Raymond... — il s'agit d'une actrice en réputation...

— Pas des moins du monde... — répliqua le jeune homme... — ah! si ce n'était qu'une actrice!... — mais patience..

« J'allais donc au spectacle presque chaque soir, puisque c'était le seul plaisir qui, ne me coûtant rien, fût à la portée de ma bourse.

« Il y a deux mois environ, je remarquai dans une avant-scène une femme de la beauté la plus merveilleuse et la plus étrange.

« Je ne vous ferai pas le portrait de cette femme... — les portraits écrits ou racontés ne m'ont jamais paru ressemblants...

« Il me suffira de vous dire que la dame de l'avant-scène était brune, splendide et fière comme une reine orientale, et que son regard calme et profond, qui se fixa sur moi par hasard à deux reprises, me causa une sensation tout à la fois délicieuse et pénible.

« Je quittai la salle un peu avant la fin du spectacle et j'allai sur le boulevard attendre le moment de la sortie.

« Bientôt la jeune inconnue, drapée dans les plis amples d'un burnous algérien à bandes d'or, traversa la foule avec la majesté d'une souveraine marchant au milieu de ses sujets.

« Un petit coupé, merveilleusement attelé, l'attendait et l'emporta avec la rapidité de l'éclair.

« En la voyant disparaître, j'éprouvai une sorte d'allégement... — je respirai d'une façon plus libre, et je me dis :

« — Grâce au ciel, je ne me trouverai plus désormais en présence de cette femme!... — Si je la rencontrais encore je risquerais fort d'en devenir amoureux, et franchement, dans la situation où je me trouve, il ne me manquerait que cela... »

« L'homme propose et le hasard dispose...

« Trois jours après, dans un autre théâtre, je

sentis qu'un aimant invisible attirait irrésistiblement mes yeux vers une loge placée à ma gauche, un peu en arrière de moi.

« Je me retournai et je tressaillis comme un homme que vient de toucher l'étincelle électrique d'une pile de Volta.

« L'inconnue était dans cette loge, — toujours seule, — toujours fière, — impassible et superbe.

« J'abrége, car, aussi bien, vous avez déjà deviné ce qui me reste à vous apprendre...

« Mes rencontres avec la jeune femme dont le regard me remuait jusque dans la moelle des os se renouvelèrent fréquemment...

« Ce que je craignais se réalisa, sinon complétement, du moins en partie. Je ne devins pas amoureux de l'inconnue, mais son image s'empara de ma pensée, exerça sur mon esprit une véritable fascination, me troubla profondément, et, après avoir inquiété mes veilles apparut même dans mes rêves...

« L'inconnue, je vous en donne ma parole d'honneur, ne m'inspirait aucune passion, — dans le sens strict et littéral qu'on prête à ce mot, — mais elle me possédait moralement, comme les sorcières du moyen âge devaient posséder les créatures humaines sur qui elles avaient prononcé de mystérieuses incantations...

« Je voulus savoir quelle était cette femme...

« Un soir, à la sortie d'un théâtre, je m'accrochai des deux mains aux ressorts de derrière de sa voiture et, sans m'inquiéter des rires de la foule, je me laissai emporter, ou plutôt traîner, jusqu'au moment où le coupé s'arrêta...

« Le lendemain, je pris des informations.

« Mon inconnue était, non point une femme galante, ainsi que je l'avais supposé d'abord en voyant sa beauté, son luxe et son isolement, mais une grande dame, une *vraie* grande dame, possédant une immense fortune et recevant dans ses salons l'élite de Paris.

« Ceci creusait entre elle et moi le plus infranchissable des abîmes... — je ne me le dissimulai pas un instant.

« Jusqu'alors je n'avais été que fou; — à partir de ce moment je devins ridicule... Je me persuadai, comme un sot, que mon inconnue m'avait remarqué... Je lui écrivis, — non pas une lettre, mais dix, mais vingt, en la suppliant de me recevoir et en lui jurant que je me tuerais si elle ne consentait pas à me rapprocher d'elle...

« En parlant ainsi, d'ailleurs, je ne mentais qu'à moitié. Je songeais véritablement à mourir, mais non point à mourir pour elle...

« Ai-je besoin d'ajouter qu'elle ne me répondit pas ?

« Voilà tout le roman... — il est simple, comme vous voyez, et mon rôle y dépasse les proportions habituelles de la naïveté... — mais vous m'avez promis de ne point vous moquer de moi, et je compte sur votre promesse...

— Ce que j'ai promis, je le tiens toujours... — répondit Raymond... — seulement vous ne m'avez pas tout dit... j'ignore la chose que je tiens le plus à savoir, et qui m'intéresse particulièrement.

— Et cette chose?...

— C'est le nom de cette sirène aux cheveux noirs, aux regards enivrants et magnétiques... de cette grande dame princièrement riche...

— A quoi bon vous l'apprendre?

— Pourquoi me le cacher?

— Vous le voulez?

— Je vous en prie...

— Ce nom, vous le connaissez sans doute, car aujourd'hui personne ne l'ignore à Paris.

— Raison de plus pour me satisfaire.

— Eh bien, mon inconnue s'appelle la marquise Castella...

XLIII. — LE COMTE DE SAINT-MARCEAU.

Si la stupeur pouvait métamorphoser un homme en statue, certes Raymond serait devenu marbre à l'instant...

Le hasard en effet venait à son aide à point nommé, d'une façon si étrange, si prodigieuse, que c'était véritablement à n'y pas croire.

Lorsque nos lecteurs connaîtront le plan de vengeance qui depuis quelques heures avait pris naissance dans le cerveau du Protée parisien, ils comprendront sans peine l'étonnement de ce dernier et ne feront point difficulté de convenir que les combinaisons de l'aveugle hasard dépassent parfois en habileté les inventions les plus adroites des romanciers et des dramaturges les plus ingénieux.

Quelque maître de lui-même que fût Raymond, il ne put cependant empêcher la surprise de se peindre sur son visage, et ce brusque changement d'expression n'échappa point à Maxime.

— Est-ce que vous connaissez madame Castella?... — demanda-t-il avec vivacité.

— Je la connais de vue et de nom... — répondit l'ex-pendu.

— Les circonstances vous ont-elles mis en rapport avec elle?... — reprit Maxime.

— Jamais... — Je ne suis qu'un humble bourgeois, malgré tous mes millions, et je n'ai point la prétention de m'introduire dans le monde brillant des marquises... — à défaut d'esprit, j'ai du bon sens; — je sais me tenir à ma place.

— Où donc avez-vous vu madame Castella?

— Au spectacle, mon cher enfant, comme vous. — Plus d'une fois les verres de mes jumelles m'ont permis d'admirer la marquise dans les avant-scènes et les baignoires des théâtres qu'elle fréquente...

— N'est-ce pas qu'elle est belle?

— Elle est plus que belle, elle est splendide!... — s'écria Raymond avec enthousiasme... — ce n'est pas une femme, c'est une déesse...

— Comme vous vous enflammez!... — reprit

Maxime en souriant... — seriez-vous, par hasard, épris de la marquise?

Le Protée parisien haussa les épaules.

— Amoureux!... moi!... — dit-il ensuite, — allons donc! — Me prenez-vous pour un insensé?... — Regardez-moi bien en face, je vous en prie... —ai-je le visage d'un homme qui puisse être aimé?. — Or, selon moi, l'homme qui s'éprend sans espoir d'être payé de retour est un fou stupide... — Oh! je ne me fais aucune illusion... — je ne puis prétendre à quelques succès qu'auprès des Danaés faciles dont les boudoirs sont ouverts à tous les Jupiters!... — Voilà ma profession de foi; mais si j'étais, comme vous, jeune et beau, plein d'élégance et de distinction, je voudrais, dussé-je y perdre la raison et la vie, plaire à la marquise Castella, et, mordieu!... j'y réussirais!...

Maxime secoua doucement la tête.

—Vous voyez bien, — murmura-t-il, — que j'ai fait la folie d'essayer, et que je n'ai pas réussi...

— D'accord... mais l'avenir et le passé sont choses bien différentes... — Hier, vous étiez pour la marquise le premier venu, un pauvre diable de journaliste sans feu ni lieu... — demain, vous serez l'une des étoiles de la brillante jeunesse parisienne qui caracole au bois sur un hack de pur sang, et qui conduit autour des lacs un attelage de steppers miraculeux... — La marquise ne vous regardait point hier... — elle vous remarquera demain... toute marquise qu'elle soit, madame Castella est fille d'Eve! — or, les filles d'Eve ressemblent aux alouettes, elles se laissent prendre à ce qui brille...

— Soit... — mais en supposant même qu'elle me remarque, cela ne me donnera pas le moyen d'être présenté et reçu chez elle...

— Ce moyen, nous le trouverons, gardez-vous d'en douter... — avant quinze jours, j'en prends l'engagement, vous serez un des familiers des salons de madame Castella, et alors il ne vous restera plus qu'à faire vos affaires vous-même, ce dont vous vous tirerez fort bien, j'en ai la conviction...

— Ah! monsieur!... — s'écria Maxime, — il est donc écrit que vous serez ma providence en toutes choses!

— Oui, mordieu, cela est écrit, mon jeune ami, puisque c'est justement le rôle de la Providence que je me réserve de jouer auprès de vous.

— Comment vous témoigner ma reconnaissance?...

— En ne m'en disant pas un seul mot... — Et maintenant, nous allons sortir ensemble... — nous avons beaucoup de choses à faire aujourd'hui... D'abord il nous faut trouver pour vous, dans le quartier de la Chaussée-d'Antin ou de la Madeleine, un appartement de garçon avec écurie et remise... — il nous faut le meubler... — arrêter un cocher et un groom... — acheter trois chevaux... — choisir deux voitures et faire peindre vos armes sur les panneaux...

— Mes armes!... — commença le jeune homme en souriant... — oubliez-vous donc?...

— Que vous ne savez pas quel était votre père? — interrompit Raymond, — ceci est un détail... — Vous êtes un enfant de l'amour, et les enfants de l'amour sont tous bons gentilshommes... — Je me charge de vous composer un blason très-réussi... — je vous donnerai un nom... — je vous donnerai même un titre... — c'est dans le faubourg Saint-Marceau que s'est écoulée votre enfance... — A partir de cette minute, je fais de vous *le comte Maxime de Saint-Marceau*... — il me semble que cela sonne assez bien... — Les parchemins vous manqueront, c'est vrai, mais qui donc, je vous prie, se permettrait de vous demander à les voir?... — Etes-vous fort à l'épée?

— J'ai quatre ans de salle, et Grisier me regarde comme un de ses élèves très-passables...

— Tirez-vous le pistolet?

— Oui, et fort bien, sans vanité... — je fais mouche dix fois sur douze, et l'on voit chez Gastinne-Renette certains cartons qui me font honneur...

— A merveille... — Je suis enchanté de ces renseignements... — Je ne vous demande pas si vous êtes brave, puisque vous étiez au moment ce matin de vous brûler la cervelle, ce qui prouve, quoi qu'on en dise, une certaine dose de courage...

— Je ne sais pas si je suis brave, mais je me sens tout disposé à jouer hardiment ma vie quand l'occasion s'en présentera...

— C'est ce qu'il faut, et, cette occasion, je la ferai naître le plus tôt possible...

— Comment?...

— Je vous procurerai un duel...

— Dans quel but?

— Dans le but de vous poser tout d'abord sur un pied sérieux au milieu du monde nouveau où vous allez vivre... — Quand on saura que vous êtes un gaillard très-campé sur la hanche, et prêt à dégaîner pour une bagatelle, les curieux impertinents se tiendront à distance... — un coup d'épée donné de façon galante vous débarrassera pour longtemps des indiscrets beaucoup trop disposés à s'occuper des affaires qui ne les regardent pas...

— J'admire l'habileté de vos prévisions et la sagesse de vos raisonnements... — dit Maxime en souriant.

— Et vous êtes d'humeur à vous laisser guider par moi?... — demanda Raymond.

— Complétement.

— Voilà qui va bien!... — En échange de votre confiance, je vous promets tous les plaisirs et toutes les joies de ce monde...

— J'en accepte l'augure...

Le Protée parisien et son protégé quittèrent ensemble la maison de la rue des Amandiers.

Tous deux montèrent dans une voiture de remise, et Raymond donna l'ordre au cocher de prendre le chemin du quartier de la Madeleine.

Après quelques recherches, les deux hommes découvrirent, rue de l'Arcade, un charmant entre-soi sur le devant. — Maxime loua cet entresol, séance tenante, ainsi que des écuries et des remises qui se trouvaient vacantes.

Raymond et le futur comte de Saint-Marceau se rendirent ensuite chez un tapissier de la rue Tronchet qui promit de livrer dans les vingt-quatre heures un ameublement des plus comfortables.

Nous ne suivrons pas nos deux personnages chez les chemisiers, chez les tailleurs, chez les bijoutiers, non plus que chez les carrossiers et les marchands de chevaux des Champs-Elysées.

matin au commissaire de police, afin d'annoncer à ce magistrat votre futur suicide...

— C'est juste...

— Donnez donc l'adresse au cocher.

Un quart d'heure après ce moment, Maxime franchissait pour la dernière fois le seuil de l'affreuse maison dans laquelle il avait passé de si vilains jours et de si tristes nuits...

Il monta rapidement l'escalier conduisant à sa mansarde et il déchira en mille morceaux la missive désormais sans but.

Lorsqu'il redescendit, la portière l'arrêta au passage.

— Et cette femme? — dit le juge d'instruction en désignant Laurence. — Page 331.

Il nous suffira d'apprendre à nos lecteurs que tous les achats nécessaires pour monter d'une façon complète et luxueuse la maison de Maxime furent terminés en quelques heures.

— Je crois que présentement rien ne nous empêche d'aller dîner, — dit le Protée parisien à son compagnon... — je me sens un appétit formidable...

— Et je vous tiendrai tête vigoureusement, — répliqua Maxime.

— Bravo!... — reprit Raymond; — mais avant de nous diriger vers le Palais-Royal, il nous faut passer rue du Rocher.

— Et pourquoi faire, grand Dieu!...

— Pour anéantir la lettre écrite par vous ce

— Eh! monsieur Maxime, — lui dit-elle, — comme vous voilà pressé... — vous sortiez si vite ce matin que vous ne m'avez pas entendue quand je vous criais du haut de ma tête qu'il y avait une lettre pour vous...

— Une lettre pour moi?...

— Oui, monsieur Maxime, et même qu'elle sent joliment bon... — on croirait flairer un petit tonneau des odeurs fines de chez les plus grands parfumeurs...

— Où est-elle, cette lettre?

— La voici.

— Donnez...

Maxime déchira vivement l'enveloppe d'où s'exhalait en effet une senteur exquise.

Le billet ne contenait que trois lignes.

Après avoir dévoré ces trois lignes d'un seul regard, le jeune homme eut peine à contenir un cri de joie; puis, mettant un louis dans la main de la portière stupéfaite, il s'élança au dehors.

XLIV — L'INVITATION.

— Eh bien!... eh bien!... — s'écria Raymond en voyant arriver Maxime auprès de la voiture, — qu'y a-t-il?... — vous avez le visage d'un homme qui vient d'hériter d'une demi-douzaine de millions, ou de se voir accorder par la femme qu'il aime un premier rendez-vous.

Maxime, sans répondre, s'élança dans le coupé.

Le Protée parisien renouvela sa question.

— Tenez, — dit alors le futur comte de Saint-Marceau en tendant à son interlocuteur la lettre qui venait de lui être remise... — lisez et jugez de mon bonheur...

Raymond jeta les yeux sur les lignes suivantes, tracées d'une écriture élégante et véritablement féminine :

« *La marquise Castella prie monsieur Maxime d'assister à la soirée musicale qu'elle donnera le ardi 28 courant.* »

— Qu'en dites-vous? — demanda Maxime.

— Je dis que cette invitation nous épargne fort à propos la peine de chercher pour vous un introducteur dans les salons de la marquise... — Ah ça mais, mon cher enfant, pourquoi donc m'affirmiez-vous, tout à l'heure, que madame Castella ne vous avait pas remarqué?

— Je le croyais...

— C'était de votre part excès de modestie...

— Il me semble, en effet, — murmura Maxime, — que cette invitation imprévue...

Il s'interrompit.

— Est une réponse à vos lettres?... — acheva Raymond... — réponse pleine d'éloquence dans son laconisme... — Ce que la marquise ne vous écrit point, elle se réserve de vous le dire...

— Ainsi, selon vous, — reprit le jeune homme, — je puis, sans vanité folle, me flatter de quelque espérance?

— Voulez-vous connaître mon opinion franche et sincère?

— Oui, certes, je le veux.

— Eh bien, si vous n'espériez pas, vous seriez un *sot* en trois lettres, car tout dépend de vous maintenant, et, pour réussir auprès de la plus charmante femme de Paris, il vous suffira de le vouloir...

— Ah! — s'écria joyeusement Maxime, — si la volonté doit suffire, proclamez d'avance ma victoire...

Raymond et son compagnon s'attablèrent ensemble aux Frères Provençaux, et Maxime admira pour la seconde fois la science incomparable avec laquelle le prétendu André Bontems savait composer un menu digne de Lucullus dînant chez Lucullus.

Après le repas, les deux hommes rejoignirent la rue des Amandiers-Popincourt. — Raymond introduisit son hôte dans une chambre charmante et se retira en lui souhaitant une bonne nuit.

Ce souhait fut largement exaucé.

Maxime dormit jusqu'au matin d'un sommeil calme et profond, que rien n'interrompit et que des songes sortis par la porte d'ivoire visitèrent sans interruption.

. . . .

Laissons s'écouler un intervalle de quelques jours.

Grâce à l'argent prodigué par Raymond avec une largesse inépuisable, l'installation du jeune homme dans son entresol de la rue de l'Arcade s'était effectuée rapidement et ne laissait rien à désirer.

Deux ou trois fois Maxime s'était montré au bois de Boulogne dans la tenue déjà élégante et correcte, non d'un *gandin*, mais d'un fils de famille largement renté, et son attelage de steppers bais bruns à cocardes rouges avait produit une vive sensation parmi les connaisseurs et les connaisseuses du sport et de la haute bohème galante.

C'est tout au plus si, trois jours auparavant, Maxime à pied et vêtu de façon médiocre aurait obtenu des *Dames du Lac* un regard distrait et dédaigneux...

Maintenant ces filles de marbre et de plâtre foudroyaient de l'artillerie de leurs regards les plus incendiaires le nouveau venu qui, selon toute apparence, devait avoir quelques millions en portefeuille.

Froid comme un Anglais, impassible comme un vieux sultan, Maxime passait avec un dédain manifeste au milieu de ces feux croisés...

Enfin, arriva le jour, ou plutôt le soir, du concert donné par la marquise Castella.

Jamais coquette sur le retour se proposant d'entrer en lutte avec de fraîches beautés dans tout l'éclat de leurs dix-huit ans, ne s'occupa de sa toilette plus minutieusement que ne le fit Maxime ce soir-là...

Il passa deux grandes heures devant l'armoire à glace de sa chambre à coucher, étudiant des nœuds de cravate!... — n'est-ce pas tout dire en un mot?

Enfin il achevait de mettre ses gants, et depuis cinq minutes son coupé attendait tout attelé dans la cour au moment où son groom lui vint annoncer la visite d'André Bontems.

— Faites entrer, — dit-il vivement.

Raymond vint droit à lui et lui tendit la main. Maxime prit cette main et la serra de la manière la plus affectueuse.

— Peste, mon cher comte, — s'écria le Protée parisien, — comme vous voilà splendide!... Je crois me connaître en élégance, et je déclare votre tournure et votre toilette irréprochables l'une et l'autre...

— Ainsi, vous êtes content de moi? — demanda le jeune homme en souriant.

— C'est-à-dire que vous me voyez ravi!... Brummel et le comte d'Orsay vous auraient sans hésiter reconnu pour un homme de leur sang! — Ah! je conseille aux jolies Parisiennes de bien veiller sur leurs petits cœurs, car, ou je me trompe fort, ou vous êtes destiné à faire de grands ravages dans le monde...

— Votre indulgence pour moi vous aveugle... — répliqua Maxime avec un nouveau sourire; — vous savez d'ailleurs que je ne veux plaire qu'à une seule femme...

— La marquise, n'est-ce pas?

— Oui...

— Pardieu, c'est convenu!... — vous êtes assez jeune encore pour que votre cœur soit de bonne foi! — Les premières ardeurs sont exclusives et semblent devoir être éternelles!... — le temps passe ensuite, et tout change... — Commencez par madame Castella... — nous verrons après...

— Ah!... — s'écria Maxime avec une exaltation sincère, — si Laurence consent un jour à m'aimer, je sens bien que mon cœur ne changera jamais!

Pour toute réponse, le Protée parisien se contenta de sourire.

— Avez-vous ce soir quelque chose de particulier à me dire, mon ami? — continua le jeune homme en changeant de ton.

— Rien. — Je voulais seulement vous voir en tenue de combat, mon cher comte, vous serrer la main et vous souhaiter bonne chance.

— Alors, vous permettez que je vous quitte, n'est-ce pas?... — il est déjà neuf heures...

— Et vous avez hâte de vous trouver dans le salon de votre idole... — acheva Raymond.

— J'en conviens... — La marquise exerce une irrésistible attraction sur moi... — Je ne sais encore si je l'aime, mais à la seule pensée que je vais me trouver près d'elle, lui parler, respirer le parfum de sa chevelure et de ses vêtements, la fièvre s'allume dans mes veines et mon cœur bat à briser ma poitrine...

— Partez, partez bien vite, mon enfant!... — répliqua Raymond en hochant la tête; — je me reprocherais amèrement de retarder, ne fût-ce que pendant cinq minutes, les joies de votre première entrevue... Je monte en voiture avec vous... — vous me déposerez sur le boulevard, à l'angle de la Chaussée-d'Antin...

Un quart d'heure tout au plus après la conversation que nous venons de reproduire, le coupé de Maxime s'arrêtait devant le corps de logis occupé par la marquise et dont la situation est connue de nos lecteurs.

Le jeune homme laissa son paletot aux mains des valets de pied échelonnés dans le vestibule, et le valet de chambre faisant fonction d'huissier ouvrit la porte du premier salon et annonça d'une voix retentissante : — M. le comte de Saint-Marceau...

Le concert n'était pas encore commencé, mais une foule élégante remplissait déjà les salons de madame Castella.

Cette foule se composait exclusivement d'hommes, et tous ces hommes appartenaient à l'une des trois aristocraties qui règnent sur Paris, l'aristocratie de naissance, l'aristocratie de fortune et l'aristocratie de talent...

Laurence passait au milieu des groupes avec la souriante attitude d'une jeune reine qui daigne recevoir les hommages de ses sujets.

Sa toilette était simple et charmante : — une robe de soie blanche, presque sans ornements et très-décolletée, mettait en valeur les perfections de sa taille et de ses épaules.

Des torsades de corail rose s'enroulaient dans les nattes de son immense chevelure brune. — Un collier et des bracelets pareils complétaient cette parure et s'harmonisaient merveilleusement avec le ton mat et doré de ses carnations délicates.

Jamais, et sous aucun costume, la marquise n'avait paru plus éblouissante, — tous ses invités étaient d'accord sur ce point.

La beauté souveraine et rayonnante est l'une des seules divinités ici-bas qui ne rencontrent pas d'incrédules!..

La marquise s'appuyait sur le bras d'un cavalier que cette faveur précieuse gonflait de suffisance et d'orgueil.

Ce cavalier, nos lecteurs le connaissent déjà.

Dans l'un des premiers chapitres du long récit dont le dénoûment approche, ils ont pu l'apprécier sous le rapport physique et moral, et nous osons espérer qu'ils se souviennent encore du baron Godefroy de Montaigle, le fils des Croisés, le gandin millionnaire consacrant la plus forte partie de ses revenus à semer de cachemires des Indes, de rangs de perles et de steppers anglais l'existence de mademoiselle Formose, du théâtre des Variétés, si *épatante* dans la *tulipe orageuse* du troisième acte des MIRLITONS DIABOLIQUES.

Depuis sa présentation à Laurence et l'accueil ultra-gracieux qui lui avait été fait par cette dernière, Godefroy de Montaigle oubliait la comédienne et perdait la tête pour la grande dame...

Il avait obtenu la permission de venir faire sa cour chaque après-midi, et comme les prévenances de la marquise à son égard ne se démentaient pas, il se croyait très-positivement et très-passionnément aimé, et il se disait avec une fatuité réjouissante :

— Enfer et macadam!... comme elle me gobe, cette *fâme!*... — Nous avons l'un pour l'autre un *béguin* réciproque un peu carabiné! — Elle résiste encore à son délire, à cause de sa vertu, mais l'heure du berger approche et je vois poindre l'instant où je la rendrai bien heureuse, la malheureuse!...

XLV. — SOIRÉE MUSICALE.

En entendant annoncer le *comte de Saint-Marceau*, madame Castella tressaillit.

Parfaitement sûre de n'avoir invité personne de ce nom, elle s'étonnait et s'irritait de l'étrange aplomb de l'inconnu qui franchissait ainsi le seuil de son salon sans s'être fait présenter à elle...

— Si cet inconnu est homme du monde, — se dit-elle, — il fait preuve d'une bien complète et bien étrange absence de savoir-vivre!... Tant pis pour lui, d'ailleurs, car je vais être impitoyable, et prouver sévèrement qu'on ne traite point la marquise Castella en femme sans conséquence!

Les réflexions que nous venons de reproduire traversèrent l'esprit de Laurence avec la rapidité de l'étincelle électrique.

La jeune veuve abandonna brusquement le bras du baron de Montaigle, fort désappointé, et se dirigea vers la porte où la voix de l'huissier venait de retentir.

Son étonnement changea de nature et la contraction nerveuse qui rapprochait l'un de l'autre ses noirs sourcils s'effaça comme par enchantement, lorsqu'elle se vit en face de Maxime. — Le jeune homme la saluait de la façon la plus respectueuse, tout en la regardant avec une admiration passionnée...

— Madame la marquise, — murmura le protégé de Raymond, — permettez-moi de vous témoigner ma profonde reconnaissance pour l'invitation que vous avez bien voulu m'adresser...

Madame Castella possédait une assurance rare, un sang-froid qui ne se déconcertait pas facilement... — Elle en avait donné plus d'une preuve, et nos lecteurs savent à quoi s'en tenir à cet égard.

Elle ne fut cependant pas assez maîtresse d'elle-même pour dominer son très-vif embarras, et elle ne put que balbutier d'une voix à peine distincte et sous une forme interrogative :

— Monsieur Maxime, je crois?...

Le jeune homme s'inclina.

— Le comte Maxime de Saint-Marceau, madame la marquise... — répondit-il.

— Ah!... — fit Laurence.

Maxime reprit, en souriant :

— Les lettres que j'ai eu l'honneur d'écrire à madame la marquise ne portaient, il est vrai, pour toute signature que mon nom de baptême; — en voici la raison : — J'estime qu'un titre et qu'un nom illustre ne sont qu'un embarras lorsqu'une fortune indépendante ne les accompagne pas... — Or, il y a quelques jours encore, j'étais pauvre...

— Et maintenant? — demanda la marquise.

— Maintenant, tout est bien changé!... — Je suis riche... — Un parent éloigné que je connaissais à peine s'est chargé de réparer l'injustice du sort à mon égard, et m'a laissé par son testament soixante mille livres de rente...

Laurence sourit à son tour.

— Recevez mes félicitations bien sincères!... — répondit-elle : —vous n'avez pas le droit de mettre en doute mon intérêt pour votre personne, puisque c'est *monsieur Maxime* tout simplement, et non *le comte de Saint-Marceau* que je croyais recevoir aujourd'hui chez moi... — L'un comme l'autre d'ailleurs ont droit à toutes mes sympathies, mais je ne les accorde pas plus au gentilhomme qu'à l'inconnu...

Après avoir dit ce qui précède d'une voix pleine de charmantes et caressantes intonations, Laurence s'appuya avec un abandon gracieux sur le bras du comte improvisé, et se mit en devoir de faire avec lui le tour des salons.

Le baron Godefroy de Montaigle, penaud, déconcerté, et donnant au diable de grand cœur le nouveau venu, les suivait à distance.

Chemin faisant, il trouva sur son passage M. de Crédence.

— Mon cher comte, —lui demanda-t-il d'un ton piteux, — quel est donc ce jeune homme blond auquel la marquise donne le bras?...

Raoul regarda Maxime pendant une ou deux secondes.

— Ma foi, mon cher baron, — répondit-il ensuite, — je l'ignore aussi complètement que vous; mais, si vous tenez beaucoup à le savoir, je me renseignerai tout à l'heure auprès de madame Castella elle-même...

— Inutile... inutile... — dit Godefroy vivement, — ne prenez pas cette peine, je vous en prie... — Une curiosité si vive pourrait à bon droit sembler indiscrète...

— C'est la première fois que je vois ce cavalier chez la marquise... — reprit M. de Crédencé; — il est joli garçon, parfaitement distingué, et sa tenue est irréprochable... — évidemment c'est un homme de notre monde...

— Il n'est pas mal, je le veux bien!... — murmura le baron de Montaigle entre ses dents; — on trouverait, sans aller loin, des physiques plus *grêles* que le sien; — mais avec tout ça il n'a pas mon *chic*!... — La marquise lui fait grand accueil, sans doute par pure politesse, et je n'en prends point d'ombrage, car cette chère Laurence a le goût trop sûr et trop délicat pour ne pas me revenir bien vite...

. . . .

Les artistes de mérite qui devaient jouer un rôle dans la partie musicale de la soirée étaient à leur poste.

Un accord de piano se fit entendre.

Le plus profond silence s'établit aussitôt, et l'un des ténors célèbres de notre époque se mit à chanter d'une voix merveilleusement souple et richement timbrée un morceau de *Robert-le-Diable*.

Le présent chapitre, on le comprend sans peine, ne saurait renfermer un programme détaillé du concert auquel assistèrent nos personnages.

Il nous suffira de dire que Laurence avait fait placer Maxime non loin d'elle, et que lorsque les suaves mélodies tombées des lèvres des chanteurs exprimaient une tendresse voluptueuse, ses yeux chargés de molles langueurs semblaient croiser complaisamment leurs regards avec les regards du jeune homme...

Un peu après minuit le concert s'acheva.

Un assez grand nombre des invités de la marquise s'esquivèrent *à l'anglaise*, c'est-à-dire quittèrent les salons sans prendre congé de la maîtresse du logis.

Les autres se dirigèrent vers les tables de jeu.

Maxime fut l'un de ces derniers.

Le jeune homme n'était joueur ni par tempérament, ni par habitude, mais il tenait à prouver à madame Castella qu'il savait hasarder et perdre galamment quelques centaines de louis.

Il s'assit à une table de lansquenet et plaça devant lui un portefeuille bien garni de billets de banque.

En face de Maxime se trouvait M. de Crédencé.

Laurence fit un signe à ce dernier qui vint aussitôt la rejoindre, et qui lui demanda d'une voix très-basse :

— Que souhaitez-vous de moi, chère belle?...

— Regardez ce jeune homme, je vous prie... — fit la marquise.

— Quel jeune homme?...

— Celui qui vous fait vis-à-vis à la table de lansquenet.

— Ah! ah!... ce beau garçon que personne ici ne connaît et au sujet duquel mon ami Godefroy de Montaigle m'interrogeait avant le concert avec une curiosité fiévreuse!... — A propos, marquise, comment s'appelle-t-il donc ce jeune homme?...

— Il s'appelle le comte de Saint-Marceau...

— Qui diable vous l'a présenté?...

— Mon cher Raoul, vous êtes trop curieux!...

— Mille pardons, ma toute belle, je ne me savais pas indiscret!...—Puis-je du moins vous demander dans quel but vous me parlez de ce jeune homme?

— Il va jouer sans doute...

— C'est certain, puisqu'il est installé déjà...

— Eh bien, je ne veux pas qu'il perde...

— Vous ne voulez pas!... c'est bientôt dit!... — répliqua le comte en souriant. — Commander est facile, mais le hasard n'obéit pas toujours...

— Il obéit quand vous le voulez, et cette nuit il faut qu'il soit docile!...

— Le faut-il absolument?

— Oui... absolument!...

— Votre volonté sera faite!... — Ah çà, marquise, vous vous intéressez donc beaucoup à ce jeune comte de Saint-Marceau?...

— Beaucoup.

— Pourquoi?

— C'est mon secret...

— Est-ce que, par hasard, ce secret intéresserait votre cœur?...

— Mon cher Raoul, — interrompit Laurence, — ou je me trompe fort, ou mon cœur n'appartient qu'à moi seule et n'a de comptes à rendre à personne...

— Ceci est parfaitement juste; et pourtant, marquise, prenez garde!... une imprudente passion vous mènerait bien loin!...

M. de Crédencé ne put en dire davantage. — On l'appelait à la table de lansquenet pour *faire sa main*, et force lui fut d'abandonner la conversation commencée avec madame Castella et d'aller prendre les cartes...

Cette question que la marquise trouvait indiscrète, rien ne nous empêche de nous l'adresser à nous-mêmes...

De quelle nature était l'intérêt si vif que la jeune femme commençait à ressentir pour Maxime? — nous demanderons-nous.

La réponse sera facile...

De même que le caillou recèle dans ses flancs l'étincelle qu'un choc fera jaillir, de même le cœur le plus froid peut, à un moment donné, prendre feu soudainement...

Ce qui se passe dans le silex frappé par l'acier, venait d'avoir lieu dans le cœur marmoréen de la marquise.

Laurence, qui croyait ne devoir jamais aimer, aimait pour la première fois de sa vie...

XLVI. — LE RENDEZ-VOUS.

Le comte de Crédencé obéit à l'ordre que la marquise Castella venait de lui donner.

Nous serions fort embarrassés, nous en faisons l'aveu, s'il nous fallait expliquer à nos lecteurs de quelle façon il s'y prit. — Toujours est-il que de grosses sommes furent perdues cette nuit-là, comme de coutume, dans les salons de la Dame de Pique, et que Maxime ne se trouva point au nombre des perdants...

Trois ou quatre *mains* heureuses lui permirent même de réaliser un bénéfice de quelques milliers de francs...

La situation nouvelle qui lui était faite par Raymond le rendait complètement insensible à ce bénéfice.

Après avoir essayé vainement de reperdre, en tenant avec une insouciance magnifique les *banques* les plus hasardés, Maxime quitta la table de jeu afin de se rapprocher de Laurence, et dans l'espoir d'engager avec elle une intime et longue causerie...

Cet espoir fut d'abord déçu.

Le baron de Montaigle s'était emparé de la marquise — il l'accaparait à son profit, et ne semblait disposé en aucune façon à lui rendre prochainement sa liberté...

Nos lecteurs s'étonneront peut-être que madame Castella, avec le caractère entier et indépendant qu'ils lui connaissent, fît preuve d'une résignation si grande et subît patiemment les fatigantes assiduités d'un gandin absurde, dont mieux que personne au monde elle était capable d'apprécier les ridicules et la nullité.

Une telle condescendance serait inexplicable en effet, si elle n'avait été imposée à la jeune femme par un projet plein de hardiesse, qui depuis quelques jours se développait dans son esprit...

Voici ce projet :

Laurence commençait à se fatiguer beaucoup des risques incessants et des continuelles inquiétudes résultant pour elle de sa position de *Dame de Pique*...

Malgré les affirmations rassurantes du comte de Crédencé, elle prévoyait sans cesse un dénoûment fatal...

Lorsque l'or et les billets de banque s'entassaient sur les tapis verts de ses tables de jeu, elle frissonnait au moindre bruit, le murmure léger d'une porte entr'ouverte la faisait pâlir; — en un mot elle redoutait l'apparition soudaine et terrifiante d'un commissaire de police escorté de ses agents...

Cet état de terreur continuelle était intolérable.

Laurence résolut d'y mettre un terme en cherchant dans un second mariage la fortune qu'elle avait espéré vainement trouver dans le premier...

Le soir même où le baron de Montaigle lui fut présenté par Raoul au théâtre des Variétés, elle jeta son dévolu sur ce fils des Croisés que mademoiselle Formose dindonnait et turlupinait à miracle.

Godefroy portait un nom magnifique.

Il possédait une grande fortune...

Son extérieur ne manquait point, nous l'avons dit, de cette distinction que donne *la race*...

De plus, — et c'était là le point essentiel, — l'Hercule dégénéré filant docilement sa quenouille aux pieds d'une Omphale de petit théâtre, réunissait toutes les conditions désirables pour devenir le plus aveugle et le plus facile des maris entre les mains d'une femme vraiment supérieure.

En conséquence, la ravissante veuve se promit d'échanger au plus vite le titre de marquise Castella contre celui de baronne de Montaigle...

Pour arriver à ce résultat, Laurence n'avait qu'à se faire aimer de Godefroy; elle se dit en souriant que cela ne lui serait pas difficile, et l'événement prouva qu'elle avait raison.

Nos lecteurs connaissent maintenant aussi bien que nous la raison majeure qui lui faisait prêter une oreille complaisante aux discours légèrement idiots du baron...

En même temps que la marquise attisait la naissante passion de Godefroy, elle sentait grandir en elle la flamme de l'incendie allumé dans son cœur par les premiers regards de Maxime.

L'ambition et l'amour la dominaient à la fois.

— Godefroy me donnera la fortune... — murmura-t-elle, — et Maxime me donnera le bonheur.

. . . .

Tout en continuant à causer avec le baron de Montaigle et tout en lui prodiguant ses plus doux sourires et ses plus tendres regards, Laurence s'aperçut bien vite que le prétendu comte de Saint-Marceau avait quitté la table de lansquenet et se promenait dans les salons comme une âme en peine, avec une physionomie inquiète et désolée...

Sans perdre une minute elle se mit en quête de l'un de ces prétextes que les femmes savent si merveilleusement inventer, et, ce prétexte une fois trouvé, elle s'en servit pour rompre brusquement son entretien avec Godefroy.

Aussitôt débarrassé de son mari futur, elle traversa les salons en déployant une allure serpentine d'une grâce et d'un charme irrésistibles...

Elle se dirigea vers les tables de jeu, causa successivement pendant quelques secondes avec plusieurs de ses hôtes, et finit par se trouver à côté de Maxime, sans avoir fait en apparence un seul mouvement pour se rapprocher du jeune homme.

— Monsieur le comte, — lui demanda-t-elle d'une voix très-basse et très-émue, — puis-je vous compter désormais au nombre de mes amis?...

— Ah! madame!... — balbutia Maxime, — est-ce que vous en doutez?

— Eh bien, — reprit Laurence, — prouvez-moi que, si je n'en doute pas, j'ai raison...

— Pour cela, que faut-il faire?... — ma vie, mon sang vous appartiennent...

— Les soirées d'apparat, comme celle d'aujourd'hui, appartiennent aux indifférents... — continua la marquise... — je garde pour mes amis véritables les heures de solitude de mes après-midi...

— Au nom du ciel, madame, — dit Maxime avec une chaleur irrésistible, — daignerez-vous m'accorder une de ces heures ?

— Oui .. si vous le souhaitez réellement... Mais le souhaitez-vous ?...

— C'est à genoux... c'est en suppliant... que je sollicite une faveur si précieuse...

— Eh bien, venez demain, à trois heures... — ma porte s'ouvrira pour vous, monsieur le comte, et ne s'ouvrira que pour vous.

Après avoir prononcé les paroles pleines de promesses que nous venons de reproduire, la marquise s'éloigna vivement du jeune homme, sans lui laisser le temps d'exprimer par un seul mot sa gratitude et son délire.

Maxime avait besoin de se trouver seul pour savourer à loisir l'immense joie qui remplissait son être et dans laquelle la passion et l'orgueil se mêlaient à doses égales.

Il quitta presque aussitôt le pavillon de la Chaussée-d'Antin, et, comme la nuit était magnifique, il donna l'ordre à son cocher de rentrer sans lui, et il prit à pied, par les boulevards, le chemin de la rue de l'Arcade.

A peine avait-il fait quelques pas sur l'asphalte qu'il sentit un bras se glisser sous le sien.

Il se retourna très-surpris, et il reconnut, à la lueur d'un bec de gaz, la figure large et souriante de Raymond.

— Eh bien, mon cher enfant, — lui dit ce dernier, — qu'y a-t-il de nouveau ce soir?... — vos affaires de cœur marchent-elles comme vous le souhaitez?

Nous venons d'affirmer, quelques lignes plus haut, que Maxime avait besoin de solitude pour savourer son bonheur.

La solitude est chère aux amoureux bien épris; mais un confident discret leur paraît cependant mille fois préférable encore.

Maxime remercia donc mentalement le ciel qui lui envoyait à point nommé l'unique confident dans le sein duquel il lui fût possible de s'épancher avec une confiance absolue.

Il serra dans les siennes les deux mains de son protecteur et il s'empressa de lui raconter avec les plus grands détails ce qui venait de se passer à la soirée de la marquise.

Raymond écouta ce récit avec une attention profonde, et son visage rayonna, tandis que Maxime lui parlait du rendez-vous donné pour le lendemain.

— Bref, mon ami, que pensez-vous de tout cela? — demanda le jeune homme en forme de conclusion.

— Mon cher enfant, — répondit le Protée parisien en parodiant deux vers célèbres :

« Grâce au ciel, le succès passe votre espérance,
« Et tout vous encourage à la persévérance!... »

il ne s'agit désormais que de bien mener votre barque, et je vous promets qu'avant quinze jours il ne vous restera rien à désirer..

— Avant quinze jours!... — s'écria Maxime, — est-ce possible?

— Non-seulement c'est possible, mais c'est certain, et peut-être même une semaine suffira-t-elle pour que votre triomphe soit définitif et complet ..

— On croirait que vous en doutez...

— J'en doute un peu, je l'avoue...

— Pourquoi?

— Parce que, — murmura Maxime non sans une nuance d'embarras, — l'habitude de conduire une intrigue avec une femme du vrai monde me fait complétement défaut... — j'ai peur de commettre des maladresses et de me montrer trop timide ou trop entreprenant...

— Cette modestie et cette défiance vous honorent, mon cher enfant!... — répliqua Raymond, — j'aime vous entendre parler ainsi et je vous offre de grand cœur les conseils de ma vieille expérience... — laissez-vous guider par moi... tenez-moi au courant, jour par jour et pour ainsi dire heure par heure, des progrès de votre liaison avec la marquise et des moindres incidents de vos entrevues; faites enfin tout ce que je vous dirai de faire, et j'affirme qu'avant le terme fixé, l'étoile qui rayonne sur Paris ébloui aura très-amoureusement franchi le seuil de votre entresol...— Or, la marquise une fois chez vous, vous n'êtes pas assez naïf, j'imagine, pour l'offenser par l'exagération d'un respect qui ne serait plus de circonstance dans le tête-à-tête...

— La marquise chez moi!...— balbutia Maxime avec une débordante exaltation,—c'est un rêve!...

— Un rêve que vous ferez bientôt tout éveillé, n'en doutez pas, mon cher enfant...

— J'en accepte l'augure, et vous vous devez à vous-même, mon ami, de réaliser cette prophétie, car à partir de la présente minute, je me remets entre vos mains et je n'agirai plus que par vos conseils.

§

Nous ne savons où le Protée parisien avait fait des études de galanterie transcendante, et par conséquent nous ne pouvons l'apprendre à nos lecteurs.

Peut-être, chez lui, la connaissance approfondie de la théorie suppléait-elle à l'insuffisance de la pratique... — cela s'est vu plus d'une fois...

Toujours est-il que ses conseils étaient excellents, à en juger du moins par leurs résultats, car un beau soir,—douze jours environ après la soirée musicale à laquelle nous avons assisté,— une citadine aux stores baissés s'arrêtait devant la maison de la rue de l'Arcade dont Maxime occupait l'entresol.

Une femme, enveloppée dans un immense cachemire des Indes, et le visage entièrement caché par un voile de dentelle épaisse, descendit de la citadine, passa rapidement devant la loge du concierge, franchit les quelques marches de l'escalier et sonna d'une main fiévreuse à la porte de l'entresol.

Cette femme était la marquise Castella...

A peine le timbre venait-il de retentir, que la porte fut ouverte par Maxime lui-même qui prit la visiteuse entre ses bras et l'entraîna dans l'intérieur de l'appartement, en balbutiant d'une voix que la passion rendait tremblante :

— Laurence... chère Laurence... est-ce vrai?... est-ce possible?... — c'est vous!... — c'est bien vous!... je vous attendais, car vous aviez promis, car vous aviez juré de venir... mais je n'osais qu'à peine espérer, et je me disais : — *Au dernier moment elle hésitera, elle reculera... et je resterai seul avec mon espoir anéanti et mon cœur déchiré!* — Laurence, chère Laurence, ma vie, mon âme et mon idole, c'est donc vrai!... vous m'aime un peu, puisque vous savez que je vous adore, e puisque vous voici chez moi!...

— Si je vous aime!... — répondit la marquise avec l'accent d'un tendre reproche, — ingrat!... pouviez-vous en douter encore?...— ne vous l'ai-je pas prouvé déjà?...

XLVII. — LA CITADINE. — LES HIRONDELLES.

Il était juste neuf heures du soir au moment où Laurence arrivait chez Maxime.

Depuis près d'une semaine le jeune homme sollicitait avec ardeur cette visite qu'il venait d'obtenir enfin pour la première fois...

Il avait tout disposé depuis le matin afin d'offrir à la marquise une collation délicieuse composée des gibiers les plus exquis, des fruits les plus rares, des pâtisseries les plus recherchées.

Raymond avait voulu se charger des vins.

Un commissionnaire était venu de sa part rue de l'Arcade, dans l'après-midi, apportant un panier de bouteilles centenaires de Porto, de Xérès, d'Alicante et de Malvoisie.

Maxime, connaissant André Bontemps pour un gourmet de premier ordre qui mettait les jouissances de la table au-dessus de toutes les autres, était plein de confiance dans les qualités hors ligne des liquides envoyés par lui.

Nous n'aurons point la dangereuse indiscrétion de faire assister nos lecteurs au tête-à-tête du jeune homme et de la marquise.

Disons seulement que cette dernière fit honneur à la collation préparée pour elle, et déclara même à plusieurs reprises, qu'elle n'avait jamais rien goûté de comparable au vin d'Espagne couleur d'ambre dans lequel elle trempait ses lèvres roses...

Il était tout près de minuit au moment où Laurence se sépara du prétendu comte de Saint-Marceau, et, après avoir de nouveau rabattu sur son visage l'épaisse voilette de dentelle, elle quitta l'appartement de l'entresol pour aller reprendre la citadine qui l'attendait à la porte, et qui devait la ramener chez elle...

Nos lecteurs comprendront facilement que la marquise, sous peine de se compromettre de la façon la plus complète vis-à-vis de ses gens, n'avait pu se servir d'une de ses voitures pour venir trouver Maxime dans son logis de garçon et passer trois heures avec lui.

Or, madame Castella, songeant à son prochain mariage avec le baron de Montaigle, ne voulait pas se compromettre.

Tandis que se prolongeait l'amoureuse entrevue des deux jeunes gens, un fait sans importance apparente et qui ne devait attirer l'attention de personne, se passa dans la rue.

Voici ce fait :

Un homme de moyenne taille, un peu replet et vêtu avec élégance, sortit de la maison où la marquise était entrée, s'approcha de la citadine et dit au cocher :

— La dame que vous venez d'amener ici n'a plus besoin de vous... — elle m'envoie vous payer... — Combien vous est-il dû ?

Il n'était dû qu'une heure au cocher... — il en réclama deux, plus un large pourboire, et il fit tourner bride à son cheval avec une satisfaction manifeste.

Un quart d'heure après son départ une autre citadine, parfaitement semblable à la première, s'arrêta devant la maison et n'en bougea plus.

A minuit moins quelques minutes Laurence descendit et mit la main sur la poignée de la portière.

— Où faut-il vous conduire, ma bourgeoise ?... — demanda le cocher.

— Où je vous ai pris... — répondit la marquise... — à l'angle de la Chaussée-d'Antin et du boulevard...

— Suffit.

La jeune femme referma sur elle la portière, et la voiture s'ébranla aussitôt.

La citadine quitta la rue de l'Arcade et se mit à rouler sur les boulevards, lentement, cahin-caha, comme si le cheval éreinté qui la traînait n'avait plus la force de se soutenir.

Malgré cette marche de tortue, la voiture finit par se trouver à la hauteur de la Chaussée-d'Antin ; mais le cocher, au lieu de faire halte ainsi qu'il en avait l'ordre, continua sa route, et Laurence ne lui cria point d'arrêter.

Il y avait pour cela les meilleures raisons du monde. A peine la jeune femme venait-elle d'appuyer sa tête contre l'une des parois de la citadine, qu'elle s'endormit instantanément, d'un sommeil trop profond pour être naturel.

Si nos lecteurs veulent avoir l'explication de ce sommeil, nous les prions de se souvenir que les vins d'Espagne, fort appréciés par Laurence à la collation, sortaient de la cave du Protée parisien.

Le puissant narcotique mêlé par Raymond au contenu des bouteilles produisait son effet.

La citadine ne s'arrêta que rue des Amandiers-Popincourt, en face de la petite porte grise donnant accès dans l'enclos du pavillon.

La marquise dormait toujours.

§

Ce même soir, vers neuf heures, le comte Raoul de Crédencé, sous la forme du commis-voyageur Régulus, visita successivement l'estaminet de l'Episcié, le bouge de la Rigolade, l'établissement de Paul-Niquet et le cabaret du Lapin blanc, rue aux Fèves.

Ce fut dans ce dernier endroit qu'il réussit enfin à rejoindre quelques-uns de ceux qu'il cherchait.

Bec-de-miel, Peau d'angora, Tape à l'œil et Radis noir, plus misérables et plus déguenillés que jamais, en étaient réduits à se contenter d'une seule mesure d'eau-de-vie pour quatre, et fumaient dans des pipes noires et juteuses des bouts de tabac hachés au couteau. Ils accueillirent avec chaleur Régulus dont ils avaient expérimenté si souvent la libéralité sans bornes.

Le prétendu commis-voyageur les emmena dans une petite pièce qu'une cloison de briques et qu'un vitrage séparaient de la grande salle ; — il fit apporter une bouteille d'eau-de-vie et un paquet de tabac, et il engagea l'entretien en ces termes :

— Camarades, j'ai besoin de vous...

— Ça se trouve joliment bien !... — murmura Bec-de-miel de sa voix éteinte... — tu as besoin de nous et nous avons besoin de toi !... — je crois que la chose peut s'arranger...

— Vous me faites l'effet d'être dans la *panne ?*...

— Dans la panne la plus atroce... — répliqua Peau d'angora. — Dèche et débine... — misère et compagnie... — rien à mettre sous la dent... — les toiles se touchent...

— Moi, j'étranglerais n'importe qui pour trente *ronds !*... — fit Tape à l'œil d'un ton farouche.

— Bravo !... — s'écria Régulus — j'aime à vous trouver si complètement à sec... — vous travaillerez d'un meilleur courage.

— Tu nous apportes donc une affaire ? — demanda Radis noir.

— Oui, et une fameuse...

— Pour quand ?

— Pour cette nuit même...

— Il y aura gras ?...

— Vous serez riches demain matin comme des marchands de bœufs....

— Mazette !... — la perspective est souriante...

— Seulement, — continua Raoul, — il nous faut Larifla... — Qui est-ce qui se charge de me le trouver séance tenante ?

En entendant cette question, les quatre *hirondelles* échangèrent un regard, puis Radis noir répondit : — S'il te faut absolument Larifla pour l'affaire en question, bonsoir la compagnie, plus personne... parlons d'autre chose...

— Pourquoi donc ?... — demanda le comte, — est-ce que Larifla a disparu ?...

— A peu près...

— Serait-il en prison ?...

— Oh ! que non pas !... — Le gaillard roule sa bosse en liberté sur le pavé de Paris, seulement il a récolté quelque héritage, bien sûr, à moins qu'il n'ait levé le sac d'un garçon de recette de la Banque de France... — il est mis comme un prince, — on le voit passer en fiacre sur le boulevard avec des donzelles à falbalas, — il se fait friser chez le coiffeur, et ne reconnaît plus les amis...

— Ah ! — murmura M. de Crédencé qui, pendant une ou deux minutes, chercha les causes probables de cette soudaine et bizarre opulence...

Au bout de ce temps, n'ayant rien trouvé, il reprit : — A la guerre comme à la guerre, camarades !... — Puisque Larifla est dans la grandeur, nous nous passerons de lui...

— Bien parlé !!! — dit Tape-à-l'œil. — Commence le dialogue, camarade... — de quoi s'agit-il ?...

— Vous souvenez-vous, — poursuivit Raoul, — de la nuit où j'allai vous dénicher sous le tablier du pont d'Arcole ?...

— Ah ! oré coquin, oui, nous ne l'avons pas oubliée...

— Et notre expédition de la nuit suivante, rue des Amandiers-Popincourt, vous en souvenez-vous aussi ?

— Pareillement...

— Eh bien, il s'agit, cette nuit, de dévaliser de fond en comble le pavillon auprès duquel vous avez monté la garde... — Nous y trouverons des tonnes d'or, et des liasses de billets de banque à n'en plus finir...

— Mille millions de charretées de cornes du diable !... — s'écria Radis noir, — je m'en pourlèche d'avance les babines, comme un chat qui voit de la crème...

— Y aura-t-il quelqu'un *à refroidir ?*... — demanda Tape-à-l'œil avec un sang-froid sinistre.

— Le pavillon est habité par un homme seul, et j'ai tout lieu de croire que cet homme couche rarement chez lui et qu'il n'y sera pas cette nuit..

— Eh quoi ! point de *larbins* (1) ?

M. de Crédencé secoua négativement la tête.

— Et tu dis cependant que la maison est riche ?... — reprit Tape-à l'œil.

— Comme les caves de la Banque...

— Si le GONSE (2) court la prétentaine en ville, ça ira sur des roulettes, car nous ne serons pas dérangés... — Mais il faut tout prévoir... — Dans le cas où, par hasard, ce particulier passerait la nuit au logis et se réveillerait en nous entendant, qu'arriverait-il ?...

Raoul fronça le sourcil, — son visage devint sombre, et il répondit d'une voix sourde :

— S'il se réveillait, tant pis pour lui... — il faudrait bien le rendormir...

La physionomie farouche de Tape-à-l'œil s'illumina d'une lueur fauve.

— Voilà qui va bien !... — murmura-t-il, — au moins on sait à quoi s'en tenir... — J'aime ça, moi !... — Je suis un homme rond en affaires... — Puis, tout haut, il ajouta : — A quelle heure le branle-bas général ?...

— Entre minuit et demie et une heure du matin, — répliqua Raoul; — c'est le moment où les rues du quartier Popincourt deviennent parfaitement désertes, et tu sais comme moi que le premier sommeil est le plus profond...

XLVIII. — LA DERNIÈRE SCÈNE DU DRAME.

Les horloges de la grande ville sonnaient successivement la demie après minuit.

Une obscurité profonde enveloppait le jardin de Raymond ; — de gros nuages couvraient le ciel et ne laissaient point arriver jusqu'à la terre la clarté pâle des étoiles...

Au moment où la citadine dans laquelle se trouvait Laurence endormie s'arrêta devant la porte grise, le Protée parisien parut sur le seuil.

(1) *Larbins*, domestiques.
(2) *Gonse*, propriétaire.

— Eh bien ? — demanda-t-il vivement.

— La petite dame n'a pas fait un mouvement et n'a prononcé une parole depuis le départ... — répondit le cocher.

— J'en étais certain, d'avance... — murmura Raymond avec une expression triomphante.

Il ouvrit la portière, il chargea sur son épaule robuste le corps inanimé de la marquise, et il rentra dans l'enclos après avoir dit à l'automédon : — Je n'ai plus besoin de toi cette nuit... — va-t'en...

La voiture s'éloigna rapidement et Raymond prit à travers les ténèbres, avec son gracieux fardeau, le chemin du pavillon...

A l'instant précis où il gravissait les marches du perron et refermait derrière lui la lourde porte doublée de fer et garnie de serrures formidables, M. de Crédencé et les quatre bandits sous ses ordres, munis de tous les instruments nécessaires pour l'escalade et l'effraction, arrivaient à leur tour dans la rue des Amandiers et franchissaient la muraille d'enceinte, sans se douter que le maître du logis venait de rentrer...

Abandonnons à eux-mêmes, pour quelques minutes, l'indigne gentilhomme et ses complices, et suivons le Protée parisien.

Au lieu de monter au premier étage et de porter la marquise dans ce luxueux salon où nous l'avons vu précédemment souper avec elle et s'endormir vaincu par les émanations du chloroforme, Raymond traversa plusieurs pièces du rez-de-chaussée et ne s'arrêta que dans une petite chambre qu'il occupait de préférence, lorsqu'il passait par hasard la nuit au pavillon.

Cette chambre, simple mais comfortable, était entièrement tendue de toile perse.

Un lit capitonné et deux ou trois fauteuils larges et profonds, à dossiers renversés, en composaient tout le mobilier. Une lampe de porcelaine, surmontée d'un globe de verre dépoli, répandait une lueur douce et voilée.

Raymond étendit madame Castella sur l'un des fauteuils dont nous venons de parler ; — il détacha le châle de la jeune femme toujours endormie, il dénoua les brides de son chapeau et il se tint debout en face d'elle, l'enveloppant d'un regard où luisaient les éclairs d'une passion farouche.

Ensuite il murmura presqu'à voix haute, comme si Laurence avait pu l'entendre :

— Que dites-vous de ma revanche, madame la marquise ? — la croyez vous assez complète ?... — Vous avez dédaigné mon amour !... — vous avez méprisé l'offre d'une fortune immense et d'une puissance sans bornes... — Maintenant vous êtes à moi !... — à moi tout entière !... — à moi sans condition !... — Vous voici dans l'antre du lion, et vous n'en sortirez qu'après m'avoir donné des gages qui vous feront ma complice et mon esclave pour toujours !...

Raymond s'interrompit et regarda sa montre.

— Une heure moins un quart... — dit-il ensuite, — l'effet du narcotique se prolongera jusqu'au jour sans doute si je laisse la marquise livrée à elle-même, et je n'aurai ni la patience ni le courage d'attendre si longtemps pour savourer ma revanche et mon triomphe... — je vais ranimer Laurence sur-le-champ !...

Le Protée parisien prit une clef dans sa poche et ouvrit un placard dissimulé fort adroitement par les plis de la tenture de toile perse.

Ce placard, garni de rayons qui le rendaient presque semblable à une bibliothèque, contenait non des livres, mais un grand nombre d'armes de toutes dimensions, couteaux-poignards, pistolets de divers calibres, revolvers, etc..

Il y avait en outre une certaine quantité de flacons bouchés à l'émeri et portant des étiquettes écrites à la main.

Raymond choisit l'un de ces flacons, et il allait l'approcher des narines de Laurence, lorsqu'il s'arrêta soudain, dressa la tête, prêta l'oreille et tressaillit visiblement de tout son corps...

Il venait d'entendre un bruit pareil à celui que produit une vitre en se brisant...

Ce bruit semblait venir de l'étage supérieur.

Au bout d'une ou deux secondes le Protée parisien secoua la tête et un faible sourire parut sur ses lèvres.

— Allons donc !... — c'est impossible !... — murmura-t-il à la manière d'un homme qui cherche à se rassurer lui-même... — Je viens d'être le jouet d'une erreur de mes sens, cela me paraît manifeste... — La maison est déserte et le bruit que j'ai cru entendre n'existait que dans mon imagination... — Décidément je me suis trompé... — tout est tranquille autour de moi, et d'ailleurs...

Raymond n'acheva pas.

Ses prunelles se dilatèrent et ses lèvres pâlirent.

Un bruit nouveau, qui ne ressemblait en rien à celui qu'il avait entendu précédemment, résonnait faiblement au milieu du silence.

On marchait dans le grand salon du premier étage, et le Protée parisien n'en pouvait douter, car les bobèches d'un petit lustre suspendu au plafond de la chambre à coucher frémissaient dans leurs alvéoles de cuivre avec un tintinnabulement cristallin et métallique, et semblait avoir mission de trahir chacun des pas qui foulaient le parquet à l'étage supérieur.

— Décidément, il y a quelqu'un là haut, — balbutia Raymond, — mais qui donc ?...

Après un court instant de réflexion, il se répondit : — Sans doute, c'est ce misérable Bijou !... — le gredin, me croyant absent, aura quitté son poste, abandonné mes pensionnaires, et se sera introduit par une fenêtre pour me voler !... — Voler Raymond !... — quelle audace et quelle impudence !... — mais je suis là... je veille !... — malheur à lui !... malheur !...

En prononçant ces paroles menaçantes, le Protée parisien saisit dans le placard un revolver à six canons, et se dirigeant vers une porte qui, par un escalier dérobé, conduisait au premier étage, il l'ouvrit avec violence; — mais, au lieu de continuer, il recula en poussant une sourde exclamation.

Des formes humaines bondissaient le long des marches de l'escalier et se précipitaient vers lui..

En moins d'une seconde, ces formes envahirent la chambre à coucher;— à leur tête marchait Raoul.

— Régulus!... balbutia d'une voix presque éteinte le Protée parisien que la stupeur et l'épouvante affolaient, — Régulus! vous ici!... — qu'y venez-vous chercher?...

— Assurément ce n'était pas toi, vieux bandit! — répliqua le comte, — mais, puisque te voilà, tant pis!...— tu es une bête venimeuse, je t'exècre depuis longtemps, et je vais te payer la dette de la marquise Castella!...

Raoul avait à peine achevé ces mots, que, sans remarquer la présence de Laurence inanimée, il déchargea son pistolet sur Raymond.

Le Protée parisien, blessé au bras gauche, fit entendre une clameur furieuse et désespérée, et riposta par deux coups de revolver.

— A mort! — hurla M. de Crédencé en faisant feu de nouveau, — à mort!...

Déjà la fumée de la poudre, remplissant la chambre comme un brouillard, formait entre le faux André Bontems et ses agresseurs un impénétrable rideau...

Le revolver avait encore quatre coups chargés.

— Raymond, quoique touché en pleine poitrine, tira quatre fois de suite, au hasard...

Il entendit des corps s'abattre sur le sol, et de sourds gémissements succéder à ces lourdes chutes.

Puis il lui sembla que le tapis se dérobait sous ses pieds, et il allait s'évanouir lorsqu'une sensation étrange, inouïe, presque fantastique, le rappela violemment à lui-même...

Un bruit imprévu et retentissant, de la nature duquel il lui fut d'abord impossible de se rendre compte, frappa ses oreilles...

En moins d'une seconde, la fumée de la poudre s'évapora par les portes et par les fenêtres ouvertes à la fois; — une grande lumière envahit la chambre...—Raymond vit, à toutes les issues, des soldats l'arme au bras et la baïonnette au bout du fusil, tandis qu'à côté du fauteuil sur lequel la marquise continuait à dormir, un groupe de magistrats et d'agents se tenait debout...

En avant de ce groupe, un jeune homme brun et pâle, chancelant et l'air effaré, avait les poignets réunis par de solides menottes.

Malgré les cheveux frisés de ce jeune homme et l'élégance inaccoutumée de son costume, le Protée parisien reconnut Larifla...

Un peu plus loin, au pied de la dernière marche de l'escalier dérobé, trois hommes étaient étendus dans une mare de sang qui s'élargissait toujours...

Deux de ces hommes, — *Tape-à-l'œil* et *Radis noir*, — avaient cessé de vivre. — Raoul, — le troisième, — quoique blessé mortellement, respirait encore et n'avait point perdu connaissance, mais l'une des balles du revolver avait tranché l'artère de son épaule droite, et la vie s'en allait avec le sang... — Des soldats et des agents maintenaient Bec de miel et Peau d'Angora.

L'un des magistrats se tourna vers le prisonnier pâle, aux mains enchaînées, et lui dit : — Nommez ces hommes...

Larifla fit un pas vers le Protée parisien... — Une expression de haine triomphante se peignit sur son visage décoloré, et il s'écria :

— Celui-ci est Raymond... — je le dénonce comme l'auteur véritable des faux billets de banque qui m'ont fait arrêter...

— Et les autres? — reprit le magistrat.

Larifla tourna vers Raoul un regard attristé.

— Ah! pauvre Régulus... — balbutia-t-il, cher ami... mon bienfaiteur.... est-ce toi que je vois en si mauvais état!...

— Cet homme se nomme Régulus?—demanda le juge d'instruction.

— Il se nomme Régulus, mon magistrat, mais, foi de Larifla, c'est le plus brave garçon que la terre ait jamais porté!... — je réponds de lui comme de moi-même!...

Cette étrange caution, si naïvement offerte, n'amena pas même un sourire sur les lèvres du représentant de la loi.

Il allait interroger de nouveau lorsque Raymond se souleva, et, étendant la main vers Raoul, il s'écria d'une voix ferme encore, quoique son agonie fût déjà commencée :

— Ce prétendu Régulus, ce faussaire, cet assassin, s'appelle le comte Crédencé, et c'est au bagne que fleurira le dernier rameau de son arbre généalogique!...

Ces paroles épuisèrent les forces du Protée parisien, — il retomba en arrière, ses yeux devinrent fixes,—son cœur cessa de battre...—il était mort.

— Et cette femme? — demanda le juge d'instruction en désignant Laurence.

Larifla et M. de Crédencé poussèrent à la fois une exclamation d'étonnement. Ni l'un, ni l'autre, jusqu'à cette minute, n'avait aperçu la marquise, dont le corps souple disparaissait presque tout entier dans les profondeurs du fauteuil.

La question du juge d'instruction resta sans réponse.

Larifla ignorait le nom de la marquise, et Raoul ne voulait pas prononcer ce nom...

. . . .

Une heure après les événements que nous venons de raconter les magistrats et les agents quittaient le pavillon en le laissant sous la garde d'un détachement de soldats dont la consigne était de ne permettre à aucune créature humaine d'entrer ou de sortir...

Raoul n'avait survécu à Raymond que de quelques minutes...

Le sommeil léthargique de madame Castella continuait.

§

Expliquons rapidement à nos lecteurs l'intervention soudaine et inattendue de la justice et de la police dans la scène sanglante qui forme le dénoûment de ce livre.

Les vingt-cinq ou trente billets de banque renfermés dans le portefeuille rouge volé chez Raymond par Larifla constituaient pour ce dernier une opulence véritablement féerique.

Aussi s'empressa-t-il de se métamorphoser en homme d'élégance et de loisir, et de mener une existence de guinguettes, de parties de campagne et de bals de barrière, qui lui parut le dernier mot du sybaritisme et du plaisir.

Tous les mois Larifla changeait un billet de banque de mille francs, et ce billet suffisait pendant trente jours à défrayer une vie de Lucullus, pleine de carambolages, de verres d'absinthe, de cigares à quatre sous et de dîners fins avec des héroïnes du *bal de la Reine Blanche*. Or, les billets de banque étaient faux !...

Les plaintes se succédaient au parquet, mais la police ne réussissait point à mettre la main sur le jeune homme qui, chaque mois, faisait une émission nouvelle de papier contrefait avec une perfection rare.. Enfin un jour, Larifla sans défiance, — il croyait les billets parfaitement bons, — se présenta chez un changeur qui, deux mois auparavant, avait reçu sa visite ; ce changeur le reconnut à l'instant même et le fit arrêter séance tenante. Le jeune homme fut interrogé.

En face de l'accusation terrible qui pesait sur lui, il jugea qu'il était plus sage de se déclarer voleur que de se laisser condamner pour émission volontaire de fausse monnaie...

En conséquence il nomma Raymond comme le véritable auteur des billets contrefaits, et il offrit de conduire les magistrats au pavillon de la rue des Amandiers... Cette offre fut acceptée, et nous savons de quelle manière et dans quelles circonstances l'expédition se réalisa...

Le lendemain, au point du jour, eut lieu une nouvelle descente de police, non-seulement dans la maison, mais encore dans ses dépendances..

Cette descente amena la découverte de Bijou, de Babylas, de Gédéon, et de tout l'attirail de fabrication sur une grande échelle des faux billets et des fausses lettres de change.

Les divers gibiers de potence que nous venons de nommer trouvèrent à Brest, à Toulon et dans les maisons centrales, ainsi que Bec de miel, et Peau d'Angora, le logement et les égards auxquels ils avaient tous les droits du monde.

Quelques mots de Laurence et de Maxime...

La marquise Castella, lorsqu'elle revint à elle-même, subit un interrogatoire en règle...

Aucune charge sérieuse ne s'élevait contre elle, mais sa présence chez Raymond pendant la nuit, — présence qu'il lui fut impossible d'expliquer, par l'excellente raison qu'elle ne la comprenait point elle-même, — ses relations suivies avec le comte de Crédencé, et enfin la grande existence qu'elle menait sans avoir de fortune personnelle pour soutenir son luxe princier, firent naître des soupçons et donnèrent lieu à une enquête...

Madame Castella ne sortit point de cette enquête blanche comme neige... Des paquets de cartes neuves, biseautées avec soin, furent trouvés à l'hôtel de la Chaussée-d'Antin et montrèrent quelle était l'origine des ressources de la marquise.

Un jugement de la sixième chambre, parfaitement motivé, envoya la Dame de Pique à Saint-Lazare pour trois mois...

Cette condamnation fit grand bruit...

Le baron Godefroy de Montaigle se sentit dégrisé complétement ; il renonça sans trop de peine aux amours de marquise estampillés par la police correctionnelle, et revint, plus épris que jamais, aux pieds de mademoiselle Formose, qui vient de jouer avec un immense succès de plastique le rôle d'une ingénue sauvage, mais non cruelle, simplement vêtue de sa chasteté, dans la grande pièce à femmes : LES ÉGLOGUES DE TAHITI.

Les gandins de l'orchestre ont redemandé jusqu'à trois fois son pas de caractère : *Le cancan de la nature et la redowa de la civilisation*...

§

Trois jours après le drame de la rue des Amandiers, la mort de Raymond et l'emprisonnement de Laurence, on lisait dans tous les journaux le *fait-Paris* suivant :

« *Un jeune homme appartenant au meilleur monde, le comte Maxime de Saint-M***, demeurant rue de l'Arcade, vient de se faire sauter la cervelle.*

« *Le comte Maxime avait à peine vingt-trois ans... On attribue son suicide à des peines de cœur.* »

FIN.

Paris. — Imprimerie Walder, rue Bonaparte, 44.

www.ingramcontent.com/pod-product-compliance
Lightning Source LLC
Chambersburg PA
CBHW050803170426
43202CB00013B/2536